MANUEL

D'ACCOUCHEMENTS

Ouvrages de M. le docteur Jacquemier.

Manuel des accouchements et des maladies des femmes grosses et accouchées, contenant les soins à donner aux nouveau-nés. 1846, 2 vol. gr. in-18 de 1520 pages, avec 63 figures dans le texte. 9 fr.

Recherches d'anatomie, de physiologie et de pathologie sur l'utérus humain pendant la gestation, pour servir à l'histoire des hémorrhagies utérines, du part prématuré et abortif. 1839, in-8 (épuisé).

Développement de l'œuf humain. 1851, in-8. 1 fr. 25

ANDRIEUX (de Brioude) et LUBANSKI. Annales d'obstétrique, des maladies des femmes et des enfants. 1842-43, 3 vol. in-8. 12 fr.

BARTHEZ et RILLIET. Traité clinique et pratique des maladies des enfants. 1853-54, 3 vol. in-8, 2e édition. 25 fr.

BAUDELOCQUE. Principes sur l'art des accouchements, par demandes et par réponses, en faveur des élèves sages-femmes. 7e édit., avec le Manuel des sages-femmes, par M. le professeur MOREAU, 1838-39, 2 vol. in-12, fig. 9 fr.

BAUDELOCQUE. L'art des accouchements, 8e édit. 1844, 2 vol. in-8 de 1340 pages, avec 17 planches. 18 fr.

DUPARCQUE. Maladies de la matrice. 1839, 2 vol. in-8. 12 fr.

LISFRANC. Maladies de l'utérus, d'après les leçons cliniques faites à l'hôpital de la Pitié, par Pauly. 1836, 1 vol. in-8. 6 fr.

MANOURY et SALMON. Manuel de l'art des accouchements, précédé d'une description abrégée des fonctions et des organes du corps humain, et suivi d'un exposé sommaire des opérations de petite chirurgie les plus usitées, à l'usage des élèves sages-femmes qui suivent les cours départementaux. 1850, 1 vol. in-8., fig. 7 fr.

MOREAU. Traité pratique des accouchements. 1841, 2 vol. in-8, br. 12 fr.

MOREAU. Atlas d'accouchements, in-fol. de 60 belles planches, fig. noires, 30 fr. — Fig. col. 65 fr.

PICHARD. Maladies des femmes. Des ulcérations et des ulcères du col de la matrice et de leur traitement. 1848, 1 vol. in-8 avec 27 fig. 8 fr.

SOLAYRÈS. Dissertation sur l'accouchement terminé par les seules forces de la mère, traduit par Andrieux. 1842, in-8. 2 fr. 50

Paris. — Imprimerie de L. MARTINET, rue Mignon, 2.

MANUEL
D'ACCOUCHEMENTS

A L'USAGE DES ÉLÈVES SAGES-FEMMES

PAR

F.-C. NAEGELÉ

Professeur d'accouchements à l'Université de Heidelberg

Traduit de l'allemand

Par M. le docteur SCHLESINGER-RAHIER

TROISIÈME ÉDITION REVUE ET AUGMENTÉE

Par J. JACQUEMIER

Docteur en médecine de la Faculté de Paris,
ancien interne de la Maison d'accouchements de Paris, etc., etc.

SUIVI D'UN

PRÉCIS DE LA SAIGNÉE, DES VENTOUSES, DE LA VACCINE
ET DES PRÉPARATIONS PHARMACEUTIQUES LES PLUS USUELLES ET LES PLUS SIMPLES

Terminé par

UN QUESTIONNAIRE TRÈS DÉTAILLÉ

AVEC 87 FIGURES INTERCALÉES DANS LE TEXTE

Ouvrage placé par décision ministérielle au rang des livres classiques des élèves sages-femmes de la Maternité de Paris.

PARIS

GERMER BAILLIÈRE, LIBRAIRE-ÉDITEUR

17, RUE DE L'ÉCOLE-DE-MÉDECINE

1857

AVERTISSEMENT.

La rapidité avec laquelle s'est écoulée cette nouvelle traduction du *Manuel d'accouchements à l'usage des sages-femmes* de Naegelé nous confirme que la pensée qui a présidé à ce nouveau travail et que les efforts tentés pour la réaliser ont été accueillis avec faveur. Cette pensée a été de restituer à l'ouvrage allemand le *Questionnaire*, que le premier traducteur avait cru pouvoir supprimer, et de faire à cet ouvrage des *additions* de diverses sortes, généralement jugées nécessaires.

Quelques mots d'explication sur le but du *Questionnaire* et des *additions* vont en faire ressortir l'importance.

Et d'abord, eu égard à la destination de l'ouvrage, un questionnaire détaillé, ou, en d'autres termes, une table analytique de toutes les notions précises qu'il renferme, présentée sous forme de questions, en devient une partie essentielle, qu'on ne peut lui enlever sans détruire son caractère propre et en partie son utilité. Il ne faut pas se le dissimuler, quoi qu'on fasse, l'instruction première de la plupart des femmes qui se destinent à la pratique de l'art des accouchements laissera toujours beaucoup à désirer. De là le besoin, vivement senti de toutes les personnes qui se sont livrées avec quelque suite à l'enseignement des élèves sages-femmes, d'une méthode qui unisse à une exposition simple et claire la facilité des interrogations répétées, mises à la portée des élèves elles-mêmes.

Cette méthode, les *Principes d'accouchemenls* de BAUDELOCQUE, par *demandes* et par *réponses*, fruit d'un long enseignement et d'une longue pratique, l'avaient réalisée en France : sept éditions (sans parler des traductions), dont quatre après la mort de l'auteur, en sont un témoignage non équivoque. Mais les progrès de l'art et la réforme de classifications beaucoup trop artificielles et tombées en désuétude ne permettent guère d'approprier aux besoins présents ce petit livre. C'est ce que reconnaissait déjà, il y a près de vingt ans, le professeur Moreau en faisant, pour le *Catéchisme* de Baudelocque, ce que nous faisons aujourd'hui pour le *Manuel* de Naegelé, qui a un succès au moins égal et qui compte déjà huit éditions en Allemagne.

Nous prenons un véritable plaisir à rappeler que ces deux professeurs illustres et vénérés, qui ont eu l'honneur d'être successivement considérés comme des *chefs d'école* par tout le continent, n'ont pas dédaigné de consacrer leur expérience et leurs veilles à la composition d'ouvrages appropriés à la classe la plus humble de leurs auditeurs et la plus rapprochée du peuple! On éprouve de la joie à voir qu'ils continuent à en recevoir la récompense, longtemps encore après leur mort, et qu'un bon livre, un livre utile au plus grand nombre, est un plus sûr garant d'un souvenir durable que les honneurs et les dignités.

Naegelé, par l'artifice ingénieux de *numéros* et d'un *questionnaire* séparé du corps de l'ouvrage, a pu faire correspondre une question à chaque notion précise, et éviter ainsi les inconvénients de divisions presque infinies qu'entraînerait un dialogue intercalé dans le texte ; dialogue qui aurait, en outre, l'inconvénient de mettre au même instant, sous les yeux de l'élève, la demande et la réponse, et d'exercer la mémoire plus que la réflexion et le jugement. Le texte, dégagé de toute entrave, présente sous sa forme concise une suite de notions simples et de préceptes pratiques, mûrement réfléchis et logiquement enchaînés, dignes de fixer l'attention des praticiens les plus éclairés. C'est ainsi qu'on l'a compris en Allemagne, et M. *Pigné* a pu écrire avec raison en tête de sa traduction : « Ce manuel est le résultat d'une expérience de quarante années, et, quoique spécialement destiné aux sages-femmes, il est entre les mains de tous les étudiants allemands. » On doit savoir gré à M. *Pigné*, d'avoir traduit l'ouvrage du célèbre professeur d'accouchements à l'*université de Heidelberg*, à une époque où l'on ne connaissait guère en France que ses travaux sur le *Mécanisme de l'accouchement naturel* et sur les *Vices de conformation du bassin*.

En l'absence de M. *Pigné*, l'éditeur de cette nouvelle traduction n'a pas cru devoir user de son travail, exécuté d'ailleurs sur une édition déjà un peu vieillie. Pour profiter de toutes les améliorations apportées par l'auteur à son œuvre, il fallait choisir et traduire la dernière édition donnée par Naegelé. Cette tâche a été confiée aux soins du docteur *Schlesinger-Rahier*, également versé dans la connaissance exacte des littératures médicales et des langues des deux pays, et déjà auteur de plusieurs traductions justement estimées.

On comprend sans peine avec quelle réserve nous avons touché au livre de Naegelé, soit pour le remanier dans quelques parties, soit pour y ajouter ou en retrancher ce que le temps, qui modifie sans cesse les œuvres humaines, exige qu'on y ajoute ou qu'on en retranche. Nous nous sommes permis quelques changements dans la distribution des matières pour leur donner un ordre, non meilleur, mais plus en rapport avec celui consacré par nos habitudes d'enseignement et nos traités élémentaires.

Pour tout ce qui n'est pas anatomie et physiologie, nous avons religieusement respecté le texte de l'auteur. Les additions sont précédées d'un astérisque (*) quand un *numéro* entier est ajouté, et renfermées entre deux crochets ([ ]), dans le corps des numéros, non pour appeler l'attention à leur sujet, mais par respect pour le texte original, qu'on pourra facilement consulter sans craindre de confusion. Nous devons prévenir que les signes d'addition ont été oubliés dans les articles *bassin*, *ovaire*, *menstruation*, *ovologie* et *annexes du fœtus* qui ont été entièrement refaits. Nous avons fait aussi quelques emprunts étrangers pour fortifier certaines parties. C'est ainsi que nous avons mis à la suite des signes de la grossesse un tableau du docteur *Pajot* qui les présente réunis et appréciés d'une manière remarquable; à la suite de l'hémorrhagie utérine, pendant le travail, le tableau si net de son traitement, par le professeur *P. Dubois*.

Les conseils que plusieurs des professeurs, qui ont adopté ce manuel pour leurs élèves, ont eu la gracieuse obligeance de nous adresser, nous ont été fort utiles. Nous devons en particulier des remercîments à madame Charrier, sage-femme en chef de la Maison d'accouchements de Paris, qui, de concert avec son fils, le docteur *A. Charrier*, a bien voulu prendre la peine de dresser une longue liste d'observations dont j'ai tiré bon parti.

De nombreuses figures pour servir à l'étude de l'anatomie du bassin, des organes de la génération, de l'ovologie, du mécanisme de l'accouchement et des manœuvres opératoires, ont été intercalées dans le texte. Ces figures, les unes originales, les autres empruntées aux meilleures sources, ont été dessinées par M. *Bion*, et gravées par M. *Badoureau* avec un goût et une habileté qui nous montrent l'illustration anatomique en progrès et marchant sur les traces de l'illustration artistique.

Quant aux *additions accessoires*, qui sont, en quelque sorte, en dehors de l'ouvrage d'accouchements, nous avons éprouvé moins d'embarras.

A la suite de l'*introduction*, dans laquelle Naegelé a tracé avec tant d'autorité et dans un langage si élevé les *devoirs* de la sage-femme, nous avons placé quelques-unes des dispositions de la *loi française* concernant la grossesse, l'accouchement, le nouveau-né, etc., afin que, si le professeur juge à propos d'appeler l'attention sur quelques-unes des applications *médico-légales* auxquelles elle peut donner lieu, le texte même de la loi reste toujours sous les yeux de l'élève comme un avertissement salutaire.

Pour satisfaire à l'*arrêté constitutif de l'École d'accouchement* de la Maternité de Paris, qui prescrit qu'on y enseigne : 1° la théorie et la pratique des accouchements ; 2° la vaccination ; 3° la saignée ; 4° la connaissance des plantes usuelles plus particulièrement destinées aux femmes enceintes et en couches, nous avons réuni dans une dernière partie : la *saignée*, la *vaccination*, empruntées à l'excellent *Traité de petite chirurgie* du docteur *Jamain*, et les *préparations pharmaceutiques* les plus usuelles dans la pratique obstétricale, que nous devons au savoir et à l'obligeance du docteur *Foy*, pharmacien en chef de l'hôpital Saint-Louis.

J. Jacquemier.

Paris, le 10 mai 1857.

INTRODUCTION.

I. Le *devoir* d'une *sage-femme* consiste : 1° à donner des conseils à la femme enceinte sur les règles de conduite qu'elle doit observer pour conserver sa santé ; 2° à l'assister pendant le travail de l'accouchement ; 3° à soigner l'accouchée et le nouveau-né ; 4° à reconnaître à temps les cas dans lesquels l'assistance d'un médecin est nécessaire, et alors c'est pour elle un devoir sacré de le faire appeler sans délai ; 5° à se conduire avec la plus grande prudence et avec une attention scrupuleuse, d'après les préceptes qu'elle aura appris, dans les cas où l'imminence du danger ne lui permettra pas d'attendre l'arrivée du médecin ; 6° enfin à assister le médecin dans ses opérations toutes les fois qu'il le demande et à exécuter convenablement ce dont il l'a chargée.

II. L'exercice de l'art des accouchements est de la plus haute *importance*, car c'est de lui que dépendent la vie et la santé, les biens les plus précieux de l'homme. Une sage-femme habile et consciencieuse peut, par les conseils intelligents qu'elle donne à la femme enceinte, la préserver ainsi que son fruit de tout danger ; elle peut faciliter son travail pénible, diminuer ses souffrances, prévoir des dangers menaçants et les prévenir ; elle peut aussi conserver la vie de la mère et de l'enfant en réclamant l'assistance d'un médecin, en prenant elle-même dans les cas urgents les mesures convenables, et en agissant d'après les préceptes qu'elle aura appris. En un mot, une sage-femme habile peut être regardée comme l'*ange gardien* de la mère et de l'enfant confiés à ses soins.

Autant cet art est bienfaisant et salutaire quand il est exercé avec intelligence, habileté et conscience, autant il est nuisible et dangereux dans les mains d'une personne dépourvue des connaissances et de l'adresse nécessaires, ou qui ne remplit pas consciencieusement ses devoirs. Les espérances les plus douces d'une mère détruites, le bonheur des familles anéanti, des infirmités graves, la mort, des souffrances plus insupportables que la mort, telles sont les suites de l'ignorance, de la maladresse ou de la négligence de la sage-femme.

Dans les campagnes, la sage-femme se trouve dans une position bien plus difficile que dans les villes ; aussi le devoir qui lui est imposé est-il beaucoup plus important. Il se peut que la gravité du danger ne lui permette pas de perdre un temps précieux à appeler le médecin de la ville et attendre son arrivée ; il faut alors qu'elle agisse d'elle-même d'une manière décisive. Cette circonstance ne se présente pas, ou du moins très rarement, dans les villes où il y a toujours un ou plusieurs médecins. D'ailleurs les fautes ou les erreurs commises par une sage-femme dans les campagnes ne peuvent être réparées que rarement; elles entraînent à leur suite, dans la plupart des cas, des souffrances graves et prolongées, la mort de la mère ou de l'enfant, souvent même de l'un et de l'autre.

III. La haute importance de l'art des accouchements, la grande responsabilité qui en est la conséquence, imposent à la femme qui se propose de suivre cette carrière le devoir de réfléchir et d'examiner si elle possède les qualités nécessaires pour apprendre et exercer cet art, et si elle se sent la vocation de se dévouer entièrement aux devoirs importants et pénibles de la pratique des accouchements.

IV. Les moyens d'acquérir les connaissances nécessaires à la sage-femme, ainsi que l'habileté pour les mettre en pratique, sont : 1° les leçons orales d'un maître ; 2° l'étude de ces leçons et la lecture du livre qu'il a recommandé ; 3° l'exercice, sous la direction de ce maître, dans une maison d'accouchements, et une observation minutieuse des cas qui s'y présentent.

La sage-femme qui, après avoir passé ses examens, est autorisée à exercer son art, n'en est pas moins une commençante ;

elle doit par conséquent chercher à se perfectionner et à acquérir des connaissances et une habileté plus grandes, en étudiant sans cesse les leçons qu'elle a reçues, en lisant souvent son manuel, et en observant avec la plus scrupuleuse attention les cas qui s'offrent à elle dans sa pratique.

L'art des accouchements a une si grande étendue, les cas qui peuvent se présenter sont tellement variés, que la sage-femme, même la plus expérimentée, trouvera toujours à apprendre.

V. Pour apprendre à fond l'art des accouchements et l'exercer convenablement, il faut réunir plusieurs qualités :

1° L'élève sage-femme doit être âgée de vingt à trente ans. Les personnes jeunes apprennent plus facilement et retiennent mieux ce qu'elles ont appris que des personnes plus âgées. Il importe peu qu'elles soient mariées ou non.

2° Une sage-femme doit avoir une bonne santé et un corps robuste pour pouvoir supporter les nombreux travaux auxquels la profession assujettit. Il est à désirer qu'elle ait des mains minces et des doigts assez longs. Pour conserver la flexibilité des mains et la sensibilité des doigts, ce qui est de la plus haute importance, elle doit les soigner avec la plus grande attention et s'abstenir de tout travail pénible, comme celui des champs et du jardin, qui rendrait bientôt ses mains incapables de remplir les fonctions de son art.

3° Une sage-femme doit savoir très bien lire et écrire.

VI. Quant aux *facultés intellectuelles*, une sage-femme doit avoir de la sagacité, du jugement et une bonne mémoire ; elle doit avoir de la présence d'esprit et de l'énergie pour ne pas se laisser embarrasser ou effrayer facilement en cas de danger subit.

VII. La sage-femme doit posséder les *qualités de cœur* et les *qualités morales*, elle doit avoir de la probité, de la délicatesse, de la conscience, de la douceur; elle doit être patiente, compatissante, pleine d'obligeance et de désintéressement; elle doit se faire remarquer par sa discrétion, sa tempérance, la bienséance de ses manières et son humeur accommodante.

VIII. En général, une sage-femme doit avoir une conduite réglée, une piété profonde, une conscience scrupuleuse. Elle doit

b

comprendre la haute importance de sa profession, et se rappeler sans cesse combien il est de son devoir de se perfectionner dans son art. Elle doit être probe et loyale, exempte de tout intérêt personnel, de présomption, d'un faux amour-propre, d'envie, de la manie de blâmer ; elle sera toujours prête à secourir avec le même zèle les riches et les pauvres, et mettra son bonheur et son honneur dans l'accomplissement strict et consciencieux de ses devoirs. En un mot, elle doit être pénétrée de la sainteté de son ministère ; elle doit sentir que sa profession lui donne le caractère d'une personne honorée de la confiance publique, et que dans bien des cas elle tient dans ses mains la vie de la mère ou de l'enfant, et même de l'une et de l'autre. Si elle a bien compris sa mission, elle attirera sur elle la bénédiction de Dieu ; elle se conciliera l'estime générale, l'affection et la reconnaissance des personnes au milieu desquelles elle exerce son art ; enfin elle aura la douce satisfaction d'avoir fait son devoir, et pourra, à la fin de sa vie, attendre avec tranquillité le moment où elle devra rendre compte à Dieu de ses œuvres.

DE

QUELQUES DEVOIRS PARTICULIERS

DE LA SAGE-FEMME.

1° *Ondoiement.*

Si l'enfant qui vient au monde est faible, malade; s'il y a mort apparente, ou bien s'il présente une difformité qui fasse craindre pour sa vie; enfin si, pendant le travail même de l'enfantement, sa vie est en danger, il doit être immédiatement baptisé, suivant la doctrine de l'Église catholique. Aussi la sage-femme doit-elle demander, dans ces cas, qu'un prêtre soit appelé sans délai pour administrer le baptême à l'enfant né de parents catholiques. Mais si l'imminence du danger ne permet pas d'attendre, la sage-femme, qu'elle soit catholique ou non, est tenue d'ondoyer l'enfant. Toute autre personne présente peut d'ailleurs, aussi bien que la sage-femme, accomplir cet acte. Si les parents étaient protestants, elle ne devrait le faire que sur leur demande.

Voici comment on administre ce sacrement. On verse sur la tête de l'enfant de l'eau pure, tiède, contenue dans un vase ou dans le creux de la main, en prononçant ces paroles : *Je te baptise au nom du Père, du Fils et du Saint-Esprit.* Quand la vie de l'enfant est menacée pendant le travail de l'accouchement, on le baptise sur la partie qui est sortie du sein de la mère, le bras ou la jambe par exemple, en prononçant les mots sacramentels. S'il y a doute que l'enfant soit vivant et susceptible d'être baptisé, on lui administre le sacrement sous condition en disant : *Si tu vis*, ou *Si tu es apte à recevoir le baptême, je te baptise*, etc. — Lorsqu'un prêtre arrive dans la suite, la sage-femme doit lui faire connaître la manière dont l'enfant a été ondoyé et les circonstances qui ont nécessité cet acte.

2° *Conduite de la sage-femme dans les cas juridiques.*

Lorsque la sage-femme est chargée par l'autorité d'examiner une personne pour savoir si elle est enceinte ou si elle a enfanté, etc., elle doit toujours songer aux grandes difficultés inhérentes à cet examen et procéder avec précaution, réflexion et conscience. Elle ne doit pas se laisser tromper ni égarer par les apparences, par une opinion préconçue, par des suggestions; elle doit se garder de faire une déposition dont elle ne saurait répondre devant Dieu et devant sa conscience, et d'affirmer comme positif ce qui n'est que probable.

Elle agira de même lorsqu'un médecin, ou quelque autre personne qui est en droit de le faire, la charge d'un examen. Si, dans ce cas, elle n'est pas à même de fournir les renseignements demandés, elle doit adresser cette personne à un médecin ou à un accoucheur.

LOIS ET ORDONNANCES

CONCERNANT

LES ÉTUDES ET LA RÉCEPTION DES SAGES-FEMMES.

Dans les trois Facultés, il est ouvert, chaque année, des cours d'accouchement, où sont admises gratuitement toutes les femmes qui témoignent le dessein d'apprendre à exercer la profession d'accoucheuses. (Ordonnance du 2 février 1823, art. 19.)

Outre l'instruction donnée dans les écoles de médecine, il est établi dans l'hospice le plus fréquenté de chaque département un cours annuel et gratuit d'accouchement théorique et pratique, destiné particulièrement à l'instruction des sages-femmes. (Loi du 10 mars 1803, art. 30.)

Il est ouvert à Paris, à l'hospice de la Maternité, une école d'accouchement destinée à former des élèves sages-femmes pour tous les départements du royaume. (Arrêté du ministre de l'intérieur du 8 novembre 1810, titre Ier, art. 1er.)

On y enseigne :

1° La théorie et la pratique des accouchements ;

2° La vaccination ;

3° La saignée ;

4° La connaissance des plantes usuelles plus particulièrement destinées aux femmes enceintes et en couches (1).

Les élèves sages-femmes doivent avoir suivi au moins deux des cours autorisés par le gouvernement, et vu pratiquer pendant neuf mois, ou avoir pratiqué elles-mêmes les accouchements pendant six mois, dans un hospice, ou sous la surveillance du professeur, avant de se présenter aux examens (Loi du 10 mars 1803, art. 31).

(1) Les personnes qui se destinent à la profession de sage-femme seront reçues à cette école depuis l'âge de dix-huit ans révolus jusqu'à trente-cinq ans.

Les élèves doivent, pour obtenir leur admission :

Savoir lire, écrire et orthographier correctement ;

Et produire : 1° leur acte de naissance; l'acte de leur mariage, si elles sont mariées ; ou, si elles sont veuves, l'acte de décès de leur époux ;

2° Un certificat de bonne vie et mœurs, délivré par le maire de leur commune : ce certificat doit énoncer l'état des père et mère de l élève, et, si elle est mariée, l'état de son mari ;

3° Un certificat constatant qu'elles ont été vaccinées ou qu'elles ont eu la petite vérole.

Les élèves ne doivent jamais arriver à l'école avant le 1er juillet, ni après les dix premiers jours de ce mois.

Les élèves ne peuvent résider dans l'école moins d'un an. L'année scolaire commence toujours le 1er juillet et finit le 30 juin. Les examens, les réceptions et la distribution des prix n'ont lieu qu'à la fin du mois de juin.

Pendant l'année de leur résidence, les élèves ne peuvent sortir que six fois avec leurs pères et mères et maris, ou avec des personnes expressément désignées par eux.

Aucune femme enceinte ne peut être admise comme élève sage-femme.

Le prix de la pension est fixé, par an, à 600 »

Cette pension doit être acquittée par trimestre, et à l'avance, le trimestre commencé est acquis en son entier.

L'indemnité du blanchissage est fixée à 36 »

TOTAL de la pension et du blanchissage : 636 »

Le prix des livres nécessaires à l'instruction est de 42 »

Ces livres sont :

Moreau, *Accouchements*, 2 vol. in-8

Naegelé, *Manuel d'accouchements*, 1 vol. in-12, fig.

Jacquemier, *Manuel d'accouchements*, 2 vol. in-18, fig.

Cazeaux, *Accouchements*, 1 vol. in-8.

Nysten, *Dictionnaire de médecine*, 1 vol. in-8.

Le prix des instruments est de 19 75

TOTAL GÉNÉRAL : 697 75

Les élèves sont logées, nourries, éclairées, chauffées en commun, fournies de linge de lit et de table, et de tabliers.

Elles entrent gratuitement à l'école, lorsqu'elles ont obtenu leur nomination aux frais de MM. les préfets, ou des commissions administratives des hospices de leur département respectif; dans le cas contraire, elles acquittent, à leurs frais, toutes les dépenses dont le montant est ci-dessus indiqué.

Deux sortes d'examens sont offerts aux élèves sages-femmes :

1° Devant les jurys médicaux, où elles ont à répondre aux questions qui leur sont faites, en exécutant sur le fantôme (*mannequin*), les opérations les plus simples des accouchements et expliquant les accidents qui peuvent les précéder, les accompagner et les suivre, ainsi que les moyens d'y remédier.

Lorsqu'elles ont répondu d'une manière satisfaisante, il leur est délivré gratuitement un diplôme d'après lequel elles peuvent exercer, mais seulement dans le département où elles ont été examinées et reçues (Loi du 10 mars 1803, art. 32, et Arrêté du 9 juin 1803, art. 42).

2° Devant trois professeurs d'une des Facultés de médecine, où elles sont soumises à deux examens, l'un sur la théorie, l'autre sur la pratique des accouchements, après avoir prouvé qu'elles ont suivi au moins deux des cours de l'École ou de l'hospice de la Maternité.

Les frais pour leur réception sont de *cent vingt francs*.

Les sages-femmes ainsi reçues peuvent s'établir dans tous les départements (Arrêté du 9 juin 1803, art. 43).

Les sages-femmes ne pourront employer les instruments, dans les cas d'accouchements laborieux, sans appeler un docteur ou un médecin, ou un chirurgien anciennement reçu (Loi du 10 mars 1803, art. 33).

Les sages-femmes feront enregistrer leur diplôme au tribunal de première instance et à la sous-préfecture de l'arrondissement où elles s'établiront et où elles auront été reçues (Loi du 10 mars 1803, art. 34).

Tout individu qui continuerait d'exercer l'art des accouchements sans avoir de diplôme, sera poursuivi et condamné à une amende pécuniaire envers les hospices (Loi du 10 mars 1803, art. 35).

L'amende pourra être portée à *cent francs* pour les femmes qui pratiquent illicitement l'art des accouchements (Loi du 10 mars 1803, art. 36).

LOIS DIVERSES

APPLICABLES AUX MÉDECINS, CHIRURGIENS, PHARMACIENS ET SAGES-FEMMES.

Quiconque, par maladresse, imprudence, inattention ou inobservation des règlements, aura commis involontairement un homicide, ou en aura été involontairement la cause, sera puni d'un emprisonnement de trois mois à deux ans, et d'une amende de 50 fr. à 600 fr. (*Code pénal*, art. 319).

S'il n'est résulté du défaut d'adresse ou de précaution que des blessures ou des coups, l'emprisonnement sera de six jours à deux mois, et l'amende sera de 16 fr. à 100 fr. (*Idem*, art. 320).

Les médecins, chirurgiens et autres officiers de santé, ainsi que les pharmaciens, les sages-femmes et autres dépositaires par état ou profession des secrets qu'on leur confie, qui, hors les cas où la loi les oblige à se porter dénonciateurs, auraient révélé ces secrets, seront punis d'un emprisonnement d'un mois à six mois, et d'une amende de 100 fr. à 200 fr. (*Idem*, art. 378).

Tout médecin, chirurgien ou autre officier de santé, qui, pour favoriser quelqu'un, certifiera faussement des maladies ou infirmités propres à dispenser d'un service public, sera puni d'un emprisonnement de deux à cinq ans ; et s'il a été mû par dons ou promesses, il sera puni du bannissement ; les corrupteurs seront, en ce cas, punis de la même peine (*Idem*, art. 160).

Quiconque, par aliments, breuvages, médicaments, violences, ou par tout autre moyen, aura procuré l'avortement d'une femme enceinte, soit qu'elle y ait consenti ou non, sera puni de la réclusion (*Idem.*, art. 317).

La même peine sera prononcée contre la femme qui se sera procuré l'avortement à elle-même, ou qui aura consenti à faire usage des moyens à elle indiqués ou administrés à cet effet, si l'avortement s'en est suivi (*Idem.*, art. 317).

Les médecins, chirurgiens et autres officiers de santé, ainsi que les pharmaciens, qui auront indiqué ou administré ces moyens, seront condamnés à la peine des travaux forcés à temps, dans les cas où l'avortement aurait lieu (*Idem*, art. 317).

Les déclarations de naissance seront faites, dans les trois jours de l'accouchement, à l'officier de l'état civil du lieu ; l'enfant lui sera présenté (*Code civil*, art. 55).

La naissance de l'enfant sera déclarée par le père, ou, à défaut, par les docteurs en médecine ou en chirurgie, sages-femmes, officiers de santé, ou autres personnes qui auront assisté à l'accouchement, et, lorsque la mère sera accouchée hors de son domicile, par la personne chez qui elle sera accouchée. L'acte de naissance sera rédigé tout de suite et en présence de deux témoins (*Idem*, art. 56).

L'acte de naissance énoncera le jour, l'heure et le lieu de la naissance, le sexe de l'enfant, et les prénoms qui lui seront donnés, les prénoms, noms, profession et domicile des père et mère et ceux des témoins (*Idem*, art. 57).

Toute personne qui, ayant assisté à un accouchement, n'aura pas fait la déclaration à elle prescrite par l'article 56 du Code civil, et dans le délai fixé par l'art. 55 du même Code, sera punie d'un emprisonnement de six jours à six mois, et d'une amende de 16 fr. à 300 fr. (*Code pénal*, art. 346).

Toute personne qui aura trouvé un enfant nouveau-né sera tenue de le remettre à l'officier de l'état civil, ainsi que les vêtements et autres effets trouvés avec l'enfant, et de déclarer toutes les circonstances de temps et de lieu où il aura été trouvé, sous peines portées au précédent article (*Code civil*, art. 58, et *Code pénal*, art. 347).

Ceux qui auront exposé ou délaissé en un lieu solitaire un enfant au-dessous de l'âge de sept ans accomplis, ceux qui auront donné l'ordre de l'exposer ainsi, si cet acte a été exécuté, seront, pour ce seul fait, condamnés à un emprisonnement de six mois à deux ans, et à une amende de 16 à 200 fr. (*Code pénal*, art. 349).

Ceux qui auront exposé ou délaissé en lieu non solitaire un enfant au-dessous de l'âge de sept ans accomplis, seront punis d'un emprisonnement de trois mois à un an, et d'une amende de 16 fr. à 100 fr. (*Idem*, art. 352).

Ceux qui auront porté à un hospice un enfant au-dessous de

sept ans accomplis, qui leur aurait été confié afin qu'ils en prissent soin, ou pour toute autre cause, seront punis d'un emprisonnement de six semaines à six mois, et d'une amende de 16 fr. à 50 fr. Toutefois aucune peine ne sera prononcée s'ils n'étaient pas tenus ou ne s'étaient pas obligés de pourvoir gratuitement à la nourriture et à l'entretien de l'enfant, et si personne n'y avait pourvu. (*Code pénal*, art. 348.)

Les coupables d'enlèvement, de recélé ou de suppression d'un enfant, de substitution d'un enfant à un autre, ou de supposition d'un enfant à une femme qui ne serait pas accouchée, seront punis de la réclusion. La même peine aura lieu contre ceux qui, étant chargés d'un enfant, ne le présenteront point aux personnes qui ont droit de le réclamer. (*Idem*, art. 345.)

Les *enfants trouvés* sont ceux qui, nés de pères et de mères inconnus, ont été trouvés exposés dans un lieu quelconque, ou portés dans les hospices destinés à les recevoir. (*Décret du* 19 *janvier* 1811, art. 2.)

Les *enfants abandonnés* sont ceux qui, nés de pères et mères connus, et d'abord élevés par eux, ou par d'autres personnes à leur décharge, en sont délaissés, sans qu'on sache ce que leurs pères et mères sont devenus, ou sans qu'on puisse recourir à eux. (*Décret du* 19 *janvier* 1811, art. 5.)

Les enfants trouvés et les enfants abandonnés sont sous la tutelle des commissions administratives des hospices, conformément aux règlements existants. Un membre de cette commission est spécialement chargé de cette tutelle. (*Décret du* 19 *janvier* 1811, art. 15.)

Est qualifié *infanticide*, le meurtre d'un enfant nouveau-né. (*Code pénal*, art. 300.)

Tout coupable d'assassinat, de parricide, d'infanticide et d'empoisonnement, sera puni de mort. (*Code pénal*, art. 302.)

Aucune inhumation ne sera faite sans une autorisation sur papier libre, et sans frais, de l'officier de l'état civil, qui ne pourra la délivrer qu'après s'être transporté auprès de la personne décédée, pour s'assurer du décès, et que vingt-quatre heures après le décès, hors les cas prévus par les règlements de police. (*Cod. civ.*, art. 77.)

Lorsqu'il y aura des signes ou indices de mort violente, ou d'autres circonstances qui donneront lieu de le soupçonner, on ne pourra faire l'inhumation qu'après qu'un officier de police, assisté d'un docteur en médecine ou en chirurgie, aura dressé procès-verbal de l'état du cadavre et des circonstances relatives, ainsi que des renseignements qu'il aura pu recueillir sur les prénoms, âge, profession, lieu de naissance et domicile de la personne décédée. (*Cod. civ.*, art. 81.)

Les docteurs en médecine ou en chirurgie, les officiers de santé et les pharmaciens qui auront traité une personne pendant la maladie dont elle meurt, ne peuvent profiter des dispositions entre-vifs ou testamentaires qu'elle aurait faites en leur faveur pendant le cours de cette maladie. Sont exceptées : 1° les dispositions rémunératoires faites à un titre particulier, eu égard aux facultés du déposant et aux services rendus ; 2° les dispositions universelles, dans le cas de parenté, jusqu'au quatrième degré inclusivement, pourvu, toutefois, que le décédé n'ait pas d'héritier en ligne directe ; à moins que celui au profit de qui la disposition a été faite ne soit lui-même du nombre de ces héritiers. (*Cod. civ.*, art. 909.)

Les créances privilégiées sur la généralité des meubles sont ci-après exprimées, et s'exercent dans l'ordre suivant :

1° Les frais de justice ;

2° Les frais funéraires ;

3° Les frais quelconques de la dernière maladie concurremment entre ceux à qui ils sont dus. (*Cod. civ.*, art. 2101.)

L'action des médecins, chirurgiens et pharmaciens pour leurs visites, opérations et médicaments, se prescrit par un an. (*Cod. civ.*, art. 2272.)

TARIF LÉGAL

DES MÉDECINS, CHIRURGIENS ET SAGES-FEMMES.

(Décret du 8 janvier 1811.)

Pour les vacations, par réquisition des officiers de justice ou de police judiciaire, il est alloué aux médecins et chirurgiens pour chaque visite ou rapport :

A Paris, 6 francs.

Dans les villes de 40,000 âmes, et au-dessus, 5 francs.

Dans les autres villes et communes, 3 francs.

Les visites faites par les sages-femmes sont payées :

A Paris, 3 francs.

Dans toutes les autres villes et communes, 2 francs.

Il n'est rien alloué pour les soins et traitements administrés soit après le premier pansement, soit après les visites ordonnées d'office.

Dans le cas de transport à plus de deux kilomètres de la résidence, il est alloué aux médecins et chirurgiens, pour tous frais de voyage, 2 fr. 50 cent. par chaque myriamètre, en allant et en revenant.

Aux sages-femmes, 1 fr. 50 c.

L'indemnité est portée à 2 fr. pendant les mois de novembre, décembre, janvier et février.

Si un obstacle par force majeure constatée retient en route, chaque jour de retard est payé :

Aux médecins et chirurgiens, 2 fr.

Aux sages-femmes, 1 fr. 50.

La prolongation de séjour dans la ville où s'instruit la procédure est ainsi indemnisée :

Aux médecins et chirurgiens :

A Paris, 4 francs.

Dans les villes de 40,000 âmes et au-dessus, 2 fr. 50 c.
Dans les autres villes et communes, 2 fr.

Aux sages-femmes :

A Paris, 3 fr.
Dans les villes de 40,000 habitants et au-dessus, 2 fr. 50.
Dans les autres villes et communes, 1 fr. 50.

MANUEL D'ACCOUCHEMENTS.

PREMIÈRE PARTIE.

DU CORPS HUMAIN EN GÉNÉRAL, ET EN PARTICULIER DES PARTIES DU CORPS DE LA FEMME QUI SONT PRINCIPALEMENT INTÉRESSÉES DANS LA GROSSESSE, L'ENFANTEMENT ET LES COUCHES.

SECTION PREMIÈRE.

DU CORPS HUMAIN EN GÉNÉRAL ET DE SES FONCTIONS.

CHAPITRE PREMIER.

DE LA STRUCTURE DU CORPS HUMAIN.

1. — Le corps humain se compose de *parties solides* et de *parties liquides.*

2. — Les parties solides sont : les *os*, les *cartilages*, les *ligaments*, le *tissu cellulaire*, les *muscles*, les *tendons*, les *vaisseaux*, les *nerfs*, les *viscères*, les *glandes*, la *peau* et les *membranes*, les *ongles* et les *poils* (cheveux).

3. — Les parties liquides sont : le *chyle*, le *sang* et les divers liquides qu'ils produisent, tels que le *lait*, la *bile*, l'*urine*, etc.

4. — Les *os* sont des parties dures et inflexibles, destinées à servir de soutien aux parties molles et à former des cavités pour abriter les viscères importants. Ils représentent, pour ainsi dire, la partie fondamentale du corps, qui sans eux ne pourrait ni se tenir droit, ni se mouvoir, mais s'affaisserait sur lui-même.

5. — Les *cartilages* ont une dureté moins grande que les os, mais ils sont plus solides, plus résistants que les autres parties du corps ; ils jouissent, en même temps, d'une très grande élasticité. Leur destination est variée : les uns servent à recouvrir les surfaces articulaires des os, afin que, devenues plus lisses, elles puissent se mouvoir avec plus de facilité les unes sur les autres ; il en est qui ont pour but de réunir des os entre eux : les os du bassin, par exemple, sont pour la plupart réunis par des cartilages, il en est de même de la réunion des côtes avec le sternum ; d'autres enfin servent à donner leur forme et leur solidité à quelques parties dont ils constituent la base : tels sont les cartilages de l'oreille, du nez, du larynx et de la trachée-artère. Nous croyons devoir signaler encore les cartilages temporaires qui précèdent l'ossification, car tous les os ont été des cartilages qui se sont ossifiés.

6. — Les *ligaments* se composent de fibres blanches, flexibles, élastiques ; ils sont principalement destinés à servir de moyens d'union entre les extrémités articulaires des os. En effet, la réunion des os du corps entre eux se fait de deux manières : ou ils sont fixés les uns aux autres d'une manière *immobile*, comme ceux de la tête et la plupart des os du bassin ; ou bien ils sont *mobiles* les uns sur les autres, comme le maxillaire inférieur sur les temporaux, les vertèbres entre elles et avec la tête, et surtout les os des membres entre eux.

7. — Le *tissu cellulaire* est une substance molle, élastique, blanchâtre, qui existe en grande quantité dans le corps humain.

Tantôt il n'offre pas de forme prononcée, tantôt il se présente sous celle de lamelles, de mailles ou de cellules, dont les interstices sont remplis par de la graisse, ou, comme cela arrive quelquefois dans certaines maladies, par de l'air ou une quantité plus ou moins considérable de sérosité ; enfin, il enveloppe aussi beaucoup de parties du corps, les viscères, les vaisseaux, les glandes, etc., sous forme de membranes minces plus ou moins résistantes. Il sert d'abord à remplir les vides qui existent entre différentes parties du corps ; il forme une couche autour des vaisseaux et des nerfs ; enfin il sert de moyen d'union entre les parties les plus ténues du corps, telles que les fibres dont se composent les divers tissus ; le tissu musculaire, par exemple.

8. — Les *muscles* sont des faisceaux charnus, composés de fibres rouges, molles, et qui, jouissant de la faculté de se contracter, peuvent ainsi produire les différents mouvements dont le corps est susceptible. Il y a deux espèces de muscles. Les uns prennent leurs points d'attache sur les os et président aux mouvements du corps. Ces muscles obéissent à la *volonté;* on les appelle *muscles de la vie volontaire* ou *animale*. A leurs extrémités, vers les points où ils se fixent aux os, ces muscles se terminent souvent par des cordons blancs, argentés, très résistants, appelés *tendons*, et qui sont, pour ainsi dire, des cordes au moyen desquelles les os sont mus par les muscles. Les autres ont la forme de membranes charnues, et constituent les parois de canaux et de cavités, par exemple du tube intestinal, du cœur, de la vessie, de l'utérus, etc. En se contractant, ils rétrécissent l'étendue de la cavité qu'ils circonscrivent, et déterminent ainsi le mouvement des substances qui s'y trouvent contenues. C'est par eux que s'opère le passage des aliments dans le tube intestinal, que le sang est chassé du cœur, l'urine de la vessie, l'enfant de l'utérus. Ces muscles n'obéissent pas à la volonté ; on les appelle *muscles de la vie organique* ou *involontaire*.

9. — Les *vaisseaux* sont des canaux membraneux qui se trouvent répandus dans toute la masse du corps ; il y en a de deux espèces :

1° Vaisseaux *sanguins ;*

2° Vaisseaux *lymphatiques*.

Les vaisseaux sanguins se divisent en *artères* et en *veines*.

Les *artères* sont destinées à conduire le sang du cœur à toutes les parties du corps, pour que celles-ci puissent en retirer les éléments nécessaires à leur nutrition, à leur développement et à la sécrétion de différents liquides. Les tuniques des artères sont épaisses, résistantes et opaques. On remarque dans les artères des battements réguliers (*pouls*), déterminés par l'afflux du sang que le cœur y pousse chaque fois qu'il se contracte.

Les *veines* servent à ramener au cœur le sang qui n'a pas été employé à la nutrition et à la sécrétion. Les tuniques en sont plus minces que celles des artères. Les veines sont, les unes placées plus superficiellement que les artères, et çà et là on les voit apparaître à travers la peau; les autres sont profondes, accompagnent les artères, dont elles sont les satellites.

Les *vaisseaux lymphatiques* ont leur origine à la surface du corps et de ses cavités, dans les membranes du canal intestinal, etc.; ils charrient un liquide qu'ils portent dans les sous-clavières, dans lesquelles s'ouvrent le canal thoracique et la grande veine lymphatique, tronc commun des vaisseaux lymphatiques de tout le corps.

10. — Les *nerfs* sont des filaments blancs, souples, d'une structure tubuleuse, qui tirent leur origine du cerveau et de la moelle épinière, et sont enveloppés d'une gaîne, *névrilème*. Ils se distribuent à presque toutes les parties du corps, où ils président aux mouvements et à la sensibilité.

11. — Les *viscères*, organes situés dans les différentes cavités du corps, sont destinés, par suite de leur conformation, à remplir certaines fonctions. Tels sont : le *cerveau* et la *moelle épinière*, dans le crâne et le canal rachidien; le *cœur* et les *poumons*, dans la cavité thoracique; le *foie*, la *rate*, l'*estomac*, les *intestins*, les *reins*, dans l'abdomen, etc.

12. — Les *glandes* sont des organes d'une structure complexe, mais surtout constitués par de très petites cavités de différentes espèces à parois membraneuses très minces, et par des vaisseaux sanguins très déliés qui se distribuent sur ces parois. Les liquides sortis de ces vaisseaux se rendent dans les cavités de la glande : c'est ce qu'on appelle *sécrétion*. Les liquides sont le lait, sécrété par les glandes mammaires; la salive, sécrétée par les glandes salivaires; l'urine, sécrétée par les reins; la bile, par le foie, etc. Selon que les fluides sécrétés sont ou ne sont pas versés dans les canaux excréteurs particuliers, on divise les glandes en deux classes. La

première en renferme le plus grand nombre : le *foie*, les *reins*, les *glandes mammaires*, *salivaires*, *sudoripares*, *mucipares*, sont les plus importantes. La seconde classe n'en renferme que quatre : la *glande thyroïde*, le *thymus*, la *rate* et les *capsules surrénales*. On ignore jusqu'à présent l'usage des liquides qu'elles renferment et par quelle voie ils sont excrétés. Il est probable qu'elles servent à l'élaboration du sang, et que leur contenu est excrété par les vaisseaux absorbants.

13. — Ce sont les différentes parties dont nous venons de parler qui composent le corps ; elles se trouvent disposées les unes auprès des autres dans un ordre déterminé, et c'est principalement de cet ordre que résultent la forme, la figure, et en partie les fonctions des divers organes.

14. — Tout le corps est recouvert par une membrane que l'on appelle *peau* ; celle-ci se réfléchit en dedans, à toutes les ouvertures du corps, devient plus fine, plus délicate, plus rouge, et sécrète alors des mucosités. Cette peau rentrée porte le nom de *membrane muqueuse*.

La peau se compose du *derme* et de l'*épiderme*. Celui-ci est la couche extérieure qui recouvre tout le corps ; il est mince, transparent, dépourvu de vaisseaux et de nerfs ; à l'état normal, il est étroitement lié au derme, mais dans beaucoup de maladies, il se détache sous forme d'écailles ou même en plaques plus considérables ; après la mort, dès le commencement de la putréfaction, il se détache avec une extrême facilité. Le même phénomène se présente à la suite des brûlures et de l'application des vésicatoires.

15. — La *lymphe* est un liquide que les vaisseaux lymphatiques absorbent dans toutes les parties du corps et qu'ils vont porter dans les veines.

16. — Le *chyle* est un liquide qui provient de la digestion des aliments ; il est absorbé par les vaisseaux lymphatiques dans toute l'étendue du canal intestinal, et, de même que la lymphe, il est porté dans les veines.

17. — Les sources principales du sang sont le chyle et la lymphe (v. 15).

18. — Le *sang* est un liquide rouge, visqueux, possédant une odeur particulière et un certain degré de chaleur; il est répandu en grande quantité dans tout le corps, dont il forme à lui seul la huitième partie.

19. — Le sang sorti du corps perd rapidement sa chaleur, et exhale en même temps une vapeur particulière. La partie épaisse, colorante, se sépare de la partie aqueuse. La première, formant une masse cohérente, s'appelle *caillot;* elle nage au milieu de la seconde, qui porte le nom de *sérum.*

20. — Le sang fournit à toutes les parties du corps les matières nécessaires à leur formation, leur conservation et leur développement; il est aussi la source de tous les autres fluides renfermés dans le corps, le chyle excepté.

21. — Le corps se divise en *tête*, *tronc*, et *extrémités.* La tête comprend le *crâne* et la *face.* Le tronc comprend le *cou*, la *poitrine*, le *ventre* et le *bassin.* Les extrémités se divisent en *supérieures* et *inférieures.*

22. — Lorsque toutes les parties molles sont détachées des os et qu'il ne reste plus rien que ces derniers réunis entre eux par les ligaments, on a ce qu'on appelle un *squelette.* Celui-ci se divise en *os de la tête*, *du tronc* et *des membres.*

23. — *Os de la tête.* Ils se partagent en *os du crâne* et *os de la face.*

24. — Le *crâne* est composé de sept os : le *frontal*, l'*ethmoïde*, les *deux pariétaux*, les *deux temporaux* et l'*os basilaire*, qu'on divise encore en *sphénoïde* et *occipital.* L'os basilaire présente un trou très large, qui porte le nom de *trou occipital.*

Les os du crâne sont réunis entre eux de la manière suivante. Les bords, pour la plupart dentelés en forme de scie, s'engrènent réciproquement; ce mode d'union a reçu le nom de *sutures.* La suture qui unit les bords supérieurs des deux pariétaux s'appelle *suture sagittale;* celle qui unit les bords postérieurs des deux pariétaux avec l'occipital est nommée *suture occipitale* (*occipito-pariétale* ou *lambdoïde*) ; celle qui unit les bords supérieurs du frontal et les bords antérieurs des pariétaux, *suture coronale.* On appelle *sutures écailleuses*, la réunion des deux temporaux avec les bords inférieurs des pariétaux, de chaque côté du crâne.

25. — Les *os de la face* sont au nombre de quatorze, dont treize sont articulés d'une manière immobile, soit entre eux, soit avec les os du crâne. Ce sont : les *deux maxillaires supérieurs*, les *deux os palatins*, les *deux os malaires*, les *deux os lacrymaux*, les *deux os nasaux*, les *deux cornets inférieurs* et le *vomer*. La *mâchoire inférieure* (*maxillaire inférieur*) est constituée par un seul os, dont la réunion avec les temporaux forme une articulation mobile.

26. — La mâchoire supérieure, de même que l'inférieure, est armée de seize dents, chez l'adulte, savoir : quatre incisives, deux canines et dix molaires.

27. — Les *os du tronc* sont les *vertèbres* (qui, par leur superposition, constituent la *colonne vertébrale*), les *côtes*, le *sternum* et les *os du bassin*.

28. — La *colonne vertébrale* se compose de vingt-quatre vertèbres qui tirent leur dénomination de la part qu'elles prennent à la formation du cou et des cavités thoraciques et abdominales : ainsi, les supérieures, au nombre de sept, sont appelées *vertèbres cervicales;* les douze suivantes, *vertèbres dorsales* ou *thoraciques ;* les cinq dernières, *vertèbres abdominales* ou *lombaires*.

29. — Les articulations des vertèbres entre elles, de même que celles de la tête avec la colonne vertébrale, sont mobiles.

30. — Le *sternum* se compose de trois parties distinctes réunies par des cartilages ; il est situé à la partie antérieure de la poitrine.

31. — Les *côtes* sont au nombre de douze de chaque côté. A la partie antérieure du thorax, elles sont réunies en avant avec le sternum par des cartilages ; elles s'articulent, en arrière, avec les vertèbres dorsales. Toutes ces articulations sont mobiles, ce qui permet à la poitrine de se dilater pendant la respiration.

32. — Les *os du bassin* sont : le *sacrum*, le *coccyx* et les *deux os coxaux*. On doit regarder le sacrum et le coccyx comme le prolongement de la colonne vertébrale.

33. — Les *extrémités* sont divisées en *supérieures* et en *inférieures*.

Les *supérieures* se subdivisent en *épaule*, *bras*, *avant-bras* et *main*. L'épaule se compose de l'*omoplate* et de la *clavicule ;* le bras, d'un seul os, l'*humérus ;* l'avant-bras, de deux os, le *radius* et le *cubitus*. On distingue, à la main, le *carpe* composé de huit os, le *métacarpe* qui en a cinq, et les *doigts*. Chaque doigt a trois articulations, et par conséquent est formé de trois os, à l'exception du pouce, qui n'a que deux os et deux articulations.

Les *extrémités inférieures* sont divisées en *cuisse*, *jambe* et *pied*. La cuisse n'a qu'un seul os, le *fémur ;* la jambe en a deux, le *tibia* et le *péroné ;* un troisième os, la *rotule*, est placé en avant de l'articulation du genou. Le pied se compose du *tarse*, formé par sept os, et du *métatarse*, qui en a cinq ; et enfin des *orteils*, dont chacun a trois os et trois articulations, à l'exception du *gros orteil*, qui n'en a que deux, comme le pouce.

34. — Les os de la tête et du tronc forment, avec les parties molles qui s'y attachent, différentes cavités qui renferment les *viscères*.

35. — C'est ainsi que la réunion des os du crâne forme une boîte osseuse appelée *cavité crânienne.*

36. — La *colonne vertébrale* renferme un canal, le *canal vertébral*, qui, en haut, se trouve en rapport avec la cavité crânienne par le trou occipital, et qui se termine en bas à l'extrémité du sacrum.

37. — Le *cerveau* et la *moelle épinière*, avec leurs membranes, sont logés, le premier dans la cavité crânienne, la seconde dans le canal vertébral.

La moelle épinière est le prolongement de la substance cérébrale ; elle descend à travers le trou occipital, dans le canal vertébral ; au niveau de la première ou seconde vertèbre lombaire, elle se divise en nombreux cordons nerveux qui, sous le nom de *queue de cheval*, remplissent l'extrémité inférieure de la colonne vertébrale.

38. — Dans la cavité crânienne, et dans le canal verté-

bral, il existe beaucoup d'ouvertures qui donnent passage à des vaisseaux, et par lesquels sortent des nerfs qui se distribuent à toutes les parties du corps.

39. — La réunion des os de la face, tant entre eux qu'avec ceux du crâne, donne lieu à la formation de différentes cavités et à diverses saillies, dont la grandeur, la forme et la proportion déterminent en partie la forme du visage.

40. — Ainsi, on trouve à la partie supérieure de la face, au-dessous du frontal, deux cavités (les *orbites*) destinées à loger les *yeux*.

41. — Les saillies déterminées de chaque côté par les os malaires, qui servent d'attaches aux muscles de la bouche, forment la saillie des *joues*.

42. — Le *nez* occupe la partie moyenne de la face. A son intérieur existe une cavité partagée en deux par une cloison : c'est la *cavité nasale*, qui communique en arrière avec l'*arrière-bouche;* elle est tapissée, dans toute son étendue, par une membrane muqueuse qui est le siége de l'odorat et à laquelle se distribuent les nerfs olfactifs.

43. — Les *oreilles* occupent les régions latérales de la face : elles se continuent par un canal qui pénètre dans l'intérieur du temporal, où se trouve l'organe de l'ouïe.

44. — La *cavité buccale* est placée à la partie inférieure de la face ; cette cavité est formée par les deux maxillaires supérieurs, les deux os palatins, la mâchoire inférieure, ainsi que les parties molles et les muscles qui viennent s'y attacher. On appelle *menton* l'éminence qui occupe le milieu de la mâchoire inférieure ; l'ouverture de la *bouche* est formée par les *deux lèvres*.

45. — Les *lèvres* sont constituées en dehors par la peau. Celle-ci, en se réfléchissant en dedans, devient plus fine et plus mince, et se transforme en *membrane muqueuse* proprement dite. Il existe entre ces replis de la peau beaucoup de muscles, de vaisseaux, de nerfs et de petites glandes.

46. — Toute la cavité buccale est tapissée par une membrane muqueuse ; dans cette cavité, se trouve la *langue*. Il entre dans la structure de cet organe des muscles, des vais-

seaux et des nerfs nombreux ; c'est à la base de la langue que réside principalement le sens du goût. La langue sert aussi à la parole et à la déglutition. Trois paires de glandes volumineuses, appelées *glandes salivaires*, parce qu'elles sont destinées à sécréter la salive, versent dans la cavité buccale le produit de leur sécrétion par des canaux qui leur sont propres.

La cavité buccale se continue avec l'arrière-bouche ou *pharynx;* celle-ci se trouve en arrière en communication avec l'*œsophage*, en avant avec la *trachée-artère*, et en haut avec les *fosses nasales.*

47. — Le *cou* est formé par les vertèbres cervicales, la peau et divers muscles destinés à mouvoir la tête, le cou, la langue et le pharynx.

En avant, sur la ligne médiane, est située la *trachée-artère*, qui fait communiquer l'arrière-bouche avec les poumons. Derrière la trachée-artère est l'*œsophage*, canal musculo-membraneux étendu de l'arrière-bouche à l'estomac.

Dans le voisinage de ces parties existent un grand nombre de gros vaisseaux, des artères qui portent le sang du cœur à la tête et aux organes que renferme le cou, ainsi que des veines qui ramènent le sang de la tête au cœur, ainsi que des nerfs nombreux.

Au-devant de la trachée-artère se trouve une glande volumineuse, la *glande thyroïde*, dont le développement pathologique constitue le *goître.*

48. — La *cavité thoracique* est formée, en arrière par les douze vertèbres thoraciques, latéralement par les côtes, et en avant par le sternum ; en bas, elle est séparée de la cavité abdominale par une cloison charnue, le *diaphragme.* Des muscles nombreux, destinés à mouvoir les côtes et les membres supérieurs, s'attachent aux os qui forment la cavité thoracique. Elle renferme les *poumons* et le *cœur.* Les *poumons* sont deux organes coniques, richement pourvus de sang, d'un tissu spongieux, et dans lesquels se ramifient les bronches et de nombreux vaisseaux sanguins. Ils sont situés sur les côtés de la cavité thoracique, et chacun d'eux est recouvert d'une membrane mince, transparente, appelée *plèvre.*

A l'endroit où les bronches et les vaisseaux pénètrent dans les poumons, la plèvre de l'un et de l'autre poumon se porte en avant et en arrière de la cavité thoracique, qu'elle tapisse.

C'est ainsi que les plèvres forment deux sacs dans lesquels les poumons sont attachés ou suspendus de manière à se mouvoir librement. Entre les deux sacs, derrière le sternum, mais plutôt vers la gauche, est situé le *cœur* avec les origines des gros vaisseaux. Le cœur est, comme les poumons, renfermé dans un sac membraneux, le *péricarde*, dans lequel il se meut librement.

49. — La *cavité abdominale* est formée, en arrière par les cinq vertèbres lombaires, en avant et sur les côtés par cinq paires de muscles abdominaux; sa face interne est, comme celle de la cavité thoracique, revêtue par une membrane mince, transparente, appelée *péritoine*. Cette membrane tapisse également, d'une manière plus ou moins complète, la plupart des organes renfermés dans cette cavité.

La cavité abdominale contient les viscères qui président à la digestion et à l'élaboration de l'urine, ainsi que trois glandes, la *rate* et les deux *capsules surrénales*. Aux organes de la digestion appartiennent l'estomac, les intestins, le pancréas et le foie; les reins sont les organes destinés à la sécrétion de l'urine.

L'estomac est placé en haut et un peu à gauche : près de lui et à gauche se trouve la *rate;* à droite, le *foie* avec la *vésicule biliaire;* derrière l'estomac, et un peu plus bas, est situé une glande oblongue et volumineuse, le *pancréas*.

Dans la région lombaire sont placés les *reins*, embrassés, à leur extrémité supérieure, par les *capsules surrénales*.

Les *intestins* remplissent le reste de la cavité abdominale; ils représentent un canal continu, étendu de l'estomac à l'anus, et qui, chez l'adulte, a plus de six fois la longueur du corps. Les intestins se divisent en *intestins grêles* et en *gros intestins ;* ces derniers sont beaucoup plus larges que les premiers. Dans l'une et dans l'autre espèce on distingue trois parties : les intestins grêles, qui ont une longueur quatre fois plus grande que les gros intestins, se composent du *duo-*

dénum, du *jéjunum*, et de l'*iléum;* les gros intestins, du *cæcum*, du *côlon* et du *rectum.*

50. — La *cavité pelvienne* renferme en avant la *vessie;* derrière celle-ci se trouvent, chez la femme, l'*utérus* avec les *ovaires*, les *trompes* et le *vagin;* enfin plus en arrière encore, le *rectum*. Chez l'homme, les *vésicules séminales* se trouvent entre la vessie et le rectum.

51. — La *vessie* est un réservoir membraneux, destiné à contenir l'urine que sécrètent les reins.

La portion supérieure s'appelle *fond*. Lorsque la vessie est pleine, elle s'élève en dehors de la cavité pelvienne, de sorte qu'on peut la sentir sous la forme d'une boule à travers la paroi abdominale, au-dessus des pubis. La partie antérieure et la partie postérieure de la vessie s'appellent *paroi antérieure* et *paroi postérieure*. Chez la femme la première est en rapport avec la face antérieure du bassin; la seconde, avec la face antérieure de l'utérus et la portion supérieure du vagin. La partie inférieure de la vessie, qui repose, chez la femme, sur la partie inférieure de la paroi antérieure du vagin, s'appelle *bas-fond de la vessie;* la partie la plus étroite, qui se continue avec l'urèthre, est légèrement conique; elle porte le nom de *col de la vessie*, et se trouve entourée par un *sphincter* (muscle orbiculaire); les deux uretères s'ouvrent dans la vessie au-dessus et en arrière du col. Le canal de l'urèthre a 27 millimètres de longueur chez la femme; il descend derrière l'arcade du pubis et en avant du vagin, et vient s'ouvrir dans le vestibule.

Le *rectum* est l'extrémité inférieure du canal intestinal: il commence vers la dernière vertèbre lombaire, descend à gauche de la saillie du sacrum, c'est-à-dire en avant de la symphyse *sacro-iliaque* gauche; il se dirige ensuite vers le milieu de la face antérieure du sacrum; il longe, en descendant, cette face et celle du coccyx, et se termine enfin, en avant du sommet de cet os, par une ouverture circulaire entourée d'un sphincter, que l'on nomme *anus*.

52. — Aux *extrémités* se trouvent un grand nombre de muscles qui président à leurs mouvements.

CHAPITRE II.

DES FONCTIONS DU CORPS HUMAIN (1).

1° De la digestion, de l'élaboration du sang et de la respiration.

53. — L'activité continuelle des divers appareils dont l'ensemble constitue l'organisme, les sécrétions et les excrétions, enlèvent au corps une grande quantité de ses éléments. Il est indispensable, pour l'entretien de la vie, que le corps recouvre ce qu'il a perdu. C'est à ce but que concourent certaines opérations. Des substances du dehors, des *aliments*, sont ingérées dans le corps ; ce sont elles qui fournissent un fluide particulier, le *sang*, qui, après avoir subi certaines modifications par le fait de la respiration, devient propre à renouveler les matières dont l'économie a été dépouillée.

54. — Examinons d'abord les opérations qui ont pour but de remplacer le sang, dont la quantité et la qualité sont si nécessaires pour la nutrition et la conservation du corps : ce sont la réception et la digestion des aliments ; l'absorption, qui a lieu dans toute l'étendue du canal intestinal et de la surface du corps, à l'intérieur de tous les organes et dans les différentes cavités.

55. — Le besoin que le corps éprouve de réparer ce qui lui a été enlevé se révèle par les sensations de la *faim* et de la *soif*, qui déterminent l'homme à prendre de temps en temps des aliments solides et liquides.

56. — Les aliments introduits dans la bouche sont soumis, par les dents, à une *mastication* aussi exacte que possible. Pendant la mastication, la *salive*, qui afflue des glandes salivaires, se mêle aux aliments et les prépare ainsi à la *digestion*, qui se fait dans l'estomac. Puis la langue pousse les aliments ainsi broyés dans l'arrière-bouche, d'où ils sont portés dans l'œsophage et dans l'estomac par les mouvements des muscles qui entrent dans la structure de ces organes. Cette opération s'appelle *déglutition*. Dans l'estomac, le suc gas-

(1) Pour plus de détails, consultez les *Éléments de physiologie de l'homme et des principaux vertébrés*, par M. le docteur BÉRAUD, revus par M. Ch. ROBIN. 2e édition. 1856-57, 2 vol. gr. in-18.

trique se mêle à ces aliments ; ceux-ci sont complétement ramollis et changés en une bouillie uniforme, le *chyme*, par l'action du suc gastrique et des mouvements de l'estomac.

57. — Le chyme passe de l'estomac dans le duodénum, où la *bile* de la vésicule biliaire et du foie, ainsi que le suc pancréatique, sont versés par des conduits particuliers. Ces liquides déterminent la séparation du *chyle* des matières qui ne peuvent être digérées et qui sont impropres à la nutrition.

58. — La membrane interne du tube intestinal est molle et couverte de villosités. Elle contient une foule de vaisseaux absorbants qui recueillent le chyle. Le mouvement qui a lieu sans cesse de haut en bas dans le canal intestinal, et qu'on nomme *mouvement péristaltique*, pousse peu à peu les matières renfermées dans l'intestin vers son extrémité inférieure, le *rectum*. C'est là que s'accumulent les matières que n'ont pu recueillir les vaisseaux absorbants, parce qu'elles étaient impropres à la nutrition. Elles sont de temps à autre évacuées ; elles portent le nom d'*excréments*.

59. — Les vaisseaux absorbants du canal intestinal (vaisseaux chylifères) conduisent le chyle absorbé par eux aux ganglions lymphatiques logés dans l'abdomen, afin d'opérer sa transformation en sang. De ces glandes sortent d'autres vaisseaux absorbants dont la réunion avec ceux qui proviennent de quelques autres organes de la cavité abdominale, tels que la rate, les reins, etc, constitue un gros tronc, le *canal thoracique*, par lequel le chyle et la lymphe viennent se mélanger au sang, près du cœur, dans la veine sous-clavière gauche.

60. — Il résulte de la présence des vaisseaux lymphatiques dans toutes les parties du corps, dans ses cavités, à sa surface et dans la substance des organes, que ces vaisseaux absorbent des liquides de tous côtés. D'une part, ils déterminent ainsi une diminution de la masse de l'économie, en absorbant des matières qui faisaient auparavant partie de ses éléments constituants, et en les introduisant dans la masse du sang, d'où elles sont expulsées en partie. D'autre part, les vaisseaux lymphatiques réparent la perte de l'économie en fournissant à la nutrition une portion des matières qu'ils ont absorbées

et en les mêlant au sang; c'est par leur intermédiaire aussi que des matériaux nouveaux sont apportés du dehors dans le sang.

L'absorption qui a lieu à la surface du corps (la peau) existe à un haut degré dans l'enfance. On a vu des cas dans lesquels des hommes, et surtout des enfants nés avant terme, qui ne pouvaient prendre de nourriture, ont été conservés à la vie pendant quelque temps au moyen de bains renfermant des substances nutritives. La nutrition, dans ces cas, a donc été due à l'absorption cutanée.

61. — La réparation des pertes du sang se fait de la manière que nous venons d'exposer. Mais le sang qui se trouve dans le corps depuis un certain temps, ainsi que le chyle dont il est mélangé, renferme des matières qui doivent être expulsées; d'un autre côté, ils ont besoin de s'approprier d'autres éléments contenus dans l'air, et propres à la nutrition. Cette expulsion et cette réception de matières se font dans les poumons, pendant la *respiration ;* c'est pourquoi la masse entière du sang passe peu à peu dans ces organes, et y devient apte à la nutrition.

Les poumons communiquent avec la trachée-artère ; celle-ci est elle-même en communication, par le pharynx, avec la cavité buccale et la cavité nasale. C'est par cette voie que l'air arrive dans les poumons (*inspiration*). Cet acte s'accomplit de la manière suivante : Le diaphragme, en sa qualité d'organe musculeux, se contracte et s'abaisse dans la cavité abdominale. Par là, et aussi par suite du soulèvement des côtes opéré par la contraction des muscles qui s'y attachent, la cavité thoracique est dilatée, l'air pénètre par la bouche, le nez et la trachée-artère dans le poumon, le dilate, et remplit ainsi l'espace devenu libre. Dans l'*expiration*, qui suit l'inspiration, les contractions d'autres muscles, et surtout des muscles abdominaux antérieurs, déterminent avec l'affaissement des côtes le rétrécissement de la cavité thoracique, et, par conséquent, l'expulsion de l'air des poumons par la trachée-artère, la bouche et le nez. Pendant la respiration, le sang contenu dans les poumons se trouve en contact avec l'air inspiré, lui cède certains éléments (l'acide carbonique) et en reçoit d'autres à la place (l'oxygène). Il est, pour ainsi dire, purifié par cet échange, et transformé en sang rouge apte à la nutrition.

2° De la circulation du sang et de la nutrition.

62. — Les organes qui servent principalement à la circulation du sang sont le *cœur*, les *artères* et les *veines*.

63. — Le *cœur* est libre au milieu de l'enveloppe que lui forme le péricarde; c'est un muscle creux, divisé en deux *ventricules*, un à droite et l'autre à gauche, et en deux *oreillettes*, l'une à droite et l'autre à gauche.

Chaque oreillette communique avec le ventricule du même côté par une large ouverture munie d'une valvule à l'aide de laquelle toute communication est interceptée entre l'oreillette et le ventricule, dans la contraction de cette dernière cavité. Une cloison charnue sépare le ventricule et l'oreillette d'un côté, des cavités correspondantes du côté opposé.

64. — Le cœur possède, comme tous les autres muscles (v. 8), la propriété de se contracter et de se dilater. Les mouvements du cœur devant se continuer sans interruption pour la conservation de la vie, le cœur n'est pas soumis à la volonté; il diffère en cela de la plupart des autres muscles, que, depuis le commencement de la vie jusqu'à la mort, il est dans un état d'activité continuelle. Cette activité, ou fonction du cœur, consiste en ce qu'il se contracte et se dilate alternativement de la manière suivante : Les deux oreillettes se contractent à la fois, et les deux ventricules se dilatent en même temps pour recevoir le sang que celles-ci leur envoient; ensuite les deux ventricules se contractent à leur tour, et chassent le sang qu'ils contiennent dans les vaisseaux avec lequels ils sont en communication; pendant la contraction des ventricules, les deux oreillettes se dilatent pour recevoir le sang des vaisseaux qui communiquent avec elles.

65. — Une grosse artère, nommée *aorte*, naît du ventricule gauche; elle se dirige d'abord en haut pendant un court trajet, dans la cavité thoracique; puis elle forme, en se recour-

bant en arrière et à gauche, une courbure, *crosse de l'aorte*. De cette courbure partent les artères qui portent le sang aux membres supérieurs, au cou et à la tête. L'aorte descend ensuite à gauche, le long de la colonne vertébrale, *aorte descendante*, et pénètre, par une ouverture du diaphragme, dans la cavité abdominale, où elle se termine au niveau de l'avant-dernière vertèbre lombaire. Pendant son trajet, elle donne naissance à un grand nombre d'artères qui fournissent du sang à tous les organes de la poitrine et de l'abdomen. Arrivée auprès de l'avant-dernière vertèbre lombaire, l'aorte se divise en deux troncs, dont chacun se partage lui-même en deux branches : l'une descend dans la cavité pelvienne, l'autre descend dans les membres inférieurs, auxquels elle fournit du sang jusqu'aux orteils.

66. — Le sang que les artères conduisent du ventricule gauche à toutes les parties du corps humain, lorsqu'il a subi des modifications dans les poumons, est d'un rouge vermeil et concourt au développement du corps, à sa nutrition, et enfin à la sécrétion de divers fluides destinés, soit à d'autres fonctions, soit à être expulsés de l'économie.

67. — Les *veines* reçoivent le sang modifié dans les divers organes par la nutrition et la sécrétion. Les veines de toutes les parties du corps se réunissent peu à peu les unes aux autres, pour former deux gros troncs nommés *veines caves*, qui ramènent le sang dans l'oreillette droite, d'où il passe dans le ventricule droit. Dans leur trajet, elles reçoivent le chyle et la lymphe que leur rapportent les vaisseaux lymphatiques.

68. — On appelle *grande circulation* le phénomène que nous venons de décrire.

69. — L'*artère pulmonaire* naît du ventricule droit. Le tronc de cette artère est gros et court; il se dirige un peu obliquement en haut et à gauche et se divise en deux branches, dont chacune va se ramifier dans l'un des poumons. Ces divisions de l'artère pulmonaire renferment du sang noir, qui se change dans les poumons en sang vermeil et passe dans de petites veines, qui se réunissent dans chacun de ces organes en deux gros troncs appelés *veines pulmonaires*. Celles-ci

conduisent le sang ainsi modifié dans l'oreillette gauche, dans laquelle elles viennent s'ouvrir. C'est là ce qu'on appelle *petite circulation du sang.*

70. — Voici donc les différences qui existent entre la grande et la petite circulation (v. 68 et 69) : Les artères de la grande circulation charrient du sang rouge propre à la nutrition, et le conduisent du ventricule gauche à toutes les parties du corps ; les veines de la grande circulation reportent dans l'oreillette droite le sang qui a servi à la nutrition. Celui-ci est d'une couleur plus foncée et mêlé de chyle dans la courte portion qui s'étend des veines sous-clavières à l'oreillette. Les artères de la petite circulation transmettent du ventricule droit aux poumons le sang impropre à la nutrition ; les veines de la petite circulation rapportent au contraire dans l'oreillette gauche le sang redevenu vermeil et propre à la nutrition.

3° Des sécrétions.

71. — Le sang est la source des différentes sécrétions de matières gazeuses ou liquides. Ces matières doivent être séparées du sang : 1° quelques-unes pour le rendre propre à la nutrition et à la conservation de la santé ; 2° d'autres, pour aider à la digestion et à l'élaboration du sang ; 3° d'autres doivent servir à la génération ; 4° enfin, il en est qui sont destinées à la nutrition de l'enfant après sa naissance, pendant tout le temps qu'il aura besoin, pour sa conservation, des soins maternels.

72. — Aux sécrétions de la première sorte appartiennent, indépendamment de celle qui se fait dans les poumons, la *sécrétion de l'urine*, celle de la *bile* et celle de la *sueur* (transpiration).

73. — La sécrétion urinaire se fait dans les *reins.* Ces organes sont au nombre de deux ; leur forme est celle d'une fève, leur couleur d'un rouge brun ; ils sont situés dans la cavité abdominale, de chaque côté des vertèbres lombaires. Chaque rein donne naissance à un canal membraneux, l'*uretère*, qui descend de la région lombaire jusqu'à la cavité pel-

vienne et se termine dans la vessie. C'est par les uretères que l'urine sécrétée dans les reins passe dans la vessie.

74. — La vessie (v. 51) sert de réservoir à l'urine. Lorsqu'il s'en trouve une quantité suffisante accumulée dans son intérieur, l'individu éprouve le besoin de s'en débarrasser; elle s'écoule au dehors par le canal de l'urèthre.

75. — L'évacuation des excréments, de même que celle de l'urine, s'opère principalement par la contraction des parois musculaires du rectum et de la vessie. A cet acte contribuent encore puissamment les muscles abdominaux, qui en se contractant pendant l'inspiration, rétrécissent la cavité abdominale et exercent ainsi une compression sur le rectum et la vessie.

76. — Le *foie* est destiné à la sécrétion de la bile (v. 49). C'est un organe volumineux, d'une couleur brun foncé, qui reçoit une veine très volumineuse, la *veine porte*, dont le sang sert à sécréter la bile.

77. — Sur la face inférieure du foie se trouve une poche de la forme d'une poire, la *vésicule biliaire ;* cette poche sert de réservoir à la bile afin qu'elle puisse de là passer en plus grande quantité dans le canal intestinal.

78. — La peau n'est pas seulement destinée à l'absorption de certaines matières (v. 60) ; elle sert encore à la sécrétion, dont le siége réside dans les *glandes sudoripares* et les *follicules sébacés.* La *sueur* est un liquide sécrété par les premières. La sécrétion en est-elle peu considérable, elle s'évapore très promptement à la surface du corps; si, au contraire, elle est abondante, comme cela a lieu lorsque le corps est échauffé, elle se rassemble sur la peau sous forme de gouttes. La *matière sébacée* est sécrétée par les follicules sébacés ; c'est un liquide onctueux qui entretient la souplesse de l'épiderme.

79. — Les sécrétions qui favorisent la digestion et l'élaboration des matières alimentaires sont la *salive*, le *suc gastrique*, la *bile*, le *suc intestinal*, et le *suc pancréatique*.

La sécrétion de la salive se fait dans les *glandes salivaires* (v. 56), d'où elle est conduite par des canaux particuliers dans la cavité buccale, où elle pénètre les aliments et commence à les modifier.

Ces aliments, arrivés dans l'estomac, s'y mélangent avec le suc gastrique, que sécrète la surface interne de cet organe. Ce sont ces deux agents (la salive et le suc gastrique) qui déterminent le changement des aliments en *chyme*.

80. — La *bile* sert également à la digestion ; la sécrétion biliaire a donc une double importance : en effet, d'un côté elle enlève au sang des matières qui pourraient facilement engendrer des maladies (le trouble de cette sécrétion peut occasionner l'*ictère*) ; d'un autre côté, la bile sert aussi à l'émulsion des matières grasses et à stimuler l'activité du canal intestinal.

81. — Le *suc pancréatique* passe, comme la bile, dans le duodénum. Il exerce une grande influence sur la digestion ; il agit principalement, comme la salive, sur les matières amylacées. Le pancréas est composé d'une foule de petits grains glanduleux qui transmettent, par de petits conduits, le suc qu'ils sécrètent à un large canal qui vient s'ouvrir dans le tube intestinal.

82. — A l'action de la bile et du suc pancréatique vient s'ajouter celle du suc intestinal, que sécrètent des glandes logées dans les parois du canal intestinal tout entier.

83. — Nous parlerons des sucs nécessaires à la génération et de la sécrétion du lait aux paragraphes qui traitent des *fonctions des organes sexuels* et *des organes de la génération de la femme*.

4° Des fonctions du cerveau et des nerfs.

84. — De même que les viscères de la cavité pectorale sont destinés à la respiration et à la circulation du sang, que ceux de la cavité abdominale servent principalement à la digestion ; de même aussi le cerveau est l'organe qui préside aux fonctions de l'âme. Ces fonctions sont : le sentiment, la perception, la réflexion, la mémoire, le désir, la volonté, les affections morales.

85. — D'abord nous sommes aptes à reconnaître les qualités des choses qui nous entourent et à les apprécier. Certains objets excitent en nous des sensations telles que la joie,

l'amour, la colère, qu'on peut aussi appeler *affections excitantes*, puisqu'elles excitent l'activité de plusieurs organes; d'autres provoquent l'aversion, la haine, la crainte, les soucis, les chagrins, etc. : ce sont les *affections déprimantes*, puisqu'elles ralentissent l'activité d'un grand nombre d'organes. Les objets agréables éveillent en nous le désir de les posséder; nous évitons, au contraire, les objets désagréables, et nous faisons en sorte de les tenir éloignés de nous.

La mémoire rappelle à l'âme les images passées.

Les nerfs qui sont en communication avec le cerveau et la moelle épinière sont de deux sortes : les *nerfs sensitifs* et les *nerfs moteurs;* ils président à des fonctions différentes.

86. — Les *nerfs moteurs* se rendent aux muscles, dont ils déterminent les contractions, et par suite les mouvements du corps. Ces mouvements se divisent en *volontaires* et *involontaires*, selon qu'ils sont ou non sous la dépendance de la volonté. Pour chaque *mouvement volontaire* il faut qu'il naisse d'abord dans l'âme la volonté de faire un mouvement : veut-on lever la main, par exemple, cette volonté est transmise par les nerfs moteurs aux muscles qui sont susceptibles d'exécuter ce mouvement; ces muscles se contractent, et de là résulte le mouvement voulu.

Les *mouvements involontaires* se font indépendamment de la volonté. Certains organes, tels que le cœur, les organes de la respiration, de la digestion, dont l'activité continuelle est indispensable à l'entretien de la vie, sont dans un mouvement involontaire qui ne s'arrête jamais; ils ne se fatiguent pas, et n'ont pas besoin de repos. Nous remarquerons cependant que l'activité des organes de la respiration est toutefois, dans une certaine mesure, également soumise à la volonté.

87. — Les *nerfs sensitifs* président aux *sensations*; celles-ci sont de natures différentes, ce qui a fait admettre diverses espèces de nerfs sensitifs :

1° Le *nerf optique*, qui se rend à l'œil; il perçoit la lumière et préside à la *vision*.

2° Le *nerf auditif*, qui se rend à l'oreille; il perçoit les sons et préside à l'*audition*.

3° Le *nerf olfactif*, qui se rend aux fosses nasales; il perçoit les odeurs et préside à l'*olfaction*.

4° Le *nerf glosso-pharyngien*, qui se rend à la langue et au pharynx : c'est en lui que réside la sensation du goût; il préside à la *gustation*.

5° Les *nerfs tactiles*, qui se distribuent à toutes les parties du corps; ils perçoivent des sensations variées, telles que la chaleur, le froid, le poli, les aspérités, la douleur, et président au *toucher*. On range encore parmi eux ceux qui nous fournissent les sensations de dégoût, de faim, de soif, etc.

D'après ces cinq espèces de nerfs, on admet cinq sens : la *vue*, l'*ouïe*, l'*odorat*, le *goût* et le *toucher*.

En communiquant leurs perceptions au cerveau, qui est le siége de l'âme, les nerfs sensitifs y font naître des *images* correspondantes aux effets qui les ont impressionnés.

Il est une troisième espèce de nerfs qui sont destinés aux organes de la vie organique. Ces nerfs constituent le *système ganglionnaire*, ou *nerf grand sympathique*.

5° Fonctions des organes sexuels.

88. — Nous n'avons encore parlé jusqu'ici que des fonctions qui se rapportent à la conservation de l'espèce; mais il en est d'autres qui ont pour but la conservation et la reproduction du genre humain.

89. — Les organes au moyen desquels s'opère cette reproduction appartiennent à l'homme et à la femme; ceux de la femme devant être l'objet d'un chapitre particulier, nous allons passer à une description succincte de ceux qui ont rapport à l'homme.

90. — Les *organes génitaux* de l'homme se divisent en ceux qui élaborent et servent de réservoirs à la semence, savoir : les *testicules*, le *canal déférent*, les *vésicules séminales;* et en celui par le moyen duquel s'effectue le coït, la *verge*.

91. — Les deux testicules sont renfermés dans un repli de la peau que l'on appelle *scrotum*. La semence qu'ils sécrè-

tent, et qui provient du sang, passe, de chacun d'eux, par le canal déférent, dans les vésicules séminales placées à la partie inférieure de la vessie.

Les *vésicules séminales* ne sont autre chose qu'un renflement des canaux déférents; elles servent à contenir la semence jusqu'au moment du coït.

92. — Le pénis est formé d'un tissu très riche en vaisseaux sanguins, et de nerfs, *tissu érectile*, ce qui le met à même d'accomplir ses fonctions lorsqu'il y est sollicité par l'appétit vénérien.

93. — Le *canal de l'urèthre* est situé à la partie inférieure du pénis, au milieu d'un tissu spongieux; ce canal continue la vessie et sert à porter l'urine au dehors.

94. — Le tissu spongieux, au milieu duquel se trouve le canal de l'urèthre, offre à son extrémité antérieure un renflement épais et conoïde que l'on appelle *gland*.

95. — A l'endroit où finit la vessie et commence le canal de l'urèthre, se trouvent situées les deux ouvertures des canaux déférents; ce canal sert donc aussi à l'excrétion de la semence.

SECTION DEUXIÈME.

DES ORGANES QUI ONT PLUS PARTICULIÈREMENT RAPPORT A LA CONCEPTION, A L'ENFANTEMENT, AUX COUCHES ET A LA LACTATION.

96. — Dans la propagation de l'espèce humaine, le rôle de la femme consiste à recevoir le liquide destiné à la fécondation du germe, à porter le fruit de la conception dans son ventre jusqu'à son développement complet, à le mettre au monde, et, ce dernier acte accompli, à nourrir l'enfant pendant quelque temps par le moyen de liquides particuliers. Le corps de la femme est autrement constitué que celui de l'homme, afin qu'il soit apte à remplir cette destination.

Les parties ou organes au moyen desquels ont lieu la conception et l'enfantement reçoivent le nom d'*organes génitaux de la femme*.

97. — Ces organes se divisent en *parties dures* et en *parties molles*. On appelle *parties dures* les os qui constituent le bassin ; les *parties molles* sont au contraire celles qui sont fixées au bassin, ou renfermées dans sa cavité, et dont le rôle est si important dans la copulation, la conception et l'enfantement.

CHAPITRE PREMIER.

BASSIN DE LA FEMME.

98. — Le *bassin*, qui doit son nom à sa ressemblance éloignée avec un bassin de barbier, constitue la partie inférieure du tronc, et se trouve, dans la station verticale, supporté par les membres inférieurs. Chez l'adulte, il est formé par quatre os, savoir : les deux os iliaques, *os innominés*, ou *os coxaux*, le *sacrum* et le *coccyx*.

ARTICLE PREMIER. — Os du bassin (1).

§ 1er. — *Os iliaque* (fig. 1).

99. — L'*os iliaque*, appelé encore *os de la hanche*, *os innominé*, *os coxal*, *os des iles*, est plat, irrégulier, recourbé sur lui-même. Il présente à considérer *deux faces* et *quatre bords*.

La *face interne* ou *pelvienne*, divisée en deux portions par une ligne courbe qui fait partie du détroit supérieur du bassin, offre une partie supérieure, lisse, concave, regardant en haut et en dedans, *fosse iliaque interne ;* une partie inférieure également concave, regardant en dedans et en arrière, présente un large trou : c'est le *trou sous-pubien*. En arrière, une large surface, très rugueuse antérieurement et qui s'articule avec le sacrum, *surface auriculaire*, plus lisse en arrière, où elle donne attache aux ligaments qui vont du sacrum à l'os des iles. Cette partie est désignée sous le nom de *tubérosité iliaque*.

La *face externe* peut être également divisée en deux parties : l'une supérieure, c'est la fosse *iliaque externe ;* l'autre,

(1) JAMAIN, *Nouveau traité élémentaire d'anatomie descriptive et de préparations anatomiques*, 1853, 1 vol. gr. in-18 avec 146 fig.

inférieure, présente la *cavité cotyloïde*, profonde, regardant en dehors, en avant et en bas. A la partie interne et inférieure de cette cavité, on remarque un enfoncement où s'attache le ligament interarticulaire. La cavité cotyloïde reçoit la tête du fémur. Derrière cette cavité, on trouve une surface convexe peu importante ; en avant, on rencontre le trou sous-pubien, dont le bord tranchant donne attache à la membrane obturatrice ; à la partie supérieure de ce trou, on voit la gouttière des nerfs et des vaisseaux obturateurs. Ce trou est triangulaire.

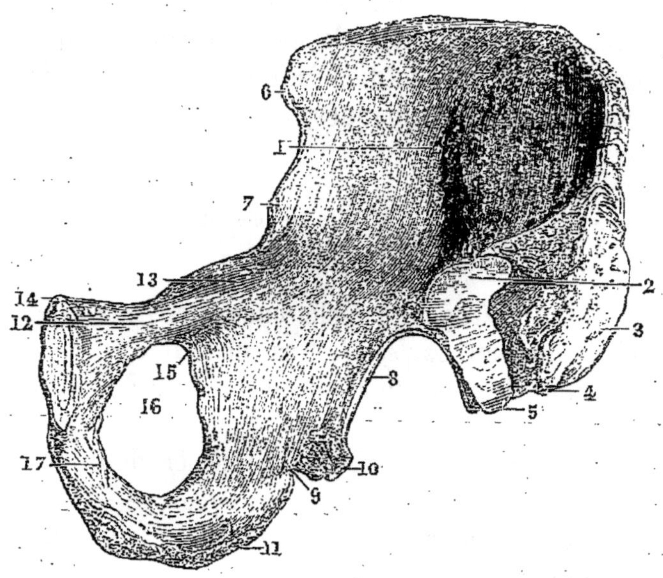

FIG. 1. — *Os iliaque.*

1. Fosse iliaque. — 2. Facette articulaire de l'os iliaque avec le sacrum. — 3. Tubérosité iliaque. — 4. Épine iliaque postérieure et supérieure. — 5. Épine iliaque postérieure et inférieure. — 6. Épine iliaque antérieure et supérieure. — 7. Épine iliaque antérieure et inférieure. — 8. Grande échancrure sciatique. — 9. Petite échancrure sciatique. — 10. Épine sciatique. — 11. Tubérosité ischiatique. — 12. Corps du pubis. — 13. Eminence ilio-pectinée. — 14. Épine du pubis. — 15. Gouttière des vaisseaux obturateurs. — 16. Trou sous-pubien. — 17. Branche descendante du pubis et ascendante de l'ischion.

Le *bord supérieur*, *crête de l'os des iles*, est convexe, courbé en *S* italique ; le *bord inférieur*, plus court, présente une partie verticale encroûtée de cartilage et s'articulant avec l'os du côté opposé ; une partie oblique en bas et en arrière.

Toute la portion osseuse comprise entre ce bord et le trou sous-pubien prend le nom de *branche descendante du pubis* et *ascendante de l'ischion.*

Le *bord antérieur* présente deux portions : l'une postérieure, oblique en bas et en dedans; l'autre antérieure, presque horizontale. A l'union du bord supérieur avec le bord antérieur, on trouve une saillie : l'*épine iliaque antérieure et supérieure.* Au-dessous de cette éminence, on trouve une échancrure, puis une autre éminence : c'est l'*épine iliaque antérieure et inférieure.* Au-dessous de cette éminence, on trouve une *gouttière* lisse ; puis l'*éminence ilio-pectinée ;* la *branche horizontale du pubis,* triangulaire, dont la lèvre antérieure se continue avec le côté externe du trou sous-pubien. Nous signalerons encore sur le bord supérieur l'*épine du pubis,* l'*angle du pubis.*

Le *bord postérieur* est encore plus irrégulier que l'antérieur ; il forme, par sa réunion avec le bord supérieur, l'*épine iliaque postérieure et supérieure.* On rencontre un peu au-dessous l'*épine iliaque postérieure et inférieure,* formée par un prolongement de la facette articulée avec le sacrum; elle est séparée de la précédente par une petite échancrure. Au-dessous, on trouve la *grande échancrure sciatique ;* plus en bas, l'*épine sciatique,* qui donne attache au petit ligament sacro-sciatique ; enfin, tout à fait en bas, on trouve la *tubérosité de l'ischion,* large, arrondie.

Les *angles* de cet os sont : deux supérieurs, les *deux épines iliaques supérieures,* l'une antérieure, l'autre postérieure; deux inférieurs, l'*angle du pubis* en avant, la *tubérosité de l'ischion* en arrière.

L'os des iles s'articule avec son congénère, le sacrum et le fémur.

100. — L'os iliaque se développe par trois points d'ossification primitifs : un pour la fosse iliaque, un pour le corps du pubis, un troisième pour la tubérosité ischiatique. Ces trois os se réunissent, vers l'âge de quinze ans, dans la cavité cotyloïde, où l'on rencontre, avant cette époque, trois lignes cartilagineuses figurant un Y. Chacune de ces trois pièces a

été décrite séparément par quelques anatomistes sous le nom d'*ischion*, d'*ilion*, de *pubis*. La réunion de l'ischion avec le pubis se fait sur le milieu de la portion oblique du bord inférieur; de là le nom de *branche descendante du pubis*, donné à sa partie supérieure ; de *branche ascendante de l'ischion*, à sa partie inférieure.

§ 2. — *Sacrum* (fig. 2).

101. — Le *sacrum* est constitué chez l'enfant par cinq vertèbres qui sont intimement confondues et ne forment plus qu'un seul os chez l'adulte. Ces os portent le nom de *fausses vertèbres*. Lorsque le sacrum est séparé des parties molles qui le recouvrent, il est facile de distinguer ces vertèbres les unes des autres et d'apercevoir les points où leur réunion s'est faite. Le sacrum est placé en arrière et en haut, entre les deux os coxaux; sa forme est triangulaire; il présente une *face antérieure*, une *face postérieure* et deux *faces latérales*. Cependant, dans la moitié inférieure de l'os, ces faces s'amincissent pour constituer un bord assez tranchant.

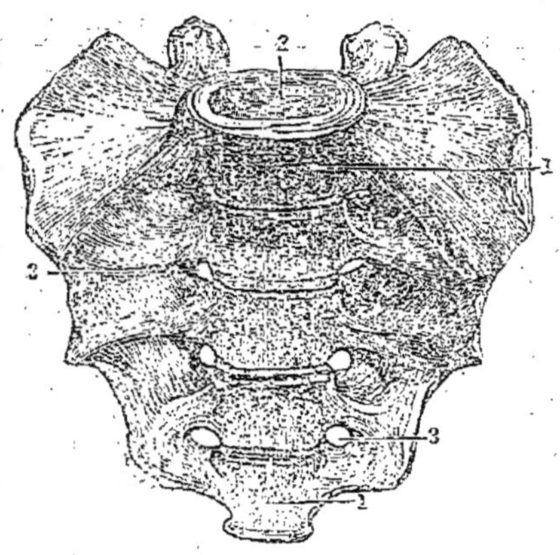

Fig. 2. — *Sacrum*.

1,1. Vertèbres sacrées soudées.
2. Face supérieure du sacrum.
3. Trous sacrés antérieurs.

En haut, à l'endroit où la dernière vertèbre lombaire s'articule avec lui, le sacrum offre une large surface : cette partie s'appelle *base ;* de là, le sacrum se dirige en arrière, tandis que le bord antérieur de sa base, très saillant en avant, vient constituer avec la dernière vertèbre lombaire un angle assez considérable, appelé *promontoire* ou *angle sacro-vertébral ;* de cette saillie, prend naissance de chaque côté, de dedans en dehors, un bord proéminent qui se continue avec le bord supérieur de l'os iliaque. Inférieurement, le sacrum, de beaucoup plus étroit et plus mince, se termine par une pointe mousse qui s'articule avec le coccyx. La face antérieure du sacrum présente une concavité très prononcée dans toute son étendue, surtout vers la partie inférieure. Cependant la moitié supérieure est presque plane, si l'on fait abstraction de la légère concavité qu'elle offre dans sa largeur.

La face postérieure est convexe, très irrégulière et en même temps couverte de saillies inégales. Ces deux faces, l'antérieure et la postérieure, présentent quatre ou cinq paires de trous, qui donnent passage à des nerfs ; à la face postérieure, sur la ligne médiane, existe dans toute la longueur de l'os un canal dans lequel sont renfermés les nerfs qui naissent de la portion inférieure de la moelle épinière.

A la moitié supérieure du sacrum, se trouve, des deux côtés, une facette auriculaire : 1° en avant, c'est la surface d'articulation du sacrum avec l'os iliaque ; cette articulation est désignée sous le nom de *symphyse sacro-iliaque ;* 2° en arrière, une partie rugueuse qui donne attache à des ligaments. C'est le sacrum qui constitue la plus grande partie de la paroi postérieure du bassin.

§ 3. — *Coccyx* (fig. 3).

102. — Le *coccyx* est un assemblage de trois ou quatre

Fig. 3. — *Coccyx.*

1. Surface articulaire de la base du coccyx.

petits os réunis entre eux, au moyen de ligaments et de cartilages ; la pièce supérieure du coccyx est la plus large, elle s'articule avec l'extrémité inférieure du sacrum. Le coccyx n'est donc véritablement que la continuation de la pointe du sacrum; il a la forme d'un triangle allongé.

Les os dont le coccyx est composé sont mobiles entre eux et avec le sacrum; au moment de l'accouchement, le coccyx peut se porter en arrière, et le détroit inférieur se trouve alors agrandi : le travail est ainsi rendu plus facile.

103. — L'assemblage de tous les os dont nous venons de parler constitue le *bassin*. Leur réunion a lieu au moyen de cartilages et de ligaments.

ARTICLE II. — Articulations du bassin.

104. — Elles sont au nombre de cinq, savoir : 1° l'articulation des deux pubis en avant, *symphyse pubienne;* 2° et 3° les deux articulations du sacrum avec l'os des iles en arrière, *symphyses sacro-iliaques;* 4° celle du sacrum avec la colonne vertébrale, *symphyse sacro-vertébrale ;* 5° celle du coccyx avec le sacrum, *symphyse sacro-coccygienne.*

1er. — *Symphyse pubienne* (fig. 4, 5 et 6).

105. — Cette articulation est formée par le rapprochement de deux surfaces planes, obliquement dirigées d'arrière en avant et de dedans en dehors, formées par les parties supérieures du bord inférieur des deux os iliaques; surfaces qui ne se touchent immédiatement qu'en arrière, où les deux cartilages présentent une petite facette étroite d'arrière en avant, allongée de haut en bas, lisse, entourée d'une membrane synoviale, d'autant plus lubrifiée que l'époque de l'accouchement est plus rapprochée. Ces surfaces osseuses sont maintenues en place par : 1° un ligament interarticulaire, cunéiforme, à base dirigée en avant, *ligament interpubien ;* 2° un *ligament pubien inférieur*, qui va d'une épine à l'autre; 3° un *ligament pubien inférieur*, épais faisceau, très fort, qui émousse l'angle rentrant formé par les branches descendantes du pubis, où il se fixe; 4° un *ligament antérieur* situé au-devant de la

symphyse; 5° un *ligament postérieur* très mince, adjacent au ligament interpubien.

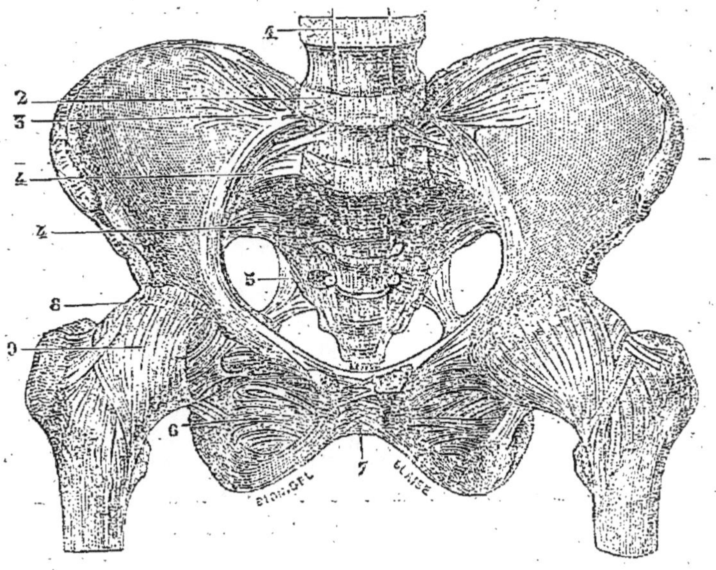

FIG. 4. — *Ligaments du bassin, face antérieure.*

1. Grand ligament antérieur de la colonne vertébrale. — 2. Ligament interarticulaire. — 3. Ligament ilio-lombaire inférieur. — 4. Ligament sacro-iliaque. — 5. Petit ligament sacro-sciatique. — 6. Membrane obturatrice. — 7. Ligament du pubis. — 8. Capsule articulaire de l'articulation coxo-fémorale. — 9. Fibres antérieures de cette articulation.

§ 2. — *Symphyses sacro-iliaques* (fig. 4 et 5).

106. — Elles sont formées par la réunion des deux facettes auriculaires du sacrum et de l'os iliaque, recouvertes par un cartilage d'incrustation. Ces deux facettes sont alternativement convexes et concaves; elles ont une double obliquité, l'une de haut en bas, l'autre d'avant en arrière.

Ces surfaces osseuses sont maintenues en place par : 1° un *ligament interarticulaire* très fort, formé de fibres entrecroisées s'étendant horizontalement d'une facette articulaire à l'autre; 2° un *ligament sacro-iliaque supérieur*, épais, transversal, étendu de la base du sacrum à l'os des iles; 3° un *ligament sacro-iliaque antérieur*, mince, qui s'étend de la face antérieure du bord externe du sacrum à la partie correspondante de l'os iliaque; 4° un *ligament sacro-iliaque vertical postérieur*, étendu des tubercules supérieurs de la face postérieure du sacrum à l'épine iliaque postérieure et supérieure; 5° de petits *ligaments transverses sacro-iliaques postérieurs*, qui, de l'os iliaque, se rendent au sacrum, où ils se fixent dans l'intervalle des trous sacrés.

§ 3. — *Symphyse sacro-vertébrale* (fig. 4 et 5).

107. — Cette articulation est formée par la réunion de la cinquième vertèbre lombaire avec la base du sacrum; elle

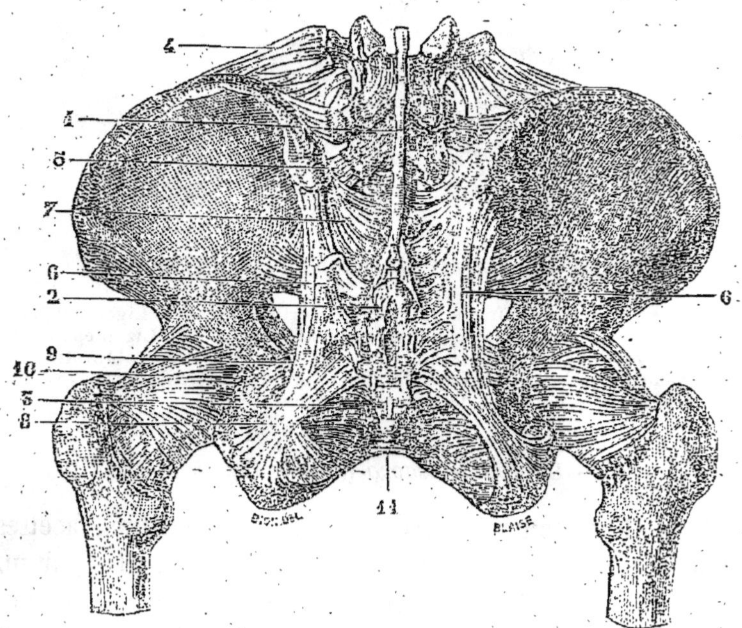

Fig. 5. — *Ligaments du bassin, face postérieure.*

1. Ligaments interépineux des lombes et du sacrum. — 2. Ligaments inférieur et postérieur du sacrum. — 3. Ligaments postérieurs du coccyx. — 4. Ligament ilio-lombaire supérieur. — 5. Ligament ilio-lombaire inférieur. — 6, 6. Ligament sacro-iliaque postérieur ou superficiel. — 7. Ligament sacro-iliaque profond. — 8. Grand ligament sacro-sciatique. — 9. Petit ligament sacro-sciatique. — 10. Capsule articulaire de l'articulation coxo-fémorale. — 11. Ligaments du pubis.

présente trois facettes : l'une ovalaire, formée par le corps de la cinquième vertèbre et la surface correspondante du sacrum;

les deux autres facettes correspondant aux apophyses articulaires des vertèbres.

Les moyens d'union de cette articulation sont : un *fibro-cartilage intercorporel* plus épais en avant qu'en arrière ; 2° la terminaison des *ligaments vertébraux communs antérieur* et *postérieur* ; 3° un très fort ligament, *ligament sacro-vertébral*, étendu de la base de l'apophyse transverse de la cinquième vertèbre lombaire à la base du sacrum.

§ 4. — *Symphyse sacro-coccygienne* (fig. 4 et 5).

108. — Elle est constituée par la réunion du sommet du sacrum avec la base du coccyx. Ces deux os sont maintenus réunis par : 1° un disque interarticulaire analogue au ligament intercorporel de l'articulation sacro-vertébrale ; 2° des *ligaments antérieur* et *postérieur* qui font suite aux ligaments antérieur et postérieur de l'articulation sacro-vertébrale.

§ 5. — *Ligaments sacro-sciatiques et membrane sous-pubienne* (fig. 4 et 5).

109. — Le sacrum est réuni à la partie inférieure de l'os des iles par deux ligaments : ce sont les *ligaments sacro-sciatiques.*

1° Le *grand ligament sacro-sciatique* s'insère aux bords du coccyx et du sacrum, et à la partie interne de la face postérieure de l'os des iles ; de là ses fibres se dirigent vers la tubérosité ischiatique, en se condensant et en formant un faisceau épais, arrondi, qui bientôt s'élargit et s'insère à la lèvre interne de cette tubérosité et à la branche ascendante de l'ischion. Les fibres supérieures de l'insertion ischiatique se recourbent fortement en haut, et forment, avec la portion lisse comprise entre l'épine sciatique et la tubérosité de l'ischion, la *petite échancrure sciatique*. La *grande échancrure sciatique* est formée, en arrière et en dedans, par la partie supérieure du grand ligament sacro-sciatique, et, en bas, par le bord supérieur du petit ligament sacro-sciatique. Le bord inférieur et interne du ligament sacro-sciatique fait partie de la circonférence inférieure du bassin.

110. — 2° *Petit ligament sacro-sciatique.* Il naît supérieurement en avant du précédent; étalé comme lui, il va, en se rétrécissant, s'insérer à l'épine sciatique. Ses fibres supérieures sont en partie confondues avec celles du grand ligament sacro-sciatique.

111. — 3° *Membrane sous-pubienne.* Le trou sous-pubien est fermé par une membrane fibreuse à laquelle on donne le nom de *membrane sous-pubienne, membrane obturatrice.* Cette membrane s'attache au pourtour du trou sous-pubien et à la face interne de la branche ascendante de l'ischion. Elle donne attache, par ses deux faces, aux fibres des muscles obturateurs; elle présente à sa partie supérieure une échancrure qui convertit en trou la gouttière qui donne passage aux nerfs et aux vaisseaux obturateurs ou sous-pubiens.

ARTICLE III. — DU BASSIN EN GÉNÉRAL.

112. — Les os des iles, le sacrum et le coccyx, réunis par leurs articulations, constituent le *bassin*, cavité irrégulière, plus profonde en arrière qu'en avant, évasée en haut, plus large à sa circonférence supérieure qu'à sa circonférence inférieure.

Nous décrirons au bassin une *surface extérieure*, une *surface intérieure*, une *circonférence supérieure*, un *détroit supérieur*, un *détroit inférieur*, ou *circonférence inférieure.*

§ 1er. — *Surface extérieure* (fig. 4 et 5).

113. — 1° *Région antérieure.* Moins haute au centre qu'à sa circonférence, présentant sur la ligne médiane la symphyse pubienne; de chaque côté, le corps du pubis; plus en dehors le trou sous-pubien fermé par la membrane sous-pubienne; au-dessus de ce trou, la branche horizontale du pubis; au-dessous, les branches descendantes du pubis et ascendantes de l'ischion. — 2° *Région postérieure.* Elle présente, sur la ligne médiane, la série des tubercules formés par les apophyses

épineuses sacrées ; en bas, l'échancrure qui termine la série des éminences ; de chaque côté, les gouttières sacrées, plus profondes en haut qu'en bas, et au fond desquelles on voit l'orifice des trous sacrés postérieurs ; en dehors des gouttières, la saillie formée par la portion de l'os des iles située en arrière de l'articulation sacro-iliaque. — 3° *Régions latérales.* Formées en haut par les fosses iliaques externes, et qui présentent en bas et en arrière la grande et la petite échancrure sciatique ; au-dessous, la face externe des deux ligaments sacro-sciatiques ; en bas et en avant, la cavité cotyloïde.

§ 2. — *Surface intérieure* (fig. 4 et 6).

114. — Séparée en deux portions par une ligne circulaire horizontale, formée par la face interne de la branche horizon-

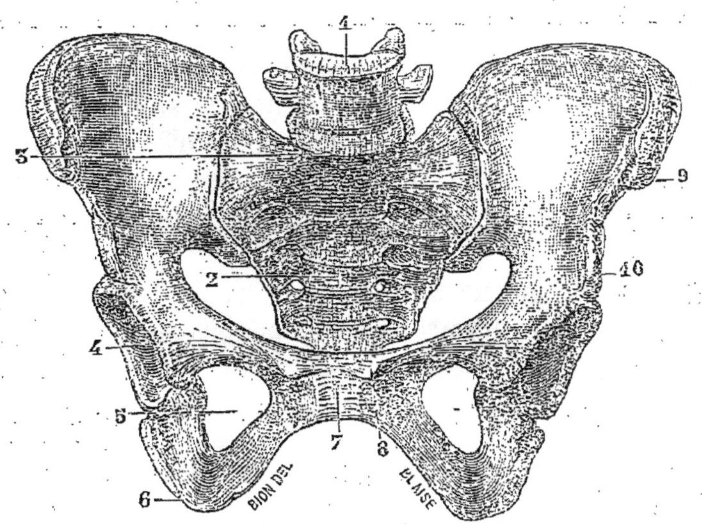

Fig. 6. — *Bassin de femme.*

1. Cinquième vertèbre lombaire. — 2. Sacrum. — 3. Promontoire. — 4. Cavité cotyloïde. — 5. Trou sous-pubien. — 6. Tubérosité ischiatique. — 7. Symphyse du pubis. — 8. Épine du pubis. — 9. Épine iliaque antérieure et supérieure. 10. Épine iliaque antérieure et inférieure.

tale des pubis et la ligne saillante qui limite en bas les fosses iliaques internes ; c'est cette ligne qui constitue avec le promontoire le *détroit supérieur* du bassin. La portion située au-dessus de cette ligne est le *grand bassin*. Elle présente en arrière une saillie qui correspond aux dernières vertèbres lombaires; de chaque côté, deux fosses lisses, obliques en dedans, *fosses iliaques internes*, remplies par la portion iliaque du muscle psoas-iliaque.

La portion située au-dessous du détroit supérieur du bassin est appelée le *petit bassin*. Nous décrirons : 1° Une *région antérieure*, qui regarde en arrière, formée par la symphyse pubienne, le corps des pubis, leur branche horizontale, la membrane sous-pubienne, les branches ascendantes de l'ischion et descendantes du pubis, la face interne de l'ischion. 2° Une *région postérieure*, qui regarde en avant, large en haut, angulaire en bas, formée par la concavité du sacrum et du coccyx. On y remarque, sur la ligne médiane, des saillies qui correspondent à la soudure des diverses pièces du sacrum, et l'articulation sacro-coccygienne ; sur les parties latérales, l'orifice des trous sacrés antérieurs. 3° *Deux faces latérales* sur lesquelles nous trouvons la surface quadrilatère qui répond à la cavité cotyloïde, l'épine sciatique, les deux échancrures sciatiques, la face interne des ligaments sacro-sciatiques.

(Chaque fois que nous parlerons du bassin sans autre désignation, nous entendrons parler du petit bassin.)

§ 3. — *Circonférence supérieure* (fig. 7).

115. — Elle est échancrée en arrière, les dernières lombaires sont reçues dans cette échancrure; de chaque côté nous trouvons les ligaments sacro-iliaques et l'épine iliaque postérieure et supérieure, la crête de l'os des iles ; en avant, l'épine iliaque supérieure et antérieure, une échancrure, l'épine iliaque antérieure et inférieure ; une échancrure plus large, l'épine et le corps des pubis tout à fait en avant.

§ 4. — *Détroit supérieur du bassin et ses diamètres* (fig. 7).

116. — Le *détroit supérieur* forme la circonférence supérieure du petit bassin ; il a la forme d'une ellipse dont le grand diamètre serait transversal, présentant une saillie au niveau de l'angle sacro-vertébral.

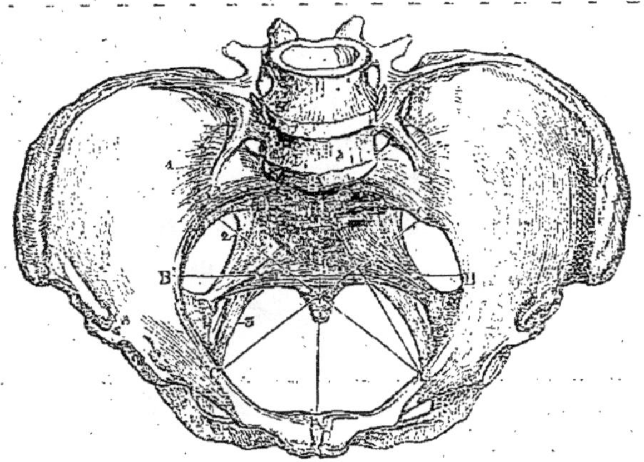

Fig. 7. — *Bassin vu par sa face supérieure.*

AA. Diamètre sacro-pubien, antéro-postérieur. — BB. Diamètre bi-iliaque, transversal. — CC. Diamètre oblique. — AC. Distance sacro-cotyloïdienne. — 1. Ligament sacro-iliaque, au-dessus du ligament ilio-lombaire. — 2. Petit ligament sacro-sciatique. — 3. Grand ligament sacro-sciatique.

117. — Le *diamètre antéro-postérieur* (fig. 7, AA), *sacro-pubien*, de l'angle sacro-vertébral à la symphyse des pubis, est de 11 centimètres.

Le *diamètre bi-iliaque, diamètre transverse* (fig. 7, BB), du bord inférieur de la fosse iliaque interne d'un côté à celle du côté opposé, est de 13 centimètres.

Le *diamètre oblique* (fig. 7, CC), qui va d'une des symphyses sacro-iliaques à l'éminence ilio-pectinée de l'autre côté, est de 12 centimètres. Ces diamètres sont au nombre de deux : l'un droit, l'autre gauche. Celui du côté droit va de la symphyse sacro-iliaque droite à l'éminence ilio-pectinée du côté gauche.

Enfin, la *distance sacro-cotyloïdienne* (fig 7, AC), du sacrum à une des cavités cotyloïdes, est de 9 centimètres.

§ 5. — *Détroit inférieur du bassin et ses diamètres.*

118. — Le détroit inférieur du bassin, ou circonférence inférieure du petit bassin, présente, d'arrière en avant, la pointe et les bords latéraux du coccyx, le bord inférieur du grand ligament sacro-sciatique, les tubérosités de l'ischion, une large échancrure antérieure (*arcade des pubis*), formée par les branches ascendantes de l'ischion et descendantes du pubis ; enfin, tout à fait en avant, la symphyse du pubis et le ligament pubien inférieur.

119. — Les diamètres sont les suivants : le *diamètre antéro-postérieur* ou *coccy-pubien* (fig. 8, A, A), de la pointe du coccyx à la symphyse du pubis, est de 11 centimètres ;

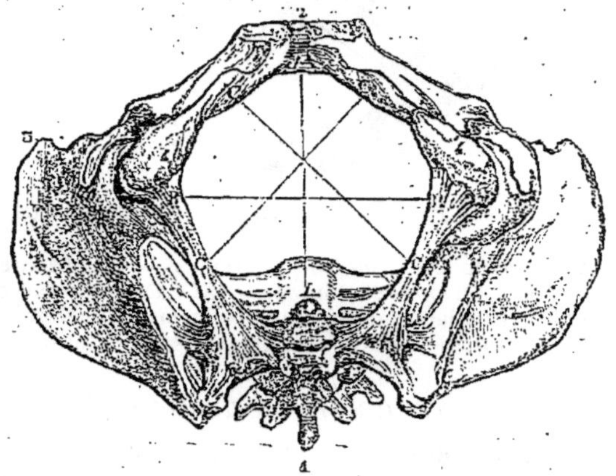

Fig. 8. — *Bassin vu par sa face inférieure.*

AA. Diamètre coccy-pubien droit, antéro-postérieur. — BB. Diamètre bi-ischiatique, transversal. — CC. Diamètre oblique. — 1. Crête des apophyses épineuses du sacrum. — 2. Symphyse du pubis. — 3. Épine iliaque antérieure et supérieure. — 4. Tubérosité ischiatique.

l'articulation du sacrum avec le coccyx étant mobile, ce diamètre peut s'agrandir de 10 à 20 millimètres pendant l'accouchement. —Le *diamètre bi-ischiatique* (fig. 8, B, B), qui va d'une tubérosité ischiatique à l'autre, est également de 11 centimètres. —Le *diamètre oblique* (fig. 8, C, C), qui va du milieu du grand ligament sacro-sciatique au milieu de la branche descendante du pubis et ascendante de l'ischion, est de 12 centimètres. Ces dimensions sont celles que l'on observe sur une femme bien conformée ; chez l'homme elles sont moins considérables.

§ 6. — *Cavité du petit bassin et ses diamètres* (fig. 4 et 7).

120. — Entre ces deux détroits se trouve la cavité du petit bassin dont les diamètres sont les suivants :

Le *diamètre droit*, qui s'étend du milieu de la concavité du sacrum au milieu de la symphyse pubienne : il est de 12 centimètres ; le *diamètre transversal*, qui s'étend du niveau du centre de la cavité cotyloïde d'un côté au point correspondant du côté opposé : il est de 10 centimètres 1/2 ; les *deux diamètres obliques*, qui s'étendent de l'espace qui se trouve compris entre l'échancrure ischiatique et le bord libre du sacrum d'un côté, au trou ovale de l'autre côté : ils mesurent 11 centimètres.

121. — Si nous comparons maintenant tous ces diamètres entre eux, nous verrons que le détroit supérieur est plus large d'un côté à l'autre que d'avant en arrière, tandis qu'au contraire, dans le détroit inférieur et dans la cavité pelvienne, c'est le diamètre oblique qui l'emporte en étendue sur les deux autres.

122. — Si l'on considère : 1° que la cavité pelvienne est limitée d'avant en arrière, ainsi que d'un côté à l'autre, par des parties osseuses, tandis qu'elle n'est limitée, dans la direction oblique, que par les parties molles et susceptibles de dilatation ; 2° qu'il en est en partie de même du détroit inférieur (c'est-à-dire par rapport à l'espace compris entre le sommet du sacrum et la tubérosité ischiatique), il devient évident que la cavité pelvienne et le détroit inférieur du bassin présentent au passage du corps de l'enfant, dans la direction de leurs diamètres obliques, un plus grand espace que dans toute autre direction.

123. — La hauteur ou profondeur du bassin est très variable, à cause des différences de hauteur qu'offrent ses parois. En arrière, c'est-à-dire du promontoire à la pointe coccygienne, elle est de 12 à 13 centimètres et demi ; sur les cô-

tés, du milieu de la ligne innominée à la tubérosité ischiatique, de 9 centimètres et demi; et en avant, du bord supérieur au bord inférieur de la symphyse, de 1 centimètre.

Ainsi donc, le détroit supérieur et le détroit inférieur sont beaucoup plus distants l'un de l'autre en arrière qu'en avant, et par conséquent bien loin de suivre une même direction.

§ 7. — *Axes et direction du bassin.*

124. — Par rapport au plan sur lequel se tient debout une personne bien conformée, la direction du bassin est telle que le détroit supérieur présente en avant une forte inclinaison, tandis que celle du détroit inférieur est très faible.

Par conséquent, le détroit supérieur est tourné en haut et un peu en avant, tandis que l'inférieur l'est en bas et un peu en arrière.

Le détroit supérieur surtout est tellement incliné en avant, qu'il se trouve horizontal et parallèle au sol chez une personne dont le tronc est un peu penché en arrière, c'est-à-dire dans la position intermédiaire entre la supination et la position assise.

125. — La direction de la cavité du bassin, ou *courbure du canal pelvien*, est en rapport avec la courbure du sacrum et du coccyx. Or, la moitié supérieure du sacrum offre, dans sa longueur, une surface plane, et la partie inférieure seulement, ainsi que le coccyx, présente une courbure; de façon que si l'on conduisait une ligne imaginaire du centre du détroit supérieur à celui du détroit inférieur, de manière qu'elle trouvât le centre de la cavité pelvienne dans toute sa longueur, on verrait que cette ligne serait droite, à partir du détroit supérieur jusqu'au milieu environ de la cavité pelvienne, et que le reste serait courbe: c'est que la courbure de cette ligne suivrait celle de la moitié inférieure du sacrum et la direction du coccyx. Cette ligne imaginaire donne une idée exacte de la courbure de l'excavation pelvienne, et indique la direction que doivent suivre la tête et les autres parties du corps de l'enfant, pendant le travail de l'accouchement; de là son nom de *ligne directrice* ou *ligne centrale*, parce qu'elle occupe, dans tout son parcours, le centre de la cavité du bassin.

§ 8. — *Différences du bassin.*

126. — Le *bassin de l'homme* est moins large et plus haut que celui de la femme ; le détroit supérieur, plus rétréci, a la forme d'un cœur de carte à jouer ; l'excavation pelvienne est moins large, mais plus haute. L'arcade pelvienne est droite, le coccyx se soude de bonne heure au sacrum ; les articulations s'ankylosent beaucoup plus vite que chez la femme.

127. — Le *bassin de la femme*, au contraire, a les fosses iliaques plus larges, par conséquent les hanches sont plus saillantes ; l'intervalle compris entre le pubis et les cavités cotyloïdes est plus considérable, par conséquent les fémurs plus écartés. Le détroit supérieur est plus large et ellipsoïde, la courbure du sacrum plus profonde, les tubérosités ischiatiques plus écartées, le trou sous-pubien triangulaire ; enfin l'arcade du pubis est plus large et plus arquée.

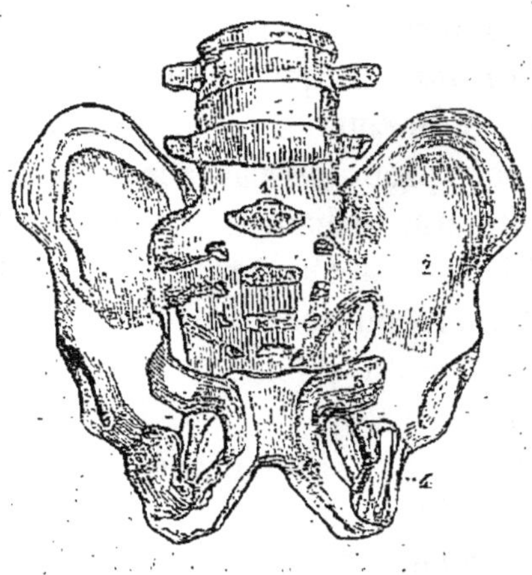

Fig. 9. — *Bassin d'enfant.*

1. Sacrum. — 2. Iléon. — 3. Pubis. — 4. Ischion.

128. — *A la naissance*, le bassin est étroit, allongé ; ses dimensions ne sont pas assez considérables pour contenir les viscères qu'il renfermera plus tard ; l'excavation a la forme d'un cône ; le détroit supérieur est fortement incliné en bas ; le sacrum est presque plat et très élevé ; les os iliaques sont étroits, allongés ; le diamètre sacro-pubien est le plus étendu.

§ 9. — *Usages du bassin.*

129. — Par sa partie supérieure et postérieure le bassin supporte tout le poids du corps.

Il contient et protége la vessie, le rectum ; chez l'homme, il protége encore les vésicules séminales ; et chez la femme, l'utérus, les trompes, les ovaires.

Dans la grossesse, il soutient l'utérus et lui donne une direction convenable.

Dans l'accouchement, il donne passage à l'enfant.

ARTICLE IV. — Bassin revêtu de ses parties molles.

130. — Pour avoir une juste idée de la nature des organes ainsi que de la direction du canal que l'enfant doit parcourir pendant l'accouchement, il ne faut pas considérer ces voies seulement comme un canal osseux, mais il faut aussi tenir compte des parties molles.

131. — Les fosses iliaques internes sont remplies par deux muscles puissants, les muscles psoas-iliaques, qui forment de chaque côté comme une espèce de coussin qui protége l'utérus contre les secousses qui sont produites par la locomotion. La présence de ces muscles diminue le diamètre transverse de 15 millimètres environ ; le diamètre antéro-postérieur est diminué par les parties molles qui recouvrent la face antérieure du sacrum et la face postérieure du pubis ; les diamètres obliques seuls ne changent pas.

132. — Dans le petit bassin, les muscles obturateurs internes et pyramidaux diminuent les diamètres transverses ; la capacité de la cavité du petit bassin est encore diminuée par la présence de la vessie, celle du rectum, et surtout par une grande quantité de tissu cellulaire souvent chargé de graisse ; aussi l'enfant descend-il avec plus de difficulté chez les femmes qui ont beaucoup d'embonpoint.

133. — Le détroit inférieur du bassin est la région de cette ceinture osseuse la plus complétement modifiée par les parties molles. Au lieu d'être largement ouvert comme sur le sque-

lette, il présente une cloison concave contractile qui soutient les viscères contenus dans la cavité pelvienne et dans la cavité abdominale. Cette cloison est formée par les muscles releveurs de l'anus, ischio-coccygiens, ischio-caverneux, sphincter de l'anus, constricteur du vagin, par les aponévroses du périnée, du tissu cellulaire et de la peau. Elle forme le périnée, dont l'étendue, de la pointe du coccyx à l'anus, est de 4 centimètres 1/2 et de 3 centimètres 1/2 de l'anus à la vulve. Au moment de l'accouchement, le périnée s'amincit, se distend; son étendue, au moment de l'expulsion du fœtus, est de 12 à 15 centimètres.

134. — Considéré avec ses parties osseuses et ses parties molles, le bassin représente un canal dirigé, à son détroit inférieur, non point en bas et en arrière, mais bien en bas et en avant. Ainsi la moitié supérieure du canal que l'enfant doit suivre est dirigée de haut en bas et d'avant en arrière; tandis qu'au contraire la moitié inférieure est dirigée de haut en bas et d'arrière en avant.

CHAPITRE II.

ORGANES DE LA GÉNÉRATION.

135. — On comprend sous le nom d'*organes de la génération*, ceux qui sont directement intéressés dans la conception, la gestation, l'accouchement et la lactation. On les divise en *parties externes*, placées, soit en avant, des deux côtés de la poitrine (mamelles), soit à la région inférieure et antérieure du bassin : celles-ci sont généralement appelées *parties génitales externes*, ou *vulve ;* et en *parties internes* qui sont renfermées dans la cavité pelvienne.

ARTICLE Ier. — PARTIES EXTERNES DE LA GÉNÉRATION (fig. 10, 11 et 12).

136. — Les parties externes sont : 1° le *pénil ;* 2° le *périnée ;* 3° les *grandes lèvres ;* 4° les *petites lèvres ;* 5° le *clitoris ;* 6° le *méat urinaire ;* 7° l'*orifice du vagin ;* et la *membrane hymen ;* 8° les *mamelles.*

§ 1. — *Pénil, ou mont de Vénus.*

137. — Le *pénil*, ou *mont de Vénus*, est une éminence élastique formée par du tissu cellulaire adipeux et située au devant du pubis, là où se terminent les parois abdominales. Chez la femme adulte, le pénil se recouvre de petits poils frisés.

§ 2. — *Périnée.*

138. — La partie qui s'étend de l'extrémité inférieure de la fente vulvaire à la marge de l'anus, et représente la base de la cloison recto-vaginale, est désignée sous le nom de *périnée;* il est formé par de la peau, du tissu adipeux, des aponévroses et des fibres musculaires. Bien qu'il soit très extensible et qu'il puisse se dilater considérablement pendant l'accouchement, le périnée se déchire néanmoins souvent; et c'est un point qui mérite de fixer toute l'attention de l'accoucheur et de la sage-femme.

§ 3. — *Grandes lèvres.*

139. — Les *grandes lèvres* sont deux replis cutanés, d'une structure serrée, mais très élastique; elles commencent en haut au pénil et se portent en bas et en arrière, pour se terminer au périnée. Elles sont constituées par deux feuillets, l'un externe, cutané, qui se recouvre de poils, et l'autre interne, muqueux, rougeâtre, très délicat, très sensible, et qui porte aussi le nom de *face interne :* c'est par cette partie que les grandes lèvres sont en contact l'une avec l'autre. Chez les femmes qui ont fait un fréquent usage du coït ou qui ont eu des enfants, le contact des deux grandes lèvres n'est plus intime ; elles sont aussi plus flasques.

Leurs *artères* proviennent de la honteuse externe, de la honteuse interne et de l'obturatrice. Les *veines*, qui éprouvent souvent pendant la grossesse des dilatations variqueuses, se rendent la plupart à la veine iliaque interne.

Les vaisseaux lymphatiques sont afférents aux ganglions inguinaux.

Leurs nerfs émanent de l'une des branches inguinales du plexus lombaire et des branches périnéale et clitoridienne du nerf honteux interne.

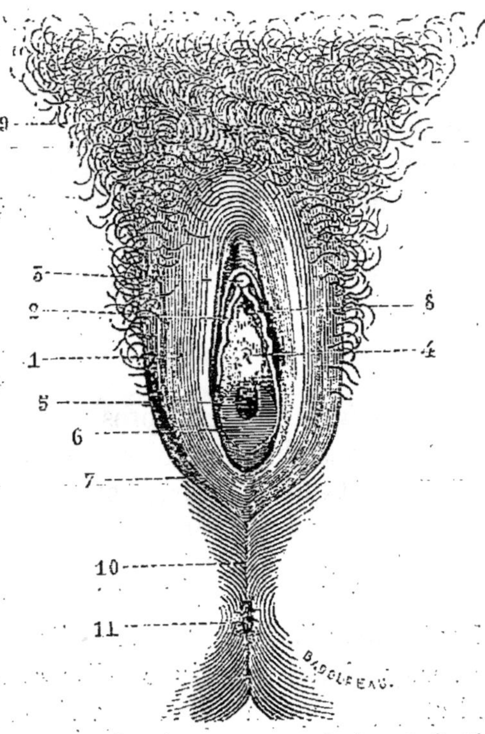

FIG. 10. — *Organes externes de la génération.*

1. Grandes lèvres. — 2. Petites lèvres. — 3. Clitoris. — 4. Méat urinaire. — 5. Orifice du vagin. — 6. Membrane hymen. — 7. Fourchette. — 8. Vestibule. — 9. Mont de Vénus. — 10. Périnée. — 11. Anus.

L'espace qui les sépare est appelé *fente vulvaire.* Lorsqu'on écarte les grandes lèvres, on remarque en arrière, à un travers de doigt du périnée, une bride cutanée délicate et tendue transversalement, qui se rend du feuillet interne d'un côté à celui du côté opposé : c'est à ce repli qu'on a donné le nom de *frein vulvaire* (*fourchette*, *commissure postérieure*) ; il se déchire presque toujours dans le premier accouchement.

§ 4. — *Petites lèvres.*

140. — Les *petites lèvres* sont aussi deux replis membra-

neux, mais elles sont plus petites, plus minces, plus rouges, plus délicates que les grandes, au-dessus et au milieu desquelles elles sont contenues et cachées ; on ne peut les apercevoir chez les vierges qu'en écartant les grandes lèvres. Chez les femmes qui ont eu plusieurs enfants, les petites lèvres sont quelquefois relâchées, bleuâtres ou d'un gris foncé, et font saillie en dehors de la *fente vulvaire*.

En haut et en avant les petites lèvres convergent l'une vers l'autre, et contournent le clitoris, auquel elles forment un prépuce en se confondant au-dessus de lui ; en bas et en arrière elles se perdent dans le feuillet interne des grandes lèvres.

§ 5. — *Clitoris.*

141. — Le *clitoris* est un petit corps arrondi, attaché par deux racines aux branches ischio-pubiennes, doué d'une sensibilité exquise, et qui se trouve, comme nous venons de l'indiquer, au point où se rencontrent les petites lèvres. Chez les enfants nouveau-nés, et surtout chez les fœtus de quatre mois environ, le clitoris est proportionnellement plus gros et plus saillant que chez la femme adulte, et il a, à ces époques, une assez grande ressemblance avec le pénis de l'enfant mâle.

Il est constitué par un tissu spongieux et érectile enveloppé par une membrane extérieure riche en nerfs.

Les *artères* sont la dorsale et la caverneuse du clitoris, deux branches terminales de la honteuse interne. Les *veines* vont aboutir dans le plexus vésico-uréthral.

Le *filet clitoridien* provient du nerf honteux interne.

§ 6. — *Méat urinaire.*

142. — L'*orifice du canal de l'urèthre* est situé à un travers de doigt environ en arrière du clitoris, à la partie supérieure du vestibule. Il représente une ouverture petite, arrondie, *méat urinaire*, dont les bords forment un léger bourrelet, qu'on n'apprécie facilement au toucher qu'avec une certaine habitude.

L'*urèthre*, qui fait suite au méat urinaire, est à peine recourbé; il est long de 2 centimètres 1/2 à 3 centimètres 1/2, et large de 6 à 7 millimètres. Sa paroi inférieure est unie au vagin; la supérieure est située au-dessous de la symphyse, et séparée des pubis par du tissu cellulaire; l'extrémité antérieure vient se placer dans l'angle de réunion des racines du clitoris.

§ 7. — *Ouverture du vagin, hymen et caroncules myrtiformes.*

143. — L'*ouverture du vagin* est au-dessous et en arrière des petites lèvres, et, chez la vierge, elle est fermée par une membrane fine, qu'on appelle *hymen*. Cette membrane est percée d'une petite ouverture arrondie destinée à livrer passage au sang menstruel.

Le plus souvent l'hymen se rompt aux premières approches sexuelles; alors il est remplacé par de petites éminences, qu'on nomme *caroncules myrtiformes.*

On désigne sous le nom de *vestibule* l'espace compris entre les petites lèvres et l'orifice du vagin. Il est lisse et poli, et non pas ridé comme l'intérieur du vagin. L'orifice de l'urèthre est placé à sa partie supérieure.

§ 8. — *Appareil sécréteur des parties externes de la génération.*

144. — Les organes glanduleux de la vulve sont de deux ordres : les *follicules sébacés* et *pilifères*, et les *follicules mucipares*.

1° Les *follicules sébacés* et *pilifères* sont disséminés en grand nombre sur le pénil, les plis génito-cruraux, sur la face externe des grandes lèvres, sur la face interne de ces dernières, et sur les petites lèvres; ceux de ces deux dernières parties sont tous exclusivement sébacés. Les follicules sébacés ont pour fonction de sécréter une matière blanchâtre, onctueuse, d'une odeur pénétrante, destinée à entretenir la souplesse, l'humidité et la sensibilité des organes génitaux externes, et de les prémunir contre l'action irritante de la sueur, de l'urine et des liquides de l'utérus et du vagin.

2° Les *follicules mucipares* sont situés à la partie inférieure du vagin et sur le vestibule, et constituent, à proprement parler, l'appareil sécréteur de la vulve, formé de deux espèces de follicules, les uns isolés ou rapprochés par groupes, les autres agglomérés en deux corps glanduleux aboutissant à un canal excréteur unique.

A. *Follicules mucipares isolés.* — Un premier groupe de huit à dix follicules se rencontre sur la partie la plus élevée du vestibule ; petits, peu profonds, ils traversent obliquement la muqueuse, de manière que leur ouverture étroite et arrondie est comme cachée sous un repli valvulaire. Un second groupe de follicules, plus profonds que les précédents, est placé dans le tissu cellulo-vasculaire de l'urèthre, et vient s'ouvrir autour du méat urinaire et sur le tubercule médian de l'ouverture vulvaire. Un troisième groupe, composé de follicules moins nombreux, moins constants, plus superficiels, se rencontre à quelque distance du méat urinaire et sur ses côtés. Enfin on trouve chez quelques femmes trois ou quatre follicules plus gros que les précédents sur les côtés de l'entrée du vagin, immédiatement au-dessous de l'hymen ou des caronçules myrtiformes supérieurs.

Les follicules mucipares de la vulve sont constitués par une membrane muqueuse très fine et très vasculaire. Les uns, très courts, comme les follicules vestibulaires, représentent de simples cryptes. Les autres, plus profonds, représentent de petits tubes terminés d'une part par un cul-de-sac et de l'autre par un orifice étroit ; quelques-uns offrent déjà des embranchements.

Ils sécrètent un liquide visqueux destiné à humecter et à protéger la surface muqueuse sur laquelle ils s'ouvrent : cette sécrétion s'accroît sous l'influence de toute irritation anormale.

B. *Glandes vulvo-vaginales.* — Symétriques, placées sur les côtés du vagin et de la vulve, dans l'espace triangulaire que forme l'adossement du vagin au rectum, elles sont en rapport par leur face interne avec le vagin et adhèrent à ce conduit, et par leur face externe avec le constricteur du vagin et la partie inférieure et interne du muscle ischio-caverneux. Leur forme est fort variable, arrondie, ovoïde, réniforme ou aplatie ; très petites dans l'enfance et comme atrophiées dans la vieillesse, leur volume dans l'âge adulte, aussi variable que leur forme, a été comparé à celui d'une amande d'abricot.

Des granulations dont chaque glande est formée naissent de petits conduits très nombreux se réunissant en trois rameaux principaux qui se terminent en un canal excréteur long d'environ 15 millimètres, partant de la face interne de la glande, se dirigeant de bas en haut, d'arrière en avant et de dehors en dedans. Ce canal s'ouvre par un orifice étroit, recouvert d'un repli falciforme de la muqueuse, en dehors de l'hymen ou des caroncules myrtiformes.

Les glandes vulvo-vaginales sécrètent, particulièrement sous l'influence de l'excitation vénérienne, un liquide blanchâtre, visqueux, d'une odeur forte, qui est quelquefois lancé au dehors par un jet soudain.

ARTICLE II. — Parties internes de la génération.

145. — Nous rangerons dans ces parties : 1° le *vagin ;* 2° l'*utérus* avec les *ligaments larges* et les *ligaments ronds*; 3° les deux *trompes de Fallope* et les deux *ovaires.*

§ 1. — *Du vagin* (fig. 11 et 12).

146. — Le *vagin* est un conduit membraneux, dont l'entrée est au point où se trouve l'hymen ou les caroncules myrtiformes. Il se dirige en arrière et en haut en suivant la direction de la cavité pelvienne, et vient se terminer à la partie inférieur, ou col de l'utérus ; en avant de lui sont le canal de l'urèthre et la vessie, en arrière le rectum (fig. 11).

Le vagin offre à considérer : 1° son *orifice* (v. 143) ; 2° son *extrémité supérieure*, repliée sur elle-même pour embrasser le col de l'utérus, formant ainsi autour de lui le *cul-de-sac du vagin*, un peu plus profond en arrière qu'en avant ; 3° enfin sa *paroi antérieure* et sa *paroi postérieure ;* 4° sa *composition.*

En dedans, mais surtout à sa paroi antérieure, le vagin

présente une grande quantité de saillies et de rides transversales qui partent d'une crête médiane prolongée dans toute l'étendue du vagin en avant, mais moins marquée et moins prolongée en arrière : ce sont les *colonnes du vagin*. Une quantité considérable de glandes mucipares, destinées à sécréter le mucus qui lubrifie le vagin, se trouvent cachées entre ces replis. Dans la plus grande partie de son étendue, la face postérieure du vagin est unie par du tissu cellulaire graisseux et lâche à la face antérieure du rectum. Ce n'est que supérieurement qu'un feuillet du péritoine recouvre une partie de cette face postérieure.

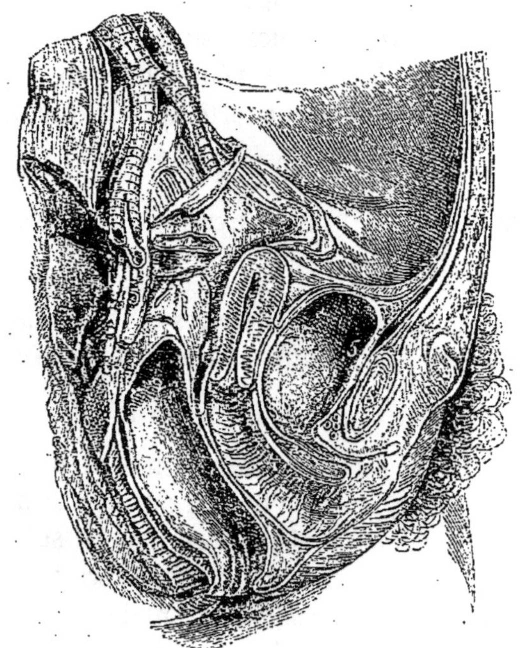

FIG. 11. — *Organes génito-urinaires de la femme (coupe antéro-postérieure).*

1. Sacrum. — 2. Rectum. — 3. Cul-de-sac recto-vaginal du péritoine. — 4. Vagin. — 5. Vessie. — 6. Artère iliaque primitive. — 7. Veine iliaque primitive.

Le vagin est en rapport par sa face antérieure avec le canal de l'urèthre, qui est comme creusé dans son épaisseur, et le bas-fond de la vessie, auquel il est uni par un tissu cellulaire filamenteux très serré.

Les bords latéraux donnent attache en haut aux ligaments larges, et répondent en bas au tissu cellulaire pelvien et à des plexus veineux.

147. — Le vagin est composé : 1° d'un *tissu propre*, 2° d'une *membrane muqueuse*, 3° de *vaisseaux* et de *nerfs*.

1° Le tissu propre qui forme sa tunique externe, mince en haut et sur toute l'étendue de sa paroi postérieure, s'épaissit au niveau de l'urèthre, et se termine en avant et sur les côtés par un renflement considérable comme divisé en deux lobes, appelé *bulbe du vagin*, qui en rétrécit beaucoup l'entrée, et qui est embrassé lui-même par quelques fibres musculaires constituant le muscle constricteur du vagin. Ce tissu est érectile, spongieux ; dans la portion où il forme le bulbe du vagin, il paraît analogue à celui du bulbe de l'urèthre chez l'homme et communique largement par plusieurs veines considérables avec le tissu caverneux du clitoris. Le tissu érectile et spongieux du vagin est interposé à deux lames fibreuses très résistantes, l'externe plus épaisse et comme doublée elle-même par des fibres assez nombreuses, analogues au tissu des dartos condensés.

2° La continuité du tissu propre du vagin, surtout dans ses éléments fibreux et dartoïde, avec celui de l'utérus, est évidente et facile à constater.

3° La tunique muqueuse seule s'infléchit sur la face externe du col, un peu plus bas en avant qu'en arrière, et le divise en deux portions, l'une *sus-vaginale*, et l'autre *vaginale*, sur laquelle elle descend jusqu'à son orifice externe. La muqueuse du vagin est recouverte dans toute son étendue d'un épithélium fort épais qui se termine à l'orifice externe du col par un bord dentelé. Les follicules muqueux sont plus particulièrement situés à sa partie inférieure.

4° Les *artères vaginales* sont des divisions des artères hypogastriques et des utérines. Ses *veines*, très multipliées et plexiformes, vont se rendre aux veines hypogastriques, et ses *vaisseaux lymphatiques* aux ganglions intra-pelviens.

Les *nerfs* du vagin tirent leur origine de deux sources, du plexus hypogastrique et du plexus sacré.

§ 2. — *De l'utérus* (fig. 11, 12 et 13).

148. — L'*utérus*, ou *matrice*, est la plus importante des parties molles internes de la génération. Il est placé à la partie supérieure de la cavité du bassin, en arrière de la vessie et en avant du rectum. Au-dessus de lui se trouvent les intestins. Chez la fille pubère, l'utérus a la forme d'une poire; il présente deux faces, l'une *antérieure*, et l'autre *postérieure*; la première presque plane, la postérieure convexe.

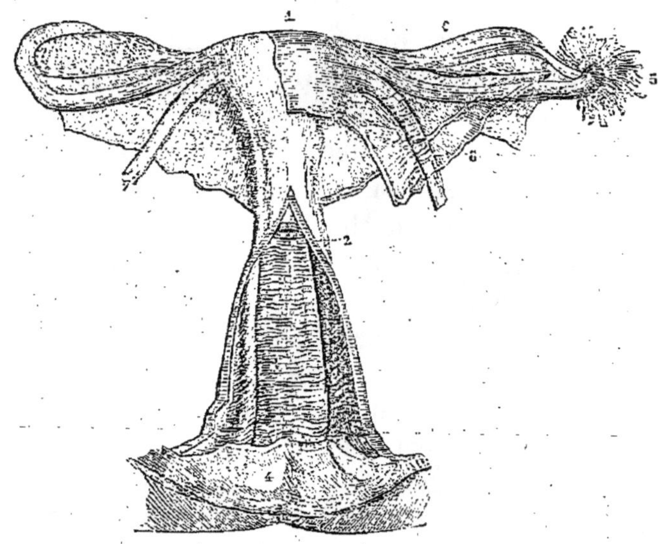

FIG. 12. — *Organes génitaux de la femme.*

1. Utérus. — 2. Col de l'utérus. — 3. Vagin. — 4. Vulve. — 5. Pavillon de la trompe. — 6. Ovaire. — 7. Ligament rond. — 8. Ligament large.

149. — On distingue à l'utérus un *fond*, un *corps* et un *col*.

On distingue, sous le nom de *fond de l'utérus*, la partie supérieure de cet organe, depuis son bord supérieur jusqu'à l'endroit où il offre la plus grande largeur; le *col* constitue la partie inférieure, qui est la plus étroite, et présente près de 3 centimètres de longueur; enfin le *corps* est toute la partie comprise entre le col et le fond de l'utérus.

Si l'on conduit une ligne imaginaire du fond de l'utérus à

la partie inférieure du col, à travers toute la longueur de l'organe, on obtient le *grand diamètre* ou *axe* de l'utérus. Il est d'environ 9 centimètres 1/2. Une seconde ligne menée à travers la partie la plus large donne le *diamètre transversal*, dont la longueur est d'à peu près 4 centimètres.

150. — La moitié inférieure du col de l'utérus proémine à l'intérieur du vagin, qui l'embrasse par son extrémité supérieure, et dont la muqueuse se replie ensuite sur elle-même.

On peut sentir cette partie libre au fond du vagin; elle a, chez la vierge adulte, 13 millimètres de longueur, et présente assez de ressemblance avec un mamelon cartilagineux qui se termine à son extrémité inférieure par deux lèvres, l'une antérieure, l'autre postérieure; la première un peu plus épaisse et plus longue que la seconde. Entre elles, se trouve une ouverture transversale qui communique avec le canal du col utérin, et qui est désignée sous le nom d'*orifice externe de l'utérus*. (Lorsque nous parlerons de l'orifice de l'utérus, sans le désigner autrement, nous entendons parler de cet orifice externe.) Comme l'extrémité vaginale présente au toucher quelque analogie avec le museau de la tanche, on lui a donné le nom de *museau de tanche*.

Chez les femmes qui déjà ont eu des enfants, les lèvres de cet orifice sont moins fermes et moins rapprochées que chez les femmes encore vierges. Chez les premières, les lèvres du museau de tanche sont souvent légèrement dentelées.

151. — Si l'on divise en deux, dans le sens de la longueur, un utérus de femme qui n'a jamais eu d'enfants, on voit qu'il existe dans son intérieur une cavité qui le parcourt de haut en bas, depuis la base à travers le corps et le col, jusqu'à l'orifice, et qu'on appelle *cavité utérine*.

1° Cette cavité a la forme d'un triangle. Deux des angles de ce triangle sont placés en haut, et se rendent de chaque côté au point où l'utérus a le plus de largeur, là où prennent naissance les *trompes utérines*. Le troisième angle, ou angle inférieur, s'étend à travers le col, jusqu'à l'orifice externe.

2° La partie de la cavité utérine qui est limitée par le fond et le corps de l'organe est à peine assez étendue pour loger une amande; on la nomme *cavité du corps de l'utérus.* La partie qui est creusée dans le col reçoit le nom de *canal du col de l'utérus.* Ce canal a pour entrée l'orifice externe de l'utérus. On désigne sous le nom d'*orifice interne* l'endroit où la cavité du col se continue avec la cavité utérine proprement dite.

3° Il existe donc trois orifices à la cavité utérine : deux supérieurs, qui communiquent latéralement avec les trompes, et un inférieur, qui est celui dont nous venons de parler. Le canal du col offre la plus grande largeur à son milieu, et devient de plus en plus étroit à mesure qu'il se rapproche de chacune de ses ouvertures.

4° Pour bien se figurer les rapports qui existent entre les cavités et les canaux des parties molles dont nous avons parlé jusqu'ici, il suffit de les suivre de la fente vulvaire jusqu'aux trompes. La fente vulvaire conduit à travers les petites lèvres dans le vestibule, et celui-ci à l'orifice du vagin, et enfin on passe de là dans sa cavité. A l'extrémité du vagin, on rencontre l'orifice externe de l'utérus, à travers lequel on pénètre dans le canal du col, qui se rend lui-même dans la cavité de l'utérus, en passant par l'orifice interne. Enfin, la cavité utérine communique avec les trompes par ses deux angles supérieurs.

152. — L'utérus se trouve placé à la partie supérieure du bassin, de telle façon que son fond est incliné en haut et légèrement en avant ; le col, au contraire, est incliné en bas et en arrière, et regarde vers la face antérieure du sacrum.

153. — L'utérus est constitué : 1° par une *tunique externe* ou *péritonéale*, 2° un *tissu propre*, 3° une *membrane interne* ou *muqueuse*, 4° des *vaisseaux sanguins*, des *vaisseaux lymphatiques* et des *nerfs.*

1° En décrivant les ligaments larges (156), nous avons fait connaître la disposition du péritoine par rapport à l'utérus qu'il revêt tout entier, à l'exception de la portion vaginale et de la portion sus-vaginale du col, qui est unie en avant au bas-fond de la vessie. Le péritoine est uni avec le tissu propre, d'une manière lâche sur les bords de l'organe et sur la partie du col qu'il embrasse, et d'une manière très intime sur les autres points.

2° Le tissu propre et la membrane muqueuse forment à eux seuls presque exclusivement toute l'épaisseur des parois utérines, épaisseur qui est d'environ 8 millimètres pour le fond et la partie moyenne du corps, de 6 millimètres au milieu de la cavité du col, de 5 millimètres seulement près de l'orifice des trompes. Ce tissu propre, si épais, blanchâtre, d'une densité et d'une consistance considérables, d'une apparence fibreuse, revêt par le fait de la grossesse tous les caractères propres au tissu musculaire.

154. — 1° La muqueuse offre des caractères qui la distinguent de toutes les autres. Son épaisseur est telle, surtout au centre de la cavité du corps, qu'elle représente environ le quart de la paroi de l'organe, de 3 à 5 millimètres ; mais elle s'amincit presque brusquement vers l'orifice des trompes et vers l'orifice interne du col, et n'a plus qu'un millimètre d'épaisseur dans toute l'étendue de sa cavité. Elle se distingue du tissu propre par une espèce de liséré blanc dû à une légère différence de coloration, et surtout par la présence d'un grand nombre de follicules mucipares, disséminés dans son épaisseur. Ceux du corps occupent toute l'épaisseur de la muqueuse, de sa face adhérente à sa face libre, où leurs orifices laissent suinter par la pression des gouttelettes de mucus. Ils se présentent sous la forme de petits tubes visibles à la loupe, très serrés les uns contre les autres ; leur extrémité cæcale, en rapport avec le tissu musculaire, est flexueuse dans une partie de son étendue, et leur extrémité béante, recourbée de manière à faire une légère saillie, donne à la surface interne de l'utérus un aspect pointillé ou criblé. Les glandes du col sont plus larges que celles du corps, mais moitié moins longues et plutôt en forme de bouteille que tubuleuses et flexueuses. Un épithélium à cils vibratiles recouvre toute la surface de la muqueuse utérine ; les glandes et les vaisseaux sont unis par de la matière amorphe, du tissu cellulaire et de la substance fibro-plastique.

2° Les *artères* de l'utérus, très flexueuses, proviennent des hypogastriques et des ovariques. Les *veines* aboutissent aux troncs correspondants. Les *vaisseaux lymphatiques*, très nombreux surtout sous la tunique péritonéale, sont afférents aux ganglions pelviens et lombaires. Les *nerfs* sont fournis, les uns par les plexus rénaux, les autres par les plexus hypogastriques.

155. — L'utérus est l'organe le plus important de ceux que nous venons de décrire. Il est le siége de la menstruation ; il sert à la conception, à la gestation et à l'enfantement.

§ 3. — *Des ligaments larges et des ligaments ronds* (fig. 12 et 13).

156. — Ces ligaments ont pour usage principal de fixer l'utérus en sa place. Les *ligaments larges* sont deux replis membraneux, formés par le péritoine ; chacun d'eux part du bord latéral de l'utérus, et s'attache à l'os iliaque correspondant.

Le péritoine revêt toute la cavité abdominale et la plupart des viscères qu'elle renferme ; il descend sur la face interne des parois antérieures de l'abdomen qu'il tapisse, jusqu'à la cavité du bassin ; là il revêt la face postérieure de la vessie, se réfléchit sur la face antérieure du corps de l'utérus qu'il recouvre tout entière (*cul-de-sac vésico-utérin*), et vient se continuer sur le fond de l'organe ; puis il gagne la face postérieure, qu'il revêt en entier, et se prolonge sur la face postérieure du vagin (*cul-de-sac recto-vaginal*), qu'il abandonne bientôt pour se réfléchir sur le rectum. Le péritoine forme ainsi, à la partie supérieure de l'excavation pelvienne, un repli transversal, étendu de l'un à l'autre os iliaque, qui se trouve en conséquence constitué par deux feuillets, l'un antérieur, l'autre postérieur. Au milieu de ces feuillets, et sur la ligne médiane, est placé l'utérus. Ce repli péritonéal fournit donc une enveloppe à l'utérus par sa partie moyenne, tandis que par ses parties latérales il constitue les ligaments larges. Leur bord supérieur, libre, est divisé en trois replis (ailerons) : le postérieur renferme l'ovaire et son ligament ; le moyen, les trompes ; l'antérieur, le ligament rond. Les ligaments larges forment donc une cloison transversale qui contient dans son épaisseur l'utérus et ses annexes, et divise l'excavation en deux moitiés dont l'antérieure renferme la vessie, et quelques anses d'intestin grêle; la postérieure, le rectum et une portion plus considérable d'intestin grêle.

157. — Les *ligaments ronds* (fig. 12 et 13) sont deux faisceaux arrondis et grêles, qui prennent naissance des deux côtés du fond de l'utérus; ils passent entre les deux feuillets des ligaments larges; de là ils se dirigent obliquement en bas et en avant vers le canal inguinal, et viennent se perdre dans le pénil.

§ 4. — *Des trompes utérines* (fig. 12 et 13).

158. — Les *trompes utérines* sont deux conduits membraneux minces, de 5 centimètres 1/2 de longueur; chacune d'elles naît à l'un des côtés du fond de l'utérus, et se dirige,

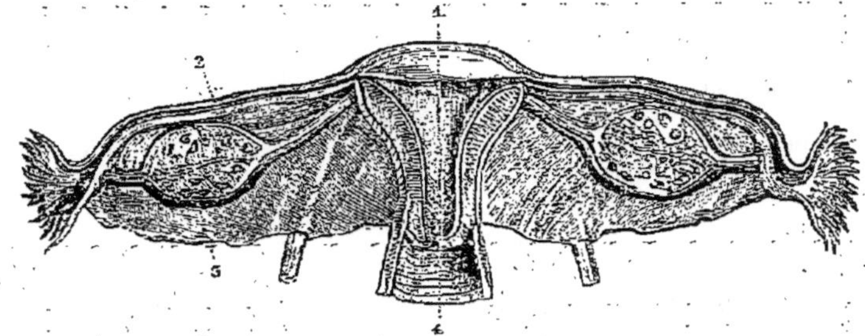

Fig. 13. — *Organes génitaux de la femme (coupe verticale).*

1. Cavité de l'utérus. — 2. Canal de la trompe. — 3. Ovaire. — 4. Canal du col utérin et du vagin.

en décrivant des flexuosités, de chaque côté du bassin. Leur extrémité se termine par un orifice dirigé en bas contre l'ovaire, et environné de dentelures membraneuses nommées *franges*. Une des franges, plus longue et plus épaisse, ayant l'aspect d'un petit tendon, se fixe à l'extrémité externe de l'ovaire sur un point opposé au ligament de l'ovaire.

§ 5. — *Ovaires* (fig. 12 et 13).

159. — Les *ovaires* sont deux corps blanchâtres, un peu aplatis, de forme ovale et de la grosseur d'une amande; ils

sont situés chacun dans un repli que le feuillet postérieur du ligament large vient former au-dessus de la trompe. Les ovaires sont assez fermes au toucher ; on trouve dans leur tissu une quinzaine de vésicules environ (vésicules de Graaf), remplies d'une sérosité claire, qui ressemble à de l'albumine ; elles contiennent l'ovule comme partie essentielle.

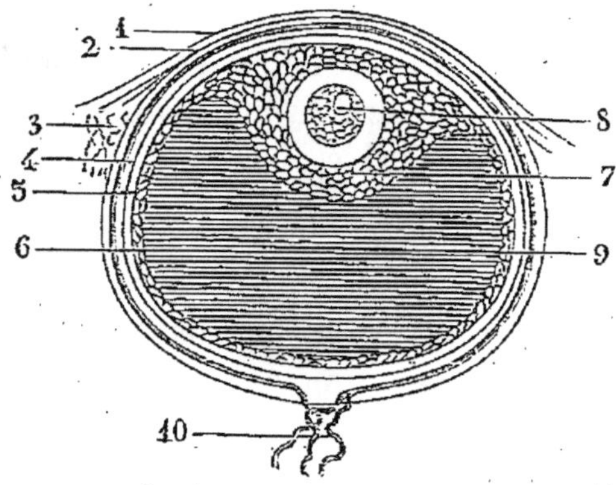

FIG. 14. — *Vésicules de de Graaf contenant l'ovule.*

1. Tunique péritonéale de l'ovaire.— 2. Tunique fibreuse de l'ovaire.— 3. Tissu de l'ovaire. — 4. Tunique propre externe de la vésicule.— 5. Tunique propre interne de la vésicule. — 6. Membrane granuleuse. — 7. *Cumulus proliger.* — 8. Ovule. — 9. Cavité remplie de liquide. — 10. Vaisseaux de l'ovaire se ramifiant sur la face externe de la vésicule.

Les ovaires ont pour fonction la production des ovules ; les vésicules qui renferment les œufs varient sous le rapport de la grosseur et de leur maturité ; celle-ci est en raison directe de leur volume.

Les vésicules, à mesure qu'elles se développent, se rapprochent de la surface des ovaires et ne conservent à la fin, pour enveloppe, qu'une mince pellicule, qui vient à disparaître elle-même. Enfin, arrivées à leur plus haut degré de développement, elles s'ouvrent pour laisser échapper le liquide qu'elles renferment, ainsi que l'ovule ; ce dernier est reçu par les trompes qui le conduisent à la cavité utérine. L'ovule a-t-il été fécondé par le sperme, il se développe ultérieurement ; sinon il est insensiblement résorbé et disparaît.

160. — Outre les vésicules de Graaf qui viennent d'être décrites ci-dessus, il en existe, longtemps avant la puberté, un grand nombre d'autres situées plus profondément, et qui

ne sont pas encore visibles à l'œil nu, destinées à remplacer les premières à mesure qu'elles disparaîtront en émettant l'œuf qu'elles renferment.

Les vésicules entièrement développées sont recouvertes d'un côté par les tuniques de l'ovaire, à savoir, le péritoine et la membrane fibreuse albuginée.

Mais elles sont formées en outre de plusieurs tuniques superposées :

1° Une *tunique cellulaire*, qui ne se distingue pas, à proprement parler, du tissu de l'ovaire.

2° Une *tunique propre* qui reçoit un grand nombre de vaisseaux capillaires : c'est elle qui, en s'hypertrophiant, forme en grande partie les *corps jaunes.*

3° Une *tunique granuleuse* mince, délicate, facile à déchirer, formée de grains ou plutôt de cellules. Sur un point de cette dernière membrane, celui qui correspond au côté libre de la vésicule, les granulations dont elle est formée sont plus nombreuses et plus serrées et constituent une sorte de coussin protecteur ; c'est au centre de cette accumulation de granules, appelée *cumulus* ou *disque proligère*, que se trouve l'œuf. Les granulations qui constituent le disque proligère étant moins fortement unies aux parties voisines qu'entre elles et à l'œuf, celui-ci s'échappe de la vésicule et reste enveloppé d'une couche de granules.

161. — *Déchirure spontanée des vésicules ovariennes.* — L'une des quinze ou vingt vésicules plus développées que les autres et rapprochées de la surface extérieure de l'ovaire devient, à chaque époque menstruelle, le siége d'un surcroît de vitalité et de congestion, que partagent l'ovaire tout entier, la trompe et l'utérus : on la voit s'hypertrophier et former une saillie à la surface de l'ovaire qui se prononce de plus en plus, de manière à offrir au bout de quelques jours une tumeur du volume d'une cerise et même d'une petite noix. Cette augmentation considérable de volume est due à ce que le liquide que contient la vésicule, augmentant rapidement, en distend les parois. Lorsqu'elle approche de son plus grand développement, sa superficie s'enflamme vivement ; il s'y ma-

nifeste d'abord des vaisseaux capillaires en abondance, et elle revêt une teinte rouge des plus intenses; puis les vaisseaux s'oblitèrent, s'atrophient à mesure qu'elle s'amincit dans le point le plus culminant; il se produit en même temps des extravasations sanguines sur sa paroi encore intacte et dans sa cavité, ce qui augmente encore la distension de ses parois. Enfin, parvenue au terme de son accroissement, après être restée quelque temps stationnaire, elle se rompt soit par le seul fait de sa maturité, soit sous l'influence d'excitations sexuelles. A la suite de cette rupture l'œuf est expulsé, entraînant avec lui le liquide granuleux renfermé dans la vésicule, et s'engage dans la trompe dont le pavillon est venu le saisir en s'appliquant préalablement sur l'ovaire.

162. — *Cicatrisation de la vésicule déchirée, corps jaunes.* — Après la déhiscence de la vésicule, ses parois s'affaissent sur elles-mêmes, sa cavité est remplie d'une petite quantité de sang coagulé. Mais peu à peu les parois de la vésicule déchirée se rétractent; le caillot, qui peut égaler le volume d'une petite cerise, finit par être résorbé : c'est pendant ce travail de cicatrisation que se forme le *corps jaune*.

Au moment où la cicatrisation de la déchirure s'opère, la vésicule, qui continue à diminuer de volume, est d'un rouge pâle jaunâtre, et devient tout à fait jaune en continuant encore de se réduire; puis diminuant encore de volume, elle s'enfonce peu à peu dans le tissu de l'ovaire où elle finit par disparaître tout à fait. La tunique propre, en revenant sur elle-même à mesure que le caillot se résorbe, se plisse et augmente de volume. Lorsque les plis ont acquis assez d'épaisseur pour se toucher sur les points occupés primitivement par le caillot sanguin, ils se soudent intimement, et alors la cavité de la capsule se trouve totalement remplie par l'extension de sa membrane propre, qui constitue alors un corps solide plus ou moins globuleux dont l'intérieur présente une couleur d'un rouge grisâtre ou jaunâtre, d'une consistance pulpeuse : c'est le *corps jaune* des auteurs.

ARTICLE III. — Des mamelles.

163. — A l'époque de la puberté, au moment où les organes sexuels deviennent aptes à accomplir leurs fonctions, on voit, de chaque côté de la poitrine de la femme, se développer les *mamelles* sous forme de deux hémisphères, à la partie antérieure du thorax. Elles sont recouvertes par une peau blanche, fine et délicate. Au centre des mamelles se trouve une saillie plus ou moins prononcée, de couleur rosée et douée d'une grande sensibilité, qui porte le nom de *mamelon.*

1° Ce mamelon est susceptible d'augmenter de volume par toute espèce d'irritation ou par la succion de l'enfant. On remarque autour de lui un cercle de couleur plus ou moins foncée, qu'on appelle *aréole.* L'aréole porte près du mamelon de petits tubercules papillaires, considérés comme une agrégations de follicules sébacés dont le nombre varie de six à dix et même de douze à vingt.

2° Les mamelles sont constituées par des glandes, des vaisseaux lactifères, une tunique fibro-celluleuse, et une plus ou moins grande quantité de graisse, qui leur donne leur grosseur et leur forme arrondie. La glande mammaire se compose de plusieurs petites glandes adhérentes les unes aux autres et qui servent à sécréter le lait. Celui-ci est ensuite reçu dans de petits canaux membraneux très fin, et passe de là dans les conduits lactifères, situés à peu de distance du mamelon. Il y a pour chaque glande quinze environ de ces conduits, et chacun d'eux va s'ouvrir séparément par de petits orifices, au sommet du mamelon.

3° Les *artères* sont fournies : 1° par la mammaire interne, branche de la sous-clavière ; 2° par la mammaire externe, branche de l'axillaire ; 3° par les intercostales aortiques, branches directes de l'aorte.

Les *veines* satellites de ces artères sont disposées en deux couches, dont une superficielle, principalement développées pendant la lactation.

Les *vaisseaux lymphatiques*, très nombreux, se rendent aux ganglions de l'aisselle, ainsi qu'aux glandes du médiastin antérieur.

Les *nerfs* viennent du plexus brachial et des intercostaux.

Nous indiquerons plus loin comment doivent être conformées les mamelles pour être propres à l'allaitement.

ARTICLE IV. — De la menstruation.

164. — Parmi les phénomènes physiques qui révèlent la puberté de la jeune fille, la *menstruation* tient le premier rang. Elle apparaît et se maintient comme signe et condition de l'aptitude à la fécondation, et se lie d'une manière intime à l'état de santé et de maladie de la femme pendant une longue période de la vie.

Elle se décèle par une hémorrhagie normale de l'utérus, se répétant périodiquement chaque mois, qui se suspend pendant la grossesse et l'allaitement. Cette hémorrhagie n'est elle-même que la conséquence de l'excitation périodique qu'excite le travail d'évolution et de déhiscence d'une vésicule de Graaf pour l'émission de l'œuf qu'elle renferme.

Or, comme chez les mammifères le fait essentiel, pendant la période du rut, est aussi une *ponte spontanée*, c'est-à-dire une excitation avec afflux de sang sur les organes génitaux, qui provoque l'évolution et la déhiscence d'un certain nombre de vésicules ovariennes, on doit en conclure qu'il n'y avait pas seulement analogie, mais identité entre l'acte menstruel et le rut chez les animaux, malgré de notables différences dans la périodicité et dans les effets de la congestion sanguine qui ne se termine par une véritable hémorrhagie périodique que chez un petit nombre d'animaux.

165. — La menstruation se maintient pendant une longue période de la vie. L'époque où elle apparaît pour la première fois varie d'une manière plus ou moins sensible sous l'influence de la constitution, des climats, etc. L'âge de treize, quatorze et quinze ans est celui où l'on voit, dans les climats

tempérés de l'Europe, le plus grand nombre de jeunes filles menstruées pour la première fois.

La menstruation est dite *tardive* ou retardée, quand elle ne se manifeste que plusieurs années après cette époque; quelques femmes ne sont jamais réglées. Parmi les femmes qui sont dans ce cas, les unes sont aptes à concevoir, c'est-à-dire que le travail des ovaires s'opère sans hémorrhagie utérine, les autres sont absolument stériles. En regard de la menstruation tardive, il faut mentionner la menstruation *hâtive* ou *précoce*, qui a été observée jusque sur des enfants en bas âge.

166. — Le type de la périodicité menstruelle est mensuel, c'est-à-dire de vingt-huit ou trente jours. Tantôt les retours sont à peu près fixes, tantôt ils sont en avance ou en retard de quelques jours.

La durée de l'écoulement varie de deux à huit jours. On peut généralement distinguer trois temps dans l'hémorrhagie menstruelle. Dans le premier comme dans le dernier, le sang, mêlé à une plus grande quantité de mucus vaginal, est moins abondant et plus pâle que dans le second. Pendant toute sa durée le museau de tanche est tuméfié, ramolli, et tout l'organe augmenté de volume. Le sang des règles, qui s'échappe des vaisseaux superficiels de la muqueuse utérine, ne diffère du sang excrété accidentellement par les autres muqueuses, que par son mélange avec le mucus vaginal.

Non-seulement à ses premières apparitions, mais encore dans ses retours successifs, la menstruation s'annonce le plus souvent par quelques symptômes, tels que tuméfaction et douleurs légères des seins, céphalalgie, modifications dans la sensibilité, douleurs à la région lombaire, tranchées utérines, odeur spéciale du mucus excrété par les organes génitaux, etc. Un grand nombre de femmes éprouvent un sentiment de bien-être à mesure que le sang coule, d'autres éprouvent au contraire un sentiment de fatigue.

167. — La cessation définitive des règles, ou *ménopause*, arrive le plus ordinairement de la quarantième à la cinquantième année, et offre, comme la première apparition, des

variations individuelles nombreuses. La cessation de l'hémorrhagie utérine menstruelle n'est elle-même que la conséquence de la cessation de l'évolution périodique des vésicules de Graaf, cessation qui s'accompagne de phénomènes inverses de ceux qui accompagnent la première apparition. Les ovaires s'atrophient et se rident, les vésicules de Graaf font de même.

Tantôt la cessation a lieu brusquement, tantôt elle est précédée de retards, de diminutions dans la quantité de sang. Chez un assez grand nombre de femmes des écoulements blancs succèdent pendant quelque temps aux règles ; d'autres sont d'abord sujettes à des métrorrhagies.

L'imagination paraît avoir créé la plupart des dangers qu'on suppose menacer les femmes à l'époque critique. Les affections organiques des mamelles, des ovaires, de l'utérus, etc., débutent plus souvent avant l'âge critique qu'après ; d'ailleurs les relevés statistiques ont appris que la période de quarante à cinquante ans n'offre pas chez les femmes une augmentation dans le chiffre de la mortalité.

DEUXIÈME PARTIE.

DE LA GROSSESSE.

Divisions de la grossesse.

168. — On nomme *grossesse* l'état où se trouve le corps de la femme depuis le moment de la fécondation ou conception jusqu'à l'accouchement.

La *conception* est la conséquence d'un coït fécondant. Pendant ce coït, la liqueur séminale est reçue par l'utérus ; de là elle peut pénétrer jusqu'à l'ovaire par les trompes utérines, et féconder sur son trajet un ou parfois même plusieurs ovules échappés de l'ovaire. L'ovule fécondé, au bout d'un temps qu'il est difficile de préciser, est conduit à travers l'une des trompes dans la cavité utérine où il se fixe, reçoit sa nourriture et continue à se développer jusqu'à sa maturité.

169. — Le *but* de la grossesse n'est pas seulement dans l'accroissement et le développement, jusqu'à sa maturité parfaite, du fœtus renfermé dans l'utérus; la grossesse est encore destinée à rendre par degrés le corps de la mère propre à l'expulsion du fœtus, et à disposer par avance la nourriture de l'enfant, pour le temps pendant lequel elle lui sera nécessaire après la naissance.

170. — Lorsque la fécondation a eu lieu, que la grossesse a commencé de la manière que nous venons d'indiquer, c'est-à-dire lorsque l'ovule fécondé est descendu dans la cavité utérine, s'il y reçoit la quantité de nourriture nécessaire à son développement, et que la grossesse suive une marche régulière sans aucun accident pour la mère ou pour l'enfant, on la dit *normale*; mais, s'il y manque une de ces conditions, la grossesse est dite *anormale*. Ainsi, il peut se faire, par exemple, bien que cela arrive rarement : 1° Que l'ovule fécondé ne descende pas jusque dans la cavité de l'utérus destinée à le recevoir, mais qu'il continue à exister et à s'accroître en *dehors* de cette cavité, dans un endroit où il se fixe et se développe. Cet état s'appelle *grossesse extra-utérine*, et l'on nomme par opposition *grossesse utérine*, celle dans laquelle l'ovule se trouve dans la cavité utérine. La première prend les noms de *tubaire*, *ovarique*, *abdominale*, etc., suivant que l'ovule vient à se développer dans la trompe, l'ovaire, l'abdomen, etc.

2° Que l'ovule ne se développe pas régulièrement ; qu'il dégénère, qu'il ne renferme ni fœtus, ni rien qui ressemble à un fœtus humain ; un ovule ainsi dégénéré est désigné sous le nom de *môle* ou *faux germe*.

3° Que l'ovule, arrivé dans la cavité utérine, soit expulsé de l'utérus avant le terme, c'est-à-dire avant que le fœtus soit arrivé à sa maturité ; il y a *avortement*.

Nous parlerons plus loin des autres espèces de grossesses anormales, ainsi que des grossesses extra-utérines et des môles.

171. — La grossesse est *simple* lorsqu'un seul ovule a été fécondé ; elle est *multiple* lorsque deux, trois, quatre ovules ou plus ont été fécondés. Les jumeaux, trijumeaux sont le résultat de cette dernière grossesse.

172. — La grossesse est *vraie*, lorsqu'un ovule fécondé est déposé soit au dedans, soit au dehors de la cavité utérine, et qu'il s'y développe régulièrement, ou qu'il dégénère ; mais, si aucun ovule n'existe soit au dedans, soit au dehors de l'utérus, et que des états pathologiques aient déterminé des changements semblables à ceux qui caractérisent la grossesse, cet état prend le nom de *grossesse apparente*. Les symptômes qui peuvent faire croire à une grossesse qui n'existe pas sont de nature très diverse : ce sont l'hydropisie et la tympanite utérines ; l'accumulation dans l'utérus des produits du flux menstruel, par suite de l'occlusion du vagin ou de l'orifice utérin ; des excroissances dans l'utérus, telles que polypes, sarcomes, stéatomes et certaines concrétions pseudo-membraneuses, appelées *fausses môles* par quelques auteurs ; l'hydropisie enkystée de l'ovaire, et toutes les autres dégénérescences de cet organe, etc.

Lorsqu'une véritable grossesse est liée à l'un des états pathologiques dont nous avons parlé, on dit la *grossesse compliquée*.

Quelques auteurs désignent à tort la môle sous le nom de *fausse grossesse* ou *grossesse apparente*.

D'autres nomment également à tort *grossesse compliquée*, celle dans laquelle une môle se trouve renfermée dans la cavité utérine avec un œuf normal.

Nous allons maintenant étudier avec quelques détails le sujet des divisions que nous venons d'indiquer.

SECTION PREMIÈRE.

DE LA CONCEPTION.

173. — Dans l'acte de la *fécondation* ou l'acte initial de la grossesse, dans lequel les deux sexes interviennent par la *copulation*, il y a à examiner les matières (*sperme* et *ovule*)

fournies par l'un et l'autre individu, comment ces matières marchent à leur rencontre, sur quel point la rencontre se fait, comment enfin de leur contact résulte un individu nouveau.

§ 1er. — *Sperme* (fig. 15).

174. — Le *sperme* ou la *semence* du mâle se forme dans le testicule, de même que l'œuf dans l'ovaire. Il se présente sous l'aspect d'une liqueur visqueuse, blanchâtre, opaque, plus pesante que l'eau et d'une odeur spécifique. Examiné au microscope, le sperme récemment extrait présente un grand nombre de petits corps ovales, terminés par une queue filiforme, qui se meuvent avec vivacité : ce sont les *animalcules spermatiques* ou *spermatozoïdes*.

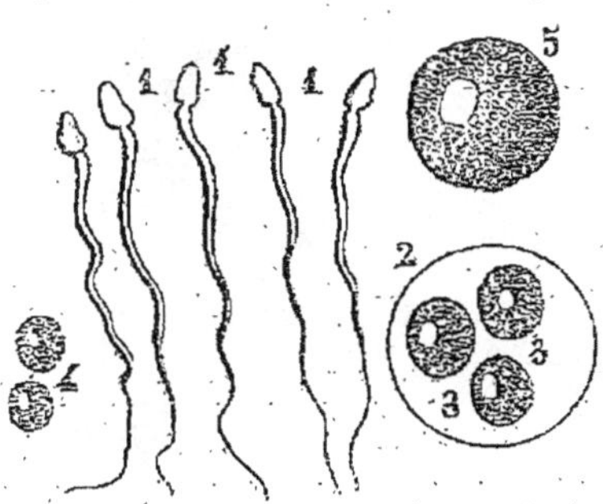

FIG. 15. — *Éléments microscopiques du sperme.*

1,1,1. Spermatozoïdes. — 2. Ovule mâle, grande cellule du sperme. — 3. Cellules incluses dans chacune desquelles se développera un spermatozoïde. — 4. Mêmes cellules isolées. — 5. Une grossie.

On y voit encore de petits globules granulés aussi très nombreux, dits *cellules spermatiques*, qui ne sont autre chose que des spermatozoïdes à l'état rudimentaire. Ces deux éléments du sperme nagent dans un liquide homogène transparent : c'est le *liquide spermatique*, qui se mélange pendant l'éjaculation avec les humeurs sécrétées par la prostate et les glandes de Cowper, qui contribuent surtout à lui donner l'aspect sous lequel il se présente à la vue.

§ 2. — *Œuf non fécondé* (fig. 14 et 16).

175. — Nous avons déjà fait connaître (v. 159 et 160) la capsule ovarienne qui l'abrite, et dans laquelle sa petitesse l'a dérobé pendant des siècles à l'observation de l'homme. L'*œuf* ou l'*ovule* de l'espèce humaine et des autres mammifères, parvenu à son plus grand développement, ne peut être aperçu qu'à l'aide du microscope ; son diamètre est ordinairement de 1/5e à 1/10e de millimètre. On en trouve quelquefois plusieurs dans la même vésicule de Graaf. Nous avons vu qu'il occupe une position fixe dans sa vésicule, sur le point qui fait saillie à la surface de l'ovaire, logé au milieu des granulations qui forment le *disque proligère.*

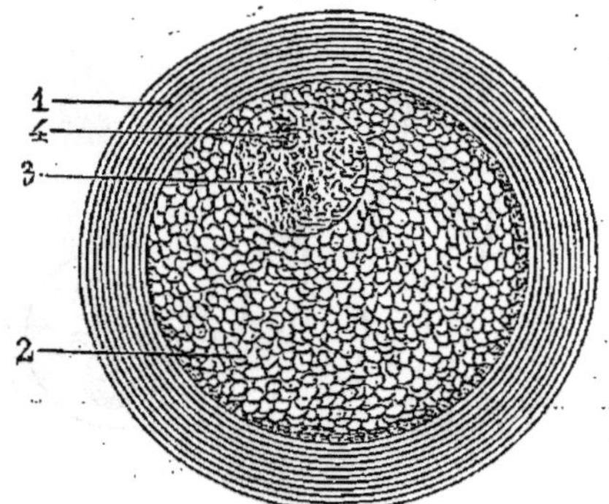

Fig. 16. — *L'ovule avant la fécondation.*

1. Membrane vitelline. — 2. Vitellus. — 3. Vésicule germinative. — 4. Tache germinative.

Les observateurs s'accordent à reconnaître dans l'œuf des mammifères, tout petit qu'il est : 1° Une *membrane vitelline* très mince, ou *sphère du jaune.* 2° Un *vitellus* ou *jaune*, dans lequel le microscope ne révèle pas exactement la même structure que dans le vitellus des ovipares : ses granules ne sont pas identiques avec les vésicules granuleuses qui constituent le jaune dans l'œuf des oiseaux ; l'œuf des mammifères, n'ayant pas besoin d'une provision de nourriture destinée à l'embryon futur, est réduit à sa partie essentielle, l'élément germinateur. 3° La *vésicule germinative*, placée sur un point voisin de la face interne de la membrane vitelline dans l'œuf arrivé à maturité, et constituée par une petite vésicule transparente et incolore, sous forme d'une tache claire qui tranche avec la masse du jaune plus foncée. 4° La *tache germinative*, qui forme sur un point de la paroi de la vésicule germinative une tache obscure, arrondie, qui semble constituée par l'agrégation de granules excessivement fins, dont la teinte plus obscure se détache sur le contenu clair de la vésicule.

Ainsi l'œuf des mammifères ne semble guère différer de celui des oiseaux, des reptiles et des poissons, que par son état d'imperfection au moment où il se détache de l'ovaire, et l'absence de l'amas de matière nutritive qui constitue le jaune. On peut aussi regarder les capsules ovariennes des œufs des ovipares et les vésicules de Graaf, chez les mammifères, comme identiques, quelle que soit leur différence de forme et d'étendue.

§ 3. — *Rencontre de l'œuf et du sperme.*

176. — Le contact direct du sperme et de l'ovule suffisamment développé est indispensable pour que la fécondation puisse avoir lieu. La déhiscence spontanée des vésicules de Graaf, à certaines époques, rend facile ce contact, qui n'a probablement pas lieu sur un point constamment le même, l'ovule et le sperme marchant l'un à la rencontre de l'autre. Au moment où la vésicule de Graaf, arrivée à maturité et distendue par le liquide accumulé dans son intérieur, se déchire pour donner issue à l'ovule, le pavillon de la trompe est appliqué sur l'ovaire pour recevoir l'ovule, et le faire passer dans la trompe par une espèce d'aspiration.

La présence des animalcules spermatiques constatée sur le pavillon de la trompe et la grossesse extra-utérine ne permettent pas de douter que le sperme ne puisse atteindre l'ovule à sa sortie même de l'ovaire. Mais il est probable que la rencontre se fait souvent sur un point moins élevé de la trompe, et peut-être même dans la cavité utérine.

Pour s'opérer, la fécondation semble exiger quelque chose

de plus qu'un simple contact du sperme et de l'ovule, l'union même des éléments essentiels de ces deux substances. En effet, bien qu'on n'ait pas pu déterminer d'une manière précise l'existence d'une ouverture à la surface de l'ovule, il n'est guère possible de contester que les spermatozoïdes peuvent pénétrer dans celui-ci, et qu'ils se liquéfient après y avoir pénétré.

Quant à la fécondation en elle-même, à l'acte si mystérieux d'un nouvel être et d'une vie propre qui résultent de l'union du principe générateur mâle avec le principe générateur femelle, elle se dérobe et se dérobera probablement toujours à l'observation de l'homme. Les spermatozoïdes portent-ils en eux-mêmes le principe fécondant, ou ne font-ils que le propager ? S'il n'est pas possible, d'une part, de supposer que les animalcules deviennent eux-mêmes des embryons, de l'autre, on ne peut guère considérer le sperme comme un simple excitant, une espèce de ferment ; car il possède, comme l'ovule lui-même, la faculté de déterminer non-seulement les ressemblances physiques, mais encore les qualités morales et intellectuelles propres à l'individu qui l'a fourni. Tout le monde sait que la forme, les penchants, les passions, l'intelligence, les maladies mêmes se transmettent au produit tout aussi sûrement par père que par mère.

§ 4. — *Dissolution de la vésicule germinative.*

177. — Il existe encore quelque incertitude sur la durée et la destination de la vésicule germinative : avant de passer outre, nous devons en fixer les termes. La dissolution de la vésicule germinative est un fait certain, constaté par tous les observateurs; cette dissolution a lieu le plus souvent dans l'ovaire, quelquefois après la déhiscence de la vésicule de Graaf, et semble être une phase préparatoire de l'ovule à la fécondation. Pour être convaincu qu'elle n'est point déterminée par le fait même de la fécondation, il suffit de rappeler que la vésicule germinative disparaît dans l'œuf des femelles d'oiseaux qu'on a tenues séparées des mâles, et dans les œufs fécondés à l'exté-

rieur avant leur contact avec le sperme. Cette rupture ne peut être non plus attribuée à la segmentation du vitellus qui est un acte postérieur à la conception.

La vésicule germinative remplit-elle le rôle que le nom qu'elle a reçu semble faire préjuger? Faut-il admettre, avec quelques-uns, qu'elle est le véritable germe femelle, ou, avec d'autres, que ce germe est constitué par la *tache germinative*, qu'on ne trouve même pas dans les œufs de tous les animaux? Faut-il, au contraire, avec Schwann, comparer l'œuf à une cellule, la vésicule germinative et la tache de ce nom au noyau et au nucléole de toute autre cellule, parties transitoires qui doivent disparaître, être résorbées après avoir servi de centre de formation? Suivant l'opinion la plus accréditée, la disparition de la vésicule germinative, qui est instantanée, marque le terme naturel de l'existence d'une partie qui a complétement épuisé son rôle.

§ 5. — *Dépôt d'albumine à la surface de l'œuf.*

178. — En passant dans la trompe, l'œuf entraîne avec lui une partie du disque granuleux; mais ces granules ne tardent pas à se dissocier et finissent par disparaître complétement. A mesure qu'il avance dans la trompe, l'œuf s'entoure d'albumine, comme il le fait en si grande proportion dans l'œuf des oiseaux. Ce dépôt, qui manque chez plusieurs mammifères, par conséquent, peut-être chez l'homme, se forme par couches successives et excentriques, faciles à reconnaître à l'aide du microscope; on peut aussi découvrir le plus souvent des spermatozoïdes dans son épaisseur, de sa surface externe jusqu'à la membrane vitelline et même dans l'intérieur de celle-ci.

SECTION DEUXIÈME.

DE LA GROSSESSE NORMALE.

Il y a deux ordres de phénomènes à étudier dans la grossesse : 1° ceux qui se rapportent au développement du produit de la conception; 2° ceux qui se manifestent chez la femme sous l'influence de ce développement. Nous commencerons par les premiers.

CHAPITRE PREMIER.

DE L'OEUF ET DU FOETUS.

Nous allons d'abord étudier l'œuf fécondé jusqu'à l'apparition de l'embryon, ou la séparation nette du fœtus et de ses annexes, puis les annexes du fœtus, enfin le fœtus lui-même.

ART. Ier. — De l'œuf fécondé jusqu'à l'apparition du fœtus et de ses annexes.

179. — Nous avons déjà suivi le développement de l'œuf non fécondé dans toutes ses phases, depuis son origine dans l'ovaire, jusqu'à son émission spontanée de la capsule ovarienne par une sorte de ponte périodique (v. 160), et dans son trajet à travers la trompe.

Il s'agit maintenant de suivre les évolutions successives par lesquelles passe, après la fécondation, chacune de ses parties, pour donner lieu au développement d'un être nouveau. Il est presque superflu d'avertir que, pour les premières époques du développement de l'œuf humain, comme pour les phénomènes de la conception indiqués ci-dessus, l'observation directe fait défaut. On n'a pas encore observé, chez la femme, l'œuf dans la trompe, ni même, d'une manière certaine, dans la matrice, au moment de son arrivée ; mais le peu de distance qui sépare sous ce rapport l'homme des espèces mammifères, chez lesquelles des observations précises ont été faites, autorise à lui appliquer les belles acquisitions dont s'est enrichie, depuis une vingtaine d'années, cette partie de la physiologie.

§ 1. — *Segmentation du vitellus et formation du blastoderme.*

1° Segmentation du vitellus (fig. 17).

180. — Le premier phénomène appréciable, dépendant de la fécondation, ou s'y liant d'une manière si immédiate qu'il commence à peine ou s'interrompt promptement dans les œufs

qui n'ont pas été vivifiés par le sperme, c'est la *segmentation* du vitellus. La métamorphose du vitellus, pendant que l'œuf s'achemine vers l'utérus, dont le résultat est la formation de la *vésicule blastodermique* ou *blastoderme*, constitue le phénomène le plus remarquable de cette première époque du développement de l'œuf. Le vitellus, chez les mammifères, semble se condenser en se resserrant sur lui-même ; un espace vide ou plutôt rempli de lymphe seulement, et privé de granules, montre une séparation tranchée entre le jaune et la membrane vitelline. En même temps un travail profond commence à agiter les éléments de cette masse : on voit se former au milieu des granules, d'une manière d'abord indécise, puis plus nette, des vésicules de différentes grandeurs, renfermant elles-mêmes des granules ; quelques-unes de ces vésicules s'échappent même souvent de la masse, et viennent se placer dans l'intervalle que le vitellus a laissé par son retrait entre la membrane vitelline et sa propre masse.

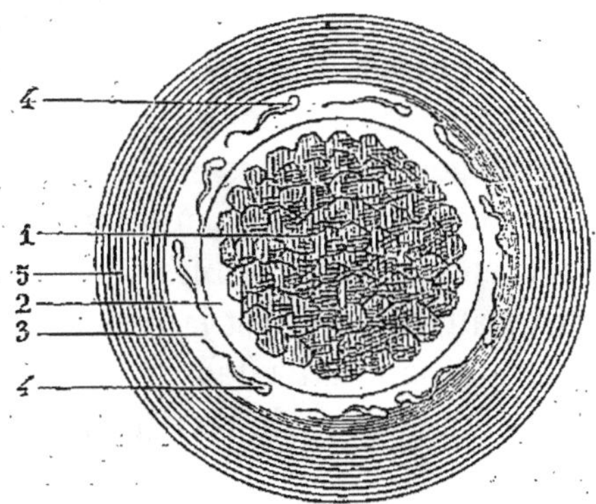

Fig. 17. — *Œuf dans la trompe et segmentation du vitellus.*

1. Corps mûriforme flottant. — 2. Espace rempli de liquide entre le corps mûriforme et la membrane vitelline. — 3. Membrane vitelline. — 4. Spermatozoïdes rampant sur la face externe et maintenus appliqués contre elle. — 5. Une couche albumineuse sécrétée par la trompe.

Enfin, sur un point de la surface de cette masse se dessine une sorte d'échancrure : c'est le premier indice et le début de la segmentation. Cette échancrure s'agrandissant rapidement, le vitellus est bientôt divisé en deux moitiés ovales, puis les deux en quatre, celles-ci en huit, et successivement celles qui suivent en seize, trente-deux, etc. Si cette division, d'une manière aussi régulière, n'est pas bien certaine, au moins tous les embryologistes sont-ils d'accord sur ce fait essentiel, savoir, la segmentation du vitellus en un nombre très considérable de petits corpuscules qu'ils ont nommés *sphères vitellines*, et qui donnent au vitellus l'aspect d'une mûre, *corps mûriforme*, en le transformant en une membrane organisée.

Chacune de ces sphères offre une tache centrale claire, qu'on est parvenu à isoler, et qu'on a comparée à une gouttelette d'huile.

Par une exception, qui pouvait paraître singulière, l'œuf des oiseaux, des reptiles écailleux et des poissons cartilagineux, semblait se dérober au phénomène de la segmentation. Mais de nouvelles observations tendent à le faire considérer comme un fait commun à tous les animaux. Toutefois, tandis que la segmentation, chez les mammifères, atteint tout le vitellus, chez les oiseaux, etc., elle n'atteint que la cicatricule, et se présente sous la forme de sillonnements profonds; mais c'est le même phénomène ayant un but identique, savoir : le groupement des éléments du germe en masses de plus en plus petites, et la transition de ces sphères organiques aux vésicules ou cellules qui vont bientôt former le blastoderme. Ce n'est pas le jaune, mais la cicatricule qui est la partie de l'œuf de l'oiseau véritablement analogue au vitellus des mammifères, qui auraient en moins cette masse de matière nutritive superflue chez eux.

2° Formation du blastoderme et apparition de l'embryon.

181. — Lorsque la segmentation est arrivée à ses dernières limites, on voit bientôt commencer un nouveau travail qui transforme chaque sphère vitelline, par l'effet de la coagulation de sa surface, en une véritable cellule renfermant une masse de granules ; puis le liquide albumineux, dont la quantité s'accroît dans l'intérieur de l'œuf, refoule, du centre à la circonférence, ces vésicules qui se rapprochent ainsi les

unes des autres à la périphérie, et prennent par pression mutuelle une forme hexagonale.

Tandis qu'elles conservent encore leur convexité du côté de leur face interne, elles s'aplatissent sur le côté externe en s'appliquant contre la membrane vitelline, et se soudent en même temps entre elles par les côtés. Il en résulte une membrane sphérique tapissant la face interne de la membrane vitelline, composée de cellules polygonales à contenu granuleux : c'est le *blastoderme*, ou *vésicule blastodermique*, qui renferme le germe de tout ce qui doit provenir de l'œuf, et être à la fois le point de départ de toutes les évolutions de l'embryon et de ses annexes.

182. — En s'organisant, le blastoderme s'obscurcit bientôt sur un point de sa surface. Les cellules plus rapprochées, plus serrées et pourvues d'un plus grand nombre de granules, y forment une tache circulaire blanchâtre ; c'est cette condensation des éléments blastodermiques qui a été désignée sous les noms de *tache embryonnaire*, de *area germinativa*.

Pendant que ces phénomènes s'opèrent, l'œuf, toujours libre, et se développant aux dépens de la couche albumineuse qui l'entoure, couche qui va en s'amincissant par degrés et qui finit par disparaître vers l'extrémité inférieure de la trompe, arrive dans la matrice vers le septième ou huitième jour après la conception. Cinq fois plus volumineux environ qu'à sa sortie de l'ovaire, il est alors formé de deux vésicules emboîtées l'une dans l'autre ; l'une, externe, la membrane *vitelline*, qui s'est amincie en s'agrandissant ; l'autre, interne, le *blastoderme*, qui porte sur un point la *tache embryonnaire* ; une petite quantité de liquide opalin, contenant encore de fines granulations, remplit sa cavité.

183. — Peu de temps après l'arrivée de l'œuf dans l'utérus, des appendices ramifiés s'élèvent de sa surface externe pour le fixer à la place qu'il doit occuper désormais, et pour fournir à son développement par une absorption énergique. Un assez grand nombre d'observateurs croient avoir rencontré, chez la femme même, l'œuf à son arrivée dans la matrice, ou peu de temps après, c'est-à-dire du septième au dixième jour envi-

ron après la conception ; mais ces observations sont si incertaines, que nous devons continuer à nous servir, pour faire connaître les premiers développements et les métamorphoses de l'œuf dans l'utérus, d'observations empruntées à la physiologie comparée.

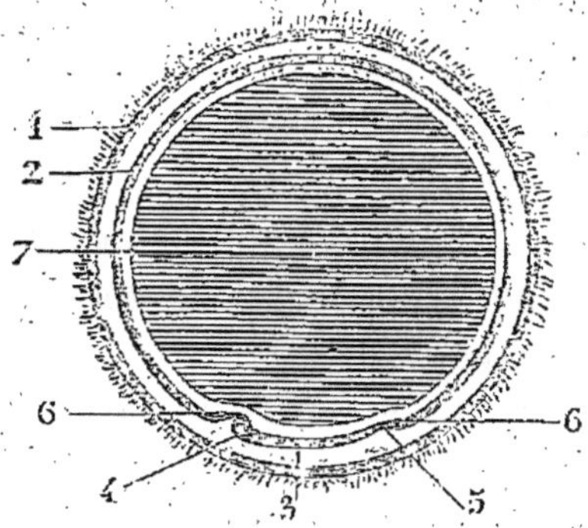

Fig. 18. — *OEuf dans l'utérus.*

1. Membrane vitelline avec ses villosités naissantes (premier chorion). — 2. Feuillet externe ou animal du blastoderme. — 3. Corps de l'embryon. — 4. Renflement céphalique. — 5. Renflement caudal. — 6. Réflexion du feuillet séreux, origine de l'amnios. — 7. Cavité centrale pleine de liquide qui formera plus tard la vésicule ombilicale.

184. — Peu de temps après son apparition sur le blastoderme, la tache embryonnaire, d'abord circulaire, prend une forme elliptique plus ou moins allongée, s'éclaircit dans sa partie moyenne, et offre, dans le milieu, l'apparence d'une ligne longitudinale, premier indice de l'organisation embryonnaire commençante. Avant même que ces premières modifications apparaissent, on peut remarquer qu'à la place de la tache embryonnaire, et un peu au delà, la vésicule blastodermique n'est pas simple, mais formée de deux feuillets adossés l'un à l'autre, et tous deux formés de cellules qui paraissent identiques, si ce n'est que celles du feuillet externe sont plus serrées, plus fournies de molécules, et déjà en partie confondues ; tandis que celles du feuillet interne sont encore isolées, tout à fait rondes et très ténues. Ce dédoublement en deux feuillets du blastoderme est, comme nous le verrons bientôt, un fait de la plus grande importance. Cette division en deux feuillets s'étendant plus tard à tout le blastoderme, l'œuf se

trouve alors en quelque sorte composé de trois vésicules concentriques, savoir : la membrane vitelline, le feuillet externe ou séreux du blastoderme, et son feuillet interne ou muqueux.

Nous allons montrer que tout procède du blastoderme, l'embryon aussi bien que ses annexes, et suivre les métamorphoses de chaque partie du blastoderme dans ses développements nouveaux. Etablissons d'avance, pour bien fixer la nature des faits et prévenir toute confusion, l'ordre suivant lequel vont s'opérer ces transitions.

3° Évolution du blastoderme, et délimitation de l'embryon et de ses annexes (fig. 18, 19 et 20).

185. — 1° *Feuillet externe du blastoderme.* — Appelé aussi *feuillet séreux*, à cause de la fonction et de la position d'une partie de sa portion extra-fœtale; *feuillet animal*, parce qu'on a cru que les diverses parties de l'appareil locomoteur (os, muscles) et les organes des sens se développaient dans son épaisseur. Toutefois les deux feuillets du blastoderme paraissent correspondre seulement, après le développement de l'embryon, l'externe à la surface tégumentaire externe ou cutanée, l'interne à la surface tégumentaire interne ou muqueuse intestinale. Dans cette hypothèse, apparaît bientôt, entre les deux feuillets du blastoderme, en même temps que le réseau vasculaire de l'embryon, qu'on désigne sous le nom de *feuillet moyen*, *intermédiaire* ou *vasculaire* du blastoderme, le *blastème primitif*, au sein duquel se développeraient tous les organes du fœtus.

186. — Quoi qu'il en soit, en suivant pas à pas les résultats de l'observation, à ce degré d'infiniments petits, où les occasions de voir les évolutions de transition sont si rares et les observations si délicates et si fugitives, nous voyons d'abord que les deux feuillets du blastoderme prennent part à la formation de la tache embryonnaire; que celle-ci, s'accroissant par l'adjonction de nouveaux granules, passe de la forme arrondie à la forme allongée. En même temps que la saillie qu'elle forme au-dessus de la face externe du blastoderme devient

plus prononcée, elle s'incurve par ses extrémités et aussi par ses bords du côté du centre de l'œuf, de manière que le corps de l'embryon ressemble bientôt à une petite *nacelle* dont la concavité regarde du côté du centre de l'œuf. Les bords de la nacelle, formant les *lames ventrales*, se rapprochent de plus en plus les uns des autres et circonscrivent une ouverture qui devient de plus en plus petite, et qui correspondra à l'ombilic. Pendant que l'embryon s'incurve ainsi sur lui-même, l'une de ses extrémités se renfle beaucoup plus que l'autre : cette extrémité renflée correspond à la tête de l'embryon. Sur le point correspondant à la *ligne primitive* et sur ses côtés, on commence à apercevoir, dans la masse embryonnaire, les vestiges de la moelle, du cerveau, des vertèbres, etc.

A mesure que l'embryon s'incurve en forme de nacelle, la partie du feuillet externe du blastoderme placée sur les limites de l'embryon se soulève tout autour de lui. Le soulèvement est d'abord plus apparent vers les extrémités céphalique et caudale que sur les côtés, et forme du côté de la tête et du côté de l'extrémité caudale deux replis qui portent le nom de *capuchon céphalique* et de *capuchon caudal*. Ces replis, ainsi que ceux formés sur les côtés de l'embryon, marchent rapidement à la rencontre les uns des autres pour former plus tard l'amnios (fig. 19, n°s 3, 9).

Lorsque l'embryon ne présente encore qu'une plaque allongée légèrement saillante, sa circonférence se continue avec la portion extra-fœtale du feuillet externe du blastoderme partout en contact avec la membrane vitelline, sans autre ligne de démarcation que le léger soulèvement, indice du travail de réflexion que nous avons suivi ci-dessus (fig. 18, n°s 6, 6). Mais cette circonférence, en s'incurvant du côté du centre de l'œuf, entraîne avec elle la portion de ce feuillet qui l'avoisine et s'en coiffe (fig. 19, n°s 7, 8). La portion ainsi entraînée est dès lors distincte non-seulement du corps de l'embryon, mais aussi du reste du feuillet séreux qui continue à être accolé à la face interne de la membrane vitelline ; elle forme un feuillet réfléchi, qui adhère à tout le pourtour de l'ombilic, puis se réfléchit de nouveau, comme nous l'avons vu, vers la région dorsale de l'embryon.

A ce moment de l'évolution de l'œuf, le feuillet externe du blastoderme est divisé en trois parties distinctes et continues : 1° La portion fœtale au centre ; 2° la portion qui l'entoure et forme une sorte d'enveloppe à sa face convexe, c'est l'amnios ; 3° une portion beaucoup plus vaste qui double la membrane vitelline.

2° *Feuillet interne du blastoderme.* — Le feuillet interne, appelé aussi *feuillet muqueux* (fig. 18, 19 et 20), parce qu'il se continue primitivement avec les parois futures de l'intestin, subit, à mesure que le corps de l'embryon s'incurve en dedans, un étranglement qui correspond à l'ombilic, et se trouve ainsi partagé en deux parties inégales communiquant ensemble à l'ombilic par la portion étranglée. La portion enfermée dans l'intérieur du corps de l'embryon formera plus tard

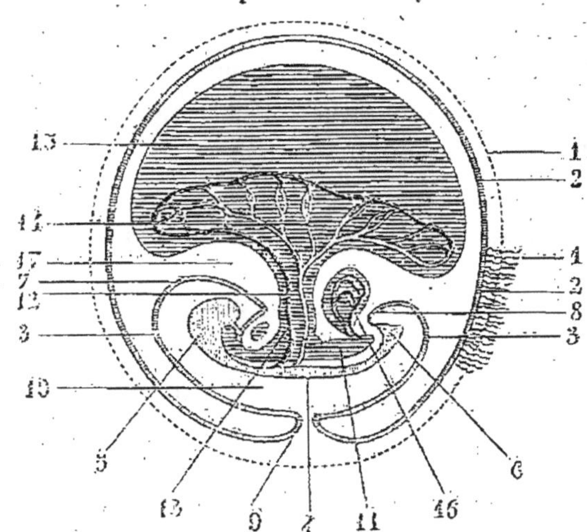

Fig. 19. — *Œuf de vingt à vingt-cinq jours.*

1. Membrane vitelline, premier chorion, avec ses villosités. — 2. Feuillet séreux du blastoderme se couvrant de villosités et formant le deuxième chorion. — 3. Partie réfléchie du même feuillet constituant l'amnios. — 4, 5, 6. Corps de l'embryon avec ses renflements céphalique et caudal. — 7, 8. Capuchons céphalique et caudal. — 9. Ombilic dorsal, ou ligament séreux. — 10. Cavité de l amnios : cette cavité n'existe que quand l'ombilic dorsal a disparu. — 11. Intestin. — 12. Premier cordon ombilical ou omphalo-mésentérique renfermant le conduit vitello-intestinal. — 13, 14. Vaisseaux omphalo-mésentériques traversant l'ombilic et venant former un réseau sur la vésicule ombilicale. — 15. Vésicule ombilicale. — 16. Vésicule allantoïde à son origine. — — 17. Cavité pleine de liquide.

la cavité intestinale; la portion extra-embryonnaire avec laquelle elle communique, et qui forme en ce moment la plus grande partie de la cavité intérieure du blastoderme, prendra bientôt le nom de vésicule ombilicale, sur laquelle se développe un réseau de vaisseaux sanguins, dits *omphalo-mésentériques.*

Pendant que s'opèrent le rétrécissement de l'ouverture ventrale de l'embryon et la délimitation de la vésicule ombilicale, la partie inférieure du canal intestinal, dans le point où, aux premiers jours de la vie embryonnaire, il est confondu avec la vessie, commence par former une légère saillie qui, en s'allongeant et en se rétrécissant du côté de l'intestin, forme une vésicule dont le pédicule communique avec celui-ci : c'est la *vésicule allantoïde.* A peine formée, on la voit accompagnée également d'un riche réseau de vaisseaux sanguins.

Maintenant sont dessinés les rudiments de toutes les parties essentielles de l'embryon et de ses annexes. A partir de cette époque, le nouvel être est constitué, et toute confusion a cessé dans les parties composantes de l'œuf; une distinction précise est établie entre le fœtus et ses annexes, dont l'histoire peut se poursuivre isolément.

ARTICLE II. — ANNEXES DU FOETUS.

187. — On voit, d'après ce qui précède, que ces annexes se composent des parties suivantes :

1° L'*amnios*, enveloppe séreuse du fœtus, développée aux dépens du feuillet externe du blastoderme, renfermant dans sa cavité, outre le fœtus, le *liquide amniotique.*

2° La *vésicule ombilicale*, portion périphérique du feuillet muqueux du blastoderme.

3° L'*allantoïde*, production intestinale du même feuillet, qu'accompagnent les vaisseaux ombilicaux.

4° Le *chorion*, enveloppe externe de l'œuf, variable dans sa composition aux diverses époques du développement de l'œuf.

5° Le *placenta* avec le *cordon ombilical*, organe de nutrition et de respiration du fœtus, intermédiaire vasculaire entre son appareil circulatoire et celui de l'utérus de la mère.

6° Enfin, la *membrane caduque*, appartenant à l'utérus et non au fœtus, mais qui, à raison de ses rapports et de ses usages, doit être rapprochée des annexes du fœtus.

§ 1. — *Amnios et eau de l'amnios.*

1° Amnios (fig. 19, 20 et 23).

188. — On a vu (v. 185) qu'en dehors et tout autour de la masse embryonnaire, le feuillet externe du blastoderme se réfléchit en plis qui partent de la face concave ou ventrale de l'embryon, et qui se renversent bientôt en dehors pour le contourner dans tous les sens, jusqu'à ce qu'ils se rencontrent sur un point de sa face dorsale, qu'on a appelé par analogie *ombilic amniotique*, où ils s'unissent bientôt d'une manière intime.

Il n'y a point d'abord de liquide dans sa cavité, et l'amnios avec ses plis concentriques s'applique directement sur l'embryon ; mais bientôt un liquide s'amassant entre la nouvelle membrane et l'embryon les éloigne l'un de l'autre, et distend l'enveloppe permanente que celui-ci vient d'acquérir. Cette enveloppe, formée par la portion réfléchie du feuillet externe du blastoderme, se continue avec l'embryon dans tout le pourtour de sa large ouverture ventrale. Cette ouverture, en se rétrécissant autour du pédicule formé par la vésicule ombilicale et l'allantoïde, entraîne avec elle le repli amniotique qui se réfléchit sur le cordon ombilical, en lui formant une gaîne à mesure que celui-ci se forme et s'allonge. Sur ce point, comme sur les autres, l'amnios, développé par suite de l'accumulation du liquide dans sa cavité, vient s'appliquer à la face interne du chorion. A trois mois, l'amnios offre la forme qu'il doit conserver, et se trouve déjà partout appliqué à la circonférence interne du chorion, mais sans contracter d'adhérence solide avec lui, même à une époque avancée de la grossesse.

L'amnios, devenant de plus en plus ferme dans sa texture, offre bientôt tous les caractères des membranes séreuses.

L'amnios a pour objet de protéger le fœtus par l'enveloppe membraneuse qu'il lui fournit et par le liquide qui s'accumule peu à peu dans sa cavité.

2° Eau de l'amnios (fig. 23).

189. — Le *liquide amniotique*, qui renferme 99 parties d'eau sur 100, est d'abord limpide et opalin; plus tard, il devient jaunâtre ou blanchâtre et moins transparent; ses réactions, d'abord neutres, sont plus tard alcalines; son odeur fade et sa saveur légèrement salée; sa quantité varie, non-seulement aux diverses époques de la vie embryonnaire, mais encore chez les divers individus. En général, il s'accroît jusqu'au milieu de la grossesse; mais, dans les derniers temps, il diminue, ou au moins sa quantité est moindre, relativement au volume du fœtus, qui s'accroît rapidement.

Dans l'espèce humaine, son maximum, à l'état normal, ne dépasse guère 1 kilogramme, et son minimum descend rarement au-dessous de 500 grammes.

D'après les analyses chimiques, sa composition varie aux diverses époques de la grossesse et chez les divers individus. Il contient, outre une très grande quantité d'eau, de l'albumine, du chlorure de soude, de faibles quantités de phosphates, de sulfates et de carbonates de soude et de chaux. On y voit nager des flocons dans lesquels on reconnaît des noyaux de cellule et des cellules épithéliales, provenant de l'épiderme de l'embryon et de la couche épidermique qui tapisse la surface interne de l'amnios.

Le liquide amniotique est exhalé par toute la surface de l'amnios et par la peau du fœtus, mais surtout par l'amnios. A une certaine époque, de l'urine du fœtus vient s'y mêler. Il est destiné à distendre les membranes et l'utérus, à procurer au fœtus de l'espace à son développement et à ses mouvements, à le préserver contre les chocs extérieurs, à rendre moins sensibles ses mouvements à la mère; pendant le travail, à faciliter la dilatation du col et à humecter le vagin.

§ 2. — *Vésicule ombilicale et vaisseaux omphalo-mésentériques* (fig. 18, 19 et 20).

190. — Pendant que le feuillet *externe* du blastoderme, qui se continue dans les premiers temps avec la couche tégu-

mentaire, forme d'une part, d'après le mécanisme qui vient d'être indiqué, l'amnios, et de l'autre se confond avec l'enveloppe extérieure de l'œuf, le feuillet *interne* ou *muqueux* du blastoderme, qui se continue primitivement sans ligne de démarcation avec les parois futures de l'intestin, s'en sépare peu à peu, en formant, d'une part, l'intestin, et de l'autre, la vésicule ombilicale. Primitivement, le feuillet interne du blastoderme tapisse la gouttière commençante de l'embryon ; de là une première distinction de ce feuillet en deux portions : 1° le petit diverticule embryonnaire qui va donner naissance à l'intestin; 2° tout le reste qui forme la *vésicule ombilicale*, déjà séparée du chorion, depuis la formation de l'amnios, par une couche liquide et le feuillet vasculaire naissant. Mais bientôt, et à mesure que la cavité splanchnique de l'embryon va se circonscrire et se fermer, un collet d'abord, puis un canal ou pédicule va établir une séparation entre les deux portions du feuillet interne du blastoderme. La partie abdominale forme l'intestin qui est d'abord droit de la bouche à l'anus, largement ouvert et à l'état de gouttière ; la partie vésiculaire forme la *vésicule ombilicale* proprement dite, organe essentiellement transitoire chez les mammifères, et qui s'atrophie dans un espace de temps très court.

On a donné le nom de *conduit omphalo-mésentérique* ou *vitello-intestinal* au canal qui fait communiquer d'abord largement la cavité de l'intestin avec celle de la vésicule ombilicale. De court et large qu'il était d'abord, il devient long et étroit, en même temps que le corps de la vésicule revient sur lui-même, et il finit par s'oblitérer vers le trente-cinquième jour.

On a donné le nom d'*ombilic intestinal* à la région par laquelle la vésicule ombilicale se continue avec l'intestin, par analogie avec l'ombilic proprement dit que forment les parois thoraciques et ventrales de l'embryon en convergeant vers un point central.

Nous n'avons rien dit jusqu'ici des communications vasculaires qui s'établissent de très bonne heure entre la vésicule ombilicale et l'embryon.

191. — *Vaisseaux omphalo-mésentériques* (fig. 19, nos 13 et 14). — La vésicule ombilicale porte des vaisseaux très remarquables. Ces vaisseaux, dits *vaisseaux omphalo-mésentériques*, sont d'abord au nombre de quatre : deux veines pénétrant dans l'embryon et se jetant dans le vestibule du cœur, et deux artères qui sortent de l'embryon après s'être séparées de l'aorte ventrale vers le milieu de sa longueur. Ces vaisseaux forment, par leurs divisions terminales sur la vésicule ombilicale, un réseau vasculaire très riche. L'appareil vasculaire de la vésicule ombilicale, qui représente la circulation primitive de l'embryon, correspond à l'appareil sanguin du jaune des oiseaux. Les vaisseaux omphalo-mésentériques suivent la vésicule ombilicale dans sa réduction et son atrophie ; mais, du côté de l'embryon, certaines parties persisteront, une des veines deviendra la veine *porte hépatique* ou *ventrale*, une des divisions de l'artère deviendra une *artère mésentérique*, tandis que tout le reste s'efface.

La vésicule ombilicale, formée de la même manière chez les oiseaux et les mammifères, a cependant une fin bien différente chez les uns et chez les autres. Chez les premiers, elle persiste jusqu'au terme du développement de l'embryon, et la masse du jaune sert au développement du poulet, même après qu'il est sorti de sa coquille. Chez les mammifères, surtout chez l'homme, elle perd de bonne heure toute espèce d'importance ; c'est au point qu'on peut se demander, considérant la faible quantité de son contenu, si elle sert réellement à la nutrition de l'embryon, même pendant les premiers jours. Quoi qu'il en soit, dès la fin du premier mois, elle a parcouru dans l'œuf humain toutes les phases de son évolution, et, à son plus haut degré de développement, elle offre à peine le volume d'un petit pois.

§ 3. — *Allantoïde et vaisseaux allantoïdiens* (fig. 20, no 3).

192. — Pendant que s'opère le rétrécissement de l'ouverture ventrale de l'embryon, et que la vésicule ombilicale se délimite, on voit naître de la partie caudale de l'intestin une

tumeur d'abord ronde, puis piriforme, très vasculaire : c'est la *vésicule allantoïde.* Aujourd'hui les opinions ne sont plus partagées sur sa destination, ni sur son existence dans l'espèce humaine. Sur tous ces points, grâce aux travaux des embryologistes modernes, il n'y a plus d'obscurité ni de sujet sérieux de controverse. Nous pouvons dire, d'après l'observation même, qu'à la première phase du développement de l'embryon, l'intestin, la vésicule ombilicale et l'allantoïde, sont trois lobes de grandeur inégale de la vésicule primitive, formée par le feuillet interne de la membrane blastodermique.

L'allantoïde s'accroît rapidement pour remplir le rôle important qui va lui être confié. L'ombilic, en se resserrant, la divise bientôt, comme la vésicule ombilicale, en deux portions : l'interne, renfermée dans la cavité abdominale, devient la vessie urinaire ; le pédicule qui les fait communiquer, creux d'abord, puis ligamenteux plus tard (*ouraque*), est situé derrière le pédicule de la vésicule ombilicale, et fait aussi partie du cordon ombilical. La portion externe constitue, à proprement parler, l'allantoïde.

Vaisseaux allantoïdiens (fig. 20, n° 6). — Les vaisseaux qu'elle porte, appelés d'abord *allantoïdiens*, participent à la rapidité de son accroissement, et deviennent plus tard les *artères* et les *veines ombilicales*, dont nous aurons bientôt à parler en détail. Disons tout de suite, cependant, que les deux artères sont la prolongation des artères iliaques de l'embryon ; que les veines, d'abord au nombre de deux, se réduisent bientôt à une seule en communication avec la veine cave inférieure et la veine porte abdominale du foie. La vésicule et ses vaisseaux gagnent bientôt l'enveloppe extérieure de l'œuf, s'étalent à la face interne en s'y soudant, et forment pour l'œuf une nouvelle membrane située entre l'amnios et le chorion. Les villosités dont celui-ci est recouvert se canaliculisent pour recevoir les prolongements vasculaires qui croissent sur l'allantoïde, lorsqu'elle est arrivée à son plus haut degré de développement. En même temps que l'allantoïde prend du développement, la vésicule ombilicale se resserre et s'atrophie.

Dans l'espèce humaine l'allantoïde ne se met en contact par

sa base qu'avec la portion du chorion destinée à la formation du placenta, portion relativement beaucoup plus étendue qu'elle ne le sera plus tard. La rapidité des diverses phases de son développement est telle, qu'elle ne peut être bien vue ue sur des œufs âgés de quinze à vingt-cinq jours.

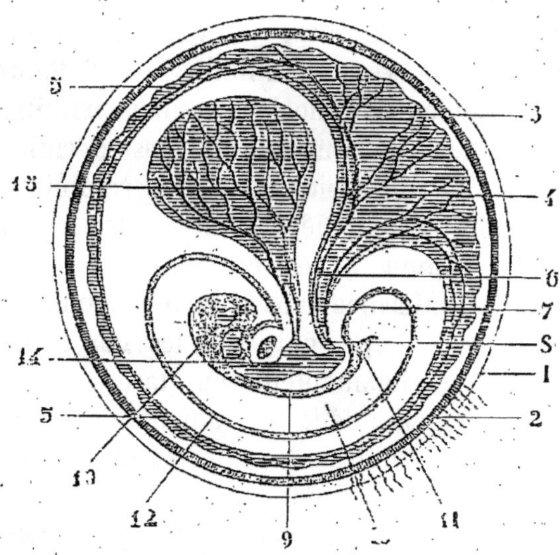

Fig. 20. — *OEuf de trente jours environ ; formation du placenta.*

1. Premier chorion presque complétement atrophié. — 2. Deuxième chorion blastodermique bien développé. — 3. Vésicule allantoïde très étendue et doublant, par suite de son accroissement, toute la face interne de l'œuf. — 4. Portion renflée qui formera le placenta. — 5. Portion plus mince qui formera le troisième chorion allantoïdien ou vasculaire. — 6. Vaisseaux ombilicaux. — 7. Deuxième cordon ombilical, pédoncule de l'allantoïde, dont une portion — 8. deviendra la vessie urinaire. — 9, 10, 11. Corps de l'embryon avec ses extrémités céphalique et caudale. — 12. Amnios complétement formé. — 13. Cavité de l'amnios remplie de liquide. — 14. Intestin donnant naissance, par son extrémité postérieure, à l'allantoïde. — 15. Vésicule ombilicale commençant à s'atrophier.

Malgré sa diversité de forme ou plutôt d'étendue, l'allantoïde, chez tous les animaux qui en sont pourvus, offre une destination commune, savoir : de servir, par l'intermédiaire des vaisseaux auxquels elle sert de support, à la respiration chez les oiseaux, et à l'absorption des sucs nutritifs chez les mammifères et chez l'homme.

§ 4. — *Chorion* (fig. 18, 19, 20 et 23).

193. — Il n'y a rien, en apparence, de plus simple que de

fixer l'origine du chorion et d'indiquer les éléments qui entrent primitivement dans sa composition. N'avons-nous pas vu qu'il est formé originairement par la membrane vitelline que vient doubler d'abord le feuillet séreux du blastoderme, puis l'allantoïde. Mais il faut ajouter qu'en dehors des phases très rapides, pendant lesquelles le feuillet externe du blastoderme et la vésicule allantoïde viennent, à la suite l'un de l'autre, s'appliquer contre la membrane vitelline, le chorion se présente à l'examen direct comme parfaitement simple, et non composé de trois ou même de deux feuillets.

D'après M. Coste, le chorion se compose successivement de trois sortes de parties qui se succèdent en se substituant l'une à l'autre.

La membrane vitelline forme le *premier chorion.* Vers le dixième ou douzième jour, la portion du feuillet séreux du blastoderme, qui vient s'appliquer contre la membrane vitelline, s'y incorpore, en détermine l'atrophie et finalement la remplace : c'est le *deuxième chorion.* Les deux premiers chorions sont villeux sur toute leur surface extérieure, mais ils ne sont pas vasculaires.

Le *troisième chorion* est constitué par le développement périphérique de l'allantoïde qui s'étale à la face interne du second chorion. Celui-ci, refoulé au dehors, s'atrophie et disparaît à son tour : la dernière substitution est accomplie par la formation du chorion permanent.

Quoi qu'il en soit, le chorion est loin d'offrir le même aspect aux diverses époques de la gestation. Après que l'œuf est arrivé dans la matrice, la membrane vitelline, dont la surface extérieure était d'abord parfaitement lisse, se recouvre, vers la fin de la deuxième semaine, de petites saillies granuleuses qui s'accroissent rapidement, et présentent bientôt l'aspect de végétations, ou plutôt de villosités plus ou moins ramifiées s'enfonçant, à mesure qu'elles se développent, dans le tissu de la muqueuse utérine en voie de se transformer en membrane caduque, et fixent ainsi l'œuf à la place qu'il doit occuper pendant toute la gestation.

Du vingt-cinquième au trentième jour de la conception,

les villosités rameuses et touffues du chorion se vascularisent.

Plus tard, les villosités vascularisées s'atrophient sur toute la surface du chorion opposée à l'insertion du cordon ombilical ; et ce phénomène s'opérant de proche en proche, à mesure que la vascularité se retire et se concentre vers le lieu où s'insère le cordon ombilical, toute la surface correspondante devient lisse et glabre. Cette transformation n'est terminée que vers la fin du troisième mois. La partie, encore fort étendue, qui est demeurée vasculaire et qui correspond à l'insertion du cordon ombilical, forme le placenta (fig. 23, n° 7). Dès lors le chorion est arrivé à son état stable ; il représente une membrane mince, transparente, offrant encore çà et là quelques traces de villosités sur sa face externe unie à la caduque réfléchie ; en dedans, il est uni faiblement à l'amnios par une légère couche albumineuse.

§ 5. — *Placenta et cordon ombilical* (fig. 20, 21 et 23).

1° Placenta.

194. — Bien qu'on traite séparément du *placenta* et du *cordon ombilical*, on entend, dans le sens le plus général du mot, par *placenta*, non-seulement l'épanouissement des vaisseaux ombilicaux en un disque vasculaire, spongieux, épais et large, développé sur un point de la surface du chorion, mais encore la réunion de ces vaisseaux en un long cordon, faisant partie intégrante de l'appareil vasculaire *fœto-placentaire*. Le placenta est l'organe intermédiaire chargé de puiser dans le sang de la mère les matériaux nécessaires à la nutrition et au développement du fœtus.

Comme les autres parties de l'œuf, nous allons prendre le placenta à son origine, et le suivre jusqu'à son développement entier.

Tandis que les villosités d'une grande partie du chorion s'atrophient, celles du point par lequel l'œuf s'est attaché à la matrice, continuant à s'accroître avec beaucoup d'énergie, prennent un développement considérable. La disposition arborescente qu'elles offrent, même avant de devenir vasculaires, se prononce de plus en plus par la pousse successive de branches latérales qui se divisent à leur tour, de manière à multiplier presque à l'infini les extrémités terminales. Ces ramifications, d'un aspect très élégant, portées par un pédicule commun formant des touffes enchevêtrées, serrées les unes contre les autres et agglutinées très mollement par une substance amorphe, s'enfoncent dans la muqueuse utérine, tandis que celle-ci, de son côté, tend à les envelopper. Chacune des villosités primitives dont le tronc s'est accru et porte un grand nombre de branches, de rameaux, etc., est entièrement distincte de celles qui l'avoisinent, et constitue une sorte de *cotylédon* ou *lobe* dont la réunion avec les autres lobes forme le *placenta*.

Chaque villosité reçoit un petit tronc des artères ombilicales qui se divise en autant de branches qu'il y en a dans la villosité elle-même; arrivées aux extrémités terminales, ces branches, devenues capillaires, s'infléchissent en arcades non point simples, mais extrêmement multipliées, provenant de ce que le même capillaire serpente plusieurs fois de suite de droite à gauche, en formant de nouvelles arcades qui communiquent les unes avec les autres. De ces arcades partent des ramuscules veineux qui se réunissent peu à peu en branches, en troncs, et ramènent le sang de la villosité dans le pédicule, où l'on peut déjà remarquer que le tronc de la veine est plus volumineux que celui de l'artère. Le parenchyme propre des villosités diminue d'épaisseur à mesure que les ramifications vasculaires prennent du développement en partie à ses dépens, de sorte qu'il finit par ne constituer plus qu'une simple gaîne aux vaisseaux ombilicaux.

Le placenta, à son plus haut degré de développement, se présente, dans l'espèce humaine, sous la forme d'un disque vasculaire d'apparence spongieuse, appendu par son centre au cordon ombilical. Sa largeur est de 16 à 22 centimètres ; son épaisseur, de 1 centimètre 1/2 environ au centre, va en diminuant jusqu'à la circonférence. Sa *face interne* ou *fœtale*, lisse et recouverte par l'amnios, présente en relief les ramifications nombreuses des artères et de la veine ombilicales, qui se réunissent pour former le cordon, dont l'insertion se fait le plus souvent vers la partie moyenne. La face *externe* ou *utérine*, mêlée avec le *placenta utérin*, beaucoup moins lisse et moins uniforme que l'interne, est partagée en un nombre variable de *lobes* ou *cotylédons* irrégulièrement arrondis, réunis entre eux par un tissu amorphe, lamelleux, très mou, qui se déchire par le décollement du placenta. Il est généralement greffé à peu de distance de l'une des trompes, sur la face antérieure ou postérieure du corps de la matrice, parfois envahissant un peu ou entièrement l'un des côtés. Néanmoins il n'est pas rare de le rencontrer plus bas, et même sur l'orifice de la matrice.

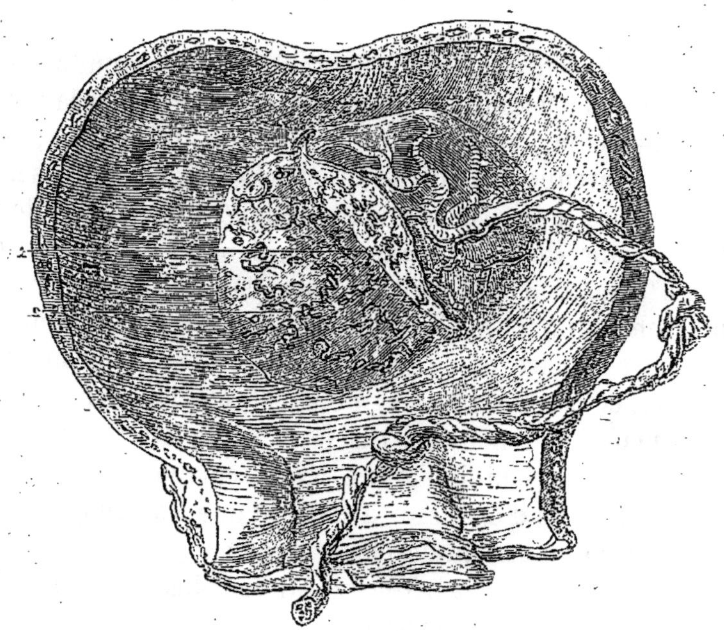

FIG 21. — *Placenta muni du cordon ombilical partiellement adhérent.*

1. Placenta fœtal en partie détaché et en partie adhérent ; on voit les vaisseaux ombilicaux ramper à sa surface avant de pénétrer dans son épaisseur. — 2. Placenta maternel mis à nu par le décollement partiel du précédent : il est formé par la vascularisation très considérable de la portion de la caduque dite inter-utéro-placentaire ou vaisseaux utéro-placentaires.

Le placenta, les membranes et la portion du cordon que l'on retranche après l'accouchement, sont désignés sous le nom d'*arrière-faix* ou *délivre*, et pèsent d'ordinaire de 60 à 125 grammes, et même au delà de 500 grammes.

2° Cordon ombilical.

195. — Pour donner une idée exacte du mode de formation et de la composition du cordon ombilical aux diverses phases de son développement, il nous suffira de rappeler quelques-uns des points de l'histoire du développement de l'œuf. Dans le principe, la paroi ventrale de l'embryon, en convergeant dans tous les sens vers un point central, l'*ombilic*, qui reste ouvert jusqu'à la naissance, diminue progressivement l'espace qui livre passage à la vésicule ombilicale, à l'allantoïde et à leurs vaisseaux; l'espèce d'étranglement qui fait d'abord distinguer ces vésicules de l'intestin devient bientôt un pédicule qui s'allonge à mesure qu'elles s'éloignent de l'embryon, pendant que l'amnios, qui se continue avec les bords de l'ombilic, se réfléchit sur ce pédicule et lui forme une gaîne. C'est le *cordon ombilical* qui est constitué.

Le cordon ombilical existe déjà à la fin du premier mois. Dans la première phase du développement de l'œuf, il est formé du pédicule de la vésicule ombilicale, de celui de l'allantoïde, accompagnés chacun de quatre vaisseaux, les artères et veines omphalo-mésentériques, les artères et veines allantoïdiennes, enfin de la gaîne que fournit l'amnios en se réfléchissant du pourtour cutané de l'ombilic sur les pédicules de la vésicule ombilicale et de l'allantoïde, gaîne très courte sur quelques animaux, au contraire très longue chez l'homme.

Un peu plus tard, la gaîne amniotique, tendant à s'oblitérer, et cette oblitération s'opérant de l'extrémité placentaire du cordon vers l'ombilic, se resserre de dehors en dedans sur les parties qu'elle embrasse, chasse la partie intestinale herniée dans la cavité abdominale, et s'unit de plus en plus avec les pédicules des deux vésicules. Celui de la vésicule ombilicale, ainsi que son appareil vasculaire, disparaît de bonne heure, après s'être préalablement oblitéré. L'allantoïde et son pédicule, si l'on en excepte quelques animaux chez lesquels l'ouraque reste assez longtemps perméable, ne tardent pas à passer par les mêmes phases de dégradation et à disparaître, moins toutefois les vaisseaux qu'ils portent, qui se sont au contraire accrus et qui forment désormais les vaisseaux ombilicaux réduits à une veine et à deux artères, parties constituantes et essentielles du cordon, unies par une matière gélatineuse et étroitement enveloppées par la gaîne amniotique.

La veine, plus courte, plus volumineuse, à parois minces, dépourvue de valvules, occupe ordinairement le centre du cordon. Les artères, qui parcourent aussi toute la longueur du cordon sans se diviser, s'enroulent uniformément autour d'elle, de manière à former des spirales qui vont ordinairement de gauche à droite à partir du fœtus.

Les vaisseaux ombilicaux sont sujets à quelques anomalies : on rencontre quelquefois deux veines ou une seule artère ; on a noté aussi trois veines, trois artères. Quelquefois les veines et les artères se divisent en plusieurs branches avant d'atteindre la face fœtale du placenta ; quelquefois une ou deux branches vont se rendre dans un ou deux lobes complétement isolés des autres, de manière à faire croire à l'existence de plusieurs placentas. Les vaisseaux du cordon et la gaîne amniotique sont unis entre eux par une espèce de tissu imprégné d'un liquide épais, albumineux, désigné sous le nom de *gélatine de Wharton*, qui donne en grande partie au cordon sa forme et son volume.

Le cordon ombilical offre à la naissance une épaisseur d'environ 1 centimètre. Sa longueur moyenne est de 54 centimètres, c'est-à-dire à peu près égale à celle du fœtus ; mais les variations de longueur sont presque infinies, et peuvent aller depuis 3 à 4 centimètres jusqu'à 1 mètre et plus.

§ 6. — *Membrane caduque et vaisseaux utéro-placentaires.*

196. — Les rapports de l'œuf avec l'utérus sont établis par une membrane qui n'est autre que la muqueuse de celui-ci, modifiée pour accomplir la nouvelle fonction qui lui est confiée.

Lorsqu'un coït fécondant intervient pendant que l'utérus est encore sous l'influence de l'excitation déterminée par le travail à l'aide duquel l'ovaire émet spontanément ses ovules, cette excitation, au lieu de tomber, se soutient, puis augmente. La muqueuse utérine est d'un rouge foncé, ses vaisseaux sont gorgés de sang et comme dilatés; boursouflée et hypertrophiée dans son ensemble, elle forme plusieurs plis à sa surface.

L'ovule, venant à déboucher par l'orifice de la trompe dans la cavité utérine, rencontre le boursouflement et les plis de la muqueuse qui le retiennent généralement dans le voisinage des trompes. L'œuf, pendant un temps indéterminé, mais certainement très court, tant ses premières évolutions sont rapides, reste d'abord libre. Bien qu'il n'ait pas encore été observé à cet état de liberté d'une manière certaine dans l'espèce humaine, ce qui se passe chez les autres mammifères ne laisse pas de doute à cet égard. Mais les racines qui poussent à sa surface ne tardent pas à s'implanter dans la muqueuse utérine, qui, en s'hypertrophiant, lui forme une enveloppe qui l'enkyste déjà complétement au bout de trois semaines.

197. — Par quel mécanisme l'œuf, d'abord libre dans la cavité utérine, se trouve-t-il, au bout de trois semaines complétement enkysté aux dépens d'une portion de la muqueuse utérine? Voici l'hypothèse qu'a proposée M. Coste : Malgré son petit volume, l'œuf ne peut manquer de déprimer légèrement les tissus mollasses sur lesquels il s'est arrêté, et sans se creuser pour ainsi dire un locule dans son épaisseur. En même temps la muqueuse, de plus en plus hypertrophiée, surtout sur ce point, forme autour de lui un bourrelet circulaire qui s'élève de plus en plus, comme on voit les bourgeons charnus s'élever autour du pois dans un cautère, et vient se fermer circulairement sur son pôle libre, à la manière d'une bourse dont on tirerait les cordons. Les bords de cette ouverture seraient d'abord crispés, et formeraient en se rapprochant un petit pertuis dont la trace ne persisterait que quelque temps sous la forme d'une dépression centrale ou

d'*ombilic*, qui disparaîtrait lui-même ; l'œuf se trouverait dès lors complétement emprisonné dans une espèce de dédoublement de la muqueuse.

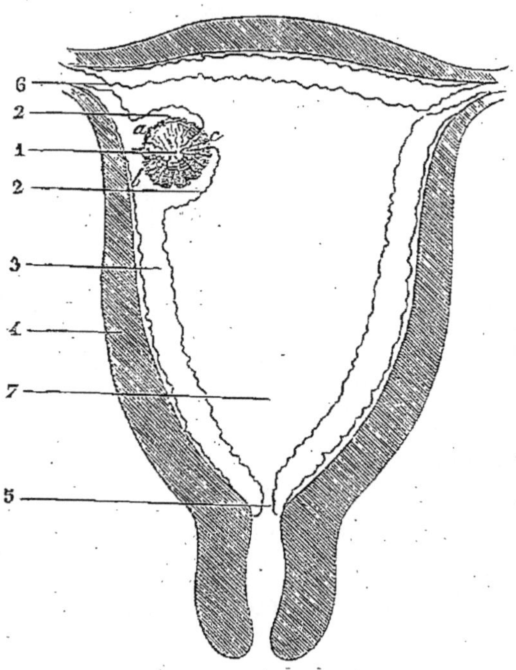

Fig. 22. — *Membrane caduque ; enchatonnement de l'ovule à son arrivée dans l'utérus ; formation de la caduque réfléchie.*

1. L'ovule revêtu, à sa surface, des villosités du premier chorion. — 2, 2. Coupe du bourrelet circulaire qui végète tout autour de l'ovule, et qui formera la caduque réfléchie ou fœtale. — 3. Caduque maternelle formée par la muqueuse utérine hypertrophiée. — 4. Corps de l'utérus. — 5. Orifice inférieur de la caduque correspondant à l'ouverture du col utérin. — 6. Ouverture latérale et supérieure répondant à l'ouverture de la trompe. — 7. Cavité utérine. Ces orifices et cette cavité sont bouchés par l'épaississement considérable de la muqueuse, et par une sécrétion albumineuse épaisse, de *a* en *b*, portion de la caduque maternelle qui répond directement à l'ovule, et qui deviendra la caduque inter-utéro-placentaire. En *c*, point où l'ovule répond à la grande cavité utérine avant d'être complétement enchatonné par la caduque réfléchie.

Ce dédoublement constitue la *caduque réfléchie* qui, dans la première phase de son développement, ne diffère en rien de la *caduque utérine* ou *non réfléchie*, si ce n'est qu'elle est déjà un peu moins épaisse ; elles ne sont l'une et l'autre autre chose que la muqueuse utérine, n'ayant encore subi d'autres modifications dans sa structure qu'une hypertrophie prononcée de ses divers éléments, un ramollissement et une décoloration qui seront encore portés plus loin. A mesure que l'œuf grossit et distend la caduque réfléchie, on voit celle-ci devenir d'un blanc grisâtre et s'amincir à partir du point central opposé au placenta. Enfin, par suite de l'augmentation continuelle de l'œuf, elle s'amincit de plus en plus, et toute trace de vaisseaux et même d'orifices glanduleux disparaît, excepté dans le voisinage de la circonférence du placenta où elle se continue avec la caduque utérine. C'est ainsi que la caduque réfléchie se présente déjà en grande partie dans le cours du troisième mois ; mais elle ne tarde pas, par les progrès rapides du développement de l'œuf, à envahir dès le quatrième mois toute la cavité utérine, et conséquemment à se mettre en contact avec la caduque utérine et à s'unir d'une manière assez intime avec elle.

Les modifications que subit la portion de muqueuse qui reste adhérente à l'utérus, ou autrement dit, le *feuillet utérin* de la caduque, doivent être suivies séparément sur la portion de l'utérus restée libre et sur la portion occupée par le placenta.

198. — Après avoir décrit l'état de la muqueuse utérine, tel qu'il se présente dès le début de la grossesse jusqu'au trentième ou quarantième jour, il nous reste peu de chose à dire pour compléter l'histoire du *feuillet utérin* ou *direct* de la caduque. Pendant que le feuillet réfléchi s'amincit, et que ses divers éléments s'atrophient, celui-ci, au contraire, continue encore à augmenter d'épaisseur, et s'hypertrophie jusqu'à la fin du deuxième mois. Les vaisseaux, déjà oblitérés sur la caduque réfléchie jusqu'au voisinage du placenta, sont toujours très nombreux et ont acquis un volume considérable ; sur plusieurs points même, les légères dilatations normales que présente le réseau capillaire sous-épithélial deviennent de véritables sinus.

Les glandes muqueuses ont acquis jusqu'à 5 ou 6 millimètres de longueur, et leurs flexuosités ont disparu. Mais, comme les vaisseaux, elles commencent à s'atrophier dès le troisième mois. Les cellules épithéliales ont augmenté de volume sans éprouver d'autres changements que la perte de leurs cils vibratiles. Les noyaux ont le double de leur volume habituel et une plus grande transparence; quelques-unes des fibres fusiformes deviennent cinq ou six fois plus larges, et atteignent une longueur double ou triple de leur largeur normale. Les fibres de tissu cellulaire, beaucoup moins serrées,

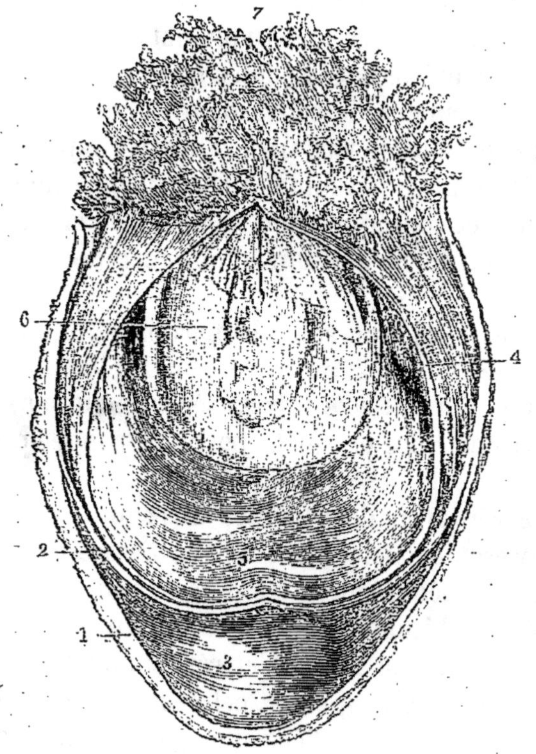

Fig. 23. — *L'œuf complet vers le quatrième mois.*

1. Caduque maternelle. — 2. Caduque réfléchie ou épichorion. — 3. Cavité utérine remplie d'un liquide albumineux filant. — 4. Chorion en rapport avec la caduque réfléchie, et dont les villosités vasculaires sont atrophiées. — 5. Face interne du chorion, lisse, polie, séparée de l'amnios par un espace rempli par les fausses eaux de l'amnios, ou liquide interblastodermique. — 6. Sac amniotique. — 7. Placenta fœtal formé par le développement considérable des villosités vasculaires du chorion allantoïdien.

ont presque doublé ; elles sont comme plongées dans la matière amorphe unissante qui s'est accrue considérablement et s'est déposée dans toute son épaisseur, entre chacun de ses éléments eux-mêmes hypertrophiés. De là cette moindre consistance et cet aspect particulier de la membrane caduque, qui ne lui donne néanmoins qu'une ressemblance éloignée avec les membranes de nouvelle formation.

Aux orifices de la trompe et du col restés perméables, le tissu de la muqueuse reprend sa consistance et son degré d'adhérence au tissu sous-jacent.

Les glandes du col, ne cessant pas d'agir pendant toute la grossesse, sécrètent une matière demi-transparente, demi-solide, très tenace, qui forme le *bouchon gélatineux* destiné à oblitérer le col utérin et à retenir le liquide visqueux sécrété par les glandes utérines, qui sépare souvent les deux feuillets de la caduque avant qu'ils se soient mis en contact.

Vers la fin du second mois, et dans le cours du troisième, la caduque utérine commence à perdre de sa vitalité et de son épaisseur; les plis qu'elle formait tendent à s'effacer; son aspect criblé se perd peu à peu, sa vascularisation a beaucoup diminué; en un mot, elle perd à son tour son organisation, mais plus tardivement et plus lentement que la caduque réfléchie, car on trouve jusqu'à la fin quelques vaisseaux qui la maintiennent en relation avec le tissu de l'utérus.

Les deux feuillets, mis en contact, ne sont d'abord que juxtaposés, puis ils finissent par se confondre; ils ne forment plus qu'une membrane assez mince qui n'a plus guère, au septième mois de la grossesse, que 1 millimètre d'épaisseur; elle est entraînée presque entière, ainsi que la caduque inter-utéro-placentaire, avec le chorion dans l'acte de la délivrance.

Déjà, dès le quatrième mois, en même temps qu'elle se ramollit et que ses éléments anatomiques s'atrophient, ses adhérences au tissu de l'utérus commencent à se relâcher, et l'on peut en détacher des lambeaux assez étendus. C'est qu'il commence à se former, entre elle et le tissu musculaire de l'utérus, une membrane très mince, d'abord molle, feutrée, homogène: ce sont les premières traces de la muqueuse utérine nouvelle en voie de régénération qui s'épaissit peu à peu.

199. — 1° *Rapports de la caduque avec les villosités du chorion.* — L'étude de la caduque *inter-utéro-placentaire*

nous conduit : 1° à indiquer les rapports qui s'établissent entre l'utérus et les villosités vasculaires du chorion, et à signaler les modifications que ces rapports subissent par l'atrophie des villosités sur une portion du chorion et leur développement outre mesure sur l'autre portion pour former le placenta proprement dit ; 2° à suivre les modifications des vaisseaux de la portion de la caduque, qui, au lieu de s'atrophier à une époque donnée, comme ceux des deux autres portions, persistent en continuant à prendre du développement pour constituer les *vaisseaux utéro-placentaires*, qu'on désigne souvent, ainsi que la portion de caduque qui leur sert de support, par le mot de *placenta utérin* ou *maternel*.

Durant la période pendant laquelle toute la surface du chorion est recouverte de villosités arborescentes, dont les unes s'accroissent rapidement et outre mesure pour former le placenta, tandis que les autres vont s'atrophier, les rapports de la surface externe de l'œuf avec la caduque inter-utéro-placentaire et la caduque réfléchie sont constitués de la manière suivante : Les villosités du chorion sont implantées, comme les racines d'un arbre, dans les points correspondants de la caduque. Celle-ci offre à cette fin, à sa surface ovulaire, une multitude de lacunes irrégulières, anfractueuses, plus grandes et plus profondes sur la caduque inter-utéro-placentaire, moins larges et moins profondes sur la caduque réfléchie. Dans les unes comme dans les autres s'ouvrent d'autres lacunes plus petites, ce qui donne à cette surface un aspect aréolaire érectile.

200. — Les rapports de l'œuf avec la caduque, ou plutôt des vaisseaux de celle-ci avec les villosités vasculaires du chorion, nous font comprendre, jusqu'à un certain point, par quel mécanisme l'œuf peut puiser dans le sein maternel les éléments nécessaires à son accroissement, aux diverses phases de son développement et de celui du fœtus. Pendant tout le temps qu'il reste libre, l'œuf, vivifié par le contact de la semence, puise dans la vésicule ombilicale, et dans les humeurs ambiantes par une espèce d'endosmose, les principes nécessaires à son développement. En se fixant à la muqueuse de l'utérus

par une infinité de racines, on doit naturellement supposer que l'œuf puise par ces racines, avant même qu'elles soient vasculaires, dans les humeurs de la mère, des éléments nutritifs, sans qu'il cesse d'en recevoir par endosmose sur les autres points. Lorsque les villosités sont devenues vasculaires, les conditions de nutrition sont changées. Les rapports des villosités vasculaires avec les vaisseaux de la caduque qui enveloppent l'œuf créent des conditions qui font concevoir comment le sang de la mère peut servir non-seulement à la nutrition de l'embryon, mais encore à une espèce de respiration. Pendant cette phase de la vie embryonnaire, toute la surface du chorion est *placenta fœtal*, comme toute la portion de la caduque qui enveloppe l'œuf est *placenta utérin.* Mais bientôt l'un et l'autre se concentrent et se limitent sur un point, pendant que l'atrophie envahit de proche en proche les villosités choriales et les vaisseaux de la caduque réfléchie sur les autres points. Pour donner une idée exacte de cette dernière phase, il nous reste à faire connaître les *vaisseaux utéro-placentaires*, en d'autres termes, *placenta utérin* ou *maternel.*

201. — 2° *Vaisseaux utéro-placentaires.* — Nous avons déjà dit que, sur le point où l'œuf se greffe sur l'utérus, la muqueuse utérine prend un degré d'hypertrophie plus prononcé que sur les autres points ; elle se creuse en loges dont les bords s'élèvent pour envelopper jusqu'à leur base les lobes que forment les divisions des vaisseaux ombilicaux ; ces loges sont elles-mêmes creusées de lacunes qui reçoivent les subdivisions des lobes et les touffes terminales des villosités choriales.

Les vaisseaux que porte cette portion de la muqueuse se développent de plus en plus, tandis que la substance amorphe et les autres éléments diminuent. De cette intrication, il résulte que les vaisseaux ombilicaux dans toutes leurs divisions sont mis en contact avec des divisions correspondantes de vaisseaux de la muqueuse singulièrement accrus ; ce sont ces vaisseaux que nous allons décrire sous le nom de *vaisseaux utéro-placentaires.*

1° Les *artères utéro-placentaires* sont en général assez grêles et beaucoup plus nombreuses dans les points qui correspondent au centre du placenta que dans le reste de son étendue ; toutefois on en rencontre encore quelques-unes en dehors de sa circonférence, qui se perdent dans la caduque utérine restée assez épaisse sur ce point. La direction oblique de la plupart leur permet de prendre une longueur assez considérable. Elles sont contournées en spirales allongées, et, sous ce rapport, elles ressemblent exactement aux artères de l'utérus. Elles ne se dirigent pas toutes vers les divisions des vaisseaux ombilicaux ; plusieurs se terminent, après avoir rampé dans une étendue plus ou moins grande, dans la portion la plus superficielle de la caduque. Les autres se redressent et suivent les prolongements interlobulaires de la caduque inter-utéro-placentaire, et s'étendent jusque sous le chorion, autour des cotylédons et de leurs subdivisions secondaires. La continuité de leur tronc avec les artères de l'utérus est facile à constater ; elles se resserrent en pénétrant dans le tissu utérin, ce qui leur donne un aspect fusiforme. Bien qu'il soit démontré qu'elles ne communiquent pas par leur extrémité terminale avec les vaisseaux ombilicaux, le réseau capillaire qu'elles forment avant de donner naissance aux veines est encore mal connu.

2° Les *veines utéro-placentaires*, appendices de veines utérines, ressemblent à ces dernières par leur forme, leur grandeur et leurs fréquentes anastomoses en forme de plexus. Contrairement à la disposition des artères, elles sont plus nombreuses et plus grandes à la circonférence qu'au centre, et ne sont pas contournées en spirales. Elles se présentent dans l'épaisseur et les prolongements interlobulaires de la caduque inter-utéro-placentaire, sous trois formes principales. Dans la première, leur obliquité n'étant pas très prononcée, elles ont à peine une étendue de 3 à 4 millimètres, et cette disposition se remarque principalement vers le centre du placenta. Dans la seconde, elles sont plus longues et plus obliques ; elles suivent le trajet des scissures interlobaires et envoient des prolongements entre les cotylédons et leurs subdivisions. Dans la troisième variété, qui est fort remarquable, elles forment une couronne autour du placenta. Ce canal veineux circulaire est rarement complet. Sa continuité est entretenue par une série de grosses veines utérines qui s'y abouchent. Il a, du reste, de nombreuses communications anastomotiques avec les veines voisines; quelques-unes de celles qui viennent s'y rendre rampent dans la portion de caduque qui avoisine la circonférence du placenta et qui a conservé une épaisseur notable.

Dans les larges canaux veineux situés dans la caduque inter-utéro-placentaire et ses prolongements interlobaires, viennent s'ouvrir des veines beaucoup plus petites, formant des réseaux assez fins, s'étendant dans la profondeur des anfractuosités intercotylédonaires et entre leurs subdivisions, pour enlacer les extrémités terminales des vaisseaux ombilicaux.

Les larges ouvertures qui criblent constamment la portion de l'utérus donnant attache au placenta représentent le point de continuité des veines utéro-placentaires avec les veines utérines.

ARTICLE III. — Du foetus.

§ 1er. — *Du fœtus en général aux diverses périodes de la vie intra-utérine.*

202. — Jusqu'à sa naissance, l'homme est désigné sous le nom de *fœtus*. Tant qu'il n'est qu'amorphe il est généralement appelé *germe*, et *embryon* depuis le moment où il commence à avoir une forme déterminée jusqu'à celui où les diverses parties sont assez développées pour être distinguées à l'œil nu, c'est-à-dire vers le deuxième mois de la grossesse. A partir de la *troisième semaine*, on peut déjà reconnaître à l'état de masse embryonnaire le fœtus dans l'œuf; il est habituellement de la grosseur d'une fourmi; il est complétement informe, et ressemble à deux vésicules gélatineuses, accolées l'une à l'autre et de grosseur inégale.

Trois mois, ou treize semaines après la conception, le fœtus a déjà pris une forme humaine; on distingue la tête, le tronc et les extrémités; les doigts et les orteils sont en voie de formation; on peut reconnaître aussi le nez, les yeux, la bouche et les oreilles. Le fœtus est alors long de 8 centimètres, et pèse presque 30 grammes.

A la *vingtième semaine*, c'est-à-dire au milieu de la grossesse, le fœtus a pris assez de développement pour que la mère commence à en sentir les mouvements. Toutes les parties du corps ont pris une forme distincte, à l'exception des ongles. On aperçoit sur la peau un duvet blanc; le fœtus est alors long d'à peu près 24 centimètres, et pèse 375 grammes.

Au bout du *sixième mois*, c'est-à-dire à peu près la vingt-sixième semaine, bien qu'il soit encore loin d'être arrivé à sa maturité, le fœtus a pris une force et un développement suffisants pour vivre hors du sein de sa mère, avec des soins et des ménagements convenables; c'est pourquoi on le dit viable à partir de cette époque; il est alors long d'environ 38 centimètres, et son poids est de 1250 grammes à 1 1/2 kilogramme.

De ce moment, le fœtus se rapproche de plus en plus de sa maturité qu'il atteint au *neuvième mois*.

§ 2. — *Conformation et caractères du fœtus à terme.*

203. — Sa longueur habituelle est de 48 à 51 centimètres, son poids de 3 à 3 1/2 kilogrammes; le corps présente dans toutes ses parties des formes arrondies, et le plus souvent il est entièrement recouvert d'une matière blanche, grasse et visqueuse. Les ongles ont une consistance cornée et dépassent l'extrémité des doigts, ce qui n'existe pas aux orteils; la tête a pris un volume et une résistance convenables (voir plus loin, 205); elle est recouverte de cheveux; les oreilles ont une consistance cartilagineuse, le scrotum est fortement ridé et d'un rouge pâle, et ordinairement les testicules sont descendus dans sa cavité. Chez l'enfant femelle, les grandes lèvres recouvrent entièrement les nymphes; les mamelles sont saillantes et renferment souvent, chez les enfants de l'un et l'autre sexe, une liqueur laiteuse.

L'enfant à terme pousse d'habitude des cris perçants, aussitôt qu'il est sorti du vagin; peu après, il ouvre les yeux, agite vivement les bras et les jambes; il ne tarde pas à laisser échapper de l'urine et du méconium, et saisit avidement le mamelon de la mère. Nous allons faire connaître ici les caractères d'un enfant né avant terme, pour qu'il soit plus facile de juger de la maturité d'un enfant.

On appelle *enfant né avant terme* celui qui est venu au monde entre la vingt-sixième et la trente-huitième semaine.

204. — La longueur et son poids sont beaucoup moins considérables que chez l'enfant né à terme. La tête offre une prédominance remarquable sur le reste du corps. Les os du crâne ont peu de consistance, les cheveux sont fins et blanchâtres; les membres chétifs, maigres et ridés; la peau, rouge et veloutée, est lâchement tendue et ridée, de sorte que la face ressemble à celle des vieillards; les oreilles sont membraneuses; les ongles, qui sont mous, ne dépassent pas le bout des doigts. Ordinairement les testicules ne sont pas encore descendus dans les bourses; les grandes lèvres sont plus ou moins écartées, et les nymphes font saillie; les parties génitales externes sont d'un rouge vif chez les enfants de l'un et l'autre sexe. L'enfant ainsi constitué ne crie point; il gémit seulement; il n'a aucune tendance à saisir le sein de sa mère, remue peu et reste presque toujours endormi.

§ 3. — *Du fœtus à terme considéré dans ses rapports avec l'accouchement.*

205. — De même qu'il est nécessaire, pour avoir une idée exacte du mécanisme de l'accouchement, de connaître les parties dures et les parties molles à travers lesquelles doit passer le fœtus, il est nécessaire aussi d'avoir une connaissance approfondie de la conformation de l'enfant en général, et en particulier des dimensions que présentent ses différentes parties, par rapport à celles des organes qu'il doit parcourir pour venir au monde.

C'est à ce point de vue que nous allons maintenant étudier le fœtus à terme.

A. *Tête.* — La tête a une prédominance relative très considérable sur le reste du corps, et c'est elle qui réclame en conséquence l'espace le plus considérable pour le passage de l'enfant. C'est donc elle que nous étudierons tout d'abord.

On distingue à la tête une face supérieure ou *sincipitale*, une face antérieure ou *faciale*, une face inférieure ou *basilaire*, deux faces latérales ou *pariétales*, et une face postérieure ou *occipitale*.

La tête comprend le crâne et la face. On appelle *sinciput* l'espace placé entre le front et l'*occipital*. Le crâne est composé de sept os : en avant les deux *frontaux*, en arrière l'*occipital*; sur les côtés et en haut, les deux *pariétaux*; sur les côtés et en bas, les deux *temporaux*. Le *sphénoïde* et l'*ethmoïde* appartiennent presque exclusivement à la base du crâne.

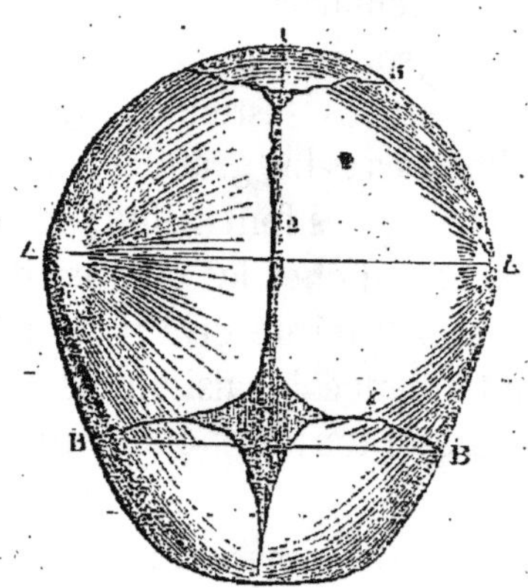

Fig. 24. — *Face supérieure de la tête du fœtus à terme.*

1. Fontanelle occipitale. — 2. Suture antéro-postérieure ou sagittale. — 3. Fontanelle antérieure. — 4. Fronto-pariétale. — 5. Suture occipito-pariétale ou lambdoïde. — A, A. Diamètre bipariétal. — B, B. Diamètre bitemporal.

206. — Les bords et les angles sous lesquels se rencontrent les os du crâne ne sont pas réunis comme chez l'adulte; il existe entre eux, le long des bords osseux, des intervalles membraneux qui prennent le nom de *sutures*, et qui circonscrivent, au point de réunion de plusieurs sutures, des espaces plus ou moins étendus, qu'on désigne sous le nom de *fontanelles*.

Les sutures sont au nombre de quatre, savoir : 1° la *frontale*, entre les deux os frontaux ; 2° la *coronale*, entre les deux frontaux et les deux pariétaux ; 3° la *sagittale*, entre les deux pariétaux, et 4° l'*occipitale*, entre les pariétaux et l'occipital.

Les sutures coronale et occipitale sont formées de deux parties appelées *branches ;* l'une de ces branches est située à droite, l'autre à gauche.

On compte surtout deux fontanelles. La *grande* ou *antérieure*, et la *petite* ou *postérieure*. La grande est formée dans le lieu de réunion des sutures frontale, coronale et sagittale ; elle a la forme d'un quadrilatère, c'est-à-dire qu'elle présente quatre côtés et quatre angles ; ordinairement elle est assez large pour ne pouvoir être recouverte par la pulpe de deux doigts. Son extrémité supérieure, légèrement obtuse, est dirigée en arrière, l'extrémité inférieure très pointue en avant ; on pourrait comparer sa forme à celle d'un cerf-volant.

On nomme *petite fontanelle* l'espace triangulaire formé par la réunion de la suture sagittale et la suture occipitale.

Cette disposition des bords du crâne permet à ceux-ci de chevaucher les uns sur les autres ; il en résulte des modifications possibles de la forme de la tête, circonstance des plus importantes au point de vue du mécanisme de l'accouchement. Les sutures et les fontanelles nous permettent d'ailleurs d'apprécier par le toucher la position et la direction de la tête, au moment de l'accouchement.

207. — La tête présente cinq diamètres :

1° Le *diamètre droit* ou *occipito-frontal*, étendu de la racine du nez au point le plus saillant de l'occipital ; sa mesure ordinaire est de 12 centimètres.

2° Le *diamètre bitemporal*, ou *petit diamètre transversal ;* il s'étend d'une région temporale à l'autre, sa longueur est de 7 centimètres.

3° Le *diamètre bipariétal* ou *grand diamètre transversal*, qui s'étend d'une bosse pariétale à l'autre ; sa longueur est de 9 centimètres et demi.

4° Le *diamètre vertical*, étendu du sommet de la tête au

trou occipital ; sa longueur est presque la même que celle du diamètre bipariétal.

5° Enfin le *diamètre oblique*, étendu de la pointe du menton à la petite fontanelle ; il a 13 centimètres et demi et au delà.

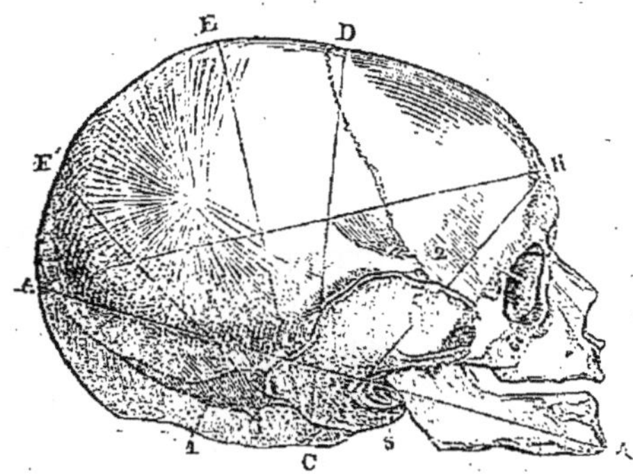

Fig. 25. — *Diamètres de la tête du fœtus.*

AA. Diamètre oblique ou mento-occipital. — AB. Diamètre occipito-frontal. — CD. Diamètre vertical. — EF. Diamètre-trachélo-occipital. — CB. Diamètre cervico-frontal.

B. *Tronc.* — La largeur des épaules est de 12 centimètres ; celle des hanches d'environ 11 centimètres. La ligne menée verticalement du sommet de la tête au talon forme ce que l'on appelle le *grand diamètre* de l'enfant.

§ 4. — *Position et attitude du fœtus dans l'utérus.*

208. — La *position* de l'enfant dans l'utérus est telle que la tête se trouve ordinairement dirigée en bas, vers la fin de la grossesse ; la face postérieure de l'enfant, savoir, l'occiput, la nuque et le dos, est généralement dirigée à gauche et un peu en avant. Il se rencontre cependant souvent une position tout à fait opposée à celle-ci, et dans laquelle la face postérieure est tournée vers la droite, et un peu en arrière.

L'*attitude* du fœtus dans la cavité utérine est telle qu'il occupe aussi peu d'espace que possible ; le corps est un peu fléchi en avant ; les avant-bras croisés ou rapprochés l'un de l'autre sur la poitrine, les cuisses fléchies sur l'abdomen, et les jambes sur les cuisses, de façon que les talons se trouvent rapprochés des fesses.

§ 5. — *Circulation fœtale.*

209. — La circulation fœtale diffère essentiellement de celle de l'homme, qui respire et qui vit au milieu de l'air atmosphérique. Tant que l'enfant se trouve dans l'utérus, il ne respire pas ; les changements dans la composition du sang qui s'opèrent dans les poumons, chez l'homme qui respire, se font chez le fœtus dans le placenta. C'est dans ce but que les deux *artères ombilicales* (v. 193) conduisent le sang du fœtus au placenta, dans lequel il subit des modifications qui le rendent apte à l'entretien de la vie ; ce sang est ensuite rapporté à l'enfant par les ramifications de la *veine ombilicale.* Celle-ci se rend, par l'anneau ombilical, au foie, à la face inférieure duquel elle se divise en plusieurs branches, dont l'une, appelée *canal veineux*, se dirige directement vers la veine cave inférieure, tandis que les autres s'enfoncent dans le foie. Les veines du foie conduisent également à la veine cave inférieure le sang de la veine ombilicale, lorsqu'il a subi dans le foie les modifications nécessaires. La veine cave inférieure monte dans la cavité thoracique et vient verser le sang qu'elle contient dans l'oreillette droite du cœur, qui reçoit en outre le sang de la veine cave supérieure. Mais comme l'enfant ne respire point, le poumon ne reçoit que très peu de sang ; aussi une très faible quantité de ce liquide seulement passe dans le ventricule droit ; la cloison inter-auriculaire est percée d'une ouverture assez large désignée sous le nom de *trou ovale*, ou *de Botal*, et qui sert à faire communiquer entre elles les deux oreillettes du cœur. Le sang, apporté par la veine cave inférieure dans l'oreillette droite, passe par cette ouverture dans l'oreillette gauche, et de cette manière dans le ventricule gauche, d'où il est expulsé et renvoyé dans toutes les parties du corps. Les deux oreillettes étant remplies et se contractant en même temps, chassent le sang dans les ventricules. A leur tour, ceux-ci se contractent simultanément, et le ventricule

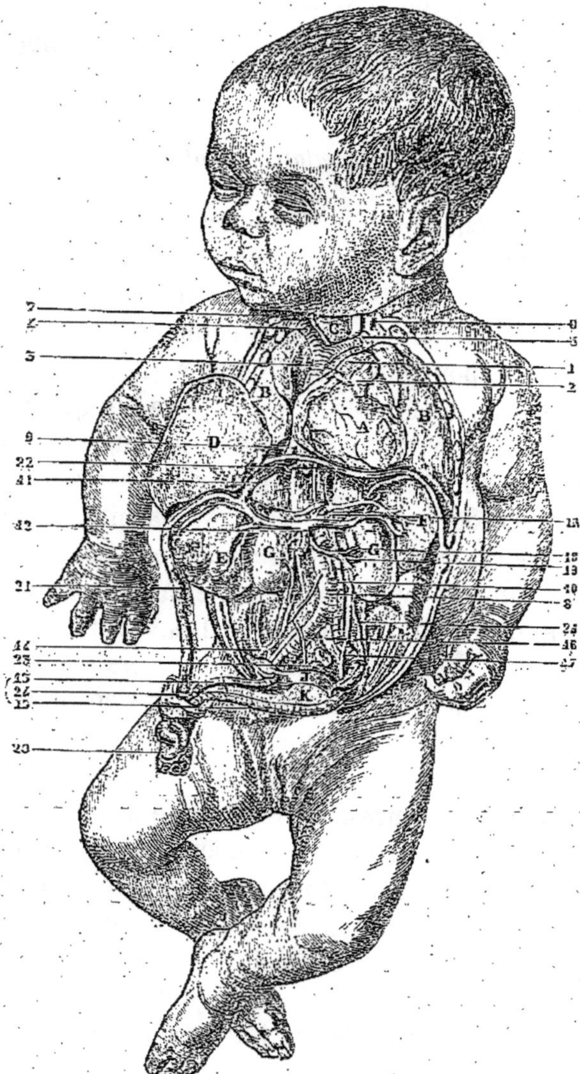

FIG 26. — *Circulation du fœtus.*

1. Aorte à son origine. — 2. Artère pulmonaire. — 3. Veine cave supérieure. — 4. Veine brachio-céphalique droite. — 5. Veine brachio-céphalique gauche. — 6. Veine jugulaire interne. — 7. Carotide primitive droite. — 8. Aorte avant sa division en iliaques primitives. — 9. Veine cave inférieure. — 10. Artère mésentérique inférieure, au-dessus la supérieure coupée. — 11. Canal veineux. — 12. Veine porte à sa réunion avec la veine splénique et la grande mésentérique. — 13, 13. Artères ombilicales. — 14. Artères et veines ovariques. — 15. Aorte tronc cœliaque. — 16. Veine iliaque primitive gauche. — 17. Uretère du côté gauche. — 18. Veine rénale gauche. — 19. Artère rénale gauche. — 20. Vaisseaux du cordon réunis. — 21. Veine ombilicale. — 22. Diaphragme. — 23. Rectum. — 24. Ouraque. — 25. Artère ovarique gauche. — A. Cœur. — B, B. Poumons. — C. Corps thyroïde. — D. Foie. — E. Vésicule biliaire. — F. Rate. — G, G. Reins. — J. Utérus. — K. Vessie.

droit pousse le sang dans l'artère pulmonaire, et, de celle-ci, mais en faible quantité, dans les poumons ; la majeure partie passe directement par un canal particulier, appelé *canal artériel*, dans l'aorte descendante, d'où il est dirigé dans les organes situés dans la cavité abdominale et dans les membres inférieurs ; enfin les artères ombilicales le conduisent au placenta. Le ventricule gauche envoie le sang dans la crosse de l'aorte, et, de celle-ci, à la tête et aux membres supérieurs, d'où il est ramené par la veine cave supérieure et versé dans l'oreillette droite du cœur.

La circulation se fait donc dans le fœtus de telle sorte que le sang, envoyé par le cœur à toutes les parties du corps et au placenta, retourne au cœur du placenta et de toutes les parties du fœtus.

Il est donc aisé de comprendre que la libre circulation du sang dans les vaisseaux ombilicaux n'est pas moins nécessaire au fœtus que la respiration l'est à l'homme, qui vit au contact de l'air, et que, pour le premier, tout obstacle apporté à la circulation ombilicale entraîne des conséquences aussi fâcheuses que pour l'autre la suspension de la respiration.

Dès que la respiration s'établit, le cours du sang prend une autre direction, parce que ce liquide afflue en plus grande quantité vers le poumon, et parce que la circulation fœto-placentaire est interrompue. Des changements correspondants ont lieu dans les dispositions vasculaires propres au fœtus. Les *artères ombilicales* deviennent imperméables dès le second jour, et se convertissent bientôt jusqu'aux hypogastriques en un cordon fibreux. La *veine ombilicale* et le *canal veineux* s'oblitèrent après les artères; ils sont vides et considérablement rétrécis dès le quatrième jour, et presque complétement le sixième ou le septième jour. Le *canal artériel* et le *trou de Botal* s'oblitèrent les derniers et persistent rarement au delà des huitième et neuvième jour. Ce dernier est fermé par la *valvule semi-lunaire* qui existe entre les deux oreillettes, et dont le bord libre contracte des adhérences avec la circonférence du trou de Botal.

210. — La *nutrition* du fœtus, chez lequel, à proprement

parler, la déglutition n'a pas lieu, se fait principalement par le placenta, pendant la plus grande partie de la grossesse, excepté dans les premiers mois.

CHAPITRE II.

DES MODIFICATIONS QUE LA GROSSESSE DÉTERMINE DANS LE CORPS DE LA FEMME.

Après avoir étudié l'œuf et ses dépendances, nous avons à examiner les modifications que l'utérus et les autres organes de la génération subissent pendant la grossesse, l'influence que la grossesse exerce sur l'économie de la femme; à indiquer les signes de la grossesse, à traiter des moyens de la constater; enfin à faire connaître les soins que réclame la femme enceinte.

ARTICLE Ier. — Des modifications qui surviennent pendant la grossesse dans l'utérus et dans les autres parties de la génération.

211. — Dès l'instant de la conception et par le seul fait de la fécondation, avant même que l'œuf soit arrivé dans l'utérus, celui-ci devient le siége d'une vie plus active. On doit considérer l'œuf pour l'utérus comme un corps irritant qui fait affluer vers lui des liquides en quantité beaucoup plus grande, et qui agit ainsi d'une manière constante, pendant toute la durée de son séjour dans la cavité de cet organe. Afin de nous faire une opinion exacte de cette action, comparons-la à certains phénomènes analogues. Lorsque, par exemple, un corps étranger, un poil, un éclat de bois a pénétré dans l'œil, nous observons qu'indépendamment de la douleur, l'œil devient rouge et gonflé, et les larmes sont sécrétées en abondance, etc. Le frottement du mamelon avec le doigt ou sa succion par l'enfant, le tuméfient et le font saillir. Les aliments déterminent dans la bouche un afflux plus considérable de salive, etc.

Tous ces effets proviennent d'une affluence plus considérable de sucs déterminée par une irritation quelconque. C'est ainsi que peut s'expliquer l'action de l'ovule sur l'utérus, lorsqu'il y est descendu après sa fécondation.

212. — C'est cette action de l'ovule qui fait affluer vers l'utérus une quantité assez considérable de liquides, et qui excite le mouvement organique par lequel la muqueuse utérine s'épaississant encore, se transforme en une membrane réticulaire, appelée *membrane caduque* (v. 196). On peut la comparer à un sol fertile dans lequel l'œuf, semblable à un grain de blé, va se fixer et pousser des racines. L'œuf communique avec l'utérus à travers la membrane caduque, et vit avec lui d'une vie commune. Il s'établit entre eux une action réciproque : l'ovule fait affluer, en effet, des liquides vers l'utérus, par l'irritation qu'il détermine, et, par là même, celui-ci est mis en état de fournir à l'œuf les éléments dont a besoin pour se nourrir et se développer le fruit qu'il renferme.

L'action réciproque de l'utérus sur l'enfant et les relations intimes qui existent entre eux pendant la grossesse, déterminent dans l'utérus de nombreuses modifications, qui le rendent propre à l'accomplissement de la fonction à laquelle il est destiné, fonction que nous avons indiquée (v. 199).

213. — Afin qu'il soit à même de fournir à la nutrition du fœtus, de nombreux vaisseaux se forment dans l'utérus, et, pour qu'il puisse l'expulser au terme de la grossesse, ou même plutôt, s'il vient à mourir, les fibres musculaires de l'utérus prennent du développement. Plus le fœtus se développe, grossit et se rapproche de sa maturité, plus la cavité utérine gagne en étendue et se rapproche davantage de son but, l'expulsion du fœtus au terme fixé par la nature. L'utérus subit, pendant la grossesse, non-seulement des modifications dans sa structure, mais aussi dans son volume, dans sa forme, dans sa position et dans l'étendue de sa cavité.

Son tissu devient plus lâche, plus spongieux, plus rouge, plus vasculaire et plus riche en sang. C'est surtout dans le fond de l'organe que ce développement se manifeste dans les premiers mois ; il s'étend au corps et gagne le col lui-même dans les trois derniers mois, de sorte qu'à la fin l'utérus a la forme d'un corps ovalaire, dont l'extrémité la plus large ou obtuse est constituée par son corps, et la plus étroite par son segment inférieur; en même temps, l'organe augmente de poids. Avant la grossesse, l'utérus pesait à peu près 30 grammes; à la fin de la grossesse, il pèse, sans y comprendre le contenu, 1 kilogramme et au delà. Sa longueur, avant la grossesse, était de 7 centimètres; il atteint à la fin de la grossesse celle de 32 à 35 centimètres. Sa largeur est de 23 centimètres, et son épaisseur, d'avant en arrière, de 24 centimètres. Les parois du fond de l'organe sont les plus épaisses; elles le sont moins au corps et moins encore dans le segment inférieur; chez les primipares, le museau de tanche est réduit souvent à l'épaisseur d'une carte à jouer. La cavité utérine, primitivement triangulaire, s'arrondit peu à peu et devient enfin entièrement ovalaire.

Les parties molles de la génération, le vagin et les grandes lèvres, participent aussi à ces modifications qui les disposent en les rendant plus flexibles, plus élastiques, à se prêter au passage de l'enfant, et à favoriser son expulsion.

Les mamelles sont aussi soumises à la même influence; elles acquièrent peu à peu la propriété de sécréter les éléments nécessaires à la nutrition de l'enfant, et qu'il doit recevoir de sa mère pendant le temps voulu par la nature.

NOTA. — Nous donnerons des détails sur les changements que subissent, de mois en mois, tous ces organes chez les primipares, changements que la sage-femme peut apprécier par la vue et le toucher. Nous signalerons ensuite les phénomènes différents qui s'observent chez les femmes qui ont eu un ou plusieurs enfants.

Au lieu des mois ordinaires, qui n'ont pas le même nombre de jours, nous calculerons d'après les mois lunaires de vingt-huit jours chacun.

214. — Dans les *deux premiers mois*, le volume du ventre n'a pas encore sensiblement augmenté chez la femme enceinte, mais la portion vaginale de l'utérus devient plus molle et plus épaisse; à partir du moment même de la con-

ception, les lèvres du museau de tanche acquièrent une longueur égale et prennent par degrés une forme circulaire; la fente transversale qui les sépare devient ovalaire et infundibuliforme, mais elle demeure fermée du côté de l'utérus, pendant toute la durée de la grossesse. Dans le premier mois, et surtout dans le second, la partie vaginale de l'utérus s'abaisse et se porte un peu plus en avant qu'avant la grossesse; aussi le doigt peut-il l'atteindre avec plus de facilité.

Les parties externes de la génération éprouvent une tuméfaction légère, et le vagin devient plus relâché, plus humide, plus coloré et plus chaud. Les mamelles augmentent de volume, deviennent plus fermes, plus tendues; la saillie du mamelon est plus prononcée, et l'aréole qui entoure sa base prend une couleur plus foncée.

215. — Dans le *troisième mois*, l'utérus se dirige de plus en plus haut, de telle sorte qu'au *quatrième mois* son fond est au-dessus des pubis, où l'on peut le sentir sous forme d'une tumeur ronde, résistante, lorsque les parois abdominales ne présentent pas une épaisseur ou une tension trop considérables. Le ventre commence à s'arrondir à partir de la région hypogastrique; le museau de tanche s'élève et se dirige en arrière.

216. — Dans le *cinquième mois*, on peut sentir le fond de l'utérus vers le milieu de l'espace compris entre la symphyse des pubis et l'ombilic.

Au *sixième mois*, le fond de l'utérus s'est élevé jusqu'à l'ombilic, dont la cicatrice se dirige par conséquent en haut.

La partie vaginale de l'utérus se dirige de plus en plus en haut et en arrière; à cette époque, le vagin devient encore plus ramolli, plus rouge et plus lâche, et ses rides tendent peu à peu à s'effacer.

Les mamelles se tuméfient de plus en plus. On voit devenir plus apparentes les veines qui rampent au-dessous de la peau.

Vers le *sixième mois*, la mère commence ordinairement à percevoir les mouvements de l'enfant, qui deviennent également appréciables à la main exercée d'un praticien; ils se produisent sous la forme de secousses légères. En même temps on peut percevoir, à l'aide de l'oreille ou du stéthoscope appliqué sur l'abdomen, les pulsations fœtales et un bruit de souffle; le bruit de souffle est produit par la circulation qui se fait dans l'utérus; il correspond exactement aux pulsations de la mère. Quant aux battements du cœur du fœtus, on en compte habituellement 130 à 140 par minute.

217. — Au *septième mois*, le fond de l'utérus a dépassé de deux ou trois travers de doigt le niveau de l'ombilic, et, au *huitième*, il se trouve vers le milieu de l'espace compris entre l'ombilic et le creux de l'estomac.

La dépression ombilicale s'efface peu à peu et finit par disparaître. La partie vaginale de l'utérus se dirige de plus en plus en haut et en arrière, de sorte qu'il est difficile de l'atteindre avec le doigt; dès le *huitième mois*, elle commence à se raccourcir, pour contribuer à la distension de la cavité utérine.

Dès le *septième mois*, on peut sentir avec le doigt, à travers le cul-de-sac du vagin, la tête de l'enfant sous la forme d'un corps très mobile, derrière la symphyse du pubis.

Si l'on appuie vivement, mais avec douceur, le doigt contre la tête du fœtus, celui-ci s'élève tout d'abord et redescend ensuite peu à peu sur le doigt. On peut faire sortir des mamelles un liquide d'abord aqueux, et mêlé plus tard de stries épaisses, d'un blanc jaunâtre; souvent ce liquide s'écoule d'une manière spontanée.

218. — Dans le *neuvième mois*, le fond de l'utérus s'élève jusqu'au creux de l'estomac, qui s'efface alors complétement. Le ventre arrive à son plus haut degré de développement; la cicatrice ombilicale forme saillie. La respiration et tout mouvement un peu prononcé deviennent plus ou moins pénibles. La portion vaginale de l'utérus s'est raccourcie de plus en plus; elle se porte tout à fait en arrière, c'est-à-dire qu'elle regarde vers l'excavation du sacrum, ce qui ne permet que difficilement au doigt de l'atteindre.

D'un autre côté, le cul-de-sac du vagin s'étant de plus en plus aminci, la tête de l'enfant est de plus en plus facile à sentir par le toucher; on la trouve moins mobile qu'au mois précédent.

219. — Au *dixième mois*, c'est-à-dire dans les trois ou quatre semaines qui précèdent l'accouchement, le fond de l'utérus redescend et se dirige plus en avant; il occupe à peu près le milieu de l'espace compris entre l'ombilic et le creux de l'estomac. La femme est moins oppressée; l'ombilic se présente sous la forme d'une saillie unique; il est plus facile de sentir extérieurement les parties du corps de l'enfant.

La partie vaginale de l'utérus, qui est devenue de plus en plus mince à mesure que l'utérus s'est développé, se trouve entièrement effacée.

L'orifice interne et l'orifice externe du col de l'utérus sont presque confondus ensemble.

Le canal du col n'existe plus par conséquent.

On peut sentir, avec le doigt introduit dans le col de l'utérus, la tête de l'enfant entourée, comme d'une coiffe, par le segment inférieur de la matrice, considérablement aminci. Cette tête se présente sous la forme d'une demi-sphère peu mobile et formant saillie au fond de la cavité pelvienne; sur cette demi-sphère on sent en arrière, dans la direction de la courbure du sacrum et en haut, l'orifice utérin sous forme d'une petite saillie aplatie, avec une légère dépression au centre.

Les parties génitales externes sont tuméfiées légèrement, élastiques et ramollies de même que le vagin, dont les parois sécrètent en grande abondance des mucosités blanchâtres et inodores.

220. — Les phénomènes que nous venons d'exposer présentent quelques modifications chez les multipares.

En raison de l'élasticité plus grande des parois abdominales, le fond de l'utérus s'élève moins haut, mais il forme une saillie plus prononcée.

La portion vaginale de l'utérus, et par conséquent aussi le canal du col, ne disparaissent pas entièrement vers le terme de l'accouchement.

Les lèvres du museau de tanche deviennent plus molles, plus lâches et plus épaisses, mais elles conservent encore leurs formes ordinaires. Il en est à peu près de même de la fente transversale.

L'orifice externe de l'utérus reste béant, et, dans les quatre ou cinq dernières semaines, l'orifice interne est également entr'ouvert, de telle sorte qu'il est facile d'y introduire le doigt et de sentir l'enfant à travers les membranes qui l'enveloppent.

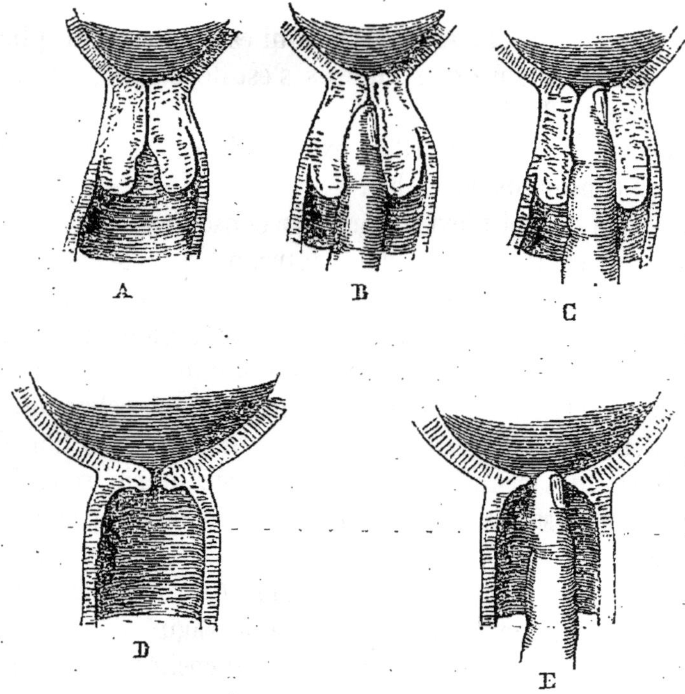

FIG. 27. — *Modifications du col de l'utérus.*

Le segment inférieur de l'utérus, avec la tête de l'enfant qu'il renferme, s'abaisse beaucoup moins dans les derniers mois de la grossesse, et la tête du fœtus est d'ordinaire plus mobile que chez les primipares.

NOTA. — Nous ferons encore remarquer que les modifications énumérées plus haut (v. 214 à 219), et qui se produisent dans la grossesse normale simple, ne se suivent pas toujours dans l'ordre que nous venons d'indiquer. Ainsi, par exemple, le museau de tanche offre quelquefois, dans les dernières semaines de la grossesse, une ouverture annulaire assez large pour permettre l'introduction de l'extrémité du doigt chez les primipares, et même du doigt chez les femmes qui ont eu plusieurs enfants; surtout chez celles qui n'ont pas été enceintes depuis plusieurs années, on trouve quelquefois le museau de tanche tellement modifié qu'il ne présente plus de lèvres, mais une ouverture ovalaire, lisse et petite, en sorte qu'un praticien exercé lui-même serait porté à regarder la femme comme primipare, à en juger d'après l'état du museau de tanche.

[En résumé, relativement aux modifications les plus importantes du col :

1° Le phénomène d'abord le plus important et le plus facile à constater, est le ramollissement du col. Ce ramollissement est néanmoins peu appréciable pendant les premiers mois de la grossesse, durant lesquels il est superficiel, et borné aux lèvres et à la partie la plus inférieure du col; il marche lentement, de bas en haut, de manière à envahir successivement toute l'étendue du col. Ce ramollissement, plus appréciable au début, est plutôt apparent chez les femmes qui ont déjà eu des enfants, que chez les autres.

2° Chez les primipares, l'orifice externe du col reste très étroit jusqu'à la fin de la grossesse, tandis que chez les multipares il s'entr'ouvre en se dilatant de manière à admettre d'abord facilement l'extrémité du doigt indicateur jusqu'au milieu de sa première phalange.

3° Cette différence des effets du ramollissement progressif du col chez les primipares et les multipares conduit à une autre différence très remarquable dans la forme que prend la cavité du col en se dilatant, à mesure que ses parois se ramollissent. Chez les premières, l'évasement du centre du col donne à sa cavité la forme d'un fuseau, tandis que chez les secondes elle prend la forme d'un dé à coudre ou d'un doigt de gant.

4° Le col conserve sa longueur jusque vers le milieu du neuvième mois, et dans les cas où les deux orifices semblent s'être rapprochés, le rapprochement s'est fait par une espèce d'affaissement de l'orifice interne sur l'orifice externe.

5° A l'époque précitée ci-dessus, la cavité du col disparaît en se confondant avec la cavité utérine, par la dilatation de l'orifice interne.]

221*. — Au terme de la grossesse, l'utérus est en rapport : 1° en avant et en bas avec le vagin, la face postérieure du col et du corps de la vessie, en haut avec la paroi abdominale antérieure ; 2° en arrière avec le rectum, l'angle sacro-vertébral en bas, avec le mésentère et le paquet des intestins en haut ; 3° à droite avec le côté droit du bassin, les vaisseaux iliaques, le muscle psoas, le cæcum, la paroi abdominale droite ; 4° à gauche avec le côté gauche du bassin, les vaisseaux iliaques et l'aorte, l'S iliaque du côlon et le paquet intestinal.

ARTICLE II. — Des modifications qui surviennent dans le corps de la femme et dans son état général pendant la grossesse.

222. — Toutes les parties du corps humain sont réunies entre elles, d'une manière plus ou moins intime, par des nerfs et des vaisseaux ; c'est ce qui explique le plus ou le moins d'action réciproque ou de sympathie que ces différentes parties exercent les unes sur les autres, aussi bien dans l'état de santé que dans l'état de maladie. C'est ainsi que la colère rend pâle, que la honte fait monter le rouge au visage ; que la membrane pituitaire se trouve irritée lorsqu'on fixe le soleil ou une forte lumière ; que le refroidissement des pieds, par un jour de pluie, donne le rhume de cerveau ; que des vers dans le canal digestif occasionnent des picotements du nez, etc. L'utérus est, lui aussi, réuni à toutes les parties du corps par des nerfs et des vaisseaux ; ainsi s'expliquent les phénomènes nombreux et les modifications qui se produisent, par suite de la surexcitation vitale de l'utérus, du vagin, des parties externes de la génération, et en général dans l'économie de la femme pendant la grossesse.

223*. — Dans le chapitre précédent, nous avons passé en revue les modifications que subissent le vagin, les parties génitales externes et les mamelles ; nous allons passer maintenant à celles qui se manifestent dans le reste du corps et dans l'état général de la femme. Ce sont :

1° Un relâchement plus ou moins sensible des symphyses du bassin, qui devient quelquefois, lorsqu'il est très prononcé, une affection réelle, en quelque sorte, propre à la femme enceinte.

2° Des changements divers dus au développement de l'utérus et à ses rapports avec les parties voisines.

A. La vessie est en partie refoulée au-dessus du détroit supérieur ; l'urèthre présente une courbure plus considérable, et le méat urinaire, tiré en haut, tend à s'enfoncer derrière le bord de la symphyse des pubis, de manière à rendre le cathétérisme plus difficile. La pression exercée sur le col et le corps de la vessie produit très souvent un ténesme vésical prononcé ; de là ces envies fréquentes d'uriner, qui n'amènent que l'émission d'une petite quantité d'urine.

B. La compression exercée par l'utérus sur les troncs vasculaires situés à l'entrée du bassin gêne plus ou moins la circulation veineuse et le cours de la lymphe ; de là ces œdèmes, ces dilatations variqueuses, qu'on observe si souvent sur les membres inférieurs et sur les parties sexuelles externes.

C. Le cours des matières fécales dans le rectum est aussi plus ou moins gêné, et la masse intestinale tout entière est comprimée, ce qui contribue à entretenir les troubles de la digestion.

D. La base de la poitrine est élargie et portée en avant, le diaphragme refoulé de manière à produire dans la respiration et la circulation du cœur et des gros vaisseaux une gêne qui devient quelquefois incommode et pénible.

E. La paroi du ventre subit une distension et un amincissement considérables ; les muscles droits sont écartés l'un de l'autre, et au lieu d'une bandelette étroite, la ligne blanche représente un espace fort large, surtout au niveau de l'ombilic. La peau offre sur la ligne médiane une ligne brunâtre qui s'étend du pubis à l'ombilic, qu'elle dépasse quelquefois chez les femmes brunes. Cette ligne, lorsqu'elle existe, peut être considérée, surtout chez les primipares, comme un signe à peu près certain de grossesse. La peau du ventre présente en outre, surtout vers la partie inférieure de cette cavité, des vergetures plus ou moins nombreuses, d'une couleur brune ou bleuâtre, qui forment des lignes courbes parallèles, dont la convexité regarde les aines et le pénil. Ces vergetures pâlissent, se rétrécissent, mais ne disparaissent pas après l'accouchement ; elles se propagent quelquefois jusqu'à la partie supérieure et interne des cuisses.]

3° Des phénomènes et des accidents provenant d'une altération des fonctions du cerveau et du système nerveux, comme une plus grande sensibilité, une irritabilité générale, des changements d'humeur, des bizarreries, une tendance à la colère, une extrême facilité à pleurer, un sentiment d'inquiétude ou de tristesse ; ou bien encore une sérénité très grande, une prédisposition aux syncopes, aux convulsions, etc., des frissons, des chaleurs fugaces, un sentiment général de lassitude, de faiblesse, de malaise, etc.

4° Des accidents qui proviennent, en général, de troubles dans l'élaboration et la circulation du sang : par exemple, une pléthore générale avec une accélération plus ou moins considérable du pouls, irrégularité dans le cours du sang, afflux du sang à la tête, et, par suite, des maux de tête, des battements dans la tête, des vertiges, des maux de dents ; des congestions à la poitrine, et, par suite, des palpitations, de l'oppression, de l'angoisse, etc.

[Le sang éprouve lui-même des modifications dans sa composition, qui le rapprochent plutôt de l'état du sang dans l'anémie que dans la pléthore. En effet, dès le milieu de la grossesse ce liquide est moins riche en globules, et la quantité de sérum est augmentée.]

5° Des troubles dans la digestion, tels que des nausées, des envies de vomir, des vomissements, surtout dans la matinée ; une répugnance extrême pour certaines boissons et certains aliments, un désir très vif pour quelques autres, et quelquefois même pour certains objets qui, souvent, ne sont véritablement pas des aliments ou qui sont de nature à inspirer du dégoût dans l'état de santé (*envies*), une sécrétion salivaire plus abondante, le pyrosis, un dévoiement habituel, ou une constipation rebelle.

Du reste, l'état général de la femme enceinte est fréquemment tout différent de ce qu'il était avant la grossesse. Des femmes qui auparavant mangeaient peu, avaient une digestion pénible, ne pouvaient prendre certains aliments, ou qui, après les avoir pris, avaient des flatuosités, des coliques, des crampes d'estomac, acquièrent, par le fait de la grossesse, un appétit extraordinaire, mangent beaucoup et de toutes espèces d'aliments, et les digèrent très facilement. On observe quelquefois aussi des effets tout opposés. Les femmes enceintes ont quelquefois des envies pour des choses pour lesquelles elles n'éprouvaient auparavant que du dégoût, tandis que les choses qui leur étaient le plus agréables leur inspirent de la répugnance.

Les femmes bien portantes et qui ont de l'embonpoint maigrissent souvent avec rapidité, et perdent leurs couleurs ; d'autres, au contraire, qui étaient faibles et chétives, deviennent fortes et puissantes; celles qui étaient toujours gaies et insouciantes deviennent graves, mélancoliques et abattues, et *vice versâ*. Nous ferons encore remarquer qu'il est bien plus rare de voir la femme se trouver bien que se trouver mal pendant la grossesse, et, dans ce dernier cas, l'état s'aggrave souvent à un tel point que les femmes sont privées de tous les agréments de la vie, et que leur existence peut même se trouver compromise; mais c'est là une chose très rare.

6° Certains phénomènes du côté de la peau : par exemple, des altérations dans sa couleur. Ainsi les traits de la face se décomposent souvent d'une manière frappante : des femmes ordinairement pâles deviennent fraîches et roses ; d'autres, habituellement rouges, deviennent pâles et blêmes et prennent un aspect terreux ; les yeux sont cernés par un cercle bleuâtre ; s'il existe des nævus, des taches hépatiques, on les voit s'étendre et devenir plus colorés ; il se forme des éruptions au nez, au front, et la sueur acquiert une odeur acide.

7° La *sécrétion urinaire* est quelquefois augmentée ; l'urine est souvent très foncée en couleur; il y a souvent aussi envies fréquentes d'uriner ou bien dysurie, etc., etc.

[Parmi les modifications subies par l'urine, il en est une assez facile à constater, et assez fréquente pour légitimer l'intention de la placer parmi les signes rationnels de la grossesse. C'est la propriété qu'a l'urine des femmes enceintes, laissée en repos au contact de l'air pendant quelques jours, de se recouvrir d'une légère pellicule qui, à son degré le plus prononcé, présente une couche crémeuse, opaline, d'une teinte légèrement jaunâtre. Cette matière de nouvelle formation, désignée sous le nom de *kyestéine*, qui peut se manifester dans certains états pathologiques, ne se produit pas constamment dans le cours de la grossesse; mais elle ne se montre jamais dans l'urine des femmes non enceintes et bien portantes.]

224. — De même que les changements qui se sont opérés dans l'utérus peuvent influer sur les autres parties de l'économie, de même aussi les altérations dont celles-ci peuvent être affectées sont susceptibles d'agir directement sur l'utérus, pour la raison indiquée plus haut (v. 211) : ainsi une frayeur au moment de l'accouchement peut suspendre et arrêter les douleurs; des émotions vives, l'usage d'aliments excitants ou de boissons échauffantes, des purgatifs drastiques, etc., peuvent amener des hémorrhagies, l'avortement, etc.

ARTICLE III. — Des signes de la grossesse.

§ 1er. — *Des signes de la grossesse simple.*

225. — On donne le nom de *signes* de la grossesse aux phénomènes et aux altérations que l'on rencontre dans le plus grand nombre des grossesses, et d'après lesquels on peut conclure avec plus ou moins de certitude qu'une femme est enceinte.

Il y a des états morbides qui offrent une très grande analogie avec la grossesse ; les symptômes dont ils s'accompagnent ont avec les signes de la grossesse une ressemblance telle que souvent il peut y avoir une très grande incertitude dans l'esprit de la sage-femme et même dans celui d'un accoucheur exercé. En outre, si l'on considère qu'il est souvent très important de décider si une femme est oui ou non enceinte, il faut admettre que les caractères qui appartiennent en propre à la grossesse méritent de fixer au plus haut point l'attention des sages-femmes.

226. — Les signes de la grossesse étant très nombreux, nous les diviserons en deux grandes classes, pour les décrire tous exactement et les mieux fixer dans l'esprit.

A la *première classe* se rattachent tous les phénomènes et toutes les modifications qui ont lieu dans le corps de la femme en dehors des organes de la génération, et à la *seconde* toutes celles que nous observons dans ces organes mêmes ou qui se produisent tout d'abord sous leur influence directe.

227. — A. *Signes de la première classe.* Nous avons déjà parlé d'une manière explicite (v. 211) des modifications qui rentrent dans la première classe, nous ne ferons que mentionner ici celles qui se présentent le plus fréquemment. Ce sont : des frissons, des sueurs, de la moiteur, une fatigue générale, des nausées, des vomissements, surtout dans la matinée, des envies, une sécrétion salivaire plus abondante, un besoin fréquent d'uriner, des maux de dents, des douleurs de tête, des vertiges, des changements d'humeur, etc., etc.

228. — Tous ces phénomènes et ces accidents constituent évidemment des signes très incertains ; ils peuvent être causés par des états morbides, et, par conséquent, ne pas dépendre de la grossesse ; de plus, chez certaines femmes, ils ne se rencontrent pas ou sont du moins si faibles, qu'ils passent inaperçus de la femme enceinte.

Ils doivent néanmoins fixer l'attention, lorsqu'ils se manifestent surtout chez les personnes ordinairement bien portantes et qui n'ont été soumises à aucune cause appréciable de maladie. Ces signes auront une plus grande valeur s'il existe, en même temps qu'eux, des phénomènes appartenant à la deuxième classe.

Ils sont plus marqués et plus fréquents dans la première

grossesse que dans les suivantes. C'est dans les trois premiers mois qu'ils se montrent avec plus d'intensité. Ils diminuent vers le milieu de la grossesse, et disparaissent d'ordinaire complétement dans la seconde moitié. Il en est ainsi principalement de ceux qui sont dus à l'augmentation de la sensibilité et de l'irritabilité.

229. — B. *Signes de la seconde classe.* Les signes qui sont rangés dans la seconde classe sont les suivants :

1° La *suppression des règles.* Ce signe, malgré son importance, n'offre pas cependant une certitude absolue, car il peut dépendre d'une foule d'autres causes, et s'accompagner ou non de symptômes morbides. Ce flux menstruel peut reparaître pendant la grossesse ; c'est ce qui arrive quelquefois dans les trois premiers mois, plus rarement dans la dernière moitié de la grossesse, et plus rarement encore vers la fin.

2° Les *phénomènes qui ont leur siége dans les mamelles* et que nous avons exposés (v. 213 à 217) ont une grande valeur, bien qu'on puisse cependant les rencontrer dans quelques états morbides. Ils ne peuvent donc être considérés comme des signes certains.

[A l'augmentation de volume du sein, à la tuméfaction du mamelon, à la coloration plus foncée, à l'agrandissement de l'aréole, signalés dans les numéros ci-dessus indiqués, il faut encore mentionner le relief très prononcé que font au-dessus du niveau de la peau les glandules qui existent dans l'épaisseur de l'aréole, et particulièrement à la base du mamelon. Vers le cinquième mois commencent à se montrer autour de l'aréole de petites taches irrégulièrement circulaires, semblables aux taches qu'auraient laissées sur la peau l'aspersion d'un liquide coloré ; ces taches constituent autour de l'aréole normale une autre *aréole tachetée* ou *mouchetée*, beaucoup moins bien limitée, et qui envahit assez souvent une grande partie de la peau qui recouvre la mamelle. Ces divers signes, qui ont plus de valeur dans une première grossesse que dans les grossesses subséquentes, manquent quelquefois ; mais s'ils existent réunis, ils constituent un signe presque certain de grossesse.]

3° Le *développement du ventre* et le *déplacement de l'ombilic* qui se trouvent indiqués plus haut (v. 215 à 219).

4° Le *déplacement de l'utérus*, les modifications qu'il subit dans la forme et la direction de sa portion vaginale; celles que présentent le vagin et en général les parties externes de la génération, et que nous avons exposées ci-dessus (215 à 219).

Les signes mentionnés dans le troisième et quatrième paragraphe ont une beaucoup plus grande valeur que ceux qui sont indiqués dans les deux autres; ils peuvent cependant reconnaître d'autres causes que la grossesse, et principalement l'hydropisie, des tumeurs, des indurations de l'utérus et des organes abdominaux, des affections de l'ovaire et des parties voisines.

5° Le *gonflement œdémateux* des membres inférieurs et des grandes lèvres, l'existence de varices aux jambes et aux cuisses; de la pesanteur, de l'abattement, de l'engourdissement dans les pieds. Ces signes peuvent encore se rencontrer chez une femme qui n'est pas enceinte, ou même manquent pendant la grossesse.

6° La *perception du souffle utérin* et *des pulsations fœtales*.

[Le bruit de souffle isochrone au pouls de la mère, et qui a son siége dans les vaisseaux de celle-ci, peut se faire entendre dans toute espèce de développement anormal de l'utérus, et même sur les tumeurs développées dans le voisinage de cet organe; il ne peut donc point être considéré comme signe certain de grossesse. Mais comme il apparaît dès le quatrième mois, et qu'il manque rarement de se faire entendre un peu plus tôt ou un peu plus tard dans le cours de la grossesse, il a une importance réelle, surtout lorsqu'on s'est assuré qu'il n'existe aucune maladie antérieure du bas-ventre. Le point sur lequel il se fait entendre ne peut en rien faire présumer le point d'insertion du placenta, ni la position du fœtus dans l'utérus, ni sa vie ou sa mort.]

[Les pulsations du cœur du fœtus, qu'on peut entendre dès le milieu de la grossesse, mais qui ne sont guère perçues d'une manière générale qu'à dater du sixième mois, sont un signe certain de grossesse; et souvent même on peut déduire avec assez de certitude, suivant le point où elles se font entendre avec le maximum d'intensité, non-seulement l'attitude du fœtus, c'est-à-dire s'il se présente par la tête ou le siége, mais souvent encore ses positions les plus communes. La faiblesse, l'irrégularité des battements du cœur, doivent faire craindre que le fœtus ne souffre, et que sa vie soit menacée.]

7° La *perception des mouvements de l'enfant.* Ordinairement, dès le milieu de la grossesse, les femmes commencent à sentir les mouvements de l'enfant, et ces mouvements deviennent de plus en plus distincts jusqu'au moment de l'accouchement. On ne peut cependant se prononcer sur la certitude de ce signe d'après le dire de la femme, car les femmes qui ont un désir très vif de devenir mères, celles qui ne l'ont pas encore été, ou chez lesquelles il s'est écoulé un long espace de temps depuis leur dernière grossesse, peuvent facilement tomber dans l'erreur et s'en laisser imposer par des crampes, des gaz, des liquides intestinaux, des tumeurs enkystées, etc.

Le mouvement de l'enfant ne doit être regardé comme un signe certain que lorsqu'il a été perçu par une main exercée.

[8° Les *mouvements passifs* ou de *ballottement*, qu'on obtient en faisant flotter le fœtus dans l'eau de l'amnios, est le signe certain le plus général, puisqu'on l'obtient que le fœtus soit vivant ou mort. C'est le doigt porté au fond du vagin, derrière ou devant le col, pour imprimer le choc au fœtus, qui perçoit ordinairement le mouvement plutôt que la main placée sur l'abdomen. On peut déterminer le ballottement dès le cinquième mois, mais il faut une main exercée pour le déterminer toutes les fois qu'il est possible.]

9° La présence d'une partie quelconque du corps de l'enfant, que le toucher permet de reconnaître, soit à travers la paroi abdominale, soit à travers le cul-de-sac du vagin chez les primipares, ou à travers les membranes par le museau de tanche chez les multipares, vers la fin de la grossesse, est un signe certain de grossesse.

TABLEAU DES SIGNES DE LA GROSSESSE [illegible] RANGÉS SUIVANT UN ORDRE MÉTHODIQUE

PAR M. LE DOCTEUR PAJOT, PROFESSEUR [illegible] À LA FACULTÉ DE MÉDECINE DE PARIS.

SIGNES FOURNIS PAR

- **MODIFICATIONS FONCTIONNELLES,** Fournissant les signes de présomption.
  - MENSTRUATION. Suppression (les exceptions [illegible] mais la suppression pour autres causes que la grossesse est fréquente. (P. DUBOIS.)
  - DIGESTION. . . . Troubles (dégoûts, nausées, vomi[illegible] surexcitation de la fonction (rare), perversion (commun). Constipation (état ordinaire), diarrhée (état [illegible]).
  - SÉCRÉTIONS. . . Phénomènes du côté des mam[illegible] gonflement, aréole colorée, mouchetée, sa projection, tubercules papillaires, colostrum, lait, etc.), de l[illegible] (kyestéine, albumine, diminution des sels calcaires), de la peau (masque, coloration de la ligne blanch[illegible] salivaires (ptyalisme), de la muqueuse (vaginale).
  - INNERVATION. . Névralgies dentaire, faciale, etc. [illegible] éclampsie, chorée, etc.; ces troubles sont rares.
  - CIRCULATION . . Palpitations, varices, œdème, [illegible] du sang. (Diminution des globules et augmentation de la fibrine à la fin.)
  - RESPIRATION. . . Troubles mécaniques.
- **TOUCHER** Fournissant deux espèces de signes.
  - 1° MODIFICATIONS DE LA PARTIE INFÉRIEURE DE L'UTÉRUS. Signes de probabilité (P. DUBOIS) ou sensibles.
    - DU COL DE L'UTÉRUS.
      - Consist[illegible], ramollissem. de bas en haut *graduel jusqu'à égaler la mollesse du vagin.*
      - Forme [illegible] [illegible] *cavité fusiforme, orifice externe* fermé *jusqu'à l'accouchement* par exception (pas très rare), ouvert, *laissant pénétrer le tiers de la phalange* (PAJOT). *cavité des* [illegible] *ces* [illegible] [illegible]ipare, *cavité en éteignoir, orifice* externe largement ouvert, *orifice* interne [illegible], *sauf* exception rare. (A six mois, la portion unguéale de la phalange pénètre dans le col.)
      - Longueur [illegible] *seulement dans les dernières semaines*, elle diminue (STOLTZ).
      - Position [illegible] le col *plus bas au commencement, plus élevé à la fin.*
      - Direction [illegible] à gauche et en arrière, *résultat de l'inclinaison inverse du corps.*
    - DU CORPS. Augment[illegible] et ramolli (caoutchouc).
  - 2° BALLOTTEMENT Signe de probabilité ou sensible — de certitude pour quelques-uns.
    - Sensation d'un corps sol[illegible], mobile dans un liquide, *perçue par le doigt de l'accoucheur placé, soit dans le cul-de-sac* [illegible] (P. DUBOIS, PAJOT), *soit dans le col lui-même* (VELPEAU, DEPAUL).
- **PALPER** Fournissant deux espèces de signes.
  - 1° MODIFICATIONS DE LA PARTIE SUPÉRIEURE DE L'UTÉRUS. Signes de probabilité ou sensibles.
    - Volume. . . Augment[illegible] [illegible]elle.
      - à 9 *mois*, épigastre *un peu au-dessous.*
      - 8. . . . .
      - 7. . . . .
      - à 6 *mois*, ombilic *un peu au-dessus.*
      - 5. . . . .
      - 4. . . . .
      - à 3 *mois*, pubis *partie supérieure.*
    - Consistance. Diminuée [illegible]issement. — Sensation kystique, fluctuation *nette dans quelques cas.*
    - Forme. . . . *En* [illegible]me; *en gestation*, sphéroïde, *puis* ovoïde.
    - Direction. . . De droi[illegible] de haut en bas (*par exception directement au centre ou de gauche à droite*).
    - Position. . . . Légère[illegible] sur son axe, *de façon à rendre la paroi latérale gauche un peu antérieure.*
  - 2° MOUVEMENTS FOETAUX.
    - Actifs *ou propres* (S[illegible] [illegible] espèces. Chocs *sur les parois latérales* les plus communs. Soubresauts, frottements (main [illegible] [illegible]). Certitude, mais perçus par l'accoucheur.
    - Passifs *ou communiqu*[illegible] [illegible], ou ballottement abdominal, *sensation de corps mobiles, dans un liquide.* *Signes de probabilité.*
- **AUSCULTATION** Fournissant deux signes.
  - 1° BRUIT DE SOUFFLE. Signe de probabilité ou sensible.
    - Isochrone *au pouls de* [illegible] — fugace — *le plus souvent dans les régions latérales et inférieures de l'utérus* (souffle pl[illegible] (KERGARADEC) (souffle abdominal, BOUILLAUD, *compression*) (souffle utérin, P. DUBOIS, *anévr*[illegible] [illegible]*-veineux*). Trois espèces de souffles distincts dans l'utérus (PAJOT): 1° *souffle sans choc*, [illegible]ordinaire; 2° *souffle avec choc*, plus rare; 3° *souffle au cœur fœtal*, très rare. — *J'ai entendu* [illegible] *le bruit de piaulement, signalé par quelques accoucheurs.*
  - 2° BRUIT DE COEUR FOETAL. Signe de certitude.
    - Tic-tac de montre: 130 [illegible] *à la minute en moyenne*, 108 *au minimum*, 160 *au maximum* — se trouve sur les parties latérales [illegible] de l'utérus le plus souvent, et surtout à gauche, à cause de la position occipito-iliaque g[illegible] *la plus fréquente.* (Comparer au pouls de la mère.)
- **PERCUSSION** . . . Moyen d'exploration indispensable dans quelques [illegible] douteuses.

Les seuls signes certains de la grossesse sont donc : les pulsations fœtales très distinctement appréciables à l'ouïe, la présence d'une des parties du corps de l'enfant, qu'une main exercée peut reconnaître aisément, enfin les mouvements de l'enfant qui sont nettement perceptibles. Les signes fournis par l'auscultation ne peuvent être perçus qu'à partir de la seconde moitié de la grossesse, les deux autres ne sont appréciables que dans les quatre derniers mois lunaires. Il n'existe donc pas de signe certain de la grossesse qui puisse nous permettre de la reconnaître dans tout le cours de sa durée. (Voy. le tableau pages 126 et 127.)

§ 2. — *Signes de la grossesse multiple.*

230. — Les signes d'une grossesse double sont les suivants :

1° Un développement de plus en plus rapide et de plus en plus considérable de l'abdomen, principalement en largeur ;

2° Une dépression longitudinale ou oblique qui sépare, pour ainsi dire, l'abdomen en deux éminences ;

3° La sensation des mouvements des enfants qui se fait sentir des deux côtés à la fois.

4° Un accroissement des accidents ordinaires de la grossesse.

5° Une élévation plus considérable de la partie inférieure de l'utérus, qui ne permet que très difficilement de reconnaître la présence d'une des parties de l'enfant.

6° L'apparition avant terme des douleurs de l'enfantement, etc., etc.

Tous ces signes présentent beaucoup d'incertitude, et peuvent provenir d'une accumulation plus grande que d'habitude de liquide amniotique, de la présence dans l'utérus d'un fœtus très volumineux, d'une position vicieuse de l'enfant, d'une hydropisie, etc. Il arrive parfois qu'on observe ces signes, et que la grossesse se termine par un accouchement simple ; d'autres fois, au contraire, l'accouchement est double sans qu'on les ait observés. Il n'existe pas non plus de signes certains qui puissent servir à distinguer les cas de grossesse triple, quadruple ; et un développement plus considérable de l'abdomen, des mouvements plus fréquents, surtout en des points tout à fait opposés de son étendue, une intensité et un plus nombreux cortége d'accidents, n'offrent qu'une faible probabilité d'une grossesse multiple.

NOTA. — Quant aux signes de la grossesse anormale ou extra-utérine, il en sera question plus loin.

§ 3. — *Des signes de la vie ou de la mort de l'enfant pendant la grossesse.*

231. — On peut conclure que la vie de l'enfant continue d'après les circonstances suivantes :

1° Lorsque la mère n'a été soumise à aucune influence de nature à compromettre la vie de l'enfant, telle que des efforts corporels excessifs, des violences extérieures (chute, pression, coups sur l'abdomen), des émotions vives, l'administration de remèdes énergiques, une maladie antécédente grave, des hémorrhagies, etc.

2° Lorsque tous les phénomènes de la grossesse, et principalement ceux qui ont leur siége dans le ventre, l'utérus et les mamelles, se manifestent successivement d'une manière régulière et avec des caractères de plus en plus tranchés.

3° Lorsque les pulsations fœtales deviennent de plus en plus appréciables, et que les mouvements de l'enfant ne cessent de se manifester d'une manière de plus en plus distincte.

232. — Les circonstances et les phénomènes qui suivent indiquent avec une plus ou moins grande *certitude* la mort de l'enfant :

1° Les violences extérieures indiquées plus haut (voy. 231, 1°) ; cependant la mort peut survenir même sans cause appréciable.

2° La cessation des mouvements de l'enfant.

3° La cessation des pulsations fœtales.

4° Le ventre n'acquiert plus de développement ; bien plus, il diminue et s'affaisse ; l'utérus est moins tendu, moins dur, et il devient mobile.

5° La femme ressent dans l'abdomen un sentiment de froid et de pesanteur ; lorsque, étant couchée, elle se retourne d'un côté sur l'autre, elle éprouve la sensation d'une masse pesante qui se déplacerait d'un côté à l'autre.

6° Les mamelles laissent échapper un liquide semblable à du petit-lait, et alors elles s'affaissent et deviennent flasques.

7° La femme éprouve tôt ou tard des symptômes tels que des frissons, de la lassitude, de la pesanteur dans les membres inférieurs, de l'inappétence ; elle a la bouche mauvaise et l'haleine fétide ; ses traits sont altérés ; souvent sa figure présente une légère bouffissure, qui s'étend parfois à tout le reste du corps, etc. De tous ces signes, le troisième, c'est-à-dire la cessation des pulsations fœtales, est le seul qui fournisse la certitude de la mort de l'enfant, lorsqu'une personne expérimentée ne peut plus apercevoir ces pulsations, malgré des investigations minutieuses et fréquentes.

§ 4. — *Diagnostic différentiel de la grossesse.*

233. — Il est souvent très difficile de constater une grossesse et de la distinguer d'états morbides qui déterminent des phénomènes semblables. Les praticiens les plus expérimentés ont commis des erreurs sur ce point. C'est pourquoi les sages-femmes doivent user de la plus grande circonspection ; en outre, dans les cas importants et difficiles, le mieux qu'elles puissent faire sera de s'en rapporter au jugement d'un médecin.

Voici les caractères qui servent à distinguer la grossesse de certains états morbides qui pourraient être facilement confondus avec elle.

Cependant ces caractères sont loin de suffire dans tous les cas pour établir un diagnostic positif et éviter toute erreur.

1° *Tumeurs dans la cavité utérine* et *dégénérescence des ovaires.* Le gonflement du ventre se fait de la même manière que dans la grossesse, c'est-à-dire de bas en haut, mais en général avec plus de lenteur ; le flux menstruel apparaît ordinairement d'une façon régulière ; quelquefois aussi tantôt il est régulier, tantôt il alterne avec des hémorrhagies utérines.

Mais naturellement, on ne perçoit ni pulsations fœtales, ni mouvements de l'enfant. Le toucher ne fait pas reconnaître, à travers le cul-de-sac du vagin, la présence de l'enfant ; les phénomènes qui ont leur siége dans les mamelles et que nous avons décrits plus haut n'ont généralement pas lieu.

2° *Hydropisie de l'utérus.* Les remarques précédentes s'appliquent aussi à cet état morbide, à cette différence près que les règles cessent de couler ; en outre la dilatation de la matrice, et surtout de son extrémité inférieure, se fait d'une manière plus prompte et plus uniforme que dans la grossesse ; souvent aussi cette dilatation diminue et augmente de temps à autre.

3° *Ascite.* Lorsqu'il y a de l'eau librement épanchée dans la cavité abdominale, le ventre est plus uniformément distendu dans toute son étendue que dans la grossesse, et l'on peut sentir la fluctuation du liquide : dans le décubitus dorsal le ventre est presque uniformément distendu ; dans la station verticale la tumeur descend en bas ; dans le décubitus latéral elle s'incline vers le côté sur lequel la malade est couchée. Il y a absence des modifications que l'on observe, pendant la grossesse, dans les mamelles et la portion vaginale du col utérin ; on ne peut percevoir ni les mouvements de l'enfant ni la présentation d'aucune de ses parties ; souvent la maladie est précédée de phénomènes morbides de toute nature, surtout de troubles de la digestion, de douleurs dans le bas-ventre, de diminution de la sécrétion urinaire, etc. ; d'un autre côté, l'ascite et la grossesse peuvent exister simultanément.

4° *Suppression des règles par suite de l'occlusion de l'orifice utérin ou du vagin*, ou, ce qui arrive le plus souvent, par suite d'une *imperforation complète de la membrane hymen.* Ces états morbides ont-ils été déterminés par la dilatation de l'utérus, alors l'accroissement en étendue de cet organe, ainsi que le ballonnement du ventre, se font avec plus de lenteur que dans la grossesse ; il n'est pas nécessaire de dire que les règles ne paraissent pas, et que celles-ci ne s'étaient jamais montrées dans le cas où l'hymen est complétement fermé ; il existe en même temps des malaises, tels que des difficultés dans l'excrétion des urines et des matières fécales, mais surtout des douleurs périodiques qui se manifestent toutes les quatre semaines dans le bas-ventre, la région lombaire, la région sacrée et quelquefois au point de devenir insupportables ; une pesanteur vers l'anus et la région pubienne. On reconnaît facilement par l'exploration si la cause de la rétention des règles provient d'une oblitération du vagin ou de l'imperforation de l'hymen.

§ 5. — *Durée et manière de calculer l'époque de la grossesse.*

234. — Tous les animaux de la classe des *mammifères* portent dans leur sein, pendant un certain temps, leurs petits jusqu'à leur développement complet. La femme porte aussi le fœtus pendant un temps déterminé. La durée de la gestation, pour une grossesse normale, est de neuf mois du calendrier, ou mieux de dix mois lunaires (de 28 jours chacun) ou quarante semaines.

235. — On calcule la durée de la grossesse ou l'époque de l'accouchement de plusieurs manières différentes : 1° du moment de la conception ; 2° du moment de la cessation des règles ; 3° du jour où l'on a senti pour la première fois les mouvements de l'enfant, et 4° de l'époque où des changements perceptibles se sont manifestés au ventre, à l'utérus, etc. Comme aucun signe certain n'indique la date précise de la conception, le premier mode n'est rigoureusement applicable qu'aux femmes qui n'ont eu qu'*un seul coït.* On compte le plus ordinairement la durée de la grossesse à partir du moment de la cessation des règles ; mais si la femme est habituellement mal réglée, ou si l'écoulement menstruel s'est montré plusieurs fois depuis la grossesse, on calcule à partir du jour où la mère a senti pour la première fois les mouvements de l'enfant, c'est-à-dire de la moitié de la grossesse ; si enfin il y a du doute à ce sujet, il faut tenir compte des changements qui se manifestent à l'abdomen, à l'utérus et à la par-

tie vaginale de cet organe, tels qu'ils se succèdent de mois en mois (voy. 213 à 218). Mais tous ces modes d'évaluation ne permettent pas de déterminer avec exactitude le jour où l'accouchement aura lieu. Le praticien le plus exercé peut lui-même se tromper plus ou moins à cet égard.

Remarque. — Le jour plus ou moins probable de l'accouchement peut être calculé facilement, sans l'aide du calendrier : à partir de la dernière apparition des règles, on retranche de l'année trois mois, à partir du jour où le flux menstruel s'est montré pour la dernière fois ; on ajoute sept jours, et le jour obtenu par le calcul est celui auquel devra avoir lieu l'accouchement. Ainsi, par exemple, si les règles ont apparu la dernière fois le 10 juin, on compte en arrière trois mois, et en y ajoutant sept jours, on trouve le 17 mars comme étant le jour présumé où se fera l'accouchement.

ARTICLE IV. — De l'examen de la femme enceinte.

236. — *L'examen* est une opération qui a pour but de constater l'état d'une femme au point de vue de la grossesse et de l'accouchement.

L'examen est fait par la sage-femme surtout dans le but :

1° De s'assurer de l'état des mamelles, de l'abdomen, du bassin et des parties internes et externes de la génération.

2° De reconnaître si une femme est enceinte, à quelle époque de la grossesse elle se trouve, et si les organes intéressés dans la grossesse offrent un état extraordinaire ou pathologique.

3° De voir si le travail est commencé et à quel point il se trouve ; s'il se présente une des parties de l'enfant et laquelle de ces parties ; dans quelle position ou direction se trouve celle-ci, et quelles conditions elle offre en général ; de savoir s'il y a quelque écart du mécanisme ordinaire, quelques dangers à craindre, et quelle conduite il faut tenir dans ces circonstances ; enfin, si la présence d'un médecin peut devenir nécessaire, etc.

4° De constater, après l'accouchement terminé, l'état de

l'arrière-faix, de l'utérus et des autres parties de la génération, etc.

237. — Cette opération, selon qu'elle se fait à l'aide du toucher, de la vue et de l'ouïe, et selon qu'elle s'exécute à l'intérieur ou à l'extérieur seulement, se divise en examen *externe* et en examen *interne*.

L'*examen externe* a pour but d'explorer à l'aide du toucher, de l'ouïe, et en partie aussi de la vue, les mamelles, l'abdomen, les parties génitales externes, la conformation externe du bassin et des extrémités inférieures.

L'*examen interne*, qu'on désigne encore sous le nom de *toucher*, a pour objet de constater l'état des organes génitaux internes, du vagin, de la portion vaginale du col de l'utérus, de la partie inférieure de cet organe en général, quelquefois aussi sa cavité, l'état de la cavité du bassin, la position du fœtus et toutes les circonstances qui peuvent se rattacher à lui.

Remarque. — Nous ne parlerons ici, et en peu de mots, que de quelques-uns des points les plus essentiels de l'examen, pour ne pas dépasser le cadre limité de ce manuel, sans omettre toutefois l'exploration à l'aide de l'ouïe, autrement dit l'*auscultation*, à laquelle les élèves sages-femmes sont exercées dans les maisons d'accouchements.

238. — La *position* dans laquelle doit être placée la femme soumise à l'examen varie nécessairement d'après l'état où elle se trouve et le but qu'on se propose.

1° Si la femme est bien portante et qu'elle se trouve surtout dans les derniers mois de la grossesse ou au commencement du travail, elle devra se tenir *debout*, adossée à un mur. Dans cette position, les parties s'appliquent beaucoup mieux sur le doigt que l'on porte sur elles. Pour toucher de la main droite la femme ainsi placée, la sage-femme devra mettre le genou gauche en terre et poser la main gauche sur la région sacrée ou sur la région abdominale de la femme, suivant la circonstance.

2° Lorsqu'on se propose d'examiner l'état interne ou l'état externe de l'utérus, et qu'il est nécessaire que les parois de l'abdomen se trouvent dans un état de relâchement aussi grand que possible, il faut, surtout si la femme est malade, l'accouchement déjà terminé ou le travail très avancé, faire *coucher* celle-ci sur le dos, le bassin un peu élevé, et les membres inférieurs dans la demi-flexion. La sage-femme devra se placer au côté droit de la femme, si elle veut toucher de la main droite, et appliquer la main gauche sur l'abdomen, à la région qui correspond au fond de l'utérus; l'inverse aura lieu si elle veut pratiquer le toucher de la main gauche.

239. — L'*examen externe* se fait de différentes manières.

1° Ainsi, par exemple, pour l'examen externe du bassin, on applique une main sur la partie supérieure du sacrum et l'autre sur la symphyse pubienne, et l'on calcule la distance qui sépare alors les deux mains; elle est ordinairement de 19 centimètres. Avec le temps, quand on s'est bien exercé à ce procédé, on obtient, non pas d'une manière rigoureuse, mais d'une manière approximative, l'étendue du diamètre antéro-postérieur du détroit supérieur du bassin. De même, en appliquant les deux mains à plat sur les os iliaques, on parviendra à reconnaître la distance respective de ces os et à savoir s'ils se trouvent l'un et l'autre au même niveau.

Pour reconnaître une plus ou moins grande inclinaison en avant du détroit supérieur du bassin, on procède de la manière suivante. On explore de haut en bas, dans toute son étendue, la colonne vertébrale avec les doigts appliqués à plat; si l'on remarque une inflexion très notable à la région lombaire, surtout vers les dernières vertèbres, que le sacrum fasse en arrière une saillie considérable, et que les parties génitales externes se trouvent en même temps dirigées en bas ou en arrière d'une manière très prononcée, on peut conclure que le détroit supérieur du bassin est fortement incliné en avant. Cette inclinaison est faible, au contraire, si l'inflexion des vertèbres lombaires est peu considérable, que le sacrum ne forme pas de saillie en arrière et que les parties génitales externes soient dirigées plus en avant qu'à l'ordinaire.

Pour se prononcer avec certitude sur ce sujet, il faut s'être exercé souvent et sur des femmes bien conformées.

2° Pour l'examen externe de l'abdomen, on se sert des deux mains appliquées à plat, l'extrémité des doigts dirigée en haut. Un examen attentif, une pression modérée et réitérée permettent de reconnaître le volume, la forme et la position de l'utérus ; sa fermeté ou sa mollesse ; les mouvements, et, dans certaines circonstances, la position du fœtus, l'état de la vessie, etc. S'il s'agit de constater avec plus d'exactitude les mouvements de l'enfant, l'examen devra se faire le matin, la femme étant au lit, à l'aide d'une ou des deux mains qui devront ne pas être réchauffées ; on peut alors constater ordinairement d'une manière distincte les mouvements de l'enfant, qui étaient beaucoup moins sensibles auparavant.

240. — Pour l'examen interne ou *toucher* d'une femme enceinte ou non ou d'une femme accouchée ; pour reconnaître des altérations du vagin, du col de l'utérus, etc., il suffit, dans la plupart des cas, d'un seul doigt et surtout du doigt indicateur. Il est bon de vider la vessie et le rectum avant de pratiquer le toucher. Il faut enduire le doigt de graisse pure ou d'huile, et le diriger, à travers les grandes lèvres, de la symphyse pubienne dans le vagin, où on le fera glisser lentement de bas en haut, dans le sens de l'excavation du sacrum, et toujours à proximité de cet os, lorsqu'on voudra examiner la partie vaginale du col utérin ou le museau de tanche. Mais si l'on veut examiner une femme enceinte ou une femme en travail, pour reconnaître la présentation, il faudra diriger le doigt en avant vers la région du bord supérieur de la symphyse, où la hauteur peu considérable de la face antérieure du bassin permet au doigt d'arriver avec le plus de facilité jusqu'au col de l'utérus ou jusqu'à la partie de l'enfant qui se présente.

241. — Lorsqu'on veut pratiquer le toucher avec la *main entière*, on réunit les doigts à leur extrémité et on les enduit d'un corps gras ; on écarte les grandes lèvres, et l'on introduit lentement entre elles la main dirigée dans le sens de l'axe du bassin, et à laquelle on imprime des mouvements de rotation ;

le dos de la main doit rester dirigé du côté de la courbure du sacrum. Ce mode de toucher est rarement nécessaire; il

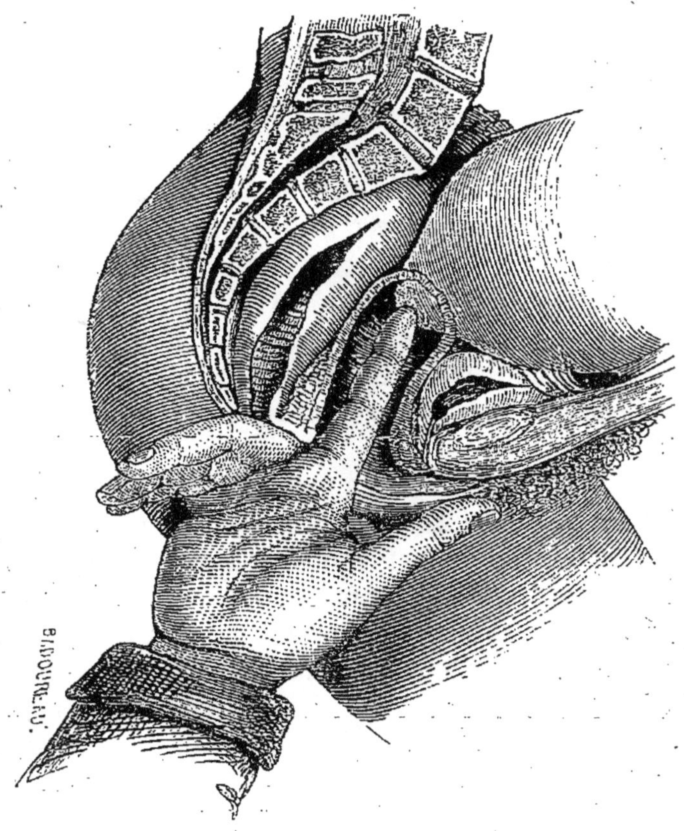

Fig. 28. — *Toucher vaginal.*

est employé dans le cas, par exemple, où une position vicieuse de l'enfant s'oppose d'une manière absolue au toucher fait au moyen d'un seul doigt.

Si, en pratiquant le toucher avec un seul doigt, on n'arrive pas à une hauteur suffisante, avec *deux doigts* le résultat sera moins satisfaisant encore. Ce dernier examen, ainsi que celui qui se ferait avec quatre doigts sans le pouce (et qui est très douloureux), sont l'un et l'autre inutiles, excepté dans le cas où l'on veut constater les dimensions du détroit supérieur ou de la cavité pelvienne. Nous y reviendrons plus tard.

242. — Nous indiquerons plus loin, en temps et lieu, les *règles particulières* suivant lesquelles il faudra pratiquer le toucher dans les cas spéciaux.

Règles générales. — 1° La sage-femme ménagera, aussi soigneusement que possible, la pudeur de la femme à examiner, que cette femme soit ou non mariée; elle ne découvrira sans nécessité aucune partie du corps; elle évitera de se servir des yeux lorsque le toucher suffira; elle éloignera tout spectateur inutile; elle agira avec bienséance et ménagement, et fera en sorte de ne causer aucune douleur inutile. Elle devra se montrer discrète, et ne faire part du résultat de son examen qu'aux personnes qui auront le droit de le connaître. Si elle reconnaît un danger, elle devra bien se garder d'effrayer par ses paroles ou par ses gestes la femme enceinte ou en travail.

2° Elle donnera à l'examen toute l'attention, le soin et la conscience qu'exige l'importance extrême de cette opération. Chez les femmes timides et craintives, comme le sont souvent les primipares, le premier toucher ne doit pas être trop prolongé, alors même qu'il ne fournirait pas un résultat parfait, pourvu toutefois que le cas ne soit pas urgent. Il est bon d'agir ainsi pour ne pas augmenter la crainte de la femme et ne pas lui faire éprouver de répugnance à se soumettre de nouveau au toucher. Dans un nouvel examen, on cherchera à reconnaître exactement l'état des choses. Dans le cas où la sage-femme, malgré l'examen le plus minutieux, conserverait des doutes, elle devrait éviter de se prononcer d'une manière positive, et réclamer, si l'on insiste, l'assistance d'un accoucheur.

3° La sage-femme doit veiller à ce que ses mains restent constamment délicates et douées d'une grande sensibilité ; pour cela il faut qu'elle évite avec le plus grand soin tous les travaux pénibles qui pourraient les rendre roides, rugueuses, et leur faire perdre leur grande sensibilité tactile ; les ongles doivent toujours être coupés assez courts et assez arrondis ; les doigts seront surtout préservés de la moindre lésion. La sage-femme enduira le doigt dont elle se servira pour le toucher de graisse douce, de beurre frais et non salé, etc. Cette précaution rend plus facile l'introduction du doigt, et chez les femmes malpropres ou affectées d'une maladie contagieuse elle diminue le danger de l'infection, qui peut avoir lieu assez facilement lorsque le doigt est le siége d'une excoriation ou d'une plaie, quelque petites qu'elles soient. La sage-femme doit toujours se montrer de la plus grande propreté, surtout au moment du toucher.

243. — *Le toucher est la partie la plus importante et en même temps la plus difficile de l'art des accouchements.* C'est de cet examen que dépendent souvent la santé et la vie de la mère et de l'enfant. On le doit considérer comme la véritable pierre de touche d'une sage-femme capable, et les jeunes sages-femmes ne doivent jamais cesser de travailler à se perfectionner dans cette partie de leur art.

Les moyens d'acquérir cette habileté sont les suivants :

1° La fréquentation d'une maison d'accouchements, où se rencontrent fréquemment des occasions de pratiquer le toucher sur des femmes enceintes ou non enceintes, des femmes en travail ou en couches.

2° Un enseignement convenable de la part d'un professeur.

3° De la part des élèves sages-femmes une application et une attention soutenues, et un exercice répété qui puisse développer à un haut degré, chez elles, la sensibilité des doigts.

L'habileté dans le toucher est la condition la plus indispensable pour toutes les sages-femmes, mais bien plus encore pour celles des campagnes que pour celles des grandes villes. C'est qu'une erreur commise par une des premières peut avoir des suites beaucoup plus graves, à cause du temps qu'on perd en envoyant chercher un accoucheur, tandis que dans les villes de prompts secours d'un médecin accoucheur peuvent bien plus facilement parer aux suites d'une erreur de la sage-femme.

C'est donc, on le voit, un des devoirs les plus importants de la jeune sage-femme de mettre à profit avec zèle et conscience toutes les occasions qu'elle peut trouver d'abord dans une maison d'accouchements, ensuite dans l'exercice de son art, d'acquérir dans le toucher une habileté de plus en plus grande : le toucher est une opération importante et difficile, qu'on ne parvient jamais à approfondir d'une manière absolue, quel que soit le temps pendant lequel on l'a pratiqué.

[L'examen interne par la *vue* à l'aide du *speculum uteri*, très rarement utile pour le diagnostic de la grossesse, ne doit pas trouver place ici.]

244*. — Le *toucher anal*, qui inspire beaucoup de répugnance aux femmes, est un mode d'exploration exceptionnel pour constater la grossesse auquel on ne doit avoir recours que dans les cas de nécessité absolue, c'est-à-dire lorsque l'étroitesse, des coarctations, etc., du vagin rendent difficile l'introduction du doigt indicateur dans ce canal, ou bien lorsqu'il existe une tumeur à sa partie postérieure, dont il s'agit de préciser le siége dans la cloison recto-vaginale ou en dehors, diagnostic d'une grande importance pour la conduite à tenir au moment de l'accouchement ou avant.

245*. — La *percussion médiate* de l'abdomen doit avoir sa place dans l'exploration obstétricale; non qu'il soit nécessaire d'y avoir recours dans les cas simples, mais ce qui a été dit des états morbides qui peuvent donner lieu à des phénomènes apparents de grossesse fait pressentir les avantages qu'on peut en tirer en l'unissant au toucher, à l'auscultation, pour dissiper les incertitudes et rapporter à leurs véritables causes les divers développements de l'abdomen qui peuvent simuler la grossesse. En effet, on peut reconnaître par ce moyen d'exploration, non-seulement l'intumescence gazeuse des intestins, mais encore la position respective des viscères creux et des viscères pleins contenus dans l'abdomen. Pour pratiquer la percussion médiate, il faut, comme pour palper l'abdomen, mettre les muscles dans le relâchement; en conséquence, la femme doit être couchée sur le dos, les membres inférieurs et le tronc légèrement fléchis. On se sert pour corps intermédiaire des doigts ou du plessimètre.

246*. — L'*auscultation* est, avec le toucher et le palper abdominal, le moyen le plus ordinaire de constater la grossesse. A une certaine époque, elle fait reconnaître les doubles battements du cœur du fœtus, ses mouvements actifs et le bruit de souffle isochrone au pouls de la mère, qui accompagnent ordinairement la grossesse. Les règles de l'auscultation appliquée à la grossesse se bornent à des précautions simples et peu nombreuses. On doit, autant que possible, choisir un lieu éloigné de tout bruit; la femme, après avoir uriné s'il y a lieu, doit être couchée sur le dos ou inclinée sur l'un et l'autre côté, suivant le besoin, de manière à mettre la paroi antérieure de l'abdomen dans le relâchement; on peut, sans nuire à la netteté de la perception, laisser le ventre recouvert par la chemise. On parcourt ensuite, avec l'oreille armée du stéthoscope, les divers points du bas-ventre, où l'on peut rencontrer l'utérus, lorsqu'il ne dessine pas encore d'une manière très prononcée sa saillie sous la paroi abdominale. Avant le sixième mois, les battements du cœur du fœtus sont ordinairement perçus sur la ligne médiane du bas-ventre, à peu près au milieu de l'espace qui sépare l'ombilic du pubis ; plus tard, c'est le plus ordinairement à gauche et en bas. C'est d'abord vers l'une ou l'autre fosse iliaque qu'il faut chercher le bruit de souffle. Pendant les derniers mois on peut ausculter la femme debout. Outre le sentiment de pudeur qui doit faire préférer le stéthoscope à l'oreille nue, cette préférence est encore justifiée par la netteté de la perception et la possibilité de déprimer plus facilement les parties intermédiaires à l'instrument et au fœtus.

CHAPITRE III.

DU RÉGIME ET DU GENRE DE VIE DE LA FEMME ENCEINTE.

247. — On ne doit pas regarder la grossesse comme une maladie, mais comme un état physiologique ; les modifications nombreuses qui s'opèrent, pendant son cours, dans le corps et dans l'état général de la femme, ne peuvent en aucune façon être mises au rang des maladies, tant qu'elles n'arrivent pas au point d'altérer la constitution, et qu'elles ne font pas craindre des accidents fâcheux. Cependant la grossesse pré-

dispose le corps à certaines affections. Les femmes enceintes sont susceptibles de contracter des maladies sous l'influence de différentes causes qui, en dehors de leur état de grossesse, n'eussent exercé aucune action sur elles. Il y a aussi des états morbides qui sont propres à la grossesse.

248. — Un régime convenable et un genre de vie régulier sont les seuls moyens de prévenir beaucoup de ces altérations pathologiques. Toutes ces circonstances doivent être familières à la sage-femme, pour que celle-ci puisse les communiquer aux personnes qui lui demandent conseil à ce sujet, ainsi que cela arrive souvent de la part des femmes qui sont dans leur première grossesse. La sage-femme doit avoir en vue dans sa conduite les soins que réclame la femme enceinte et ceux que demandent l'enfant. Lorsqu'elle se trouve appelée auprès d'une femme d'une constitution débile ou réellement malade, ou dont les grossesses antérieures ont été accompagnées d'accidents graves, la sage-femme doit lui conseiller dès le principe d'avoir recours à un médecin, afin que sa responsabilité se trouve mise à couvert. Dans aucun cas elle ne doit prescrire un médicament. Elle doit se montrer très réservée dans l'emploi des remèdes les plus usuels et les plus inoffensifs en apparence.

249. — Une des règles les plus importantes à suivre pour la femme enceinte est la suivante : *Observer autant que possible, dans les points les plus importants, le genre de vie auquel elle était habituée auparavant et dont elle s'était toujours bien trouvée avant d'être enceinte; se garder de tout excès, et prendre plutôt trop que trop peu de précautions.* Tout changement essentiel et brusque dans le genre de vie habituel peut facilement exercer une influence fâcheuse sur la grossesse et sur l'accouchement, lors même que la femme enceinte se trouverait mieux du nouveau genre de vie qu'elle aurait adopté. Ainsi les filles de la campagne, lorsqu'elles se marient dans les villes, et qu'elles remplacent leur genre de vie simple, joint à beaucoup d'exercice au grand air, par une vie plus commode, plus tranquille, leur nourriture frugale par une nourriture plus succulente, sont sou-

vent sujettes pendant la grossesse à des accidents qui exposent et la mère et l'enfant aux plus grands dangers, et compromettent parfois même l'existence de l'une ou de l'autre.

250. — Les femmes enceintes doivent surtout avoir garde de se laisser aller à des *passions* ou à des *affections vives*, telles que la colère, le dépit, la frayeur, la crainte, etc.; c'est même pour elles un des plus importants devoirs que d'éviter avec soin toutes les causes qui pourraient les déterminer. Souvent ces mouvements passionnels font naître des spasmes, des convulsions, des hémorrhagies, l'avortement, etc. Une joie vive peut même devenir nuisible. La plupart des femmes, vers la fin de la grossesse, sont portées à la tristesse et craignent de succomber à l'accouchement, surtout celles qui ont eu déjà un accouchement pénible. Dans ces cas une sage-femme intelligente peut exercer une influence très salutaire sur la femme en s'efforçant de lui faire entendre que, cette fois, l'accouchement se fera facilement.

Elle devra s'abstenir d'augmenter les craintes de la femme enceinte par des récits d'accouchements difficiles et malheureux; elle devra, au contraire, lui citer des exemples de femmes aussi craintives qu'elle qui ont eu d'abord un accouchement laborieux et dont les couches subséquentes ont été très faciles; et c'est en toute conscience qu'une jeune sage-femme même peut tenir cette conduite : on sait que, généralement, les premières couches sont accompagnées de plus de douleur, et que le travail est alors plus pénible et plus prolongé. En général, la sage-femme doit tendre, de tous ses efforts, à calmer l'esprit de la femme enceinte, à l'égayer et à lui donner du courage, de l'espoir et de la confiance.

La sage-femme doit également chercher à dissiper les craintes mal fondées, mais trop fréquemment observées, que les femmes ont conçues sur la difformité de leur enfant à naître, à la suite d'une fâcheuse impression morale ou à la vue d'un objet effrayant. Les cas de difformité attribués à ces causes sont des fables, et ne prouvent rien en faveur de cette croyance. Il n'y a que bien peu de femmes qui, pendant leur grossesse, n'aient été effrayées par la vue d'un objet repoussant ou qui n'aient eu un désir très vif non satisfait; cependant le nombre des enfants affligés de taches ou de difformités est excessivement rare.

251. — Un *air pur* et *frais* est très utile aux femmes enceintes; un *air vicié*, au contraire, leur est très nuisible. Ainsi, on les voit souvent prises de nausées, d'oppression et de syncopes dans les lieux où l'air est vicié par la réunion d'un grand nombre de personnes, tels que les églises, les théâtres.

L'*exercice*, surtout au grand air, est d'un grand avantage pour les femmes enceintes; c'est pourquoi on peut leur recommander la promenade, pourvu qu'elle ne soit pas prolongée jusqu'à la fatigue. Ainsi, on pourra recommander aux femmes de la classe ouvrière de se livrer à leurs travaux habituels, et surtout à un travail modéré dans les champs ou dans un jardin. On doit éviter les mouvements violents et les efforts corporels, tels que la danse, le saut, les promenades en voiture menée à trop grande vitesse, principalement sur des routes mal pavées ou inégales; les travaux pénibles, de même que l'action de soulever ou de porter de lourds fardeaux. Toutes ces causes peuvent facilement donner lieu à des hémorrhagies et à des fausses couches.

Il est aussi très nuisible pour la femme enceinte de se tenir trop longtemps assise; les femmes qui se trouvent obligées, par leur profession, de mener une vie trop sédentaire, les couturières, par exemple, doivent faire une promenade chaque jour.

Pendant tout le temps de la grossesse, le coït doit être exercé rarement et avec prudence, surtout pendant le troisième et le quatrième mois; il convient de s'en abstenir entièrement dans la dernière période. Un coït fréquent et impétueux détermine aisément des hémorrhagies et l'avortement: les femmes qui ont eu déjà des fausses couches, et qui, en général, sont accouchées avant terme, auront à s'abstenir entièrement du coït pendant le cours des grossesses subséquentes, afin d'éviter de nouvelles fausses couches et des dangers plus graves encore.

252. — Pour ce qui est des *aliments* et des *boissons*, nous renvoyons à ce que nous avons dit plus haut (v. 248). Observons seulement que la femme doit conserver à cet égard la plus grande modération : elle aura à éviter les aliments fortement épicés, difficiles à digérer, et ceux qui produisent les flatuosités ; les boissons stimulantes, telles que le café concentré, le vin, ne doivent être prises qu'avec une grande circonspection ; on proscrira l'eau-de-vie. Vers la fin de la grossesse surtout, tout excès d'alimentation doit être soigneusement évité, principalement le soir ; la moindre surcharge de l'estomac, ainsi que l'usage d'aliments de difficile digestion, peut avoir l'influence la plus fâcheuse sur la grossesse, l'accouchement et les couches. On permettra à la femme enceinte de choisir des aliments pour remplacer certains mets pour lesquels elle éprouve de la répugnance ou qu'elle ne saurait digérer. Toutefois on ne doit pas lui accorder tous ceux qu'elle pourrait demander, surtout si elle porte son désir sur des choses extraordinaires ou nuisibles. On se trompe en pensant qu'un pareil refus peut exercer une influence fâcheuse sur l'enfant.

253. — La femme enceinte doit veiller à ce qu'elle ait toujours le *ventre libre ;* il faut qu'elle ait une garderobe par jour, surtout vers la fin de la grossesse ; elle aura recours, au besoin, à des lavements d'eau tiède ou d'eau de son. Elle urinera aussi souvent que le besoin s'en fera sentir ; c'est là un point essentiel : en le négligeant, elle s'expose à des conséquences fâcheuses et même mortelles.

254. — Les *vêtements* de la femme enceinte doivent être faits de manière à la garantir convenablement du refroidissement, surtout du côté de l'abdomen, des mamelles, des parties de la génération et des pieds ; il faut, en outre, qu'ils n'entravent pas, en le serrant ou en le comprimant, le libre accroissement du ventre et des mamelles. Les jupes ne doivent pas être trop lourdes ni s'attacher au-dessus des hanches ; il faut que leur poids soit supporté par les épaules. Des caleçons suffisamment larges, qui protégent les parties génitales contre l'air froid, doivent être fortement recommandés, surtout

en hiver. Si le ventre tombe beaucoup, il faudra le soutenir convenablement au moyen d'un bandage de corps large qui le maintienne sans le comprimer.

Les femmes enceintes doivent prendre soin que leurs vêtements froissent et compriment aussi peu que possible les mamelons. Il sera utile de laver matin et soir les mamelons, ainsi que leur pourtour, avec de bonne eau-de-vie, dans les derniers mois de la grossesse, lorsque le mamelon est délicat, mou et recouvert d'une peau fine ; on prévient ainsi les gerçures et les promptes altérations que détermine la succion du nouveau-né.

Quand le mamelon n'est pas assez saillant, on rend la saillie plus prononcée au moyen d'anneaux d'ébène ou de corne, de l'épaisseur du petit doigt et assez larges pour s'adapter au mamelon. Celui-ci est-il déprimé, la succion, réitérée tous les jours par une personne bien portante, pendant les dernières semaines de la grossesse, en développera la saillie ; s'il rentre malgré cela, on l'entourera d'un anneau de gomme élastique pour le maintenir.

255. — La *propreté*, ce moyen puissant de conserver la santé, est surtout indispensable aux femmes enceintes. Elles doivent donner les plus grands soins à la propreté des organes génitaux, en les lavant fréquemment avec une éponge trempée dans de l'eau tiède. Le plus souvent les bains généraux tièdes sont très utiles ; mais, comme ils peuvent être désavantageux dans quelques cas, la sage-femme fera bien de consulter un médecin à cet égard. Elle ne conseillera pas l'usage de bains de pieds.

SECTION TROISIÈME.

DES MALADIES PROPRES AUX FEMMES GROSSES ET DE LA CONDUITE QUE LA SAGE-FEMME DOIT TENIR DANS CE CAS.

256. — Les états morbides les plus importants qu'il importe à la sage-femme de connaître spécialement sont :

1° *La grossesse extra-utérine ;*

2° *Les môles;*

3° *La rétroversion et la chute de la matrice;*

4° *La rétention d'urine;*

5° *Les hernies;*

6° *Les troubles sympathiques de l'estomac;*

7° *L'œdème des membres inférieurs et des parties génitales externes;*

8° *L'œdème général et l'albuminurie;*

9° *Les varices;*

10° *La leucorrhée;*

11° *Les hémorrhagies de la matrice et l'avortement.*

Nous allons examiner ces divers états en tant qu'il sera nécessaire pour mettre la sage-femme à même de les reconnaître, et par conséquent de faire appeler un médecin en temps opportun, et d'un autre côté, de prendre les mesures exigées par les circonstances jusqu'à ce qu'il soit arrivé.

ARTICLE Ier. — De la grossesse extra-utérine.

257. — La *grossesse extra-utérine* offre trois espèces différentes, suivant le lieu où se trouve l'œuf fécondé :

1° L'œuf *reste* dans l'ovaire; il continue à y vivre et s'y développe;

2° Reçu dans la trompe, l'œuf s'y arrête et n'arrive pas dans la cavité utérine;

3° L'œuf quitte l'ovaire; mais au lieu d'être reçu dans la trompe, il tombe dans la cavité abdominale, où il se fixe à un endroit quelconque, aux intestins, à l'épiploon, au péritoine, par exemple, et s'y développe.

Le premier cas s'appelle *grossesse ovarique;* le second, *grossesse tubaire;* le troisième, *grossesse abdominale.*

L'œuf, ayant une vie propre, peut continuer à vivre et à se développer en ces divers endroits; il peut même, dans quelques cas rares, arriver à sa parfaite maturité, surtout dans la grossesse abdominale.

258. — *Signes.* — Les symptômes indiqués comme caractéristiques par ceux qui ont observé des cas de grossesse

extra-utérine sont absolument variables, et par conséquent peuvent induire en erreur. Ce sont les suivants : en général, malaise plus considérable que dans les cas ordinaires ; gonflement plus marqué d'un côté de l'abdomen où une pression et une pesanteur particulières se font sentir. Dans la grossesse ovarique ou tubaire, la femme ne peut se coucher que sur le côté où l'œuf s'est développé. Dans quelques cas, l'abdomen est le siége de douleurs fréquentes, se reproduisant à des intervalles plus ou moins éloignés et qui sont tantôt déchirantes, tantôt simulant celles de l'enfantement ; quelquefois, surtout dans la grossesse abdominale, elles sont moins intenses que prolongées ; dans d'autres cas, il y a absence parfaite de douleurs et d'incommodités quelconques. On observe aussi un écoulement de mucosités sanguinolentes par le vagin, des alternatives de frisson et de chaleur, etc. Les changements ordinaires de la portion vaginale du col de la matrice n'ont lieu que dans les trois premiers mois ; dans la suite, le col cesse de se raccourcir, mais il est toujours mou et l'orifice utérin plus ou moins béant ; les mamelles n'offrent point les changements ordinaires ou du moins ceux-ci sont plus faibles que dans la grossesse normale. A mesure qu'avance la grossesse abdominale, on peut sentir plus aisément le fœtus à travers les parois du ventre ou par le vagin et le rectum. Les mouvements de l'enfant sont perçus d'une manière plus marquée et sont plus incommodes que dans la grossesse ordinaire ; généralement ils sont très douloureux. L'enfant remue aussi plus fortement, et l'on a observé qu'à la fin de la grossesse, c'est-à-dire à l'époque où l'accouchement aurait dû avoir lieu, ces mouvements sont devenus très violents et insupportables.

La grossesse extra-utérine est en général très difficile à reconnaître, surtout dans sa première moitié. Dans la plupart des cas, elle n'a été reconnue qu'au moment de la sortie du fœtus, déterminée par des abcès ou dans les autopsies.

Heureusement ces grossesses sont extrêmement rares ; la grossesse tubaire est la moins rare.

259. — Le *pronostic* est très défavorable. Évidemment le

fœtus ne peut dans ces cas venir au monde par la voie naturelle. Voici quelles sont les terminaisons :

1° Dans la plupart des cas, et principalement dans la grossesse tubaire, qui est la moins rare, le kyste qui renferme l'œuf se rompt au bout du second, du troisième ou du quatrième mois, quelquefois plus tard, et la femme meurt brusquement par suite d'un épanchement de sang dans la cavité abdominale.

2° Lorsque le fruit meurt, ce qui a lieu ordinairement au bout du deuxième, du troisième ou du quatrième mois, il arrive qu'il reste dans l'abdomen, pour ainsi dire desséché, pendant longtemps, même jusqu'à un âge avancé, sans causer d'incommodités particulières; après la mort, on le trouve renfermé dans un kyste fermé, semblable à du cuir, ou dans une croûte dure, de consistance terreuse.

3° Ou bien il survient une inflammation qui passe à la suppuration, et des abcès qui se forment dans l'abdomen, dans le rectum, dans le cul-de-sac du vagin, etc., en s'ouvrant, expulsent par lambeaux le fruit putréfié. Quelquefois la mère survit à ces accidents. Cette terminaison et la précédente sont les plus heureuses; mais quelquefois :

4° La mère succombe par suite de l'inflammation, de la suppuration, de la perte d'humeurs ou bien de la gangrène qui survient.

5° C'est surtout dans la grossesse abdominale que l'enfant arrive, quoique seulement dans des cas rares, à son parfait développement. Alors l'ouverture artificielle de l'abdomen est le seul moyen de le sauver; on peut aussi, dans ce cas, espérer de conserver la vie à la mère.

260. — La difficulté du diagnostic et la gravité de ces cas demandent que la sage-femme prête une attention particulière aux phénomènes indiqués plus haut, bien qu'ils ne puissent être considérés que comme des signes plus ou moins probables, afin qu'elle réclame la présence d'un médecin dès qu'elle croit reconnaître un pareil état. Elle doit nécessairement se garder d'en faire part à la femme enceinte, et, en attendant l'arrivée du médecin, se borner à lui recommander le repos.

ARTICLE II. — Des môles.

261. — Quant aux *môles*, nous avons indiqué plus haut ce qu'on entend par ce mot (v. 170, 2°). Dans cette espèce de grossesse vicieuse, on n'a trouvé quelquefois dans l'œuf qu'un liquide séreux, ou du sang, ou de l'air; dans d'autres cas l'œuf était changé en vésicules remplies d'eau, et adhérentes, au moyen de fils très déliés, à une tige commune, comme les grains d'une grappe de raisin; dans d'autres enfin, l'œuf était dégénéré en un corps informe, charnu ou fibreux. Ces diverses formes ont donné lieu aux différentes épithètes par lesquelles on désigne les môles : *séreuses*, *sanguines*, *vésiculeuses*, *charnues*, *fibreuses*, etc. On appelle *fausses môles* les corps qui sortent de la matrice sans être le produit de la conception.

262. — Les *signes* de cette espèce de grossesse vicieuse sont très incertains, et par conséquent le diagnostic en est difficile. Voici quels en sont les caractères probables : malaise plus grand que dans la grossesse ordinaire; développement plus rapide et plus considérable de l'abdomen, de sorte qu'au troisième et au quatrième mois il est déjà aussi développé qu'il l'est ordinairement au cinquième et au sixième; sensation incommode de pesanteur et de pression dans le ventre, qui est douloureux au toucher; gonflement plus rapide des mamelles qui renferment un liquide aqueux; lassitude, faiblesse, frissons alternant avec de la chaleur; amaigrissement surtout de la face; hémorrhagies utérines fréquentes, etc.

263. — Cette grossesse vicieuse se termine ordinairement par l'expulsion de la môle qui se fait du troisième au cinquième mois et s'accompagne de douleurs violentes et d'hémorrhagies utérines parfois très abondantes. C'est cette dernière circonstance qui peut rendre dangereuse la sortie de la môle. Dans ce cas, la sage-femme doit sans délai faire appeler le médecin et, jusqu'à son arrivée, se conformer aux instructions que nous allons donner plus bas (v. 288, 4°).

Si à côté d'une môle la matrice renferme un fœtus bien formé, il y a généralement un avortement ou un accouchement prématuré ; et, dans ce cas, c'est tantôt la môle, tantôt le fruit qui sort en premier lieu.

ARTICLE III. — De la rétroversion de la matrice.

264. —La *rétroversion de la matrice* consiste en ce que le fond de cet organe, qui est ordinairement dirigé en haut et en avant, s'incline en arrière et en bas dans la concavité du sacrum, tandis que son col et son orifice se dirigent en avant derrière les os du pubis. Dans cette position vicieuse, la matrice, lorsqu'elle est arrivée à un certain volume, exerce une pression sur le rectum et l'urèthre, et occasionne ainsi des accidents qui font reconnaître le mal. Cette affection, qui est très rare, arrive principalement au troisième mois de la grossesse, rarement au second ou au quatrième, jamais plus tard.

Les *signes* qui font supposer la rétroversion de la matrice sont les suivants : Émission pénible et douloureuse de l'urine, selles difficiles, ou bien rétention complète du côté de la vessie et du rectum ; pesanteur, tension, douleurs au bas-ventre et à la région sacrée ; parfois sensation semblable à celle que causerait quelque chose qui voudrait sortir par le vagin. A mesure que la rétention de l'urine et des selles se prolonge, le bas-ventre se gonfle, les douleurs augmentent et deviennent souvent semblables à celles de l'enfantement. Enfin il survient des vomissements, des angoisses et l'exploration interne fait reconnaître avec certitude la rétroversion. On sent alors à la paroi postérieure du vagin une tumeur ferme, ronde, volumineuse : c'est le fond de l'utérus. L'orifice utérin, au contraire, se trouve en avant, derrière la symphyse pubienne ou au-dessus d'elle ; à un plus haut degré de rétroversion, on ne peut même pas l'atteindre avec le doigt.

Cette affection se développe quelquefois d'une manière lente ; les incommodités que nous venons d'énumérer, d'abord légères, s'accroissent insensiblement. Une des causes les plus fréquentes de cette rétroversion, c'est l'habitude fort nuisible de retenir l'urine. On comprend alors comment dans le cours de la grossesse le volume toujours croissant de la matrice, inclinée en arrière, peut déterminer et augmenter ces accidents. Quelquefois ce mal survient brusquement par suite de grands efforts ou de violentes secousses : par exemple, à la suite d'une chute en arrière, d'une toux très violente, d'éternuments, de vomissements, d'efforts considérables pendant la défécation, etc.

Si le mal est méconnu et qu'on ne porte pas à temps les secours nécessaires, ces accidents s'aggravent et la fièvre survient, suivie bientôt d'une fausse couche, ou si celle-ci n'a pas lieu, d'inflammation, de gangrène et même de mort.

265. — Quand la sage-femme se sera convaincue ou quand elle soupçonnera seulement qu'il y a une rétroversion de la matrice par quelques-uns des symptômes que nous venons d'énumérer, elle devra faire appeler le médecin, et, en attendant son arrivée, elle fera coucher la femme grosse sur le côté, le corps légèrement courbé en avant, en lui recommandant de ne pas manger, de boire aussi peu que possible et de garder le plus grand repos.

Si, au moment où la sage-femme est appelée, le mal a déjà fait de grands progrès ; s'il y a des douleurs intenses, si le ventre est distendu par des matières fécales ou par des gaz, si la vessie est pleine, elle devra, avant l'arrivée de l'accoucheur, faire des tentatives pour évacuer l'urine au moyen de la sonde, et provoquer des selles par des lavements. Ces deux indications sont quelquefois difficiles et même impossibles à remplir. Si elle ne parvient pas à introduire la sonde dans la vessie, elle emploiera avec quelques chances de succès le moyen suivant : elle mettra la patiente debout, le haut du corps un peu courbé en avant ; elle introduira l'index et le médius de la main droite dans le vagin, derrière les os du pubis, et du bout de ces doigts refoulera doucement en arrière le col utérin. L'urine s'écoule sous l'influence de cette faible pression prolongée.

ARTICLE IV. — De la chute de la matrice.

266. — On entend par cette expression de *chute de la matrice* l'état dans lequel se trouve cet organe, lorsque, sorti de sa position ordinaire, il descend plus avant dans le bassin, ou même s'avance jusqu'aux grandes lèvres. Cette affection peut naître hors l'époque de la grossesse et pendant la grossesse ; dans ce dernier cas, elle n'a lieu que dans les trois premiers mois, rarement plus tard.

La descente de la matrice se reconnaît par le toucher, à l'abaissement de l'orifice utérin ; sa chute en dehors du vagin est naturellement bien plus facile à reconnaître.

267. — Les causes sont les mêmes que celles qui peuvent déterminer la rétroversion brusque de la matrice (v. 264). Ce qui peut en outre y prédisposer, ce sont des couches antérieures fréquentes, mais surtout quand les femmes se sont levées trop tôt, et se sont livrées à des travaux qui demandent de grands efforts.

Les *signes* sont aussi presque les mêmes que ceux de la rétroversion : excrétion difficile des urines et des matières fécales ; douleur dans le bas-ventre et gonflement de cette région par suite de la rétention des urines et des excréments, ténesmes, etc., toutefois à un moindre degré.

268. — Si la descente a lieu pendant la grossesse, la sage-femme fera coucher la malade sur le dos, le bassin un peu élevé et essaiera de remonter la matrice descendue. Si elle n'y réussit pas facilement, elle doit immédiatement faire appeler un accoucheur. La réduction obtenue, la femme doit observer rigoureusement le repos jusqu'à ce que la grossesse soit plus avancée et que la matrice ne descende plus. Si elle ne peut pas garder ce repos, il faut prévenir la chute par une éponge introduite dans le vagin.

Chez les femmes qui, à cause d'une descente, ont dû porter déjà antérieurement un pessaire et qui deviennent enceintes, la matrice, à partir du quatrième mois, ne s'abaisse plus, quand même le pessaire serait retiré. Elles pourront donc y renoncer à partir du millieu de la grossesse : mais si elles en éprouvent pendant la grossesse en général quelques incommodités, elles devront consulter un médecin. En tout cas, le pessaire doit être retiré avant le commencement du travail. Du reste, ces femmes, surtout quand il est à présumer qu'elles ont un bassin très large, doivent prendre beaucoup de ménagements pendant la grossesse. Nous indiquerons plus loin (v. *Accouchements vicieux*) les précautions à prendre dans ces circonstances avant et pendant l'accouchement.

ARTICLE V. — De la rétention d'urine.

269. — Vers la fin de la grossesse, un abaissement considérable du segment inférieur de la matrice peut également causer une rétention d'urine. Il suffit alors, dans la plupart des cas, que la femme se couche sur le dos ou sur le côté; ou bien on est forcé, à l'aide de deux doigts introduits dans le vagin, de pousser doucement en haut et en arrière le segment inférieur de la matrice; enfin, si ce moyen ne suffit pas, on recourra au cathétérisme. Quand le ventre est *pendant*, c'est-à-dire que la matrice penche trop en avant, ce qui peut également déterminer une rétention d'urine, la femme devra se coucher horizontalement sur le dos, et, pour parer aux incommodités qui résultent de la marche, portera une ceinture convenablement disposée. La rétention d'urine peut reconnaître encore d'autres causes que la position vicieuse de la matrice : ainsi les refroidissements, les crampes, la présence d'un calcul vésical, etc. Dans tous ces cas, la sage-femme doit faire demander un médecin dès que les moyens que nous venons de conseiller lui offrent des difficultés ou qu'ils demeurent sans succès.

ARTICLE VI. — Des hernies.

270. — On appelle *hernie* un état morbide caractérisé par la sortie d'un *viscère* hors de sa cavité normale à travers une

ouverture naturelle ou accidentelle, et qui forme une tumeur au-dessous du tissu cellulaire sous-cutané.

Caractères. — La tumeur n'est pas ordinairement douloureuse et la couleur de la peau n'est pas changée. Dans le décubitus dorsal, elle rentre le plus souvent d'elle-même ou sous l'influence d'une légère pression ; elle peut être retenue par un bon bandage. Lorsque la tumeur rentre, on entend souvent un bruit ou gargouillement, et après la réduction on peut sentir avec le doigt l'ouverture à travers laquelle les viscères étaient sortis. Quand la femme se tient debout, la tumeur sort de nouveau : la toux, le moindre effort en augmentent le volume et la rendent plus tendue. Sous l'influence d'une de ces causes, il peut arriver facilement que les parties sorties ne puissent plus être réduites, qu'elles s'étranglent et s'enflamment ; alors la tumeur devient douloureuse, chaude, la peau rouge, et il se déclare des accidents mortels.

271. — Diverses parties du corps peuvent être le siége de hernies ; elles se forment à tout âge. Voici celles qu'il importe à la sage-femme de connaître :

1° La *hernie crurale.* Elle siége au pli de l'aine ; c'est la plus fréquente de celles qui s'observent chez les femmes.

2° La *hernie inguinale.* Elle occupe la région inguinale, à l'endroit où le ligament rond passe à travers l'ouverture du canal inguinal (v. 157). Elle peut s'étendre de cette région aux grandes lèvres et les distendre.

3° La *hernie ombilicale.* Elle est formée par la sortie de quelque viscère à travers l'ouverture ombilicale, que celle-ci ne se soit pas encore cicatrisée ou qu'elle se soit ouverte de nouveau.

4° La *hernie abdominale*, qui peut survenir dans toutes les autres parties de l'abdomen, mais surtout sur la ligne blanche, dans le voisinage de l'ombilic : les viscères font saillie à travers les fibres des muscles de l'abdomen écartés par une cause quelconque.

272. — *Conduite de la sage-femme.*

1° Lorsqu'elle est consultée sur une hernie par une femme

enceinte ou non, la sage-femme doit insister auprès de la malade pour que celle-ci fasse appeler un médecin et se conforme rigoureusement à ses conseils.

2° Lorsque la matrice, dans le cours d'une grossesse, s'élève au-dessus du point où se trouve une hernie, les viscères rentrent généralement d'eux-mêmes dans l'abdomen et y restent ordinairement jusqu'après l'accouchement. Dans ce cas, la malade pourra quitter son bandage pendant tout le reste du temps de la grossesse, mais elle doit s'abstenir avec soin de tout effort violent.

3° La sage-femme ne doit pas permettre qu'une personne affectée de hernie accouche assise, mais bien couchée sur le dos ; elle doit lui défendre de trop seconder les douleurs et lui recommander le repos absolu. Pendant les douleurs, elle s'efforcera d'empêcher la sortie de la hernie, en appliquant la main à plat sur l'endroit où elle se trouve. Mais si la hernie n'est pas rentrée ou si elle est ressortie pendant les douleurs, elle doit sans délai faire appeler un médecin, et, en attendant son arrivée, essayer de faire rentrer les viscères par une légère pression ; si elle n'y réussit pas, elle doit au moins empêcher la hernie de prendre un plus grand développement en appliquant sur elle la main à plat pour la soutenir.

4° Après l'accouchement, la femme doit garder plus longtemps le lit et observer, relativement à ses travaux domestiques et autres occupations, plus de ménagements que nous n'en n'avons indiqués pour les suites de couches ordinaires. Avant de quitter le lit, elle doit remettre le bandage qu'elle portait avant sa grossesse. Pour toutes les circonstances qui exigeraient un autre traitement, la sage-femme doit engager la malade à consulter un médecin ou un chirurgien.

ARTICLE VII. — Des troubles sympathiques de l'estomac.

273*. — Les troubles sympathiques de la grossesse qui ont pour siége l'estomac, sont si communs et manquent si rarement d'une manière absolue, qu'on peut, en quelque sorte, les considérer comme des phénomènes propres aux premiers mois de la gestation. Ces troubles se présentent sous des formes variées qui rappellent souvent les différentes névroses de l'estomac.

1° *Anorexie.* — C'est la forme la plus commune des dérangements de la grossesse. On voit ordinairement très peu de temps après la conception, survenir la diminution ou perte de l'appétit, un dégoût prononcé pour les aliments les plus nutritifs; le plus souvent la digestion est lente, pénible, avec sensation de gêne, de pesanteur à l'épigastre qui persiste quelque temps après le repas. L'anorexie et la *dyspepsie* qui l'accompagne ordinairement sont généralement de courte durée : elles cessent souvent au bout de quelques semaines, et presque toujours du troisième au quatrième mois. Il est rarement nécessaire de combattre ces dérangements soit par des boissons stimulantes ou de légers purgatifs.

2° *Aigreurs.* — Les femmes enceintes se plaignent souvent d'*aigreurs*, d'*acidités* pendant les trois ou quatre premiers mois de la grossesse. Cette sensation, qui dépend ordinairement d'altérations dans les sécrétions de l'estomac, se fait surtout sentir après des rapports, des éructations qui laissent dans le pharynx et la bouche un goût qui occasionne de fréquents crachements. A un degré peu prononcé ces incommodités n'exigent aucun traitement. Si elles deviennent fatigantes on opposera la magnésie et les absorbants, le bicarbonate de soude, les eaux ou les pastilles de Vichy.

3° *Pica ou malacia.* — Chez quelques femmes grosses le goût pour les aliments est plus ou moins profondément modifié. Il se développe des appétits déterminés pour tel aliment ou telle boisson : les unes recherchent tout ce qui est acide, épicé, etc.; les autres les liqueurs fortes, alcooliques, etc. Le goût est même quelquefois complétement perverti, et il se développe comme chez les chlorotiques ces appétits bizarres et dépravés pour la craie, le charbon ou même pour des substances dégoûtantes. Dans ces cas, les amers, les ferrugineux sont de nature à rendre de véritables services.

4° *Gastralgie.* — Chez d'autres femmes, pendant les premiers mois de la grossesse, les troubles de l'estomac sont principalement dûs à une exaltation passagère de sa sensibilité, et l'on voit se manifester plusieurs symptômes propres aux gastralgies. Le plus souvent, c'est un besoin qui simule le sentiment de la faim, accompagné de faiblesse générale et de tiraillement à l'épigastre, et qui cesse presque toujours momentanément par l'ingestion d'aliments ou de boissons, pour reparaître bientôt après. D'autres fois, c'est un sentiment d'*ardeur*, de *brûlure* naissant de l'estomac et se propageant le long de l'œsophage; d'autres fois ce sont des *crampes* de l'estomac. Ces accidents sont souvent combattus avec succès par le sous-nitrate de bismuth, la poudre de columbo, les antispasmodiques unis aux opiacés.

5° *Nausées, vomissements.* — C'est avec l'anorexie le trouble de l'estomac symptomatique de la grossesse le plus commun; il est tellement fréquent que la plupart des femmes en sont affectées. Ce symptôme existe tantôt seul, tantôt simultanément avec quelques-uns des troubles indiqués cidessus. Les nausées et les vomissements se déclarent quelquefois peu de temps après la conception. Ils ont le plus souvent lieu le matin; d'autres fois les nausées et les vomissements se manifestent à l'approche de l'heure ordinaire des repas. Mais souvent aussi c'est après avoir pris de la nourriture qu'ils surviennent, et ils sont alors précédés de nausées extrêmement fatigantes. Le liquide vomi n'est pas très abondant, il est incolore, clair, plus ou moins visqueux; mais s'ils sont souvent répétés il ne tarde pas à être un peu coloré par la bile. Quand ils sont provoqués par les aliments ou les boissons, une partie de ces substances est rejetée; quelques femmes offrent la singularité de vomir après le repas des glaires et des liquides muqueux sans rendre d'aliments. Les vomissements persistent quelquefois jusqu'au delà du quatrième mois, quelquefois pendant toute la durée de la grossesse; d'autres fois ils reparaissent vers la fin de la grossesse. On a attribué ces derniers à la compression exercée par l'utérus sur l'estomac. Mais il est probable qu'ils sont encore le plus souvent sympathiques et qu'ils dépendent d'une plus grande excitation de la matrice qui se prépare à l'expulsion de l'œuf.

Quand les vomissements sont légers et ne reviennent que le matin ils n'exigent pas de moyens actifs, et l'on obtient souvent quelque soulagement d'une infusion aromatique de tilleul, de feuilles d'oranger, de thé, de camomille, etc.

S'ils surviennent après les repas, on se trouve quelquefois bien d'en changer les heures, d'observer les aliments qui sont le mieux supportés.

Les boissons gazeuses, froides ou à la glace réussissent quelquefois où les antispasmodiques ont échoué. Le sous-nitrate de bismuth à la dose de 1 gramme après le repas peut rendre quelques services ; il en est de même de petites doses d'opium une heure avant le repas. D'autres fois on obtient un bon résultat d'une petite dose d'un liquide stimulant, eau distillée de mélisse, de menthe, sirop d'éther, vin d'Espagne, eau-de-vie, kirsch, etc. On a préconisé l'extrait de belladone sur le bas-ventre, sur le col.

6° *Vomissements incoercibles.* — Les vomissements prolongés et répétés, surtout lorsque la plus grande partie des aliments sont rendus, peuvent compromettre à la longue, et même assez vite la vie de la femme. Mais il ne faudrait pas considérer comme tels les vomissements qui déterminent seulement un notable amaigrissement, quoique les malades assurent qu'elles vomissent tout ce qu'elles prennent. Dans la plupart de ces cas, outre que les vomissements peuvent cesser tout à coup spontanément, ils sont loin de compromettre l'existence malgré leur persistance. Mais on doit reconnaître néanmoins que dans quelques cas, heureusement très rares, ils sont tellement violents et si souvent répétés qu'ils épuisent en quelques semaines les forces de la malade. Les vomissements deviennent alors bilieux, de plus en plus fréquents ; à l'amaigrissement de plus en plus prononcé se joint une fréquence considérable du pouls, une répugnance presque invincible pour toute espèce d'aliments, une haleine acide et fétide ; puis un peu plus tard arrivent des accidents cérébraux, du coma, et la malade ne tarde pas à succomber.

La sage-femme, ou le médecin, qui se trouve en face de vomissements répétés et persistants qui amènent de l'amaigrissement doit sans tarder provoquer une consultation afin que toutes les ressources de la thérapeutique puissent être employées à temps.

ARTICLE VIII. — De l'œdème des pieds et des parties génitales externes.

274. — La pression exercée par la matrice, à l'état de grossesse, sur les vaisseaux veineux et sur les vaisseaux lymphatiques du bassin, met obstacle au retour des liquides qui y circulent. C'est ce qui détermine dans les derniers mois de la grossesse une *tuméfaction des jambes* chez beaucoup de femmes enceintes, surtout chez celles qui sont faibles et dont la matrice est très développée par la présence de jumeaux ou d'une quantité considérable d'eaux amniotiques. Cette tuméfaction, due à un épanchement de liquide dans le tissu cellulaire, s'étend assez souvent jusqu'aux parties génitales externes. Elle est plus rare chez les primipares que chez les femmes qui ont déjà eu des enfants, elle s'accroît à mesure que le terme de l'accouchement approche, et, à part une sensation incommode, n'exerce aucune influence fâcheuse sur la santé de la femme. Cette tumeur est blanche, luisante, indolore au toucher; le doigt, en la comprimant, y laisse une dépression qui disparaît au bout de quelque temps.

Si d'ailleurs la femme est bien portante, cette tuméfaction n'est d'aucune gravité, et disparaît ordinairement dans les premiers jours des couches. Il en est autrement lorsque la femme est affectée d'hydropisie générale dont cet œdème forme alors un des symptômes.

275. — Lorsque l'engorgement est tellement considérable qu'il empêche la femme de marcher, la sage-femme doit lui recommander de rester tranquillement au lit, les pieds étendus; elle veillera en même temps à ce que la malade aille tous les jours à selle. Elle sollicitera la résolution de cette tuméfaction en la recouvrant de linges chauffés à la vapeur de

baies de genièvre, de sucre, d'encens, etc., ou en appliquant des sachets chauds remplis de feuilles de camomille, de mélisse, de sureau ou de son.

Lorsque la tumeur se montre, surtout à un haut degré, aux parties génitales, il convient d'y appliquer des cataplasmes chauds, aromatiques, arrosés de vin ou d'eau-de-vie. Quand ces moyens ne suffisent pas ou que la tumeur devient dans quelque endroit rouge et douloureuse, la présence d'un médecin est nécessaire.

ARTICLE IX. — De l'œdème général et de l'albuminurie.

276*. — L'œdème s'étend quelquefois à tout le corps : le tronc, les membres supérieurs, le cou, la face sont envahis successivement. Cet état mérite une grande attention de la part de la sage-femme ; car à un degré prononcé, il est presque toujours accompagné de la présence d'une notable quantité d'albumine dans les urines, et constitue la prédisposition la plus certaine à l'éclampsie. Si l'œdème des membres inférieurs et de la vulve s'explique par la compression des vaisseaux iliaques, il n'en est plus de même de l'œdème général, surtout lorsqu'il est lié à la présence de l'albumine dans l'urine. Mais de même que l'œdème général peut exister sans albuminurie, celle-ci peut se rencontrer quelquefois sans œdème, sans que pour cela la femme soit dans une situation moins grave ; en effet, dans ce dernier cas l'éclampsie peut aussi à chaque instant se manifester avec toutes ses conséquences funestes pour la mère et pour l'enfant. L'albuminurie accompagnée d'œdème général ou seule constitue un état morbide général dont elle est le principal symptôme.

Dans les cas où l'albuminurie est de courte durée, peu abondante, fugace, elle semble ne dépendre que de la congestion des reins, qui résulte de la compression des veines rénales par la tumeur formée par l'utérus. Mais à un degré plus prononcé et à un état plus persistant, cette explication est insuffisante, alors même qu'on supposerait que la congestion rénale est passée à l'état d'inflammation granuleuse des reins. Il semble donc rationnel d'admettre que l'albuminurie, surtout l'albuminurie avec anasarque ou œdème général, est assez souvent le symptôme d'une altération du système nerveux ou mieux des fluides en circulation, d'autant mieux qu'il résulte des recherches sur le sang des femmes enceintes que la proportion de l'albumine a beaucoup diminué comme celle de l'eau a augmenté, ce qui doit imprimer une modification profonde de leur économie.

Quoiqu'il en soit des obscurités qui enveloppent les causes de l'albuminurie et de l'œdème albuminurique des femmes grosses, et les rapports de ces phénomènes morbides avec l'*éclampsie*, on ne doit pas veiller avec moins de soin l'apparition de ces symptômes, qui ne se montrent ordinairement que dans les derniers mois de la grossesse ; plus particulièrement chez les primipares, les femmes pléthoriques, les femmes lymphatiques, assez souvent dès le sixième, quelquefois le cinquième, rarement avant ; ils peuvent ne se montrer que quelques jours avant l'accouchement et même pendant le travail. Tantôt l'anasarque albuminurique ou l'albuminurie seule n'est accompagnée d'aucun phénomène morbide apparent, rien en apparence ne semble changé dans l'état de la santé ; tantôt on observe divers phénomènes morbides tels que céphalalgie, troubles de la vision, gastralgie, etc., avortement ou accouchement prématuré, par suite de la mort du fœtus.

Il n'est pas d'état morbide de la grossesse qui exige de la part de la sage-femme, plus impérieusement, l'obligation de prendre l'avis d'un médecin pour instituer un traitement préventif de l'éclampsie. En effet, si dans un certain nombre de cas la saignée doit convenir, elle peut être nuisible dans d'autres où il faut avoir recours aux toniques, aux préparations de quinquina, aux ferrugineux, etc. (voy. *Éclampsie*).

ARTICLE X. — DES VARICES.

277. — Les *varices* sont des tumeurs qui proviennent de la dilatation des veines. On les rencontre chez les femmes grosses, aux cuisses, aux grandes lèvres, dans le vagin, au

pourtour de l'anus, à son intérieur; quelquefois elles sont attachées les unes aux autres comme les grains d'une grappe de raisin. Elles se forment, dans les derniers mois de la grossesse, principalement sous l'influence de la pression exercée sur les veines par la matrice, ce qui met obstacle au retour du sang. Quelquefois aussi elles sont produites par des jarretières trop serrées. Elles sont plus rares chez les primipares. Ordinairement elles sont molles au toucher, indolores, noirâtres ou d'un bleu foncé ; elles cèdent à la pression du doigt pour reparaître dès que cette pression cesse. Quelquefois elles ne causent que peu ou pas d'incommodité pendant la grossesse. D'autres fois elles deviennent très incommodes et douloureuses, gênent la marche et entravent d'autres fonctions. Après l'accouchement, elles disparaissent ordinairement ou au moins diminuent parce que la pression exercée sur les vaisseaux cesse.

278. — La sage-femme doit conseiller aux femmes enceintes de se remuer aussi peu que possible et de rester couchées ; mais comme celles-ci, lorsqu'elles sont d'ailleurs bien portantes, ne s'y conforment que difficilement, elle tâchera au moins de diminuer ces varices en entourant les pieds d'une bande large de trois travers de doigt et longue de plusieurs mètres, ou mieux encore, de bas lacés, attendu que la bande se détache facilement, n'exerce pas toujours une compression égale et suffisante sur toutes les parties du pied, et peut alors provoquer une inflammation. Les bas lacés peuvent être faits d'un cuir fin ou de toile ; ils doivent s'adapter à la cuisse ou à la jambe. On remplace les boutonnières par des œillets pour pouvoir serrer avec un lacet. On peut aussi faire mettre par-dessus des bas ordinaires. On empêche, de cette manière, les varices d'augmenter de volume et de se déchirer. Si cependant les varices se déchirent, la sage-femme arrêtera l'écoulement de sang par l'application d'amadou ou de petits morceaux de toile superposés les uns aux autres, trempés dans du vinaigre, de l'eau froide ou de l'eau-de-vie, et fixés par une bande.

Si ce sont des varices aux grandes lèvres qui crèvent, ce

qui n'arrive que rarement pendant la grossesse, la sage-femme emploiera les mêmes procédés pour arrêter l'écoulement du sang; mais, dans l'un et l'autre cas, il est de son devoir de réclamer la présence d'un chirurgien ou d'un accoucheur.

ARTICLE XI. — De la leucorrhée.

279*. — Pendant la seconde moitié de la grossesse, on voit souvent survenir une leucorrhée très abondante; quelquefois même elle commence très peu de temps après la conception. La matière de l'écoulement est irritante et a une couleur jaune verdâtre très prononcée. Il y a souvent des douleurs de reins; la muqueuse vaginale est ordinairement parsemée de granulations nombreuses, et le col porte quelquefois les traces d'ulcérations superficielles. Cette leucorrhée produit souvent de l'irritation, des rougeurs aux parties génitales externes et à la partie supérieure des cuisses. L'abondance de l'écoulement est quelquefois assez grande pour réagir sur l'estomac. Les symptômes et les états morbides locaux disparaissent le plus souvent avec la grossesse pendant laquelle ils se sont développés. Les soins de propreté, des bains, des injections ordinaires ou légèrement astringents sont, en général, les seuls moyens que cette affection exige.

ARTICLE XII. — Des hémorrhagies utérines dans les six premiers mois de la grossesse et de la fausse couche.

Les hémorrhagies utérines précèdent ou suivent presque toujours les fausses couches. Il existe entre elles, dans la plupart des cas, un rapport réciproque : elles proviennent des mêmes causes et demandent presque toutes le même traitement. Comme, en outre, on ne peut parler de l'un de ces accidents sans parler aussi de l'autre, nous les réunirons ici dans la même section.

280. — Tout accouchement qui se fait dans les premiers six mois de la grossesse (voy. 202) s'appelle *accouchement prématuré*, *fausse couche*, *avortement*.

L'avortement n'est pas rare : il s'observe le plus souvent dans les premiers trois mois, surtout dans le troisième, et, généralement, à l'époque où la femme aurait dû avoir son flux menstruel si elle n'avait pas été enceinte.

281. — *Causes.* Les causes de la fausse couche sont très variées et très nombreuses. Elles proviennent : 1° de la mère ; 2° du fœtus.

282. — A. Les *causes* qui proviennent de la *mère* sont les plus nombreuses. On les divise en causes *prédisposantes* et en causes *occasionnelles.*

283. — Les *causes prédisposantes* principales sont : pléthore générale, excès de sensibilité, faiblesse générale ; du côté de la matrice, irritabilité excessive et pléthore, impossibilité de se distendre suffisamment, comme cela arrive à des femmes qui, dans un âge avancé, sont enceintes pour la première fois. Cette impossibilité peut aussi reconnaître pour causes une structure vicieuse de l'organe, la dégénérescence de son tissu, des adhérences avec des organes adjacents, la rétroversion, des excroissances dans sa cavité, des ulcères, des dégénérescences de ses annexes ou des parties voisines, etc. La disposition de la matrice à se contracter avant terme provient souvent d'hémorrhagies antérieures, mais surtout d'une ou plusieurs fausses couches précédentes, et, dans ce cas, cette tendance est plus prononcée à l'époque où, dans la grossesse antérieure, la fausse couche a eu lieu. Cette disposition à une fausse couche est également plus grande à l'époque où le flux menstruel aurait apparu si la femme n'avait pas été enceinte. C'est ce qui s'observe surtout dans les quatre premiers mois de la grossesse.

Parmi les *causes occasionnelles*, les principales sont des secousses et des efforts violents tels que coups, chutes, coups sur le bas-ventre, efforts pour soulever ou porter de lourds fardeaux ; des promenades en voiture sur des routes mal pavées, raboteuses ; l'exercice du cheval, la danse, les sauts, la toux violente, le ténesme, l'usage d'un corset trop serré, le coït impétueux ou trop fréquent, etc. En outre, les affections morales vives, telles que la frayeur, les angoisses, la colère ;

l'usage des substances irritantes et stimulantes, surtout lorsque le sujet est pléthorique ; des purgatifs drastiques, des lavements irritants, des émissions sanguines abondantes, des maladies fébriles, etc. Toutes ces influences nuisibles agissent de la manière suivante :

1° En détachant les membranes de l'œuf ou le placenta, elles provoquent immédiatement une hémorrhagie qui donne lieu à des douleurs d'enfantement suivies de la fausse couche ;

2° Elles déterminent des douleurs, et, par suite, la séparation de l'œuf, une hémorrhagie, et l'avortement ;

3° Elles provoquent une hémorrhagie et ses suites en activant l'afflux du sang vers la matrice.

Plus la disposition à l'avortement est grande, moins il faut de causes occasionnelles pour le déterminer ; quelquefois, cependant, il a lieu sans la moindre cause extérieure apparente.

284. — B. Les causes qui proviennent du *fruit* sont la mort du fœtus, la dégénérescence du fœtus ou de ses annexes, surtout du placenta ; l'implantation de ce dernier sur l'orifice utérin ; l'abondance des eaux fœtales, la présence de plusieurs fruits, d'une môle à côté d'un fœtus, etc.

285. — Dans la fausse couche, le fruit et ses annexes sont expulsés par les mêmes forces de la nature que dans l'accouchement à terme. Dans les trois premiers mois, le fruit sort ordinairement avec les membranes (c'est-à-dire l'œuf tout entier), ce qui a lieu rarement à une période plus avancée. On a cependant observé des cas où le fruit presque à terme a été expulsé renfermé dans ses enveloppes. Lorsque les membranes se déchirent, les eaux s'écoulent d'abord ; ensuite le fruit, quelle que soit, d'ailleurs, sa position, est ordinairement expulsé sans difficulté ; l'arrière-faix le suit après un intervalle plus ou moins long. Quant à la sortie de ce dernier dans la fausse couche, elle éprouve des retards bien plus fréquents et bien plus prolongés que dans l'accouchement à terme : quelquefois il tarde plusieurs jours, et même des semaines, à sortir; dans plusieurs cas, on l'a vu séjourner dans

l'utérus pendant des mois entiers et même y rester. Sa présence sert souvent alors à entretenir l'hémorrhagie.

Dans les fausses couches dues à des causes internes, il se déclare ordinairement d'abord des douleurs, et l'hémorrhagie survient ensuite après un temps plus ou moins long. Le contraire a le plus souvent lieu, lorsqu'elles proviennent d'influences extérieures violentes. L'avortement est alors accompagné de plus de difficulté et d'hémorrhagies plus considérables.

286. — *Signes précurseurs.* Le plus souvent la fausse couche est précédée de certains symptômes ou accidents. Les plus fréquents de ces signes sont :

1° Alternatives de frissons et de chaleur, sentiment de malaise, pesanteur dans les membres, agitation, tension et pesanteur dans les reins, envies fréquentes d'uriner.

2° Hémorrhagies utérines, écoulement d'un liquide séreux ou muqueux, quelquefois fétide. Quelquefois un écoulement de sang provenant des parties génitales, surtout dans les premiers mois de la grossesse, n'est autre chose que les menstrues, qui se distinguent de l'hémorrhagie de la matrice : 1° en ce qu'elles surviennent à l'époque périodique des menstrues ; 2° en ce qu'elles arrivent sans causes occasionnelles particulières ; 3° en ce qu'elles sont ordinairement moins abondantes et cessent bientôt ; 4° en ce que la femme est, d'ailleurs, bien portante, ou bien qu'elle éprouve les mêmes accidents et symptômes qui précèdent chez elle le flux menstruel hors du temps de la grossesse. Les règles qui reparaissent pendant la grossesse n'ont pas le même degré d'importance que l'hémorrhagie; cependant elles sont toujours quelque chose d'insolite et offrent quelque danger. Il faut, par conséquent, recommander à la femme enceinte de rester tranquille pendant quelques jours et d'éviter tout ce qui pourrait exercer sur elle une action stimulante ou échauffante. Il faut, surtout, chercher à la calmer lorsqu'elle est agitée.

3° Sensations analogues aux douleurs d'enfantement, douleurs d'enfantement véritables. Les coliques, que la constipation à laquelle les femmes enceintes sont prédisposées provoque facilement chez elles, se distinguent des douleurs de l'enfantement par leur siége et leur mobilité, ainsi que par leur caractère particulier, que reconnaissent très bien les femmes qui ont déjà eu des enfants : elles se distinguent encore par le gargouillement qui les accompagne, par le soulagement qu'apportent les moyens convenables, surtout les lavements ; enfin, par l'absence d'un écoulement de sang qui accompagne les douleurs de l'enfantement qui se déclarent avant terme.

4° Les signes de la mort du fruit (voy. 230).

Remarque. — La dilatation du col de l'utérus, les membranes, le placenta ou le fruit, que l'on peut reconnaître à travers le col, sont moins des symptômes précurseurs que des signes que la fausse couche a déjà commencé.

Quelquefois l'avortement a lieu sans ces prodromes. Il faut remarquer, cependant, que les fausses couches qui ne sont suivies ou précédées d'aucune hémorrhagie sont très rares. Il arrive, au contraire, quelquefois que, malgré la présence de tous ces prodromes, la fausse couche n'a pas lieu.

287. — *Pronostic.* Les hémorrhagies utérines, dans les six premiers mois de la grossesse, sont un accident grave, parce qu'elles exposent la femme à faire une fausse couche. Ce danger est généralement d'autant plus grand que l'hémorrhagie est plus considérable. Quelquefois cependant, quoique l'hémorrhagie soit intense, qu'elle dure pendant un certain temps et qu'il sorte même de gros caillots, la fausse couche n'a pas lieu et la grossesse arrive au terme ordinaire. S'il existe une hémorrhagie et qu'il survienne des douleurs d'enfantement, l'espoir de conserver le fruit diminue. Plus la perte de sang est grande, plus les douleurs sont intenses, plus il y a lieu de craindre l'avortement. *Toutefois il ne faut pas abandonner trop à la légère l'espoir de conserver le fruit et de le voir arriver à terme.*

La fausse couche est un accident d'autant plus à craindre que d'une part, le fruit expulsé ne pouvant continuer à vivre il y a une vie humaine de perdue, et que de l'autre, elle expose toujours la mère à des dangers qui sont : disposition à une nouvelle fausse couche, faiblesse, état maladif chronique, langueur, mort. La disposition à un nouvel avortement est surtout marquée lorsque cet accident est arrivé dans la première grossesse ; elle est bien plus grande encore lorsqu'il est survenu plus d'une fois, et particulièrement lorsque la femme est devenue enceinte peu de temps après un avortement. On a des exemples de femmes qui ont avorté de dix à quinze fois et même plus souvent, ordinairement à la même époque de la grossesse.

Du reste, le danger se rapporte ici principalement à l'hémorrhagie qui a lieu avant, pendant ou après la fausse couche. Plus cette hémorrhagie est forte et continue, plus la femme est faible et la fibre lâche, plus le danger est grand. Il l'est surtout lorsque dans une hémorrhagie considérable les douleurs tardent à survenir.

Si, dans une fausse couche, l'expulsion de l'arrière-faix se fait attendre, même pendant longtemps, il y a bien moins de danger que lorsque cela a lieu après un accouchement à terme ou prématuré. Dans la règle, cet accident n'est dangereux qu'autant qu'une hémorrhagie survient ou est entretenue par la présence prolongée de l'arrière-faix.

288. — *Conduite de la sage-femme.* Tous les secours de l'art dans une fausse couche ont pour but de la prévenir, ou bien, si cela ne peut se faire, d'empêcher ou de diminuer les suites et les effets fâcheux qui peuvent en résulter pour la mère. Les procédés pour atteindre le premier but varient selon la constitution, la disposition morbide, etc. *Les moyens employés avec avantage hors le temps de la grossesse pour prévenir les hémorrhagies chez les femmes qui y sont prédisposées peuvent facilement exercer une action contraire pendant la grossesse.* Bref, le traitement pour prévenir les fausses couches offre de grandes difficultés et demande une connaissance médicale approfondie et une longue expérience, d'autant plus qu'il s'agit ici de la vie de l'enfant et de la mère. C'est pourquoi :

1° La sage-femme doit réclamer avec instance la présence d'un médecin dès qu'elle reconnaît chez la femme un état qui rend probable la disposition à l'avortement ou que des prodromes se sont déjà manifestés ; elle insistera davantage si une hémorrhagie est déjà survenue. Elle s'abstiendra de prescrire des médicaments et même de donner des conseils, excepté en cas de besoin urgent, et alors elle devra se conformer rigoureusement aux instructions que nous allons donner plus loin. Elle se gardera surtout de permettre l'emploi de remèdes domestiques, conseillés souvent par des personnes étrangères à l'art de guérir.

2° La sage-femme recommandera aux personnes enceintes qui la consulteront sur la conduite qu'elles doivent tenir en général, d'observer les règles que nous avons indiquées plus haut (voy. 245-255). Nous en ajouterons quelques autres ayant trait au cas suivant qui s'observe très fréquemment.

3° Lorsqu'une femme a déjà éprouvé une ou plusieurs fausses couches, il appartient au médecin de déterminer les moyens qui doivent être employés pour prévenir cet accident dans la prochaine grossesse. Mais dans tous les cas, une des conditions les plus indispensables est que la *femme ne devienne pas enceinte dans un temps trop rapproché de la fausse couche. Si elle ne se conforme pas à ce conseil, tous les autres moyens demeurent en général sans effet.*

Lorsqu'une femme a fait une première fausse couche, elle doit dans la grossesse suivante, surtout quand celle-ci a lieu peu de temps après, se tenir fort tranquille, notamment à l'époque où la fausse couche a eu lieu dans la grossesse précédente ; elle doit également renoncer à cette époque à la cohabitation et même éviter tout ce qui pourrait exciter les désirs sexuels. Elle devra d'autant plus observer cette règle qu'elle aura déjà eu deux ou trois fausses couches. Dans ces circonstances, et surtout quand il se déclare des signes précurseurs, il est utile que la femme reste au lit dans une position horizontale non-seulement des semaines, mais des mois entiers. On a ainsi pu obtenir que des femmes qui avaient fait plusieurs fausses couches successives arrivassent à terme. Quand une femme, après plusieurs avortements, est arrivée une fois à terme, elle perd beaucoup de sa disposition aux fausses couches. Lorsqu'une femme, sans être trop faible, mais disposée à de fortes hémorrhagies, arrive à terme après une ou plusieurs fausses couches, il lui sera très utile d'allaiter elle-même son enfant.

4° Quand une hémorrhagie se déclare, la sage-femme doit jusqu'à l'arrivée du médecin, dont la présence est indispensable, recommander à la femme le plus grand repos, la position horizontale dans le lit ; elle aura soin qu'elle ne soit pas trop couverte et s'efforcera de calmer son agitation. Tant que l'écoulement de sang continue, la malade ne doit pas quitter le lit, et même lorsque l'hémorrhagie a cessé au bout de peu de temps, la malade doit rester encore quelques jours au lit, s'y tenir tranquille et pendant le cours ultérieur de la grossesse éviter tout effort corporel et tout ce qui pourrait produire de l'irritation, comme par exemple des travaux fatigants, des promenades en voiture, la danse, le coït ; elle devra s'abstenir de même des boissons et des aliments stimulants.

Tant que, malgré l'hémorrhagie qui s'arrête ou revient, il y a encore espoir fondé de prévenir la fausse couche, c'est-à-dire tant que l'hémorrhagie n'est pas encore assez abondante pour compromettre la vie de la femme, les injections dans le vagin pour arrêter l'écoulement ne sont pas convenables, parce qu'elles enlèvent les caillots de sang qui se sont formés, et qu'elles déterminent par l'irritation qu'elles produisent des contractions utérines. C'est encore pour prévenir ce dernier effet qu'on doit s'abstenir dans ce cas de faire usage des frictions circulaires sur l'abdomen, de la teinture de cannelle et d'autres remèdes qui arrêtent les hémorrhagies utérines, en provoquant les douleurs de l'enfantement. Nous le répétons, *il ne faut jamais renoncer trop tôt à l'espoir de prévenir la fausse couche.*

5° La sage-femme doit examiner avec soin les draps et les linges placés sous la malade, pour apprécier la quantité de sang écoulé. Si des caillots sont sortis, elle doit les garder pour les montrer au médecin. *Quelquefois le fruit est expulsé renfermé dans un caillot, et la fausse couche n'est pas reconnue.* Dans la plupart des cas, il importe beaucoup au médecin de savoir si le fruit est déjà sorti ou non, et quelle est la nature de ce dernier ou d'une masse quelconque venue au dehors.

6° Lorsque l'hémorrhagie continue malgré les précautions et les remèdes employés par le médecin, ou qu'elle augmente au point de mettre évidemment en danger la vie de la femme, il existe un moyen par lequel on peut l'arrêter avec certitude : c'est le *tamponnement*. On remplit de boulettes de charpie le vagin, depuis l'orifice utérin jusqu'à la fente vulvaire; puis on applique sur la vulve une compresse ployée en six doubles, et l'on fixe le tout à l'aide de la main appliquée à plat ou d'un bandage en T. Le tampon arrête l'hémorrhagie en empêchant le sang de s'écouler de l'orifice utérin. Le peu de sang qui s'échapperait entre l'orifice et la partie supérieure du tampon ne peut sortir, se coagule et sert à son tour à boucher les vaisseaux. Mais, outre cela, il est très important de faire remarquer que le tamponnement a encore pour autre effet d'*agir comme stimulant sur la matrice et de solliciter ses contractions ; en un mot, de provoquer des douleurs d'enfantement, et par conséquent de favoriser ainsi l'expulsion de l'œuf, la fausse couche.*

C'est par cette raison qu'on ne doit avoir recours au tamponnement que lorsque la vie de la mère est sérieusement menacée. En l'employant sans besoin urgent, on s'expose au reproche d'avoir favorisé l'expulsion d'un fruit qui aurait pu arriver peut-être à maturité, et d'avoir détruit une vie qui aurait pu être conservée. Il en est autrement lorsque l'hémorrhagie est tellement forte, qu'elle met évidemment la vie de la mère en danger. L'intensité de l'écoulement sanguin rend l'avortement inévitable, et par conséquent, en le secondant, on n'encourt pas le reproche d'avoir détruit la vie du fœtus. On reconnaît la présence réelle du danger par la quantité et la durée de l'hémorrhagie, par l'état des forces de la femme, par son aspect, par l'état du pouls, etc.

Quand, à la campagne et avant l'arrivée du médecin, l'hémorrhagie devient tellement abondante qu'elle menace la vie de la femme, ou bien quand la sage-femme n'est appelée qu'au moment où l'état de la malade présente déjà ce caractère de gravité qui ne lui permet pas d'attendre l'arrivée du médecin, elle doit alors employer le tamponnement.

Mais puisque, sauf les cas extrêmes, il n'est pas facile de juger d'après les caractères que nous venons d'indiquer s'il y a réellement danger de mort, et qu'il faut pour cela une longue expérience, il est à désirer que le médecin, autant que les circonstances le permettent, fixe le moment où le tampon doit être appliqué. Toutefois, dans le cas où il y a danger manifeste, ainsi que dans ceux où la fausse couche a déjà commencé, où le col utérin est considérablement dilaté, où les eaux fœtales se sont déjà écoulées et où l'on peut déjà reconnaître au toucher les organes du fœtus; enfin, dans un autre cas encore dont nous allons parler plus loin, la sage-femme ne doit pas tarder à appliquer le tamponnement lorsque l'hémorrhagie continue toujours. Dans tous les cas de cette nature dans lesquels ce moyen est indiqué, il y a également indication pour l'emploi des remèdes propres à arrêter l'écoulement du sang en provoquant des contractions utérines : tels sont les fomentations froides, des aspersions froides sur le ventre et la région supérieure des cuisses, des frictions circulaires, la teinture de cannelle, le seigle ergoté, etc., moyens dont nous parlerons plus loin. Quand la malade se sent faiblir ou qu'elle tombe en défaillance, on lui administre des sels, on lave sa figure avec du vin, on lui donne quelques cuillerées de bon vin, etc.

7° Le tamponnement du vagin est de même indiqué lorsqu'après une fausse couche, qui a lieu dans la première moitié de la grossesse, que l'arrière-faix ait été expulsé ou non, l'hémorrhagie persiste à un haut degré d'intensité ou qu'une hémorrhagie survient. Car à cette époque la matrice n'est pas encore susceptible de se distendre suffisamment pour recevoir dans sa cavité une accumulation considérable de sang, et par cette raison il n'y a pas lieu de craindre ici un épanchement intérieur. Mais, dans les hémorrhagies qui se déclarent après l'accouchement ou dans la seconde moitié de la grossesse jusqu'à sa fin, l'emploi du tamponnement est contre-indiqué. Nous avons indiqué plus haut la conduite que la sage-femme doit tenir dans ces cas. Il est, du reste, bien entendu que, même dans les hémorrhagies qui ne surviennent qu'après une fausse couche, la sage-femme est tenue de faire appeler sans délai un médecin ou un accoucheur.

Lorsqu'après une fausse couche. l'arrière-faix est retenu pendant plus de vingt-quatre heures sans qu'une hémorrhagie s'ensuive, et qu'il survienne des douleurs vives ou de la fièvre, la présence d'un médecin devient également indispensable. Quand un écoulement fétide se fait par les parties génitales, la sage-femme fera des injections d'une infusion de sauge dans le vagin. Si l'arrière-faix s'est arrêté tout entier ou en grande partie dans le vagin, on le retire au moyen de deux doigts. L'emploi d'instruments soit dans ce but, soit pour effectuer la sortie du fruit, doit être évité.

ARTICLE XIII. — Des hémorrhagies utérines dans les trois derniers mois de la grossesse, et surtout des hémorrhagies provenant d'une implantation vicieuse du placenta.

289. — Il est rare d'observer dans les trois derniers mois de la grossesse des hémorrhagies utérines qui ne soient dues à une implantation vicieuse du placenta ou qui ne se rattachent plus ou moins à cette cause. Les hémorrhagies qui surviennent à cette époque sans pouvoir y être attribuées, doivent être rapportées aux mêmes causes prédisposantes et occasionnelles qui déterminent les hémorrhagies dans les premiers six mois (v. 283, 285); elles ont le même pronostic et demandent la même conduite de la part de la sage-femme. Nous allons donc nous occuper principalement des hémorrhagies utérines dues à une implantation vicieuse du placenta.

290. — La position du placenta est *vicieuse* lorsqu'il n'est pas fixé près du fond de la matrice, mais implanté dans le voisinage de l'orifice interne ou sur lui. Lorsque dans ce dernier cas son centre correspond à l'orifice utérin, l'implantation est *complète*; elle est *incomplète* lorsqu'une partie de son bord recouvre l'orifice.

Suites de cet état anormal, notamment quand l'implantation a lieu sur l'orifice interne de la matrice.

1° A l'époque où a lieu le développement principal du segment inférieur de la matrice et où le col de ce viscère est employé à l'extension de la cavité, c'est-à-dire dans les trois derniers mois, il y a une disposition particulière à des hémorrhagies. Celles-ci peuvent survenir et même présenter un caractère de haute gravité sans l'action d'influences nuisibles et dans des circonstances qui ne détermineraient pas d'hémorrhagie utérine si le placenta était implanté d'une manière régulière.

2° Aussitôt que des douleurs d'enfantement se présentent, soit par suite d'hémorrhagies, soit parce que le moment de la délivrance est arrivé, il survient inévitablement une hémorrhagie, conséquence naturelle de la dilatation de l'orifice utérin qui s'est faite pendant les douleurs, ainsi que du décollement partiel du placenta que cette dilatation a déterminé.

Lorsque des douleurs d'enfantement se déclarent, comme cela arrive souvent dans ce cas avant le terme normal de la grossesse, par suite de l'hémorrhagie, celle-ci alors devient plus abondante pendant les douleurs, au moins jusqu'à la rupture de la poche. Cela provient de ce que les douleurs ont élargi l'orifice utérin, et que par conséquent une portion assez considérable de placenta s'est détachée. Ces hémorrhagies ont généralement une terminaison fatale, à moins que l'accouchement ne se fasse d'une manière rapide et qu'on ne les combatte par des moyens appropriés.

Remarque. —Ces cas demandent la plus grande attention, d'abord à cause des graves dangers qu'ils présentent, ensuite parce qu'avant tous les autres ils exigent de la part de la sage-femme un procédé énergique.

291. — La *cause* de l'implantation vicieuse du placenta est inconnue.

292. — Les *signes*, en partie probables, en partie certains de l'implantation vicieuse sont :

1° Dans la grossesse avancée, le ventre est ordinairement

moins développé que dans les cas où le placenta occupe son siége régulier. Les femmes qui offrent cet état anormal et qui ont déjà eu des enfants, remarquent ordinairement elles-mêmes le peu de volume de leur ventre.

2° Dans le septième, le huitième ou le neuvième mois de la grossesse, rarement avant, mais surtout dans le neuvième, il survient brusquement des hémorrhagies par suite de causes particulières ou bien sans causes appréciables. Ces hémorrhagies cessent ordinairement d'elles-mêmes par le repos, mais elles reparaissent au bout de quelques jours, et dans ce cas elles sont généralement plus abondantes.

Remarque 1re. — Ordinairement les premières hémorrhagies, surtout quand elles n'ont pas été précédées d'une cause particulière, sont peu considérables, et elles le sont d'autant moins qu'elles se déclarent plus tôt ; elles sont au contraire d'autant plus fortes que la femme se trouve plus rapprochée du terme de la grossesse. Nous avons vu chez des femmes qui avaient porté jusqu'à terme sans qu'une hémorrhagie eût eu lieu, un écoulement d'un demi à un kilogramme de sang, en une seule fois, survenir brusquement.

Remarque 2e. — Les causes qui font naître ou reparaître les hémorrhagies, abstraction faite des cas dans lesquels elles proviennent des douleurs qui se déclarent au moment voulu, sont les mêmes que celles qui peuvent provoquer ces hémorrhagies dans les six premiers mois. Toutefois, vu la grande disposition aux hémorrhagies due à l'implantation vicieuse du placenta, des causes sont bien plus insignifiantes et souvent même échappent à l'appréciation.

3° L'époque à laquelle les hémorrhagies se déclarent habituellement peut être déjà regardée comme un signe important. Lorsque le placenta est implanté *sur* l'orifice utérin, l'hémorrhagie apparaît ordinairement plus tôt ; mais plus tard au contraire, lorsqu'il est inséré seulement dans le *voisinage*. Dans ce cas l'hémorrhagie n'a lieu assez souvent qu'au terme normal de la grossesse, et même seulement au commencement du travail. Cependant cela arrive aussi dans le premier cas et plus souvent qu'on ne le croit.

4° Ces hémorrhagies, surtout si le placenta est attaché à l'orifice utérin, ont ordinairement cela de particulier, qu'elles deviennent plus abondantes à chaque douleur ; au moins cela arrive-t-il ordinairement jusqu'à la rupture de la poche des eaux.

5° En pratiquant le toucher, on trouve ordinairement que la portion vaginale du col utérin, et en général le segment inférieur de la matrice, offrent plus d'épaisseur et plus de mollesse que d'habitude. On sent moins distinctement à travers la paroi antérieure du cul-de-sac du vagin la partie de l'enfant qui se présente.

6° Dans l'orifice utérin, lorsqu'il est ouvert, on sent un corps mou et spongieux qui quelquefois même fait saillie.

Remarque 3e. — Lorsque le bord du placenta ne s'étend pas au delà de l'orifice de la matrice, on ne peut pas sentir le corps spongieux qui représente la surface externe du placenta, mais les membranes de l'œuf. Cependant la lèvre de l'orifice dans le voisinage duquel se trouve le bord du placenta est bien plus molle, plus épaisse et plus allongée. Dans la plupart des cas d'implantation vicieuse où le placenta n'adhère pas parfaitement à l'orifice utérin, il siége sur la paroi antérieure de la matrice.

Remarque 4e. — Il faut pratiquer le toucher avec la plus grande prudence et ne pas introduire le doigt avec violence dans le canal du col, pour arriver à l'orifice utérin interne. En négligeant cette précaution, on éloignerait les caillots qui servent à arrêter l'écoulement de sang, et en augmentant le décollement, on solliciterait des contractions utérines qui activeraient l'hémorrhagie.

293. *Pronostic.* Les hémorrhagies dues à l'implantation vicieuse du placenta, abandonnées à elles-mêmes ou secourues trop tard, ont le plus souvent une terminaison fatale. Cependant le pronostic n'est pas dans tous les cas également défavorable. Abstraction faite de l'âge de la femme, de sa constitution, de son aptitude à supporter des pertes de sang, de ses forces, etc., le pronostic est plus ou moins grave, suivant que le placenta est implanté sur l'orifice interne de la

matrice ou seulement dans son voisinage. Dans le premier cas le danger est plus grand que dans le second.

294. — Lorsque le placenta a son siége sur l'orifice interne de la matrice ou qu'il le recouvre seulement de son bord, les efforts seuls de la nature peuvent quelquefois effectuer l'accouchement, surtout lorsque la femme approche du terme normal de la grossesse, qu'elle n'a pas perdu trop de sang, que ses forces ne sont pas trop affaiblies, et qu'il y a présentation de la tête (ce qui arrive le plus souvent dans l'implantation vicieuse du placenta) ou du siége. Ce qui arrête ici l'hémorrhagie, c'est qu'après la rupture de la poche, la partie de l'enfant qui se présente exerce une compression sur le point du segment inférieur de la matrice d'où le placenta est détaché. Cependant la conduite de la sage-femme serait téméraire et inexcusable, si, dans l'attente d'une terminaison heureuse, elle négligeait de réclamer immédiatement la présence d'un médecin; car ces terminaisons heureuses sont rares, elles ne peuvent être prévues, et il n'y a pas de signe qui fasse reconnaître d'avance si l'implantation du placenta est complète, ou bien si celui-ci recouvre de son bord seulement l'orifice interne de la matrice.

295. — L'implantation plus ou moins complète du placenta sur l'orifice interne amène presque toujours une terminaison fatale quand on ne porte pas les secours nécessaires. La femme succombe sans avoir été délivrée ou bientôt après l'accouchement. Pendant l'accouchement, le placenta précède quelquefois l'enfant, mais le plus souvent il vient après. On connaît un certain nombre de cas où la mère a été conservée lorsque le placenta avait précédé l'enfant.

296. — Les *secours* à porter dans les hémorrhagies provenant de l'implantation vicieuse du placenta sont d'une haute importance, puisque les procédés qu'ils exigent sont en eux-mêmes accompagnés de dangers, et que dans la règle, la vie de deux individus en dépend. Ils demandent de la résolution, de l'adresse, une grande intelligence, et, sauf les cas urgents, sont du domaine non de la sage-femme, mais de l'accoucheur. Cependant il faut que celle-ci en ait une connaissance aussi

exacte que possible, afin qu'elle sache comment se comporter, quand elle est appelée, jusqu'à l'arrivée du médecin, et ce qu'elle devra faire dans les cas où l'imminence du danger ne permet pas de l'attendre. C'est là connaissance exacte de ces procédés qui la mettra à même de comprendre l'importance des instructions indiquées plus haut (v. 288), et d'en faire une application intelligente. D'un autre côté, elle puisera dans cette connaissance un enseignement important : elle apprendra à connaître les dangers qui s'attachent à l'administration des secours, et les grandes difficultés qu'offre le choix du moment convenable pour les employer dans le cas individuel ; enfin elle apprendra à ne dépasser que dans les cas de nécessité absolue les limites de sa sphère.

C'est pour ces raisons que nous allons indiquer les procédés qu'il importe à l'accoucheur de mettre en usage dans ces circonstances, en ayant soin de les mettre à la portée d'une sage-femme intelligente.

1° Lorsqu'il survient une hémorrhagie, qui toutefois n'offre pas de danger imminent et que la femme ne touche pas encore au terme de sa grossesse, il faut chercher à l'arrêter, et à en prévenir le retour, en conseillant à la femme de garder un repos absolu, de ne pas se couvrir trop chaudement, de prendre des remèdes rafraîchissants, enfin de s'abstenir de tout ce qui pourrait l'échauffer et entretenir l'afflux du sang vers l'utérus. A l'aide de ce procédé (v. 288, 3°), on obtient souvent que la grossesse continue sa marche presque sans troubles, pendant trois, quatre, six semaines et au delà. L'hémorrhagie, quand bien même elle reparaît dans ce cas, est bien moins abondante, ce qui est de la plus grande importance, comme nous allons le voir.

2° Si, au contraire, l'hémorrhagie est ou devient tellement intense, que le danger soit imminent, ce qu'on peut conclure de la quantité de sang perdu, de l'époque à laquelle il s'écoule, de l'état de la malade, de sa mine, du pouls, etc. (chose d'ailleurs difficile à juger, sauf dans les cas extrêmes), on emploiera le procédé suivant :

Dès que l'orifice utérin est suffisamment dilaté pour permettre d'y introduire la main sans danger, on fera la version par les pieds, si l'enfant ne se présente pas dans cette position, et on les extraira jusqu'à ce que les hanches soient au niveau de l'orifice. Pour que la main puisse être introduite sans danger à travers l'ouverture du col, il faut que celle-ci offre une largeur de 6 centimètres ou d'environ trois travers de doigt, attendu que la dilatation artificielle de l'orifice s'accompagne d'un danger beaucoup plus grand que lorsque le placenta a son siége normal ; ce qui tient à ce que, par suite de l'implantation vicieuse du placenta, les vaisseaux sanguins qui se trouvent dans le voisinage de l'orifice utérin sont incomparablement plus développés, plus gros qu'à l'ordinaire, et que par conséquent toute lésion de l'orifice ou du col de la matrice déterminerait après l'accouchement une hémorrhagie difficile ou même impossible à arrêter. Le sang sort alors, immédiatement après la délivrance, en jet mince et uniforme, bien que la matrice se contracte convenablement ; tous les moyens employés pour augmenter ces contractions ne suffisent pas pour arrêter cet écoulement peu abondant en apparence, et la mort ne tarde pas à arriver. Ainsi donc il ne faut pas procéder à la version par les pieds avant que l'orifice ait atteint la largeur indiquée plus haut. Mais, pour attendre ce moment sans danger, on doit tamponner le vagin (v. 288, 6°). — Ce n'est que dans les cas urgents qu'il est permis de se départir de ce principe, et il faut alors, pour obtenir un élargissement artificiel de l'orifice utérin, user de la plus grande précaution afin d'éviter une lésion.

3° Quant au tamponnement, on ne doit se décider à l'appliquer que dans les cas où le danger est proche, et où il est impossible d'élargir l'orifice utérin sans grand péril. En tamponnant trop tôt, avant qu'il y ait danger imminent, les douleurs d'enfantement occasionnées par le tampon amènent l'accouchement ou bien la nécessité de le préparer par la version, précisément à une époque où la femme aurait pu peut-être, grâce à un régime convenable, porter son fruit sans danger pendant trois, quatre, cinq semaines et plus. Il y aurait eu alors plus de chances de conserver l'enfant arrivé ainsi plus près de sa maturité. D'un autre côté, la dilatation plus considérable, à cette époque, de l'orifice et du col utérin aurait permis d'opérer d'une manière moins dangereuse pour la mère la version par les pieds. Si, au contraire, le danger étant proche, l'orifice utérin était suffisamment ouvert pour permettre d'y passer la main, afin de préparer la délivrance artificielle, alors le tamponnement causerait une perte de temps dangereuse.

Si deux, trois ou plusieurs heures (jusqu'à dix-huit et même vingt-quatre), après le tamponnement, il se déclare des douleurs d'enfantement accompagnées d'un sentiment de pression vers le fond du bassin, et que, par suite de ces douleurs, il s'écoule du sang sur les côtés du tampon, on retire ce dernier, et l'on examine l'état de l'orifice utérin ; car les douleurs l'élargissent et le développent sans cependant le rendre apte à se laisser dilater sans danger : s'il n'est pas assez ouvert et que l'écoulement du sang continue, ou qu'on ait des raisons d'en craindre le retour ; enfin, si les circonstances qui demandent qu'on déchire les membranes de l'œuf n'existent pas, on réitère le tamponnement. On procédera de la même manière si le tampon, après avoir séjourné un certain temps dans le vagin, y cause de l'ardeur ou d'autres douleurs insupportables. Quand le tampon empêche l'émission des urines, on pratique le cathétérisme.

4° Lorsque l'orifice utérin est suffisamment ouvert pour permettre d'y introduire la main sans danger, afin de l'élargir davantage, la version se fait sans difficulté, attendu que les eaux ne se sont pas encore écoulées, que l'utérus n'a pas encore opéré de fortes contractions, et qu'en outre, dans beaucoup de cas, l'enfant n'est pas encore arrivé à terme. Voici comment on la pratique. On introduit la main dans le vagin ; on examine avec le bout du doigt le point où le placenta s'est le plus détaché, ou celui par lequel on peut atteindre le plus facilement les membranes de l'œuf. A cet endroit on pénètre avec la main, en ménageant autant que possible l'orifice utérin, et lorsque le main tout entière est arrivée dans la matrice, on déchire les membranes de l'œuf, on saisit les pieds et on les fait descendre petit à petit jusqu'aux grandes lèvres.

On abandonnera autant que possible à la nature l'expulsion ultérieure de l'enfant, tandis que les hanches se trouvant alors au niveau de l'orifice utérin et exerçant une pression sur la partie du segment inférieur de la matrice, d'où le placenta s'est détaché, arrêtent l'hémorrhagie. Mais s'il n'existe pas de douleurs d'enfantement et qu'il n'y ait pas lieu d'en espérer le retour, on procède à l'extraction entière de l'enfant.

L'arrière-faix suit d'ordinaire immédiatement dans ce cas. Quand une hémorrhagie se déclare après la délivrance, il faut la combattre d'autant plus énergiquement que la femme aura été plus affaiblie par des pertes de sang antérieures.

5° Lorsque, après le commencement du travail, les membranes de l'œuf se trouvent seules dans l'orifice utérin, ou que celui-ci n'est qu'en partie recouvert par le placenta ; quand, en outre, il y a présentation de la tête, et que les douleurs de l'enfantement et les forces de la malade sont bonnes, il suffit souvent de percer les membranes pour arrêter l'hémorrhagie et en prévenir le retour, lorsque celui-ci est à craindre. C'est ce qui peut arriver :

a. Principalement quand le placenta a son siége seulement dans le voisinage du col, et qu'une hémorrhagie ne survient qu'au début du travail à terme.

b. Dans les cas où l'on n'est appelé qu'au moment où des douleurs se sont déclarées par suite d'hémorrhagies antécédentes.

c. Dans les cas où, pour arrêter l'hémorrhagie, mais sans savoir encore si le placenta se trouvait attaché à l'orifice même, ou bien dans le voisinage, on a été forcé de tamponner le vagin, et où ce moyen a provoqué des douleurs d'enfantement.

D'après ce qui précède, il est clair que le tamponnement n'est pas seulement un moyen d'arrêter pour quelque temps l'hémorrhagie, afin d'attendre sans danger le moment d'employer le moyen principal, la version par les pieds ; il est encore, dans certaines circonstances, le moyen efficace et même unique pour amener une terminaison heureuse. C'est qu'on a observé des cas où, après le tamponnement, des douleurs sont survenues et ont tellement augmenté, que le tampon, et immédiatement après lui l'enfant, ont été expulsés, et où la mère et l'enfant ont été conservés. Cependant on ne peut jamais prédire avec certitude cette terminaison, et même dans les cas précités, à l'exception du premier, on ne peut pas toujours prévoir d'une manière certaine si l'hémorrhagie cessera ou reviendra après la déchirure des membranes. Mais si l'hémorrhagie est tellement abondante que le danger devienne imminent, il faut aussi faire immédiatement la version, quoique cette opération soit alors plus difficile qu'avant la rupture de la poche. Si la position de la tête permet l'emploi du forceps, cette délivrance artificielle est indiquée.

297. — Au moyen des secours nécessaires apportés à temps dans cette sorte d'hémorrhagie, les mères sont sauvées dans la plupart des cas. Quant aux enfants extraits par la version, on n'en conserve même pas la moitié.

Nous le répétons, le pronostic favorable pour la mère ne l'est que dans les cas où les secours ont été employés *à temps*. Plus tard, les plus grands efforts échouent, et il est souvent impossible de sauver la mère. *Cependant, même dans les cas où l'on aura été appelé trop tard, lors même que le danger paraîtra arrivé au plus haut point, on ne devra pas désespérer de la possibilité du succès, et négliger de faire ce qu'exigent les règles de l'art.* Car l'expérience apprend que, dans les cas où la faiblesse semblait avoir atteint son dernier terme, où le pouls n'était plus appréciable; où la femme, les mains et les pieds froids, était sans connaissance, comme à l'agonie; en un mot, où il n'y avait plus d'espoir de sauver la mère, une médication prudente, et en même temps énergique, a pu écarter le danger. D'un autre côté, on a observé des cas *où la mère succombait* après s'être parfaitement remise des hémorrhagies précédentes : son facies, ses forces, son pouls, avaient été bons en apparence; tout avait fait espérer un heureux résultat de la version, pendant laquelle il ne s'était écoulé que peu ou même pas de sang; l'arrière-faix avait suivi immédiatement l'enfant, et aucune autre hémorrhagie n'était survenue. Cela tient à ce qu'une partie relativement considérable de la masse du sang, diminuée par les hémorrhagies, s'épanche subitement dans les vaisseaux délivrés de la pression après l'accouchement ou après la délivrance artificielle, et que, par conséquent, le cerveau et le cœur sont privés du stimulant indispensable pour la continuation de la vie. Quoique ces cas soient très rares, il est important de savoir qu'ils *peuvent* arriver, et ils demandent d'autant plus d'attention qu'on ne peut en prévenir la terminaison heureuse : celle-ci dépend, en effet, de la faculté plus ou moins grande que possède la femme de supporter l'écoulement du sang, ce qui est difficile à déterminer.

298. — *Conduite de la sage-femme.*

1° Dès que quelques-uns des signes que nous venons d'indiquer font supposer à la sage-femme, sinon avec certitude, au moins avec une certaine probabilité, que le placenta a son siége dans le voisinage de l'orifice utérin ou sur celui-ci, elle doit réclamer immédiatement la présence d'un médecin.

2° Jusqu'à son arrivée, elle doit faire observer le plus grand repos à la malade, et prendre soin qu'elle ne soit pas trop chaudement couverte. Elle la fera coucher sur le dos, dans une position horizontale, et veillera à ce que l'air de la chambre soit toujours frais et renouvelé. Elle doit ne pas montrer ses soupçons et tâcher de soutenir le courage de la femme. Elle lui donnera pour boisson de l'eau mélangée de jus de citron ou d'un peu de vinaigre, et pour nourriture des aliments faciles à digérer. Toute boisson, tout aliment, stimulants ou échauffants, tels que vin, bière, café, thé, chocolat, épices de toute sorte, devront être interdits. Les boissons ne doivent pas être chaudes, mais froides ou tièdes. Lors même que l'écoulement du sang augmenterait, les moyens, d'ailleurs utiles dans les hémorrhagies de la matrice qui surviennent après l'accouchement normal, tels que les frictions circulaires sur le fond de la matrice, les aspersions, les fomentations, les injections froides, la teinture de cannelle, et autres remèdes toniques et stimulants, seraient inutiles et même nuisibles, puisque les contractions utérines qu'ils provoquent élargiraient l'orifice utérin, et, en détachant une plus grande partie du placenta, augmenteraient l'hémorrhagie.

Quand l'écoulement du sang n'a pas été considérable, et que la femme a encore quelque temps pour arriver à terme, par exemple, six à huit semaines et plus, on peut lui permettre, pourvu qu'il n'y ait pas d'écoulement ultérieur, de se lever au bout de quelques jours, mais sans quitter la chambre. Quand, après dix à quinze jours, il ne s'écoule plus de sang, elle peut se livrer à un exercice modéré en plein air, en se gardant toutefois de tous efforts et mouvements violents, surtout de la promenade en voiture. Mais quand l'hémorrhagie reparaît, surtout sans cause extérieure apparente, ce qui rend encore plus probable la position vicieuse du placenta, ou bien quand le premier écoulement a été considérable, et que la femme approche du terme normal de la grossesse, elle doit observer continuellement le plus grand repos de corps et d'esprit, garder la chambre et rester au lit la majeure partie du jour. *Dès ce moment, la sage-femme ne doit plus quitter la malade ; qu'elle soit riche ou pauvre, si elle tient à remplir consciencieusement son devoir et à mettre à couvert sa responsabilité, il faut qu'elle veille sur la malade, et qu'elle l'observe avec une attention minutieuse : les soins dont elle l'entourera ne seront jamais de trop.*

3° Lorsque l'hémorrhagie augmente à un tel point que le danger soit imminent et qu'on ne puisse pas attendre l'arrivée de l'accoucheur, ou bien si la sage-femme n'a été appelée qu'à ce moment, elle ne doit pas se borner à rester spectatrice oisive. Elle est tenue de porter les secours nécessaires suivant les règles indiquées dans l'avant-dernier paragraphe, c'est-à-dire lorsque le moment est venu où le tamponnement devient nécessaire, elle doit y procéder. Cette application la mettra, la plupart du temps, à même d'attendre l'arrivée de l'accoucheur, quoiqu'elle ne puisse en être tout à fait certaine dans aucun cas. Mais si le tamponnement n'est plus opportun, elle doit, pour sauver la malade, faire, suivant les circonstances, la version par les pieds (voy. 296, 4°), ou procéder à l'ouverture artificielle des membranes de l'œuf. Dans tous ces procédés, elle doit se conformer aux instructions que nous avons données, et agir avec prudence et réflexion, ainsi qu'avec résolution et courage. Elle doit se garder de recourir au tamponnement sans besoin urgent, surtout dans les cas où la femme a encore quelque temps pour arriver jusqu'au terme; d'un autre côté, elle ne doit pas se fier trop au tamponnement quand le danger est proche et grave, c'est-à-dire quand la femme est très affaiblie par les pertes de sang. En résumé, le choix du moment opportun pour pratiquer le tamponnement est difficile au moins dans un grand nombre de cas; la version présente un danger particulier dans certaines circonstances (v. 296, 2°), et peut avoir une terminaison fâcheuse, lors même qu'elle aurait été entreprise dans des conjonctures favorables en apparence; enfin l'emploi du forceps peut devenir nécessaire dans le cas où l'ouverture artificielle des membranes de l'œuf est indiquée pour arrêter l'hémorrhagie (v. 296, 5°). Il faut donc que la sage-femme fasse tout ce qu'il lui sera possible pour obtenir l'*assistance* d'un accoucheur; elle ne doit avoir recours au tamponnement que dans le cas de nécessité absolue. Toute négligence à cet égard mériterait le blâme le plus sévère.

4° Quand la sage-femme est appelée dans un cas où la gravité du danger exige qu'elle fasse immédiatement la version par les pieds, elle doit néanmoins demander qu'on fasse venir promptement un accoucheur ou un médecin dont la présence même après la délivrance est indispensable. Mais, outre cela, la sage-femme doit désirer cette présence pour mettre à couvert sa responsabilité.

TROISIÈME PARTIE.

DE L'ACCOUCHEMENT NATUREL ET DES SOINS QU'IL RÉCLAME.

—

SECTION PREMIÈRE.

DE L'ACCOUCHEMENT NATUREL EN GÉNÉRAL.

CHAPITRE PREMIER.

DÉFINITION ET DIVISIONS DE L'ACCOUCHEMENT.

299. — On désigne sous le nom d'*accouchement* la fonction qui consiste en ce que le fœtus est expulsé de la matrice uniquement ou principalement par les forces de la nature destinées à cet effet. L'accouchement est dit *artificiel* lorsque le fœtus n'est pas expulsé par les forces de la nature, mais exclusivement ou principalement par le secours de l'art.

300. — La division des accouchements se fait principalement :

1° *D'après la période de la grossesse dans laquelle ils ont lieu;*

2° *D'après le nombre des enfants;*

3° *D'après la marche même du travail;*

4° *Enfin, d'après l'influence qu'ils exercent sur la santé et la vie de la mère et de l'enfant.*

301. — 1° D'après la *période* de la grossesse à laquelle ils ont lieu, les accouchements se divisent en *accouchements à terme*, en *avortements*, en *accouchements avant terme* et en *accouchements après terme.*

Les *accouchements à terme* se font à la fin du terme ordinaire de la grossesse, c'est-à-dire vers la quarantième semaine.

Les *avortements* comprennent tout accouchement qui a

lieu dans les six premiers mois de la grossesse ou avant la fin de la vingt-sixième semaine, parce que l'enfant né à cette époque n'est ni assez développé ni assez fort pour continuer à vivre hors du sein de sa mère.

Les *accouchements avant terme* ou *prématurés* se font entre la vingt-sixième et la trente-huitième semaine. Les enfants nés à cette époque peuvent continuer à vivre à l'aide de soins tout particuliers ; les chances de vie sont naturellement d'autant plus favorables que l'époque de la naissance sera moins éloignée de la terminaison régulière de la grossesse. Nous avons indiqué plus haut (voy. 202) les caractères auxquels on reconnaît un fœtus avant terme et par lesquels on le distingue d'un fœtus à terme.

Les *accouchements après terme* sont ceux qui ont lieu après le terme ordinaire de la grossesse, c'est-à-dire à peu près dans la quarante-deuxième semaine et au delà. Du reste, on n'a pas encore pu établir avec certitude la réalité des accouchements après terme ; la plupart des cas rangés jusqu'alors dans cette catégorie ayant été basés sur des erreurs relatives à l'époque de la conception, ou bien sur des supercheries.

302. — 2° L'accouchement est *simple* ou *multiple*, selon qu'il y a naissance d'un ou de plusieurs enfants. Les enfants qui prennent ensemble naissance dans l'accouchement multiple s'appellent *jumeaux*, *trijumeaux*, *quadrijumeaux*. Les accouchements dans lesquels six enfants ont été mis au monde sont excessivement rares, et il n'existe pas un seul exemple de femme accouchée de plus de six enfants à la fois.

303. — 3° Quant à la marche du travail, les accouchements se divisent en *faciles* et *difficiles*, en *prompts* et *lents*. On admettait autrefois une division des accouchements en *accouchements naturels* et en *accouchements contre nature*. On rangeait dans la première catégorie ceux dans lesquels l'enfant se présentait par la tête ; dans la seconde on plaçait ceux dans lesquels l'enfant se présentait par toute autre partie du corps.

304. — 4° La division qui, sous le rapport pratique, offre

le plus d'importance pour la sage-femme, est celle qui est *basée sur l'influence que l'accouchement exerce sur la santé et la vie de la mère et de l'enfant*. A ce point de vue, les accouchements peuvent être divisés en *naturels* ou *normaux* et *vicieux* ou *anormaux*.

On comprend dans les premiers ceux qui peuvent s'effectuer par les seules forces de la nature, sans préjudice ni danger pour la mère et l'enfant; les seconds sont ceux qui ne peuvent s'opérer par les seules forces de la nature, ou qui du moins ne peuvent s'achever sans préjudice ou danger pour la mère ou pour l'enfant.

NOTA. — Il y a d'autres divisions moins rationnelles des accouchements, en *heureux* ou *malheureux*, *complets* ou *incomplets*, etc. ; elles se comprennent du reste assez facilement pour qu'elles puissent se passer de définition.

CHAPITRE II.

DES FORCES EXPULTRICES, OU DES CAUSES DÉTERMINANTES DE L'ACCOUCHEMENT.

305. — La cause de l'accouchement, c'est-à-dire la force par laquelle l'enfant est expulsé de l'utérus, consiste :

1° Principalement dans les contractions de l'utérus, appelées *douleurs* ou *douleurs de l'enfantement*, attendu qu'elles s'accompagnent d'un sentiment douloureux ;

2° Dans les contractions des muscles abdominaux.

La réunion de ces contractions utérines avec l'action des muscles abdominaux porte le nom de *forces expultrices*. La résistance sur laquelle ces forces sont destinées à agir se compose :

1° Du fœtus et de ses annexes ;

2° Des voies qui servent au passage du fœtus.

REMARQUE. — Pour donner une juste idée de l'accouchement, nous entrerons dans quelques détails sur les forces expultrices et sur la résistance contre laquelle ces forces sont dirigées.

§ 1. — *Des douleurs de l'enfantement.*

306. — Les *douleurs* sont des contractions de l'utérus accompagnées d'un sentiment douloureux et destinées à expulser le fœtus. Elles sont involontaires comme les mouvements du cœur, par exemple ; c'est-à-dire que l'utérus se contracte, que la femme le veuille ou non.

Les contractions utérines les plus fortes sont celles du fond de l'organe ; celles du corps sont aussi plus fortes que celles de la portion inférieure. C'est ce qui fait que l'orifice utérin s'ouvre et que le contenu de la matrice est poussé vers lui et expulsé.

Remarquons encore que le vagin coopère également à l'expulsion du fœtus, en raison de la faculté qu'il possède de se contracter, quoique à un moindre degré que l'utérus.

307. — Les douleurs sont *vraies* ou *fausses*.

Les *douleurs vraies* proviennent des contractions de l'utérus ; les *fausses douleurs* se déclarent avant ou pendant l'accouchement ; elles ne sont pas dues à des contractions utérines, mais à d'autres causes, dont le siége est le plus souvent dans les intestins, telles que des crampes, des flatuosités, des troubles de la digestion, de la constipation, un refroidissement, des émotions morales vives, etc.

308. — Les vraies douleurs se reconnaissent aux caractères suivants :

1° Dès leur apparition, l'utérus devient dur, tendu, plus ou moins pointu en avant ; la saillie et la dureté de l'utérus persistent pendant la durée de la douleur.

2° Les douleurs commencent généralement dans la région lombaire et la région sacrée ; de là elles se dirigent, en s'accompagnant d'une pression douloureuse, en avant, vers la région abdominale inférieure, et à travers le bassin, vers les parties génitales externes, et quelquefois elles s'étendent jusqu'aux cuisses.

3° Les douleurs se reproduisent à des intervalles définis et plus ou moins égaux.

4° Elles ont une influence perceptible sur le col de l'utérus et sur les parties que renferme ce dernier organe.

309. — Les fausses douleurs ont un caractère irrégulier : elles ressemblent souvent à des coliques ; elles n'occasionnent pas de changements appréciables dans l'utérus, et retardent plutôt qu'elles n'accélèrent la marche de l'accouchement. Des remèdes convenables peuvent les dissiper ou tout au moins les calmer. Elles ne devraient pas s'appeler douleurs, puisqu'elles n'ont rien de commun avec les contractions utérines, et qu'elles peuvent affecter tout aussi bien des femmes qui ne sont ni enceintes ni sur le point d'accoucher.

Quelques auteurs désignent sous le nom de *douleurs mixtes* la réunion des douleurs vraies avec les douleurs fausses.

310. — Les douleurs se divisent en *régulières* et *irrégulières*.

311. — Elles sont *régulières* lorsque le degré d'intensité, c'est-à-dire la force, la durée et la fréquence, ainsi que l'*espèce* des contractions utérines, se trouve en rapport avec la constitution de la femme. On comprend par *espèce* de la contraction, principalement la direction de celle-ci, et aussi le sentiment douloureux qui l'accompagne. La direction régulière consiste en ce que les contractions s'étendent convenablement à toute la matrice, c'est-à-dire avec plus de force au fond, moins au corps et moins encore au col. Quant au degré, les douleurs sont régulières lorsqu'elles sont fortes et durables et qu'elles reviennent en temps opportun.

Le degré du sentiment douloureux ne dépend pas du travail seul, mais aussi de la sensibilité plus ou moins grande de la femme en couches.

312. — Les douleurs sont *irrégulières* sous le rapport de leur *degré d'intensité* ou de leur *espèce*, lorsqu'elles dépassent ou qu'elles n'atteignent pas les limites ordinaires ; elles sont par conséquent ou trop fortes ou trop faibles, ou trop prolongées ou d'une durée trop courte, ou bien elles paraissent à des intervalles trop rapprochés ou trop éloignés. Au point de vue de la direction, l'irrégularité consiste en ce qu'elles sont bien plus énergiques en certaines parties de l'utérus que dans les autres. Il en est ainsi, par exemple,

lorsque le corps de l'utérus subit des contractions beaucoup plus fortes que le fond (constriction), ou bien encore l'un des côtés plus que l'autre. Enfin les douleurs peuvent être excessivement pénibles.

§ 2. — *Des forces qui servent à seconder les douleurs.*

313. — L'action des muscles abdominaux (v. 75) ne fait que favoriser les contractions utérines, et contribue bien moins que celles-ci à l'expulsion du fœtus, de sorte que l'accouchement pourrait se faire sans leur coopération. L'action des muscles abdominaux est soumise à la volonté ; ce n'est qu'à une certaine période du travail, lorsque les douleurs sont arrivées à un haut degré d'intensité, qu'elle se manifeste par sympathie ; la femme en travail ne peut guère s'abstenir alors d'exercer au moyen des muscles abdominaux une pression vers le bas de l'abdomen, opération à laquelle prennent plus ou moins part presque tous les muscles volontaires.

§ 3. — *De la résistance contre laquelle sont dirigées les forces expultrices.*

314. — Cette résistance, comme nous l'avons déjà fait remarquer, est fournie, d'une part, par le fœtus et ses annexes, de l'autre par les voies destinées au passage de l'enfant. Nous reviendrons sur ce sujet ; il suffira d'observer ici que la mesure des forces expultrices doit être nécessairement plus grande que la résistance qu'elles rencontrent, pour que l'accouchement puisse devenir possible. Car, dans le cas contraire, l'expulsion du fœtus ne pourrait évidemment pas avoir lieu. C'est du degré de cette prédominance, ou de la proportion de ces forces expultrices avec la résistance, que dépendent le travail de l'accouchement et le plus ou moins de facilité avec lequel il s'accomplit. C'est là ce qui constitue l'accouchement facile ou difficile.

CHAPITRE III.

DES PHÉNOMÈNES PHYSIOLOGIQUES ET DE LA MARCHE DE L'ACCOUCHEMENT.

315. — Afin de mettre la sage-femme à même d'embrasser d'un coup d'œil tout l'ensemble du travail et de lui apprendre les devoirs qu'elle doit accomplir dans ses diverses phases, et aussi pour qu'elle puisse renseigner les proches sur la marche du travail, il faut admettre cinq périodes, que l'on désigne sous le nom de *périodes de l'accouchement.*

316. — 1re *période.* La *première* période, qu'on pourrait appeler période des prodromes, commence avec les premières contractions utérines ; elle dure chez les primipares jusqu'au moment de l'ouverture du col utérin ; chez les multipares, dont le col est déjà en quelque sorte entr'ouvert vers la fin de la grossesse, la première période dure jusqu'au moment de la dilatation du col. Les premières contractions consistent dans une sensation semblable à celle qui résulterait d'une compression uniforme de l'abdomen dans toute son étendue ; mais elle n'est que de courte durée. Il s'y joint un sentiment incommode de tiraillement dans la région pelvienne, surtout vers la région sacrée, sans toutefois que ce sentiment puisse être appelé douleur dans l'acception propre du mot. Si l'on applique, pendant cette période, la main sur l'abdomen, on sent distinctement que l'utérus est dur, tendu ; il redevient flasque dès que les contractions ont cessé. Chez les primipares les premières contractions se déclarent ordinairement plutôt que chez les femmes qui ont eu plusieurs enfants ; elles précèdent quelquefois l'accouchement de douze ou de vingt-quatre heures seulement, d'autres fois elles le devancent de plusieurs jours. Elles apparaissent ordinairement vers le soir et cessent pendant le repos de la nuit. Dans cette première période, dont la durée est courte, comme nous venons de le voir, le vagin devient le siége d'une sécrétion muqueuse abondante, et des envies fréquentes d'uriner se font sentir. La

femme éprouve une certaine inquiétude, une sorte d'anxiété; le ventre s'affaise plus qu'auparavant, et, surtout chez les primipares, la portion inférieure de l'utérus descend plus bas dans la cavité pelvienne. Malgré cela, chez ces dernières, l'orifice utérin est difficile à trouver, souvent parce qu'il est tout à fait tourné en arrière vers le sacrum, mais principalement parce qu'il est très petit; il se présente en effet souvent sous la forme d'une dépression de la grosseur d'une lentille. Chez les multipares, au contraire, l'orifice utérin mou et renflé se trouve être tellement entr'ouvert qu'on peut sentir, au travers, au moyen du doigt, les membranes et les parties de l'enfant qui sont en présentation. Chez beaucoup de femmes, surtout chez celles qui sont douées d'une grande sensibilité, ou à la suite d'un refroidissement, notamment chez les primipares, les premières contractions sont douloureuses, quelquefois à un point tel qu'on serait tenté de les prendre pour de véritables douleurs de l'enfantement. Mais c'est à l'état de l'orifice utérin, selon que celui-ci est ouvert ou demeure fermé, qu'on peut reconnaître si le travail est réellement commencé ou non.

317. — 2e *période*. La *deuxième* période commence, chez les primipares, aussitôt que l'orifice utérin est ouvert, et, chez les multipares, au moment où cet orifice se dilate. Les contractions utérines deviennent alors douloureuses et reviennent avec plus de fréquence et de régularité. Les douleurs partent de la région lombaire et se dirigent vers la région pelvienne; elles sont surtout très intenses à la région sacrée. L'orifice utérin se dilate de plus en plus. A chaque contraction, les eaux renfermées dans les membranes sont poussées vers l'orifice ouvert; les membranes ainsi tendues font saillie, et, pendant la douleur, on peut les sentir sous la forme d'une demi-sphère de petit diamètre, ou sous une forme semblable à la pointe d'un œuf. C'est ce que les sages-femmes appellent la *présentation de la poche des eaux*. Dès que la douleur cesse, la poche redevient molle et flasque, et l'on peut sentir de nouveau à travers les membranes la tête de l'enfant qui se présente. Le segment inférieur de l'utérus et

de l'orifice utérin, qui est tendu pendant la douleur, redevient après qu'elle a cessé, mou et élastique comme auparavant. Lorsque le museau de tanche présente une ouverture de quatre doigts de largeur environ, et que la poche des eaux, accrue proportionnellement en volume, est descendue profondément dans le vagin et tendue de façon qu'on doive s'attendre à sa rupture à la première ou à la seconde contraction,

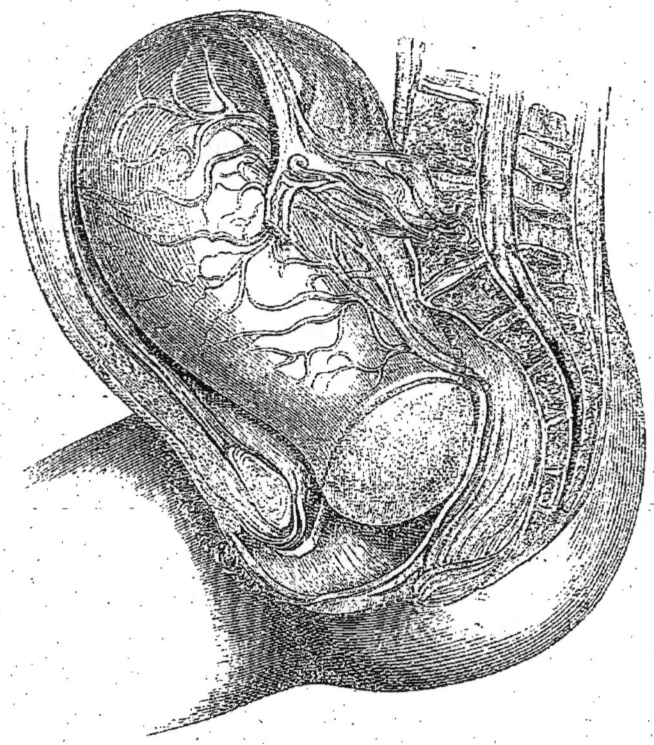

Fig. 29. — *Orifice utérin complétement dilaté, poche des eaux faisant saillie dans le vagin.*

on dit que la *poche des eaux est mûre*. L'ouverture de cette poche, qui a lieu souvent avec un bruit perceptible, s'appelle *rupture de la poche des eaux*, et l'on donne le nom de *premières eaux* au liquide qui s'écoule d'abord et qui se trouvait contenu entre les membranes et la tête.

On nomme *douleurs préparantes*, les douleurs qui surviennent dans la deuxième période du travail, et qui ont pour but de dilater l orifice utérin et de le préparer ainsi à la sortie du fœtus. Ces douleurs sont, pour la plupart des femmes enceintes, plus insupportables que celles qui se déclarent ultérieurement pendant la marche du travail, très probablement parce que les femmes n'en comprennent pas l'utilité et qu'elles n'aperçoivent pas de caractères qui leur indiquent la marche réelle de l'accouchement et leur permettent d'espérer d'être bientôt débarrassées de leurs souffrances. Les mucosités qui, dès le commencement de cette période, s'écoulent du vagin et dont le doigt est recouvert après le toucher, sont mélangées de stries de sang. C'est un signe qui indique que l'orifice utérin se dilate réellement et que l'accouchement commence.

Remarque. — Quelquefois, lorsque les membranes sont plus minces et plus faibles que de coutume, les eaux s'écoulent avant la dilatation complète de l'orifice utérin ; c'est ce qu'on observe surtout chez les primipares. L'accouchement est alors quelquefois plus ou moins retardé et devient un peu plus douloureux ; mais généralement il n'en résulte pas de conséquences fâcheuses, à moins que l'accouchement ne se prolonge trop longtemps après l'écoulement des eaux. Du reste, il faut se garder de confondre la sortie de fausses eaux avec celle des eaux vraies.

Quelquefois, à une époque plus ou moins rapprochée de l'accouchement, ou même au commencement du travail, il s'écoule du liquide par le vagin. Il se forme pourtant, comme d'habitude, une poche au moment de l'accouchement. On donne le nom de *fausses eaux* au liquide qui s'écoule ainsi, pour le distinguer de celui que renferme l'amnios, et qu'on désigne sous le nom d'*eaux vraies.*

Ces fausses eaux, dont quelques-uns fixent à tort le siége entre l'amnios et le chorion, dont la rupture les laisserait écouler, proviennent d'un liquide accumulé, dans la majorité des cas, entre l'utérus et la membrane caduque, ou bien entre celle-ci et le chorion, et dans ces cas on remarque que la poche des eaux est aussi tendue qu'à l'ordinaire ; et si l'on soumet, après l'accouchement, les membranes à un examen attentif, on observe une union intime entre le chorion et l'amnios, et l'on ne peut trouver nulle part entre eux un espace qui ait pu renfermer les fausses eaux. La sortie des fausses eaux, peu avant ou pendant l'accouchement, n'a pas de suites fâcheuses, non plus qu'au commencement de la grossesse, pourvu que la quantité n'en soit pas trop forte, et l'écoulement trop fréquent.

Il peut arriver aussi que les membranes, lorsqu'elles sont trop épaisses ou trop résistantes, cèdent avec plus de lenteur à l'action des douleurs et ne se rompent pas à la deuxième période, mais plus tard pendant la marche de l'accouchement; elles descendent alors de plus en plus bas dans le vagin, et sont poussées en avant jusqu'à la fente vulvaire et même au delà. Il peut même arriver que la tête sorte recouverte de ces membranes sans qu'elles soient rompues; l'espèce de calotte dont la tête est alors entourée forme ce que la superstition a désigné autrefois sous le nom de *coiffe de bonheur*. L'excessive élasticité des membranes peut en quelque sorte arrêter l'accouchement, mais pas au point de faire craindre des suites fâcheuses.

318. — 3e *période*. La *troisième* période de l'accouchement commence après la rupture de la poche des eaux. Généralement après cette rupture les contractions cessent un peu, mais elles reviennent avec plus de fréquence et leur durée devient plus longue; elles sont aussi plus intenses, plus pénétrantes, plus douloureuses, et affectent l'économie tout entière. Les femmes en travail sont prises de tremblement, et ne peuvent pour la plupart ni se tenir debout ni rester assises. Elles ont la face rouge et brûlante, et le corps couvert de sueur. Il se manifeste en même temps un désir irrésistible de seconder les contractions utérines en contractant les muscles abdominaux. La pression exercée par la tête de l'enfant sur le rectum et la vessie détermine des envies fréquentes d'aller à la selle et d'uriner. La femme est en proie à une vive impatience qui s'accroît de plus en plus; elle fait entendre des gémissements fréquents et se plaint de douleurs, qui se font ressentir notamment dans la région sacrée; des crampes douloureuses se déclarent souvent dans les cuisses et les mollets.

Pendant ce temps du travail la tête s'engage de plus en plus profondément dans le col de l'utérus, et lorsqu'on reconnaît au toucher que sa plus grande circonférence est entourée par l'orifice utérin, on dit que la *tête est au couronnement*. Enfin elle descend complétement dans la cavité pelvienne, de manière à pouvoir être sentie immédiatement en arrière de la fente vulvaire et à pouvoir être aperçue, pendant les douleurs entre les grandes lèvres. C'est ce qui marque la fin de la troisième période.

Après la rupture de la poche des eaux, l'utérus se contracte davantage sur l'enfant, dont il embrasse plus étroitement la tête par son segment inférieur. C'est ce qui fait que les os du crâne chevauchent les uns sur les autres ; le cuir chevelu se fronce, et, dans la marche ultérieure de l'accouchement, ces plis deviennent le siége d'une tuméfaction (*tumeurs de la tête*).

Les douleurs de cette période sont appelées douleurs du travail proprements dites ou bien *douleurs expultrices*.

319. — 4e *période*. La *quatrième* période est caractérisée par l'apparition de la tête entre les grandes lèvres pendant la douleur; elle se termine par l'expulsion complète de l'enfant.

Pendant chaque douleur la tête s'avance de plus en plus vers la fente vulvaire ; elle écarte les grandes lèvres et devient visible en partie. Elle exerce aussi une pression sur le périnée qu'elle refoule en bas sous la forme d'un hémisphère, et qu'elle distend dans toutes les directions d'arrière en avant et d'un côté à l'autre, de telle sorte que cette région, qui d'arrière en avant offre habituellement à peine deux travers de doigt en largeur, prend à ce moment une largeur double et au delà ; en même temps elle s'amincit et menace de se déchirer. L'anus est considérablement distendu et laisse voir la paroi antérieure du rectum descendue et poussée en avant (*fig.* 30). Dès que la douleur cesse, la tête se retire en arrière, mais le plus souvent avec une rapidité moindre que celle avec laquelle la douleur l'avait fait descendre ; la dilatation et la tension des parties cesse. Des eaux s'écoulent de temps à autre, le plus souvent au commencement de la douleur et à sa fin, rarement pendant les contractions ou leurs intervalles.

A mesure que les douleurs se succèdent dans cette période, la tête devient de plus en plus apparente; elle sort de la fente vulvaire, de manière que celle-ci entoure sa plus grande circonférence, qui se présente au détroit inférieur, et se précipite aussitôt; ou bien comme cela arrive généralement chez les primipares, la tête reste immobile avec la cessation de la douleur et ne se retire plus en arrière, mais, à la douleur

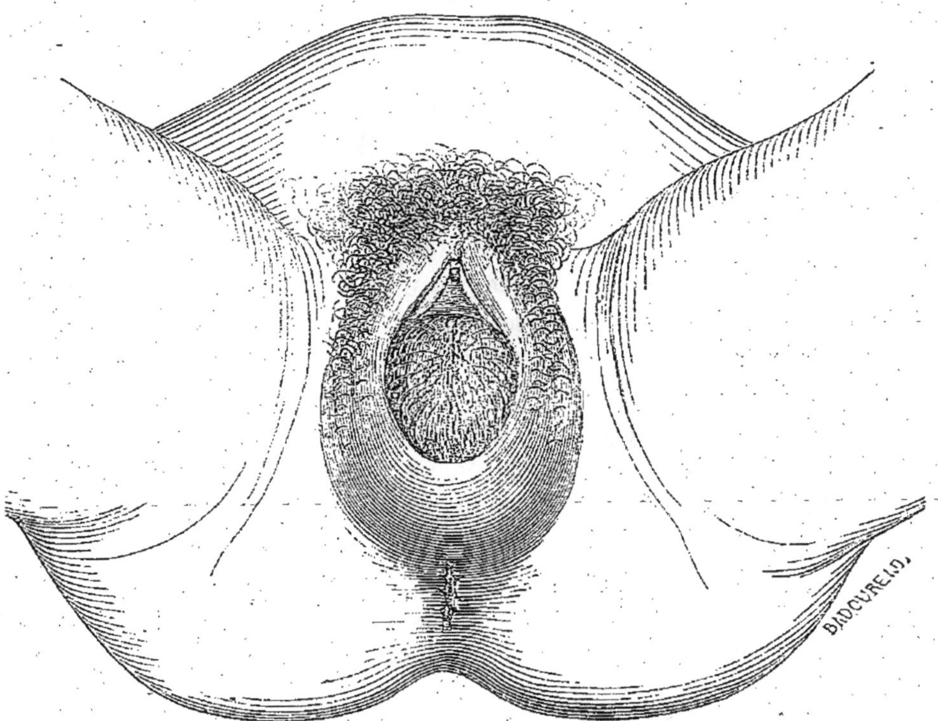

Fig. 30. — *Distension du périnée; dilatation de la vulve par la tête du fœtus.*

suivante, pourvu que celle-ci soit assez énergique, elle traverse, avec sa plus grande circonférence, la fente vulvaire distendue au plus haut degré. C'est là le moment le plus douloureux de l'accouchement; les primipares surtout, même quand elles ne sont pas très sensibles, ne peuvent guère s'empêcher de pousser des cris. Lorsque chez elles la tête arrive au passage, se retire en arrière, par le fait de la cessation de la douleur, il s'échappe une petite quantité de sang.

Les contractions, dans cette période, sont encore plus fortes, plus douloureuses; leur durée est plus longue; elles se reproduisent à des intervalles plus rapprochés, et sont bien plus fatigantes que celles de la période précédente. La douleur causée par la dilatation de plus en plus considérable des organes génitaux contribue nécessairement à les rendre plus pénibles. Elles s'accompagnent de violentes épreintes, de ténesme, parfois de vomissements; la femme tremble de tous ses membres; sa face est rouge, brûlante et couverte de sueur, comme le reste du corps. Les yeux sont fixes et hagards, les traits décomposés; l'impatience et l'agitation sont portées au comble. Les femmes, même celles qui sont d'ailleurs bien constituées et intelligentes, laissent échapper des pleurs, des sanglots, des plaintes, des lamentations, des paroles qui touchent au délire; en un mot, tous les symptômes révèlent une affection vive du corps et de l'esprit.

Aussitôt que la tête est passée, les douleurs cessent et la femme peut jouir d'un peu de repos fort agréable. Mais il survient bientôt de nouvelles douleurs, incomparablement moins pénibles que les précédentes; les épaules se présentent au détroit inférieur et franchissent la fente vulvaire; le reste des eaux (les *secondes eaux*) s'écoule en même temps, accompagné ou suivi de l'écoulement d'une petite quantité de sang, parfois de caillots. La matrice s'est contractée; à la région ombilicale, on aperçoit, à moins qu'elle ne renferme un second enfant, comme une boule de la grosseur de la tête d'un enfant âgé de quelques années. Ordinairement la femme éprouve, après l'expulsion du fœtus, une sensation de froid plus ou moins vive.

Nota. — Si, lors de la rupture des membranes, il ne s'écoule ordinairement que les eaux renfermées entre les membranes et la tête, et que les secondes eaux restent et ne sortent qu'avec l'expulsion du tronc, la cause en est que le segment inférieur de l'utérus, et notamment l'orifice interne, s'applique étroitement, se moule pour ainsi dire sur la partie de l'enfant qui se présente.

320. — 5e *période*. La *cinquième* période, qui comprend la *délivrance naturelle*, commence au moment où l'enfant a été expulsé, et se termine par l'expulsion de l'arrière-faix.

Après l'expulsion du fœtus, on peut ordinairement reconnaître au toucher la surface interne ou lisse du placenta faisant saillie dans l'orifice utérin, ce qui prouve qu'après l'accouchement le placenta se détache d'ordinaire immédiatement de l'utérus, et qu'il devient libre dans la cavité de cet organe. Au bout d'un quart d'heure, une demi-heure, trois quarts d'heure, souvent plus tôt, parfois plus tard, il survient de nouvelles contractions utérines habituellement peu douloureuses, et accompagnées de la sortie d'une plus ou moins grande quantité de sang. Par suite de ces douleurs, le placenta passe à travers l'orifice utérin, en se présentant par sa face lisse ou interne; il descend dans le vagin et se trouve enfin expulsé avec les membranes, également renversées sur elles-mêmes par les contractions de l'utérus et du vagin.

Lorsque, immédiatement après l'expulsion du fœtus, on introduit jusqu'à l'orifice utérin l'index d'une main le long du cordon ombilical, que l'on aura soin de tendre faiblement avec l'autre main, *on trouve ordinairement le cordon ombilical placé entre la partie saillante du placenta et la lèvre antérieure du museau de tanche, et le doigt n'atteint que rarement le point d'insertion du cordon, tant que le placenta se trouve en dedans de l'orifice utérin*. Le doigt ne peut y arriver, dans la plupart des cas, que lorsque le placenta est descendu plus bas dans le vagin, et qu'on a exercé des tractions sur le cordon ombilical.

Quelquefois le placenta tout entier ou une partie seulement se détache plus tard, mais alors on ne trouve à l'orifice utérin qu'un des bords seulement du placenta, ou même aucune de ses parties. D'autres fois, et surtout lorsque la marche de l'accouchement a été très lente après la rupture de la poche des eaux, il arrive que l'expulsion de l'arrière-faix suit immédiatement celle de l'enfant.

Nota. — On reconnaît à l'écoulement du sang qui se fait après l'accouchement, que le décollement du placenta s'est effectué : car tant que le placenta est adhérent à l'utérus, il ne peut y avoir de perte de sang par le vagin, à moins que l'utérus et le vagin n'aient subi une lésion. Toutefois cet écoulement de sang n'indique pas que le décollement ait été complet ; on n'en a la certitude que lorsqu'on peut sentir la surface lisse du placenta se présentant à l'orifice utérin ou dans le vagin.

Souvent l'expulsion de l'arrière-faix est suivie d'une perte de sang en partie liquide, en partie coagulé. L'arrière-faix expulsé, l'accouchement est terminé, et les *couches* commencent.

SECTION DEUXIÈME.

DES PHÉNOMÈNES MÉCANIQUES DU TRAVAIL ET DE L'ACCOUCHEMENT NATUREL EN PARTICULIER.

CHAPITRE PREMIER.

CONDITIONS ET DIVISIONS DE L'ACCOUCHEMENT NATUREL.

ARTICLE Ier. — CONDITIONS DE L'ACCOUCHEMENT NATUREL.

321. — Pour qu'un accouchement soit normal, c'est-à-dire qu'il s'opère par les seules forces de la nature, sans préjudice ou danger pour la mère et l'enfant, il faut :

1° *Une énergie convenable des forces expultrices.* Les douleurs doivent être normales (v. 306), et la femme en travail doit être à même de les seconder convenablement par les contractions de ses muscles abdominaux. Il va sans dire qu'il est nécessaire que la femme jouisse d'une bonne santé, l'énergie de l'utérus et des forces qui secondent son action dépendant dans une certaine mesure de la santé générale.

322. — 2° *Une conformation régulière du fœtus et de ses annexes.*

a. Il faut que l'enfant ait une grosseur et une forme convenables, surtout quant au volume de la tête, dont les os doivent être conformés de manière à permettre les changements nécessaires de ses formes. Ensuite l'enfant doit offrir une position telle que l'expulsion puisse avoir lieu, c'est-à-dire être couché longitudinalement dans l'utérus : c'est ce qu'on appelle une *bonne présentation*. Celle-ci peut avoir lieu naturellement de deux manières : ou par l'extrémité supérieure ou céphalique (tête), ou par l'extrémité inférieure ou pelvienne (siége). De plus, aucune autre partie ne doit se présenter avec la tête ou le siége, de façon à rendre difficile ou dangereuse l'expulsion de l'enfant par les forces de la nature. Lorsque l'enfant se présente par une autre partie que l'extrémité supérieure ou l'extrémité inférieure, on appelle cette présentation *vicieuse*.

b. Il faut que le cordon ombilical soit d'une longueur convenable ; et surtout qu'il ne soit pas trop court par lui-même ni par le fait de son enroulement autour du cou de l'enfant, par exemple ; il doit aussi être exempt de véritables ganglions, etc.

c. Le placenta doit occuper une position convenable et n'adhérer ni trop peu ni trop intimement à l'utérus, afin qu'à l'époque de l'accouchement il puisse être détaché et expulsé par les forces de la nature.

d. Les membranes doivent être suffisamment fortes et résistantes pour ne pas se déchirer ni trop tôt ni trop tard.

e. La quantité du liquide amniotique ne doit être ni trop ni trop peu abondante.

323. — 3° *Une conformation normale des organes de la génération.* Le bassin doit présenter une forme et une largeur convenables, et le coccyx doit être mobile : un bassin trop large peut contribuer à un accouchement trop prompt ; un bassin trop étroit, au contraire, rend l'accouchement plus ou moins difficile, et même impossible par les seules forces de la nature. Les parties molles de la génération, le museau de tanche, le vagin, les parties génitales externes, doivent être régulièrement conformées et convenablement souples et élastiques ; le rectum ne doit pas être rempli de matières fécales dures, ni la vessie surchargée d'urines ; celle-ci doit être de plus exempte de calculs. Le vagin ou d'autres points du

bassin ne doivent pas être le siége de tumeurs ou d'excroissances qui puissent fournir un obstacle à la sortie de l'enfant.

324. — 4° *Un bon état de santé de la femme, quant aux fonctions sur lesquelles l'accouchement exerce de l'influence.* Prenons un exemple. Lorsqu'une femme est aveugle ou sourde, ou qu'elle est affectée d'une éruption cutanée, telle que la gale, l'herpès, etc., l'accouchement est sans influence sur cet état. Si, au contraire, la femme est douée d'une sensibilité excessive, ou qu'elle soit très pléthorique, ou bien qu'elle soit sujette à des troubles de la circulation, à des congestions de la tête ou de la poitrine, l'accouchement, en exerçant une influence sur ces états, peut déterminer des suites fâcheuses, telles que des syncopes, des étourdissements, des convulsions, et même l'apoplexie, des hémorrhagies, etc.

ARTICLE II. — Divisions de l'accouchement naturel.

325. — La fonction de l'accouchement est caractérisée par certaines particularités, qui la distinguent de toutes les autres fonctions de l'économie, indépendamment de son but. Ainsi, par exemple, tandis que celles-ci, dans l'état de santé, s'accomplissent sans la moindre douleur, et plutôt même avec un sentiment de bien-être, l'acte de l'accouchement, même à l'état normal, s'accompagne de douleurs, d'efforts et d'une grande perte de forces, etc. Abstraction faite de ces circonstances, l'accouchement offre encore cette particularité importante, que la nature, au lieu de suivre toujours une marche déterminée, se livre à des écarts plus ou moins considérables, qui n'ont pas lieu pour les autres fonctions, et sans qu'il en résulte de préjudice pour son but, l'expulsion du fœtus. Il n'est pas un seul cas d'accouchement qui soit semblable à un autre, quelque favorable que soit d'ailleurs le résultat de l'un et de l'autre, et tous les praticiens expérimentés s'accordent sur ce point, que presque chaque accouchement présente quelque chose de particulier, un écart plus ou moins frappant de la marche regardée comme ordinaire.

Ainsi, par exemple, la durée de l'accouchement en général,

ainsi que celle de ses différentes périodes, présente de nombreuses variétés. Il en est de même de l'intensité, de la durée et de la fréquence des douleurs, ainsi que de leur influence sur le reste du corps. La même chose a lieu pour la quantité des eaux et du sang qui s'écoulent pendant l'accouchement, et pour le poids de l'enfant mis au monde (de 2 1/2 à 4 1/2 kilogrammes).

Une des variétés les plus nombreuses est celle qui se rapporte à la présentation de l'enfant. Le cuir chevelu est la partie qui se présente le plus souvent; parfois la face, plus fréquemment le siége ou les pieds.

Tous ces écarts de la marche ordinaire, en tant qu'il n'en résulte pas de préjudice ou de dangers particuliers pour la mère ou pour l'enfant, ne peuvent être considérés comme des états morbides ou vicieux; ils ne sont rien autre chose que des variétés de l'état normal, telles qu'on en rencontre aussi dans les autres fonctions du corps humain, quoique à un moindre degré et d'une manière moins frappante.

Comme la diversité des positions de l'enfant offre un des caractères distinctifs les plus prononcés, et qu'elle exige une attention toute particulière de la part de la sage-femme; comme, en outre, elle est d'une grande importance au point de vue des soins que réclame l'accouchement, c'est d'après elle qu'on a établi avec raison les divisions de l'accouchement normal.

326. — L'accouchement, comme nous l'avons dit (v. 321), est normal, c'est-à-dire qu'il a lieu par les seuls efforts de la nature, sans préjudice ni danger pour la mère ou pour l'enfant, lorsque le fœtus est placé *longitudinalement* dans l'utérus. Dans ce cas, l'enfant peut se présenter de deux manières :

1° Par l'*extrémité supérieure* ou céphalique (tête) :

2° Par l'*extrémité inférieure* ou pelvienne (siége).

De plus, la tête peut se présenter de deux manières :

1° Par le *crâne ;*

2° Par la *face.*

Dans les accouchements où l'enfant présente l'extrémité

inférieure (le siége), les pieds ou quelquefois un seul pied, et, dans des cas très rares, les genoux descendent avant le siége et se présentent les premiers. Mais ces circonstances ont peu d'importance et ne méritent pas d'être prises en considération pour la division.

Les accouchements par les pieds s'appellent *complets* ou *incomplets*, suivant que les deux pieds ou un seul se présentent.

327. — D'après ce qui précède, l'accouchement normal offre les quatre présentations suivantes :

1° Présentation de la tête, ou crânienne ;

2° Présentation de la face, ou faciale ;

3° Présentation du siége, ou pelvienne ;

4° Présentation des pieds.

328. —Quant à la fréquence relative de ces diverses présentations, il résulte d'un calcul fait sur un grand nombre de cas, que sur 100 accouchements, il y a 93 ou 94 présentations crâniennes, environ 4 des pieds ou du siége, et sur 200, une seule présentation faciale.

CHAPITRE II.

DES CARACTÈRES ET DU MÉCANISME DE L'ACCOUCHEMENT NATUREL DANS CHAQUE PRÉSENTATION.

ARTICLE Ier. — CARACTÈRES ET MÉCANISME DE L'ACCOUCHEMENT DANS LA PRÉSENTATION CRANIENNE.

329. — Vers le terme de la grossesse ou au commencement du travail, on reconnaît que l'enfant occupe une bonne position, c'est-à-dire qu'il est placé longitudinalement dans la matrice, aux caractères suivants :

1° Le ventre est pointu en avant, uniformément développé; il n'offre pas une largeur inaccoutumée sur les côtés, pas de saillies, ni de dépressions.

2° La femme ne sent que dans un des côtés, soit à droite, soit à gauche, les mouvements de l'enfant. Lorsqu'elle éprouve ce sentiment *à droite*, soit pendant toute la grossesse, soit seulement au moment de l'accouchement, on peut admettre la *première position* crânienne, pourvu qu'on soit sûr que c'est la tête qui se présente, sans précisément en connaître la position ; d'un autre côté, les mouvements perçus du côté *gauche* au commencement de l'accouchement militent en faveur de la *seconde* position crânienne.

3° [Le maximum d'intensité des battements du cœur du fœtus se fait entendre sur l'une des fosses iliaques, le plus ordinairement à gauche.]

4° Le toucher fait reconnaître un corps volumineux, de forme sphérique.

La présentation du crâne, notamment de la tête, se reconnaît à ce que le corps globuleux est uniformément convexe et dur au toucher. L'espèce de la position crânienne se reconnaît par la direction des sutures et par la situation des fontanelles. Les circonstances qui peuvent offrir des obstacles pour le diagnostic sont : une position trop élevée de la tête, sa mobilité; la présence d'une grande quantité de liquide entre la tête et les membranes ; une tension continuelle de la poche même, en dehors du moment des douleurs ; le gonflement du cuir chevelu ; la mollesse des os du crâne qui ressemble quelquefois au toucher à du parchemin ou à du clinquant ; ou bien d'autres vices de conformation de ces os, de fausses sutures, etc.

330. — Le crâne peut se présenter au détroit inférieur de deux manières :

1° Par le pariétal droit, la petite fontanelle étant dirigée à gauche et plus ou moins en avant.

2° Par le pariétal gauche, la petite fontanelle étant placée à droite et plus ou moins dirigée en arrière.

331. — La première de ces positions crâniennes est la plus fréquente. D'après un calcul fait sur un grand nombre d'accouchements, on peut admettre que sur 100 cas, il y en a environ 70 qui appartiennent à la première et 30 à la seconde. C'est pourquoi on leur donne le nom de *première* et de *seconde* position crânienne.

332. — Lorsque le bassin et la tête de l'enfant présentent les conditions normales, on observe très rarement comme position *primitive* d'autres positions crâniennes, telles que

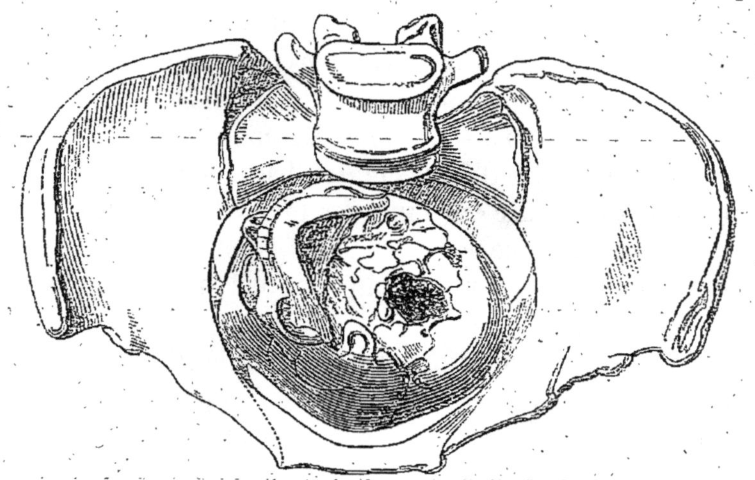

FIG. 31. – *Rapports de la tête du fœtus avec la cavité du bassin dans la première position ordinaire, ou occipito-cotyloïdienne gauche.*

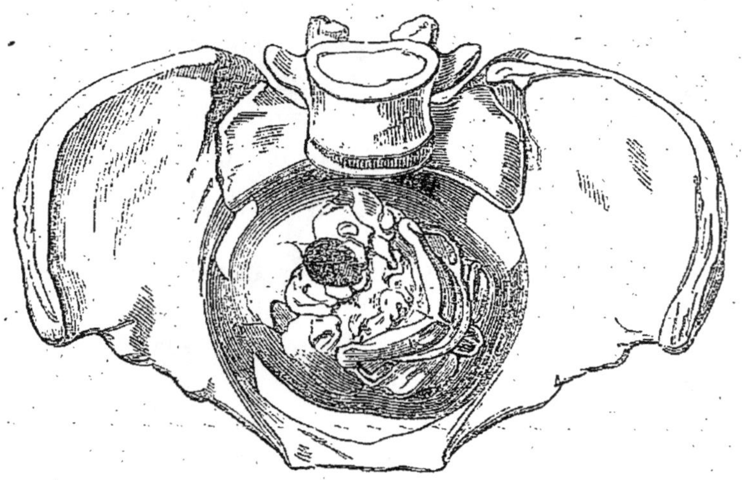

FIG. 32.— *Rapports de la tête du fœtus avec la cavité du bassin dans la deuxième position ordinaire, ou occipito-sacro-iliaque droite.*

celles, par exemple, qui suivent la direction du diamètre droit ou du diamètre oblique gauche du bassin, la petite fontanelle étant dirigée à droite et en avant ou à gauche et en arrière.

La position dans laquelle la petite fontanelle est dirigée à droite et en avant est la plus rare.

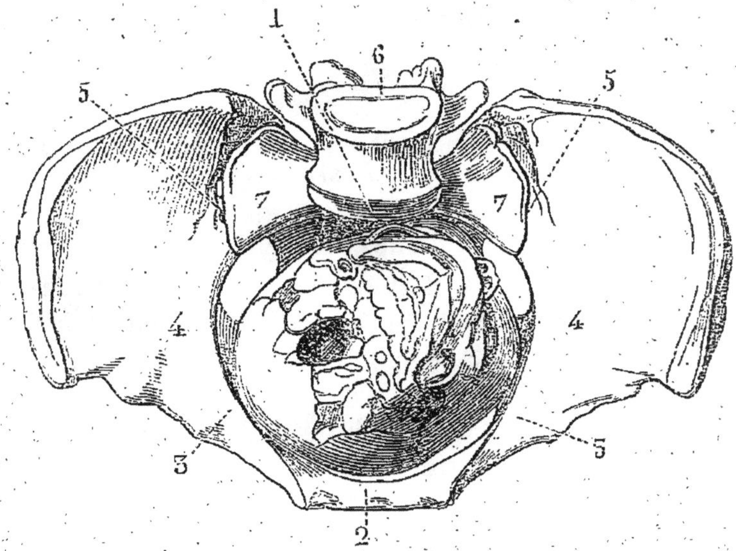

Fig. 33. — *Rapports de la tête du fœtus avec la cavité du bassin dans la position exceptionnelle occipito-cotyloïdienne droite.*

1 Angle sacro-vertébral. — 2. Symphyse du pubis. — 3,3. Corps des pubis. — 4,4. Fosses iliaques. — 5,5. Symphyses sacro-iliaques. — 6. Vertèbre lombaire. — 7,7. Ailerons du sacrum.

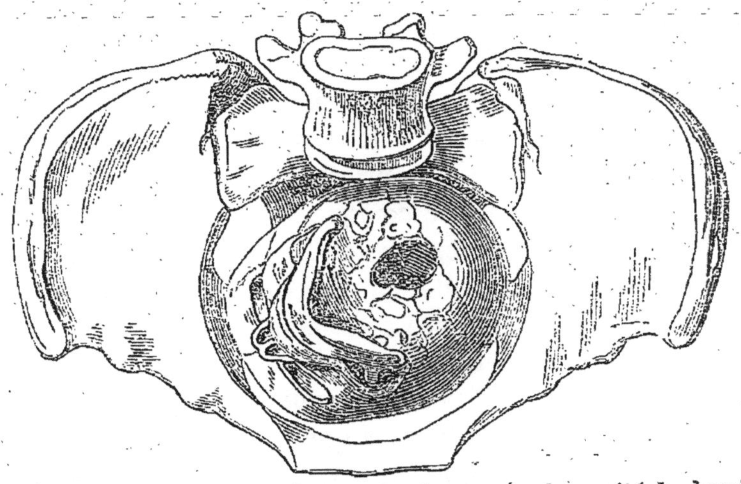

Fig. 34. — *Rapports de la tête du fœtus avec la cavité du bassin dans la position exceptionnelle occipito-sacro-iliaque gauche.*

C'est pourquoi nous donnons aux deux premières, qui sont

de beaucoup les plus fréquentes, le nom de *positions crâniennes ordinaires*, et à toutes les autres celui de *positions crâniennes extraordinaires*. Ces dernières comprennent aussi les positions faciales.

§ 1. — *Mécanisme de l'accouchement dans la première position crânienne.*

333. — Lorsqu'au début de l'accouchement l'orifice utérin est assez ouvert pour que le doigt puisse s'y introduire, sa pulpe rencontre une suture placée transversalement à l'orifice ou obliquement derrière lui. C'est la suture sagittale, et le point où le doigt est en contact avec elle en est à peu près la partie moyenne. En faisant glisser le doigt le long de cette suture et à gauche, on trouve un point où la suture se divise pour ainsi dire en deux branches, en se rencontrant avec deux autres sutures. Celles-ci sont les deux branches de la suture occipitale, et leur point de réunion avec la suture sagittale est la petite fontanelle. Lorsque du point de la suture sagittale qui regarde l'orifice utérin, on dirige le doigt le long de cette suture dans une direction opposée à celle que nous venons d'indiquer, on arrive à un espace quadrangulaire, dépourvu d'os et auquel viennent se terminer quatre sutures : c'est la grande fontanelle. Lorsque l'orifice utérin est suffisamment ouvert et ramolli, le doigt, dirigé en avant et en ligne droite du point de la suture sagittale qui regarde l'orifice utérin, arrive à une saillie conique, la bosse pariétale. Celle-ci se reconnaît encore à travers le segment inférieur de l'utérus dans le cas où le bord antérieur de l'orifice utérin ne permet pas au doigt de s'introduire aussi loin.

Voici donc, au début de l'accouchement, la position de la tête dans la première position crânienne : le sinciput est tourné vers le sacrum, de sorte que la partie moyenne de la suture sagittale regarde le corps de la première ou de la seconde vertèbre sacrée, suivant que la tête de l'enfant est plus ou moins élevée ou abaissée ; la petite fontanelle est dirigée à gauche et un peu en avant ; la grande, à droite et un peu en arrière ; le pariétal droit est la partie la plus basse, et la bosse pariétale de ce côté occupe presque le milieu du bassin. Ainsi, on le voit, la tête se présente au détroit supérieur du bassin dans une direction oblique et un peu transversale.

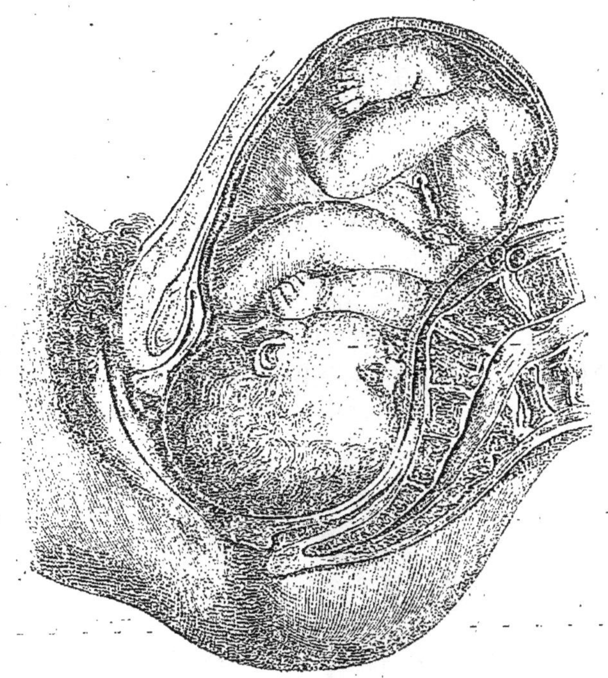

Fig. 35. — *Crâne parvenu au fond de l'excavation pelvienne.*

334. — A une époque plus avancée, c'est-à-dire lorsque la tête pénètre dans le détroit supérieur et qu'elle descend peu à peu dans la cavité pelvienne, les deux fontanelles restent souvent au même niveau ; parfois la grande s'abaisse davantage, mais le plus souvent c'est la petite.

Lorsque la plus grande circonférence de la tête est engagée dans le détroit supérieur et qu'elle se rapproche du fond de la cavité pelvienne, alors les deux fontanelles sont généralement au niveau l'une de l'autre, la petite tournée vers le trou ovale gauche, la grande vers l'échancrure sacro-ischiatique droite. Le diamètre droit de la tête se trouve dans le diamètre oblique droit de la cavité pelvienne.

335. — Lorsque vers la fin de la troisième période, la tête, poussée par les contractions utérines vers le périnée et la fente vulvaire, commence à déprimer en bas la première de ces parties et à distendre la seconde, de sorte que, pendant la contraction, elle devient visible au niveau des grandes lèvres; alors le *quart supérieur et postérieur* du pariétal droit est tourné vers la fente vulvaire, et l'on peut reconnaître la branche droite de la suture occipitale, qui suit la direction du pubis droit. Le quart supérieur du pariétal droit est ainsi la partie du crâne qui se présente. C'est cette direction oblique que conserve la tête en continuant à descendre; et même, lorsqu'elle est près de franchir l'ouverture des grandes lèvres et que le travail se fait avec une lenteur suffisante, un examen attentif fait généralement reconnaître la petite fontanelle dirigée encore un peu à gauche. En examinant avec soin à ce moment l'état des choses, on trouve que la branche droite

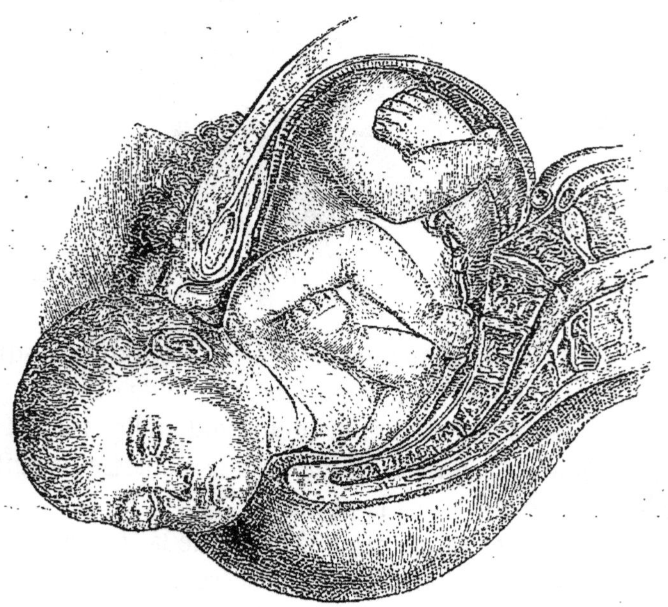

FIG. 36. — *La tête a franchi les parties génitales externes.*

de la suture occipitale est placée plus haut ou plus rapprochée de l'arc du pubis que la branche gauche. Aussitôt que la tête a franchi avec sa plus grande circonférence l'ouverture des grandes lèvres, le périnée, fort distendu, revient assez promptement sur la face, la tête se porte en haut, en faisant un mouvement de rotation autour de son axe transversal (*fig.* 36).

La tête, dégagée de l'obstacle qu'opposaient les parties molles à son passage par les grandes lèvres, reprend son ancienne position oblique, quand elle ne l'avait pas conservée pendant son passage, c'est-à-dire que sa face se tourne vers le côté interne et inférieur de la cuisse droite de la mère.

336. — Lorsque la tête se présente entre les grandes lèvres, les épaules pénètrent dans le détroit supérieur, en suivant la direction du diamètre oblique gauche, et, à mesure que la tête descend et traverse les grandes lèvres, les épaules s'abaissent dans la même direction dans la cavité pelvienne, jusqu'au détroit inférieur où elles conservent la même direction oblique : l'épaule droite se trouvant derrière la branche droite de l'arcade du pubis, la gauche étant tournée vers le ligament sacro-sciatique gauche. Par suite de la première contraction utérine ou de la suivante, les épaules viennent alors se présenter à l'ouverture des grandes lèvres et la franchissent; l'épaule *dirigée en avant* et *à droite* apparaît la première, suivie plus ou moins promptement de l'autre et du reste du corps; les hanches se présentent dans la même direction oblique. En général, l'épaule qui sort la première appartient au même côté du corps que le pariétal qui s'est trouvé en présentation.

337. — Lorsque les eaux se sont écoulées lentement avant le temps, et que l'orifice utérin n'est large que d'un doigt ou un peu plus, ou bien encore lorsqu'il n'y a pas d'eau entre la tête et les membranes, et que le segment inférieur de l'utérus se trouve être étroitement appliqué contre la tête : alors une tuméfaction se forme au cuir chevelu de la partie du crâne qui regarde l'orifice utérin, et qui se trouve à une distance presque égale des deux fontanelles. A travers cette tuméfaction, le doigt ne peut pas sentir la suture sagittale, mais il la reconnaît à ses deux côtés, et il peut la poursuivre jusqu'à l'une ou l'autre fontanelle, ou même à toutes deux. Cette

tuméfaction se rencontre assez souvent, surtout dans l'accouchement des primipares; elle disparaît peu à peu pendant la marche ultérieure du travail.

A mesure que la tête descend de plus en plus dans la cavité pelvienne, et pendant qu'elle est arrêtée un certain temps dans la position qu'elle occupe vers la fin de la troisième période et vers le commencement de la quatrième; en général, lorsque le travail se fait avec une lenteur convenable, c'est-à-dire que sa marche est ordinaire, il se forme alors sur le quart supérieur et postérieur du pariétal droit une tuméfaction des téguments qui présente une base arrondie. C'est ce qu'on appelle la *tumeur sanguine*, avec laquelle l'enfant vient au monde; elle est exactement limitée au point indiqué. Vers la fin de la troisième et le commencement de la quatrième période, lorsque les contractions ont cessé et que la tension a diminué, on peut reconnaître aisément la branche droite de la suture sagittale, la partie postérieure de la suture sagittale, ainsi que la petite fontanelle, attendu que la tuméfaction ne s'étend pas à ces parties.

Quand la descente, ainsi que le passage de la tête entre les grandes lèvres, se fait moins lentement que d'ordinaire, la tumeur reste exactement limitée au quart supérieur et postérieur du pariétal; elle n'envahit pas les sutures occipitale et sagittale et la petite fontanelle, de sorte que l'enfant n'offre en naissant aucune trace de tuméfaction sur ces parties. Si au contraire le travail se fait avec lenteur, jusqu'au moment du passage, la base de la tumeur s'accroît un peu en étendue, et gagne généralement, quoique dans un espace limité, les sutures occipitale et sagittale, ainsi que la petite fontanelle.

Le siége de cette tumeur sur le *quart postérieur et supérieur du pariétal droit* démontre jusqu'à l'évidence que la tête, lorsqu'elle est arrivée dans la cavité pelvienne, et pendant qu'elle se présente à l'ouverture des grandes lèvres, conserve sa position *oblique*.

§ 2. — *Mécanisme de l'accouchement dans la seconde position crânienne.*

338. — Dans cette position, la tête offre primitivement une direction oblique et un peu transversale, comme dans la première position crânienne, à cette différence près que les fontanelles se trouvent dans une direction inverse : la grande occupant la place que prend la petite dans la première position crânienne ; et le pariétal *gauche* se présentant à la place du pariétal droit.

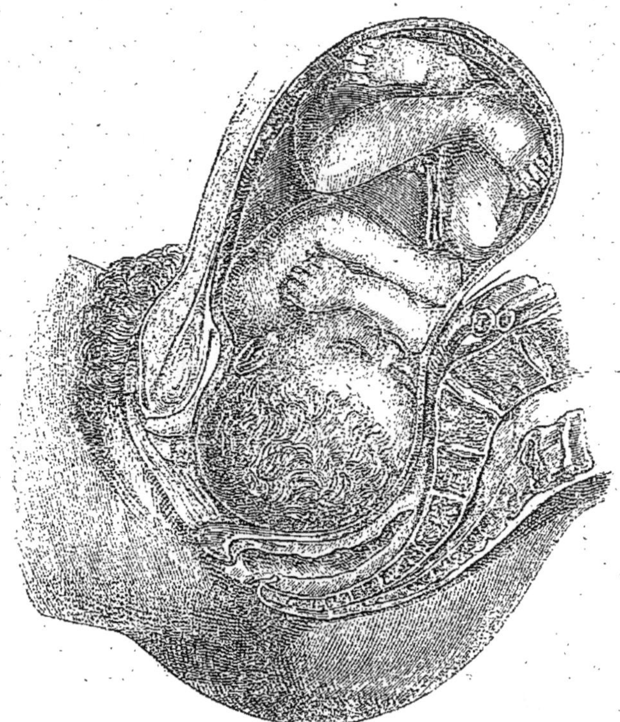

Fig. 37. — *Tête en position occipito-sacro-iliaque droite exécutant son mouvement de rotation en avant.*

335. — A mesure que le travail avance, c'est-à-dire pendant que la tête pénètre dans le détroit supérieur et descend peu à peu dans la cavité pelvienne, les deux fontanelles resten souvent à la même hauteur ; parfois la grande descend plu

bas que la petite, mais le plus souvent le contraire a lieu, et le grand diamètre de la tête est toujours parallèle au diamètre oblique droit du détroit supérieur et de la cavité pelvienne. Lorsque la tête est arrivée dans cette cavité et qu'elle commence à éprouver la résistance que lui offre la face oblique formée par la moitié inférieure du sacrum, le coccyx et les ligaments sacro-sciatiques, alors (quelquefois même plus tôt), le mouvement de rotation s'exécute généralement de la manière suivante : *Le grand diamètre de la tête abandonne petit à petit le diamètre oblique droit de la cavité pelvienne pour se placer dans le diamètre transversal de la même cavité, et de là dans le diamètre oblique gauche* (*fig.* 37).

Ce mouvement de rotation se fait généralement, comme nous l'avons dit, petit à petit, comme celui d'une vis, et d'avant en arrière. Si l'on introduit le doigt après une douleur, lorsque la petite fontanelle se trouve encore tournée à droite et en arrière, l'examen fait pendant la douleur, au moment où la contraction utérine est à son plus haut degré d'intensité, montre cette fontanelle entièrement tournée à droite, c'est-à-dire vers la branche ascendante de l'ischion droit; à mesure que la contraction cesse, elle reprend son ancienne position. Si l'on répète cet examen pendant et après les douleurs, ou qu'on laisse le doigt appliqué sur la tête de l'enfant, on trouve pendant la douleur la petite fontanelle tournée en avant, vers le trou ovale droit, comme elle doit l'être dans la suite, et lorsque la douleur cesse, on sent cette fontanelle se retirer un peu en arrière ; après la douleur, elle est dirigée complétement à droite. En d'autres mots, le grand diamètre de la tête passe, du niveau du diamètre transverse de la cavité pelvienne, au niveau de son diamètre oblique gauche, pour revenir par degrés au diamètre transverse, jusqu'à ce qu'à la fin de la troisième période il reste dans la direction oblique, c'est-à-dire la petite fontanelle étant dirigée vers le trou ovale droit.

Lorsque la marche du travail se fait avec la lenteur convenable, on peut observer à plusieurs reprises, pendant un certain temps, ces mouvements alternatifs de la tête d'avant en arrière, opérés par la nature pour ainsi dire à titre d'essai, chez les multipares ainsi que chez les primipares, mais généralement d'une manière très manifeste chez ces dernières.

340. — Tandis que, dans la première position crânienne, vers la fin de la troisième période, le quart supérieur et postérieur du pariétal *droit* se présente entre les grandes lèvres, etc., dans la seconde position crânienne, c'est le quart supérieur et postérieur du pariétal *gauche* qui vient en présentation. En continuant à descendre entre les grandes lèvres, la tête conserve cette position oblique, et cette fontanelle étant toujours tournée un peu à droite, et lorsque la tête a franchi le détroit inférieur, la face regarde le côté interne et inférieur de la cuisse gauche de la mère.

Dans l'une et dans l'autre position crânienne, les épaules se présentent dans une direction oblique au détroit inférieur et apparaissent ainsi entre les grandes lèvres; toutefois l'épaule gauche, tournée en avant et à gauche, paraît la première ; l'épaule droite, placée dans une direction opposée, et le reste du corps, la suivent avec plus ou moins de rapidité.

341. — Toutes circonstances égales d'ailleurs, les accouchements n'offrent pas plus de difficultés dans la seconde position crânienne que ceux qui se font dans la première ; l'une et l'autre n'ont point la moindre influence fâcheuse sur la mère ou sur l'enfant. Pour que l'accouchement s'opère ici par les seules forces de la nature, il ne faut donc ni des contractions plus énergiques, ni de plus grands efforts de la part de la mère, ni enfin d'autres conditions plus favorables relativement au volume de l'enfant ou à la largeur du bassin.

Remarque. — Les personnes qui ont fait beaucoup d'accouchements, mais qui ignorent la fréquence de la seconde position crânienne et la régularité du passage de la tête à travers le bassin dans cette position, la méconnaissent bien plus facilement que les commençants et la confondent avec la première. En voici la raison :

La première position étant la plus fréquente, mais étant aussi regardée comme plus fréquente qu'elle ne l'est réellement, il est d'usage de rechercher, au commencement du travail, la petite fontanelle, attendu qu'elle est la plus facile à atteindre.

Dans ce but, on glisse l'indicateur le long de la suture sagittale, à gauche et en avant, vers le point où cette suture se bifurque. C'est à cet endroit qu'on est habitué à rencontrer une suture partant de la suture sagittale et se dirigeant en avant, et au delà de cette suture un os mobile, facile à déprimer, ou qui même a déjà chevauché. La tête est-elle dans la première position crânienne, alors cette suture est la branche droite de la suture occipitale, et l'os est l'occipital lui-même. En se contentant de cet examen superficiel, on est sujet à se tromper et à prendre la seconde position pour la première. En effet, la suture qui se détache de la sagittale, et qui se dirige en avant, peut très bien être la branche gauche de la coronale, et l'os facile à déprimer, ou qui a chevauché déjà, peut être le frontal gauche. Pour éviter cette erreur, il faut ou diriger le doigt au delà du point qu'on est porté à prendre pour la petite fontanelle, afin de sentir si réellement trois sutures s'y rencontrent ; ou bien il faut, dans le cas où le doigt ne pourrait atteindre assez haut, le faire glisser le long de la suture sagittale, dans une direction opposée, et rechercher l'autre fontanelle qui se trouve à droite et en arrière. Sans cette précaution, il sera très facile de commettre l'erreur que nous venons de signaler.

Il est encore une autre erreur qui consiste à croire que la tête présente fréquemment, au commencement du travail, la petite fontanelle tournée à droite et en avant. Cette position est, au contraire, une des plus rares ; en général, elle s'observe à peine une seule fois sur plusieurs milliers de cas. Mais lorsqu'on ne connaît pas la rotation qui s'opère dans le cours du travail qui a généralement lieu dans la seconde position, et qu'on reconnaît cette position seulement lorsque la petite fontanelle, dirigée d'abord à droite et en arrière, s'est tournée vers le trou ovale du côté droit, il est naturel d'admettre que la présentation primitive de la tête s'est faite dans cette position, savoir, la petite fontanelle étant dirigée à droite et en avant. Mais si l'on croit de plus avoir réellement senti, dans un premier examen, la petite fontanelle à gauche et en avant (tandis que c'était la grande qui occupait cette position), on est d'autant plus facilement porté à mettre en question ce résultat et à convenir de sa méprise, qu'il est plus difficile de reconnaître la position de la tête quand celle-ci se trouve très élevée, ou quand l'orifice utérin est peu ouvert, etc.

§ 3. — *De quelques anomalies dans le passage de l'enfant à travers le bassin dans la présentation crânienne, et des positions crâniennes exceptionnelles.*

342. — Le mécanisme du passage de l'enfant à travers le bassin, dans les présentations du sommet, tel que nous venons de le décrire (333-341), est celui que la nature observe dans la grande majorité des cas; c'est pourquoi on peut le considérer comme la *règle*. Si la nature s'en écarte quelquefois, ce n'est que dans des cas très rares et dans des circonstances particulières qu'une observation minutieuse permet généralement d'indiquer; du reste, il n'en résulte aucune suite fâcheuse pour la mère ou pour l'enfant.

343. — A. Ainsi, par exemple, dans la seconde position crânienne, ce n'est que rarement qu'on observe l'absence du mouvement de rotation de la tête (339); le front se tourne alors un peu plus en avant, de sorte qu'au commencement de la quatrième période, c'est le *frontal gauche* qui se présente entre les grandes lèvres; la tête conserve cette position lorsqu'elle vient à les traverser, et à sa sortie la face regarde le côté interne et supérieur de la cuisse gauche de la mère.

Les épaules se présentent alors de même au détroit inférieur dans une position oblique, l'épaule gauche derrière la branche descendante du pubis droit, et l'épaule droite tournée vers le ligament sacro-sciatique gauche. Dès que la première est sortie, elle est suivie par la seconde et ensuite par le reste du corps de l'enfant (fig. 38).

Cette anomalie dépend, du reste, généralement de circonstances particulières : le bassin, par exemple, peut être trop large, l'enfant petit ou avant terme; elle se rencontre aussi plus facilement chez les multipares, etc.

344. — B. Dans les cas extrêmement rares où la tête présente le pariétal *droit* en avant, la *grande* fontanelle *à droite* et un peu en avant, le mouvement de rotation s'opère généralement

comme dans la seconde position crânienne, mais toutefois dans une direction inverse : le grand diamètre de la tête se place dans le diamètre transverse de la cavité pelvienne, puis dans le diamètre oblique droit, et se présente ensuite, dans l'accouchement, aux grandes lèvres, comme dans la première position. Du reste, il peut aussi arriver que la tête traverse le détroit inférieur ; la face tournée en haut, lorsque les circonstances sont telles que nous les avons indiquées (voy. 343).

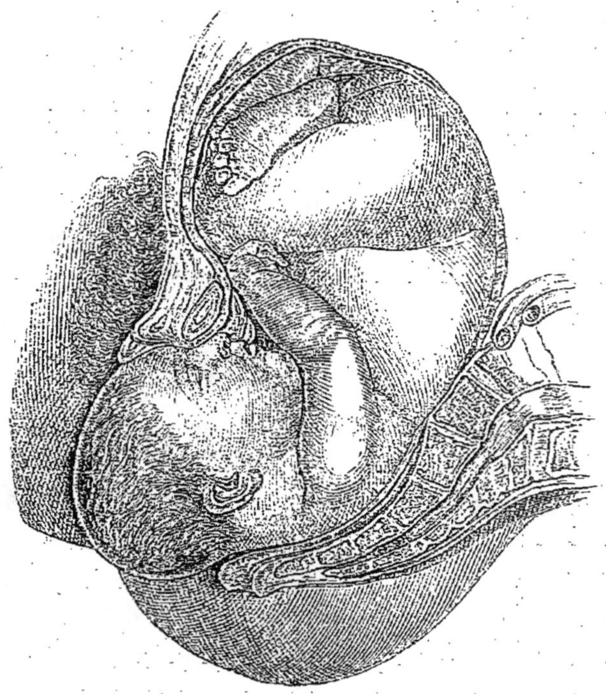

Fig. 38. — *Dégagement de la tête en position occipito-postérieure.*

345. — C. On remarque quelquefois encore d'autres anomalies, dans les mêmes circonstances ou dans des circonstances semblables, lorsque, par exemple, les douleurs se succèdent avec une trop grande rapidité, ou qu'elles sont trop énergiques pendant toute la durée du travail ou seulement pendant une de ses périodes ; lorsque le bassin se trouve être trop large ou trop étroit dans un de ses diamètres, etc. Ces anomalies consistent en ce que la tête (primitivement dans la première

ou dans la seconde position), prend dans la cavité pelvienne une position droite ou toute autre position anormale ; ou bien en ce que les épaules se présentent tout à fait *transversalement*, etc. Il en sera question plus loin. On conçoit aisément que, dans ces circonstances, la nature n'a pour ainsi dire pas besoin de ces mouvements de rotation, ni d'autres mouvements déterminés comme ceux que l'espace étroit sur lequel elle opère dans les circonstances ordinaires la forcent d'accomplir.

Lorsque la tête présente une position *transverse* au détroit inférieur, il existe alors, dans la plupart des cas, un vice de conformation du bassin.

ARTICLE II. — Caractères et mécanisme de l'accouchement dans la présentation faciale.

§ 1er. — *Caractères de la présentation faciale.*

346. — Dans l'accouchement par la face, l'enfant se présente ordinairement de l'une des deux manières suivantes :

1° *Par la moitié droite de la face, celle-ci se trouvant la partie la plus basse de l'enfant, le front étant tourné à gauche.*

2° *Par la moitié gauche de la face, le front étant tourné à droite.*

Il résulte d'un grand nombre d'observations que la première de ces deux positions est un peu plus fréquente ; nous l'appellerons *première position faciale*, et l'autre, *seconde position faciale.*

On reconnaît que l'enfant se présente par la *face*, d'abord aux caractères généraux de la présentation de la tête, ensuite à la forme particulière des différentes parties de la face, du front et de ses sutures, du nez, des yeux et de la bouche. Le *nez* est l'indice le plus certain pour reconnaître non-seulement la face, mais sa direction par rapport aux parois du bassin. En pratiquant le toucher dans ces cas, il faut procéder avec de grands ménagements, pour ne pas produire, par une pression trop forte, la lésion d'un organe délicat, l'œil, par exemple.

Des difficultés plus ou moins grandes empêchent de reconnaître la face lorsque la poche des eaux ne s'est pas encore rompue, qu'elle reste tendue et que la tête est élevée et mobile. Lorsque la rupture a eu lieu, que la tête soit très élevée ou descendue très bas, la tuméfaction de la face rend le diagnostic très difficile et peut facilement donner lieu à des erreurs. Dans ce cas, l'œil peut se trouver aisément confondu avec les parties externes de la génération, chez les filles.

§ 2. — *Mécanisme de l'accouchement dans la présentation faciale* (fig. 39).

347. — Dans la *première* position faciale, le doigt introduit dans l'orifice utérin, au commencement du travail, ren-

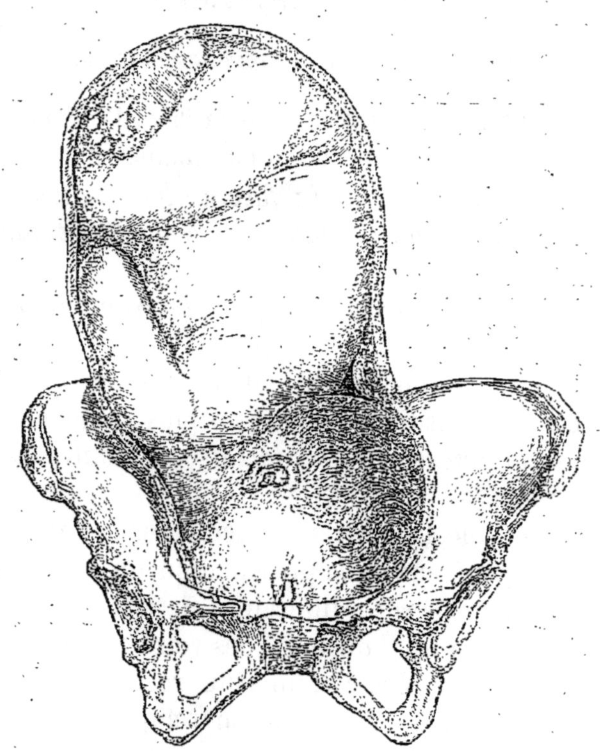

Fig. 39. — *Présentation de la face en première position, ou mento-iliaque droite.*

contre ordinairement le nez. En faisant glisser le doigt le long de la face dorsale du nez, et le dirigeant de droite à gauche, on rencontre la suture frontale; si le doigt est dirigé de gauche à droite, on trouve les narines; s'il est porté en avant, on rencontre l'œil droit. Ainsi donc, le diamètre longitudinal de la face, c'est-à-dire celui qui s'étend du milieu du front jusqu'au menton, est plus ou moins parallèle au diamètre transverse du détroit supérieur, et la moitié droite de la face

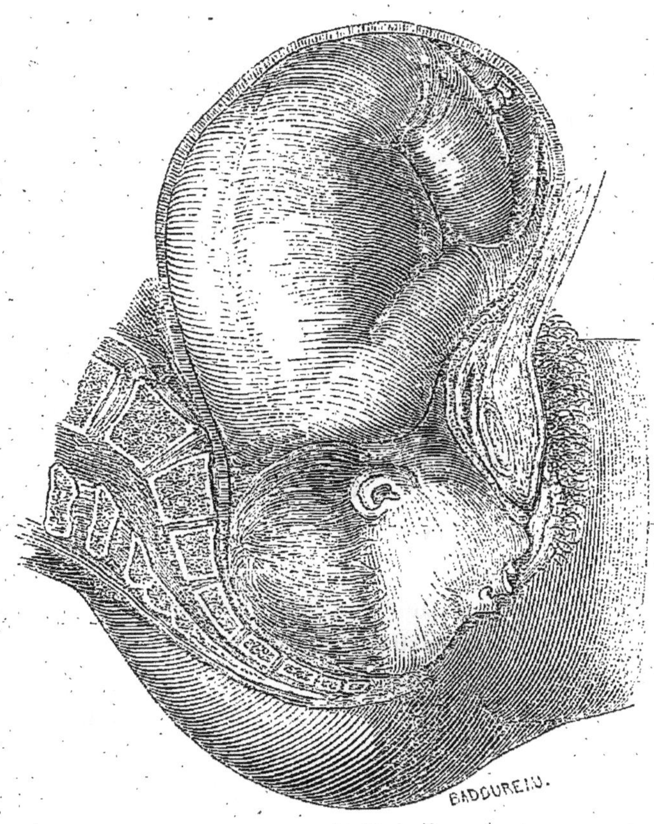

Fig. 40. — *Face parvenue au fond du bassin en exécutant le mouvement de rotation qui porte le menton en avant.*

est plus basse que la gauche. A mesure que la tête descend plus bas dans la cavité pelvienne, elle fait insensiblement un mouvement de rotation tel, qu'à la fin de la troisième période de l'accouchement, le diamètre longitudinal de la face correspond au diamètre oblique gauche de la cavité pelvienne, de sorte que le menton regarde le trou ovale droit, et la joue droite est tournée vers la fente vulvaire (fig. 40).

Lorsque la face arrive aux grandes lèvres, la joue droite et l'angle droit de la bouche se montrent, et le menton fait saillie en arrière de la branche descendante du pubis droit. A mesure que le travail avance, la mâchoire inférieure du côté droit s'engage au-dessous de l'arcade des os du pubis, elle la franchit jusqu'à ses angles, elle s'arc-boute contre elle, le menton restant toujours un peu tourné à droite, jusqu'à ce qu'enfin la plus grande circonférence de la tête ait effectué son passage à travers les grandes lèvres ; la tête alors exécute un mouvement de rotation autour de son axe transversal, de bas en haut et un peu de côté, et la face par conséquent se redresse. Lorsque la tête est dégagée, la face regarde en haut et à droite. Les épaules ont une position oblique au détroit inférieur ; la droite est dégagée en haut et à gauche, l'épaule gauche est tournée en bas et à droite. Elles se présentent entre les grandes lèvres et les franchissent de la manière que nous avons décrite.

Remarque. — En comparant la manière dont la tête, dans la première position crânienne, descend dans le bassin et le traverse, avec ce qui se passe dans la première position faciale que nous venons de décrire, on remarque une ressemblance frappante à plusieurs égards.

Dans le premier cas, la tête se présente par la moitié droite du sinciput, qui se trouve là partie la plus basse de l'enfant ; dans le second, elle se présente par la moitié droite de la face : dans le premier cas, c'est le quart supérieur et postérieur du pariétal droit qui se présente à l'entrée des grandes lèvres ; dans le second, c'est la région inférieure de la moitié droite de la face. Lorsque la tête arrive aux grandes lèvres et les franchit, c'est, dans le premier cas, la petite fontanelle qui est toujours tournée de côté ; dans le second, c'est le menton ; seulement, dans le dernier cas, le menton est dirigé à droite, tandis que dans le premier la petite fontanelle est à gauche.

348. — Lorsque le mécanisme de l'accouchement est tout à fait régulier, c'est-à-dire que la tête se présente entre les grandes lèvres et les traverse peu à peu avec un degré de lenteur convenable, la face se montre plus ou moins tuméfiée et d'un noir bleuâtre. Cette tuméfaction après l'accouchement par la *première* position faciale se montre principalement à la joue droite et à la bouche. Lorsque l'accouchement se fait avec moins de lenteur que d'ordinaire, la tuméfaction est nulle ou insignifiante ; si la tête est très lente à se présenter entre les grandes lèvres, de sorte que la joue droite reste un certain temps tournée vers la fente vulvaire, mais que le reste du travail s'opère rapidement, la tuméfaction noir bleuâtre est limitée à la joue droite, et aussi quelquefois à cette joue et à la moitié droite de la bouche ; la moitié gauche de la bouche en est exempte. C'est pourquoi la bouche se trouve être attirée à droite : c'est ce qu'on appelle *bouche torse*.

349. — Dans la *seconde* position de la face, qui est l'inverse de la première (v. 346, 2°), le doigt, introduit au commencement du travail, rencontre le nez, comme dans celle-ci; mais si le doigt est dirigé le long de la face dorsale du nez, à gauche il rencontre les narines, et à droite la suture frontale ; en avant, l'œil gauche. Au commencement du travail, à mesure que la tête descend dans la cavité pelvienne et qu'elle franchit les grandes lèvres, ainsi que les épaules qui la suivent, on observe le même mouvement de rotation et la même position que dans l'accouchement avec la première présentation faciale : toutefois ils se font en sens inverse. Il serait inutile d'entrer ici dans des détails sur la manière dont l'enfant traverse le bassin, dans la seconde position faciale.

350. — Dans les présentations de la face, la marche du travail n'éprouve aucune modification de ce que le front est situé primitivement un peu plus en avant ou un peu plus en arrière. Le menton, dans la suite, se tourne toujours en avant et va se rendre au-dessous de l'arcade des pubis, toutefois pourvu qu'il n'existe pas de conditions pathologiques qui puissent s'y opposer, ou bien que des circonstances extérieures ne soient pas venues déranger la position de la tête,

comme, par exemple, des tentatives faites pour l'améliorer, ou pour opérer un accouchement artificiel, etc.

Un fœtus avant terme, ou arrivé déjà à une putréfaction avancée, peut se présenter dans toutes les positions imaginables, et modifier de beaucoup de manières le mécanisme de l'accouchement.

351. — *Pronostic.* Un accouchement avec présentation de la face, pour se faire d'une manière régulière, c'est-à-dire par les seuls efforts de la nature, sans préjudice ni danger pour la mère et pour l'enfant, n'exige pour l'une comme pour l'autre des positions faciales, aucune condition plus favorable que les conditions ordinaires. Présentation de la face ou du crâne, peu importe, le mécanisme de l'accouchement n'en subit aucune modification appréciable, et, toutes les autres circonstances étant égales, les accouchements par la face n'exigent ni plus de temps ni plus d'efforts que ceux qui se font par le crâne.

Sous un seul rapport toutefois, *qui concerne l'enfant*, la présentation faciale offre des difficultés plus grandes; c'est là un point qui demande toute l'attention de la sage-femme. Des circonstances extraordinaires, telles que le défaut d'énergie des douleurs, le volume excessif de l'enfant, l'étroitesse du bassin, peuvent retarder ou entraver d'une certaine manière la marche du travail. Ces obstacles peuvent exister jusqu'à un *certain* degré, dans la présentation crânienne, sans préjudice, ni danger pour l'enfant ; ils peuvent au contraire être dangereux et même mortels dans les cas de *présentation faciale.* C'est que la pression trop prolongée qu'éprouvent les veines du cou de l'enfant, par suite du retard apporté à son passage à travers les organes de la génération, entrave le retour du sang de la tête, et détermine ainsi une réplétion des vaisseaux du cerveau, ce qui peut donner lieu à une mort apparente ou à une mort réelle par apoplexie.

C'est pourquoi, en général, la présentation crânienne est plus désirable que la présentation faciale. Nous indiquerons plus loin les devoirs que la sage-femme aura à remplir dans ces circonstances.

ARTICLE III. — CARACTÈRES ET MÉCANISME DE L'ACCOUCHEMENT DANS LA PRÉSENTATION DE L'EXTRÉMITÉ PELVIENNE.

§ 1er. — *Présentation du siége.*

352. — 1° *Signes.* Les caractères de la *présentation du siége* sont les suivants :

Dans quelques cas, chez les femmes maigres, par exemple, dont l'abdomen distendu par des grossesses antérieures a conservé une certaine mollesse ou un certain relâchement, et dont l'utérus ne renferme qu'une quantité modérée d'eaux amniotiques, on sent plus ou moins distinctement à l'extérieur la tête de l'enfant, qui est tournée en haut, de l'un ou de l'autre côté.

[On doit soupçonner une présentation de l'extrémité pelvienne, lorsque les pulsations du cœur du fœtus sont entendues au niveau ou au-dessus de l'ombilic.]

En pratiquant le toucher vaginal, on reconnaît un corps volumineux, arrondi, d'une certaine mollesse et non pas dur comme la tête.

Vers la fin de la grossesse, que la mère soit ou non primipare, le siége entouré par le segment inférieur de l'utérus, descend moins profondément que la tête dans le détroit inférieur ; ce qui fait qu'on ne peut sentir quelquefois aucune partie de l'enfant au commencement du travail et même jusqu'à la rupture de la poche des eaux.

En général, le diagnostic de cette présentation est difficile à établir avec cette rupture ; mais, dès que les eaux se sont écoulées, on peut facilement reconnaître le siége : 1° aux fesses et à leur sillon ; 2° à l'anus qui est fermé chez les enfants vivants, et ouvert chez les enfants morts ; 3° aux parties génitales placées entre les cuisses, qui sont elles-mêmes attirées vers le ventre ; 4° enfin à la pointe du coccyx que l'on peut sentir, et au méconium qui s'écoule ou qui teint le doigt.

On distingue aisément ces parties qui sont toutes molles, à l'exception du coccyx, à moins que la tuméfaction n'ait altéré leur forme naturelle au point de la rendre méconnaissable.

Comme le *nez* est l'indice le plus certain pour reconnaître la présentation de la face, ainsi que sa direction par rapport aux parois du bassin, de même le *coccyx* remplit l'un et l'autre but dans la présentation pelvienne.

353. — 2° *Positions.* La présentation du siége peut offrir plus de variétés de positions que celle de la tête, mais elles ne déterminent pas de changements essentiels ou préjudiciables dans le mode du passage de l'enfant à travers le bassin. Aussi suffira-t-il d'admettre les *deux espèces principales* suivantes :

1° *Présentation du siége, le dos tourné en avant contre la paroi antérieure de l'utérus.*

2° *Présentation du siége, le dos tourné en arrière* (fig. 41).

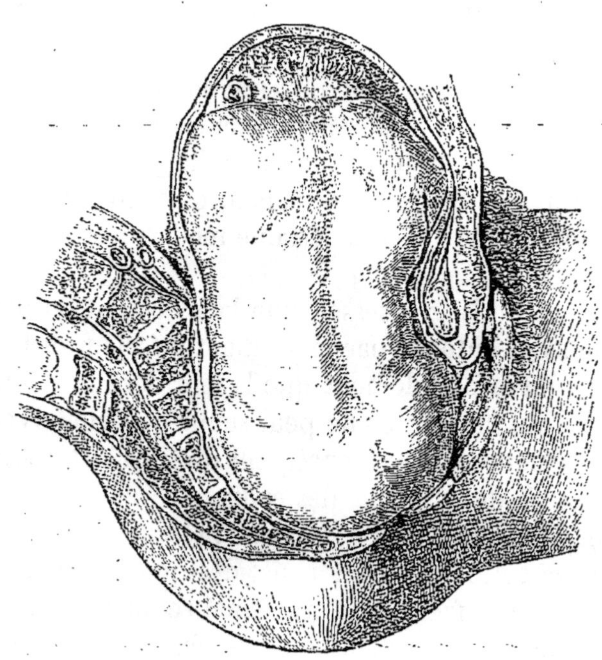

Fig. 41. — *Le siége engagé dans le fond de l'excavation pelvienne.*

Dans l'une et dans l'autre position, on trouve généralement, au commencement du travail, le dos plus ou moins tourné vers le côté, c'est-à-dire les hanches correspondant plus ou moins à l'un des diamètres obliques du détroit supérieur.

354. — 3° *Fréquence.* La première espèce est de beaucoup

la plus fréquente. Nous avons déjà parlé plus haut (voy. 328) du rapport de la fréquence de la présentation du siége avec les autres présentations longitudinales. Nous remarquerons seulement que les présentations par le siége et les pieds sont comparativement plus rares chez les primipares que chez les femmes qui ont déjà eu un enfant, et principalement chez celles qui en ont eu plusieurs.

355. — 4° *Mécanisme.* L'accouchement, dans la présentation du siége ou des pieds, se fait d'après des règles fixes, comme dans la présentation crânienne ; toutefois on observe ici moins rarement des écarts, tant par rapport au mode de passage de l'enfant à travers le bassin, sans que du reste il en résulte plus de dangers pour l'enfant, toutes circonstances égales d'ailleurs.

356. — Dans la présentation du siége, la tête et les mem-

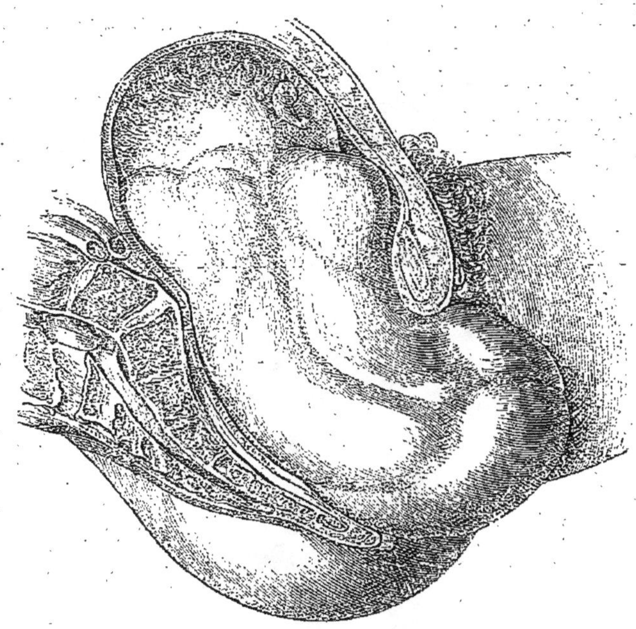

Fig. 42. — *Le siége engagé dans la vulve dilatée.*

bres conservent, par rapport au tronc, la même attitude que dans la présentation ordinaire. Ainsi les pieds se trouvent toujours primitivement près du siége, quelquefois on peut les sentir en même temps que celui-ci dès le commencement du travail. Lorsqu'ils sont situés un peu plus haut que le siége, ils s'élèvent lorsque celui-ci descend, et s'appliquent le long de l'abdomen et de la poitrine; ils sortent par conséquent en même temps que celle-ci. Lorsqu'ils sont situés plus bas que le siége, ils arrivent au dehors avant lui. Quelquefois ils traversent le bassin au même moment que le siége et apparaissent avec lui.

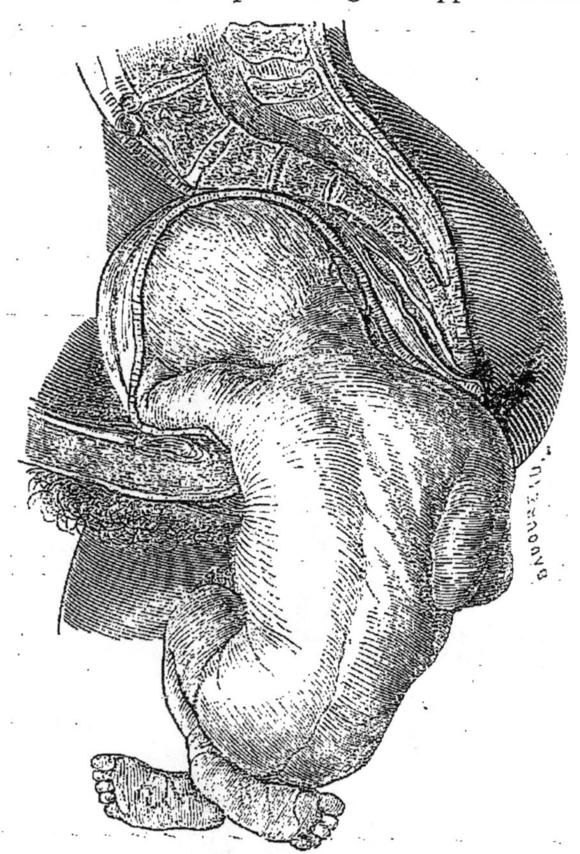

FIG. 43. — *Le tronc dégagé jusqu'aux épaules.*

357. — Dans tous les cas, que sa direction primitive soit parfaitement transverse ou oblique, le siége se montre toujours dans une direction oblique, lorsqu'il est engagé plus bas dans le détroit supérieur, et la hanche dirigée en avant est celle qui se trouve le plus en bas. C'est dans cette situation oblique

ou à peu près transverse, que le siége est poussé à travers le détroit supérieur, la cavité pelvienne et le détroit inférieur.

A. *Position sacro-antérieure.* C'est pourquoi, lorsque, dans la *première* espèce, la hanche *gauche* était primitivement plus ou moins dirigée en avant (*sacro-cotyloïdienne gauche*), comme cela a lieu le plus souvent, ou qu'en s'engageant dans le détroit supérieur, elle a pris cette position, le siége descend dans la cavité pelvienne dans la même direction, et la fesse

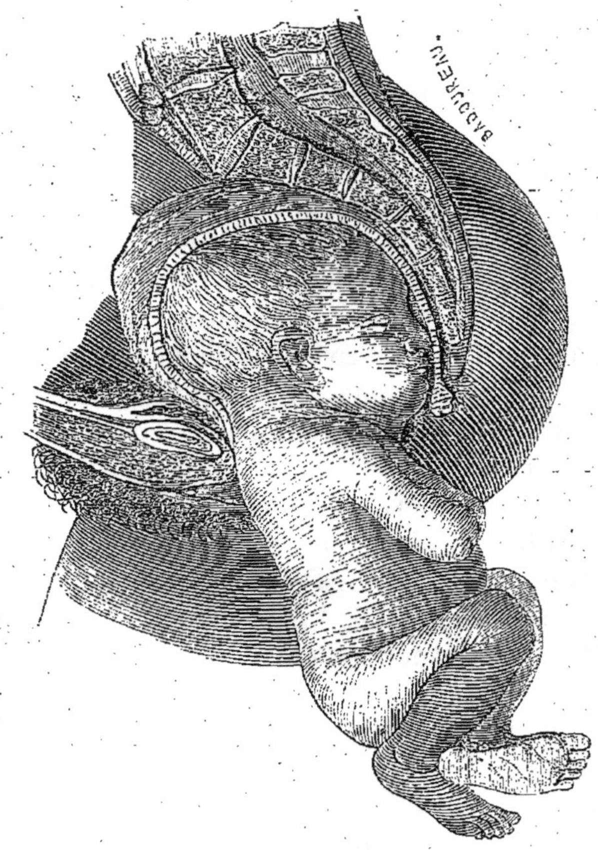

Fig. 44. — *Le tronc et les épaules dégagés.*

gauche est toujours alors la partie la plus basse ; c'est elle qui apparaît plus tard la *première* entre les grandes lèvres (fig. 42). A mesure que le travail avance, la hanche gauche, dirigée en avant et toujours un peu à droite, se dégage de dessous l'arcade des pubis, et tandis qu'elle s'arc-boute contre elle, la hanche droite, se trouvant dans la direction inverse et ayant un plus long trajet à effectuer, franchit le périnée fortement distendu ; de sorte que, lorsque les hanches ont franchi les parties molles externes de la génération, l'abdomen de l'enfant regarde la face interne et inférieure de la cuisse droite de la mère. Le reste du tronc suit dans la même direction, et tandis que la poitrine s'approche du détroit inférieur, les épaules traversent le détroit supérieur dans la direction du diamètre oblique gauche ; lorsque la poitrine elle-même traverse le détroit inférieur, les bras appliqués contre elle apparaissent en même temps, les coudes les premiers (fig. 43).

Mais, tandis que les épaules descendent dans cette direction oblique, la tête, qui pendant tout ce temps s'est trouvée appliquée sur la poitrine par le menton, s'engage dans le détroit supérieur en suivant la direction du diamètre oblique droit (c'est-à-dire le front tourné vers l'échancrure sacro-iliaque droite), et descend dans la cavité pelvienne, toujours dans la même direction ou dans une direction qui se rapproche de la direction droite. Ensuite la tête apparaît entre les grandes lèvres, et les franchit de la manière suivante : Pendant que l'occiput s'arc-boute derrière les os du pubis, la pointe du menton, puis le reste de la face, se dégagent du périnée, la tête exécutant un mouvement de rotation autour de son axe transversal de bas en haut (fig. 44).

Quelquefois cependant c'est la hanche *droite* qui, dans cette présentation, est primitivement dirigée en avant (*position sacro-cotyloïdienne droite*), ou qui prend cette direction dans la suite du travail. Dans ce cas, l'enfant traverse le bassin de la même manière que dans le précédent, à cette différence près que les rapports des différentes faces de son corps avec les parois du bassin sont changés. La face antérieure du corps de l'enfant, qui, dans le premier cas, regardait la paroi droite du bassin, est maintenant tournée à gauche, et la tête traverse le détroit supérieur dans la direction du diamètre oblique gauche, le front tourné vers l'échancrure sacro-iliaque gauche.

Nous avons exposé comment, dans la présentation crânienne, la tuméfaction de la peau (tumeurs de la tête), s'observe principalement sur le pariétal, qui se trouve être la partie la plus basse, dans le passage de la tête à travers le bassin, et notamment sur la portion du pariétal qui arrive la première au couronnement (voy. 337). Dans la présentation du siége, on remarque aussi souvent une tuméfaction d'un noir bleuâtre sur la partie qui s'est trouvée la plus basse lors du passage de l'extrémité pelvienne à travers le bassin, et qui la première est parvenue au couronnement.

358. — B. *Position sacro-postérieure.* Dans la *seconde* espèce des présentations du siége, la face antérieure de l'enfant regardant la paroi antérieure de l'abdomen de la mère, la hanche *gauche* est presque toujours dirigée primitivement en avant ou en haut (*sacro-iliaque gauche*), ou bien elle prend cette direction à mesure que le siége s'engage dans le détroit supérieur. Le siége conserve cette direction oblique, en descendant dans la cavité pelvienne, et même encore en franchissant la vulve. Les hanches une fois sorties, la face antérieure de l'enfant se dirige *à droite* et *en bas* ou *en arrière*, soit immédiatement, soit à mesure que le reste du tronc descend. Le mécanisme par lequel la tête traverse alors le détroit supérieur, la cavité pelvienne et le détroit inférieur est le même que celui qui a été décrit dans le paragraphe précédent.

Il arrive assez souvent, dans cette présentation, que la hanche *droite* est primitivement dirigée en avant ou qu'elle prend plus tard cette direction (*position sacro-iliaque droite*). Dans ce cas, le siége traverse le bassin et arrive au dehors comme dans le cas précédent, à cette différence près, que la face antérieure de l'enfant est tournée *en avant* et *à gauche*. Le mouvement de rotation se fait, comme dans le premier cas, aussitôt que le siége est arrivé au dehors ou bien lorsque le tronc est expulsé; seulement la face antérieure de l'enfant se tourne *à gauche* et *en bas*. De même, lorsque la tête traverse le détroit supérieur, le front descend le long de l'échancrure sacro-sciatique *gauche*.

359. — 5° *Anomalies dans les phénomènes d'expulsion du tronc et de la tête.* Dans l'un et dans l'autre cas, il peut arri-

ver, surtout lorsque l'enfant est petit, que le tronc, après avoir été expulsé presque jusqu'aux épaules, sa face antérieure se trouvant en avant et à droite ou en avant et à gauche, se retourne brusquement, bien souvent même par suite d'une seule douleur, qui l'expulse complétement avec la face antérieure dans une direction opposée à celle qu'elle avait précédemment ; de manière que la face antérieure de l'enfant, qui dans le premier cas, par exemple, était, avant la douleur, en avant et à droite, se trouve après la douleur brusquement tournée à gauche et en bas ou en arrière.

360. — Il arrive aussi quelquefois, dans les présentations du siége, que la tête n'est pas fléchie, le menton appuyé sur la poitrine, mais que l'occiput est appliqué sur la nuque, comme dans la présentation faciale. Dans ce cas, le tronc, suivant la position du siége, traverse le bassin, de la manière que nous venons d'indiquer, jusqu'à la tête. Celle-ci se présente au détroit supérieur, l'occiput étant appliqué sur la nuque, le sinciput tourné vers l'un ou l'autre os iliaque de la mère ; en traversant ce détroit et en descendant dans la cavité pelvienne, le sinciput exécute un mouvement de rotation en arrière, d'abord insensible, ensuite de plus en plus marqué ; en sorte que, le tronc arrivé au dehors, la voûte du crâne regarde la courbure du sacrum et du coccyx, et la face inférieure de la mâchoire inférieure est tournée vers la face postérieure de la symphyse pubienne. Quant à la présentation au détroit inférieur, elle se fait de la manière suivante ; tandis que la mâchoire inférieure s'appuie contre la symphyse pubienne par son bord inférieur, le sommet de l'occiput franchit le premier le périnée, suivi d'abord du sinciput et ensuite du front.

§ 2. — *Présentation des pieds.*

361. — Les deux pieds se présentent ordinairement ensemble dans cette espèce d'accouchement ; rarement il ne s'en présente qu'un seul.

Les pieds peuvent être reconnus à leur forme particulière, à travers les membranes, lorsque celles-ci sont lâchement tendues, mais beaucoup mieux encore après l'écoulement des caux; on les distingue des mains par les orteils qui sont plus courts que les doigts, la face palmaire qui est plus longue et plus étroite que la paume de la main, enfin par le talon et les malléoles. La face dorsale du pied regarde toujours la face antérieure du tibia, et par conséquent le talon en est la partie la plus basse. C'est pour cette raison, et aussi à cause de la ressemblance des malléoles avec les condyles de l'humérus, qu'on peut aisément confondre le talon avec le coude, dont il se rapproche d'ailleurs par la forme; mais tous les doutes cessent bientôt par un examen attentif de la plante du pied. Dans la présentation des pieds, il y a surtout deux circonstances qui rendent difficile de déterminer la position de l'enfant, c'est-à-dire si sa face antérieure est dirigée vers la paroi antérieure ou vers la paroi postérieure de l'utérus: 1° Les pieds sont très mobiles lorsqu'ils se trouvent encore à une certaine hauteur; 2° il arrive fréquemment qu'ils se croisent l'un avec l'autre, et, dans ce cas, les orteils de l'un se trouvent près du talon de l'autre.

Au toucher, le genou se distingue du coude, avec lequel on pourrait aisément le confondre, par son volume plus considérable et parce qu'il offre deux éminences latérales séparées par une dépression, tandis que le coude, qui est plus mince, offre de même deux saillies; mais entre elles on peut sentir distinctement une sorte de pointe par laquelle il se termine.

362. — Du reste, en traversant le bassin, les pieds changent souvent de direction, et celle-ci ne devient déterminée que lorsque les hanches pénètrent dans le détroit supérieur, et alors l'enfant traverse le bassin de la même manière que dans la présentation du siége. Les orteils sont-ils tournés en avant, lorsque les pieds sont près de l'orifice utérin ou au détroit inférieur, on n'a pas plus à craindre pour cela que l'enfant soit expulsé, ayant la face antérieure de son corps dirigée en avant, que dans la deuxième présentation du siége.

Comme, dans les accouchements par les pieds, le tronc offre moins de résistance que dans les accouchements par le siége, dans lesquels, les cuisses étant fléchies sur l'abdomen, l'enfant traverse les voies génitales pour ainsi dire plié en deux, on comprend aisément pourquoi le tronc effectue généralement son trajet à travers le bassin avec plus de rapidité dans la première espèce d'accouchements que dans la seconde.

Dans les accouchements par le siége, et principalement dans ceux qui se font par les pieds, il y a ordinairement, au moment de la rupture de la poche des eaux, un écoulement plus considérable et plus continu que dans ceux qui se font par le sommet.

363. — C'est là le mécanisme ordinaire des accouchements par le siége et les pieds, lorsque l'enfant, les voies génitales et les forces expulsives se trouvent dans l'état normal, et que la nature n'est pas troublée dans ses fonctions par des circonstances extérieures, la version ou l'extraction, par exemple.

Mais lorsque le siége ou les pieds semblent avancer trop lentement et qu'on exerce des tractions sur ces parties, le mécanisme de l'accouchement se trouve notablement influencé.

En effet, si l'enfant est expulsé par les seules forces de la nature, c'est-à-dire par les contractions de l'utérus qui s'exercent sur lui de tous côtés : 1° le menton, pendant le passage de l'enfant à travers le bassin, reste toujours appliqué sur la poitrine, ce qui fait que la tête s'engage dans le bassin et le traverse dans la position la plus favorable (v. 357) ; 2° les bras restent appliqués sur la poitrine et arrivent avec elle au dehors ; 3° la progression de l'enfant distend d'une manière lente et suffisamment continue les parties molles de la génération, de façon qu'elles ne présentent que le moins de résistance possible au passage de la tète ; 4° par suite de la marche lente de l'accouchement, la matrice, ne se débarrassant que graduellement de son contenu, acquiert des facultés contractiles et une force plus grandes, et se trouve en état de pousser par des contractions souvent énergiques et en temps convenable, la tête jusque dans le bassin et à travers le bassin lui-même. Mais lorsqu'on pratique des tractions sur l'enfant, on voit cesser la pression produite par les contractions utérines, qui agissaient de toutes parts sur l'enfant et qui maintenaient le menton et les bras appliqués sur la poitrine ; les bras remontent et s'appliquent sur les côtés de la tête, le menton s'éloigne de la poitrine, et la tête s'approche avec les bras, vers le détroit supérieur, dans la position la plus défavorable. Par conséquent, l'entrée de la tête dans le bassin et son trajet à travers cette cavité deviennent difficiles ; les parties molles de la génération sont distendues d'une manière violente et peu continue, et l'énergie des contractions est considérablement affaiblie, parce que l'utérus est trop promptement débarrassé de son contenu ; c'est pourquoi elles ne peuvent plus pousser la tête dans le bassin et à travers cette cavité elle-même.

§ 3. — *Pronostic de l'accouchement dans les présentations du siége et des pieds.*

364. — Les accouchements avec présentation du siége ou des pieds se font sans inconvénients par les seuls efforts de la nature, lorsque toutes les conditions qui président à un mécanisme régulier de l'accouchement se trouvent réunies. Ils ne s'accompagnent pas de difficultés ou d'incommodités plus grandes pour la mère que ceux qui se font par la tête ; souvent même les difficultés sont moindres.

Cependant pour les mêmes motifs que nous avons indiqués plus haut pour les présentations de la face (v. 351), les présentations pelviennes sont, en général, moins désirables que celles du crâne. C'est que les mêmes circonstances dans lesquelles un accouchement par le sommet se fait sans danger pour l'enfant peuvent être mortelles dans un accouchement par le siége et par les pieds. Dans la présentation de la face, la pression trop prolongée exercée sur les veines du cou de l'enfant peut compromettre la vie de celui-ci ; dans la présentation du siége et des pieds, la pression du cordon entre le tronc du fœtus et le bassin peut l'exposer au même danger ; car, tant que l'enfant ne respire pas encore, la libre circulation du sang dans le cordon est pour lui un besoin aussi nécessaire que, pour l'homme vivant, la libre respiration au milieu de l'air atmosphérique. La suppression de la circulation du cordon est aussi dangereuse pour l'enfant qui n'a pas encore respiré que la suppression de la respiration pour l'enfant qui s'est trouvé au contact de l'air et qui a respiré déjà. C'est pourquoi, lorsque le tronc est sorti en partie ou en entier, et que le passage de la tête à travers le bassin se trouve retardé par suite de la disproportion du volume de l'enfant et de la largeur du bassin, ou par suite de l'insuffisance des douleurs, alors la compression à laquelle le cordon est exposé peut amener des dangers plus ou moins graves pour l'enfant.

C'est ce qui fait, et l'expérience le démontre, que le nombre des enfants mort-nés est bien plus considérable dans les accouchements par le siége ou par les pieds que dans ceux qui se font par le crâne.

365. — Il résulte de ce qui précède, et c'est encore un fait constaté par l'expérience, qu'il y a moins d'enfants mort-nés dans les accouchements par le siége que dans les accouchements par les pieds. En effet, l'extrémité inférieure du tronc, avec les cuisses attirées sur le ventre, offre à l'entrée du bassin et dans son passage à travers celui-ci, une circonférence bien plus grande que lorsque les pieds descendent avant le siége. Par conséquent, d'une part, les parties molles de la génération sont plus fortement distendues ; de l'autre, le passage du tronc à travers le bassin se trouve ralenti ; il en résulte que les forces contractiles de l'utérus sont augmentées, et que les contractions acquièrent plus d'énergie. De là cet avantage que, précisément au moment si dangereux pour l'enfant où la tête s'engage dans le bassin et le traverse, moment auquel tout arrêt du mécanisme peut être facilement mortel, l'accouchement est accéléré par la contraction plus énergique de l'utérus, ainsi que par la distension convenable des parties molles de la génération ; le passage de la tête s'opère avec plus de facilité, et par conséquent la pression à laquelle est exposé le cordon ombilical est beaucoup moindre.

Remarque — Si la sage-femme se pénètre bien de ces préceptes, elle comprendra facilement les règles importantes qui en résultent pour la pratique, et alors elle conservera la vie de maint enfant qui succomberait par suite d'une conduite différente.

ARTICLE IV. — ACCOUCHEMENT GÉMELLAIRE.

366. — Cet accouchement se fait en général par les seuls efforts de la nature ; il appartient en conséquence aux accouchements réguliers. Quoiqu'ils ne soient pas rares en général, ils le sont cependant comparativement aux autres. Sur soixante à soixante-dix accouchements, il y en a un de jumeaux ; ceux de trijumeaux sont plus rares, et ceux de quadrijumeaux le sont plus encore, etc. ; les jumeaux, lors même qu'ils arrivent à terme, sont ordinairement plus petits et plus faibles que les enfants uniques.

367. — Il a déjà été question des signes de la grossesse double et de leur incertitude (voy. 230). Ce n'est qu'après la naissance d'un enfant qu'on obtient la certitude de la présence d'un second. En voici les signes : 1° écoulement d'une petite quantité d'eau comparativement au volume du ventre, et, de même, petitesse relative de l'enfant qui vient de naître ; 2° on sent avec la main appliquée à plat sur le ventre la matrice volumineuse, plus ou moins dure et souvent inégale ; les parties de l'enfant se font plus ou moins distinguer à travers les parois abdominales ; 3° il se présente une seconde poche des eaux, ou bien même une des parties du second enfant.

368. — Souvent les deux enfants se présentent par la tête ; mais il arrive qu'il n'en est ainsi que pour le premier, tandis que le second se présente par le siége ou par les pieds. Quelquefois le premier vient au dehors par le siége ou par les pieds, et le second par la tête ; parfois tous deux se présentent par le siége ou les pieds. Le premier offre le plus souvent une présentation crânienne.

369. — Le passage des jumeaux à travers le bassin, dans les différentes positions de la tête, du siége ou des pieds, offre le même mécanisme que lorsqu'il n'y a qu'un enfant unique.

Souvent le travail se fait plus lentement, et l'utérus est doué de contractions moins énergiques que dans l'accouchement simple.

La naissance du second enfant suit celle du premier après

un intervalle plus ou moins long; dans la plupart des cas, après une, deux ou trois heures, quelquefois après plusieurs heures et même plusieurs jours. Lorsque le second enfant se présente dans un bonne position, son expulsion est en général plus facile et plus rapide que celle du premier. Lorsque les jumeaux sont d'un volume différent, celui qui est le plus gros est ordinairement expulsé le premier.

L'expulsion de l'arrière-faix se fait généralement après la sortie du second enfant, que les placentas soient séparés ou réunis.

370. — L'accouchement gémellaire se fait souvent avant terme. Les trijumeaux arrivent rarement à terme et vivent rarement; cela a lieu plus encore pour les quadrijumeaux, etc.

Après l'accouchement de jumeaux, de trijumeaux, de quadrijumeaux, etc., on observe plus fréquemment que dans les accouchements uniques l'impuissance de l'utérus à opérer des contractions suffisantes, ainsi que les suites ordinaires de cette impuissance, expulsion retardée du placenta, hémorrhagies utérines, etc.

ARTICLE V. — Des signes de la vie ou de la mort de l'enfant pendant l'accouchement.

371. — Bien que la vie ou la mort de l'enfant n'exercent pas d'influence marquée sur le mécanisme du travail, il est souvent cependant très important de savoir si l'enfant est vivant ou mort pendant le travail. Il est quelquefois très difficile et même impossible d'établir ce fait avec certitude.

372. — Les circonstances et les signes suivants font reconnaître que l'enfant *est vivant* pendant l'accouchement.

1° La femme s'est constamment bien trouvée jusqu'au moment du travail; elle n'a subi aucune influence nuisible qui ait pu mettre en péril la vie de l'enfant (voy. 231, 1°).

2° Les pulsations fœtales sont perceptibles; on a pu percevoir les mouvements de l'enfant jusqu'au commencement du travail et pendant le travail lui-même.

3° La partie de l'enfant qui se présente est ferme et tendue au toucher, et il s'y forme une tuméfaction (à moins que l'accouchement ne se fasse d'une manière très prompte).

4° Les pulsations du cordon ombilical se font sentir.

Parmi ces signes, ceux qui offrent une véritable certitude sont : les pulsations fœtales facilement perceptibles pour les personnes expérimentées, et les mouvements de l'enfant distinctement appréciables, ainsi que les pulsations du cordon.

373. — Les signes et les circonstances qui suivent font reconnaître avec plus ou moins de certitude la *mort* de l'enfant en dehors de ceux que nous avons indiqués plus haut :

1° Pendant le travail, la femme ne sent pas de mouvements de l'enfant, et elle n'en avait pas perçu non plus quelque temps avant ; ces mouvements n'avaient pu être constatés par des personnes expérimentées.

2° Les pulsations fœtales ne se font plus percevoir.

3° Dans la rupture de la poche, surtout lorsqu'il y a présentation céphalique, les eaux s'écoulent mêlées de méconium.

4° Les eaux qui s'écoulent sont fétides.

5° Lorsque le travail suit d'ailleurs la marche ordinaire, c'est-à-dire qu'il ne se fait ni avec trop de lenteur, ni avec trop de promptitude, il ne se forme pas de tuméfaction à la partie qui se présente, ou bien la tumeur, lorsqu'elle s'est déjà formée, perd de sa tension et de sa fermeté, et devient flasque et molle.

6° S'il se présente un petit organe, tel que la main, le pied, cet organe est flasque et mou au toucher, et n'offre ni mouvement ni pulsations.

7° L'orifice anal est béant.

8° Le cordon ombilical est mou, flasque et sans pulsations; lorsqu'il est apparent, on remarque qu'il est pâle et d'un jaune verdâtre.

9° Les os du crâne sont très mobiles, et chevauchent les uns sur les autres avec crépitation.

10° Le corps de l'enfant présente des traces de putréfaction ; l'épiderme, notamment, se détache facilement. Toutefois ce signe peut se rencontrer aussi sur les mains et les pieds des enfants vivants.

11° Après la rupture de la poche des eaux, les contractions utérines étant énergiques, retard prolongé outre mesure de l'accouchement, qui peut déterminer la mort de l'enfant.

12° Enfin, des tentatives violentes ou maladroites pour opérer un accouchement artificiel.

Cependant tous ces signes ne donnent pas de certitude de la mort de l'enfant, à l'exception des signes évidents de putréfaction de l'enfant et de celui indiqué au n° 2 ; et encore faut-il pour cela que les pulsations fœtales perçues précédemment ne puissent plus être entendues, malgré l'examen le plus minutieux de personnes expérimentées. Cependant, plus il y a de ces signes, plus il sera permis de considérer comme probable la mort de l'enfant.

SECTION TROISIÈME.

DES SOINS QUE DEMANDE LA FEMME DANS L'ACCOUCHEMENT NATUREL.

374. — Le but de tous les soins dans l'accouchement régulier, est de *rendre le travail aussi facile que possible, de donner à la femme toutes sortes de commodités, et de la préserver, ainsi que son enfant, de tout danger.*

375. — Avant de donner les règles auxquelles la sage-femme devra se conformer pour atteindre ce but, nous allons indiquer les instruments et les appareils dont elle doit être munie, ainsi que les préparatifs qu'elle aura à faire avant le moment de l'accouchement.

INSTRUMENTS ET APPAREILS.

1° Une seringue d'étain assez grosse, pourvue d'une canule d'un calibre moyen, d'os ou d'ivoire, pour donner des lavements aux adultes ;

2° Une seringue moins grosse, d'étain, munie d'une canule

ordinaire pour donner des lavements aux enfants ; il faut une autre canule courbe, dont le bout renflé doit être percé ; elle sert à faire des injections dans le vagin et l'utérus. L'une et l'autre canule doivent s'adapter à la seringue, non au moyen d'une vis, mais par frottement ;

3° Une sonde de femme, d'argent ou de gomme élastique;

4° Des ciseaux ordinaires à pointes douces ou arrondies ;

5° Plusieurs rubans de fil, larges comme un tuyau de plume, pour faire la ligature du cordon ombilical ;

6° Une petite et une grosse éponge ;

7° Un morceau d'amadou pour appliquer sur l'ombilic, dans le cas où le cordon se détacherait ;

8° Deux rubans de fil pour la version ;

9° Une brosse et un morceau de flanelle d'environ 30 centimètres carrés.

10° Les sages-femmes, surtout celles qui exercent à la campagne, doivent toujours être munies des médicaments suivants : [seigle ergoté], teinture de cannelle, ammoniaque, vinaigre aromatique, liqueur d'Hoffmann. Ces médicaments seront conservés dans des flacons hermétiquement fermés et étiquetés. Elles doivent avoir aussi des fleurs de camomille. Tout cela doit être en bon état, renfermé dans une boîte faite pour cet usage, et toujours disposé de telle sorte que la sage-femme puisse s'en servir, soit par elle-même, soit sur les ordres du médecin, en cas d'accidents graves qui peuvent subitement frapper la mère ou l'enfant.

Il faut, en outre, que la sage-femme ait toujours chez elle une bonne quantité de charpie.

376. — La position la plus commode et la plus sûre à donner à une femme en travail est de la faire coucher sur le *dos* ou sur le *côté*, sur un lit fait pour une seule personne, ou sur un large canapé. Ce meuble doit être placé de manière que l'accès en soit libre de tous côtés, ou du moins, disposé de telle sorte que l'on puisse l'éloigner du mur contre lequel il se trouverait placé.

Tout lit qui se compose d'une paillasse, d'un matelas de crin, d'un oreiller, etc., peut être facilement transformé en lit d'accouchement. Que la femme doive accoucher dans le décubitus latéral (sur le côté) ou sur le dos, il sera nécessaire d'étendre sur le milieu du matelas une toile cirée d'à peu près 1 mètre 1/2 en carré (elle ne doit pas être neuve, parce que, dès qu'elle serait échauffée, elle produirait une odeur forte et incommode), ou bien une peau de chevreuil tannée. On étendra par-dessus un drap de lit ou bien une alèze pliée en quatre ou six doubles. Un matelas, bien rempli de paille, suffira pour les personnes peu aisées. Les lits de plume ne peuvent remplir ce but, parce qu'ils ne présentent pas le degré de résistance nécessaire à l'endroit où doit reposer le sacrum. Pour que la femme soit convenablement couchée sur le dos, on rehausse le lit au niveau de la région du sacrum, au moyen d'un traversin de crin ou de paille, large comme la main ; un traversin semblable, placé au pied du lit, sert de point d'appui aux pieds de la malade. Pendant les douleurs, un ou deux aides pourront maintenir les jambes légèrement fléchies dans les articulations du genou. Deux serviettes longues, ou deux forts rubans de fil, attachés aux colonnes du lit, servent de point d'appui aux mains. On couvre légèrement la femme en travail pour la préserver d'un refroidissement.

L'accouchement terminé, on enlève soigneusement, sans trop remuer ou incommoder la femme, les traversins inutiles, et l'on remplace les alèzes mouillées par de nouvelles bien chaudes. On évite ainsi à la femme tout mouvement et dérangement, ainsi que tout danger de refroidissement et d'hémorrhagie auquel elle serait exposée par le transport de ce lit dans un autre.

Un lit préparé de la même manière peut aussi servir pour un accouchement artificiel. Nous parlerons plus loin du moment opportun pour faire coucher la femme en travail.

CHAPITRE PREMIER.

CONDUITE QUE LA SAGE-FEMME DOIT TENIR DANS L'ACCOUCHEMENT NATUREL EN GÉNÉRAL, ET EN PARTICULIER DANS CEUX AVEC PRÉSENTATION DU CRANE.

§ 1er. — *Conduite de la sage-femme dans la première période de l'accouchement.*

377. — Lorsque la sage-femme est appelée auprès d'une femme enceinte qui est sur le point d'accoucher, elle doit, si elle ne connaît pas la malade, s'enquérir de toutes les circonstances qui se rapportent à l'accouchement. Elle lui demandera, par exemple, si elle a bien calculé l'époque de sa grossesse, et à partir de quelle époque elle a commencé à compter ; quel a été l'état de sa santé pendant la grossesse ; si des douleurs se sont déjà manifestées, si les eaux se sont écoulées ; si elle a déjà eu des enfants ; quelle a été la durée de ses accouchements antérieurs ; de quelle manière ils se sont passés ; si elle sent les mouvements de l'enfant, ou bien si elle les a sentis encore tout récemment ; quelle est la région de l'abdomen dans laquelle ils ont lieu, et s'ils se sont fait sentir exclusivement dans l'endroit désigné, etc. Elle passe ensuite avec prudence et attention à l'examen d'abord externe puis interne de la femme, afin de se renseigner sur l'état de l'abdomen, la position de l'enfant, l'état des parties génitales externes et internes, enfin surtout pour s'assurer si le travail a positivement ou non commencé.

378. — Lorsque les douleurs sont faibles et rares, lorsqu'elles n'ont pas encore exercé d'influence sur l'orifice utérin, enfin lorsqu'après avoir observé quelque temps la femme enceinte, la sage-femme juge que l'accouchement n'est pas encore près de se faire, elle se bornera à lui prescrire le repos ; elle lui conseillera d'éviter tout exercice du corps, de prendre des aliments faciles à digérer, de l'eau simple ou panée ou de l'eau et du lait comme boisson. Elle permettra de la bière et du vin, mais en petite quantité, aux femmes faibles seule-

ment; encore faut-il qu'elles y soient habituées. Nous avons déjà dit plus haut combien il importe aux femmes enceintes en général, et notamment à celles dont l'accouchement est proche, d'observer la plus grande tempérance et surtout d'éviter les repas du soir copieux.

§ 2. — *De la conduite de la sage-femme dans la seconde période de l'accouchement.*

379. — Aussitôt le commencement de la deuxième période, c'est-à-dire lorsque chez les primipares l'orifice utérin s'entr'ouvre, ou que chez les multipares il commence à se dilater, seuls signes qui indiquent positivement le commencement du travail, la sage-femme doit veiller à ce que toutes les choses nécessaires pendant et après l'accouchement, ainsi que pour les cas d'accidents imprévus, soient préparées et disposées.

Avant l'accouchement, lors même que la femme offre l'aspect d'une santé florissante, que ses accouchements antérieurs ont été faciles, enfin que toutes les circonstances présentes semblent promettre une heureuse délivrance, la sage-femme doit toujours songer que, dans tous les cas, il peut, pendant ou après l'accouchement, survenir des accidents qui peuvent compromettre la vie de la mère et de l'enfant, tels que des crampes, des convulsions, des syncopes, des hémorrhagies, une chute du cordon, un renversement de matrice, etc. La sage-femme ne doit jamais oublier que la santé et la vie de la mère et de l'enfant lui sont confiées, et qu'elle est seule responsable de tout ce qui arrive, de ce qu'elle fait ou néglige de faire tant qu'un médecin ne sera pas présent.

380. — Le lit doit être dressé avant l'accouchement. Il faut qu'il y ait dans la maison au moins une chopine de vinaigre et autant d'eau-de-vie, une cuvette pour faire les mélanges pour les injections dans la matrice.

La sage-femme doit avoir sous la main tous les instruments et appareils pour pouvoir s'en servir à l'instant même sans qu'il soit besoin de les chercher. Elle aura à sa disposition de l'eau chaude pour infusion, lavements, bain si l'enfant en a besoin aussitôt après l'accouchement, une petite baignoire, quelques compresses de toile douce, enfin, pour le toucher, de la graisse pure, et mieux encore du beurre frais non salé ou du cérat.

La sage-femme doit veiller à ce que l'air de la chambre soit aussi pur que possible, et ni trop chaud ni trop froid, pour prévenir un refroidissement chez la malade ; elle doit éloigner toutes les substances odorantes dont elle n'a pas besoin immédiatement ; enfin elle ôtera à la femme tous les vêtements lourds et tous les objets qui la serrent, comme les jarretières, etc. ; elle aura soin qu'elle soit légèrement vêtue.

381. — Quand, avant la dilatation de l'orifice utérin, la sage-femme n'a pu reconnaître distinctement à travers le segment inférieur de l'utérus que c'est la tête qui se présente, il faut qu'elle pratique de nouveau le toucher dans l'intervalle des douleurs, après cette dilatation, afin de s'assurer s'il y a présentation de la tête, si elle est crânienne, si elle se présente seule ou avec une autre partie que l'on doit reconnaître. Elle doit faire cet examen avec beaucoup de prudence, pour ne pas déterminer une rupture prématurée des membranes. Quand elle aura acquis la certitude que c'est la tête qui se présente par le crâne, sans autre partie de l'enfant, telle que par exemple la main ou le cordon ombilical (que l'on reconnaît à sa mollesse, à sa forme qui tient de celle d'un intestin, aux pulsations dont il est le siége), elle doit se garder de faire trop souvent l'examen et attendre que l'orifice utérin continue à se dilater.

Nous parlerons plus bas de la conduite que doit tenir la sage-femme, lorsqu'elle ne sent aucune partie se présenter au début de l'accouchement et jusqu'au moment où la poche des eaux est mûre ; nous expliquerons aussi alors ce fait.

382. — Au commencement de la deuxième période de l'accouchement, la sage-femme administrera à la femme enceinte, lorsqu'elle est d'ailleurs bien portante, un *lavement* avec de l'eau tiède ou une décoction de guimauve, de mauve, de son ou d'orge, et une légère infusion de camomille. Pour les personnes disposées à la constipation, on ajoutera au lave-

ment une ou deux cuillerées à café de sel, ou un peu de savon, ou bien une ou deux cuillerées d'huile mélangées à un jaune d'œuf sans lequel l'huile ne se mélange pas à l'eau. Les selles provoquées par ce lavement : 1° rendent le passage de l'enfant un peu plus facile; 2° favorisent la sortie des gaz intestinaux dont l'accumulation pourrait incommoder dans le travail et occasionner des tranchées ; 3° elles sont utiles pour la propreté. C'est pourquoi la sage-femme doit ne jamais négliger cette mesure, et prendre soin de la recommander aux femmes qui auraient de l'aversion pour ce moyen. Si les circonstances l'exigent, elle en administrera un second.

La sage-femme doit aussi conseiller à la malade de ne pas retenir les urines pendant le travail. Lorsque la pression exercée par la tête de l'enfant sur l'urèthre, l'empêche d'uriner, elle la fera coucher sur le dos, et s'efforcera de déterminer l'émission des urines, en exerçant à l'aide du doigt une faible dépression sur la tête pour l'éloigner. Lorsque ce but ne sera pas atteint, elle pratiquera le cathétérisme.

383. — Dans tous les cas, la sage-femme évitera soigneusement de dilater l'orifice utérin, de l'effacer, d'en tirailler en avant la lèvre antérieure, d'élargir le vagin, la fourchette, le périnée, et de déprimer celui-ci ; elle s'abstiendra de même d'enduire de graisse ces parties. Cette pratique détermine de l'irritation et de la douleur : elle est toujours inutile, souvent nuisible.

La sage-femme doit, pendant le toucher, ménager autant que possible la poche des eaux et se garder de la déchirer, car il est très avantageux qu'elle se conserve jusqu'à la dilatation complète de l'orifice utérin, qu'elle fasse saillie et qu'elle descende même profondément jusqu'à la fente vulvaire dans le vagin, et qu'elle ne se rompe qu'à cette époque : alors l'accouchement se fait d'ordinaire avec plus de facilité. Ce n'est que lorsqu'on est convaincu que c'est la tête qui se présente, et que le cordon ombilical n'est pas engagé avec elle (car dans ce cas il y aurait danger à déchirer la poche), et lorsque cette poche est descendue jusqu'à la vulve, qu'il est permis de la déchirer. Cette opération se fait en déprimant avec le bout de l'index la poche tendue pendant les douleurs, et, dans le cas où cèla ne suffirait pas, on augmentera préalablement la tension de la poche à l'aide du pouce et du doigt médius.

384. — La sage-femme ne doit ordonner, pour accélérer le travail, ni bain de vapeur, ni boissons échauffantes, telles que vin, eau-de-vie, etc., ni médicaments quels qu'ils soient. Elle doit interdire à la femme en travail de faire, pendant cette période, des efforts tendant à seconder les douleurs et à favoriser l'expulsion du fœtus ; ces efforts seraient inutiles, et ne serviraient qu'à échauffer et à épuiser la femme. En général, elle doit s'abstenir de tout ce qui pourrait accélérer la marche du travail. On peut généralement admettre que les accouchements dont le début se fait lentement marchent plus promptement dans la suite, et se terminent d'une manière facile et heureuse. D'un autre côté, ceux dont la marche au début est prompte et s'accompagne de douleurs vives se terminent souvent d'une manière lente.

385. — La douceur et l'affabilité sont des qualités indispensables pour la sage-femme, et celle qui ne les possède pas doit chercher à les acquérir. Elle doit engager les femmes en travail à prendre patience et à avoir courage ; elle s'efforcera de dissiper, par ses paroles, la crainte et l'inquiétude qu'elles éprouvent, surtout quand elles sont primipares. Une conversation à la fois calme et gaie avec la malade, et surtout avec les personnes présentes, contribue beaucoup à la tranquilliser. Il va sans dire qu'elle doit éviter soigneusement de lui parler d'accouchements pénibles, etc.

Remarque. — Pour beaucoup de femmes, les douleurs de la seconde période sont les plus insupportables et les plus décourageantes, parce qu'elles ne les voient suivies d'aucun résultat, que le ventre ne change pas de volume, et qu'elles ne se sentent pas soulagées pendant les intervalles ; elles croient, en conséquence, que ces douleurs ne les rapprochent pas du but. Pour relever le moral de ces femmes, surtout lorsque le travail se fait avec une lenteur insolite, voici ce qu'il faut leur dire : Les douleurs que vous éprouvez sont loin d'être inutiles, elles préparent au contraire l'accouchement et des couches heureuses ; les accouchements prompts ne sont rien moins que désirables, tandis que ceux dont le travail se fait avec la lenteur convenable ont une influence favorable sur les couches et leurs suites : c'est précisément cette lenteur de travail qui rend les voies génitales aptes au passage de l'enfant, en les distendant graduellement ; ces parties seraient exposées à des lésions plus ou moins graves, si l'accouchement se faisait avec plus de rapidité ; enfin cette lenteur convenable rend plus facile l'expulsion du fœtus, qui sans cela serait très douloureuse, et la sortie de l'arrière-faix a lieu plus tôt et plus sûrement. La sage-femme doit se garder de préciser l'époque où l'accouchement doit être terminé, attendu que le praticien le plus expérimenté peut se tromper à cet égard. Une telle erreur ôte toute confiance à la femme ; elle pourrait lui inspirer des craintes et de l'inquiétude, et exalter au plus haut degré son impatience. Une pareille disposition d'esprit peut avoir des suites très fâcheuses.

386. — Le moment opportun pour faire coucher la femme sur le lit d'accouchement est celui où l'orifice utérin est suffisamment dilaté et où la poche des eaux est près de se rompre, c'est-à dire vers la fin de la deuxième période. En général, il ne convient pas d'attendre jusqu'au moment de la rupture, parce que celle-ci est souvent suivie immédiatement de la sortie de l'enfant, et que, par conséquent, la femme enceinte pourrait être surprise dans une position désavantageuse pour elle et pour l'enfant. Jusqu'au moment où elle se couche, on peut lui laisser toute liberté de marcher, de s'asseoir ou de se mettre au lit. Lorsque les eaux s'écoulent trop tôt, il faut faire immédiatement coucher la malade sur le côté dans une position horizontale, lui recommander de se tenir tranquille, et la laisser dans cette position jusqu'à ce que l'orifice utérin soit suffisamment dilaté ; on pourra alors lui permettre de prendre la position dorsale qui est beaucoup plus commode. Quant aux femmes faibles, à celles qui sont disposées à des hémorrhagies, à des convulsions, à des syncopes, qui ont le ventre pendant ou qui sont affligées de hernies, d'enflure des pieds ou des parties génitales, etc., on fera bien de les faire

coucher dès le début du travail. Il en est de même de celles pour lesquelles on redoute un accouchement précipité, ou chez lesquelles une marche lente du travail semble être désirable.

Si, d'ailleurs, après la rupture de la poche des eaux, le travail se fait avec une lenteur insolite, si les douleurs sont faibles et ne se reproduisent qu'à de longs intervalles, de manière que les parties qui se présentent restent en place, ou n'avancent que fort peu, on peut encore permettre à la femme de quitter le lit, de s'asseoir ou de marcher.

C'est souvent un grand soulagement pour la malade de changer de position dans l'intervalle des douleurs, et ce serait la tourmenter inutilement que de s'y opposer. Toutefois, lorsqu'elle est en sueur, on lui défendra de changer de position, qui pourrait l'exposer à un refroidissement.

387. — Lorsque la poche est mûre (voy. 317), il est bon d'en informer la femme, surtout quand elle est primipare, pour lui épargner une frayeur inutile. Afin d'empêcher que le linge placé sous elle ne soit mouillé inutilement, il convient de placer au-devant des parties génitales, au moment où l'on s'attend à la rupture, une grosse éponge trempée préalablement dans de l'eau tiède et exprimée fortement, pour recevoir les eaux qui vont s'écouler. On répétera ce procédé toutes les fois que plus tard il s'écoulera encore du liquide.

On peut encore recevoir les eaux dans un plat d'étain ou de fer-blanc, qu'on rapproche des parties génitales, entre les cuisses. Dans tous les cas, la sage-femme devra voir si les eaux présentent leurs propriétés ordinaires, ou si elles sont colorées par du méconium, ou si elles ont une odeur inaccoutumée.

§ 3. — *Conduite de la sage-femme dans la troisième période.*

388. — Immédiatement après la rupture de la poche, la sage-femme doit examiner si elle ne s'est pas trompée, c'est-à-dire si c'est réellement la tête qui se présente, et s'il n'y a avec elle aucune autre partie, telle que le cordon, la main, etc.

Lorsqu'avant la sortie des eaux l'élévation de l'enfant ou la tension de la poche qui persistait même dans l'intervalle des douleurs, etc., ont empêché la sage-femme de reconnaître exactement la manière dont la tête se présente par le crâne, il faut qu'elle s'en assure après leur écoulement. Il ne suffira pas de savoir seulement que c'est la tête qui se présente, il faut aussi reconnaître sa position, la direction des sutures et des fontanelles.

Remarque. — Cette recherche est de la plus haute importance. Ainsi, par exemple, il peut arriver que le défaut de douleurs ou une difformité du bassin empêchent la tête engagée dans ce bassin de le traverser, et que l'accouchement doive se faire au moyen du forceps, ou bien que des circonstances et des accidents rendent l'accouchement artificiel indispensable. Mais pour le pratiquer convenablement il faut que le médecin sache la position de la tête; et si une tumeur sanguine s'est déjà formée (v. 337), il se trouve dans l'impossibilité de reconnaître cette position. L'accouchement artificiel devient alors incertain, difficile, souvent même impossible, et les manœuvres pourront avoir des suites très fâcheuses, entraîner même la mort de la mère et de l'enfant. Il importe donc à la sage-femme, pour prévenir toutes ces funestes conséquences, de reconnaître à temps la position de la tête avant la tuméfaction du cuir chevelu, et d'en rendre compte au médecin avant qu'il procède à l'accouchement artificiel.

On le voit, la sage-femme encourt un grande responsabilité si elle néglige de se livrer à temps à cet examen; elle comprendra combien il est de son devoir de profiter de toutes les occasions que lui offre une maison d'accouchements pour s'exercer dans la pratique du toucher, et de développer dans la suite de plus en plus l'habileté qu'elle aura acquise.

389. — Dans le cours de cette période, la sage-femme s'abstiendra de tout examen inutile; elle bornera son attention à la descente de la tête dans la cavité pelvienne.

Lorsque, pendant cette période, la femme en travail se sent disposée à seconder les douleurs en poussant de haut en bas, il faut lui conseiller expressément de se tenir, pendant les douleurs, tranquille sur son lit, couchée sur le dos ou sur le côté, de ne pas se déjeter dans l'espoir d'échapper ainsi à la souffrance, de ne pas soulever son bassin, de ne pas fléchir fortement la tête en arrière, de ne pas pousser des cris, des lamentations, etc.; car tous ces efforts, toutes ces manifestations l'échauffent et l'épuisent, prolongent le travail au lieu de l'accélérer, et peuvent lui devenir très nuisibles.

La sage-femme doit surtout se garder d'engager la femme en travail à faire des efforts violents pour seconder ceux de la nature, et d'un autre côté veiller à ce qu'elle se tienne tranquille dans l'intervalle des douleurs. Les efforts de la mère dans cette période peuvent bien en effet, dans une certaine mesure, accélérer la marche du travail ; mais, lors même qu'elle aurait la ferme volonté de ne pas seconder ses douleurs, et plutôt de s'y opposer, l'accouchement n'en aurait pas moins lieu.

Il arrive souvent dans cette période que la femme, sollicitée par la pression que la tête exerce sur le rectum, demande à sortir du lit pour aller à la garde-robe ; la sage-femme ne doit pas le permettre, elle placera sous elle un bassin dans l'intérêt de la propreté.

§ 4. — *Conduite de la sage-femme dans la quatrième période.*

390. — Dans cette période, la sage-femme doit avoir pour but principal d'*empêcher la déchirure du périnée au moment du passage de l'enfant par le détroit inférieur.* Voici les précautions qu'elle aura à prendre à cet égard :

391. — 1° Faire prendre à la femme une *position* convenable : si elle a été couchée jusqu'à ce moment le dos élevé, la sage-femme retirera les coussins ou traversins pour que sa position devienne horizontale. La position la plus convenable pour empêcher la déchirure du périnée est sur le côté gauche, les cuisses modérément fléchies en avant; un coussin de l'épaisseur du poing sera placé entre les genoux, dont la séparation est ainsi plus que suffisante pour ne pas former obstacle à la sortie de la tête de l'enfant. Même quand la femme est

couchée sur le dos, au moment où la tête franchit les grandes lèvres, les genoux ne doivent pas être plus écartés, et les cuisses plus fléchies.

392. — 2° Plus la tête arrive aux grandes lèvres et les traverse avec lenteur, moins le périnée est exposé. C'est pourquoi, lorsque la tête est près de franchir la vulve, la sage-femme doit engager sérieusement la mère à se tenir tranquille, à ne pas seconder les douleurs, et pour ainsi dire à se retenir le plus possible. On lui retirera tous les objets qui lui ont servi de points d'appui pendant les douleurs, et contre lesquels elle a arc-bouté ses pieds. Le changement de la position dorsale en la position latérale diminue ordinairement, et souvent d'une manière frappante, l'intensité des douleurs et leur prompte succession.

393. — 3° *Soutenir le périnée avec la main.* La femme en travail est couchée sur le côté gauche, le siége placé près du bord du lit et un peu élevé ; la sage-femme se tient du même côté. Lorsque la tête de l'enfant commence à être visible entre les grandes lèvres, la sage-femme applique la main droite, couverte d'un linge simple, doux, sec, non enduit de graisse, à plat sur le périnée distendu et présentant une saillie hémisphérique, de telle sorte que le pouce se trouve près de la grande lèvre droite, les autres doigts près de la gauche, et que le bord de la main entre le pouce et l'indicateur soit parallèle au bord antérieur du périnée. Lorsque la tête arrive entre les grandes lèvres ou qu'elle les franchit, on exerce sur elle, d'arrière en avant, une pression modérée et on la laisse glisser, pour ainsi dire, sur le plat de la main en la soutenant. En forçant ainsi la tête de s'appliquer exactement par son occiput au-dessous de l'arcade pubienne, il est évident que l'on modère la pression qu'elle exerce sur le périnée. Lorsque les douleurs sont trop intenses ou qu'elles se succèdent trop promptement, on peut aussi, en augmentant la pression, modérer la sortie trop rapide de la tête.

Si l'on préfère le décubitus dorsal, on place sous le sacrum un traversin pour que la main ait un espace suffisant pour soutenir le périnée. Alors on applique la main à plat, de manière que sa paume repose sur le bord antérieur du périnée, les doigts tournés du côté du rectum.

La tête sortie, la main ne doit pas être retirée du périnée, mais le soutenir encore pendant le passage des épaules, car il pourrait alors encore se déchirer ; ou bien, si pendant la sortie de la tête il avait déjà éprouvé cet accident, la déchirure pourrait augmenter.

Remarque. — Tous les autres moyens, tels que la dilatation de l'orifice du vagin, l'application de la graisse sur cet orifice et le périnée, l'introduction du doigt dans le rectum, etc., auxquels on pourrait avoir recours pour prévenir la déchirure du périnée et pour faciliter le passage de la tête entre les grandes lèvres sont douloureux et nuisibles.

394. — Le temps opportun pour soutenir le périnée est, comme nous venons de le dire, celui où la tête est près de franchir les grandes lèvres, lorsque, par conséquent, le périnée a déjà été considérablement distendu par la tête, et qu'il paraît très mince. Le soutenir avant ce moment serait inutile et empêcherait la dilatation du périnée et de la vulve nécessaire pour le passage de la tête. Cependant, comme on ne peut prévoir si la tête, après être arrivée au passage, ne descendra que par degrés pour le franchir, comme cela arrive ordinairement, il faut, au moment où elle devient visible entre les grandes lèvres, tenir la main prête pour aider au passage, en s'abstenant d'exercer aucune pression sur elle avant que le moment soit venu de soutenir le périnée.

395. — C'est pour la sage-femme un devoir impérieux de se conformer à ces règles avec une attention scrupuleuse, surtout chez les primipares, afin de prévenir les suites fâcheuses qui peuvent résulter d'une déchirure considérable du périnée, telles que la chute du vagin, la chute de la matrice, la distension et le relâchement de la paroi antérieure du rectum, l'impossibilité de retenir les selles, des troubles dans le bonheur conjugal, etc. Elle doit toujours avoir présent à l'esprit que la moindre négligence à cet égard peut déterminer cet accident fâcheux.

396. — Aussitôt que la tête est sortie, la sage-femme doit

s'assurer si le cordon ombilical entoure le cou. En effet, il n'est pas rare de rencontrer, après la sortie de la tête, le cordon autour du cou de l'enfant; quelquefois il fait deux tours et même plus. S'il entoure *lâchement* le cou, il glisse ordinairement de lui-même le long des épaules et du tronc à mesure que l'enfant descend, et alors il n'en résulte aucun accident; sinon, on opère une légère traction sur la partie placentaire qui est la plus simple, et après avoir relâché ainsi les circonvolutions du cordon, on le fait glisser le long des épaules. Si, au contraire, le cordon est *trop serré*, on le coupe et l'on dégage aussitôt de la manière indiquée ci-dessus les épaules et le reste du corps; puis on procède aussitôt à la ligature.

397. — La tête sortie, les douleurs cessent ordinairement pendant quelques instants, et si cet intervalle dure plus longtemps, l'enfant commence déjà à respirer, parfois même à crier, avant que la poitrine ait apparu. Il faut alors attendre le retour des douleurs et veiller à ce que le nez et la bouche ne soient pas gênés dans le cas où l'on croirait devoir soutenir la tête, ce qui, du reste, est parfaitement inutile dans un accouchement dont la marche se fait d'une manière régulière. Cependant, si la face de l'enfant se tuméfie et devient bleuâtre, il faut, tandis que la paume de la main droite est appliquée sur le périnée, faire avec la main gauche des frictions circulaires sur la région du fond de l'utérus; si des douleurs se manifestent, il faut engager la patiente à les seconder en poussant vers le bas. Lorsque ce procédé n'obtient pas de résultat, il faut introduire l'indicateur courbé en crochet au-dessous de l'aisselle, pour amener graduellement au dehors l'épaule située en arrière et sur le côté, qui, tout en étant la plus éloignée, peut être plus facilement atteinte. Dans aucun cas, on ne doit se hasarder à exercer des tractions sur la tête de l'enfant afin d'accélérer l'accouchement.

398. — A mesure que l'enfant sort, on ne doit jamais, même si cette sortie se fait avec lenteur, exercer sur lui la moindre traction ; il suffit de soutenir la tête, le dos et le siége, au fur et à mesure qu'ils apparaissent. Toute traction sur le

tronc, quelque faible et insignifiante qu'elle semble être, peut avoir les conséquences les plus fâcheuses, telles que rétention de l'arrière-faix (enchatonnement), renversement de la matrice, hémorrhagie, etc. Lorsque l'enfant est tout à fait sorti, on le couche transversalement sur le lit, sur un linge sec, de manière que sa face, éloignée des parties génitales de la mère, regarde en haut, et que son ventre se trouve près de ces parties, afin que le cordon ne soit pas tendu. Lorsque l'enfant semble être bien portant, qu'il respire convenablement et qu'il crie, on attend, pour faire la ligature et la section du cordon, que les pulsations y aient cessé : c'est ce qui arrive ordinairement au bout de six, huit à dix minutes, quelquefois beaucoup plus tard.

Dans le cas où des mucosités accumulées dans la bouche gêneraient la respiration, on les enlèverait au moyen du petit doigt préalablement bien essuyé. Pour empêcher que l'enfant se refroidisse, on le couvre légèrement, en laissant la face à découvert.

399. — Dès que l'enfant est sorti et qu'il respire convenablement, la sage-femme doit appliquer la main sur l'abdomen de la mère, de manière que la paume repose sur la symphyse, et que ses doigts se trouvent dans la région ombilicale, pour rechercher si la matrice peut être sentie dans cette région comme un globe plus ou moins dur. Cet examen, qui est de la plus grande importance, doit être répété plusieurs fois pendant le temps qui s'écoule jusqu'à la ligature du cordon, afin de s'assurer si l'utérus revient sur lui-même, et en même temps s'il renferme un autre enfant.

La ligature et la section du cordon, auxquelles on ne peut procéder avant que tout battement y ait cessé, se font de la manière suivante. A une distance de trois travers de doigt environ de l'ombilic de l'enfant, on passe un lien autour du cordon ; on fait au premier tour un nœud simple, au second un nœud avec une rosette ; on fait ensuite avec des ciseaux la section à un travers de doigt au delà de la ligature, en ayant soin de tendre le cordon et de le tenir au niveau de la ligature, entre le pouce et le doigt annulaire, et au delà de cette ligature entre l'indicateur et le médius, de sorte qu'il soit éloigné de l'abdomen de l'enfant. Pendant cette opération, il faut se garder de tendre ou de tirailler la partie du cordon adhérente à l'enfant; ce qui pourrait facilement déterminer une hernie ombilicale. Dans l'accouchement simple on ne fait pas la ligature de la partie placentaire du cordon.

Lorsque le cordon est *gras* et épais, la ligature doit être plus serrée que lorsqu'il est mince, afin de prévenir une hémorrhagie; il faut cependant prendre garde de ne pas trop serrer la ligature pour ne pas le diviser. Lorsqu'on serre les deux extrémités du lien pour faire convenablement le nœud, il faut procéder avec prudence en serrant lentement et par degrés, et surtout tenir les deux mains bien appliquées l'une contre l'autre; car il peut arriver que l'une des extrémités du lien se rompe, et les mains en se séparant brusquement pourraient produire des tractions et même la déchirure du cordon. En cas de présence d'une *hernie ombilicale congénitale*, la sage-femme doit lier le cordon à une distance de quatre travers de doigt de la hernie, et, attendu la gravité du mal, réclamer aussitôt l'assistance d'un médecin. Il est arrivé plusieurs fois que des sages-femmes ont déterminé la mort de l'enfant en opérant la ligature d'une hernie de cette nature, qu'elles avaient prise pour un cordon gras.

Remarque. — Avant de parler de la conduite que la sage-femme doit tenir dans la *cinquième* période de l'accouchement ou la *délivrance*, nous allons indiquer les règles auxquelles elle devra se conformer dans les accouchements qui se font par des présentations *non ordinaires*. Nous commencerons par les présentations du siége et des pieds, qui sont bien plus fréquentes que celles de la face.

CHAPITRE II.

CONDUITE DE LA SAGE-FEMME DANS LES ACCOUCHEMENTS QUI SE FONT DANS DES PRÉSENTATIONS NON ORDINAIRES.

ARTICLE Ier. — CONDUITE A TENIR DANS LES CAS DE PRÉSENTATION DU SIÉGE OU DES PIEDS.

400. — Dans ces présentations, la sage-femme doit en général se conformer aux règles que nous avons développées dans le chapitre précédent pour les accouchements réguliers en général. Cependant les accouchements par le siége et les pieds, très fréquents d'ailleurs, demandent quelques soins particuliers qui sont d'une grande importance : les négliger, ce serait compromettre la vie de l'enfant.

Pour bien comprendre l'utilité de ces règles et savoir en faire l'application, il faut que la sage-femme ait toujours présentes à son esprit celles que nous avons indiquées plus haut (v. 357), relatives au mécanisme de ces accouchements en général, ainsi que celles qui se rapportent à leur pronostic (v. 364). Pour plus de clarté, nous nous résumerons ici aussi brièvement que possible.

401. — L'expérience de tous les jours nous apprend que les accouchements par le siége et les pieds se font généralement par les seuls efforts de la nature. Cependant les mêmes circonstances qui, dans les présentations ordinaires de la tête, n'exercent aucune influence fâcheuse sur l'enfant, peuvent devenir mortelles dans celles du siége et des pieds. Il en est ainsi dans les cas où la marche du travail est retardée ou entravée par le volume de l'enfant et l'étroitesse du bassin, ou bien, ce qui arrive plus fréquemment encore, par le défaut d'énergie des douleurs.

Cela tient principalement à ce que, si la tête est retenue au passage après la sortie du tronc, le cordon subit une compression trop prolongée ou trop forte entre la tête et le bassin, de manière que l'enfant succombe, ou vient au monde dans un état de mort apparente. Ainsi donc, le moment le plus dangereux pour la vie de l'enfant est celui où la tête traverse le bassin. Mais il dépend, dans la plupart des cas, de l'activité de la matrice et de l'énergie de ses contractions, que la sortie de la tête soit suivie dans le temps voulu de celle du tronc.

402. — Mais comme l'énergie de la matrice, par rapport à l'expulsion de l'enfant, augmente à mesure que l'accouchement avance, de manière que les douleurs de la troisième période soient plus énergiques que celles de la seconde, et celles de la quatrième plus fortes que celles de la troisième ; enfin, comme l'énergie des contractions utérines de la quatrième période est généralement d'autant plus grande que la marche de l'accouchement dans les périodes précédentes a été plus lente, il en résulte une règle importante pour la conduite à tenir dans les présentations du siége et des pieds : c'est que, tant que le tronc n'est pas sorti jusqu'à la poitrine, on ne doit rien faire pour accélérer la marche du travail, et l'on doit éloigner tout ce qui pourrait y contribuer, abstraction faite toutefois des cas où des circonstances particulières demandent, au contraire, une délivrance rapide, cas qui appartiennent par conséquent aux accouchements vicieux.

403. — Dans les présentations du siége, et surtout dans celles des pieds, il est fort à désirer que la poche des eaux reste intacte aussi longtemps que possible. La sage-femme usera donc des plus grandes précautions pour en empêcher la rupture prématurée. Il faut de sa part beaucoup d'adresse et de ménagement, afin de reconnaître la partie de l'enfant qui se présente, et éviter un examen trop prolongé, trop fréquent, trop violent, qui pourrait déterminer cette rupture.

404. — La sage-femme doit se garder d'engager la patiente à seconder les contractions utérines dans la deuxième période, ainsi que dans la troisième. Tout effort de cette nature serait non-seulement inutile, mais même nuisible, surtout dans la deuxième période. Elle doit lui recommander le repos et la position sur le dos, et se borner à reconnaître par un examen attentif si le travail marche, et si le cordon ombilical accompagne la partie de l'enfant qui se présente. Elle

s'abstiendra de faire des tractions sur les pieds ou d'accélérer la sortie du siége lorsque celui-ci se présente aux grandes lèvres ou qu'il vient de les franchir. Que les orteils soient dirigés en haut, en bas ou de côté dans la présentation des pieds, ou bien quelle que soit, dans les présentations du siége, la direction de la face antérieure de l'enfant, jamais la sage-femme ne doit essayer de changer sa position en pratiquant une torsion sur les extrémités inférieures ou sur le tronc. Nous avons indiqué plus haut (v. 358) la cause de cette règle. Dans la présentation du siége, elle doit, pour la raison donnée précédemment (v. 364), s'abstenir de tirer en bas les pieds, ou, comme on dit, changer un accouchement par le siége en accouchement par les pieds. Elle ne doit pas non plus, quand un seul pied se présente, faire descendre l'autre.

405. — Lorsque le siége a passé par le détroit inférieur, et que le reste du corps s'avance, elle doit soutenir d'une main le périnée, et de l'autre le tronc de l'enfant. A mesure que le ventre s'avance, elle veillera à ce que le cordon ombilical ne soit pas tiraillé. Quand, dans la présentation des pieds, le corps est sorti jusqu'aux hanches, et qu'alors l'enfant est *à cheval* sur le cordon, c'est-à-dire que celui-ci se trouve entre ses cuisses, elle attirera avec précaution d'en haut la portion du cordon qui est placée sur le dos, autant qu'il sera nécessaire pour le passer sur l'une des jambes fléchie dans l'articulation du genou. Elle usera aussi de la plus grande circonspection en soutenant le périnée, au moment où la tête franchit les grandes lèvres, pour parer au danger qui résulterait du retard apporté à ce passage.

405. — Lorsque le tronc est sorti jusqu'à la poitrine, la sage-femme pourra engager la patiente à faire des efforts. Dans cette intention, elle lui fera prendre une position telle qu'elle puisse appuyer ses pieds et ses mains, et donner de cette manière à son bassin une position fixe. Lorsque les douleurs de l'enfantement ne se succèdent point à des intervalles convenables, ou qu'elles sont moins énergiques que d'habitude, elle fera avec la main appliquée à plat des frictions circulaires sur la région de l'utérus, ou mieux encore elle la-

frictionnera avec de l'eau-de-vie forte ou de l'esprit de mélisse, qu'elle fera tomber goutte à goutte sur l'abdomen. Nous dirons plus loin ce que la sage-femme aura à faire dans le cas où ce procédé resterait sans effet.

407. — Quand les femmes sont faibles, et qu'il y a lieu de supposer que les forces de la nature ne suffiront pas, ce qu'on doit craindre surtout chez celles qui ont déjà eu un accouchement pénible ou extraordinairement lent, soit à cause du peu d'énergie des forces expultrices, soit à cause d'une disproportion entre le volume de l'enfant et la largeur du bassin, la sage-femme, dès qu'elle reconnaît la présentation du siége, des pieds ou des genoux, doit immédiatement réclamer la présence d'un médecin. Elle doit agir de même, dans tous les cas de ce genre, chez les *primipares*; car, lors même que celles-ci seraient d'ailleurs bien portantes et bien conformées en apparence, on ne saurait déterminer d'avance chez elles, avec la même certitude que chez les femmes qui ont déjà eu des enfants, si les douleurs seront suffisamment énergiques, ou si le bassin possède la largeur convenable, et si par conséquent la marche du travail se fera comme dans les cas ordinaires.

Dans les villes, ou en général dans les localités où il se trouve un accoucheur, la sage-femme, aussitôt qu'elle aura reconnu la présentation que nous venons d'indiquer, fera bien de lui en faire part et de le prier de laisser chez lui l'adresse à laquelle on pourrait le trouver en cas de besoin.

ARTICLE II. — CONDUITE DE LA SAGE-FEMME DANS LA PRÉSENTATION DE LA FACE.

408. — Dans cette sorte d'accouchement, la sage-femme doit en général tenir la même conduite que dans les présentations ordinaires du crâne. Mais comme la vie de l'enfant peut être compromise dans les présentations de la face par les mêmes accidents que dans celles du siége et des pieds, c'est-à-dire par la lenteur ou la difficulté du passage de la tête à travers le bassin, il faut qu'elle suive, pour les présentations

de la face, les instructions particulières que nous avons données pour celles du siége et des pieds ; nous y ajouterons encore les remarques suivantes.

409. — En pratiquant le toucher, la sage-femme doit user de beaucoup de prudence pour ne pas léser les parties délicates de la face, surtout les yeux, pour lesquels toute pression serait facilement nuisible.

Elle procédera surtout avec beaucoup de ménagements en soutenant le périnée, et se gardera bien de le faire trop tôt pour ne pas trop presser la partie antérieure du cou contre les os du pubis ; tout séjour prolongé de la tête entre les grandes lèvres, jusqu'à sa sortie, est dangereux pour l'enfant dans cette circonstance, ce qui n'a pas lieu dans la présentation ordinaire du crâne. La crainte que, toutes choses égales d'ailleurs, le périnée soit plus susceptible de se déchirer dans les présentations de la face que dans celles du crâne, n'est pas confirmée par l'expérience.

Si la face est d'un bleu noirâtre et défigurée par la tuméfaction, ce qui, du reste est loin d'arriver toujours, on ne doit pas montrer tout de suite l'enfant à la mère pour ne pas l'effrayer ; il faut l'y préparer graduellement. Du reste, cette tuméfaction et ses suites cessent en peu de temps d'elles-mêmes. La crainte que l'enfant ne conserve une tendance à tenir la tête en arrière est dépourvue de fondement.

CHAPITRE III.

CONDUITE DE LA SAGE-FEMME DANS LA CINQUIÈME PÉRIODE DE L'ACCOUCHEMENT OU LA DÉLIVRANCE NATURELLE.

410. — Après avoir lié et coupé le cordon, la sage-femme enveloppera l'enfant dans un drap ployé à plusieurs doubles et bien chauffé, et le remettra à une personne intelligente, qui aura à observer si la respiration de l'enfant se fait toujours facilement et librement, et si le cordon saigne encore. Quant à elle, elle restera près de l'accouchée, et la surveillera avec le plus grand soin jusqu'à l'expulsion de l'arrière-faix, et encore quelque temps après. *Elle appliquera souvent*

sa main, de la manière indiquée plus haut (v. 399), *sur l'abdomen de la femme, pour s'assurer si l'utérus revient sur lui-même, si on le reconnaît au toucher au-dessus du pubis comme une boule de consistance assez dure, et s'il persiste dans cet état.*

Dans la plupart des cas, immédiatement après l'expulsion de l'enfant, l'écoulement des secondes eaux s'accompagne d'un écoulement de sang, ce qui est un indice de la séparation du placenta d'avec la matrice. Mais d'autres fois, au bout d'un quart d'heure, d'une demi-heure, et même parfois plus tard, il survient encore des contractions utérines (douleurs de l'arrière-faix) accompagnées d'un écoulement modéré de sang. De nouvelles contractions poussent ensuite le placenta, sa face lisse ou interne en avant, à travers l'orifice utérin, dans le vagin, puis jusqu'à la fente vulvaire. Enfin, après un temps plus ou moins long, il est expulsé avec ses membranes par suite des contractions du vagin.

411. — Tant que le placenta ne sera pas descendu au point que sa surface lisse puisse être sentie derrière la fente vulvaire, la sage-femme, excepté en cas d'hémorrhagie excessive, et tant que l'accouchée se trouve bien et conserve sa bonne mine, ne devra rien entreprendre pour en accélérer ou en solliciter la sortie. Ainsi, par exemple, elle ne devra pas engager la femme à faire des efforts, à tousser ou à souffler dans ses mains, ni chercher à la faire éternuer, comme cela se pratique dans quelques localités. Elle ne doit exercer sur l'utérus aucune friction ou compression, ni opérer des tractions sur le cordon pour favoriser la sortie de l'arrière-faix, etc. En un mot, sauf quelques circonstances particulières dont il sera question plus loin, la sage-femme ne doit rien faire pour hâter cette expulsion, soit que la matrice se présente au-dessus du pubis comme une petite boule dure, ou qu'elle soit molle et d'un volume considérable, elle devra attendre cette sortie. Elle retirera avec précaution de dessous l'accouchée les linges mouillés et leur substituera un drap chaud, souple, ployé en quatre, placé devant les parties génitales externes, pour voir s'il s'écoule du sang et quelle est la quantité de cet écoulement.

Elle fera coucher la femme sur le dos, les cuisses rapprochées ; elle la couvrira légèrement, et lui conseillera le repos. *Ensuite elle devra s'assurer fréquemment s'il y a écoulement de sang. En général, elle observera avec soin la mère, et ne la quittera pas avant que l'arrière-faix ait été expulsé, et que l'état de l'accouchée soit satisfaisant.*

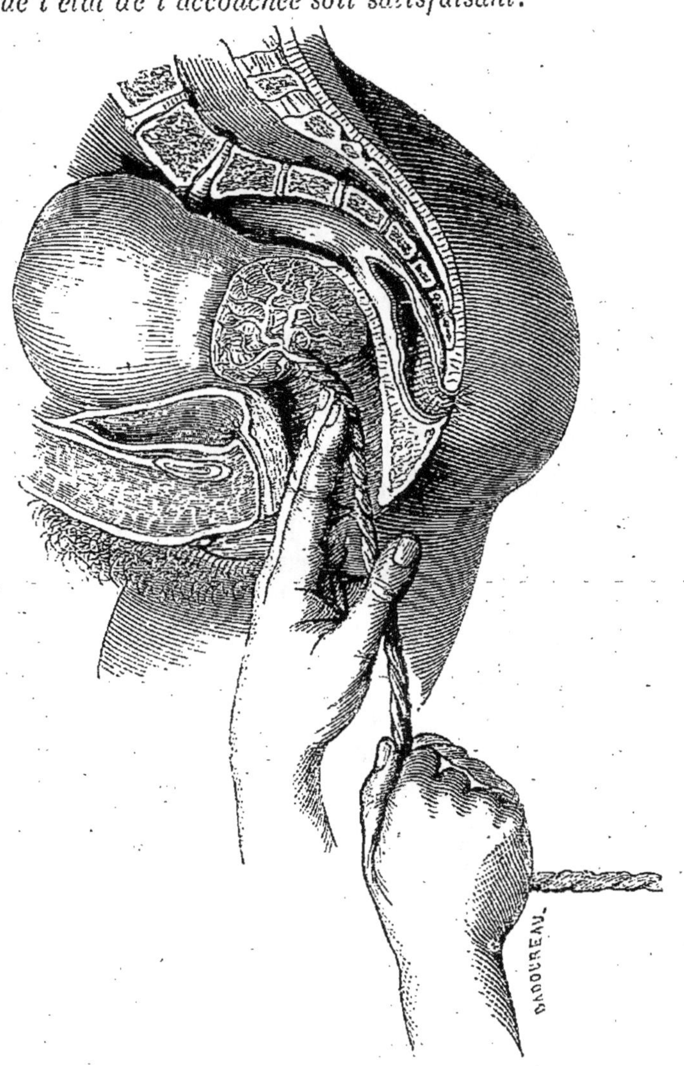

FIG. 45. — *Manœuvre propre à hâter la sortie du délivre.*

412. — Ce n'est que lorsque le placenta sera descendu au

point qu'on puisse le reconnaître au toucher, près de l'entrée du vagin, que la sage-femme devra en faire l'extraction. Elle y procédera de la manière suivante. Elle roulera autour du médius et de l'indicateur de la main gauche le cordon en le tendant légèrement ; elle fera glisser les doigts correspondants de la main droite le long de ce dernier, jusqu'au point de son insertion au placenta : à l'aide de ces deux doigts, elle pressera le placenta vers le sacrum, et de là en avant. Lorsque, par suite de cette manœuvre, l'arrière-faix paraîtra entre les grandes lèvres, elle le saisira avec les cinq doigts de la main droite, et avant qu'il soit complétement sorti de la fente vulvaire, elle lui imprimera plusieurs mouvements de torsion sur lui-même, afin d'empêcher que les membranes qui le suivent se déchirent facilement ; puis enfin elle le fera sortir avec les membranes par des tractions successives (fig. 45).

En général, il n'est pas nécessaire d'extraire le placenta, même quand il est descendu jusqu'aux grandes lèvres ; cependant on devra le faire lorsqu'il reste trop longtemps à l'entrée des voies génitales, surtout, comme cela arrive souvent chez les femmes craintives, qui croient être en danger tant que l'arrière-faix n'est pas sorti.

Après la sortie de l'arrière-faix, la sage-femme lavera les parties génitales externes et les parties voisines avec une éponge trempée dans de l'eau tiède. Dans cette opération, elle devra toujours conduire l'éponge de bas en haut, non de haut en bas, pour éviter d'écarter les grandes lèvres, qui sont toujours plus ou moins sensibles, et d'occasionner des douleurs inutiles.

413. — La sage-femme doit examiner l'arrière-faix pour voir s'il offre tous les caractères habituels, et s'il est sorti en entier. Dans les cas extraordinaires ou accompagnés d'accidents fâcheux, elle fera bien de placer l'arrière-faix dans un vase convenable pour être montré au besoin au médecin.

414. — Après la sortie de l'arrière-faix, la sage-femme devra aussitôt appliquer la main sur l'abdomen de l'accouchée, pour se renseigner sur l'état de l'utérus, savoir s'il est convenablement contracté, et s'il reste dans cet état. Le linge placé

devant les parties génitales sera changé souvent, toutes les demi-heures, tous les quarts d'heure même dans le commencement, afin de savoir s'il y a écoulement de sang et quelle en est la quantité.

415. — Si l'expulsion de l'arrière-faix est retardée sans qu'il y ait hémorrhagie, et que l'état et la mine de la malade soient satisfaisants, la sage-femme devra néanmoins faire appeler un médecin, dès qu'au bout de deux ou tout au plus de trois heures, le placenta n'est pas descendu dans le vagin de manière à pouvoir y être senti.

416. — Dans tous les cas, quelque heureuse et régulière qu'ait été d'ailleurs jusqu'à ce moment la marche de l'accouchement, et lors même que toutes les circonstances semblent promettre une terminaison satisfaisante, la sage-femme doit, pendant la cinquième période et quelque temps après, agir avec la plus grande prudence et avec une attention incessante. Les hémorrhagies utérines et le renversement de la matrice, deux accidents très graves, peuvent avoir lieu alors, soit par suite d'une imprudence de la part de la sage-femme, soit sans qu'il y ait de sa faute. Ces accidents sont surtout à craindre après des accouchements prompts, ainsi que dans les cas où la matrice a été considérablement distendue pendant la grossesse par une quantité trop abondante d'eaux ou par la présence de jumeaux, de trijumeaux, etc ; il en est de même chez les femmes à embonpoint et à fibres lâches, chez celles qui sont blondes, à yeux bleus, à peau délicate et chez celles qui ont été affectées d'hémorrhagies utérines dans des grossesses antérieures, etc. *Cette prudence et cette vigilance sont d'autant plus nécessaires que, en général, le nombre des femmes qui succombent à ces accidents survenus pendant et après la cinquième période de l'accouchement est bien plus considérable que celui des femmes qui meurent des suites immédiates d'un accouchement difficile.*

CHAPITRE IV.

CONDUITE DE LA SAGE-FEMME DANS LES ACCOUCHEMENTS DE JUMEAUX.

417. — Outre les règles générales (voy. 377 à 394), il y en a encore d'autres auxquelles la sage-femme devra se conformer dans ces cas.

Quand, après l'expulsion d'un enfant, elle s'est assurée de la présence d'un second, elle doit aussitôt lier l'extrémité placentaire du cordon, pour empêcher que ce second enfant ne succombe à l'hémorrhagie qui pourrait survenir.

418. — Il faut que la sage-femme, pour ne pas effrayer la mère, l'informe de la présence du second enfant avec prudence, en évitant surtout de lui en faire part brusquement ; car les femmes peu aisées ne désirent rien moins que d'avoir deux enfants à la fois; d'autres redoutent de nouvelles douleurs, et des dangers qu'elles croient inséparables d'un accouchement double, etc. La sage-femme doit calmer l'agitation de la mère ; elle lui fera prendre une position convenable ; elle lui recommandera un repos absolu, et attendra patiemment l'apparition de nouvelles douleurs destinées à expulser le second enfant. Dès qu'elles se déclarent, elle doit se livrer pendant leurs intervalles à un examen attentif pour reconnaître la présentation de l'enfant.

Si, au contraire, les douleurs tardent à se manifester, même au bout de plusieurs heures, que la femme soit d'ailleurs bien portante, qu'il ne s'écoule pas de sang et qu'en général aucune circonstance défavorable ne survienne, la sage-femme ne doit rien entreprendre pour provoquer les douleurs ou pour hâter le terme de la délivrance. Même dans le cas où il y aurait une position vicieuse qui nécessiterait la version, elle devra la différer jusqu'à la réapparition des douleurs. C'est précisément dans ces cas, pourvu toutefois qu'il ne survienne pas d'autres circonstances défavorables et qui demandent une prompte délivrance, comme par exemple une hémorrhagie, etc., qu'il faudra, la version faite, abandonner l'expulsion de l'enfant aux seuls efforts de la nature. Car évidemment il y aurait des dangers dans l'accouchement double à hâter la sortie du second enfant, attendu que la distension de la matrice est bien plus considérable que dans un accouchement simple. Cette considération est d'une haute importance et doit toujours être présente à l'esprit de la sage-femme dans les cas de jumeaux et surtout de trijumeaux.

419. — *L'expulsion de l'arrière-faix demande la plus grande attention de la part de la sage-femme.* Il n'y a d'ordinaire qu'un placenta commun pour les jumeaux ; mais souvent ils en ont chacun un. Si, après la sortie du second enfant, l'utérus n'a pas repris son volume normal, et que les douleurs ne se manifestent pas ; quand, d'un autre côté, il ne survient pas d'hémorrhagie, que la mère n'est ni faible, ni pâle, en un mot quand elle se porte bien, la sage-femme s'abstiendra de toute manœuvre tendant à accélérer l'expulsion de l'arrière-faix. Lorsque cet état s'est prolongé pendant deux ou tout au plus trois heures, et que le placenta n'est pas descendu dans le vagin, sa face antérieure lisse en avant, la présence d'un médecin devient indispensable. La sage-femme devra user d'autant plus de prudence, par rapport à l'expulsion de l'arrière-faix, que la sortie successive des jumeaux se sera faite plus promptement, qu'il y aura eu en même temps des eaux plus abondantes, ou enfin que le nombre des enfants aura été plus grand.

SECTION QUATRIÈME.

DE LA MARCHE RÉGULIÈRE DES COUCHES; DES SOINS A DONNER A LA MÈRE ET AU NOUVEAU-NÉ.

CHAPITRE PREMIER.

DE LA MARCHE RÉGULIÈRE DES COUCHES.

420. — On désigne par ces mots : *femme en couches*, la mère pendant les six premières semaines qui suivent l'accouchement ; on entend par *couches* l'état où se trouve la femme

23.

pendant cette époque; on appelle *nouveau-né* l'enfant tant qu'il n'a pas dépassé la sixième semaine.

421. — *But des couches.*

1° Les parties génitales, qui ont subi des changements pendant la grossesse et l'accouchement, reviennent à leur état normal.

2° La source dans laquelle l'enfant doit puiser sa nourriture hors du ventre de la mère s'ouvre, c'est-à-dire la sécrétion du lait, préparée pendant la grossesse, s'établit.

Les couches sont considérées comme *régulières* lorsque ces deux buts sont atteints sans exercer une fâcheuse influence sur la santé de la mère et de l'enfant.

Nous allons exposer brièvement les phénomènes variés que fait naître chez la femme ce travail de réparation.

422. — Aussitôt après la délivrance, la mère se sent un peu fatiguée à la suite du travail ; mais elle éprouve un sentiment de repos et de bien-être ; souvent elle tombe dans un sommeil léger, pendant lequel une chaleur et une transpiration uniformes se répandent sur tout le corps.

1° Retour des parties génitales externes et de l'utérus à leur état normal.

423. — Pendant les premiers temps qui suivent la délivrance, les parties génitales sont plus ou moins gonflées et douloureuses; mais cet état cède bientôt à un régime convenable. Le vagin est distendu, mou, flasque, saignant, et de même un peu douloureux.

Dans les premiers jours qui suivent l'accouchement, l'orifice utérin externe est épaissi, mou et largement ouvert; le doigt introduit dans le canal du col, qui, large en bas, étroit en haut, présente la forme d'un entonnoir, arrive à l'orifice interne qui est ouvert. La matrice, dont le fond, immédiatement après l'expulsion de l'arrière-faix, se faisait sentir généralement dans la région ombilicale, augmente ordinairement de volume au bout de six, douze à dix-huit heures, de manière que son fond se trouve deux ou trois travers de doigt plus haut qu'auparavant. En outre, l'utérus est ferme au toucher, et généralement situé sur le côté de l'abdomen, plus souvent à droite qu'à gauche. Dans les cas où l'utérus avait été fort distendu, par exemple dans les cas de jumeaux, il offre ordinairement à cette époque un volume considérable qui persiste même après deux, trois ou quatre jours. Mais s'il est ferme au toucher, et que la mère soit bien portante, cet état n'a rien de fâcheux. Le cinquième, le sixième et même septième jour, on peut encore sentir distinctement la matrice à travers les téguments de l'abdomen. Cette sensation se perçoit quelquefois jusqu'au quatorzième et même jusqu'au seizième jour.

2° Tranchées utérines.

424. — Après l'accouchement, des douleurs plus ou moins vives se déclarent ordinairement par secousses dans l'abdomen, surtout chez les femmes qui n'accouchent pas pour la première fois. Ce sont les *tranchées puerpérales.* Quelquefois elles ne se manifestent que le premier jour des couches, d'autres fois elles durent jusqu'au troisième, rarement jusqu'au sixième jour ; elles sont surtout facilement provoquées par la succion de l'enfant. Elles sont plus fréquentes et plus intenses après les accouchements prompts qu'après ceux qui ont été lents. On ne peut pas les regarder comme l'expression d'un état morbide tant qu'elles ne sont pas très violentes, qu'elles ne se manifestent que par secousses, que la femme se porte bien dans les intervalles, que son ventre n'est pas douloureux au toucher, et qu'elle n'a pas de fièvre. Chez une *primipare*, les tranchées ont quelque chose d'extraordinaire et de suspect, et nécessitent l'assistance d'un médecin.

Les douleurs consécutives à l'accouchement, qui consistent en des contractions utérines, ont pour but d'expulser d'une part le sang, qui après l'accouchement s'écoule du point de l'utérus où le placenta avait adhéré, et qui se coagule ; d'autre part, les débris de la portion utérine du placenta qui se trouvent en ce point.

3° Lochies.

425. — Après l'accouchement, les parties génitales sont le siége d'un écoulement qui a reçu le nom d'écoulement puerpéral, de *lochies.* Dans les trois ou quatre premiers jours, cet écoulement est constitué par du sang pur, liquide, quelquefois coagulé ; on l'appelle *lochies rouges* ou *sanguines.* Il devient de plus en plus pâle, prend l'aspect d'eau dans laquelle aurait séjourné de la viande et qui serait mélangée de flocons. Bientôt il devient d'un blanc laiteux, et prend le nom alors de *lochies blanches* ou *laiteuses.*

Ce dernier écoulement dure ordinairement trois ou six semaines chez les femmes qui allaitent leur enfant ; chez les autres, au contraire, il persiste plus longtemps, souvent jusqu'à la fin du troisième mois.

4° Sécrétion laiteuse.

426. — Pour que le second but des couches soit atteint (voy. 446), c'est-à-dire celui qui consiste à ouvrir à l'enfant qui vient de quitter le ventre de la mère la nouvelle source dans laquelle il puisera sa nourriture, l'excès de sucs qui auparavant affluait vers la matrice se porte maintenant aux mamelles pour y être changé en lait.

La *sécrétion du lait,* qui avait déjà été préparée pendant la grossesse, s'établit lorsque l'enfant est allaité à temps, peu à peu, et sans que l'état de santé de la mère en éprouve la moindre atteinte ; mais si l'enfant ne reçoit pas le sein dans le temps voulu, les mamelles se remplissent à l'excès, se gonflent, causent une tension douloureuse, et il se déclare de la fièvre appelée *fièvre de lait.*

427. — Nous remarquerons encore que pendant les couches la transpiration cutanée est ordinairement fort considérable par tout le corps, et que la femme est bien plus disposée à des sueurs abondantes que hors de cette période, aussi sa peau est-elle très impressionnable ; il faut par conséquent la préserver des refroidissements subits.

CHAPITRE II.

DE LA CONDUITE QUE DOIT TENIR LA FEMME EN COUCHES ET DES SOINS QU'ELLE RÉCLAME.

428. — C'est par suite de la grande influence que l'accouchement exerce sur le corps et l'esprit de la femme, surtout de la primipare, ainsi que des changements considérables et subits qui s'opèrent chez celle qui vient d'accoucher (v. 421), que la femme est plus susceptible de tomber malade pendant les couches qu'à toute autre époque. Des circonstances qui, dans toute autre période de sa vie, n'ont que peu ou pas d'influence fâcheuse sur elle, peuvent devenir funestes et même mortelles pour la femme en couches. En outre, la santé de l'enfant dépend en grande partie de celle de la mère lorsque celle ci le nourrit. Il est donc du devoir de la femme en couches de se conformer rigoureusement aux règles relatives à la conservation de sa santé, règles dont nous allons faire connaître les plus importantes, et sur lesquelles la sage-femme aura à la renseigner. Quant à celle-ci, elle aura à observer consciencieusement les instructions et conseils que nous allons lui indiquer, et à combattre sans relâche les nombreux et nuisibles préjugés et erreurs répandus à ce sujet dans les villes et les campagnes.

1° Soins à donner immédiatement après la délivrance.

429. — Nous avons déjà donné plus haut quelques règles sur la conduite que la sage-femme doit tenir immédiatement après la délivrance. La mère restera en repos pendant quelques heures dans le lit où elle est accouchée, les cuisses rapprochées l'une de l'autre. Ce n'est que lorsqu'elle s'est remise et qu'il n'y a pas lieu de craindre une hémorrhagie, qu'on la transporte avec beaucoup de précautions, sans trop la remuer et en la maintenant toujours dans une position horizontale, dans un lit préparé pour les couches et bien bassiné. Le transport ne doit avoir lieu que dans les cas où le lit d'accou-

chement ne pourrait servir pour les couches (v. 376). Nous avons indiqué les précautions à prendre pour empêcher les lochies de pénétrer dans le lit. On doit éloigner soigneusement tous les objets et linges humides ou mouillés par la sueur, le sang, etc., et les remplacer par des linges propres, secs et bien chauds, afin de préserver la mère de tout refroidissement. Un linge souple et chaud sera appliqué sur les mamelles et les soutiendra par en bas sans les serrer ; on passera de même autour de l'abdomen un linge large pour l'embrasser d'une manière uniforme et le soutenir modérément sans le comprimer.

En tout cela on veillera avec le plus grand soin à ce que la femme ne se refroidisse pas, qu'elle ne remue pas trop, et qu'elle ne soit pas incommodée. Dans le cas où il serait impossible ou trop difficile de retirer un linge mouillé ou humide, on le laisse et l'on glisse par-dessus un autre linge sec et chaud.

430. — Le linge placé devant les parties génitales externes doit être souvent examiné par la sage-femme, et remplacé dès qu'il est mouillé par un autre qui soit sec et chaud. Quand les parties génitales sont gonflées et douloureuses, on y applique des fomentations chaudes avec des compresses pliées en six ou huit doubles et trempées dans une infusion de sauge, de marjolaine, de thym, de romarin, de mélisse, etc.

431. — Le *repos* du corps et la *tranquillité* de l'esprit sont indispensables pour la femme en couches, surtout dans le premier temps qui suit l'accouchement. Dans ce but il convient de lui interdire de parler et de remuer pendant les premières heures. La chambre d'une femme en couches, pour être convenable, doit être aérée, sèche, de grandeur moyenne et modérément éclairée. Un sommeil tranquille est ce qu'il y a de plus propre à réparer les forces d'une femme accouchée. Ce sommeil n'est nullement dangereux pourvu que la sage-femme le surveille avec attention, afin de voir s'il se déclare pendant ce temps une hémorrhagie, une syncope, de la pâleur de la face, du froid aux membres, etc.

2° Soins ultérieurs jusqu'à la fin des couches.

432.—La femme accouchée doit passer au moins *neuf* jours au lit, la plupart du temps dans la position horizontale, tantôt sur un côté, tantôt sur l'autre. Ce n'est qu'après la *quatrième* semaine, et même la *sixième* en hiver et dans le mauvais temps, qu'elle devra quitter l'appartement. En se levant trop tôt après l'accouchement, elle peut s'exposer à des hémorrhagies, à des abaissements, des chutes de la matrice, etc. Mais dans les cas où les circonstances ne permettent pas de se conformer rigoureusement à cette règle, comme par exemple chez les personnes peu aisées, la sage-femme doit recommander expressément à la nouvelle accouchée de se ménager autant que possible, d'éviter de se livrer à des travaux pénibles, de soulever et de porter de grands fardeaux.

Elle doit lui faire comprendre que toute imprudence de cette nature peut lui occasionner un abaissement, une chute de la matrice, et la rendre malheureuse pour tout le reste de sa vie.

433. — Les *émotions morales vives* sont très dangereuses pour les femmes en couches. Il est donc du devoir des parents et de la sage-femme de veiller à ce qu'elle soit préservée de tout ce qui pourrait lui causer du dépit, de la colère, de la frayeur, du chagrin et même une grande joie subite. On doit empêcher les visites trop fréquentes, importunes, enfin toutes les causes propres à exciter le moral de la mère.

434.—L'*usage d'une nourriture trop abondante ou nuisible* est pour la femme en couches une autre source de dangers. On a vu souvent des excès de cette sorte, surtout à la suite des repas de baptême, déterminer la mort.

Pendant les trois premiers jours, la femme doit être très sobre et ne prendre que des aliments légers. Une soupe panée, un potage de gruau, de riz ou d'orge, pris plusieurs fois par jour, est suffisant ; le bouillon gras léger ne peut être permis qu'aux femmes faibles. Les boissons, qui ne doivent pas être prises froides, seront de l'eau mélangée de lait, de l'eau panée, du lait d'amandes coupé, une faible infusion de tilleul ou de sureau. Au bout de trois ou quatre jours, la mère, lorsqu'elle allaite elle-même son enfant, peut passer au bouillon de poulet ou de veau, à des viandes légères, à des mets de farine, à des légumes, excepté ceux qui produisent des flatuosités. Les pommes de terre farineuses, préparées sans graisse, sont le légume qui convient le mieux, parce que les femmes en couches le digèrent en général avec le plus de facilité.

Au bout de quatre ou cinq semaines, la mère, lorsqu'elle jouit d'ailleurs d'une bonne santé, pourra revenir au régime auquel elle était habituée avant sa grossesse; toutefois elle devra s'abstenir de tout aliment difficile à digérer et susceptible d'occasionner des flatuosités : tels sont les choux, la choucroute; les plantes légumineuses, comme pois, haricots, etc.; les mets de farine, les pâtisseries; les boissons ou aliments âcres ou stimulants, comme par exemple, les épices, le fromage, la viande fumée ou salée, l'eau-de-vie, etc.

435. — La nouvelle accouchée doit éviter avec grand soin les *refroidissements*, qui, sous le rapport du danger qu'ils entraînent, peuvent être rangés à côté des émotions morales vives et des écarts de régime. Sa peau devient excessivement sensible par suite des sueurs auxquelles elle est très disposée, de la chaleur du lit et du défaut de contact avec le grand air. Le moindre courant d'air peut lui attirer des maladies graves et même mortelles. Pour les prévenir on prend les précautions suivantes :

1° La chambre de l'accouchée doit être modérément chaude, et cette chaleur doit être, autant que possible, uniforme.

2° La femme ne doit être que légèrement couverte. Une chaleur trop forte entretenue par des couvertures trop chaudes, et augmentée par des boissons chaudes, telles que l'infusion de camomille, de tilleul, etc., prise en trop grande quantité, détermine une transpiration artificielle et excessive, et ajoute, avec la température trop élevée de la chambre, à la prédisposition aux refroidissements.

3° On évitera avec le plus grand soin toutes les circonstances extérieures qui pourraient amener un refroidissement, notamment les courants d'air, surtout au moment où la femme change de linge ou de vêtements (qui doivent toujours être chauds), ou quand on fait le lit, qu'elle présente le sein à l'enfant, qu'elle va à la garderobe, etc. Le lit ne doit pas être trop rapproché de la fenêtre ni de la porte, ni en hiver trop près du poêle. Dans les cas où les circonstances ne permettraient pas de prendre ces précautions, on placera un paravent de manière à prévenir les courants d'air et la chaleur trop forte du poêle.

4° Pour les relevailles, il faut que la femme se promène quelque temps au grand air pour s'y habituer, ainsi qu'au changement de température, avant de se rendre à l'église. Les églises sont ordinairement fraîches, même en été, et les dalles froides.

Sous tous ces rapports, il faut prendre d'autant plus de précautions que la femme est plus irritable, plus délicate, et que son éducation et ses habitudes l'ont rendue plus impressionnable.

436. — La *propreté* est un des besoins les plus indispensables de la nouvelle accouchée. Dans ce but, les parties génitales externes doivent être lavées deux fois par jour au moyen d'une éponge trempée dans de l'eau chaude, et couvertes ensuite d'un linge sec et chaud. On les lave plus souvent quand les lochies sont fétides ou qu'elles coulent avec trop d'abondance. Le linge qui a servi à ce but, ainsi que les linges de corps, les draps et la literie en général, doivent être changés toutes les fois qu'ils auront été salis par l'écoulement lochial, par les sueurs, etc.

Afin de changer l'air de la chambre et de le maintenir pur, on doit ouvrir la fenêtre deux fois par jour avec précaution, en ayant soin de préserver la mère et l'enfant du moindre courant d'air. On éloignera tout ce qui pourrait vicier l'air, par exemple les réchauds, les chaises percées, les chandelles, les veilleuses qui fument, les poudres à parfumer, les restes d'aliments, etc. : ou bien on enlève ces objets après s'en être servi. On ne doit pas sécher le linge ni faire la cuisine dans la chambre. Pour purifier l'air dans l'appartement, le mieux est d'arroser le parquet de vinaigre ; les fumigations doivent être interdites.

437. — Pendant les deux ou trois premiers jours qui suivent la délivrance, les femmes n'ont d'ordinaire pas de selles ; mais il n'y a pas lieu de s'en inquiéter si elles sont d'ailleurs bien portantes, et si le ventre n'est ni gonflé ni douloureux. Au bout de deux jours, il conviendra de provoquer une selle par un lavement préparé comme nous l'avons dit plus haut (voy. 382). La sage-femme ne doit jamais s'aviser de recommander dans ce but un purgatif ou un remède domestique quelconque. Pour aller à la garde-robe pendant les premiers jours, la femme ne doit pas se lever ni aller aux lieux ; elle restera au lit et se servira d'un bassin plat.

438. — S'il y a rétention d'urine, on vide la vessie à l'aide de la sonde. Quand cette rétention s'accompagne de douleurs continues, la présence d'un médecin devient indispensable. La sage-femme devra engager sa cliente à uriner toutes les fois qu'elle en éprouve le besoin, attendu que chaque retard qu'elle y mettrait, par paresse ou mauvaise honte, peut entraîner des suites fâcheuses.

439. — Les *tranchées puerpérales*, telles qu'elles se présentent généralement pendant plusieurs jours chez les femmes qui ont déjà eu des enfants (voy. 424), ne constituent point un état morbide, et ne demandent pas par conséquent de traitement particulier. On ne doit même pas les faire disparaître entièrement, et l'on se bornera à recommander à la malade du repos et de la patience. Mais lorsqu'elles sont plus douloureuses que de coutume, on applique, pour les calmer jusqu'à un certain point, des linges chauds sur l'abdomen ; on fait des frictions légères avec l'huile fraîche de pavot, d'amande ou d'olive dans la région de l'utérus ; on administre des lavements faits d'une décoction de son dans laquelle auront été infusées des fleurs de camomille. La malade doit se tenir chaudement ; elle prendra pour boisson une infusion de camomille. Ce n'est que sur l'ordre du médecin que la liqueur anodine d'Hoffmann, ou le laudanum pourra être ajouté au lavement.

440. — Les femmes qui ne peuvent ou ne veulent pas nourrir doivent, pour prévenir l'afflux excessif des sucs vers les mamelles ou remédier à une sécrétion trop abondante de lait, se soumettre à un régime sévère et peu nourrissant, jusqu'à ce que cet afflux ait diminué et que les mamelles soient devenues petites et molles. On leur recommandera de rester couchées sur le côté et de se tenir chaudement, de se couvrir les seins d'une couche mince d'ouate, exposée préalablement à la vapeur de sucre jeté sur des charbons ardents. On leur fera prendre une infusion tiède de tilleul mélangée d'un peu de jus de citron, et on leur administrera des lavements pour tenir le ventre libre. Mais du moment que, par l'accumulation du lait dans les mamelles, il survient de la fièvre, et que celle-ci dure plusieurs heures, que les douleurs dont les mamelles sont le siége augmentent, et qu'il s'y forme des nœuds plus ou moins durs, ainsi que des points rouges qui se présentent à la surface, il est nécessaire d'appeler un médecin.

Les femmes qui n'allaitent pas demandent les plus grands soins, jusqu'à ce que leur lait ait complétement disparu, et encore quelque temps après. C'est que les refroidissements et d'autres influences nuisibles peuvent avoir pour elles des conséquences bien plus fâcheuses que pour celles qui se conforment à la volonté de la nature.

3° Résumé.

441. — Les devoirs principaux de la sage-femme vis-à-vis de la femme en couches se résument ainsi :

1° Elle appellera l'attention de l'accouchée sur tout ce qui pourrait lui nuire ; elle aura soin que toutes les instructions que nous avons données pour la conservation de sa santé soient religieusement observées.

2° Dans les trois premiers jours, elle visitera la mère trois fois par jour, si cela est possible ; à partir du quatrième jusqu'au neuvième jour, elle la verra au moins le matin et le soir.

3° A chaque visite, elle s'informera avec soin de sa santé ; elle s'assurera de l'état de la peau, de l'abdomen, des parties génitales et des mamelles ; elle verra si des changements ont eu lieu dans ces dernières, si elles sont gonflées, s'il y a accumulation de lait ; si le ventre est souple ou ballonné, douloureux ou non ; si les parties génitales sont gonflées et douloureuses ; si les lochies coulent convenablement, et quelle en est la nature : si le cours des urines est libre ; si la femme a été ou non à la garderobe.

4° Matin et soir, et suivant les circonstances plus souvent, elle lavera les parties génitales avec une éponge de la manière décrite plus haut.

5° Elle aura soin que l'air de la chambre soit pur, que le linge et les draps soient changés, et que le lit soit fait. Il vaudrait mieux que la sage-femme se chargeât de cette besogne ; mais elle ne doit pas se prêter à laver le linge et à faire des travaux domestiques, tels que balayer la chambre, laver le parquet, faire la cuisine, etc. Tout cela est en dehors de sa sphère. Elle doit administrer les lavements et exécuter les prescriptions du médecin, telles que les injections dans le vagin, les cataplasmes, etc.

6° La sage-femme doit combattre les préjugés et les pratiques nuisibles ayant trait aux soins que réclament les femmes en couches, tels que l'usage de tenir l'accouchée trop chaudement, en la couvrant de lits de plume lourds, et en entretenant une température trop élevée dans la chambre; l'abus des boissons chaudes, telles que l'infusion de camomille, etc., des sudorifiques, des boissons stimulantes, spiritueuses, épicées, de la bière, du vin, même de l'eau-de-vie ; l'emploi de remèdes domestiques contre les douleurs consécutives à l'accouchement trop vives, et parmi lesquels le vin et l'eau-de-vie sont les plus nuisibles. Tous ces abus peuvent causer la mort d'un grand nombre d'accouchées, et la sage-femme doit tendre de tous ses efforts à les extirper.

CHAPITRE III.

DES SOINS A DONNER AU NOUVEAU-NÉ.

ARTICLE Ier. — Premiers soins a donner au nouveau-né.

1° Soins de propreté.

442. — Après avoir donné à l'accouchée tous les soins qu'elle réclame immédiatement après la délivrance (voy. 429), la sage-femme doit, tout en continuant de la surveiller, s'occuper du nouveau-né. Elle le place dans un bain tiède, et, en soutenant de la main gauche sa tête au-dessus de l'eau, elle lave son corps avec une éponge, ou un linge mou, ou un morceau de flanelle, pour enlever l'enduit muqueux dont il est recouvert. Comme il est difficile d'y parvenir, surtout aux endroits où cet enduit se trouve amassé en grande quantité, même en employant l'eau de savon, on étend sur ces endroits du beurre frais, ou, ce qui est plus propre, du jaune d'œuf. Si la quantité de l'enduit n'est pas considérable, on peut en débarrasser le corps en le frottant légèrement avec un linge doux et sec. Au sortir du bain, on enveloppe l'enfant dans un drap chaud, on le couche sur un matelas, on achève de le nettoyer et on l'essuie.

2° Examen de la bonne conformation extérieure.

443. — Pendant le bain et immédiatement après, la sage-femme examinera avec soin le nouveau-né, pour voir si toutes les parties sont bien conformées, si les ouvertures normales, comme celles de l'anus, des parties génitales, etc., ne sont pas oblitérées, et si d'autres parties, telles que les doigts, les orteils, ne sont pas unis par des adhérences ; enfin s'il existe des tumeurs, des nævus, des lésions, etc. Si elle découvre chez l'enfant un vice de conformation, elle ne doit pas en parler à la mère, afin de ne pas l'inquiéter ; mais elle en fera part au père et aux parents, pour qu'un médecin soit consulté.

3° Soins que réclame le cordon.

444. — La sage-femme aura maintenant à *s'occuper du cordon ombilical.* Elle devra, et cette surveillance doit se prolonger plus tard, veiller à ce que la ligature tienne bien et ne laisse pas écouler de sang, surtout quand le cordon est gras. Elle placera ce cordon dans un morceau de linge fin plié en deux, fendu jusqu'au milieu, et saupoudré de poudre à cheveux ou enduit de graisse fraîche; ensuite elle le renversera sur le côté gauche du ventre, et l'y maintiendra au moyen d'un bandage ombilical large de trois travers de doigt et modérément serré. Jusqu'à la chute du cordon, c'est-à-dire jusqu'au cinquième ou huitième jour, et quelquefois plus tard, elle changera tous les jours le linge, en se gardant de tirailler le cordon ou de le déchirer. Le cordon tombé, elle appliquera sur l'ombilic un morceau de toile sèche, et l'y fixera au moyen du bandage ombilical. Quand l'ombilic ne suinte pas, et que sa couleur est devenue semblable à celle de la peau, ce qui est l'indice d'une guérison complète, l'usage de ce bandage devient alors inutile.

4° Habillement du nouveau-né.

445. — Les *vêtements* de l'enfant doivent être simples et légers : un bonnet léger, qu'il ne portera que tant qu'il n'aura pas de cheveux, une chemise et une camisole ; le reste du corps sera enveloppé de langes et d'un morceau de flanelle, de telle sorte que le mouvement de ses membres soit libre. L'*emmaillottement* trop serré est nuisible ; il entrave le développement des membres, affaiblit la force des muscles, et devient pour les enfants une source de tourments.

ARTICLE II. — Allaitement et soins hygiéniques.

1° Allaitement maternel.

446. — *Il est du devoir de la mère de nourrir son enfant*

lorsqu'elle possède une santé convenable et que ses mamelles sont aptes à l'allaitement. Car :

1° Telle est sa destinée d'après les lois sages de la nature.

2° En remplissant ce devoir, elle agit dans l'intérêt de sa propre santé ; elle échappe à de grands dangers auxquels l'exposent les couches ; enfin elle se met à l'abri de maladies longues, incommodes et souvent très douloureuses, qui quelquefois ne se développent que beaucoup de temps après.

3° L'enfant vient bien mieux lorsqu'il prend le sein de sa mère. Il y a les droits les plus légitimes, et ce serait cruel que de le lui refuser. Une femme qui, par amour des plaisirs, par coquetterie, par indolence, se refuse à l'accomplissement du plus saint de ses devoirs, quand elle est propre à allaiter, ne mérite pas le *nom de mère* et n'est pas digne d'avoir un enfant.

447. — Sont impropres à l'allaitement les femmes dont les mamelles ont une conformation vicieuse, surtout des mamelons trop petits, aplatis ou rentrés, et que le moyen indiqué plus haut (voy. 254) n'a pu rendre apte à la succion ; celles qui sont affectées de phthisie, de crachements de sang, d'asthme chronique, de goutte, d'épilepsie, de syphilis, d'éruptions cutanées malignes, etc. ; enfin les femmes irascibles, et en général celles qui sont portées aux passions vives. Dans toutes ces circonstances, que la sage-femme n'est pas à même d'apprécier, elle doit réclamer la présence d'un médecin et s'en rapporter à son jugement.

448. — La *sécrétion du lait*, qui avait déjà été préparée pendant la grossesse, s'établit, lorsque l'enfant est allaité à temps, peu à peu, et sans que l'état de santé de la mère en éprouve la moindre atteinte ; mais si l'enfant ne reçoit pas le sein dans le temps voulu, les mamelles se remplissent à l'excès, se gonflent, causent une tension douloureuse, et il se déclare de la fièvre appelée *fièvre de lait*.

Le lait sécrété dans les premiers jours est clair, aqueux, jaunâtre, semblable à du petit-lait ; il est parfaitement propre à servir de nourriture à l'enfant et à favoriser l'expulsion du *méconium*. Il devient ensuite plus blanc, plus épais, plus crémeux, prend un goût sucré, agréable, que n'a pas le premier lait ; de jour en jour, enfin, il devient plus nourrissant. Le lait est bon si une goutte qu'on laisse tomber sur l'ongle incliné y laisse une trace blanchâtre, ou bien si en faisant tomber goutte à goutte du lait dans un verre, chaque goutte s'y répand en un nuage léger, qui disparaît peu à peu. A l'époque de l'éruption des premières dents, vers le septième ou huitième mois, quelquefois plus tôt, mais souvent plus tard, l'enfant commence à éprouver le besoin d'autres aliments, surtout d'aliments solides ; à mesure qu'il y trouve sa satisfaction, il demande moins souvent le sein, et finit même par le refuser complétement. L'allaitement étant alors plus rare, la sécrétion du lait diminue peu à peu, et disparaît enfin tout à fait ; le flux menstruel, absent pendant l'allaitement, reparaît alors. C'est ainsi que la nature met graduellement un terme à l'acte de l'allaitement sans qu'il en résulte un préjudice pour la mère ou pour l'enfant.

449. — La *nourriture* la plus convenable pour un enfant dont la mère jouit d'une bonne santé est celle qu'il puise dans le sein de celle-ci.

Il n'a besoin d'aucune autre, pas plus que d'infusions et de sirops pour déterminer l'évacuation du méconium, ni d'autres remèdes qui sont tous nuisibles. Le premier lait de la mère répond à tous les besoins du nouveau-né. En lui donnant immédiatement le sein, et en satisfaisant ainsi au premier besoin de nourriture qu'il éprouve, on entretient chez lui l'instinct de la succion et l'aptitude pour cet acte ; on rend les mamelons saillants, on prévient les gerçures douloureuses qui s'y forment facilement ; enfin on prépare graduellement la sécrétion du lait, en sorte que celle-ci s'établit sans mouvement fébrile (fièvre de lait). Tant que la mère reste en bonne santé et que la sécrétion du lait n'est pas troublée, le sein maternel suffit à l'enfant, même jusqu'au moment où l'éruption des dents a lieu et où s'éveille le besoin d'une alimentation solide et substantielle.

450. — La nouvelle accouchée doit présenter le sein à son enfant deux ou trois heures après la délivrance. Il est inutile

et même nuisible de subordonner pendant les six premières semaines l'allaitement à un certain ordre. La nature, dans sa sagesse, y a pourvu suffisamment.

La vie d'un enfant bien portant, entouré des soins convenables et tenu proprement, se compose de trois actes : dormir, teter et crier. Après avoir teté jusqu'à satisfaction, il s'endort, se réveille dès que le besoin de la nourriture se fait sentir de nouveau, et il le manifeste par des cris. Le retour plus ou moins prompt de ce nouveau besoin dépend de la constitution de l'enfant, de la promptitude plus ou moins grande de sa digestion, et ne peut être déterminé d'avance ; il ne peut être reconnu que par la manière dont l'enfant se comporte.

Cependant on sait que les cris peuvent provenir d'autres causes que du besoin de nourriture, par exemple d'un état morbide, tel que les gaz intestinaux, la malpropreté, les excoriations, la pression exercée par les vêtements, le maillot, etc. ; c'est ce que la sage-femme et la mère doivent examiner avec soin.

Au bout de six à huit semaines seulement, lorsque l'enfant cesse d'être indifférent à ce qui l'entoure, qu'il ne crie plus quand on le réveille, mais exprime plutôt son bien-être par le sourire, etc., on peut commencer à introduire une certaine régularité dans l'allaitement : par exemple, on peut lui présenter le sein toutes les trois ou quatre heures. Cependant cette régularité ne doit pas être subordonnée aux occupations et aux convenances de la mère, mais aux besoins de l'enfant, qui se révèlent par sa manière d'être et ses manifestations.

Il est bon de laver la bouche de l'enfant avec un linge trempé dans de l'eau pure, toutes les fois qu'il a teté. Les bouts qu'il est souvent d'usage de mettre dans la bouche des enfants pour les calmer quand ils crient, sont nuisibles et ne doivent pas être employés.

2° Précautions à prendre dans l'intérêt de la mère et de l'enfant.

451. — La femme qui nourrit doit préserver avec soin ses

mamelles d'un refroidissement, auquel elle est surtout exposée pendant la nuit. C'est pourquoi elle doit toujours les couvrir d'un linge doux, plié en quatre doubles, qu'on changera quand il sera devenu humide. Les mamelles doivent toujours être modérément soutenues par en bas; la mère aura soin de ne pas les découvrir plus qu'il ne faut pour allaiter l'enfant, qui devra teter alternativement l'une et l'autre mamelle. La mère doit se garder de présenter le sein à l'enfant immédiatement après avoir éprouvé une émotion vive; elle attendra quelque temps, et fera écouler ou sucer le lait avant de le faire teter. Il n'est pas non plus convenable de donner le sein à l'enfant immédiatement après le repas. Lorsque les mamelles sont gonflées par la surabondance de lait, la mère doit prendre moins de nourriture, jusqu'à ce que cet état ait cessé.

452. — Il est à désirer que l'enfant ait son *lit à part*, placé à côté de celui de sa mère, et mis à l'abri des courants d'air, de la chaleur du poêle et d'un jour trop vif. L'enfant doit être couché alternativement sur l'un et sur l'autre côté et modérément couvert.

La chaleur de la mère est salutaire pour le nouveau-né, et il est utile qu'elle le mette souvent près d'elle dans son lit; mais la sage-femme doit s'opposer à ce qu'il y reste toujours, car la mère, pendant son sommeil, peut le contusionner, l'étouffer, le jeter hors du lit, bien que ce danger soit moins à craindre de la part d'une bonne mère que d'une nourrice. Il est mauvais de coucher l'enfant dans le lit d'une vieille femme, d'une garde-couches. En général, les enfants ne doivent pas coucher avec des personnes âgées ou maladives, ni être soignés par elles pendant le jour.

453. — La *propreté* est pour les enfants une chose indispensable sans laquelle ils ne pourraient pas se développer convenablement. Les soins de propreté se rapportent : 1° au corps de l'enfant, 2° au linge de corps et de lit, 3° à l'air qu'il respire. Toutes les fois qu'un enfant s'est sali ou mouillé par les selles ou les urines, on doit le laver avec de l'eau chaude et changer son linge. Il prendra tous les jours ou au moins

de deux jours l'un, un bain d'eau tiède. En le lavant souvent avec de l'eau tiède, on prévient et l'on guérit les excoriations, et l'on rend inutile l'emploi externe des poudres. L'eau froide pour lavages et bains est nuisible. Nous avons déjà dit (v. 436) de quelle manière l'air de la chambre des couches doit être purifié.

454. — Quand la sécrétion laiteuse diminue chez une femme au point qu'elle ne peut pas suffire entièrement aux besoins de son enfant, on y supplée de la manière que nous indiquerons plus loin. Il en sera de même lorsque, vers le quatrième ou cinquième mois, l'enfant, devenu plus fort, demandera plus de nourriture et que la mère, bien portante du reste, n'est pas à même de lui en donner.

455. — Dans les cas où la mère ne peut ou ne veut pas nourrir son enfant, il y a deux manières de pourvoir à sa nourriture : au moyen d'une *nourrice*, ou par l'*allaitement artificiel.*

3° Allaitement par une nourrice.

456. — *Rien ne remplace mieux le sein de la mère que la nourrice, aussi cet allaitement doit-il être préféré à tout autre mode d'alimentation.*

Mais il est souvent difficile de trouver une bonne nourrice. Il appartient au médecin seul de choisir celle qui convient, et cette tâche est souvent difficile même pour un médecin expérimenté et intelligent.

Un bonne nourrice doit réunir les conditions suivantes :

1° Elle doit être bien portante et robuste, avoir une mine florissante, être âgée de dix-huit à vingt-six ans, n'être pas portée à la colère ou à la tristesse, et avoir de bonnes mœurs.

2° Elle ne doit pas être délivrée depuis plus de huit semaines avant la mère dont elle doit allaiter l'enfant.

3° Ses mamelles doivent avoir un volume modéré et être pleines ; elle doit pouvoir nourrir des deux. La peau des seins doit être propre, exempte de toutes sortes d'éruptions ; les mamelles ne doivent pas être le siége de ganglions ou d'indurations. Les mamelons doivent être régulièrement conformés, ni trop gros, ni trop petits, et faire une saillie convenable ; ils ne doivent offrir ni éruption, ni gerçure, etc.

4° Son lait doit avoir les qualités décrites plus haut (v. 448). Pour en juger, il est très important de voir l'enfant de la nourrice : s'il est bien portant, de bonne mine et tenu proprement, on en peut conclure, avec une très grande probabilité, que la mère est en bonne santé et qu'elle possède les qualités requises.

5° Elle ne doit pas avoir ses règles.

6° Elle ne doit pas avoir ni avoir eu des maladies héréditaires ou contagieuses, telles que la syphilis, la scrofule, l'épilepsie, des éruptions cutanées, etc.

7° Elle doit avoir de bonnes dents, des gencives saines et fermes, l'haleine pure et des sueurs sans odeur, même aux pieds.

8° Les parties génitales ne doivent offrir aucunes traces de syphilis, telles qu'ulcères, excroissances, flueurs blanches âcres ; les aines ne doivent présenter aucune cicatrice, etc. En général, les nourrices de la campagne méritent la préférence sur celles des grandes villes. Comme la sage-femme ne peut pas porter un jugement convenable sur toutes ces qualités, cette appréciation doit être entièrement abandonnée au médecin.

Nous ferons encore cette remarque importante, que *la nourrice, pour conserver son aptitude à l'allaitement, doit autant que possible ne pas se départir de ses anciennes habitudes quant aux aliments, aux boissons, aux occupations*, etc.

Pour le reste, elle doit observer les règles indiquées pour la mère qui nourrit.

4° Allaitement artificiel.

457. — L'*allaitement artificiel* demande beaucoup de patience, de précaution et d'attention. Cependant la meilleure volonté ne suffit pas toujours pour remplir cette tâche ; tou-

tefois la mère qui s'en charge, au lieu de la confier à des personnes étrangères, a plus de chances de réussir que celles-ci. De nombreuses observations ont constaté que, parmi tous les aliments qui ont été proposés ou employés et qui le sont encore tous les jours, le *lait de vache* est le plus convenable. Pour que cet allaitement atteigne aussi parfaitement que possible le but désiré, il y a lieu de se conformer aux règles suivantes :

1° Le lait doit être fourni par la même vache convenablement nourrie ; on devra la traire trois fois par jour pour que le lait soit aussi frais que possible. Les vases destinés à conserver le lait et à le faire prendre à l'enfant doivent être tenus très proprement.

2° Les premiers jours le lait sera coupé avec deux tiers d'eau ; les dix ou quinze jours suivants, d'abord avec la moitié, puis avec un tiers d'eau seulement ; après ce temps, on le donnera pur. On ajoutera chaque fois au liquide un peu de sucre (autant qu'on en peut placer sur la pointe d'un couteau pour une petite tasse de lait) ; cette faible addition facilitera la digestion et tiendra le ventre libre : trop de sucre serait nuisible.

3° Le lait doit toujours être tiède ; on aura soin de le chauffer au bain-marie et non sur le feu. Le meilleur moyen de le donner est de se servir d'un vase étroit et allongé, muni d'un bec. On peut aussi employer dans ce but un biberon de verre

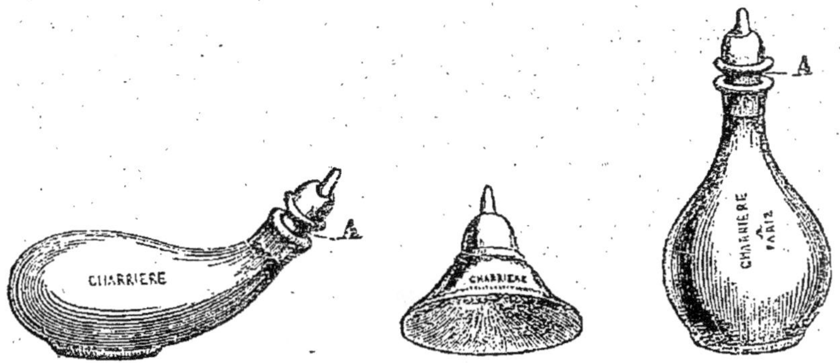

FIG. 46. — *Bouts de sein et biberons.*

dont l'ouverture est garnie d'un morceau d'éponge simulant la forme du mamelon et recouvert d'un morceau de batiste, de mousseline fine ou de gaze. *Toutes ces choses doivent être tenues fort propres, surtout l'éponge, qu'on doit placer dans l'eau hors du temps de l'allaitement et qu'on changera souvent.*

[L'allaitement artificiel, les douleurs si vives causées par la succion immédiate du mamelon ont rendu l'emploi des *biberons* et des *bouts de sein* d'un usage vulgaire. Un grand nombre d'essais ont été faits pour rendre ces petits appareils aussi propres que possible à leur destination. Pour faire des mamelons artificiels, on a employé avec plus ou moins de succès la tétine de vache, le liége, le caoutchouc, l'ivoire ramolli. Cette dernière substance, souple comme la gélatine, inaltérable, n'acquérant aucune odeur, et facile à tenir propre, a fourni à M. Charrière l'idée d'une application très heureuse (fig. 46 et 47).

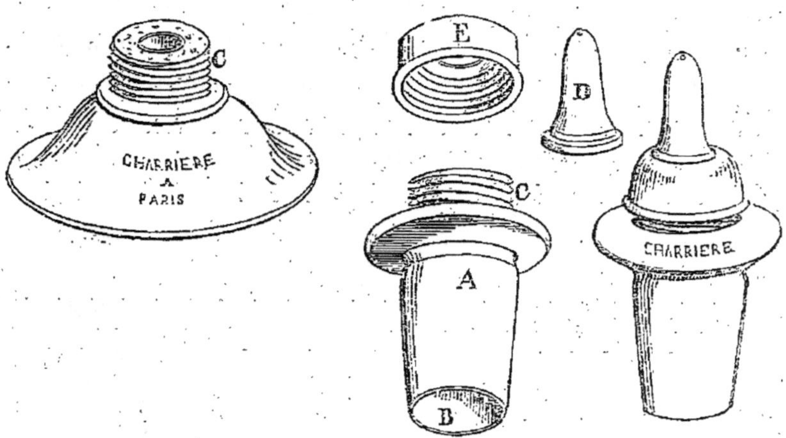

FIG. 47. — *Pièces dont se composent les biberons et bouts de sein.*

La figure 47 représente ce petit appareil avec les derniers perfectionnements que l'habile fabricant lui a fait subir.

Malgré le choix et la préparation des bois employés, il arrivait que la dilatation de la vis C empêchait ou rendait très difficile de dévisser le couvercle ou virole E, lorsqu'on voulait nettoyer l'appareil. Pour remédier d'une manière complète à cet inconvénient, M. Charrière a remplacé la vis C et le couvercle E, qui étaient en bois, par une vis et un couvercle en étain, tout en laissant à l'intérieur de la vis une couche de bois, afin que le lait ne se trouve point en contact avec ce métal. Celui-ci n'a d'autres fonctions que de s'opposer d'une manière absolue à la dilatation de la vis par l'humidité.

Quant au bouchon A, qui est toujours en bois, il était inutile d'en changer la substance, attendu que la minceur de ses parois, comme on le voit à l'ouverture inférieure B, rend ses parois assez flexibles pour qu'on ne puisse jamais éprouver aucune difficulté à l'enlever du goulot dans lequel il est introduit.]

4° Au bout de quelques semaines, plus tôt ou plus tard, suivant que l'enfant devient plus ou moins fort, on donnera d'abord une fois, puis deux fois, enfin trois fois par jour, de la bouillie préparée avec la farine de froment ou de maïs, sèche et fine, ou du biscuit convenablement cuit et bien écrasé, et du lait; on y ajoutera une faible quantité de sucre. La bouillie doit être fraîchement préparée pour chaque fois et surtout bien cuite; la mère devrait se charger de cette besogne ou au moins y assister. Si ces bouillies de farine et de lait produisent un résultat moins avantageux, leur *mauvaise préparation* en est la cause.

A mesure que l'enfant se développe, on lui fera prendre du bouillon fait avec du pain blanc, de l'orge mondé ou du riz. Mais on le filtrera avant de le lui donner, jusqu'à ce que le liquide ressemble à de la bouillie claire. Ce n'est qu'après l'éruption des dents qu'on peut passer à des aliments plus solides.

5° Résumé des soins à donner à l'enfant.

458. — Quant aux devoirs de la sage-femme, relativement aux *soins généraux* à donner au nouveau-né, voici ce qu'elle aura encore à faire :

1° Elle doit faire connaître à la mère et à la garde-couches toutes les règles que nous avons indiquées dans cette section, les engager à s'y conformer et veiller à ce qu'elles soient appliquées rigoureusement.

2° A chaque visite (v. 441, 2°), outre les soins qu'elle doit donner à l'enfant, elle s'informera comment il s'est porté pendant son absence; elle observera et examinera avec attention son état présent, sa mine, l'état de son abdomen; elle s'assurera s'il a eu des selles, et surtout quelle en est la nature, s'il a uriné, etc.

3° A chaque visite, elle doit nettoyer l'enfant, le baigner, le laver, l'habiller et panser le cordon. Nous dirons plus loin ce qu'elle aura à faire dans le cas où l'enfant tomberait malade.

Nous ferons remarquer expressément que les petits services dont les sages-femmes ont coutume de se charger pour le baptême, ainsi que l'habitude de porter l'enfant à l'église, ne se rattachent en aucune façon à l'exercice de leur profession, et ne sont nullement un motif suffisant pour leur faire ajourner ou négliger une fonction rentrant réellement dans leurs attributions.

QUATRIÈME PARTIE.

DE L'ACCOUCHEMENT ET DES COUCHES CONSIDÉRÉS A L'ÉTAT ANORMAL, ET DE QUELQUES ÉTATS MORBIDES.

SECTION PREMIÈRE.

REMARQUES GÉNÉRALES SUR LES ACCOUCHEMENTS VICIEUX, ET SUR LA CONDUITE QUE LA SAGE-FEMME DOIT TENIR DANS CE CAS.

CHAPITRE PREMIER.

DÉFINITION ET DIVISIONS DE L'ACCOUCHEMENT VICIEUX.

459. — On entend par accouchement *vicieux* celui qui ne peut être terminé par les forces seules de la nature, ou au moins sans préjudice et danger pour la mère ou l'enfant.

460. — L'accouchement peut être vicieux de deux manières : 1° Sa marche est entravée et les forces de la nature ne suffisent pas pour le terminer ; 2° sa marche est naturelle, mais il ne peut se terminer sans préjudice ou danger pour la mère ou pour l'enfant, ou pour tous les deux.

Il y a donc deux catégories d'accouchements vicieux :

1° *Ceux dont la marche est entravée et qui ne peuvent se terminer par les seules forces de la nature ;*

2° *Ceux dont la marche n'est pas entravée, mais qui se compliquent inopinément d'accidents divers de nature à compromettre la vie de la mère ou du fœtus.*

461. — 1° Les accouchements vicieux de la PREMIÈRE CATÉGORIE peuvent reconnaître pour cause le défaut d'énergie ou l'anéantissement des forces expultrices nécessaires pour l'expulsion de l'enfant ; ou bien, les forces expultrices, tout en étant normales, peuvent rencontrer un obstacle insurmontable dans l'enfant ou dans les voies qu'il doit traverser.

L'*enfant* peut rendre l'accouchement difficile : 1° par sa

position vicieuse; 2° par son volume et sa conformation vicieuse. Les annexes ne peuvent, par leur état anormal, apporter un obstacle sérieux à l'accouchement; mais, sans rendre l'accouchement difficile, ils peuvent déterminer de graves dangers.

Les *voies* que l'enfant doit parcourir peuvent rendre l'accouchement difficile et même impossible par les seuls efforts de la nature, par une conformation vicieuse : 1° des parties dures, c'est-à-dire du bassin; 2° des parties molles, c'est-à-dire de l'orifice utérin, du vagin, des parties génitales externes, de la vessie, du rectum et des autres parties molles situées au dedans ou au dehors du bassin, qui sont intéressées pendant le passage de l'enfant.

462. — 2° Quant aux accouchements vicieux de la SECONDE CATÉGORIE, c'est-à-dire ceux qui, sans être difficiles ou impossibles par les seules forces de la nature, ne peuvent cependant se terminer sans préjudice ou danger pour la mère ou pour l'enfant, ils peuvent reconnaître pour causes des circonstances et des accidents très variés, principalement une marche trop rapide du travail, la chute du cordon à côté de la partie de l'enfant qui se trouve en présentation, des hémorrhagies utérines ou autres, des convulsions, des crampes, des syncopes, etc.

463. — Par suite de la grande variété des causes qui peuvent déterminer les accouchements vicieux, les deux catégories que nous avons établies (v. 460-362) se subdivisent à leur tour, suivant la diversité principale de leurs causes, en *plusieurs espèces*. Le tableau suivant permettra de les embrasser d'un seul coup d'œil :

Première catégorie : accouchements vicieux provenant d'obstacles à la marche du travail ou de l'insuffisance des efforts de la nature.

1re espèce. Cause : état vicieux des forces expultrices.

2e espèce. Cause : conformation vicieuse des parties dures de la génération, du bassin.

3e espèce. Cause : conformation vicieuse des parties molles de la génération.

4e espèce. Cause : position vicieuse de l'enfant.

5e espèce. Cause : volume anormal et conformation vicieuse de l'enfant.

Seconde catégorie : accouchements vicieux sans obstacles à la marche du travail.

1re espèce. Cause : marche trop rapide du travail.

2e espèce. Cause : chute ou autres conditions défavorables du cordon.

3e espèce. Cause : autres circonstances ou accidents qui peuvent rendre l'accouchement dangereux, par exemple : convulsions, syncopes, dyspnée, vomissements violents, prolongés, hémorrhagies, etc.

REMARQUE. — Nous avons rangé dans la première catégorie des accouchements vicieux ceux qui reconnaissent pour cause des obstacles à la marche du travail ou l'insuffisance des efforts de la nature, attendu qu'ils sont les plus fréquents et qu'ils comprennent la plupart des espèces.

CHAPITRE II.

RÈGLES GÉNÉRALES DE LA CONDUITE DE LA SAGE-FEMME DANS LES ACCOUCHEMENTS VICIEUX.

464. — Dans les *accouchements vicieux*, les secours à donner, ainsi que le traitement des maladies et des vices organiques des femmes enceintes, des femmes en couches et des nouveau-nés, ne sont point du domaine de la sage-femme, mais de celui de l'accoucheur, du médecin ou du chirurgien. Mais un des devoirs les plus importants de la sage-femme, c'est de reconnaître à temps l'accouchement qui doit se faire dans des conditions anormales, et, autant que possible, de le prévoir assez tôt pour que le médecin puisse être appelé. Enfin elle doit savoir quelle conduite elle aura à tenir jusqu'à l'arrivée de celui-ci. Cependant, dans les *cas extrêmes*, où la gravité

du danger ne permet pas d'attendre un seul instant, et surtout lorsqu'il y a impossibilité de se procurer un médecin (ce qui d'ailleurs ne peut arriver que dans les campagnes, et très rarement dans les villes de quelque importance), alors il n'est pas seulement permis à la sage-femme, mais il est de son devoir d'apporter elle-même les secours nécessaires, c'est-à-dire de procéder à la délivrance de la femme de la manière la plus circonspecte et la plus consciencieuse, d'après les règles qu'elle aura apprises dans la maison d'accouchements, et que nous exposerons plus loin. Enfin, en cas de présence d'un médecin, elle devra lui prêter son assistance toutes les fois qu'il la réclamera.

465. — Afin de pouvoir suffire à cette tâche, la sage-femme doit posséder une connaissance aussi parfaite que possible des accouchements vicieux, de leurs causes, caractères, suites et terminaisons, ainsi que des dangers qui y sont attachés ; il faut qu'elle connaisse à fond les règles auxquelles elle doit se conformer, et qu'elle possède l'habitude et la dextérité nécessaires.

L'enseignement qu'on donne aux sages-femmes concernant les secours à apporter dans les accouchements vicieux a pour unique but de les mettre à même d'agir dans les *cas urgents*, et d'assister convenablement le médecin présent. Mais cet enseignement ne les autorise pas à dépasser leurs attributions, hors ces cas extrêmes, ni à rien entreprendre sans l'ordre du médecin quand celui-ci est arrivé.

Toute sage-femme qui, dans un accouchement vicieux, sort des limites de ses attributions, manque à son serment et à sa conscience, et elle est coupable lors même que le résultat ne serait pas défavorable. La pauvreté de la malade, ses instances et celles de ses parents, son refus même décidé de ne pas admettre un médecin, etc., *toutes ces circonstances ne sauraient en rien atténuer la culpabilité de la sage-femme.*

466. — Ainsi donc la sage-femme, aussitôt qu'elle reconnaît un accouchement vicieux, ou qu'elle a lieu de le prévoir, doit réclamer sans délai la présence d'un médecin. Elle en

fera part d'abord aux parents, et prendra soin que la patiente n'en soit informée qu'avec les plus grands ménagements, afin de ne pas l'effrayer.

Si l'on oppose un refus à sa demande, elle doit faire ressortir la nécessité de s'y conformer, les suites fâcheuses qui peuvent résulter si l'on persiste dans ce refus, décliner toute responsabilité, et prévenir immédiatement l'autorité si les circonstances lui permettent de s'absenter pour un instant, sinon charger une autre personne de cette commission. Elle agira, en restant auprès de la femme, en se conformant, suivant les circonstances, aux règles que nous allons donner pour chaque cas en particulier.

467. — Dans les campagnes, ou dans les petites localités dépourvues de médecin, la sage-femme chargera le messager, dans le cas d'absence du médecin demandé, de s'adresser à un autre, le plus rapproché, lors même qu'il ne serait pas accoucheur. Dans les cas urgents qui offrent de grands dangers, tels que de fortes hémorrhagies avant, pendant ou après l'accouchement, des convulsions, un haut degré de faiblesse, elle doit sans délai faire appeler l'accoucheur qui demeure le plus près. Mais si un médecin qui ne se livre pas à la pratique des accouchements demeure encore plus près, c'est lui qui devra être appelé le premier.

Nous indiquerons plus loin, en parlant des différentes espèces d'accouchements vicieux, la conduite que la sage-femme doit tenir jusqu'à l'arrivée du médecin, et les préparatifs particuliers qu'elle doit faire en dehors de ceux indiqués plus haut.

SECTION DEUXIÈME.

DES ACCOUCHEMENTS VICIEUX EN PARTICULIER ET DE LA CONDUITE DE LA SAGE-FEMME DANS CES CAS.

A. *Des accouchements vicieux provenant d'un état anormal des forces expultrices, ou d'obstacles à la marche du travail provenant de la mauvaise conformation de la mère.*

CHAPITRE PREMIER.

DES ACCOUCHEMENTS RENDUS DIFFICILES OU DANGEREUX PAR UN ÉTAT ANORMAL DES FORCES EXPULTRICES.

468. — Ce chapitre aura plus particulièrement pour sujet les cas dans lesquels les obstacles à la marche du travail proviennent uniquement de ce que l'action des forces expultrices est moins forte qu'elle ne devrait l'être d'après la constitution de la femme en travail, et où, par conséquent, la résistance (le fœtus, ses annexes et les voies génitales), vers laquelle sont dirigées les forces expultrices, est dans un état normal, c'est-à-dire n'opposerait pas d'obstacles sérieux à ces forces si elles étaient suffisamment énergiques.

Lorsque la marche de l'accouchement est entravée ou tout à fait arrêtée, et que, malgré un examen sérieux, il est impossible de reconnaître un état anormal dans les éléments de la résistance naturelle, on est nécessairement amené à soupçonner l'insuffisance des forces expultrices. Tous les autres signes résultent de l'exposé des causes qui déterminent cet état.

Remarque. — Comme, parmi les forces expultrices, l'activité de la matrice est de beaucoup la plus considérable, et que celle des muscles abdominaux n'est que secondaire ou auxiliaire, nous parlerons d'abord de l'état vicieux des forces expultrices de la matrice.

[Enfin, bien qu'appartenant à un autre ordre de faits par ses conséquences, il est convenable de rapprocher, de l'accouchement rendu difficile par l'insuffisance des forces expultrices, l'accouchement rendu dangereux par l'excès d'énergie de ces mêmes forces.]

ARTICLE Ier. — DE L'ACTION INSUFFISANTE DE LA MATRICE.

469. — L'*action insuffisante de la matrice*, par rapport à l'expulsion du fœtus et de ses annexes, consiste :

1° En ce que les douleurs n'ont pas le degré suffisant de force, de durée et de fréquence qu'elles devraient avoir d'après la constitution de la femme en travail ;

2° En ce qu'elles sont partielles ou ont une direction fausse (v. 479).

§ 1. — *Faiblesse des douleurs.*

470. — A. Le premier état anormal, c'est-à-dire la *faiblesse des douleurs*, peut se manifester à des degrés différents et de diverses manières, et reconnaître des causes variées. Cet état demande donc des traitements différents.

Les douleurs de l'enfantement peuvent être trop faibles, trop courtes, reparaître à des intervalles trop éloignés, enfin cesser complétement. La marche de l'accouchement peut être uniforme, c'est-à-dire trop lente pendant toutes les périodes, ou bien être lente dans les unes et ordinaire ou même trop prompte dans les autres. Ainsi, par exemple, il arrive souvent que les contractions, après s'être manifestées avec une énergie et une rapidité très prononcées dans la seconde période et dans la première moitié de la troisième, deviennent ensuite plus faibles et plus rares, et l'accouchement éprouve alors un retard considérable. Souvent l'inverse a lieu : des accouchements excessivement lents d'abord suivent une marche prompte après la rupture de la poche des eaux. Si la sortie de l'enfant se fait avec rapidité, l'expulsion de l'arrière-faix éprouve souvent des retards.

Nous consacrerons un chapitre à part à ce dernier cas.

REMARQUE. — La faiblesse des douleurs apporte souvent, quoique dans une mesure moindre, des retards aux accouchements, surtout chez les primipares, notamment quand elles sont avancées en âge, chez les femmes délicates qui ont contracté des habitudes de mollesse, chez celles qui ont de l'embonpoint et dont les fibres sont relâchées, etc. Du reste, c'est surtout par la durée que les accouchements diffèrent le plus et le plus souvent. Bien que la durée ordinaire soit de six à neuf heures, il arrive souvent que la nature accomplit cette opération en moins de temps sans suites fâcheuses ; d'autres fois il lui faut douze, dix-huit, vingt-quatre heures et plus pour la faire. Mais, dans ce chapitre, il ne sera traité que des retards apportés aux accouchements par l'insuffisance des forces expultrices et qui peuvent occasionner préjudice ou danger.

471. — Les *causes* de cette faiblesse de contractions insuffisantes peuvent être :

1° Une *faiblesse* de la matrice, suite d'un affaiblissement *général* occasionné par des maladies graves ou chroniques antérieures, une perte d'humeurs, des influences générales nuisibles, telles que de mauvais aliments, un air humide ou vicieux, le manque d'exercice pendant la grossesse, des affections déprimantes, l'abus des drogues, etc. Il est cependant à remarquer que la matrice possède un certain degré d'indépendance, de sorte que, malgré une faiblesse générale excessive, elle peut souvent accomplir ses fonctions et développer pendant l'accouchement une activité étonnante.

472. — 2° L'énergie utérine peut être *affaiblie en elle-même* indépendamment du reste du corps, par exemple par suite d'une distension excessive, conséquence d'une accumulation d'eaux amniotiques, du volume excessif de l'enfant, de la présence de jumeaux ou de trijumeaux ; par une marche trop rapide ou trop lente du travail, par des efforts trop violents dès le début du travail, par l'écoulement prématuré du liquide, ce qui arrive surtout souvent chez les primipares, etc. Dans les cas où cette faiblesse reconnaît pour cause soit la distension excessive de la matrice, soit une marche trop prompte de l'accouchement, cet organe est flasque et inerte ; dans les autres cas précités, il offre un état de tension, de rigidité.

La présence d'une trop grande quantité d'eaux amniotiques

se révèle par la distension excessive mais uniforme de l'abdomen, avec absence toutefois des caractères qui signalent la présence de jumeaux, par l'élévation inaccoutumée de la tête vers la fin de la grossesse et au commencement du travail, enfin par les incommodités plus grandes que détermine cette distension. Les suites que cet état peut amener, surtout quand les eaux s'écoulent en abondance et brusquement, sont non-seulement le retard apporté à l'expulsion de l'enfant, mais encore (surtout quand le bassin est large et l'enfant petit), le décollement et l'expulsion tardifs du placenta, des hémorrhagies, un renversement de la matrice et d'autres accidents graves dont nous parlerons plus bas. La présence d'une trop grande quantité de liquide peut aussi occasionner la chute du cordon, la descente d'un bras à côté de la tête, des positions vicieuses, etc. Cet état demande donc la plus grande attention de la part de la sage-femme.

473. — L'inertie de la matrice, et d'un autre côté la disposition de cet organe à des contractions excessives, s'observent aussi dans chaque accouchement chez des femmes d'ailleurs bien portantes, sans qu'on soit à même d'en découvrir la cause. Cet état semble alors être *congénital*. Il arrive aussi quelquefois que, chez toutes les femmes de la même famille, le travail est excessivement lent ou excessivement rapide.

474. — 4° La faiblesse des douleurs de l'enfantement peut être la suite de la *pléthore*, que l'on reconnaît aux *signes* suivants : aspect de santé florissant, rougeur de la face, vertiges, maux de tête avec battements, oppression, obscurcissement passager de la vue, augmentation de la chaleur par tout le corps, pouls fort et plein, lassitude et pesanteur dans les membres, etc. ; le ventre est plus développé que d'habitude; la femme y ressent, ainsi que dans la région pelvienne, une sensation inaccoutumée de pesanteur. Avant l'accouchement et dans les intervalles des douleurs, l'épaisseur considérable des parois utérines empêche de sentir facilement à l'extérieur les membres de l'enfant et ses mouvements.

475. — 5° Comme tout autre organe, la matrice est sujette

au *rhumatisme*. Si ce mal se déclare à l'époque de l'accouchement, il en résulte une diminution considérable dans l'énergie des douleurs, et l'accouchement est retardé ou douloureux au plus haut degré. Le rhumatisme de la matrice est déterminé par les mêmes influences que celui des autres organes. Ce sont principalement les refroidissements, le changement inopportun des vêtements d'hiver contre ceux d'été, les courants d'air dans les fosses d'aisances, etc.; enfin certaines constitutions atmosphériques, le passage brusque du chaud au froid, et *vice versâ*. Une prédisposition particulière s'observe aussi quelquefois chez les femmes.

Symptômes de cette affection : douleurs tractives dans la région sacrée, les lombes, le bassin, le bas-ventre et les cuisses, qui précèdent plus ou moins longtemps, souvent pendant plusieurs semaines l'accouchement, et qui simulent les douleurs d'enfantement. Elles s'accompagnent de frissons fréquents avec alternative de chaleur fugace ; malaise général. Pendant le travail, et fréquemment avant, quoique à un moindre degré, la matrice, et le plus souvent son orifice, sont sensibles au toucher. Les contractions sont courtes, moins énergiques, rares, irrégulières et en même temps fort douloureuses ; celles qui précèdent le travail et qui chez les femmes bien portantes méritent à peine ce nom, sont dans ce cas très pénibles. Dans la marche ultérieure du travail, les contractions deviennent de plus en plus douloureuses et en même temps moins énergiques. La femme n'est jamais tout à fait exempte de douleurs, contrairement à ce qui arrive quand les contractions affectent une marche régulière; et tandis que, dans ce dernier cas, les contractions ne deviennent douloureuses que graduellement, elles le sont déjà dès le début chez les femmes dont la matrice est affectée de rhumatisme. Quelquefois les contractions cessent complétement pendant quelques heures, et reparaissent ordinairement après un sommeil dont la femme en travail sort avec des sueurs abondantes et en éprouvant un soulagement notable. Dans ce cas elles sont plus régulières, et l'accouchement prend une terminaison heureuse. D'autres fois cependant cet état s'aggrave jusqu'à devenir insupportable, surtout quand on n'apporte pas de secours et qu'on emploie des moyens peu appropriés, tels que du vin, de l'eau-de-vie, de la teinture de cannelle, la liqueur d'Hoffmann, des épices et d'autres substances stimulantes. Il peut en résulter de grands retards dans la marche de l'accouchement : de l'affaiblissement, des crampes, de la fièvre et même une inflammation de la matrice.

476. — 6° L'*inflammation* de la matrice peut aussi diminuer la faculté de cet organe à se contracter. A mesure que cette inflammation fait des progrès, les douleurs cessent complétement. Les causes qui la déterminent sont, dans la plupart des cas, des violences extérieures, des manœuvres grossières pendant l'accouchement, telles qu'un toucher trop fréquent et trop violent, des tentatives malhabiles pour élargir l'orifice utérin, l'omission des secours nécessaires, etc. L'abus des substances stimulantes vient aggraver les effets pernicieux de ces causes occasionnelles.

Dans ce cas, les contractions sont excessivement douloureuses, et ce sentiment de douleur persiste même dans les intervalles. L'abdomen est très sensible au toucher ; le vagin est sec et chaud, l'orifice utérin extrêmement sensible ; il y a rétention d'urine, constipation, nausées, vomissements, sensation de pesanteur et douleurs tensives dans les extrémités inférieures ; fièvre, pouls petit, souvent contracté et un peu dur ; face pâle, amaigrie, décomposée, exprimant l'inquiétude, l'angoisse et la douleur.

477. — 7° L'*affaiblissement* de l'énergie utérine peut aussi reconnaître pour cause la présence de *saburres*, matières irritantes et âcres séjournant dans l'estomac et les intestins, suite de la faiblesse des organes de la digestion, de l'abus des aliments, surtout indigestes, d'une sécrétion anormale de la bile, etc. La présence de ces matières rend, plus souvent qu'on ne le croit généralement, les accouchements difficiles ; elle en prolonge outre mesure la durée, elle retarde l'expulsion de l'arrière-faix ; enfin elle occasionne des maladies pendant l'époque des couches. Il est donc du devoir de la sage-femme de recommander aux femmes enceintes la plus grande

sobriété, et de proscrire d'une manière absolue les aliments difficiles à digérer, surtout aux approches de l'accouchement.

8° Si, pendant le travail, il se déclare des *coliques* (appelées fausses douleurs (v. 309), ou des *douleurs dans l'estomac* ou dans les *cuisses*, les contractions utérines cessent ordinairement, et dans la plupart des cas ne reparaissent ou ne reprennent leur énergie que lorsque celles-ci ont disparu. — Des maux de tête surviennent quelquefois brusquement pendant le travail, et alors les douleurs diminuent ou cessent même complétement. Ces maux de tête, ainsi que ceux qui se manifestent avant l'accouchement, demandent une attention sérieuse, notamment quand ils siégent au-dessus des yeux, et qu'ils s'accompagnent d'obscurcissement passager de la vue, d'éblouissements, de bourdonnements d'oreille, etc. (v. *Convulsions*).

9° D'autres fois, il peut arriver que les douleurs disparaissent et sont remplacées brusquement par des accès de suffocation, des spasmes de la poitrine avec sentiment de constriction, un gonflement du cou, un tremblement général, une grande agitation, des angoisses, des paralysies, du délire par intervalles, etc.

478. — 10° La *faiblesse* des douleurs et leur cessation complète peuvent également provenir d'une *conformation vicieuse* de la matrice et d'une dégénérescence de ses tissus, comme, par exemple, des indurations, des cicatrices et des lésions à la suite de coups, de contusions, d'une plaie par piqûre, d'une déchirure, etc. Les cas de la première sorte offrent une grande difficulté pour le diagnostic ; on se renseigne sur ceux de la seconde en examinant avec soin l'état présent, et en consultant les commémoratifs.

§ 2. — *Irrégularité et direction vicieuse des douleurs.*

479. — B. La *fausse direction* des douleurs consiste dans *un défaut d'accord* entre les contractions des diverses parties de la matrice (v. 308). La contraction peut être partielle, c'est-à-dire qu'un ou plusieurs points de l'utérus se contrac-

tent, tout le reste de l'organe restant dans l'inaction. Tantôt c'est le fond, tantôt un des angles, tantôt une portion des parois de l'utérus qui se contracte, tandis que les autres parties se contractent à peine. C'est là un état vicieux qui peut rendre l'accouchement excessivement difficile. Nous parlerons plus loin de la contraction excessive, persistante, d'une des parois de la matrice, ce qui donne à cet organe une forme oblique, et détermine en même temps une déviation de son orifice ; nous parlerons de même de la *contraction spasmodique* de ce dernier.

On dit qu'il y a *constriction spasmodique*, *étranglement* ou *tétanos utérin*, lorsque la contraction dans un point entre l'orifice et le fond de la matrice est trop forte relativement aux autres parties de cet organe, qui se trouvent dans un état de tension ou de contraction moindre. Cet étranglement a ordinairement son siége sur la partie de la matrice où commence le col, dans la région de la cavité utérine qui offre ordinairement le plus de contractions après la naissance de l'enfant, que l'arrière-faix ait été expulsé ou non. Le doigt y arrive en longeant le canal du col, qui se rétrécit en haut en forme d'entonnoir.

Pendant ces contractions irrégulières, la matrice paraît souvent comme entourée d'un anneau qui en serrerait le corps. Cet état est encore plus prononcé quand il se déclare après la naissance de l'enfant, et il détermine alors l'enchatonnement du placenta. Il en est quelquefois de même dans des cas qui demandent la version par les pieds, et l'on s'en aperçoit en introduisant la main dans la matrice.

Le point de l'utérus qui est le siége de la contraction excessive, est toujours très douloureux au toucher, et cette constriction et cette sensibilité persistent même dans les intervalles des douleurs. Quant à ces dernières, elles sont quelquefois régulières ou même trop fortes ; mais le plus souvent elles sont irrégulières, très pénibles et courtes. L'examen le plus minutieux ne peut découvrir aucune disproportion dans les dimensions du bassin ; cependant la partie de l'enfant qui se présente ne change pas de place. La marche du travail se ralentit à un haut degré. Pendant la contraction utérine la plus énergique en apparence, la tête reste à la même place, et même, si elle descend un peu, elle reprend sa place dès que la contraction a cessé. La tête d'ailleurs n'est pas enclavée; parfois même elle remue d'un côté à l'autre au-dessus du doigt qui pratique le toucher. Si, pendant la douleur, elle descend un peu, cela tient plutôt à l'action des muscles abdominaux qu'à celle de la matrice; aussi, en pratiquant le toucher pendant la contraction, on reconnaît que la tête ne déprime pas l'orifice utérin, n'exerce sur lui aucune tension, ce qui prouve évidemment que l'obstacle à la sortie de la tête ne se trouve pas dans l'orifice utérin, mais plus haut.

Quelquefois, dans ces cas, on serait tenté de croire à une étroitesse du bassin, à un volume excessif de la tête, ou bien à une trop grande brièveté du cordon. Pour éviter cette erreur, il faut un examen fort minutieux. Si un accoucheur s'avisait dans ce cas d'appliquer le forceps, l'introduction de chacune des branches à travers le col utérin se ferait sans difficulté, mais dans la suite de sa manœuvre il rencontrerait bientôt un obstacle qu'il lui serait souvent impossible d'écarter, et toute tentative faite dans ce but serait extrêmement douloureuse; lors même qu'il réussirait à passer les branches, ce qui sera d'autant plus facile que la tête sera moins élevée, les tractions qu'il fera rencontreront une vive résistance et seront fort douloureuses. En appliquant alors la main sur l'abdomen, on sent que la matrice est entraînée par chaque traction; dans bien des cas, on arracherait plutôt la tête que d'effectuer l'accouchement avec le forceps. L'étranglement peut survenir lorsque la tête et même les épaules sont déjà sorties; de même, dans les accouchements par le siége ou par les pieds, il peut se présenter après la sortie d'une partie du tronc.

480. — L'étranglement s'observe plus rarement chez les primipares que chez les femmes qui ont eu plusieurs enfants. Le plus souvent il reconnaît pour cause seulement un état spasmodique; parfois la pléthore. Dans le premier cas le pouls est spasmodique, dur, petit, accéléré. La disposition à cet étranglement se rencontre principalement chez les femmes

impressionnables, sujettes aux spasmes, aux convulsions hystériques ; chez celles dont l'utérus est particulièrement sensible, mobile et irritable. Les causes occasionnelles qui peuvent déterminer cet état, sont : des émotions vives, telles que la crainte, l'anxiété, la frayeur, etc., la présence de matières âcres et irritantes dans les voies digestives, l'écoulement prématuré des eaux amniotiques, une irritation déterminée sur l'orifice utérin surtout par des tentatives maladroites de dilatation, l'emploi inconsidéré de la main ou des instruments, l'usage inopportun des frictions sur l'abdomen, etc. Ainsi, par exemple, si lorsque la matrice est distendue outre mesure par une trop grande quantité de liquide, et que par conséquent son énergie est diminuée, les eaux s'écoulent brusquement et en forte proportion, dans ce cas des frictions faites sur l'abdomen avant que l'utérus ait repris son aptitude et sa disposition à se contracter, peuvent donner lieu à un étranglement. On l'observe encore dans les cas de jumeaux après l'expulsion du premier enfant ; on le voit aussi après un accouchement rapide, ou bien à la suite d'un accouchement artificiel ; dans ces cas l'étranglement détermine un enchatonnement du placenta.

Remarque. — Tout ce que nous avons dit dans ce paragraphe sur les diverses causes qui peuvent apporter des retards à l'accouchement et sur leurs caractères, ainsi que les instructions que nous donnerons dans les paragraphes suivants relativement aux secours que ces cas réclament, n'ont pas pour but de mettre la sage-femme à même de les traiter, mais de lui faire entrevoir la diversité de ces causes, et par conséquent des traitements auxquels on doit avoir recours ; elle comprendra pourquoi tel ou tel procédé qui s'est montré utile dans certains cas, est au plus haut point nuisible dans d'autres, combien les différentes causes sont difficiles à reconnaître et faciles à confondre, enfin quels dangers peuvent résulter d'une semblable erreur. Elle n'hésitera plus désormais à demander à temps l'assistance d'un médecin. Mais elle apprendra, en outre, à observer avec une grande attention des cas de cette nature, et à les apprécier autant que possible afin de pouvoir fournir à l'accoucheur tous les renseignements nécessaires sur la marche du travail et sur toutes les autres circonstances, et agir convenablement jusqu'à ce qu'il soit arrivé.

§ 3. — *Pronostic dans les cas d'action vicieuse de la matrice.*

481. — Le *pronostic* à porter dans les accouchements rendus difficiles par la faiblesse et la fausse direction des contractions utérines varie suivant la cause et le degré de ces dernières.

482. — Un ralentissement considérable de l'accouchement, déterminé par la *faiblesse des douleurs*, offre généralement dans les présentations ordinaires beaucoup moins de dangers que lorsqu'il reconnaît pour cause un défaut de proportion entre le volume de l'enfant et les dimensions du bassin. Cette anomalie du travail de l'accouchement se rencontre souvent, quoique à un faible degré, chez les primipares, surtout chez celles qui sont avancées en âge, chez les femmes qui sont délicates, douées d'embonpoint, habituées à la mollesse, dont les fibres sont relâchées, etc. Cependant, dans ces cas, elle n'entraîne généralement pas de suites fâcheuses.

Portée à un haut degré, les conséquences de l'*irrégularité des douleurs* peuvent être graves lorsque l'accouchement est retardé trop longtemps après l'écoulement des eaux, surtout quand les contractions sont à la fois impuissantes et tellement fréquentes, qu'elles privent la femme pendant un certain temps du repos et du sommeil, et qu'en outre elles sont très douloureuses, principalement chez les femmes impressionnables. Ces conséquences varient suivant la cause qui détermine cet état anormal.

Ce sont, *pour la mère :* de l'épuisement, des congestions vers la tête ou d'autres parties, des crampes, des syncopes, une inflammation de la matrice ; après l'expulsion du fœtus, impuissance de l'utérus à se contracter, hémorrhagies, retard dans l'expulsion de l'arrière-faix, enchatonnement du placenta, etc.

Pour l'enfant : mort apparente, ou bien mort réelle par suite de la gêne trop prolongée de la circulation dans le placenta. Nous avons expliqué plus haut (v. 364 et 351) pourquoi les dangers sont dans ce cas bien plus grands pour l'enfant dans la présentation du siége, des pieds et de la face que dans les présentations ordinaires, de sorte que sa mort peut arriver dans un espace de temps plus court, et lors même que la faiblesse des douleurs est peu considérable.

Les retards dans l'accouchement qui proviennent de l'*étranglement spasmodique de la matrice* offrent en général plus de danger, surtout pour l'enfant, que ceux qui sont dus à la faiblesse des douleurs. L'étranglement peut facilement amener une gêne de la circulation de l'enfant et exercer une compression sur l'ombilic ; si l'on méconnaît cet état ou qu'on lui oppose un traitement intempestif, les suites les plus graves peuvent en résulter pour la mère.

§ 4. — *Secours dans les cas d'action vicieuse de la matrice.*

483. — Les *secours* à apporter dans les cas d'action insuffisante et irrégulière de la matrice varient suivant les causes et les degrés de ces états vicieux (1).

A. Dans l'*inertie* ou l'*action insuffisante de la matrice*, qu'elle existe par elle-même ou qu'elle dépende d'une faiblesse générale, lorsque les contractions sont faibles, inertes, rares, sans qu'il y ait de symptômes de pléthore (v. 474), de rhumatisme (v. 475), d'inflammation (v. 476), de spasmes (v. 479), etc., on fait prendre à la mère des infusions de camomille, de mélisse, de menthe poivrée, de cannelle, une tasse de café, un bouillon gras fort ; on fait pratiquer sur l'abdomen, au niveau de l'utérus, des frictions circulaires avec le liniment volatil ; on renouvelle l'air de l'appartement ; on fait changer de position la femme en travail, on la fait marcher ; on prescrit un bain chaud, un bain de vapeur auquel on ajoutera de la camomille. Il est expressé-

(1) Voir la remarque du paragraphe 480.

ment interdit à la sage-femme de prescrire l'emploi interne des substances stimulantes, telles que aromates, épices, eau-de-vie, kirsch-wasser, rhum, etc. ; ou des substances aptes à provoquer des douleurs, et en général des médicaments tels que la liqueur d'Hoffmann, la teinture de cannelle, le laudanum, etc. Toutes ces substances ne pourront être administrées que sur l'ordre du médecin qui aura vu lui-même la femme en travail. Il est très dangereux de donner un remède propre à exciter les contractions utérines, lorsqu'il a été prescrit par un médecin qui n'a pas vu lui-même la malade.

[C'est dans l'*inertie franche* de la matrice, exempte de toute complication, et dans les hémorrhagies utérines puerpérales graves qu'on rencontre le plus souvent l'indication de l'emploi du *seigle ergoté*. L'usage inconsidéré, porté au point d'éveiller l'attention de l'autorité, qu'on en fait chaque jour dans le travail de l'accouchement et le danger réel qu'il fait courir au fœtus par la gêne de la circulation fœto-placentaire, en rendant les contractions utérines en quelque sorte permanentes, avec des paroxysmes de moments en moments, menacent de faire tomber ce précieux agent dans le discrédit. C'est aujourd'hui plus que jamais, pour le médecin jaloux de son art, un devoir impérieux de n'y avoir recours que lorsque l'indication est formelle :

1° L'inertie doit être réelle et persistante ;

2° Le fœtus doit se présenter par l'extrémité céphalique ou par l'extrémité pelvienne ;

3° Le bassin doit être bien conformé et aucun obstacle anormal sérieux ne doit exister sur le trajet du conduit vulvo utérin ;

4° Le col doit être déjà largement dilaté ou très dilatable.

On doit s'en abstenir :

1° Lorsque la tête plonge déjà depuis longtemps dans l'excavation du bassin, que l'eau de l'amnios s'est écoulée prématurément ou en totalité, c'est-à-dire toutes les fois qu'on est autorisé à craindre un commencement de gêne dans la circulation fœto-placentaire, gêne qui doit, dans l'intérêt de l'enfant, faire préférer l'emploi du forceps.

2º On doit, sinon le proscrire, du moins ne l'administrer qu'avec une extrême circonspection aux primipares, aux femmes très nerveuses, aux femmes sujettes aux congestions vers la tête à celles dont la matrice est d'une sensibilité trop vive ou dans un état habituel d'irritation.

En administrant le seigle ergoté, on ne doit pas perdre de vue que son action est prompte et s'épuise assez rapidement; qu'elle se fait sentir au bout de dix minutes, un quart d'heure, et ne subsiste guère au-delà d'une heure et demie. On l'administre ordinairement en poudre, en trois doses de 50 à 60 centigrammes chaque, délayés dans environ 60 grammes d'eau ou d'une infusion aromatique, et prises à dix minutes ou un quart d'heure d'intervalle.]

B. Lorsque la présence des phénomènes indiqués plus haut (v. 472) fait supposer que les eaux amniotiques sont trop abondantes, la sage-femme doit, dès le commencement de la seconde période de l'accouchement, faire coucher la femme horizontalement sur le lit, afin que la rupture de la poche ne vienne pas brusquement la surprendre lorsqu'elle est debout. Quand, après cette rupture, le travail suit une marche très lente, la sage-femme ne doit rien faire pour l'accélérer. Elle recommandera à la femme le repos et la patience, et veillera à ce qu'elle ne s'épuise pas en efforts inutiles et excessifs.

C. Quand le retard de l'accouchement, à en juger par les circonstances et les symptômes, provient d'un *rhumatisme* de l'utérus et des parties voisines (v. 475), il importe d'activer la transpiration cutanée. La femme se tiendra chaudement ; on fera des applications fréquentes d'étoffes de laine chaudes sur l'abdomen ; on lui fera prendre des infusions de sureau et de tilleul auxquelles, si l'état de l'estomac le permet, on ajoutera un peu de jus de citron ou quelques cuillerées de vinaigre avec du sucre ; on prescrira des bains généraux, des demi-bains ou des bains de vapeur. Aussitôt que la sueur survient, la femme en travail doit se tenir fort tranquille pendant tout le temps qu'elle dure, et se garder de tout refroidissement. Ces moyens suffisent dans les cas légers ;

ceux qui sont plus graves demandent un traitement énergique, l'usage de médicaments, en un mot l'assistance d'un médecin. Lorsqu'il survient de la fièvre avec tendance à l'inflammation, ou que les signes d'une véritable inflammation de la matrice se sont déjà manifestés, la malade se couvrira légèrement ; elle prendra des boissons rafraîchissantes, etc., et, suivant les circonstances, on pratiquera une saignée qu'on ne fera jamais sans l'ordre du médecin.

D. — L'inflammation de la matrice, ainsi que la cessation des douleurs par suite de lésion de cet organe (v. 476), demandent une délivrance artificielle fort prompte, et faite avec le plus de ménagements possible.

E. — Lorsque la faiblesse des contractions reconnaît pour cause la *pléthore* (v. 474), la saignée est le moyen principal à employer ; de plus, s'il y a en même temps des congestions vers quelques organes, la malade ne se tiendra pas trop chaudement ; elle prendra des boissons rafraîchissantes, par exemple du jus de citron ou de framboise étendu d'eau, du lait d'amande coupé, de l'eau sucrée, etc.

F. La faiblesse des contractions, qui tient à un *état saburral de l'estomac et des intestins* (v. 477), demande l'emploi des remèdes délayants purgatifs (que la sage-femme ne doit jamais prescrire), de lavements laxatifs, etc. Des coliques ou des douleurs d'estomac, qui exercent une influence fâcheuse sur les contractions utérines, demandent un traitement approprié à la cause qui les a occasionnées. Quand elles proviennent évidemment de flatuosités, on donnera avec avantage une infusion de menthe poivrée, de fenouil ou d'anis, et des lavements faits avec les mêmes substances. On combattra par des lavements laxatifs l'accumulation de matières fécales dans les intestins. Ces douleurs d'intestins et d'estomac sont-elles spasmodiques, on prescrit une infusion de camomille ou de valériane, des lavements avec les mêmes substances ; on fait sur l'abdomen des applications de flanelle trempée dans une infusion chaude de camomille et exprimée ensuite.

G. Dans les cas de *fausse direction* des douleurs (v. 479) qui demandent également les secours de l'art, la sage-femme, dès qu'elle soupçonne un pareil état, demande l'intervention d'un médecin; elle recommande le repos à la femme en travail, et lorsque, en attendant l'arrivée de l'homme de l'art, les douleurs augmentent d'intensité sans qu'il y ait cependant des symptômes de pléthore ou d'inflammation, elle administre les remèdes que nous venons d'indiquer pour les coliques spasmodiques. Dans ces cas, un bain tiède avec addition d'une infusion de camomille serait d'un bon usage, mais il faut sans retard réclamer l'intervention du médecin.

[Les meilleurs moyens de rétablir l'harmonie dans l'action de la matrice sont : 1° les bains prolongés, les injections émollientes, les lotions laudanisées, les décoctions de belladone sur le ventre ; 2° la saignée quand la femme est forte et pléthorique ; les opiacés à l'intérieur, surtout le laudanum donné à la dose de 20 à 40 gouttes dans un ou deux petits lavements de 100 à 160 grammes, les inhalations de chloroforme ou d'éther.]

484. — *En général*, dans les cas où un état anormal des contractions apporte un obstacle à la marche du travail, il faut toujours régler sa conduite sur les trois points suivants :

1° Si les douleurs sont faibles, que la rupture de la poche n'ait pas eu lieu et qu'il ne survienne pas d'autres symptômes menaçants, tels que convulsions, hémorrhagies, etc., on doit se garder de rien faire qui puisse accélérer le travail, et surtout de rompre la poche. Quand la rupture se fait d'elle-même, les choses prennent facilement une autre tournure ; les contractions deviennent plus énergiques et plus fréquentes, et la marche du travail, de trop lente qu'elle était d'abord, devient plus prompte et plus vive. Avant la rupture des eaux, l'inertie de la matrice ne présente par elle-même aucun danger pour la mère ni pour l'enfant.

2° En réglant sa conduite, il ne faut jamais perdre de vue qu'il ne s'agit pas seulement de l'expulsion de l'enfant, mais encore de celle de l'arrière-faix, qui souvent est bien plus dangereuse. Quand l'inertie de la matrice tient à la constitution de la femme, si celle-ci a naturellement une délivrance lente et qu'on ait recours à un moyen quelconque pour accélérer le travail, il peut arriver facilement que la matrice perde sa contractilité après la sortie de l'enfant. Les suites sont alors une rétention de l'arrière-faix, accident de la plus haute gravité, des hémorrhagies, un renversement de la matrice, etc. Il est un fait incontestable : *c'est qu'en général, et surtout à la campagne, il y a plus de femmes qui succombent à une hémorrhagie, aux suites de la rétention du placenta et à d'autres accidents fâcheux qui se déclarent après la sortie de l'enfant, que par un accouchement difficile.*

3° Nous avons vu que l'énergie de la matrice peut être momentanément supprimée, suspendue, ou, pour ainsi dire, enchaînée, par un état pléthorique ou spasmodique, par exemple. On doit se garder de prendre cet état pour une véritable inertie, pas plus qu'un simple repos de cet organe pour de l'épuisement. Car souvent la matrice se repose après s'être contractée énergiquement pendant quelque temps : mais bientôt, surtout lorsque la femme en travail a réparé ses forces par le sommeil, elle déploie de nouveau une activité étonnante.

Les moyens que réclame l'état vicieux des contractions utérines sont variés suivant la cause qui l'ont déterminé. Souvent ils sont opposés : tel moyen qui réussit dans un cas donné, peut être dangereux et même mortel dans un autre. Un état morbide déterminé peut se transformer en un autre : ainsi la direction des douleurs de régulière peut devenir fausse, le rhumatisme et les spasmes de la matrice peuvent se transformer en inflammation. La sage-femme comprendra donc combien il est de son devoir de faire appeler le plus tôt possible un médecin, et la responsabilité à laquelle elle s'expose en négligeant cette précaution, et en s'avisant dans ces cas de prescrire, d'employer, ou même de laisser prendre des médicaments ou même des remèdes domestiques, surtout ceux dont l'action est violente et irritante.

4° Quand il y a inertie de la matrice dans les présentations de la face, du siége ou des pieds, ou qu'on peut s'y attendre, la sage-femme doit, par égard pour les motifs déjà exposés, mander immédiatement un médecin, et pour le reste se conformer aux instructions données plus haut.

5° Dans les cas de cette nature, comme en général dans tous les accouchements à marche lente, la sage-femme doit avoir soin que *l'urine soit évacuée ;* car les souffrances et l'anxiété empêchent quelquefois la femme en travail d'y faire attention. L'évacuation doit se faire avec la sonde; *elle exerce parfois une influence très salutaire sur les contractions utérines.*

ARTICLE II. — Faiblesse d'action des muscles volontaires.

485. — Les retards apportés dans l'accouchement *par la faiblesse d'action des muscles volontaires qui servent à seconder l'activité de la matrice* sont bien plus rares que ceux qui proviennent de l'insuffisance des douleurs, attendu que les muscles volontaires ne concourent que pour une faible part à l'acte de la délivrance, de telle sorte que l'accouchement peut se faire même sans leur coopération. Aussi le ralentissement de leur action peut-il bien moins que l'inertie de la matrice apporter des retards dans l'accouchement.

Causes. 1° Une *faiblesse* excessive, comme, par exemple, l'épuisement suite de maladie ou d'efforts prématurés, excessifs, pour seconder les douleurs, l'abus de substances irritantes, spiritueuses ou narcotiques, et des remèdes propres à solliciter les contractions utérines, etc.

2° Des *difficultés apportées à la respiration*, et qui empêchent la femme enceinte de seconder les contractions utérines. Ce sont : un embonpoint excessif, des difformités, surtout une déviation en dedans de la colonne vertébrale, au-dessus du diaphragme, un goître très développé, de l'asthme, une toux spasmodique, l'hydropisie de poitrine et d'abdomen, la phthisie pulmonaire, la pneumonie, certains troubles de la circulation, etc.

Pour que la première de ces causes, la faiblesse, puisse apporter des retards dans l'accouchement, il faut qu'elle soit excessive, à moins que l'énergie de la matrice ne soit également diminuée. C'est pourquoi les cas de cette nature réclament la prompte intervention du médecin. Il en est de même lorsqu'il existe une gêne très considérable de la respiration. Chez les femmes douées d'un grand embonpoint, ainsi que chez celles qui sont contrefaites, on doit particulièrement songer à leur préparer une couche très commode, et à leur faciliter, autant que possible, de cette manière, l'accouchement. Les femmes contrefaites ne supportent pas longtemps les mêmes positions et attitudes, et ordinairement elles aiment mieux être assises que couchées.

ARTICLE III. — Accouchements dangereux par suite de la marche trop rapide du travail.

486. — La marche trop rapide du travail peut avoir des suites fâcheuses pour la mère et pour l'enfant, bien que les personnes ignorantes regardent ordinairement les accouchements rapides comme désirables et heureux. La gravité de ces accouchements exige de la sage-femme une connaissance très exacte de ces cas et de la conduite qu'elle y doit tenir.

487. — La *cause* de la marche trop rapide du travail tient *principalement* à ce que les contractions utérines sont trop énergiques, trop prolongées et trop fréquentes. Elles sont quelquefois d'une énergie excessive dès le début du travail; mais le plus souvent cela n'arrive qu'à la fin de la deuxième période. Elles sont ordinairement irrégulières, accompagnées d'une douleur persistante et d'un sentiment de pression continue; elles ne laissent souvent à la femme en travail pas un seul instant de repos, et acquièrent un très haut degré d'intensité. Parfois la matrice, pendant les progrès du travail, persiste jusqu'à l'expulsion de l'enfant dans un état de contraction qui va toujours en augmentant sans aucune rémission appréciable.

Une largeur considérable du bassin, une grande extensibilité des parties génitales molles, le petit volume de l'enfant, contribuent du reste à accélérer l'accouchement. Cependant ces circonstances ne peuvent pas par elles-mêmes déterminer une marche trop rapide du travail[1]. Nous parlerons plus loin d'autres accidents fâcheux auxquels une largeur trop considérable du bassin peut donner lieu.

Cette disposition de la matrice à des contractions excessives se rencontre du reste souvent chez des femmes bien portantes, et se fait remarquer dans chacun de leurs accouchements ; d'autres fois elle est héréditaire, et s'observe sur toute une famille. Elle est plus fréquente chez les femmes sensibles, irritables, chez celles qui ont contracté des habitudes de mollesse, et en général chez les femmes des villes que chez celles de la campagne, qui sont plus fortes, plus robustes et habituées à une vie active et à des travaux pénibles.

La marche du travail est souvent accélérée dans certains états morbides, surtout dans les maladies inflammatoires, telles que la pneumonie, la scarlatine, etc. ; de même à la suite d'émotions morales vives, comme la frayeur, l'angoisse, etc.

488. — Les *effets* et les *conséquences* qu'on doit craindre d'un accouchement trop rapide sont : la déchirure du vagin et surtout celle du périnée, la descente et la sortie de l'orifice utérin ou d'un pli du vagin entraînés par la tête. La violence des mouvements qui ont lieu dans ces accouchements, les douleurs incessantes et l'action continue des muscles volontaires qui exercent une pression excessive, déterminent chez la femme une grande faiblesse qui peut occasionner de l'épuisement, des mouvements spasmodiques, un tremblement général, du délire, des syncopes, etc.

Une des conséquences les plus fréquentes et les plus redoutables de la marche trop rapide du travail, c'est que la matrice perd la faculté de se contracter convenablement ; de là une faiblesse, un état de relâchement de cet organe qui tient de la paralysie, et par conséquent du retard dans le décollement et l'expulsion du placenta, ou un décollement partiel, ou bien l'enchatonnement de cet organe, des contractions irrégulières, des hémorrhagies qui parfois deviennent bientôt mortelles, un renversement de l'utérus, divers états morbides pendant les couches, etc. En débarrassant l'abdomen d'une manière brusque de la compression à laquelle il était habitué depuis plusieurs mois, l'expulsion trop rapide de l'enfant peut exercer une influence funeste sur le cerveau et les nerfs, et d'un autre côté amener des troubles de la circulation, et par suite de la faiblesse et des syncopes.

Lorsque le travail de l'accouchement vient surprendre la femme dans une position défavorable, par exemple debout, ou assise aux lieux d'aisances, etc., l'enfant peut se blesser en tombant, ou bien il peut en résulter une déchirure du cordon, un renversement de la matrice, un décollement partiel du placenta et à sa suite une hémorrhagie.

Le bassin est-il trop large, il peut arriver que le segment inférieur de la matrice qui renferme la tête soit entraîné par les forces expultrices, avant la dilatation complète de l'orifice utérin, jusqu'au détroit inférieur et même au niveau des grandes lèvres ; il y a même des exemples de *chutes de l'utérus tout entier avec son contenu*. On conclut à l'existence d'un bassin trop large chez la femme qui a eu des enfants volumineux et dont les accouchements ont été faciles et prompts, lorsque les hanches sont larges, l'arcade pubienne gracieuse, que le rachis est peu incliné en dedans dans la région des dernières vertèbres lombaires, et à la partie supérieure du sacrum, et que celui-ci n'offre en général qu'une courbure légère, tandis que le pénil est fort saillant et d'une grande convexité. Enfin on obtient à l'aide du toucher des données ultérieures sur ce vice de conformation.

489. — Les dangers qui résultent pour la mère d'un accouchement trop rapide, sont d'autant plus grands que la matrice est plus fortement distendue, soit par des eaux amniotiques trop abondantes, soit par la présence de jumeaux, ou bien que la femme a été plus souvent enceinte, ou enfin que l'accouchement a été plus rapide. Le danger est, au contraire, d'autant moins considérable que les sensations plus ou moins douloureuses des premières contractions utérines ont précédé plus longtemps le travail proprement dit.

490. — *Conduite de la sage-femme.* Comme il n'existe pas de moyen propre à diminuer l'énergie excessive des douleurs,

la chose principale dans ce cas est de *prévenir* tout accident. Les suites de ces accouchements sont si graves et se manifestent si brusquement, que la sage-femme doit y donner toute son attention et agir avec la plus grande prudence. Voici les points essentiels qu'elle ne doit pas perdre de vue.

1° Lorsqu'une femme a déjà eu un ou plusieurs accouchements trop rapides, elle lui recommandera de garder le repos vers la fin de la grossesse, d'éviter tout travail pénible, tout mouvement corporel violent, etc. Dans les *premières* périodes de la grossesse, au contraire, il est bon que les femmes, surtout celles qui sont délicates, se lèvent de bonne heure, se livrent à l'exercice en plein air et mènent en général une vie active, afin de prévenir un accouchement trop rapide. On doit en outre proscrire des aliments trop substantiels, des boissons échauffantes ou stimulantes, telles que la bière, le vin, le café, le chocolat, les épices, etc.

2° La sage-femme doit bien recommander aux parents de l'envoyer chercher aussitôt que les premiers symptômes de l'accouchement se seront manifestés, afin de ne pas arriver trop tard, et de pouvoir faire à temps tous les préparatifs nécessaires.

3° Pendant l'accouchement, la sage-femme aura, en général, à se conformer aux règles que nous avons indiquées. Dès le début du travail, elle fera prendre à la femme une position horizontale sur le lit ; elle lui recommandera de se tenir tranquille, de s'abstenir de seconder les douleurs, mais plutôt de se retenir autant que possible.

4° Lorsque, malgré cela, l'accouchement suit une marche trop rapide, et qu'après la rupture de la poche la tête descend brusquement, il faut essayer de la soutenir au moyen de deux ou de quatre doigts introduits dans le vagin, en l'appliquant, par exemple, par une pression modérée, sur l'une des parois latérales du bassin. Si le segment inférieur de la matrice est fortement poussé en bas pendant le travail de l'accouchement, et qu'il menace de sortir, on essaye de le retenir avec précaution avec les doigts enduits de graisse fraîche. Quand la matrice sort en partie ou tout entière du bassin, circonstance rare mais excessivement dangereuse, la sage-femme l'enduira d'huile tiède, appliquera dessus des linges fins trempés dans une infusion tiède de camomille, et tâchera en la soutenant légèrement de l'empêcher de descendre plus bas; mais elle s'abstiendra de toute tentative de réduction ; elle insistera pour que le médecin soit mandé sans délai.

5° Le décubitus latéral sert à diminuer, jusqu'à un certain point, l'énergie des douleurs.

6° La sage-femme veillera avec grand soin à préserver le périnée de toute déchirure (v. 393).

7° Pour prévenir les suites fâcheuses de cette sorte d'accouchement, il est utile d'appliquer autour du corps, dès le début du travail, un bandage de corps qu'on aura soin de serrer à mesure que l'utérus se débarrassera de son contenu. La mère continuera à porter ce bandage quelque temps après l'accouchement.

8° Après la naissance de l'enfant, la mère doit, si cela est possible, rester pendant quelque temps dans la même position, et observer le plus grand repos. En faisant l'examen extérieur de l'utérus, la sage-femme doit se garder de tout attouchement grossier, et surtout de frictions circulaires ou de tout autre moyen tendant à solliciter les contractions de l'utérus, tant que celui-ci est encore volumineux, mou au toucher, et que, du reste, il n'y a point d'écoulement de sang, et que la mère se porte bien. Les contractions prématurées ou irrégulières provoquées par ces procédés pourraient facilement donner lieu à un décollement partiel du placenta accompagné d'hémorrhagie, ou à l'enchatonnement de ce dernier. Nous indiquerons plus loin la conduite à tenir par rapport à la sortie du placenta.

9° Ce que nous avons dit précédemment (v. 472) prouve combien il est nécessaire de redoubler de précautions dans le cas où l'utérus renfermerait une forte quantité d'eaux ou des jumeaux. Qu'on se garde surtout, après la naissance de l'un des enfants, de rien entreprendre qui puisse accélérer la sortie du second, à moins que de graves circonstances ne l'exigent.

REMARQUE. Nous ferons connaître plus loin ce que la sage-femme aura à faire en cas de déchirure du cordon ombilical.

CHAPITRE II.

DES ACCOUCHEMENTS RENDUS DIFFICILES PAR UN VICE DE CONFORMATION DU BASSIN.

§ 1. — *Caractères généraux et formes des vices de conformation du bassin.*

491. — La conformation du bassin est *vicieuse* lorsqu'il s'écarte de son état normal et exerce sur le mécanisme de l'accouchement une telle influence, qu'il peut en résulter danger et préjudice pour la mère ou pour l'enfant.

Cette influence fâcheuse peut se manifester de deux manières : 1° l'accouchement se fait d'une manière trop rapide, par un excès d'amplitude du bassin ; 2° l'accouchement est difficile ou impossible dans des conditions contraires par les seuls efforts de la nature.

C'est à ce dernier cas qu'a trait ce chapitre. Il est principalement déterminé par l'étroitesse du bassin, son espace insuffisant rendant difficile ou même impossible le passage de l'enfant.

492. — 1° L'étroitesse du bassin est *uniforme* ou *absolue*, c'est-à-dire que tous ses diamètres sont proportionnellement trop courts ; et 2° elle est *inégale* ou *relative*, c'est-à-dire que la proportion régulière des diamètres entre eux est changée.

493. — A. *Étroitesse uniforme.* — L'étroitesse du bassin uniforme, par suite de laquelle tous les diamètres, ceux des détroits supérieur et inférieur et de la cavité, sont proportionnellement et également trop petits, constitue un vice de conformation primitif. On ne le rencontre pas de préférence chez les femmes de petite stature comme on serait tenté de le croire, à moins qu'elles ne rentrent dans la condition des *naines* qui sont quelquefois fécondes, mais plutôt chez celles de taille moyenne, chez celles bien conformées du reste, et

chez lesquelles il n'y a pas lieu de supposer cet état. Le bassin peut offrir cette étroitesse uniforme à un tel point qu'elle rende l'accouchement difficile et même impossible par les seules forces de la nature. Cependant cette circonstance est bien plus rare que celle dont nous parlerons plus bas.

494. — B. *Étroitesse inégale.* L'étroitesse inégale du bassin peut se présenter dans une mesure et d'une manière très variées, selon la direction et les changements qu'ont subis les différents os qui composent le bassin.

Le rétrécissement peut porter exclusivement sur le détroit supérieur, ou sur la cavité, ou sur le détroit inférieur, ou bien sur le bassin tout entier, mais dans une mesure inégale ; il peut aussi se borner à *un seul* côté du bassin, ou bien être plus considérable d'un côté que de l'autre ; enfin il peut arriver qu'un côté du bassin soit rétréci, tandis que l'autre offre une largeur anormale.

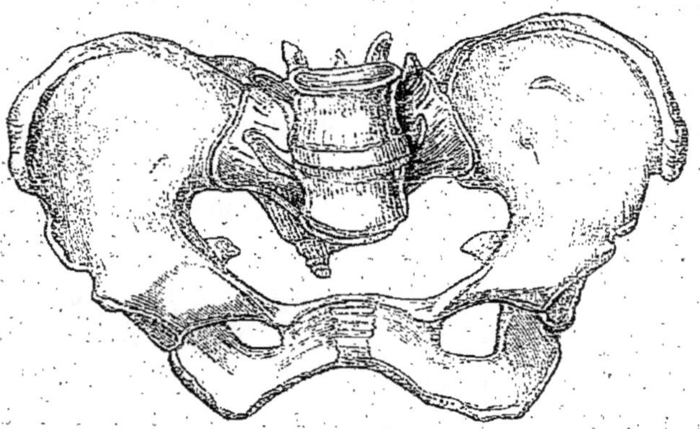

FIG. 48. — *Aplatissement d'avant en arrière.*

Le rétrécissement du détroit supérieur d'avant en arrière est celui qu'on observe le plus fréquemment (fig. 48), tandis que celui dans le sens du diamètre transversal est le plus rare.

Le premier a une direction droite, c'est-à-dire s'étend du promontoire du sacrum à la symphyse des os du pubis, ou bien, ce qui arrive le plus souvent, il suit la direction de l'un ou de l'autre diamètre oblique, souvent même celle de tous deux. Ce vice de conformation provient de ce que l'une des régions cotyloïdiennes et la branche horizontale correspondante du pubis sont contournées en dedans, ou de ce que le promontoire s'abaisse trop, soit en avant, soit sur le côté ; ou bien de ce que le bord supérieur de la paroi antérieure du bassin, au lieu de se diriger en dehors, est incliné en dedans. Le rétrécissement du bassin d'arrière en avant peut aussi avoir lieu de telle manière que la distance entre le promontoire et la branche horizontale du pubis contournée en dedans, ou l'espace entre ce promontoire et la symphyse du pubis, ne soit même pas de 27 millimètres.

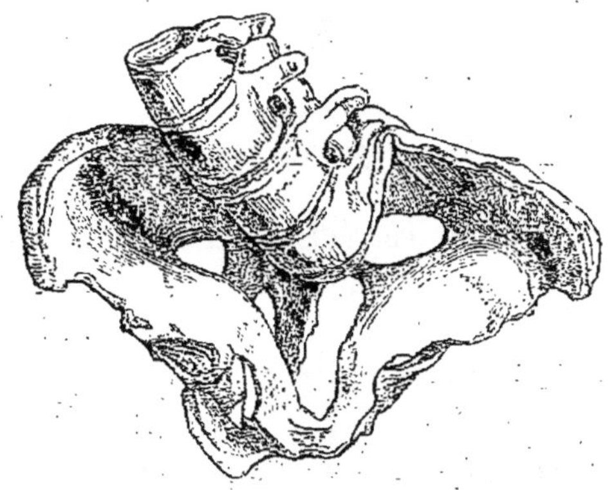

Fig. 49. — *Enfoncement des parois antéro-latérales.*

Quand le détroit supérieur du bassin n'offre qu'une étroitesse moyenne, le détroit inférieur est souvent à l'état normal ; mais, dans beaucoup de cas, il présente, dans toutes ses directions, une largeur insolite. Le détroit supérieur, lorsqu'il est rétréci, affecte tantôt la forme d'un rein, tantôt celle d'un huit renversé, tantôt la forme d'un triangle, tantôt celle d'un as de cœur aux bords légèrement retournés en dedans. C'est que les deux régions cotyloïdiennes s'étant rapprochées l'une de l'autre sont portées en dedans et en arrière, tandis que les os du pubis renversés en dehors forment avec leur symphyse une saillie pointue qui représente la pointe de l'as de cœur (fig. 50). Dans cette espèce de rétrécissement, qui s'observe principalement sur les bassins rendus difformes par le ramollissement des os pendant l'époque de la puberté, le détroit inférieur offre également une conformation vicieuse considérable, parce que le rapprochement qui s'opère entre les tubérosités de l'ischion rétrécit l'arcade des pubis.

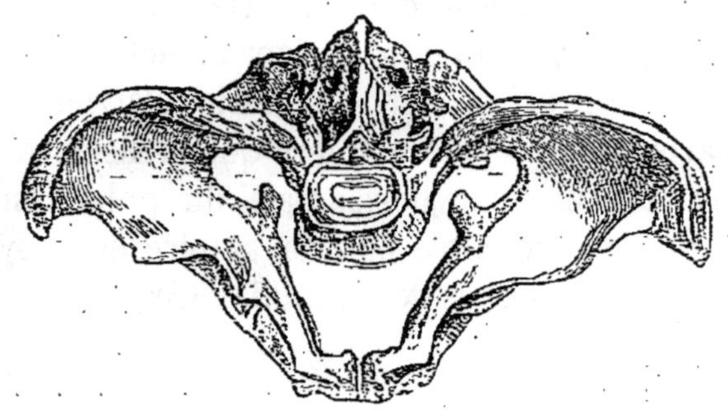

Fig. 50. — *Bassin rétréci dans tous ses diamètres à un degré extrême.*

Il est très rare que le rétrécissement du détroit inférieur ne dépende pas d'un état analogue du détroit supérieur. Souvent on attribue les difficultés de la sortie de la tête au rétrécissement de l'ouverture inférieure du bassin, tandis que la cause tient à un état anormal des contractions, ou à la résistance que la tête rencontre dans les parties génitales externes.

§ 2. — *Causes des vices de conformation du bassin.*

495. — Les maladies qui déterminent le *ramollissement des os* constituent la cause la plus fréquente des rétrécissements du bassin. Ce sont :

A. Le *rachitisme*, maladie propre à l'enfance jusqu'à l'âge de trois ans. Caractères principaux : Maigreur, mauvaise mine, peau flétrie, muscles flasques, tête volumineuse, front proéminent, face affaissée ayant un aspect de vieillesse, ventre gonflé, tendu, extrémités inférieures fort amaigries, appétit vif, digestions mauvaises, articulations tuméfiées, tronc et extrémités incurvés, etc. Cette maladie dure ordinairement plusieurs années ; quelquefois elle se prolonge jusqu'à la puberté. Les enfants rachitiques ne peuvent marcher que fort tard, à l'âge de trois ou quatre ans. Nous indiquerons plus loin les modifications que cette maladie fait subir au corps.

B. Le rétrécissement du bassin peut aussi être déterminé, même chez les sujets pubères, par un état morbide appelé *ramollissement des os chez l'adulte*. Cette maladie a quelquefois plus ou moins de ressemblance avec le rhumatisme ou la goutte. Elle commence ordinairement par des douleurs dans les lombes, dans les os du bassin en général, d'où elles s'étendent plus ou moins aux cuisses. Ces douleurs sont presque continues, et leur rémittence est courte. Il survient des symptômes qui offrent une grande ressemblance avec ceux de la paralysie, et qui vont toujours en augmentant; elles s'accompagnent d'amaigrissement, de faiblesse, et quelquefois de fièvre. Enfin, et c'est là le caractère saillant de la maladie, *la taille diminue*, et la femme devient peu à peu chétive et contrefaite. Cette affection est relativement rare chez les femmes qui n'ont jamais eu d'enfants, et augmente ordinairement par suite d'une nouvelle grossesse, pendant son cours ou peu de temps après la délivrance. Elle s'observe principalement, mais non d'une manière exclusive, chez les femmes qui mènent une vie sédentaire, qui prennent peu d'exercice au grand air; chez celles qui vivent dans une atmosphère humide, renfermée, viciée, qui se nourrissent mal, qui ont de la tristesse et des soucis, etc.

Ainsi il peut arriver qu'après avoir eu un ou plusieurs accouchements faciles, une femme ait ensuite un accouchement difficile, par suite de rétrécissement du bassin; à mesure que le bassin se rétrécit, les difficultés augmentent dans les accouchements suivants, à tel point que si, par exemple, un accouchement, bien que difficile, a pu se faire par les seules forces de la nature, le suivant peut rendre nécessaire l'emploi du forceps, et, pour le troisième, la délivrance artificielle par les voies naturelles n'est plus possible.

C. *Rétrécissement oblique du bassin* (fig. 51). La symphyse des os du pubis a dévié d'un côté, le promontoire du sacrum de l'autre; le bassin s'est rétréci à partir du détroit supérieur jusqu'au détroit inférieur, dans la direction de l'un des diamètres obliques, tandis qu'il offre une largeur convenable, et même plus que normale, dans la direction de l'autre. Ce rétrécissement oblique du bassin peut être porté à un degré tel qu'il rende l'accouchement difficile et même impossible par les seuls efforts de la nature. Ce rétrécissement se montre d'ailleurs chez des personnes bien conformées, sans qu'elles aient eu des affections ou subi des influences nuisibles extérieures auxquelles cette difformité puisse être attribuée. Du reste, ce rétrécissement est, moins souvent que le ramollissement des os, la cause d'accouchements difficiles.

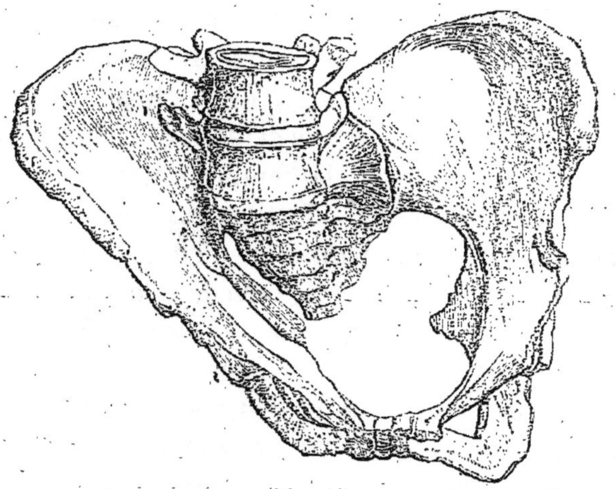

FIG. 51. — *Bassin oblique ovalaire.*

D. Les cas les plus rares sont ceux où le rétrécissement du bassin reconnaît pour cause des *tumeurs osseuses*, qui consistent dans l'hypertrophie des os sur un point quelconque de la face interne du bassin, sans que, dans la plupart des cas au moins, leur surface extérieure ait subi le moindre changement.

§ 3. — *Diagnostic des vices de conformation du bassin.*

496. — A. *Signes rationnels.* Il est de la plus grande importance que la sage-femme reconnaisse le rétrécissement du bassin, non-seulement à l'époque de l'accouchement et assez à temps pour mander l'accoucheur, mais encore quelque temps avant la fin de la grossesse, pour faire les préparatifs nécessaires, ou pour employer un procédé décisif, afin de

prévenir un accouchement difficile et ses suites, ou bien pour éviter la nécessité d'un accouchement artificiel dont l'issue pourrait être fâcheuse, etc.

C'est pourquoi tous les caractères et signes qui font soupçonner un rétrécissement du bassin demandent la plus grande attention de la part de la sage-femme, surtout ceux qui font présumer avec plus ou moins de probabilité que la femme avait été dans son enfance affectée de rachitisme, dont les traces sont plus ou moins visibles. Voici quels en sont les principaux : Saillie de la mâchoire inférieure au-devant de la supérieure, menton saillant, sillons transversaux sur les dents; face blême, terreuse; taille petite; marche vacillante et dans laquelle le haut du corps est rejeté en arrière, les bras tombent et le ventre est saillant; incurvation de la colonne vertébrale en arrière et du thorax, hauteur inégale des hanches, volume extraordinaire des articulations des pieds et des mains; courbures des extrémités, surtout des extrémités inférieures, sans qu'il y ait déviation de la colonne vertébrale. Ce dernier signe est important, attendu que, dans ce cas, le bassin a presque toujours une conformation vicieuse. Dans les cas douteux, on se renseigne auprès des parents ou des personnes qui ont connu la femme grosse dans l'enfance, afin de savoir si elle n'a marché que tardivement, si les symptômes indiqués plus haut (v. 495) se sont alors manifestés, etc. Il faut également s'enquérir si d'autres états morbides postérieurs à l'enfance ne sont pas survenus; si la femme n'a pas éprouvé quelques accidents ou subi quelques influences qui aient pu occasionner une difformité du bassin, tels qu'une chute sur les reins, l'usage d'un corset trop serré, l'habitude de porter sur le dos de lourds fardeaux, qui ont exercé une forte pression sur la région du sacrum, une position habituelle nuisible pendant le travail, dans les fabriques, par exemple, etc.

497. — *Signes sensibles.* Nous avons déjà traité d'une manière générale de l'examen intérieur et extérieur du bassin (voy, 236-243). L'accoucheur a encore, pour mesurer le bassin, d'autres moyens qui ne sont pas à la disposition de la sage-femme.

[Ces moyens sont l'emploi des *pelvimètres* (fig. 52 et 53). On désigne ainsi des instruments destinés à mesurer le bassin à l'*extérieur* et à l'*intérieur*.]

A. Pour mesurer le bassin à l'*extérieur*, l'usage a consacré le compas d'épaisseur de Baudelocque, qui n'est autre chose que le compas de proportion employé dans les arts, auquel on a donné une forme et une grandeur appropriées. Une règle graduée qui traverse les branches au point où la portion droite s'unit à la portion recourbée, marque le degré d'écartement des pointes terminées en boutons lenticulaires.

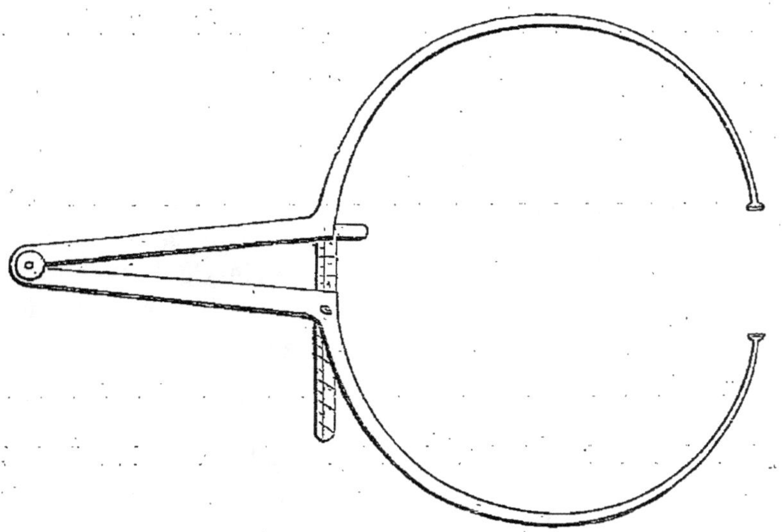

Fig. 52. — *Compas d'épaisseur.*

1° Ce compas peut donner la mesure exacte de la longueur des crêtes iliaques et de leur degré d'écartement, etc. Mais l'évaluation des dimensions du grand bassin, qu'il peut être utile de connaître comme faisant présumer un rétrécissement considérable ou médiocre du petit bassin, ne fournit cependant que des données vagues qui ne doivent servir que de renseignements pour pousser plus loin l'investigation.

2° Il a surtout été préconisé pour mesurer l'étendue du diamètre sacro-pubien du détroit supérieur. On place l'une des extrémités lenticulaires un peu au-dessous de l'apophyse épineuse de la dernière vertèbre lombaire, l'autre sur la partie supérieure de la symphyse du pubis. En retranchant 67 millimètres pour l'épaisseur de la base du sacrum et 13 millimètres

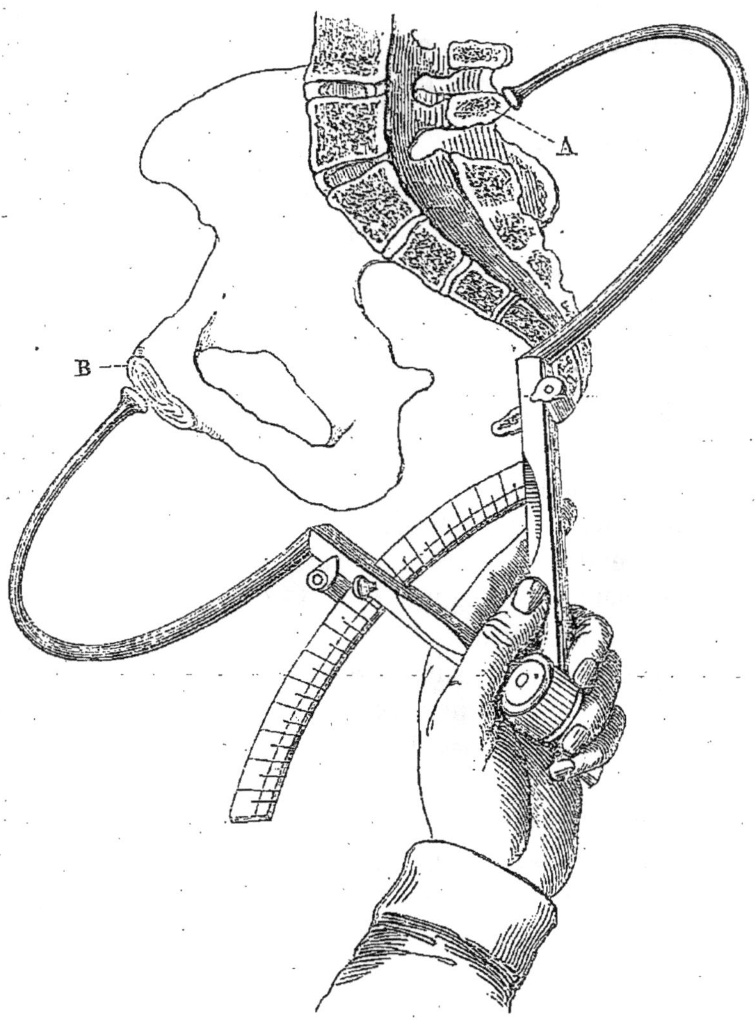

FIG. 53. — *Compas d'épaisseur appliqué pour mesurer le diamètre sacro-pubien.*

pour l'épaisseur de la symphyse du pubis, on a l'étendue du diamètre sacro-pubien. Malheureusement, si dans un grand nombre de cas on peut obtenir ainsi l'étendue du petit diamètre du détroit supérieur à 2 ou 4 millimètres près, dans d'autres les différences d'épaisseur du sacrum et du pubis donnent lieu à une erreur assez grande. Toutefois, malgré la possibilité bien reconnue de cette erreur, on doit d'autant moins négliger l'emploi de ce moyen, que le doigt, le pelvimètre par excellence, peut lui-même conduire à des erreurs notables dans le cas même où son extrémité peut facilement atteindre le promontoire.

3° On a proposé de se servir du compas d'épaisseur pour apprécier l'étendue des diamètres obliques du détroit supérieur, en appliquant l'instrument sur le milieu du grand trochanter et sur l'épine iliaque postéro-supérieure du côté opposé, et en retranchant 120 millimètres pour l'épaisseur des parois du bassin. Les chances d'erreur lorsqu'il s'agit de bassins viciés, déjà si grandes pour le diamètre droit, seraient encore plus grandes et plus nombreuses pour les diamètres obliques. Les mesures proposées pour arriver au diagnostic du bassin oblique ovalaire donneraient une appréciation moins défectueuse et devraient être préférées.

4° Pour établir le diagnostic du bassin oblique ovalaire, F.-E. Naegelé, reconnaissant l'insuffisance des moyens ordinaires, a pris sur des bassins ainsi viciés une série de dimensions entre des points facilement accessibles sur le vivant pour être comparées aux mêmes dimensions prises sur le bassin à l'état normal.

Ces points et les intervalles qui les séparent sur le bassin à l'état normal sont les suivants :

1° De la tubérosité sciatique à l'épine iliaque postérieure et supérieure du côté opposé, 17 centimètres et demi ;

2° De l'épine iliaque antérieure et supérieure d'un côté à l'épine iliaque postérieure et supérieure de l'un et de l'autre côté, 21 centimètres ;

3° De l'apophyse épineuse de la dernière vertèbre lombaire à l'épine iliaque antérieure et supérieure de l'un et de l'autre côté, 17 centimètres et demi ;

4° Du grand trochanter d'un côté à l'épine iliaque postérieure et supérieure du côté opposé, 23 centimètres ;

5° Du milieu du bord inférieur de la symphyse du pubis à l'épine iliaque postérieure et supérieure de l'un et l'autre côté, 17 centimètres.

M. Danyau, qui a vérifié avec un grand soin les résultats obtenus par M. Naegelé, conclut que les moyens de diagnostic proposés par le célèbre accoucheur allemand conduiront à reconnaître la présence d'un vice de conformation du bassin, que son mode de développement et que ses apparences extérieures n'auraient pas même fait soupçonner. En effet, chez les femmes dont le bassin est régulièrement conformé, on ne trouve point de différences, ou au moins on ne trouve que des différences très légères entre des distances qui en offrent de si grandes, au contraire, lorsque le bassin est obliquement rétréci. En outre les différences, lorsqu'on en trouve, ne sont que partielles, au lieu d'être générales, et accusent quelques-unes des irrégularités si communes dans le bassin des femmes en apparence les mieux conformées.

B. Les pelvimètres destinés à mesurer le bassin à l'*intérieur* n'ont pas encore, à proprement parler, pris place dans la pratique. Nous ne mentionnons les pelvimètres de Coutouly, de Stein, de madame Boivin, de M. Wellemberg, que pour dire qu'ils n'ont guère servi, jusqu'à présent, qu'à mettre sur la voie à suivre pour atteindre le but proposé, but dont M. Van-Huevel paraît s'être beaucoup approché. Nous nous bornerons donc à donner quelques détails sur l'instrument de ce dernier et la manière de s'en servir.

Il est composé de deux tiges rondes : l'une, *interne* ou *vaginale*, aplatie en spatule à son extrémité et recourbée à la manière d'une sonde, porte vers la partie moyenne de sa face supérieure un crochet mousse ouvert par derrière, destiné à recevoir un des doigts de la main qui la maintient en place ; l'autre, *externe* ou *pubienne*, est traversée en haut, perpendiculairement à sa direction, par une longue vis qu'on avance ou recule en lui imprimant en sens inverse un mouvement de rotation sur son axe. Les deux tiges sont unies au moyen d'une noix articulaire qui en forme une espèce de compas dont les jambes s'allongent, se raccourcissent et tournent dans tous les sens ; un tour de l'écrou sur la vis centrale de la noix les serre l'une contre l'autre et les fixe solidement dans leur position.

La femme étant couchée sur le dos, les jambes ainsi que les cuisses fléchies et écartées, on marque à l'encre la peau au niveau du bord supérieur de la symphyse du pubis et au niveau des éminences ilio-pectinées en dehors du passage de l'artère crurale ; puis on introduit dans le vagin un ou deux doigts de la main gauche qu'on place devant le sacrum ; de l'autre on conduit l'extrémité recourbée de la tige vaginale le long de ces doigts, qui l'appuient contre le promontoire, tandis que la base du pouce engagée dans le crochet maintient fortement cette tige ; de la main droite on saisit la vis de la branche externe, dont on pose le bouton sur la tache d'encre faite au mont de Vénus ; un aide serre l'écrou de la noix articulaire, pendant que l'opérateur tient les deux tiges dans leur position respective. On retire l'instrument ainsi fixé, et l'on mesure l'espace compris entre le sommet des deux branches.

Cette distance connue, on rend aux tiges leur mobilité en desserrant l'écrou de la noix. On reporte ensuite l'index gauche dans le vagin, derrière la symphyse du pubis ; puis on y conduit le sommet de la tige vaginale, qu'on soutient d'une main, tandis que de l'autre on replace la vis de la branche externe sur la tache du mont de Vénus ; enfin l'aide serre de nouveau l'écrou. Pour retirer l'instrument, qui comprend maintenant l'épaisseur de la région pubienne, on détourne la vis de la tige externe, qu'on remet en place après l'extraction, et l'on mesure cette étendue, laquelle, déduite de la première, donne pour reste celle qui s'étend de l'angle sacro-vertébral à la face postérieure de la symphyse du pubis.

L'étendue des diamètres obliques s'obtient de la même manière : c'est toujours sur le promontoire qu'il faut faire arriver la branche vaginale, dans la première partie de l'opération, et derrière l'éminence iléo-pectinée dans la seconde partie, tandis que la branche externe est dans les deux cas fixée sur la tache faite au-devant de cette même éminence iléo-pectinée.

Passons maintenant à l'emploi de la main qui, exercée au toucher, est par le fait le meilleur et le plus sûr des pelvimètres.]

D. En général, il est difficile de reconnaître un rétrécissement du bassin quand il est peu considérable et surtout uniforme. Cette opération demande beaucoup d'adresse et d'habileté. Le rétrécissement oblique est celui qui est le plus difficile à reconnaître. En général, la difficulté est d'autant moins grande que le bassin est fortement rétréci.

Il y a lieu de présumer un rétrécissement du détroit supérieur d'avant en arrière, lorsque la partie supérieure du sacrum est inclinée en dedans plus fortement que d'ordinaire, et que le pénil est aussi moins saillant, de sorte que les mains appliquées sur ces deux régions les trouvent moins éloignées l'une de l'autre qu'ordinairement.

L'examen *intérieur* de l'étendue du diamètre antéro-postérieur du détroit supérieur est bien plus sûr que l'examen extérieur. Il se pratique de la manière suivante : en appuyant le bout de l'index introduit dans le vagin contre le promontoire du sacrum, on applique ce doigt contre le sommet de l'arcade du pubis, et l'on remarque en quel endroit le doigt rencontre les os. En retranchant 13 millimètres de la mesure qu'on a trouvée, ce qui reste représente assez exactement l'étendue du diamètre antéro-postérieur, qui offre fréquemment, comme nous l'avons dit, un état vicieux, et dont il est très important de connaître la mesure. Quand le doigt introduit pour cet examen atteint le promontoire sans difficulté, on doit soupçonner un rétrécissement. On peut encore mesurer ce diamètre en introduisant quatre doigts, en appuyant le bout du médius contre le promontoire, et le bout de l'index contre le bord supérieur de la symphyse des pubis. Au besoin on peut, en introduisant quatre doigts, mesurer aussi les autres diamètres du détroit supérieur.

Afin de reconnaître l'état de la cavité pelvienne, et pour s'assurer, par exemple, s'il s'y trouve des tumeurs osseuses, ou si les cavités cotyloïdes font saillie en dedans, on introduit un doigt dans cette cavité, et on le porte dans les différents points de son étendue. En introduisant deux doigts et en les écartant l'un de l'autre, on arrive à connaître la largeur et la courbure de l'arcade des pubis, et la distance respective des tubérosités de l'ischion.

498. — Si, avant l'accouchement ou au commencement du travail, la tête qui se présente est très élevée, il y a plus ou moins lieu de soupçonner la présence d'un rétrécissement du détroit supérieur. Cependant cette élévation de la tête peut exister sans qu'il y ait rétrécissement, notamment chez les femmes qui ont eu plusieurs enfants, chez celles qui ont un ventre pendant ou chez lesquelles la matrice est excessivement distendue par des eaux amniotiques trop abondantes. Quand, au contraire, chez une primipare dont la matrice n'est pas distendue par le liquide, la tête se trouve dans une position élevée vers la fin de la grossesse, et qu'elle y persiste au commencement du travail, c'est une raison importante pour craindre un rétrécissement du détroit supérieur, et il est urgent de s'en assurer par un examen interne et externe fort attentif.

499. — Enfin, pendant l'accouchement même, dans le cas où l'exploration ne suffirait point pour reconnaître le rétrécissement, parce qu'il n'est pas assez considérable, il faudrait en admettre l'existence lorsque, malgré l'énergie suffisante des contractions utérines et malgré le volume normal de la tête, la marche du travail est entravée ou qu'elle s'arrête complétement.

Si c'est au détroit supérieur que le rétrécissement du diamètre antéro-postérieur s'oppose au passage de la tête, celle-ci (qui se trouve ordinairement dans une position oblique, qu'elle garde en descendant plus avant), après avoir été poussée en bas par suite de la contraction utérine, remonte dès que celle-ci cesse, grâce à l'élasticité des os du crâne et à la résistance du bassin. A mesure que les douleurs de l'enfantement augmentent, les pariétaux chevauchent l'un sur l'autre. Le bord supérieur du pariétal qui se trouve en présentation (le pariétal droit dans la première position crânienne) fait saillie au-dessus de l'autre, et s'en écarte par suite de la compression qu'il subit, de sorte que les bords supérieurs de ces deux os forment un angle l'un avec l'autre.

§ 4. — *Pronostic relativement à la mère et à l'enfant dans les cas de rétrécissement du bassin.*

500. — L'influence du rétrécissement sur la marche du travail est nécessairement subordonnée au degré de cet état anormal. Bien que ces degrés puissent offrir de nombreuses variétés, il suffira, pour embrasser d'un coup d'œil les différentes influences qu'ils peuvent exercer, d'admettre *trois* degrés de rétrécissement du bassin.

Premier degré. Le bassin rétréci conserve un espace tel que l'accouchement peut encore être achevé par les seuls efforts de la nature, *mais non sûrement sans préjudice pour la mère ou pour l'enfant.*

Deuxième degré. Le rétrécissement est tel, que la tête ne peut descendre au détroit inférieur ou dans la cavité du bassin; les efforts de la nature étant insuffisants pour la faire avancer, elle reste immobile malgré les douleurs énergiques. Cet état s'appelle *enclavement.*

Troisième degré. Le bassin est tellement rétréci, que l'engagement de la tête, et par suite son enclavement, n'est plus possible ; elle reste au détroit supérieur, appliquée sur lui ou s'en rapprochant à chaque contraction.

On comprendra facilement que les difficultés de l'accouchement peuvent aussi être déterminées par le volume de la tête de l'enfant et son degré de flexibilité, c'est-à-dire son aptitude à changer de forme sous l'influence d'une pression. C'est ce qui explique pourquoi, avec le même rétrécissement et l'enfant étant également à terme, les accouchements peuvent avoir une terminaison différente.

Ainsi, par exemple, la première fois l'accouchement a dû être achevé d'une manière artificielle et avec grande difficulté ; la seconde fois il s'est fait par les seules forces de la nature et même assez facilement; la troisième, il redevient difficile; etc.

501. — Les *conséquences* d'un obstacle au passage de l'enfant à travers le bassin sont pour la *mère* : un épuisement de ses forces, des contusions, une inflammation des parties molles de la génération, la suppuration, la gangrène de ces parties, et par suite des perforations du vagin qui le font communiquer avec la vessie, l'urèthre, le rectum (ces perforations s'appellent *fistules*); la paralysie du col de la vessie, suivie d'incontinence d'urine, des rétrécissements du vagin, de l'orifice utérin, l'inflammation de la matrice, du péritoine (fièvre puerpérale), la déchirure de la matrice, etc.

Conséquences pour l'*enfant*. — L'accouchement étant ralenti, la compression subie par l'enfant entrave la circulation placentaire, ce qui occasionne une congestion sanguine dans les vaisseaux du cerveau, la mort apparente et la mort réelle. La pression inégale, forte et prolongée sur la tête elle-même, détermine un épanchement de sang dans la cavité crânienne, des courbures en dedans, ainsi que des fissures et des fractures des os du crâne, etc.

§ 5. — *Indications dans les cas d'accouchements rendus difficiles par l'étroitesse du bassin.*

502. — [Les indications sont basées sur le degré de resserrement du bassin, sur la vie ou la mort du fœtus, sa position, son âge, etc. Nous allons les exposer sommairement en les rattachant à la division indiquée ci-dessus du bassin en trois degrés de rétrécissement.

A. *Premier degré.* — A ce premier degré, où l'on suppose généralement que le bassin conserve au moins 9 1/2 centimètres dans son plus petit diamètre, l'accouchement pouvant encore généralement s'effectuer par les efforts de la nature, à la vérité avec plus de danger pour la mère et pour l'enfant, la première indication est donc, dans toutes les présentations naturelles, d'attendre en mettant à profit tout ce qui peut seconder les efforts de la nature.

Il est impossible de préciser d'une manière absolue le temps qu'il faut accorder à l'expectation, car une foule de particularités peuvent le faire varier. Je ne saurais mieux faire que de citer l'opinion professée sur ce point par M. P. Dubois : « La dilatation de l'orifice de l'utérus étant complète, et aucun obstacle de ce côté ne s'opposant à la descente de la tête dans l'excavation, il est évident que la résistance n'a d'autre cause que le rétrécissement du canal osseux. Lorsque plusieurs heures se sont écoulées dans cet état, surtout si la plus grande partie du liquide amniotique est écoulée, et l'utérus, par conséquent, presque immédiatement contracté sur le corps du fœtus, le moment est venu d'appliquer le forceps. Je n'ai pu déterminer le nombre d'heures qui devront s'écouler avant l'application du forceps, parce qu'une foule de circonstances peuvent le faire varier : il me suffira de dire pourtant qu'en général on peut sans inconvénient différer l'application de l'instrument pendant six ou huit heures, et souvent même davantage, après la manifestation des conditions que je viens d'indiquer. Cette application, toutefois, me semble devoir être faite plus tôt, parce qu'une expectation prolongée serait alors dangereuse pour le fœtus, si la tête, rapidement plongée dans l'excavation du bassin, y était arrêtée par la réduction de l'un des diamètres du détroit périnéal. »

L'indication de terminer artificiellement l'accouchement se présente donc déjà assez souvent à ce premier degré de rétrécissement du bassin. C'est le forceps qui convient et qui doit être préféré lorsque l'enfant se présente par le sommet.

Le conseil de convertir d'abord une présentation de la face en une présentation du sommet, d'amener cette partie au centre du bassin dans les présentations du tronc, est plutôt une intention louable qu'un précepte pratique; car ces changements de présentations, après la division de l'œuf, sont généralement impossibles ou extrêmement laborieux. L'indication de terminer l'accouchement par la version se présente donc dans un certain nombre de cas ; on peut même être conduit à la préférer ou forcé d'y avoir recours dans quelques cas de présentation de la tête. On a vu (494) que le bassin était assez souvent plus rétréci d'un côté que de l'autre, parce que le promontoire est projeté en avant et de côté. Dans un cas semblable, si la plus grosse extrémité de la tête est dirigée vers le côté rétréci du bassin, la version la ramène naturellement vers le côté du bassin qui a conservé le plus d'étendue, et l'accouchement, plus ou moins impraticable par le vertex, devient facile par l'extrémité pelvienne. Dans la position mento-postérieure de la face où le menton persiste à rester en arrière, la version doit être préférée au forceps, même en supposant que celui-ci puisse être appliqué. Enfin les difficultés inhérentes à l'application du forceps au détroit supérieur peuvent encore, dans quelques cas non spécifiés, forcer à avoir recours à la version.

Que l'enfant se soit présenté d'abord par l'extrémité pelvienne ou qu'on ait été forcé de pratiquer la version, on est le plus souvent dans l'obligation d'exercer quelques tractions dès que la partie sus-ombilicale du tronc est arrivée au-dehors et de faire avancer la tête avec la main. La vie du fœtus est presque nécessairement compromise s'il faut continuer quelque temps les manœuvres propres à faire franchir à la tête la partie rétrécie du bassin. Dans ces cas, le forceps n'est qu'une ressource assez restreinte, car on ne peut guère s'en servir avec succès que lorsque le rétrécissement porte sur le détroit inférieur ou sur un point peu élevé de l'excavation pelvienne : or ce sont les cas exceptionnels. Mais malgré ce désavantage, et à part les dangers que court l'enfant, si les manœuvres propres à faire avancer la tête sont bien dirigées, les difficultés de l'extraction ne sont pas plus grandes et peut-être moindres que lorsque la tête s'avance la première.

A ce premier degré de rétrécissement, on suppose avec raison que la disproportion entre la tête et le bassin est rarement assez grande pour rendre impossible l'expulsion d'un enfant à terme par la voie naturelle. Néanmoins l'expulsion et l'extraction peuvent être déjà quelquefois impraticables lorsque la tête est très volumineuse et bien ossifiée, ou qu'elle se présente d'une manière défectueuse. Quelle est la conduite à tenir en pareil cas? La réponse à cette grave question va être donnée dans la division suivante, où elle trouve plus naturellement sa place.

B. *Deuxième degré.* — A ce degré, nous admettons que le plus petit diamètre du bassin conserve 9 1/2 centimètres au plus et 6 1/2 centimètres au moins. L'observation a prouvé que l'expulsion spontanée ou l'extraction d'un enfant vivant par la voie naturelle était encore possible dans un certain nombre de cas, lorsque d'ailleurs le bassin a dans les autres directions une étendue suffisante. Ce résultat s'explique par la différence considérable qui existe entre le volume des fœtus à terme et le degré de réductibilité du crâne.

Ainsi lorsque le bassin conserve, dans sa partie la plus rétrécie, de 9 1/2 à 8 centimètres, on peut espérer que la conduite tracée pour les cas de la division précédente sera encore souvent couronnée de succès. Mais la temporisation et les tentatives d'extraction ne doivent pas être portées au point que les forces soient complétement épuisées et que toute possibilité d'un plus grand effort soit évanouie. En laissant arriver un tel état, il est fort à craindre que toute intervention ultérieure de l'art ne soit infructueuse pour la mère aussi bien que pour l'enfant. C'est surtout dans ces limites que la tête peut s'enclaver. Si le cas se présentait, il ne faudrait pas attendre trop longtemps avant d'agir activement, à cause des désordres qui ne tarderaient pas à survenir dans les parties molles ainsi comprimées.

De 8 à 6 1/2 centimètres, les chances de l'expulsion spontanée ou de l'extraction diminuant dans une proportion rapidement décroissante, il n'y a lieu d'insister sur l'expectation et sur les tentatives d'extraction qu'autant qu'il est nécessaire pour s'assurer qu'on n'a pas affaire à un de ces cas exceptionnels où la tête de l'enfant se trouve en même temps très petite et très réductible.

Dans les limites assignées au deuxième degré, les cas où l'accouchement devient impossible, soit spontanément, soit à l'aide des moyens ordinaires, sont très communs, et cela non seulement lorsque le plus petit diamètre du bassin n'a plus que 6 1|2 centimètres ou un peu plus, mais encore lorsqu'il se rapproche de 9 1|2 centimètres.

Dans les cas où le fœtus est mort, n'ayant plus qu'à veiller aux intérêts de la mère, la question se trouve singulièrement simplifiée : il suffit de diminuer le volume de la tête en ouvrant le crâne pour en faire sortir la substance cérébrale. Si le bassin se rapproche des limites supérieures assignées au deuxième degré, on peut, suivant l'état de la patiente attendre ensuite l'expulsion spontanée ou tenter l'extraction au moyen du forceps. Mais dans les limites inférieures, la perforation du crâne et l'évacuation de la substance cérébrale suffisent rarement. Le plus ordinairement il faut encore avoir recours au *forceps céphalotribe* pour écraser la tête et faire l'extraction du fœtus. Cette méthode est applicable non-seulement lorsque la tête s'avance la première, mais encore lorsqu'elle est arrêtée dans le bassin après l'extraction du tronc.

Mais lorsque le fœtus est vivant, et c'est le cas ordinaire, les ressources de l'art offrent une telle gravité, qu'il faut apporter dans leur application une circonspection extrême et l'appréciation la plus scrupuleuse de toutes les circonstances qui décident de leur emploi et du choix à prendre entre plusieurs partis.

Est-il permis d'avoir recours à l'*embryotomie* pour éviter les opérations graves, généralement mortelles, qu'il faudrait pratiquer sur la mère?

Cette grave question, qui intéresse l'humanité dans ce qu'elle a de plus sacré, a été diversement résolue, et l'on voit la conduite des praticiens varier suivant les temps et les lieux. Pour les anciens, la mutilation du fœtus mort ou vivant semblait une nécessité absolue : c'était pour eux, dans ces cas redoutables, le seul moyen d'extraire le fœtus de la matrice. L'application à la femme vivante de l'*hystérotomie* ne fit ni subitement, ni universellement changer de face à la pratique. Néanmoins l'opération césarienne tendit peu à peu à se généraliser. La découverte de la *symphyséotomie* vint encore ajouter aux droits du fœtus. D'après Baudelocque, la mort de l'enfant doit seule déterminer l'usage des instruments destinés à perforer le crâne, « parce qu'il y aurait, dit-il, autant d'ignorance et d'inhumanité à mutiler un enfant qui est vivant, pour éviter à la mère les douleurs et les dangers de l'opération césarienne, qu'à pratiquer cette opération pour donner issue à celui qui est privé de vie, et qu'on peut extraire par les voies ordinaires après l'avoir mutilé. » C'est là la doctrine et la pratique qui depuis longtemps avaient prévalu en France et sur le reste du continent, et qui ont été généralement suivies jusqu'à ces dernières années. En Angleterre, les idées et la pratique n'ont pas suivi, sur ce point délicat, les mêmes phases. On a respecté d'une manière moins absolue les droits du fœtus, et on a continué à lui ouvrir le crâne, bien que présumé vivant, plutôt que d'avoir recours à l'opération césarienne ou à la section de la symphyse du pubis.

Voilà en face deux doctrines opposées sur le parti à prendre dans une situation aussi grave, consacrées l'une et l'autre par l'assentiment et la pratique d'hommes également instruits, judicieux et moraux. De ces deux manières d'agir, la première a depuis quelques années sensiblement fléchi dans les pays où elle a régné avec le plus d'autorité, et la seconde est partout en voie de se généraliser. Pour atténuer ce qu'il y a de pénible et de douloureux à agir ainsi, hâtons-nous d'ajouter que l'expectation dans l'espoir qui se réalise quelquefois d'une expulsion spontanée et heureuse, que les tentatives d'extraction répétées en vue de concilier les intérêts des deux individus et de se soustraire à un parti extrême, que le besoin de s'éclairer de l'avis de confrères et de mettre sa responsabilité à l'abri de reproches injustes, laissent le plus souvent le fœtus exposé trop longtemps à une compression qui, pour n'avoir pas encore détruit les signes de la vie, n'en a pas moins compromis sa viabilité. Et la symphyséotomie ou l'hystérotomie, pratiquée en pareil cas, n'a été que trop souvent le double sacrifice de la mère et de l'enfant.

Le praticien qui pourrait acquérir d'assez bonne heure la certitude de l'impossibilité du passage de la tête à travers le bassin, qui n'aurait aucun motif de douter de la viabilité de

29.

l'enfant, et à qui les inspirations de la conscience ne permettraient pas de recourir à l'embryotomie, aurait à se décider entre la section pubienne et l'opération césarienne : la première surtout, si le rétrécissement du bassin était encore sensiblement éloigné des dernières limites assignées au deuxième degré, offre incontestablement à la mère plus de chances de salut.

En résumé, l'expulsion spontanée et heureuse pour la mère et pour l'enfant dans un petit nombre de cas ; dans un petit nombre d'autres, l'extraction à l'aide du forceps ou par la version avec chances de mort pour la moitié des enfants au moins et pour quelques-unes des mères ; dans le plus grand nombre des cas, la dure nécessité d'avoir recours à l'embryotomie, si l'on ne veut pas opter pour la section de la symphyse ou l'opération césarienne, telles sont les chances de l'accouchement à terme, à ce degré de rétrécissement du bassin.

Un pareil résultat est bien propre à faire comprendre combien le médecin doit attacher d'importance à l'indication de l'*accouchement artificiel prématuré* dont il doit s'efforcer de répandre l'idée dans toutes les classes de la société, afin que les femmes contrefaites, celles qui n'ont pu accoucher qu'avec danger pour elles et mort pour leur enfant, à raison de l'état de leur bassin, puissent réclamer les avantages d'une opération doublement salutaire pour la mère et son enfant.

C. *Troisième degré.* — A ce dernier degré, on suppose que le diamètre le plus réduit conserve moins de 6 1/2 centimètres. Conformément aux idées émises ci-dessus, si le fœtus est mort, ou si l'on peut supposer avec vraisemblance sa viabilité compromise par la longueur du travail ou par des tentatives d'extraction, superflues d'ailleurs et par conséquent contre-indiquées, on doit, si la partie la plus étroite du bassin conserve 4 1/2 centimètres, avoir recours à l'embryotomie, bien que déjà très dangereuse pour la mère dans cette circonstance.

Mais lorsque l'enfant est vivant et que rien ne peut faire supposer que sa viabilité est compromise, ce qui doit arriver d'autant plus facilement qu'à ce degré les rétrécissements du bassin sont faciles à constater et qu'il n'y a pas lieu à temporiser, faut-il opter pour l'embryotomie ou l'opération césarienne? Ceux même qui n'ont pas de répugnance à sacrifier l'enfant sont forcés de convenir que l'embryotomie est si laborieuse et entourée de tant de dangers, que la mort de la mère en est fréquemment la suite. L'opération césarienne, qui sauve sûrement l'enfant, semble donc devoir être préférée ; elle est seule admissible lorsque le diamètre le plus rétréci a moins de 4 1|2 centimètres. Néanmoins si l'enfant était mort, il serait préférable, si la main pouvait pénétrer à travers le rétrécissement, de pratiquer la version et, après l'extraction plus ou moins laborieuse du tronc, faire la section du cou, dût-on attendre, pour extraire la tête, que le ramollissement des tissus permît plus facilement la séparation des os.

D'après ce qui précède, on voit que, dans les limites du troisième degré, on ne peut point compter sur la sortie d'un enfant vivant par la voie naturelle; dût-on même avoir recours à temps à l'accouchement provoqué artificiel, on est forcément dans la cruelle alternative ou de pratiquer la section césarienne ou l'embryotomie, qui, déjà entourée de grandes difficultés ou de grands dangers, devient bientôt elle-même impraticable; de sorte que l'opération césarienne reste l'unique ressource. C'est dans cette pénible et embarrassante situation que l'idée de l'*avortement provoqué* est venue naturellement à la pensée des praticiens qui n'hésitent pas à mutiler le fœtus plutôt que de recourir à l'opération césarienne. Nous avons vu plus haut que telle est depuis longtemps la disposition des esprits en Angleterre, disposition que Burns exprime parfaitement lorsqu'il dit : « La plupart des hommes ont regardé la vie de la mère comme de plus haute importance ; et par conséquent, comme l'opération césarienne est remplie de dangers pour elle, aucun accoucheur anglais ne la pratiquera lorsqu'en détruisant l'enfant il pourra terminer l'accouchement par les voies naturelles. » En effet, recourir à l'embryotomie plutôt que de pratiquer l'opération césarienne, ou provoquer l'avortement lorsque le degré de rétrécissement du bassin ne permet pas de sauver la mère par le premier moyen, sont deux idées qui ont entre elles une connexion intime : la première manière de faire implique la seconde. Toutefois ce n'est qu'à la suite de l'accouchement artificiel provoqué que l'avortement, dans le but d'épargner à la femme l'opération césarienne, a passé, en Angleterre, dans la pratique.

Bien qu'il ait rencontré plus de résistance que l'accouchement prématuré artificiel, et qu'il ne soit accepté qu'avec une sorte de défaveur, bien naturelle d'ailleurs, l'avortement provoqué n'est plus sur le continent à l'état de doctrine militante ; il a passé dans la pratique, non-seulement dans le cas de rétrécissement extrême du bassin, mais encore dans divers états morbides pour sauver la mère du danger d'une mort imminente ou très prochaine.

L'absence de toute espèce de parité entre l'avortement provoqué, tel que nous le considérons ici, et l'avortement provoqué dans des intentions criminelles, ne permet pas de supposer qu'il puisse venir à la pensée du juge d'appliquer au premier, au nom de la justice et de la morale outragées, la législation qui frappe justement le second. Pour prévenir toute assimilation outrageante, le médecin ne doit agir qu'au grand jour et après l'avis de consultants qui auront comme lui reconnu que le salut de la mère est inconciliable avec celui de son fruit. Heureusement les cas de ce genre sont peu nombreux, et le médecin sera rarement dans la pénible nécessité de proposer ou de refuser, dans ces cas, suivant les inspirations de sa conscience, l'intervention de l'art.]

503. — *Conduite de la sage-femme.* Dans les accouchements rendus difficiles par un rétrécissement du bassin, la sage-femme n'a aucun moyen à sa disposition. Dès qu'elle reconnaît ou soupçonne l'existence de ces disproportions des dimensions du bassin, elle doit sans délai mander un accoucheur. Quand elle a connaissance de cet état morbide plus ou moins longtemps avant l'accouchement, elle doit insister auprès des parents de la femme grosse pour qu'ils consultent d'avance un homme de l'art.

Elle ne doit, dans ce cas, rien entreprendre pour accélérer la marche du travail. Tous les efforts de la part de la mère tendant à seconder les douleurs, tous les moyens employés à l'intérieur et à l'extérieur pour les augmenter, tels que bains de vapeur, frictions stimulantes, vin, eau-de-vie, teinture de cannelle, liqueur d'Hoffmann, etc., sont alors non-seulement inutiles mais dangereux. La sage-femme doit se borner à faire prendre à la femme en travail une position horizontale, elle veillera à ce que la vessie et le rectum soient vidés, et jusqu'à l'arrivée de l'accoucheur elle lui conseillera de se tenir tranquille et relèvera son moral. Dans les cas où la tumeur qui se présente augmenterait de volume, elle se gardera de la prendre pour la tête qui serait descendue, et d'attendre avant de faire appeler l'accoucheur dans l'espoir de voir l'accouchement se terminer sans qu'il soit besoin de recourir à lui.

CHAPITRE III.

DES ACCOUCHEMENTS RENDUS DIFFICILES PAR L'ÉTAT VICIEUX DES PARTIES MOLLES DE LA GÉNÉRATION.

504. — L'état vicieux des parties molles de la génération, c'est-à-dire de l'orifice utérin, du vagin, de la vulve, des autres parties molles situées dans le bassin, peut également rendre difficile l'accouchement et occasionner diverses conséquences fâcheuses. Bien que ces cas s'observent rarement, ils n'en réclament pas moins l'attention de la sage-femme.

ARTICLE Ier. — ÉTAT VICIEUX DU COL UTÉRIN.

505. — 1° L'*orifice utérin* peut être induré, cartilagineux au toucher, inégal, rugueux ou couvert de cicatrices par suite d'une maladie antérieure, ou d'accouchements difficiles ou de délivrance artificielle à l'aide d'instruments. Cet état vicieux peut ôter à l'orifice de la matrice la faculté de se distendre, et rendre ainsi l'accouchement laborieux. Il peut, dans ce cas, se déchirer pendant le travail, et cette déchirure s'étendre au corps de la matrice. Des tumeurs siégeant à son orifice ou au-dessus de lui peuvent aussi le rétrécir; on l'a même trouvé divisé en deux ouvertures par une cloison membraneuse.

[Il en résulte une lenteur excessive du travail tant que l'orifice utérin n'est pas arrivé à un certain degré de dilatation. On doit beaucoup accorder à la patience, qui finit presque toujours par triompher de ces obstacles. Les bains prolongés, la saignée du bras, si l'état général ne contre-indique pas, sont les moyens généralement employés et réellement efficaces; une rupture imminente serait prévenue par un débridement multiple de l'orifice utérin.]

2° L'orifice de l'utérus peut encore être dépourvu d'élasticité, rigide sans qu'il y ait altération de la structure de son tissu. Lorsque cet état est dû à un état de spasme, l'orifice est douloureux au toucher, et la femme en travail accuse des douleurs lombaires continues et excessivement violentes.

[Tant que cet état dure, le travail ne fait pas de progrès ou en fait à peine. Les bains, les fumigations émollientes, suffisent souvent pour le dissiper; la saignée, lorsque l'état général de la femme ne la contre-indique pas, ou l'application d'une petite quantité de belladone sur le col, ou les lavements laudanisés, sont généralement efficaces.]

3° *Agglutination des bords de l'orifice utérin.* L'orifice peut encore être fermé, ou, à proprement parler, agglutiné par un tissu filamenteux capable d'opposer un obstacle opiniâtre au travail; l'organe est alors difficile à trouver, et l'on serait tenté de croire qu'il n'existe pas.

[Il est souvent en même temps dévié en arrière, ou s'y porte consécutivement à l'abaissement et à la distension du segment inférieur de l'utérus, pendant que l'orifice utérin reste fermé malgré de fortes douleurs.

Les contractions de l'utérus peuvent surmonter la résistance que cet obstacle leur oppose; mais si l'agglutination résiste et qu'on ne vienne pas au secours de la nature, il en peut résulter une rupture de l'utérus. En général, on peut détruire l'adhésion à l'aide du doigt indicateur poussé à travers le col; si le doigt ne suffisait pas, on aurait recours à un instrument mousse, comme une sonde de femme. Le passage rétabli, il s'écoule quelques gouttes de sang, et la dilatation ne tarde pas à s'opérer.

L'adhésion des parties par une véritable cicatrice, bien qu'extrêmement rare, peut se présenter et nécessiter une incision sur le trajet de l'orifice, incision qu'on agrandit par un débridement multiple.]

4° *Déviations de l'orifice et obliquités de l'utérus.* Nous avons vu qu'avant l'accouchement et au commencement du travail, l'orifice de l'utérus est ordinairement tourné en arrière, vers le sacrum et un peu à gauche, et que le fond de l'utérus est tourné en avant et à droite (v. 218). Mais quelquefois l'orifice tourné en arrière est plus élevé et plus à gauche qu'habituellement; d'autres fois il est plus à droite ; il est alors difficile ou presque impossible de l'atteindre du doigt. Cette déviation de l'orifice utérin peut provenir de ce que le fond de la matrice est incliné dans la même mesure du côté opposé ; d'autres fois cette inclinaison n'existe pas, ou bien elle a lieu du même côté que celle de l'orifice. Dans le premier cas, la matrice a une *position oblique* ou plutôt plus oblique que d'ordinaire ; dans le second, elle a une *forme oblique*, c'est-à-dire qu'elle est courbe. On attribuait autrefois aux positions obliques de la matrice une influence beaucoup plus grande sur l'accouchement qu'elles n'en ont réellement. D'ailleurs, ce n'est qu'en avant que cette position oblique peut être considérable (ventre pendant), et cet état se rencontre surtout chez les femmes qui ont eu plusieurs accouchements, et dont la paroi antérieure du ventre est très souple et très relâchée. Dans les positions obliques de la matrice, on fait coucher la femme dès le commencement du travail sur le côté opposé à celui vers lequel l'inclinaison du fond de l'utérus a lieu ; par conséquent, quand elle a le ventre fort pendant, on lui fait prendre une position horizontale sur le dos; le col de l'utérus se trouve-t-il fortement incliné à gauche, on la fait coucher sur le côté droit, et dans le cas inverse sur le côté gauche. Dans tous ces cas, la femme doit conserver cette position jusqu'à la dilatation complète de l'orifice utérin.

Lorsque, l'orifice du col étant fort élevé et tourné en arrière, sans que la matrice se trouve dans une position élevée et oblique, les eaux s'écoulent trop tôt, il peut arriver que la tête de l'enfant, entouré du segment inférieur de l'utérus, descende profondément dans la cavité du bassin, presque jusqu'au détroit inférieur. D'autres fois, l'orifice utérin étant bien dilaté, sa lèvre antérieure, au lieu de se retirer, descend, s'avance entre la tête et les os du pubis, et se présente à l'extérieur sous forme d'un bourrelet rouge bleuâtre. Dans ces cas, la sage-femme doit s'abstenir de toute tentative pour le redresser, le distendre, refouler en haut la lèvre antérieure, etc., en un mot, se garder de toute manœuvre violente. Elle se bornera à faire prendre à la femme en travail une position horizontale ; elle lui recommandera de ne pas solliciter les douleurs ; enfin elle demandera la présence d'un médecin aussitôt que la marche du travail se ralentit outre mesure ou qu'il se présente quelques symptômes inquiétants ou équivoques.

Dans quelques cas rares, l'orifice utérin, au lieu d'être tourné en arrière, se trouve en avant immédiatement derrière les os du pubis. A moins qu'il n'existe en même temps quelques circonstances défavorables, cette position anormale n'exerce aucune influence fâcheuse sur la marche du travail.

ARTICLE II. — ÉTAT VICIEUX DU VAGIN.

506. — 1° *Rétrécissement du vagin.* Le rétrécissement du *vagin* peut être la suite, soit d'un vice de conformation, soit de maladies, d'accouchements difficiles et de délivrances artificielles. Ce rétrécissement, qui peut exister à l'entrée du vagin ou au-dessus, est quelquefois assez considérable pour ne pas laisser passer le doigt. Des cicatrices qui se sont formées dans le vagin à la suite de lésions ou de suppurations peuvent lui faire perdre toute élasticité. On a trouvé ce conduit au moment de l'accouchement fermé par des membranes valvulaires ou des plis transversaux ; l'oblitération, le plus souvent partielle, était quelquefois totale. Dans ce dernier cas, il faut admettre qu'il est survenu pendant la grossesse une inflammation par suite de laquelle cette oblitération d'incomplète est devenue complète.

2° *Tumeurs situées en dehors du vagin.* Diverses tumeurs situées dans le voisinage du vagin, par exemple un ovaire tuméfié et descendu dans la cavité pelvienne, peuvent aussi le rétrécir et rendre difficile et même impossible le passage de l'enfant. Ces tumeurs, de même que celles qui prennent naissance dans l'utérus même et qui descendent dans le vagin, cèdent quelquefois et s'aplatissent pendant le travail par suite de la compression exercée sur elles au passage de l'enfant. Si cela n'arrive pas, on doit tenter de les refouler et de les empêcher de reparaître en mettant la femme dans une position convenable.

Les rétrécissements de l'orifice utérin et les points rétrécis du vagin cèdent quelquefois pendant l'accouchement et s'élargissent ; les membranes valvulaires, les plis transversaux, se déchirent aussi quelquefois spontanément.

3° *Tumeurs variqueuses du vagin.* Le vagin peut être le siége de veines variqueuses qui peuvent se déchirer sous la muqueuse pendant le passage de l'enfant, et alors le sang s'épanche dans le tissu cellulaire situé entre le vagin et les parties voisines, aplatit le vagin, pénètre parfois jusqu'à l'une des grandes lèvres et la distend sous forme d'une grosse tumeur d'un noir bleuâtre, ou bien il détermine aussi une ecchymose à la fesse, etc. D'autres fois, ces varices se rompen à la surface de la muqueuse, et il s'ensuit une hémorrhagie travers la fente vulvaire après la sortie de l'enfant. Nous reviendrons plus loin sur ces détails.

ARTICLE III. — État vicieux des parties génitales externes.

507. — Les *parties génitales externes* peuvent, comme le vagin, être vicieusement conformées, et rendre ainsi l'accouchement difficile ou déterminer d'autres suites fâcheuses.

1° La fente vulvaire est quelquefois considérablement rétrécie, inflexible, indurée, cicatrisée ; les grandes lèvres peuvent offrir des adhérences partielles, enfin l'hymen peut être imperforé.

2° Les grandes lèvres sont assez souvent le siége de tumeurs variqueuses et d'un gonflement œdémateux même considérable.

3° Le vagin se trouve parfois relâché et descendu entre les grandes lèvres, ce que l'on appelle *chute du vagin;* c'est ce qui a principalement lieu pour la paroi antérieure du vagin, qui peut alors, pendant l'accouchement, descendre entre les os du pubis et la tête, et courir ainsi grand risque d'être meurtrie par la compression qu'elle subit. Dans ce cas, ainsi que dans celui d'œdème des grandes lèvres, on fera prendre à la femme en travail une position horizontale sur le lit, on lui interdira de faire des efforts pour seconder les douleurs, et enfin, dans l'examen de ces parties, on procédera avec les plus grands ménagements et on les préservera de toute pression.

4° On usera de la même circonspection par rapport aux tumeurs sanguines, pour en prévenir la rupture. Quand, malgré ces précautions, ces tumeurs s'ouvrent en dehors, elles peuvent donner lieu à une hémorrhagie considérable; dans ce cas, on applique aussitôt sur la partie saignante une compresse trempée dans de l'eau-de-vie, et on l'y maintient en appuyant avec assez de force jusqu'à la fin de l'accouchement ou jusqu'à l'arrivée de l'accoucheur. Ces varices, en se rompant dans la grande lèvre, peuvent déterminer une tuméfaction considérable de cette partie, et nécessiter ainsi la présence de l'homme de l'art.

Quand la fente vulvaire présente un rétrécissement considérable, la sage-femme doit se conformer avec une grande attention aux instructions que nous avons données pour prévenir les déchirures du périnée.

508. — La vessie doit être vidée : lorsqu'elle renferme un calcul qui pourrait rendre l'accouchement difficile, on doit le refouler en haut, au-dessus de la tête qui se présente. Le rectum renferme-t-il des matières fécales dures, on administre des lavements émollients.

509. — En général, la sage-femme doit réclamer la présence de l'accoucheur dans tous les cas mentionnés dans ce chapitre, toutes les fois que l'accouchement est quelque peu ralenti ou qu'il y a quelques raisons de craindre de graves

difficultés ou des suites fâcheuses quelconques. Comme, dans ces circonstances, il est souvent nécessaire de faire, déjà quelque temps avant l'accouchement, des préparatifs pour prévenir un accouchement difficile ou d'autres accidents graves, tels que la déchirure du périnée, etc., la sage-femme, dès qu'elle a reconnu l'existence d'un état vicieux des parties molles de la génération, doit insister auprès des parents pour qu'ils consultent un accoucheur.

B. *Obstacles à la marche du travail, ou dangers provenant du fœtus ou de ses annexes.*

CHAPITRE PREMIER.

DES ACCOUCHEMENTS VICIEUX PAR SUITE DE LA PRÉSENTATION DU TRONC DE L'ENFANT.

§ 1er. — *Définition, fréquence, causes, signes et conséquences.*

510. — Les *présentations vicieuses* de l'enfant sont celles où il n'est pas placé longitudinalement dans la matrice, et où par conséquent il ne se présente pas par la tête, le siége ou les extrémités inférieures.

511. — Quant à la *fréquence* des présentations vicieuses *en général*, il résulte d'un grand nombre d'observations que, sur 170 cas d'accouchements, on en rencontre un de vicieux par suite de la position anormale de l'enfant. La plus fréquente de ces positions est celle où l'enfant se présente par l'une des épaules avec ou sans sortie du bras, la tête étant tournée vers l'un ou l'autre côté.

Première position de l'épaule. La face dorsale de l'enfant est tournée du côté de la paroi antérieure de la matrice. Cette position, d'après un grand nombre d'observations, est deux fois plus fréquente que la suivante.

Deuxième position de l'épaule. La face dorsale de l'enfant est tournée du côté de la paroi postérieure de la matrice.

512. — La *cause* de ces présentations vicieuses ne peut pas toujours être indiquée avec certitude. Les causes *principales*

sont les suivantes : surabondance de liquide amniotique, état spasmodique de l'utérus qui lui fait perdre sa forme ovalaire nécessaire pour la position longitudinale de l'enfant, contractions irrégulières de la matrice au commencement du travail, écoulement prématuré des eaux amniotiques, et surtout position défavorable de la femme en travail et mort de l'enfant. Nous y ajouterons encore : secousses violentes, entortillement et brièveté excessive du cordon, inclinaison ou étroitesse excessives du bassin, ventre pendant, obliquité latérale de la matrice, etc.

Les positions vicieuses sont relativement plus rares chez les primipares que chez les femmes qui ont déjà eu un enfant, et surtout chez celles qui en ont eu plusieurs.

513. — *Signes.* Vers la fin de la grossesse ou au commencement du travail, l'absence des caractères d'une position normale (v. 329), font en général présumer une position vicieuse.

Signes généraux. — 1° Ordinairement le ventre n'est pas régulièrement distendu, ni pointu en avant ; il présente plusieurs saillies. Dans la plupart des cas il est plus que d'habitude développé en largeur et surtout obliquement, de telle sorte qu'il offre à l'un des côtés vers le haut et à l'autre côté vers le bas, une saillie sphérique, tandis qu'il est aplati ou concave dans la partie moyenne. La tête est ordinairement dans ces cas dirigée vers le côté et en bas, et elle peut être reconnue plus ou moins distinctement à travers les parois abdominales L'examen extérieur doit être principalement ici l'objet d'une grande attention.

2° Les mouvements de l'enfant se font sentir avec une grande vivacité ; mais ils ne se manifestent pas exclusivement dans l'un ou dans l'autre côté. Il se déclare quelquefois des douleurs spasmodiques dans le ventre, en même temps que des mouvements très violents surtout pendant la nuit. Le ventre est alors difforme, et il semble à la femme que l'enfant va sortir par le point de l'abdomen qui est le siége des douleurs.

3° En pratiquant le toucher au cul-de-sac du vagin ou à

l'orifice utérin, on ne trouve pas en présentation un corps gros, rond, sphérique. Il peut arriver qu'on ne sente aucune partie au toucher, ou des parties de peu de volume qu'on ne peut distinguer, et que les sages-femmes appellent *petites parties*, ou bien on reconnaît certaines parties, telles que le bras, l'épaule, etc.

Remarque. — Si vers la fin de la grossesse ou au commencement du travail *aucune partie* ne se trouve en présentation, cela ne tient pas seulement à une position vicieuse, mais encore à d'autres causes. Ainsi, par exemple, cette circonstance peut s'observer : 1° chez les femmes qui ont eu plusieurs enfants, et chez lesquelles le fond de la matrice est fortement incliné en avant; 2° quelquefois dans les cas de jumeaux; 3° dans les présentations du siége; 4° dans les cas où les eaux amniotiques sont trop abondantes; 5° quand l'utérus ne prend pas à sa partie inférieure la forme ovalaire; 6° quand l'enfant est excessivement petit; 7° lorsque la tête est très volumineuse par suite d'un épanchement de sérosité (hydrocéphale); 8° enfin dans les cas d'étroitesse du bassin.

Les femmes qui ont eu plusieurs enfants et les primipares offrent, sous ce rapport, une grande différence; si aucune partie ne se présente au commencement du travail chez ces dernières, on sera en droit de présumer que cela tient à *une cause plus importante* que chez les multipares, comme, par exemple, à une position vicieuse de l'enfant, à l'étroitesse du bassin, etc. Chez les femmes qui ont eu des accouchements antérieurs, il arrive quelquefois en effet qu'au commencement du travail, lorsque l'orifice utérin est déjà largement dilaté, et même après la rupture de la poche, on ne sent aucune partie au toucher, quoiqu'il y ait présentation de la tête; ce qui s'observe beaucoup plus rarement chez les primipares.

Lorsque, par conséquent chez ces dernières, la sage-femme ne sent aucune partie au toucher vers la fin de la grossesse ou au commencement du travail, elle doit agir avec le plus grand soin et la plus grande prudence.

514. — *Signes particuliers.* Ils varient suivant la forme et la nature de la partie qui se présente. Les présentations de

l'épaule sont de beaucoup les plus fréquentes parmi les présentations vicieuses, à tel point que toute autre présentation anormale n'arrive pas tant que l'enfant est à terme ou presque à terme, et que sa position n'a pas été changée par des tentatives infructueuses de version ou par toute autre manœuvre maladroite. Il nous suffira donc d'entrer dans quelques détails sur les signes particuliers de la présentation de l'épaule pour faire ressortir ceux qui caractérisent les autres présentations vicieuses. — Dans la présentation de l'épaule le ventre n'est pas uniformément bombé ni pointu en avant, il est au contraire distendu en largeur et obliquement, de manière à laisser sentir, d'un côté et en haut, une saillie considérable formée par l'extrémité pelvienne de l'enfant, et, du côté opposé et en bas, une autre saillie que son volume, sa forme et sa dureté font d'ordinaire reconnaître facilement pour la tête. L'épaule est fort difficile à reconnaître, attendu qu'elle offre peu de signes caractéristiques, et qu'on peut quelquefois la prendre tantôt pour la fesse, tantôt pour la tête. L'épaule est ronde, mais plus petite et moins dure que la tête ; on rencontre cependant des têtes qui n'offrent pas de dureté au toucher.

L'omoplate, la clavicule, le cou, l'aisselle, le bras et les côtes servent à faire reconnaître plus exactement l'épaule. La direction de ces parties relativement aux parties de la mère indiquera le mode de présentation, et par conséquent la position du reste du corps, de la tête et du siége, et quelle est l'épaule qui se trouve en présentation. Quand, par exemple, on trouve en avant l'omoplate, en arrière les côtes, ou l'avant-bras et la main appliqués contre la poitrine, à gauche le cou, à droite le bras partant de l'épaule, il y a alors évidemment première position de l'épaule droite, etc. — Quand le bras se trouve engagé dans le vagin, ce qui arrive souvent dans la présentation de l'épaule, la direction de celle-ci est plus facile à reconnaître. Nous avons indiqué plus haut (voy. 361) comment on distingue le coude du genou et du talon. La main est-elle descendue jusqu'à la fente vulvaire, la direction de la face palmaire (creux de la main) et du pouce fait reconnaître la position de l'épaule. Cependant il est prudent, dans tous ces cas, d'introduire le doigt pour examiner si, par hasard, le bras ne s'est pas glissé à côté de la tête ou du siége déjà engagé, ou si le bras ne s'est pas contourné par une circonstance extérieure.

REMARQUE. Pour se faire une idée claire et précise des différentes positions de l'épaule, et pour bien comprendre plusieurs circonstances et avantages qui en facilitent la connaissance, on doit s'exercer sur le mannequin. Ces exercices sont bien meilleurs que de simples descriptions, qui, lors même qu'elles seraient fort détaillées, seraient toujours insuffisantes. D'un autre côté, la femme qui a la capacité nécessaire à une sage-femme peut, dès qu'elle a eu une idée claire et exacte de tout ce qui se rapporte à cette question, se passer très bien d'une répétition écrite. Aussi nous abstiendrons-nous de tous les autres détails, qui sont plus spécialement de l'enseignement oral.

515. — *Conséquences.* Les accouchements avec présentation vicieuse sont toujours dangereux. Abandonnés à eux-mêmes, sans qu'on apporte les secours nécessaires, l'issue en est, dans la plupart des cas, fatale pour la mère et presque toujours pour l'enfant. Nous parlerons du pronostic dans les cas où les secours convenables ont été apportés, lorsque nous traiterons de ces derniers.

516. — Lorsqu'un enfant arrivé à terme ou presque à terme se présente dans une position vicieuse, et qu'on n'apporte pas les secours nécessaires, voici quelles sont ordinairement les suites : Après la rupture de la poche, qui sera suivie d'un écoulement d'eaux habituellement plus abondant que dans les présentations de la tête et du siége, la matrice se contracte de tous côtés autour de l'enfant avec une énergie croissante, et la partie qui se présente (l'épaule) est poussée de plus en plus en avant dans le détroit supérieur. Mais comme la position vicieuse de l'enfant l'empêche de céder aux efforts de la nature qui tendent à l'expulser, les douleurs augmentent d'intensité ; la matrice, débarrassée des eaux qu'elle renfermait, arrive à un état de contraction qui persiste même

dans l'intervalle des douleurs, et la mort de l'enfant a lieu par suite de cette compression continue et générale et de l'obstacle qu'elle apporte à la circulation placentaire. — Pour la mère il en résulte un épuisement général, l'inflammation ou la déchirure de la matrice ou du vagin.

Cependant dans quelques cas rares, surtout lorsqu'il s'agissait de jumeaux petits, non arrivés à terme, ainsi que d'enfants morts avant l'accouchement, on a observé que les accouchements avec présentation vicieuse abandonnés à eux-mêmes ont été, après un travail très long et très douloureux, achevés par les seules forces de la nature; sous l'influence des contractions dont l'énergie allait toujours en croissant, le siége descendait dans la cavité du bassin en longeant l'épaule, de telle sorte que l'enfant était expulsé le siége en avant. Cette terminaison appelée *évolution spontanée*, et qui mérite plutôt le nom de *version naturelle*, est très rare; elle est toujours mortelle pour l'enfant et très dangereuse pour la mère, chez qui elle cause souvent des infirmités incurables, de grandes incommodités, comme l'incontinence d'urine, par exemple, et parfois même la mort. On serait donc inexcusable d'abandonner aux efforts de la nature les accouchements avec présentation vicieuse.

§ 2. — *Des différents modes et du mécanisme de l'expulsion spontanée du fœtus dans les présentations du tronc.*

517*. — Bien que les présentations du tronc réclament généralement l'intervention de l'art, il n'en est pas moins vrai que l'accouchement abandonné à lui-même peut encore, dans quelques cas rares à la vérité, se terminer par les seules ressources de l'organisme, d'après des modes divers mais réguliers, et qui peuvent être soumis à une analyse exacte. Mais nous devons nous hâter de le dire, ces terminaisons spontanées de l'accouchement ne sont ni assez fréquentes ni assez heureuses pour la mère et pour l'enfant, pour qu'on doive cesser de se faire une loi de pratiquer la version au moment le plus opportun.

L'expulsion spontanée du fœtus dans les présentations du tronc se rapporte à deux modes différents. Dans l'un le diamètre longitudinal du fœtus est ramené par les contractions utérines dans les directions de l'axe de l'organe, et l'accouchement se termine comme si l'enfant s'était d'abord présenté par la tête ou par l'extrémité pelvienne. Il y a *version spontanée* ou *naturelle*. Dans l'autre, le bras étant sorti, l'épaule s'enfonce de plus en plus dans l'excavation du bassin et vient se fixer sous l'arcade du pubis, où elle reste immobile tandis que le tronc glisse contre la paroi postérieure du bassin jusqu'à son expulsion complète, et la tête sort comme si l'enfant s'était présenté par l'extrémité pelvienne. C'est le mode d'expulsion qu'on désigne sous le nom d'*évolution pelvienne spontanée*.

A. *Version spontanée*. Ce mode comprend deux variétés : tantôt c'est la tête, et c'est le cas le plus ordinaire, qui, sous l'influence des contractions utérines, est amenée à l'entrée du bassin ; tantôt c'est l'extrémité pelvienne. De là une version spontanée *céphalique* et une version spontanée *pelvienne*.

1° *Version céphalique*. Il est un assez grand nombre de cas où un excès de liquide amniotique donne au fœtus une mobilité insolite, en vertu de laquelle il se déplace avec une grande facilité et présente successivement, dans les derniers temps de la grossesse, différentes régions de son corps à l'entrée du bassin. Mais à ce degré les changements d'attitude du fœtus se font sous l'influence des mouvements de la femme, et l'action de l'utérus n'y a que peu de part. Et nous avons principalement en vue ici la transformation d'une présentation du tronc en une présentation de la tête déterminée pendant le travail par les contractions de l'utérus.

Elle peut s'opérer avant ou après la rupture des membranes. En se contractant, l'utérus tend à se rétrécir dans tous les sens ; mais il s'allonge du côté de son segment inférieur par la distension qu'il subit dans ce sens et la dilatation de son orifice. A chaque contraction, les extrémités opposées de l'ovoïde fœtal inégalement élevées étant pressées en sens contraire, le tronc tend à prendre la direction verticale ; et en effet, quelquefois avant la division de l'œuf, la tête se rapproche progressivement de l'entrée du bassin, où elle finit par prendre la place de l'épaule.

Après la rupture de la poche des eaux, l'utérus agit de la même manière. Il est si bien dans la forme et le mode d'action de l'utérus de tendre à ramener le diamètre longitudinal du fœtus dans la direction de l'axe de l'organe, qu'il est vraisemblable que, si le plan latéral du fœtus était aussi large et aussi régulier que les plans antérieur et postérieur, les efforts de l'utérus auraient souvent pour effet la réduction de l'une ou l'autre extrémité du fœtus à l'entrée du bassin. Mais, dans l'état réel des choses, cette mutation est trop rare pour qu'on puisse y compter. Lorsqu'elle s'est opérée, tantôt l'épaule s'est éloignée comme avant la division de l'œuf, tantôt le déplacement de l'épaule a été peu sensible. La tête a passé dessous, à l'entrée du bassin et même dans l'excavation, plutôt en déprimant le tronc qu'en le déplaçant. Mais, dans ce cas, le fœtus est presque toujours petit ou putréfié.

2° *Version pelvienne.* Les efforts de l'utérus ont quelquefois pour effet, dans les présentations du tronc, d'amener l'extrémité pelvienne à l'entrée du bassin et de repousser la tête vers le fond de l'utérus. Cette mutation comme la précédente peut se faire avant ou après la rupture des membranes. L'utérus poussant le siége qui se trouve la partie la plus élevée du tronc, si l'épaule ne se fixe pas à l'entrée du bassin en s'y enfonçant, le siége s'abaisse d'un côté tandis que la partie supérieure remonte sur le côté opposé. C'est ainsi que les premiers observateurs qui ont appelé l'attention sur la possibilité de la terminaison spontanée de l'accouchement dans la présentation du tronc en ont expliqué le mécanisme. Bien qu'il soit démontré par la plupart de leurs propres observations que l'épaule n'a point abandonné sa place dans le bassin, il n'est pas moins vrai que, dans quelques cas, elle quitte réellement le bassin et ne reste pas le centre du mouvement de progression du tronc.

B. *Évolution pelvienne spontanée.* — C'est là, à proprement parler, l'accouchement par l'épaule, soumis à des lois régulières analogues à celles qui président à l'expulsion du fœtus dans les présentations normales. On vient de voir que c'est à l'étroitesse et à la forme de son plan latéral que le tronc doit de se présenter, soit primitivement, soit consécutivement, à l'entrée du bassin par l'une ou l'autre épaule et de s'y fixer ordinairement d'une manière définitive.

FIG. 54. — *Évolution spontanée, temps d'engagement*

Sous l'influence des contractions utérines, l'épaule s'enfonce de plus en plus dans l'excavation pelvienne ; la tête est fortement infléchie vers l'épaule du côté opposé, le tronc est ramené dans la direction de l'axe de l'utérus, et le fœtus est comme ployé en double au niveau du cou. C'est en quelque sorte l'analogue du *mouvement de flexion*, dans la présentation du crâne. Dans cette situation, l'épaule peut pénétrer, par un mouvement réel de progression, jusqu'au fond de l'excavation pelvienne, lorsque la tête correspond en avant, sur un point compris entre les éminences iléo-pectinées. Mais lorsqu'elle correspond directement en dehors ou en arrière, vers l'une des symphyses sacro-iliaques, le cou n'étant pas assez long pour mesurer la paroi latérale ou la paroi postérieure du bassin, il se fait un mouvement de *rotation* qui amène l'épaule et la tête en avant vers le pubis. L'épaule tend à s'engager sous la partie la plus élevée de l'arcade des pubis, du côté où elle correspond; elle finit par arriver à la vulve en glissant sous cette arcade, contre laquelle la partie inférieure et latérale du cou vient arc-bouter (fig. 54 et 55).

Là se trouve limité le mouvement de descente. L'épaule est arrêtée, et ne pourrait continuer à s'avancer qu'à la condition

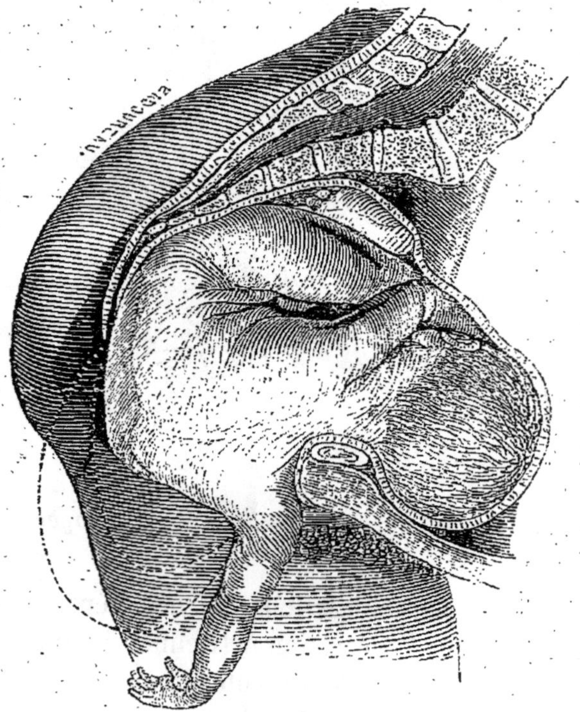

FIG. 55. — *Temps de dégagement.*

que la tête et la partie supérieure du tronc s'engageassent en même temps, ce qui est matériellement impossible, lorsque l'enfant est régulièrement développé. Les efforts d'expulsion continuant, une partie des forces développées va se perdre contre l'arcade des pubis, tandis que le reste de ces forces continue à pousser le tronc qui s'engage de plus en plus dans l'excavation en glissant au-devant de l'une des symphyses sacro-iliaques, et l'on voit apparaître successivement sur la commissure postérieure de la vulve l'aisselle, le côté de la poitrine, la hanche, enfin le siége tout entier. La tête avec le bras opposé à l'épaule qui s'est présentée, restée dans la cavité du bassin, est expulsée comme si l'extrémité pelvienne s'était présentée la première. Qu'on se figure une tige flexible dont on fixerait une des extrémités sous l'arcade des pubis, tandis qu'on presserait sur l'autre extrémité : en se ployant, elle viendrait présenter sa partie convexe à la sortie du bassin, où elle se déroulerait tout entière. Telle est l'idée qu'on doit se faire de l'évolution spontanée, ce qui explique la possibilité de l'expulsion naturelle, sans qu'il soit nécessaire d'admettre une amplitude extraordinaire du bassin ou une petitesse extrême du fœtus.

Ce mode d'accouchement ne cause pas nécessairement la mort de l'enfant; mais il l'expose tellement, qu'on n'a vu naître ainsi qu'un nombre extrêmement limité d'enfants vivants, qu'il faut de plus supposer petits.

§ 3. — *Pronostic et secours que réclament en général les présentations vicieuses.*

518. — 1° Dans le cas où la position vicieuse de l'enfant est l'unique cause qui empêche l'accouchement de se faire par les seules forces de la nature, c'est-à dire où la version par les pieds n'a pour but que de donner à l'enfant une position dans laquelle il puisse sortir, le *pronostic* est presque le même que dans la présentation des pieds, pourvu toutefois que cette manœuvre se fasse à temps, qu'elle ne soit pas trop difficile à pratiquer, et qu'il ne survienne pas après des accidents qui rendent nécessaire la délivrance artificielle. Si, en général, le pronostic n'est pas aussi favorable que dans la présentation des pieds, cela tient à ce que la cause qui détermine la position vicieuse de l'enfant rend souvent, en même temps, les contractions utérines moins énergiques que dans la présentation des pieds proprement dite.

2° Le pronostic est plus ou moins défavorable pour la mère et pour l'enfant, suivant que la version offre des difficultés plus ou moins grandes.

3° Quand, au contraire, la version est facile en elle-même, mais qu'elle est suivie d'accidents qui ne permettent pas d'abandonner à la nature l'expulsion de l'enfant, ou bien si le volume de l'enfant est considérable, si le bassin est étroit, les parties molles de la génération peu souples, ou enfin si, comme cela a lieu souvent, les douleurs font défaut au moment du passage de la tête à travers le bassin, moment le plus dangereux pour la vie de l'enfant, le pronostic devient moins favorable pour la mère que dans les cas dont il a été question plus haut (v. 1°) ; mais il est surtout grave pour l'enfant, et d'autant plus que l'extraction de la tête est plus difficile.

D'après ce que nous avons exposé (v. 515-516), les accouchements avec présentation vicieuse ne sont jamais sans danger, et doivent toujours être considérés comme des cas difficiles.

519. — Les secours que réclament les présentations vicieuses consistent à donner à l'enfant une position convenable afin qu'il puisse être expulsé; ces secours sont du domaine de l'accoucheur, et non de la sage-femme. Le procédé le plus sûr pour y parvenir, dans la majorité des cas, est de pratiquer la version par les pieds. Si l'accouchement n'est vicieux que par une mauvaise position de l'enfant, et si par conséquent les autres conditions de la marche régulière du travail existent, la version par les pieds est naturellement le seul moyen convenable. Cette opération faite, c'est-à-dire la mauvaise position de l'enfant changée en position longitudinale, s'il ne survient pas de graves circonstances qui demandent une délivrance artificielle, et si les douleurs sont suffisamment énergiques, il faut, pour les raisons indiquées plus loin (voy. *Version*), abandonner l'accouchement aux efforts de la nature.

Addition. 1° Si la présentation vicieuse de l'enfant a lieu sans autres circonstances défavorables, notamment sans rupture prématurée de la poche, ce qu'il y a de plus important est de pratiquer la version par les pieds en temps opportun, c'est-à-dire lorsque la poche est mûre, ou immédiatement après l'écoulement des eaux. Cette opération se fait alors avec la plus grande facilité et sans danger. Quelques heures plus tard, quand les eaux se sont écoulées en quantité considérable, que les douleurs ont augmenté d'énergie, et que la partie qui se présente a été poussée en avant dans la cavité pelvienne, etc., la version peut offrir de telles difficultés qu'elle devient impossible, même pour un accoucheur expérimenté, ou au moins il ne pourra la pratiquer sans grand danger pour la mère. Quant à l'enfant, s'il n'a pas déjà succombé sous l'influence de la pression de la matrice, cette opération est presque toujours mortelle pour lui dans ces circonstances.

2° Dans aucun cas de présentation vicieuse on ne peut prévoir si la version par les pieds sera suivie d'accidents graves, ni (comme cela arrive très souvent, et quelquefois dans les cas où la version est facile et sans danger) si l'insuffisance des douleurs, ou une disproportion dans les dimensions du bassin (étroitesse absolue ou relative ou volume excessif de l'enfant), ou des crampes, etc., rendront nécessaire d'accélérer la marche du travail, ou de procéder à la délivrance artificielle à l'aide du forceps ou d'un autre moyen.

Si l'on tient compte de ces circonstances, il est évident que les secours que réclament les accouchements avec présentation vicieuse de l'enfant sont du ressort du médecin accoucheur et non de la sage-femme; que cependant il est des cas dans lesquels, pour prévenir des accouchements fâcheux et des dangers contre lesquels tous les efforts de l'art seraient impuissants, il y a nécessité absolue de permettre à la sage-femme, qui ne peut pas toujours, surtout à la campagne, se procurer en temps utile l'assistance d'un médecin, de prendre dans une certaine mesure une part active aux secours que demandent ces cas extrêmes. Elle se conformera alors aux règles suivantes :

§ 4. — *Conduite de la sage-femme dans les présentations vicieuses* (1).

520. — 1° La première règle de conduite pour la sage-femme, règle qui n'admet pas d'exceptions, est la suivante : *Dès qu'elle reconnaît une présentation vicieuse, ou qu'elle a seulement conçu un doute sur la position de l'enfant, elle doit insister pour qu'on fasse demander un accoucheur.* D'après ce que nous avons dit plus haut (v. 513, remarque), cette règle s'applique également aux cas dans lesquels la sage-femme ne reconnaît au toucher *aucune partie de l'enfant*, chez une primipare, au début du travail, c'est-à-dire lorsque l'orifice utérin commence à se dilater.

Toute sage-femme, sans exception, qui, dans ces cas, s'abstient de demander promptement un homme de l'art, manque à ses devoirs et est coupable.

521. — 2° *Conduite que la sage-femme doit tenir en attendant l'arrivée de l'accoucheur.* Nous avons indiqué (voy. *Version*) les préparatifs nécessaires dans ces circonstances. La sage-femme fera prendre à la patiente une position longitudinale sur le lit ; elle lui recommandera de se tenir tranquille, et de ne pas solliciter les contractions utérines : dans l'intervalle des douleurs, elle tâchera de reconnaître, par un examen minutieux interne et externe, fait avec précaution, la direction de la partie de l'enfant qui se présente, et sa position en général. Mais elle doit user de beaucoup de ménagements pour ne pas rompre la poche des eaux.

522. — 3° *Version céphalique par des manœuvres extérieures.* Lorsqu'il y a présentation de l'épaule et que les eaux ne se sont pas encore écoulées, on parvient quelquefois, dans la première et dans la deuxième période de l'accouchement, à améliorer la position de l'enfant en amenant la tête au détroit supérieur, soit seulement à l'aide d'une position convenable donnée à la mère, soit par quelques manœuvres pratiquées à l'extérieur. La meilleure position à donner à la femme, dans ce but,

(1) Voir l'addition du paragraphe précédent.

consiste à la faire coucher sur le côté où l'on sent extérieurement la tête de l'enfant ; on soutient ce point de l'abdomen au moyen d'un coussin ou d'un oreiller un peu résistant, et en maintenant la femme dans cette position, on attend pendant quelque temps le résultat des douleurs. De légères frictions circulaires, pratiquées sur le point du fond de la matrice où l'on sent extérieurement l'extrémité pelvienne de l'enfant, contribuent aussi à opérer le changement favorable de position que l'on se propose de faire.

Quand ce moyen est insuffisant, on alternera les frictions avec des pressions modérées exercées avec la paume d'une main sur la région de l'abdomen où l'on sent l'extrémité pelvienne de l'enfant, et avec l'autre main sur le point où l'on sent la tête, afin d'amener celle-ci au détroit supérieur, et de faire glisser le bassin de l'enfant vers le fond de l'utérus. Si l'on réussit à améliorer la présentation, cette *version par la tête*, comme on l'appelle, épargnera à la mère les douleurs de la version par les pieds et lui évitera, ainsi qu'à l'enfant, les dangers attachés à cette opération. Aussi faut-il, dès qu'on a reconnu la position vicieuse dont il s'agit, si la poche est intacte, essayer de l'améliorer avant de pratiquer la version par les pieds.

Mais ces tentatives doivent être faites avec la plus grande précaution, afin de ne pas occasionner de rupture prématurée de la poche ; car, dans le cas où elles échoueraient, l'écoulement des eaux rendrait la version par les pieds plus difficile et plus dangereuse pour la mère et pour l'enfant.

523. — *Circonstances dans lesquelles la sage-femme est obligée de pratiquer la version par les pieds.* 1° Lorsque la poche des eaux étant encore intacte l'orifice utérin arrive graduellement, pendant la marche de l'accouchement, à sa dilatation complète, de manière qu'il faille s'attendre à chaque douleur à la rupture de la poche, et quand du reste les tentatives faites pour obtenir le changement de présentation ont échoué.

2° Lorsque les eaux se sont écoulées depuis peu, ou trop tôt, mais en petite quantité, et que l'orifice utérin est assez souple pour laisser passer la main sans difficulté ; lorsqu'en outre, dans l'un et l'autre cas, l'arrivée du médecin est incertaine et qu'il serait dangereux de différer plus longtemps la version.

Le changement de présentation opéré, la sage-femme se conformera aux règles indiquées plus loin (v. 525). On le voit, c'est pour prévenir les grands dangers que pourrait entraîner l'absence trop prolongée du médecin, que la sage-femme est obligée de pratiquer elle-même la version par les pieds. Mais ces cas urgents ne peuvent se présenter que dans les campagnes et les petites villes, et non dans les localités où il y a plus de deux médecins accoucheurs, à moins toutefois que la sage-femme n'ait négligé de mander un homme de l'art, ou qu'elle l'ait fait trop tard. Il n'appartient donc qu'aux sages-femmes des campagnes et des petites villes de pratiquer la version ; celles qui exercent dans les villes où il y a plusieurs médecins doivent s'en abstenir (voy. *Règles générales et particulières de la version par les pieds*).

Remarque. Il ne saurait être ici question de la manière dont la version doit être opérée, ni des préparatifs à faire pour la rendre possible dans les cas d'accouchements négligés ou traités intempestivement, dans lesquels, après que l'écoulement des eaux a eu lieu depuis longtemps, l'épaule, avec ou sans sortie du bras a pénétré profondément dans la cavité pelvienne, et où la matrice s'est fortement contractée sur l'enfant. Ces cas ont presque toujours une terminaison fâcheuse pour ce dernier et souvent pour la mère (voy. *Version*). Nous ferons connaître dans le paragraphe suivant la conduite que la sage-femme doit tenir dans ces circonstances.

Lorsqu'il y a chute du cordon, il faut le faire rentrer avant d'opérer la version, afin qu'il ne soit pas comprimé par le bras de l'opérateur, ni, dans la suite, par les hanches de l'enfant.

524. — *Circonstances dans lesquelles il n'est pas permis à la sage-femme de faire la version.* La sage-femme ne doit pas faire la version dans les cas de présentation vicieuse lorsque cette opération est accompagnée de quelques difficultés particulières ou lorsqu'il y en a à craindre par rapport à l'expulsion de l'enfant. Ce sont principalement les cas suivants :

1° lorsque les eaux amniotiques se sont presque toutes écoulées depuis quelque temps, et que la matrice est fortement contractée sur l'enfant ; 2° lorsque la partie qui se présente est déjà engagée bien avant dans le bassin ; 3° lorsque le bassin est trop étroit.

C'est dans ces cas que la sage-femme doit attendre l'arrivée du médecin ; elle recommandera à la femme en travail d'observer le plus grand repos au lit, et l'engagera à ne pas seconder les douleurs. Si un bras était sorti, elle ne devrait faire aucune tentative pour le faire rentrer ; elle se bornera à l'envelopper d'un linge chaud.

525. — *Conduite à tenir après la version.* Quand la sage-femme a dû pratiquer elle-même la version, et qu'en faisant descendre les pieds, le siége se rapproche facilement du détroit supérieur, et que la tête se fait sentir dans le voisinage du fond de la matrice, en un mot, quand l'évolution du fœtus est faite, la sage-femme replacera la patiente sur le dos, et se conduira désormais comme dans les accouchements avec présentation des pieds (voy. 405, 406).

526. — Quand, avant l'arrivée de l'accoucheur, le tronc est expulsé en totalité et que la tête se trouve arrêtée au passage, la sage-femme doit tâcher d'en opérer la sortie de la manière indiquée à la fin de l'article *Version*. Si elle ne peut y parvenir sans beaucoup d'efforts, elle doit y renoncer, envelopper l'enfant dans un linge chaud et attendre le médecin. Des tractions violentes sur le cou sont une cause de mort inévitable.

Quand des circonstances graves, telles que des hémorrhagies, une grande faiblesse, etc., ne permettent pas de s'en tenir à l'évolution, mais rendent nécessaire l'extraction artificielle de l'enfant, on doit la faire de la manière indiquée plus loin (voy. *Version*). Ce cas est alors bien plus dangereux pour l'enfant que le précédent, attendu que le passage de la tête à travers le bassin offre, dans la majorité des cas, des difficultés bien plus grandes.

Remarque. — Si l'on considère que l'enfant meurt lorsque la tête est arrêtée au passage plus de huit à dix minutes après l'expulsion du tronc ; que, dans aucun cas de présentation vicieuse, on ne peut prévoir si, après la sortie du tronc, les douleurs seront suffisamment énergiques pour expulser la tête sans danger, ou s'il ne surviendra pas d'accidents qui réclament l'extraction artificielle toujours dangereuse pour l'enfant; enfin si l'on considère que la présence d'un accoucheur aurait souvent pu conserver la vie d'enfants qui succombent à cause de l'insuffisance des moyens dont dispose la sage-femme, il est évident que c'est pour celle-ci un devoir impérieux de réclamer le plus tôt possible, dans chacun de ces cas, l'assistance d'un médecin. Pour être à même de reconnaître en temps utile ces cas difficiles, la sage-femme devra faire les plus grands efforts et chercher avec empressement toute occasion d'acquérir l'expérience et l'habileté les plus grandes.

Pour une sage-femme qui a des sentiments religieux, rien ne saurait être plus douloureux et plus accablant que d'avoir à se reprocher d'être cause par sa négligence, son faux amour-propre et son égoïsme, de la mort d'un enfant qu'elle aurait pu sauver en faisant appeler plus tôt un médecin. Que la sage-femme ait toujours présent à l'esprit que, lors même qu'elle saurait se soustraire à la vindicte de la loi, elle ne se soustraira point à sa responsabilité devant le juge éternel.

CHAPITRE II.

PROCIDENCE DE LA MAIN OU DU PIED SOUS LA TÊTE.

Les membres peuvent perdre leurs rapports naturels avec le tronc, descendre à côté ou au-dessous de la tête et constituer ainsi une *présentation complexe*.

527. — A. *Procidence de la main.* On désigne encore sous le nom de *présentation vicieuse* les cas dans lesquels une main ou un bras, ou bien l'un et l'autre, se sont glissés le long de la tête.

Le diagnostic de ces cas offre généralement peu de difficultés et ressort suffisamment de ce que nous avons déjà dit. On rencontre assez souvent, avant l'écoulement des eaux, une main qui se présente avec la tête ; cela se rencontre plus rarement quand la rupture a eu lieu. Dans le premier cas, il arrive quelquefois qu'après l'écoulement, surtout lorsqu'il se fait petit à petit, on ne sent plus la main qui se trouvait en présentation ; dans l'autre cas aussi, la main reste quelquefois en arrière de la tête qui s'avance. Quand la main est descendue à côté de la tête, l'accouchement peut être achevé par les seules forces de la nature sans grande difficulté ni grand danger ; mais il peut devenir très difficile quand le bras est descendu tout entier ou en grande partie.

Lorsque la tête et le bras se présentent simultanément sans que les eaux se soient écoulées, on doit conseiller à la femme en travail de se coucher horizontalement sur le lit, de se tenir fort tranquille et de ne pas seconder les douleurs par des efforts. On doit surtout se garder de déchirer la poche des eaux en pratiquant le toucher. Lorsque la sage-femme s'est assurée de la présentation de la tête compliquée de la descente de la main et non du cordon ombilical (qu'on pourrait confondre avec les doigts s'il ne se faisait reconnaître par ses pulsations), elle doit s'abstenir, dès ce moment, de tout autre examen. Mais immédiatement après la rupture de la poche elle examinera si la main se présente encore : si elle semble vouloir descendre avant la tête, elle doit la retenir. Quand le bras est sorti après la rupture de la poche et que la tête est élevée, elle doit le ramener avec précaution et sans employer de violence, à côté de celle-ci, et tâcher de le retenir. Si la sage-femme n'arrivait qu'après l'écoulement des eaux et qu'elle trouvât le bras descendu avant la tête et profondément engagé dans le détroit supérieur, elle ne doit plus faire aucune tentative pour le faire rentrer, mais seulement le retenir si cela est possible et insister pour qu'on fasse venir un médecin. Nous le répétons, *la sage-femme est tenue à demander la présence d'un médecin toutes les fois qu'elle a des doutes sur la présentation de l'enfant.*

528*. — B. *Procidence du pied*. La procidence d'un pied ou des deux pieds sous la tête se rencontre plus rarement que la procidence d'une main ou des deux mains. Comme cette dernière, elle est le plus souvent déterminée par une grande quantité de liquide amniotique ou quelques irrégularités dans la présentation. Elle a été quelquefois le résultat de manœuvres intempestives, de tentatives infructueuses de version. Tantôt elle existe déjà au début du travail, tantôt elle ne se manifeste qu'au moment de la rupture de la poche des eaux. Le pied est sur le côté de la tête ou un peu au-dessous, mais toujours très rapproché de celle-ci, à moins de traction en vue d'opérer la version.

Il ne s'agit pas seulement de reconnaître le membre qui se présente, mais encore la partie avec laquelle il se présente, afin de ne pas prendre une présentation ordinaire pour une présentation de l'extrémité pelvienne ou du tronc, quand c'est un des membres supérieurs qui fait procidence. Il n'est pas toujours possible d'arriver à une certitude avant la rupture des membranes, d'autant plus que l'examen doit être fait avec beaucoup de ménagement afin d'en prévenir la rupture prématurée. Mais aussitôt que la rupture s'est opérée, il faut se hâter de lever les doutes et de constater les changements qui peuvent s'être opérés.

Les progrès du travail amènent un des résultats suivants :

1° Le pied remonte à mesure que la tête descend ; le nombre des parties n'est pas un obstacle à leur réduction spontanée au-dessus de la tête. Dans plusieurs cas, on a vu les pieds et la main, sous la tête au début, disparaître sous l'influence des progrès du travail. Les pieds ont plus de tendance à remonter que les mains, et remontent ordinairement.

2° Au lieu de remonter, le pied, engagé avec la tête, garde sa position, que l'expulsion soit entravée ou non.

La présence d'un pied, même d'un seul, au-dessous de la tête, si la réduction ne peut être obtenue, apporte le plus souvent un obstacle sérieux, soit à l'engagement, soit à l'expulsion, qui cependant peut encore s'opérer spontanément, s'il n'existe pas d'autres conditions défavorables. La sage-femme se conduira comme il a été dit pour la procidence de la main.

CHAPITRE III.

DES ACCOUCHEMENTS RENDUS VICIEUX PAR LA CHUTE DU CORDON ET PAR D'AUTRES ÉTATS ANORMAUX DE CET ORGANE.

ARTICLE Ier. — CHUTE DU CORDON.

529. — La chute du cordon peut avoir lieu à côté de chaque partie par laquelle l'enfant se présente. Nous ne nous occuperons ici que des cas où cette circonstance arrive dans les présentations longitudinales, c'est-à-dire de la tête, du siége et des pieds. En général, la chute du cordon n'est pas rare; elle est relativement plus fréquente dans les présentations des pieds et du tronc que dans celles de la tête.

Ce qui rend, dans ces cas, l'accouchement vicieux, c'est uniquement le danger auquel la vie de l'enfant est exposée; car la chute du cordon n'exerce d'ailleurs aucune influence sur la marche du travail, et ne peut, en aucune manière, ni l'arrêter ni la rendre difficile.

530. — Le cordon peut se présenter dès le début du travail ou bien descendre seulement pendant la seconde période de l'accouchement, entre la partie qui se présente et la poche des eaux, ou enfin il ne descendra qu'après la dilatation complète de l'orifice utérin, lorsque la poche est mûre: cet état s'appelle *présentation du cordon*. Si, au contraire, il descend au moment de la rupture de la poche ou après, qu'il se soit trouvé ou non en présentation, on désigne cet état par le nom de *chute du cordon*.

531. — *Causes*. La descente du cordon entre la partie de l'enfant qui se présente et l'orifice utérin est principalement favorisée parce que la matrice n'a pas sa forme régulière, *ovalaire*, et surtout lorsque son segment inférieur (le bout pointu de l'œuf) ne s'applique pas suffisamment autour de la partie qui est en présentation. Dans la plupart des cas, cela tient à une quantité trop abondante de liquide, et, en outre, à une activité anormale et aux contractions irrégulières de la matrice, circonstances qui peuvent dépendre de la surabon-

dance des eaux. Parmi les causes qui déterminent la chute du cordon, les principales sont : la rupture brusque de la poche des eaux, surtout au moment où la mère est debout, l'ouverture artificielle de cette poche, sa rupture prématurée, surtout avant les contractions utérines, la longueur excessive du cordon, etc.

Remarque. Pour se faire une idée claire de la cause qui détermine quelquefois la chute du cordon à côté de la tête, on pourrait se demander pourquoi cet accident n'a pas presque toujours lieu, puisque 1° le cordon ombilical est généralement assez long pour descendre à côté de la tête qui se présente; 2° puisqu'il est d'un poids supérieur à celui des eaux amniotiques, et par conséquent porté à descendre. En consultant la note du paragraphe 319, il est évident que la même cause qui empêche, lors de la rupture de la poche, les secondes eaux de s'écouler, empêche aussi ordinairement le cordon de descendre à côté de la tête qui se présente.

532. — Le *diagnostic* de la chute du cordon est naturellement facile lorsqu'il est descendu fort bas ou qu'il fait saillie hors de la matrice. La simple présentation, au contraire, offre quelquefois de grandes difficultés à diagnostiquer, surtout quand la poche renferme une grande quantité d'eaux ou qu'elle reste fort tendue pendant quelque temps. Le plus souvent, la grande mobilité du cordon l'a fait prendre pour les doigts de l'enfant. Le cordon ressemble, au toucher, à un corps mou, semblable à une anse intestinale, et en appliquant sur lui les doigts, dans l'intervalle des douleurs et avec attention, on perçoit les battements des artères, qui sont, en général, deux fois plus fréquents que chez l'adulte en état de santé. Mais il peut aussi arriver qu'une anse de cordon se présente si haut, qu'on ne peut la reconnaître que lorsque la tête est descendue fort bas, qu'elle se présente aux grandes lèvres, ou qu'elle franchit la vulve, ou même qu'elle est sortie tout à fait.

533. — *Pronostic*. La chute du cordon est un accident très grave pour l'enfant; dans la plupart des cas, il est mortel, par suite de la compression que subit le cordon dans la marche

du travail, surtout dans les présentations de la tête (v. 209). Certaines circonstances que nous ferons connaître, ou bien les secours opportuns de l'art, peuvent seuls sauver l'enfant. Mais malheureusement les meilleurs procédés ne réussissent pas toujours ; sans compter que l'on fait courir de grands dangers à la mère, et qu'on l'expose à de vives douleurs, si l'on veut, dans ces cas, pratiquer la version.

La présentation du cordon est dangereuse, parce qu'elle en fait craindre la chute après la rupture de la poche. Nous ferons remarquer à ce sujet que, dans la plupart des cas, le cordon qui se trouve en présentation fait chute en quantité beaucoup plus considérable qu'avant ; cependant cela n'arrive pas toujours. D'un autre côté, après avoir reconnu la présentation du cordon au commencement de la deuxième période de l'accouchement, et même plutôt chez les multipares, on ne le retrouve plus dans les périodes suivantes ou après l'écoulement des eaux ; dans ces cas, l'accouchement prend une terminaison heureuse.

Les circonstances dans lesquelles, lorsqu'il y a présentation ou chute du cordon, l'accouchement peut se terminer heureusement pour l'enfant, sans le secours de l'art, sont les suivantes :

1° Résistance prolongée des membranes, et, par suite, retards dans la rupture de la poche. Tant que les eaux ne se sont pas écoulées, les battements du cordon qui se trouve à l'abri de la pression continuent avec autant de fréquence et de force, et par conséquent la vie de l'enfant n'est pas menacée. La poche résiste-t-elle jusqu'à ce que la plus grande partie de la tête ait traversé le détroit supérieur, ou qu'elle soit près d'arriver aux grandes lèvres, l'enfant naît alors presque toujours vivant sans l'intervention de l'art.

2° Marche rapide de la troisième et de la quatrième période de l'accouchement. Le bassin est ordinairement large dans ces cas, et l'enfant peu volumineux.

3° Position favorable du cordon au détroit supérieur : ce qui a lieu dans la première et la deuxième position crânienne, lorsque le grand diamètre de la tête se trouve dans le diamètre oblique droit du détroit supérieur ; alors, surtout dans la première position, le cordon placé dans l'échancrure sacro-sciatique gauche est moins exposé à la pression même pendant la marche ultérieure du travail. Le rectum contribue encore, dans ces cas, à mettre le cordon à l'abri de toute pression.

4° Enfin des accouchements antérieurs qui se sont faits sans grandes difficultés.

534. — La *conduite de la sage-femme*, extrêmement importante dans ces cas si dangereux, ressort évidemment de ce que nous avons dit au paragraphe précédent :

1° Elle doit, aussitôt la présentation du cordon reconnue, réclamer la présence d'un accoucheur lors même que les circonstances seraient en apparence très favorables.

2° Elle doit faire coucher la femme en travail sur le dos, le bassin légèrement élevé ; elle lui recommandera de se tenir tranquille, et de ne point solliciter les douleurs, ce qui serait en général inutile dans cette période de l'accouchement, et pourrait devenir très nuisible dans les circonstances actuelles.

3° Elle veillera avec soin à ce que la poche des eaux ne se déchire pas trop tôt ; elle tâchera, au contraire, de la conserver intacte aussi longtemps que possible. C'est pourquoi, après s'être assurée de la présentation de la tête, du siége ou des pieds, elle doit s'abstenir de pratiquer inutilement le toucher avant que la rupture de la poche n'ait eu lieu ; en tout cas, elle n'y procédera qu'avec la plus grande précaution et seulement dans l'intervalle des douleurs. Lorsque la deuxième période de l'accouchement se prolonge outre mesure, elle ne doit rien faire pour l'accélérer, et moins encore céder aux plaintes de la femme, en déchirant la poche ou en engageant la patiente à seconder les douleurs. C'est précisément dans la plupart de ces cas qu'une trop grande quantité de liquide et l'action irrégulière de la matrice prolongent assez souvent outre mesure la deuxième période pendant douze, dix-huit, vingt-quatre heures et plus. Mais cette circonstance sert précisément à rétablir l'équilibre ; la troisième et la quatrième période suivent alors une marche beaucoup plus prompte, marche qui aurait été lente si la seconde période avait duré moins de temps ; de plus l'enfant aurait été exposé à une mort inévitable sans les secours de l'art.

4° Si l'écoulement des eaux a lieu sans que le cordon fasse chute, mais s'il reste à l'endroit où il se présentait d'abord à côté de la tête, qui se trouve encore dans une position élevée, ou si la sage-femme ne reconnaît que maintenant la présence du cordon à côté de la tête, elle fera garder à la patiente la position indiquée au numéro 2°, ou bien la lui fera prendre si elle ne l'a pas encore ; puis elle attendra tranquillement l'arrivée de l'accoucheur, sans engager la femme à solliciter les douleurs ; en attendant, elle fera de fréquents examens pour s'assurer si le cordon ombilical s'engage plus avant et s'il continue de battre.

5° Si le cordon s'engage plus avant, elle doit, à l'aide de deux ou de plusieurs doigts le repousser à l'endroit d'où il est descendu, à côté ou au-dessus de la tête ; s'il continue à faire chute, il faut tâcher de le retenir au moyen du bout des doigts jusqu'à ce que la tête soit descendue plus bas et que le cordon puisse désormais rester en place sans appui. Cette manœuvre doit être répétée souvent et exige beaucoup de patience et de précautions. Mais lorsqu'il y a chute d'une portion considérable du cordon, ou que celui-ci fait saillie hors de la vulve, de sorte qu'il est impossible de le refouler au-dessus de la tête, la sage-femme doit alors se borner à le faire rentrer dans le vagin et à l'y fixer à l'aide d'un tampon de linge ployé en six ou huit doubles.

6° Tant que les artères du cordon qui a fait chute battent vivement et que, par conséquent, l'enfant est bien vivant, il n'est pas nécessaire d'accélérer l'accouchement. Mais quand la tête s'est déjà engagée dans le détroit supérieur ou qu'elle l'a traversé et que les battements du cordon deviennent plus faibles ou cessent entièrement, la vie de l'enfant est menacée. C'est le moment où la sage-femme doit engager la femme en travail à solliciter de tous ses efforts les contractions utérines si l'expulsion de l'enfant se fait attendre pendant un quart d'heure ou une demi-heure tout au plus, l'enfant meurt presque toujours.

REMARQUE. L'accoucheur, s'il était présent en ce moment, pourrait, à l'aide du forceps, extraire l'enfant et conserver sa vie. *On comprend donc combien il est urgent pour la sage-femme d'envoyer chercher un accoucheur dès qu'il y a présentation ou chute du cordon, et combien dans chaque cas il importe de s'assurer s'il y a présentation du cordon, pour que l'accoucheur puisse être mandé à temps.*

7° Si le cordon fait chute à côté des pieds ou du siége lorsqu'ils se présentent, la sage-femme ne doit rien faire qui puisse accélérer la marche du travail tant que de vives pulsations s'y font sentir ; mais dès qu'elles deviennent plus faibles, ou qu'elles cessent, elle doit insister pour que la femme seconde énergiquement les douleurs par ses efforts, et dans les cas où cela ne suffirait pas et où les douleurs seraient trop faibles, elle procédera à l'extraction de l'enfant de la manière indiquée plus loin (voy. *Version*).

Quand le cordon ombilical est flasque et sans pulsations, même dans l'intervalle des douleurs, la sage-femme se conduira comme si cet organe n'avait pas fait chute.

ARTICLE II. — ENTORTILLEMENT ET BRIÈVETÉ EXCESSIVE DU CORDON OMBILICAL.

535. — Le cordon ombilical peut être excessivement court par lui-même, ou bien par entortillement. A moins d'être entortillé, le cordon n'offre jamais, ou au moins dans des cas très rares, une brièveté assez considérable pour rendre l'accouchement difficile ou occasionner des suites fâcheuses.

536. — L'*entortillement du cordon*, surtout autour du cou de l'enfant, est un phénomène très fréquent ; mais, dans ce cas, il est plus long que d'ordinaire, surtout quand il fait plus d'un tour. Malgré cet entortillement, il peut encore s'allonger, de sorte qu'il se trouve très souvent entortillé une ou plusieurs fois sans qu'il en résulte pour l'accouchement le moindre retard ou un autre inconvénient quelconque.

D'un autre côté, le cordon, par suite de cet entortillement, peut être tellement court que, s'il a sa force habituelle ou s'il est plus fort que d'ordinaire, l'accouchement en éprouve quelques difficultés. Il peut en résulter une déchirure du cordon ou un décollement du placenta, surtout lorsque le cordon est implanté sur le bord ou près du bord de cet organe. Du reste, cela n'arrive que rarement, et le plus souvent seulement après la sortie de la tête.

537. — Les signes de l'entortillement du cordon autour du cou de l'enfant dans les accouchements avec présentation de la tête sont incertains. Ce sont : avancement et rentrée de la tête qui est encore dans une position élevée, selon que les contractions ont lieu ou qu'elles cessent (le bassin et les contractions étant dans des conditions normales); faible écoulement de sang après chaque douleur; douleurs violentes presque insupportables, dans le fond ou sur les côtés de la matrice pendant la durée des contractions, avec angoisses très vives, etc. Nous le répétons, tous ces signes sont incertains, surtout celui de la rentrée de la tête pendant la rémission des douleurs, au moment où elle apparaît entre les grandes lèvres, phénomène qui se prolonge et se répète souvent chez les primipares. Ce n'est que lorsque la tête est sortie que l'on peut et que l'on doit, dans tous les cas, s'assurer, au moyen du doigt indicateur, si le cordon est entortillé autour du cou et si cette stricture est forte ou lâche.

538. — Nous avons exposé plus haut (v. 396, 405) quelle conduite la sage-femme doit tenir dans ces circonstances quand il y a présentation de la tête, du siége ou des pieds. Nous ferons encore remarquer que les personnes peu expérimentées sont facilement tentées de croire que le cordon fortement serré autour du cou rend l'accouchement difficile; c'est une erreur : car au moment d'élargir le tour que le cordon forme autour du cou et de le faire glisser par-dessus les épaules, ou de le couper, il arrive souvent que le tronc de l'enfant est expulsé sans difficulté par une contraction utérine.

539. — Il résulte de ce que nous avons exposé (v. 536) que la brièveté excessive du cordon est une circonstance fâ-

cheuse, moins parce qu'elle rend l'accouchement très difficile ou qu'elle oppose un obstacle sérieux aux forces expultrices, que parce qu'elle entraîne d'autres suites d'une haute gravité, qui, bien que rares, demandent une grande attention. Ce sont :

1° La pression prolongée que le cordon ombilical raccourci par l'entortillement subit pendant le passage ralenti de la tête, surtout quand il est considérablement tendu, pression qui peut y entraver la circulation et compromettre la vie de l'enfant.

2° Le cordon peut se déchirer tout entier ou en partie ; il peut s'arracher à l'endroit où il s'insère au placenta, ou celui-ci peut se détacher. Lorsque la déchirure du cordon ou le décollement du placenta a lieu avant la sortie de la tête, et que le segment inférieur de la matrice s'applique exactement autour de celle-ci, même pendant la rémission des douleurs, le sang ne s'écoule pas alors à l'extérieur, mais il s'épanche en dedans, et dès que le placenta se détache, la mère est prise de faiblesses. Dans les cas où la matrice s'adapte moins intimement à la tête, il y a un écoulement sanguin pendant la rémission des douleurs ; il en est de même lorsque le placenta ne se détache qu'après la sortie de la tête, ce qui arrive moins rarement. Nous avons observé des cas où, aussitôt après la sortie de la tête, au moment même d'une contraction énergique qui poussait en avant les épaules et tendait fortement le cordon entortillé, il jaillissait subitement un jet de sang rouge clair, avant qu'on eût le temps de couper le cordon. Ces cas sont très importants, attendu que souvent l'hémorrhagie continue ou se reproduit même après la naissance de l'enfant, ce qui tient au décollement prématuré du placenta, ainsi qu'à l'influence fâcheuse que le tiraillement du cordon a exercée sur l'activité de la matrice.

3° La brièveté du cordon peut aussi déterminer un renversement de l'utérus ; nous en parlerons plus bas.

540. — Quand le cordon ombilical se déchire après la sortie de la tête, la sage-femme se comportera comme dans les cas où elle s'est trouvée dans la nécessité de le couper (v. 396).

Le cordon peut encore se déchirer par suite d'un accouchement trop rapide et clandestin, dans lequel la femme enfante debout et sans l'assistance nécessaire; ou bien par suite de manœuvres maladroites, etc. Dans ces cas, il faut pratiquer immédiatement la ligature de la partie fœtale du cordon. Le cordon s'est-il déchiré près du corps de l'enfant, la sage-femme appliquera sur l'ombilic saignant un morceau d'amadou, ou, à défaut de cette substance, une compresse ployée en six doubles et trempée dans de l'eau-de-vie, du vinaigre ou de l'eau froide; elle l'y maintiendra, ou l'y fera maintenir par une personne sûre, jusqu'à l'arrivée du médecin-accoucheur, qui doit être mandé dans ce cas sans le moindre délai.

CHAPITRE IV.

DES ACCOUCHEMENTS RENDUS DIFFICILES PAR LE VOLUME ET LA FORME VICIEUSE DE L'ENFANT.

ARTICLE Ier. — EXCÈS DE VOLUME DE L'ENFANT.

541. — Un accouchement peut être rendu difficile par un *développement excessif mais proportionnel* de l'enfant, aussi bien que par une *conformation vicieuse* (difformité) de celui-ci, lors même que les voies génitales et les contractions utérines seraient normales.

542. — Le *développement excessif mais proportionnel de l'enfant*, et surtout de sa tête (partie la plus importante relativement au sujet qui nous occupe), est moins souvent qu'on ne le croit généralement un obstacle à la marche du travail; souvent aussi il y a une grande exagération dans les relations de ces cas d'enfants excessivement volumineux. Du reste, dans ces cas, le point essentiel n'est pas le volume de la tête, mais de savoir s'il peut être diminué par le chevauchement des eaux du crâne, ce qui dépend du développement de ces os, de leur solidité, de la distance qui sépare leurs bords, en même temps que de la largeur des sutures et de la dimension des fontanelles. Il n'est pas rare de trouver que sur des têtes volumineuses les os sont plus écartés et moins

solides, tandis que sur des têtes d'un moyen volume ils sont relativement plus développés que d'ordinaire.

Mais si, chez des enfants très volumineux, par exemple, de 4 à 4 1/2 et 5 kilogrammes, les os du crâne sont fortement développés sans être unis ensemble par de véritables sutures, l'accouchement peut, en effet, être rendu difficile, mais rarement au point de faire craindre des dangers réels, ou de nécessiter la présence d'un médecin, pourvu que les voies génitales et les contractions utérines soient dans un état tout à fait normal. Toutefois si les dimensions du bassin sont un peu moindres qu'à l'ordinaire, sans cependant présenter un état vicieux par rapport au volume habituel de la tête d'un enfant à terme, ou bien si les douleurs sont moins énergiques qu'ordinairement, l'accouchement peut être rendu extrêmement difficile et même impossible par les seuls efforts de la nature.

Il peut aussi arriver que les os du crâne soient unis entre eux d'une manière immobile, comme chez les adultes, c'est-à-dire par de véritables sutures; ils ne pourront donc pas chevaucher les uns sur les autres pendant la marche du travail, et par conséquent le crâne ne peut pas éprouver la diminution de volume nécessaire à son passage à travers le bassin. Cependant, si dans ce cas la tête n'est pas trop volumineuse, si le bassin a les dimensions ordinaires et si les douleurs sont régulières, l'accouchement n'est pas rendu très difficile. D'ailleurs, cette ossification des sutures et des fontanelles est excessivement rare.

543. — *Diagnostic.* Un abdomen excessivement développé ne permet pas, en général, de conclure avec certitude que l'enfant est volumineux, pas plus qu'un abdomen peu développé n'indique que l'enfant est petit.

Lorsque les voies génitales et les contractions utérines se trouvent dans un état normal et que la tête qui est en présentation n'avance pas, il y a alors lieu de soupçonner que la tête est volumineuse. On s'en assure par la distance des deux fontanelles, c'est-à-dire par l'espace que le bout du doigt doit parcourir pour passer d'une fontanelle à l'autre, ainsi que par les dimensions que la tête offre au doigt. On est porté à croire que la tête est forte tant que les deux fontanelles se trouvent même au niveau, et, d'un autre côté, qu'elle est petite lorsque la fontanelle postérieure est de beaucoup plus basse que la fontanelle antérieure. En général, il faut une longue habitude pour s'assurer que la tête est volumineuse sans être difforme.

Le développement excessif des os du crâne se reconnaît à leur solidité, à leur inflexibilité, à leur immobilité, car alors l'occipital et les frontaux ne glissent pas sous les pariétaux; enfin, à la petitesse des fontanelles, etc.

544. — L'influence qu'exerce sur l'accouchement le développement excessif de la tête varie naturellement suivant les dimensions du bassin. L'accouchement peut se faire par les seules forces de la nature, sans préjudice pour la mère et l'enfant; même lorsque le développement de ce dernier est jusqu'à un certain degré en disproportion avec la largeur du bassin. C'est que, dans ce cas, la nature emploie plus de temps et de forces, et que la tête est fortement comprimée et appliquée contre le bassin. Mais, dès que le volume de la tête dépasse ce degré, il arrive de deux choses l'une :

1° L'accouchement peut encore être achevé par les seules forces de la nature, mais non sans préjudice pour la mère ou l'enfant;

2° La tête, descendue au détroit ou dans la cavité du bassin, reste immobile pendant les contractions utérines : c'est ce qu'on appelle *enclavement*.

Il a déjà été question de ces deux cas (voy. 500, *Premier et deuxième degrés de rétrécissement du bassin*), ainsi que des suites qui en résultent pour la mère et pour l'enfant.

ARTICLE II. — CONFORMATION VICIEUSE DU FOETUS.

545. — Une *conformation vicieuse de l'enfant* peut rendre l'accouchement difficile ou impossible par les seules forces de la nature, parce que le volume de l'enfant, étant augmenté, oppose un obstacle considérable aux forces expultrices. Les principales difformités sont : l'hydrocéphale (accumulation de

sérosité dans la cavité du crâne), l'hydropisie abdominale ou thoracique, l'hydropisie générale, un état emphysémateux des tissus, des kystes séreux au crâne ou à la colonne vertébrale, des tumeurs dans la cavité abdominale, des jumeaux réunis par des adhérences, des enfants à deux têtes et à quatre bras, ou dont la moitié du corps est normale, tandis que la moitié inférieure est double, etc.

Bien que ces difformités ne soient pas très rares, elles ne rendent que dans très peu de cas, par elles-mêmes, l'accouchement difficile.

546. — Il est difficile et quelquefois impossible de reconnaître la difformité de l'enfant pendant le travail. L'hydrocéphale offre au toucher un volume plus considérable, une sphère légèrement aplatie, des fontanelles très grandes, des sutures très larges ; la tête est plus molle au toucher que lorsqu'elle est régulièrement conformée, et quelquefois on ne peut y sentir que quelques points osseux. Dans les cas où le tronc est sorti le premier, on reconnaît l'hydrocéphale à son grand volume, qu'on peut sentir au-dessus des os du pubis. On observe souvent, dans les cas de difformités du fœtus, une quantité énorme d'eaux amniotiques.

L'expulsion de l'enfant sorti jusqu'aux épaules ou au delà éprouve-t-elle un retard, il y a lieu de supposer qu'il a le ventre fort volumineux par suite de la sérosité qu'il renferme ou du développement anormal d'un de ses viscères.

547. — Les difformités qui consistent dans une augmentation de volume peuvent à divers degrés rendre l'accouchement difficile et même impossible par les seules forces de la nature ; cependant, nous le répétons, cela n'arrive que rarement. Dans les cas d'hydrocéphale de volume moyen ou même considérable, l'accouchement se fait quelquefois par les seules forces de la nature, avec ou sans grandes difficultés; la tête, en traversant le bassin, s'allonge considérablement, ou bien les enveloppes crâniennes se rompent, le liquide s'écoule et la tête perd son volume anormal. D'autres fois, elle s'arrête à son passage à travers le bassin, ou même au-dessus du détroit supérieur, et les contractions, d'ailleurs énergiques, ne

suffisent pas pour la faire descendre. Les kystes séreux du crâne ou de l'épine dorsale, même lorsqu'ils sont volumineux, sont poussés graduellement en avant pendant le travail, ou bien ils s'ouvrent et versent leur contenu.

Des jumeaux réunis par des adhérences peuvent certainement rendre difficile l'accouchement et même opposer un obstacle insurmontable aux contractions. Cependant, il est à remarquer que les jumeaux sont ordinairement plus petits que les autres enfants, qu'ils naissent souvent avant terme (et cela arrive plus souvent encore pour les jumeaux unis l'un à l'autre), et qu'ils meurent fréquemment avant l'accouchement ou au début du travail. De plus, les enfants morts dans le sein de la mère se ramollissent peu de temps après à un tel point, que les ligaments et les cartilages qui unissent les os entre eux acquièrent une flexibilité et une souplesse incroyables, de sorte que le corps de l'enfant peut être pour ainsi dire pelotonné, et qu'il se prête à toutes les positions comme s'il était dépourvu d'os. C'est ce qui fait comprendre pourquoi les jumeaux unis ensemble sont dans la plupart des cas expulsés par les seules forces de la nature, et même sans grandes difficultés.

548. — *Conduite de la sage-femme.* Dans les accouchements rendus difficiles par le volume ou la forme vicieuse de l'enfant, la sage-femme n'a aucun moyen à sa disposition. Son devoir se borne à tâcher de reconnaître ces cas en temps opportun, pour réclamer utilement la présence d'un médecin.

C. *Des accouchements vicieux par suite d'accidents ou de maladies qui peuvent compliquer le travail.*

Remarque. Nous ne traiterons pas de ces accidents en tant qu'ils peuvent rendre l'accouchement difficile, étant le plus souvent indépendants de tout obstacle à la marche du travail, mais seulement sous le rapport des dangers qu'ils peuvent entraîner.

CHAPITRE PREMIER.

DES SYNCOPES, DES CRAMPES, DE LA GÊNE DE LA RESPIRATION ET DES VOMISSEMENTS VIOLENTS ET CONTINUS.

549. — *Les faiblesses, les syncopes et les crampes, ainsi que de légers mouvements convulsifs. la sensation d'étranglement, des éructations*, etc., ont souvent lieu pendant l'accouchement, surtout chez les femmes délicates, très impressionnables, qui ont eu une éducation délicate, et qui sont douées d'une sensibilité excessive; chez celles qui sont sujettes à l'hystérie (v. 556) : chez ces dernières, cependant, ces symptômes morbides sont bien plus rares avant et pendant l'accouchement qu'à toute autre époque.

Les causes qui peuvent déterminer ces accidents sont une atmosphère viciée par la présence d'un trop grand nombre de personnes dans l'appartement, des odeurs fortes, une chaleur trop grande, le bruit occasionné par une conversation animée, la réplétion de l'estomac, l'usage d'aliments difficiles à digérer, des efforts excessifs pendant le travail, une insomnie trop prolongée, l'anxiété, la crainte, la frayeur, etc.

550. — Lorsque ces accidents surviennent chez des femmes sensibles, trop délicates et sujettes à des spasmes, et qu'ils sont légers, c'est-à-dire que les faiblesses sont passagères, que le pouls ne disparaît pas entièrement, que la femme se porte bien après, et qu'on peut facilement en reconnaître et en éloigner la cause, ils offrent ordinairement peu de gravité. Quand, au contraire, ils se prolongent ou qu'ils reviennent souvent, que le pouls cesse entièrement, si des maux de tête les accompagnent ou surviennent pendant leur durée, enfin si les syncopes proviennent d'une grande faiblesse, ces accidents ont un caractère grave et demandent la présence immédiate d'un médecin. Quand les syncopes reconnaissent pour cause, comme cela arrive souvent, une atmosphère corrompue, une trop forte chaleur de la chambre, la sage-femme doit ouvrir une croisée, en ayant soin de préserver de tout

refroidissement la femme en travail, surtout quand elle est échauffée ou en sueur; elle éloignera aussitôt toutes les personnes dont la présence est inutile, et tous les objets qui peuvent répandre une odeur forte. Pour rafraîchir la malade, la sage-femme lui frottera le front et les tempes d'eau froide vinaigrée, lui lavera le visage et l'aspergera avec de l'eau froide. Elle lui fera respirer de l'ammoniaque, de l'eau de Cologne, de l'eau de lavande, du vinaigre aromatique ou de la bonne eau-de-vie; elle lui fera prendre une tasse d'infusion de menthe poivrée ou de mélisse, quelques cuillerées de bon vin, et, quand l'estomac est vide, une tasse de bon bouillon. Elle administrera des lavements laxatifs quand il y a beaucoup de flatuosités ou qu'elle suppose un état d'obstruction des intestins. La camomille est d'un excellent effet contre les crampes et les accidents qui en sont la suite. Les syncopes peuvent aussi provenir d'une déchirure de la matrice (v. 564), ou être la suite d'une hémorrhagie (v. 560).

Nous avons déjà parlé (v. 477, 9°) de la *gêne de la respiration*, et nous avons tracé à la sage-femme la conduite qu'elle doit tenir dans ce cas.

551. — Les *vomissements* pendant l'accouchement, surtout dans la troisième et la quatrième période, sont un accident très ordinaire. Quand ils ne se déclarent que de temps en temps, ils n'offrent aucun inconvénient et servent plutôt à soulager la malade; mais lorsqu'ils sont violents, ou trop fréquents, ou trop prolongés, ils fatiguent facilement la malade et peuvent épuiser ses forces; ils peuvent aussi déterminer un décollement prématuré du placenta, etc. La présence de l'accoucheur est, dans ce cas, indispensable; en attendant son arrivée, la sage-femme doit faire observer à la malade un repos absolu, et même lui interdire de parler. Pour calmer les vomissements, elle lui administrera une infusion de cannelle, de mélisse ou de menthe poivrée, du café à l'eau fort, quelques cuillerées de bon vin; il sera aussi utile d'appliquer sur la région épigastrique une feuille de papier brouillard, pliée en quatre doubles et humectée de kirschwasser ou d'eau-de-vie forte. On ne doit donner qu'une petite quantité de ces choses

à la fois, autrement elles augmenteraient le vomissement plutôt que de le calmer ; elles sont contre-indiquées chez les femmes pléthoriques, disposées à des hémorrhagies, et chez celles qui ont la fièvre. Lorsque les vomissements sont occasionnés par une surcharge de l'estomac ou par l'usage d'aliments difficiles à digérer, on fait prendre une forte quantité d'infusion de camomille pour soulager la malade.

CHAPITRE II.

DES CONVULSIONS.

552. — Il y a une espèce de convulsions qui ne se déclarent que vers l'époque du terme de la grossesse, c'est-à-dire plus ou moins de temps (plusieurs semaines, tout au plus trois mois) avant le travail, ou immédiatement après ; *mais dans la plupart des cas, pendant sa durée.* Ces convulsions s'accompagnent de perte totale de conscience et de sentiment, et sont fort dangereuses. On les désigne sous le nom de *convulsions* ou d'*éclampsie des femmes en couches.*

553. — *Signes précurseurs.* Quelquefois ces convulsions se déclarent brusquement ; mais le plus souvent elles sont précédées de certains symptômes, tels que maux de tête, limités quelquefois à un seul côté (hémicrânie), engourdissement, battements dans la tête, obscurcissement de la vue, éblouissement, fixité du regard, mouvements convulsifs de la face, surtout aux coins de la bouche, etc. Ces symptômes précurseurs sont suivis de perte de connaissance, et les convulsions commencent.

554. — *Accès.* L'accès consiste dans des mouvements et des secousses spasmodiques plus ou moins violents de tous les muscles volontaires, qui sont souvent horribles à voir. La face est décomposée jusqu'à être méconnaissable ; elle est en même temps gonflée, d'un rouge ou d'un noir bleuâtre ; les yeux roulent d'une manière effrayante dans les orbites ; l'écume vient à la bouche et se trouve souvent mélangée de sang, ce qui provient d'une lésion de la langue ou des lèvres ; la mâchoire supérieure est spasmodiquement serrée contre l'infé-

rieure. Le cou offre des alternatives de gonflement et de constriction, la poitrine se dilate et se resserre avec violence; la respiration irrégulière et saccadée se fait avec un bruit sifflant; le ventre se soulève et se contracte brusquement; les extrémités inférieures et supérieures, et souvent toute la colonne vertébrale, sont prises de mouvements et de contorsions spasmodiques d'une grande violence.

555. — *Intervalle des accès.* Quand les convulsions cessent après un temps plus ou moins long, la malade tombe dans un sommeil profond, accompagné de ronflements bruyants; elle s'éveille au bout de quelques minutes, d'un quart d'heure ou d'une demi-heure. En se réveillant, la malade n'a pas la moindre conscience de ce qui s'est passé; elle s'étonne de se voir entourée de personnes qui lui ont porté secours; elle accuse d'ordinaire de la lassitude dans les membres, de la faiblesse et des maux de tête, souvent des douleurs à la langue, suites de lésions plus ou moins grandes de cet organe qui s'est engagé entre les dents pendant l'accès.

Si l'on n'apporte pas à temps les secours nécessaires, ou si ceux-ci restent sans effet, un nouvel accès généralement plus fort que le premier revient au bout d'un quart d'heure, d'une demi-heure ou d'une heure; ces accès peuvent se reproduire plusieurs fois jusqu'à ce que l'accouchement ait lieu ou que la mort mette fin à ce spectacle horrible. Quelquefois ils reparaissent après la délivrance.

Plus ces accès se répètent, et plus le sommeil ronflant se prolonge, et moins long aussi est le temps pendant lequel la femme en travail jouit de sa connaissance. Après une ou plusieurs attaques, il arrive souvent aussi que la malade en se réveillant ne reprend que faiblement ses sens et qu'elle entre en délire, ou bien qu'une nouvelle attaque survient avant qu'elle soit sortie du sommeil dans lequel elle était tombée après l'accès précédent. Après des attaques violentes et répétées, cette perte de connaissance persiste quelquefois pendant un, deux ou plusieurs jours après la délivrance. Le plus souvent l'attaque se représente avec chacune des contractions utérines; ce qui a lieu surtout dans les premières attaques.

Les convulsions n'entravent généralement pas la marche du travail, et souvent l'accouchement se fait sans que la femme en ait connaissance. Lorsque après plus ou moins de temps elle reprend ses sens, elle ignore complétement ce qui s'est passé, et même elle ne veut pas croire qu'elle soit réellement accouchée, et que l'enfant qu'on lui présente soit le sien ; elle ne veut pas le prendre. Nous avons vu quelques femmes manifester une grande répugnance pour l'enfant qu'on leur présentait, et même vouloir attenter à ses jours. Aussi faut-il, dans ces circonstances, user de beaucoup de précautions en leur présentant leur enfant ; sans le leur refuser, on doit veiller avec soin à ce qu'elles ne lui fassent point de mal.

556. — *Diagnostic.* Les symptômes des convulsions de femmes en travail ont une ressemblance parfaite avec ceux de l'*épilepsie.* Voici en quoi ils diffèrent : les convulsions ne se déclarent que quelque temps avant le travail, ou pendant sa durée, ou immédiatement après ; elles présentent un caractère de haute gravité. L'épilepsie au contraire est une affection de longue durée, dont les attaques se répètent pendant des années, parfois pendant toute la vie, et dans toutes les circonstances ; enfin cette maladie offre une gravité moindre et a bien moins souvent une terminaison fatale.

Il existe encore une autre espèce de convulsions qui offrent une certaine ressemblance avec celles dont nous venons de parler. On les observe quelquefois chez les femmes hystériques (on désigne sous le nom d'*hystérie* une maladie qui dépend d'une trop grande sensibilité de tout le corps, en général, et surtout de la matrice). Elles diffèrent des convulsions des femmes en couches par les caractères suivants : elles sont, comme l'épilepsie, une affection chronique ; dans la plupart des cas elles ne sont ni précédées ni suivies de maux de tête ; l'accès passé, les femmes se portent ordinairement bien ; il n'y a pas d'écume à la bouche ; pendant l'attaque, la connaissance persiste, au moins en partie, quoique les femmes ne puissent pas répondre aux questions qu'on leur adresse ni manifester leur volonté ; le sentiment n'est pas entièrement aboli, et surtout l'ouïe est plus fine que dans les intervalles des accès ; enfin ces convulsions sont ordinairement sans gravité. Ce qu'il faut encore remarquer principalement, c'est que ces convulsions, ainsi que celles qui proviennent de l'épilepsie, sont en général plus rares pendant la grossesse qu'à une autre époque, qu'elles sont fort rares dans la seconde moitié de la grossesse et moins fréquentes encore à l'époque de l'accouchement.

Dans l'*apoplexie* on n'observe pas les mouvements convulsifs violents qui caractérisent l'affection dont nous parlons, cependant elle peut amener l'apoplexie.

557. — *Causes.* Les convulsions des femmes en couches surviennent chez les primipares, qu'elles soient jeunes ou avancées en âge, bien plus souvent que chez les femmes qui ont eu plusieurs enfants ; elles sont plus communes chez les femmes bien portantes, d'un air florissant, pléthoriques et bien nourries, que chez celles qui sont maigres, faibles et sujettes aux maux de nerfs. On les observe principalement chez les femmes habituées avant leur grossesse à une vie simple et active en plein air, à une nourriture peu substantielle et stimulante, et qui avant ou pendant la grossesse changent de régime et mènent une vie tranquille, commode et exempte de soucis. On a observé surtout des convulsions dans les cas de distension considérable de la matrice occasionnée par un enfant volumineux ou par des jumeaux, etc., dans l'œdème des extrémités inférieures et en général dans les cas d'anasarque.

Les causes occasionnelles principales sont la réplétion de l'estomac, l'usage d'aliments difficiles à digérer et les émotions morales vives. Cependant ces convulsions peuvent aussi se déclarer sans cause appréciable. Dans la plupart des cas la cause prochaine de cette affection est principalement de *fortes congestions dans la tête* ou un *état d'irritation du cerveau.*

[On a cru trouver cette cause prochaine dans la présence de l'*albumine* dans l'urine d'un assez grand nombre de femmes enceintes, surtout lorsqu'elles sont affectées d'anasarque. (voy. 276).

Exposons d'abord sommairement le fait curieux que des observations encore récentes sont venues mettre en lumière.

1° On trouve constamment une notable quantité d'albumine dans l'urine des femmes atteintes d'éclampsie. Cette quantité d'albumine augmente généralement pendant les accès, diminue après et disparaît définitivement assez rapidement lorsque l'éclampsie se termine par la guérison.

2° L'existence de l'albumine dans l'urine, chez les femmes atteintes d'éclampsie, paraît être, dans tous les cas, antérieure à la maladie convulsive.

3° Ce n'est, heureusement, que le plus petit nombre des femmes présentant une notable quantité d'albumine dans leur urine, pendant les derniers temps de la grossesse, qui sont affectées d'éclampsie. 61 femmes dont l'urine était albumineuse ont fourni 18 cas seulement d'éclampsie.

4° Bien que les conditions les plus favorables au développement de l'*albuminurie*, comme à la manifestation de l'éclampsie, soient un œdème considérable des membres inférieurs, surtout un état d'infiltration générale, il n'est pas rare de rencontrer des urines albumineuses chez les femmes enceintes qui n'offrent pas de traces d'œdème et qui n'en sont pas moins exposées à l'éclampsie.

Les premiers observateurs, en déduisant, de la présence de l'albumine dans l'urine des femmes affectées d'éclampsie, une relation directe de cause à effet, ne paraissent pas avoir fait suffisamment attention que l'albuminurie ne constitue pas à proprement parler une maladie, et qu'elle n'est elle-même que la manifestation symptomatique d'une lésion locale ou d'une affection générale, lésions qui peuvent à la vérité provoquer l'éclampsie, comme elles avaient d'abord produit l'albuminurie, mais se bornant le plus souvent à altérer la sécrétion urinaire. Au point de vue de l'étiologie, les deux états morbides si souvent concomitants, se rapprochent en reconnaissant l'un et l'autre, pour condition principale de leur manifestation, la gêne que le développement de l'utérus apporte dans la circulation et les congestions viscérales qui en sont la suite.

Quoi qu'il en soit, les faits énoncés ci-dessus n'en ont pas moins une haute importance pratique. Lorsqu'on observe quelques traces d'œdème général chez une femme enceinte ou quelques manifestations morbides faisant craindre une attaque prochaine d'éclampsie, il faut sans retard s'assurer de l'état des urines. Le procédé le plus simple pour constater la présence de l'albumine dans les urines consiste à les traiter successivement par la chaleur et par l'acide nitrique.

On en verse une petite quantité dans un tube de verre et on la soumet à l'action de la chaleur. Aussitôt que le liquide entre en ébullition, s'il contient de l'albumine, il se trouble et laisse précipiter par le refroidissement de nombreux flocons d'albumine coagulée. Mais comme l'albumine, si l'urine au lieu d'être acide est alcaline, ne se précipite pas par la chaleur, il faut en verser une nouvelle quantité dans un tube semblable au premier et faire tomber dessus goutte à goutte de l'acide nitrique qui détermine comme la chaleur un précipité plus ou moins abondant, précipité qui n'est pas dissous par un excès d'acide, comme ceux qui se forment dans des urines chargées d'urate. Pour éviter que l'urine soit mélangée à des liquides qui contiennent de l'albumine, comme du sang ou des mucus vaginaux, on doit l'extraire de la vessie à l'aide de la sonde.

Cette double épreuve fera reconnaître sur-le-champ si les craintes sont fondées ou non, et s'il faut ou non avoir recours à des moyens préventifs, pour éloigner les dangers qui menacent la vie de la mère et de l'enfant.]

558. — *Pronostic. Ces convulsions doivent être rangées parmi les accidents les plus dangereux.* Elles demandent de prompts secours ; abandonnées à elles-mêmes, elles prennent ordinairement une terminaison fatale, et même avec le meilleur traitement la moitié des femmes qui en sont affectées succombent. Chaque attaque, même la première, peut déterminer la mort.

Ces convulsions sont d'autant plus dangereuses qu'elles sont plus fortes, plus prolongées et plus fréquentes, que les intervalles sont plus rapprochés et que la connaissance revient plus imparfaitement. Elles sont plus dangereuses pendant le travail de l'accouchement qu'avant et après. Celles qui alternent avec des intervalles prolongés sont d'une gravité moindre pour l'enfant que pour la mère.

Lorsque ces convulsions passent à l'état de *tétanos* pendant lequel la malade est étendue privée de connaissance, le tronc et les membres roides, la respiration suspirieuse, sifflante, irrégulière, la matrice continuellement dure au toucher et souvent le corps tout entier tremblant, ou bien si ce mal se manifeste de prime abord sous cette forme, le danger est alors d'une haute gravité pour la mère et pour l'enfant.

559. — *Conduite de la sage-femme.*

1° Aussitôt que les convulsions ou leurs prodromes se déclarent, elle doit sans délai réclamer la présence d'un médecin.

2° Pendant l'attaque, elle doit veiller à ce que la malade ne se fasse pas de mal, qu'elle ne se heurte pas violemment la tête, qu'elle ne tombe pas du lit, etc. ; elle doit se garder de la contenir trop fortement; il est inutile de desserrer le pouce qui est violemment plié dans le creux de la main. Quand la langue se trouve engagée entre les dents, elle doit essayer de la refouler, et si cela n'est pas possible, introduire avec précaution entre les dents le manche d'une cuiller de bois ou de corne, enveloppé d'un morceau de toile pour en prévenir les lésions.

3° Quand l'attaque cesse et que la malade peut prendre quelque chose, on doit s'abstenir de lui administrer les remèdes dont on fait généralement usage pour les crampes, tels que la liqueur d'Hoffmann, l'esprit volatil de corne de cerf, la teinture d'opium, de castoréum, de valériane, une forte infusion de camomille, de menthe poivrée, de mélisse, etc. ; en général, les substances irritantes ou échauffantes sont fort nuisibles dans ce cas. Comme le mal reconnaît presque toujours pour cause prochaine une forte congestion dans la tête, ou un état d'irritation du cerveau, le moyen souverain dans la plupart des cas est une saignée du bras plus ou moins abondante, suivant les circonstances; puis la déplétion de l'utérus si le col utérin est assez dilaté pour terminer l'accouchement; enfin des remèdes rafraîchissants, des dérivatifs, des évacuants, [des fomentations froides, de la glace appliquées sur la tête, des sinapismes sur les extrémités inférieures. Quelques praticiens assurent avoir fait avorter les accès par des inhalations de chloroforme faites avec précaution au début des accès, ou mieux lorsque les prodromes de l'attaque commencent à se montrer.]

Mais la sage-femme ne doit point prescrire elle-même ces remèdes, nous n'en faisons mention que pour lui faire comprendre combien est inopportun, dans ces circonstances, l'usage des remèdes antispasmodiques et de toutes les autres substances stimulantes, telles que le vin, l'eau-de-vie, le café fort, etc.

Addition. Le fait suivant que nous avons observé tout récemment viendra à l'appui de ce que nous venons de dire. Une paysanne, âgée de vingt-six ans, enceinte pour la première fois et ayant joui jusqu'alors d'une bonne santé, fut prise vers minuit des premières douleurs de l'enfantement, pendant lesquelles les eaux s'écoulèrent lentement. La sage-femme, appelée à cinq heures du matin, trouva l'orifice dilaté de trois doigts, la tête dans une bonne position, et en général toutes les circonstances semblaient promettre une délivrance heureuse. Vers sept heures, une attaque de convulsions se déclara simultanément avec une contraction utérine. La sage-femme était très âgée, n'avait eu qu'une instruction insuffisante, et dans les examens annuels n'avait pas fait attention à ce qu'on avait dit à ce sujet. Ce fut donc dans une ignorance complète du mal qu'elle envoya un messager au médecin demeurant à deux lieues, pour lui dire que l'accouchement allait bien, et qu'il fallait seulement un remède contre les crampes. Lorsque le messager revint au bout de quatre heures avec la potion, un garçon bien portant était venu au monde au milieu d'un accès de convulsions. L'expulsion de l'arrière-faix eut lieu aussitôt après. Jusqu'à ce moment, la malade avait eu sept attaques, après lesquelles elle avait chaque fois repris connaissance. Bientôt après la délivrance, il se déclara une nouvelle attaque qui fut faible. On lui administra aussitôt la potion qui se composait d'une infusion de valériane, de liqueur d'Hoffmann, de teinture de castoréum et d'opium;

elle en prit suivant l'ordonnance, d'abord une cuillerée, et une demi-heure après une seconde. Il se déclara immédiatement une attaque beaucoup plus violente que toutes les précédentes. La malade ne revint plus à elle; la face resta gonflée et d'un bleu foncé, et au bout de deux heures, cette femme, qui la veille jouissait de la santé la plus florissante et qui avait vaqué à ses affaires avec plaisir et diligence, avait cessé de vivre.

4° Quant à l'accouchement, la sage-femme aura à se conformer aux règles générales. Lorsque la sortie de l'enfant a lieu pendant une convulsion, elle doit veiller à ce que la mère ne se trouve pas dans une position qui expose le périnée à une déchirure, que l'enfant ne tombe pas à terre, enfin que la mère et l'enfant n'éprouvent pas de mal. Quant aux précautions particulières que la sage-femme doit prendre après la délivrance pour que la mère ne fasse pas de mal à l'enfant, nous rappellerons ici les instructions que nous avons données plus haut à la fin du paragraphe 555.

5° Dans chaque cas de convulsions, avant, pendant ou après l'accouchement, la sage-femme doit faire attention à l'état de la vessie; elle la videra avec le cathéter si elle est remplie d'urine, ce qui peut facilement arriver lorsque la mère est privée de connaissance.

Quand, avant, pendant ou après l'accouchement, une attaque d'épilepsie se déclare chez une femme qui est sujette à cette maladie, cet accident a moins de gravité que les convulsions des femmes en couches; cependant une attaque d'épilepsie est bien plus grave à cette époque qu'à toute autre. La sage-femme est tenue, dans ce cas, de faire mander un médecin.

CHAPITRE III.

DES HÉMORRHAGIES UTÉRINES QUI SURVIENNENT PENDANT L'ACCOUCHEMENT.

560. — Les hémorrhagies utérines qui se déclarent pendant le travail de l'accouchement sont généralement déterminées par un décollement partiel du placenta, soit que cet organe se trouve à l'endroit ordinaire ou dans le voisinage de

l'orifice utérin. Ce dernier cas est le plus important et le plus fréquent. Mais comme le siége du placenta sur l'orifice même ou dans son voisinage est un état anormal de la grossesse, dont les suites fâcheuses (hémorrhagies, etc.) se manifestent ordinairement déjà avant le commencement du travail, nous renvoyons, pour éviter les répétitions inutiles, à l'article qui traite de l'*hémorrhagie par insertion vicieuse du placenta.*

Les hémorrhagies pendant l'accouchement, sans implantation vicieuse du placenta, sont très rares et n'ont lieu généralement qu'à la suite de circonstances particulières qui déterminent le décollement du placenta en excitant des contractions irrégulières de la matrice, soit d'une manière violente, soit en augmentant à un haut degré les congestions dans ce viscère. Ce sont des émotions morales vives, des purgatifs drastiques, le ténesme, des vomissements violents, des secousses et des mouvements violents du corps, une chute, un choc, un coup sur le ventre, l'habitude de laver le linge dans un cuvier très haut contre le bord duquel le corps s'appuie trop fortement pendant cette occupation, etc. Dans les cas d'insertion vicieuse du placenta, l'accouchement par lui-même donne lieu au décollement et à l'hémorrhagie consécutive, et il n'est pas besoin alors de cause particulière. Il en est de même dans le cas de brièveté du cordon ombilical.

561. — Les hémorrhagies de la matrice, qui n'arrivent que pendant l'accouchement sans avoir été précédées d'aucun autre, cessent ordinairement à mesure que le travail avance, à moins qu'elles ne tiennent à une implantation vicieuse du placenta. Quand elles ont lieu dans la deuxième période de l'accouchement, elles cessent le plus souvent dès que la rupture de la poche des eaux s'est faite. C'est pourquoi son ouverture artificielle est un moyen convenable pour les arrêter ; mais on ne doit pas la pratiquer sans nécessité, c'est-à-dire quand il ne s'écoule que peu de sang.

Dès que la perte de sang dans l'accouchement devient tant soit peu considérable, la sage-femme doit envoyer chercher promptement un médecin. Nous avons déjà indiqué (v. 288, 4°) ce qu'elle aura à faire jusqu'à son arrivée.

Les hémorrhagies provenant d'un décollement partiel du placenta, suite d'une brièveté excessive du cordon, ne peuvent avoir lieu qu'au moment où la tête apparaît entre les grandes lèvres ou immédiatement après sa sortie. Nous avons déjà parlé (v. 539, 2°) de ces cas fort rares, ainsi que de la conduite que la sage-femme doit tenir. Il a été aussi question (voy. 506, 3°) des hémorrhagies qui surviennent pendant l'accouchement par suite de la rupture de varices aux grandes lèvres. Les hémorrhagies occasionnées par la rupture des vaisseaux variqueux du vagin se déclarent moins pendant l'accouchement qu'immédiatement après, et demandent le tamponnement (voy. 288, 6°).

Nous traiterons, dans la section consacrée à la délivrance vicieuse, des hémorrhagies utérines qui surviennent après l'accouchement.

562. — Les hémorrhagies qui n'ont pas lieu dans les parties génitales, mais en d'autres lieux du corps, comme le saignement du nez (épistaxis), le vomissement de sang (hématémèse), le crachement de sang (hémoptysie), etc., peuvent, lorsqu'elles sont abondantes, ou comme cela arrive souvent lorsqu'elles sont entretenues ou augmentées par l'accouchement, devenir bien dangereuses et rendre nécessaire un traitement médical ou la délivrance artificielle. Dans ces circonstances, la sage-femme doit, sans délai, mander l'accoucheur ; jusqu'à son arrivée, elle recommandera à la femme en travail de se tenir fort tranquille au lit, dans une position plutôt assise que couchée ; elle veillera à ce que la chambre ne soit pas trop chaude, ni la patiente trop chaudement couverte. Elle lui fera boire de l'eau avec un peu de jus de citron ou du vinaigre et du sucre, ou bien du lait d'amandes coupé. Lorsque le saignement du nez survient chez des femmes pléthoriques, à l'air florissant, il faut se garder de l'arrêter immédiatement, à moins qu'il ne soit trop abondant.

563*. — Le tableau suivant, emprunté aux leçons cliniques du professeur P. Dubois, résume d'une manière complète le traitement des hémorrhagies utérines avant et pendant le travail.

TABLEAU SYNOPTIQUE

DU TRAITEMENT DES HÉMORRHAGIES UTÉRINES AVANT ET PENDANT LE TRAVAIL.

AVANT LE TRAVAIL.	Hémorrhagie légère A.			Situation horizontale. Repos absolu. Air frais. Boissons acidulées fraîches. Diète. Saignée, s'il y a des symptômes de pléthore. Vider la vessie et le rectum.
AVANT LE TRAVAIL.	Hémorrhagie grave B.			Mêmes moyens qu'en A, excepté la saignée. D'abord, application d'eau froide. Puis, seigle ergoté, 2 grammes en trois doses, dix minutes d'intervalle, et, si ces moyens sont insuffisants, appliquer le tampon, ou faire la perforation des membranes.
PENDANT LE TRAVAIL.	Hémorrhagie légère.	Orifice non dilaté et non dilatable.	Membranes entières.	Mêmes moyens qu'en A, sauf la saignée, qui ne convient que lorsque l'état pléthorique est extrêmement prononcé.
PENDANT LE TRAVAIL.	Hémorrhagie légère.	Orifice non dilaté et non dilatable.	Membranes rompues.	Id. Id. Id. Id.
PENDANT LE TRAVAIL.	Hémorrhagie légère.	Orifice dilaté ou dilatable.	Membranes entières.	Mêmes moyens qu'en A, puis attendre, ou rompre les membranes.
PENDANT LE TRAVAIL.	Hémorrhagie légère.	Orifice dilaté ou dilatable.	Membranes rompues.	Mêmes moyens qu'en A, et attendre; si les douleurs sont faibles et lentes, donner le seigle ergoté.
PENDANT LE TRAVAIL.	Hémorrhagie grave.	Orifice non dilaté et non dilatable.	Membranes entières.	Mêmes moyens qu'en A, sauf la saignée, puis les réfrigérants. En cas d'insuffisance et si les douleurs sont faibles, seigle ergoté; puis rompre les membranes; enfin si l'orifice ne permettait pas la version, appliquer le tampon.
PENDANT LE TRAVAIL.	Hémorrhagie grave.	Orifice non dilaté et non dilatable.	Membranes rompues.	Mêmes moyens qu'en A, puis les réfrigérants; puis le seigle ergoté si les douleurs sont faibles et lentes. Puis en cas d'insuffisance, compression de l'utérus, tampon, accouchement forcé.
PENDANT LE TRAVAIL.	Hémorrhagie grave.	Orifice dilaté ou dilatable.	Membranes entières.	Rompre les membranes; si cette rupture ne suffit pas, faire la version ou appliquer le forceps.
PENDANT LE TRAVAIL.	Hémorrhagie grave.	Orifice dilaté ou dilatable.	Membranes rompues.	Version si la tête est au-dessus de l'orifice; forceps si la tête est déjà descendue dans l'excavation, extraction simple si l'extrémité pelvienne se présente.

CHAPITRE IV.

RUPTURES DE L'UTÉRUS ET DE LA PARTIE SUPÉRIEURE DU VAGIN.

564*. — Les ruptures de l'utérus, y compris celles de la portion intra-pelvienne du vagin qui donnent lieu aux mêmes phénomènes primitifs et consécutifs, aux mêmes indications, etc., ne sont malheureusement pas très rares, et on reste vraisemblablement au-dessous de la réalité en supposant qu'elles n'arrivent qu'une fois sur neuf cents accouchements. Tantôt elles sont déterminées par le fait seul du développement de l'utérus (c'est le cas le plus rare), tantôt par le travail lui-même; tantôt enfin par la main ou les instruments de l'accoucheur. C'est un des accidents les plus graves qui menacent la vie des femmes grosses.

565*. — *Causes.* Les causes *prédisposantes* jouent, dans les ruptures spontanées de l'utérus, un rôle qu'il importe de signaler. L'acte répété de la gestation, en déterminant chez quelques femmes, sur un point des parois utérines, un affaiblissement durable; l'amincissement de ces mêmes parois qui résulte de la présence de jumeaux, d'une accumulation anormale de liquide amniotique, y prédisposent très certainement. Chez plusieurs des femmes qui ont subi avec bonheur l'opération césarienne, on a vu la cicatrice utérine se déchirer à un accouchement subséquent. Le même accident s'est produit chez les femmes devenues enceintes avec une matrice double. Il n'est pas douteux qu'un utérus double, qu'un utérus incomplétement développé, atrophié, puisse être relativement trop petit pour fournir au développement complet de l'œuf, qui finit par déterminer la rupture de l'utérus comme cela arrive pour le kyste des grossesses extra-utérines. Il faut aussi placer au nombre des causes prédisposantes les altérations organiques, la dégénérescence de tissu dont l'utérus peut être le siége.

Nous n'avons pas à revenir ici sur les diverses causes de dystocie. Leur part, comme causes prédisposantes aux ruptures de l'utérus et à la portion intra-pelvienne du vagin, ressort suffisamment de l'exposition qui en a été faite. Nous ferons seulement observer que la distension et l'amincissement du segment inférieur de l'utérus, sur lequel sont dirigés les efforts d'expulsion, exposent d'une manière toute particulière cette partie de l'organe à se déchirer, et le danger est d'autant plus grand que les obstacles situés sur le conduit vulvo-utérin sont plus prononcés. Mais ce n'est pas tout : la pression de l'utérus ou du vagin, entre la tête de l'enfant plus ou moins basse et les parties saillantes du bassin, affaiblit la vitalité de la partie comprimée et la dispose à s'enflammer, à se ramollir et même à tomber en gangrène, par conséquent à se déchirer facilement. Cela peut arriver non-seulement lorsque le bassin est étroit ou vicié, mais encore lorsqu'il est bien conformé, si la tête reste longtemps arrêtée sur un point du trajet qu'elle a à parcourir.

Les causes *déterminantes* ont été quelquefois une violence ou une pression extérieure, d'autres fois des mouvements brusques, des efforts violents. Mais pendant le travail, l'action contractile de l'utérus seule ou secondée par les muscles abdominaux est la cause déterminante la plus ordinaire des ruptures utérines ou vaginales, qui ne sont pas le résultat d'une intervention malheureuse ou imprudente de l'art, pour terminer l'accouchement ou opérer la délivrance.

566*. — *Siége.* Le *siége* de ces ruptures est fort variable :

1° Celles du corps de l'utérus sont moins communes et moins souvent le résultat de l'intervention de l'art, que celles du col ou de la partie supérieure du vagin. Le fond et les parties latérales se déchirent plus souvent que les faces antérieures et postérieures. Elles peuvent affecter toutes les directions, être transversales, obliques, longitudinales : c'est cette dernière direction qu'elles affectent ordinairement sur les côtés. Elles ne sont pas moins variables quant à leur étendue : tantôt elles restent fort étroites ; tantôt, d'abord très étendues, le fœtus passe plus ou moins rapidement dans la cavité du péritoine.

2° Sur le col, les déchirures qui surviennent en arrière

ou en avant sont assez souvent transversales, tandis que celles qui se produisent sur les côtés sont le plus souvent longitudinales. Tantôt elles sont bornées au segment inférieur de l'utérus, tantôt elles s'étendent sur le corps ou sur la partie supérieure du vagin, surtout lorsqu'elles affectent une direction oblique ou longitudinale. Sur les points où le péritoine adhère avec une certaine laxité au tissu de l'organe, c'est-à-dire sur les côtés du corps et sur le col, la rupture se borne souvent au tissu propre avec des décollements qui peuvent envahir toute l'étendue du ligament large sur le côté, et qui sont souvent très limités sur le col.

3° Comme le segment inférieur de l'utérus, et par les mêmes raisons, la portion intra-pelvienne du vagin est assez souvent déchirée. Nous avons déjà dit ci-dessus qu'il n'est pas très rare de voir les ruptures du col et même quelquefois celles du corps intéresser en même temps le vagin. Celles qui lésent exclusivement le vagin portent le plus souvent sur les côtés, ou en arrière, sur son point d'union avec le col. Après la sortie du fœtus, la rétraction est encore moins prononcée que sur le col, de sorte que ces ruptures gardent en partie leur étendue et se laissent facilement traverser par une anse intestinale.

567*. — *Symptômes.* Lorsqu'elles surviennent d'une manière brusque, les ruptures ne sont annoncées par aucun prodrome; mais lorsque au contraire elles sont préparées à l'avance par une compression ou une distension locale, elles sont précédées d'une douleur aiguë et continue, fixée sur le point de l'utérus qui va se déchirer. Quoi qu'il en soit, une douleur très vive et déchirante que la femme exprime par un cri perçant, se déclare subitement sur un point de la paroi utérine, en même temps que la femme éprouve la sensation d'une déchirure intérieure. Il survient promptement un trouble profond dans l'économie, qui se traduit par un sentiment de défaillance, le tremblement des membres, la pâleur de la face, l'altération des traits, la faiblesse du pouls, etc. Le sang qui s'écoule par le vagin est rarement en rapport avec la quantité de sang épanché.

La douleur diminue et se transforme en une sensation d'engourdissement, les contractions utérines se suspendent, bien que l'utérus conserve en partie sa contractilité, en vertu de laquelle il tend à revenir sur lui-même et à se débarrasser de son contenu par la déchirure, lorsqu'il n'est pas immédiatement poussé dans la cavité du péritoine. En palpant le ventre, on peut sentir distinctement le fœtus séparé du corps de l'utérus, qui est en partie revenu sur lui-même. En touchant par le vagin, on trouve que la partie qui se présentait a cessé de presser sur le col, qu'elle est plus ou moins remontée ou qu'elle a disparu. Ces signes sont dans la plupart des cas caractéristiques, alors même que la partie du fœtus engagée dans la déchirure n'est pas très considérable. Lorsque la déchirure siége sur le vagin ou même sur le col, le doigt peut l'atteindre et toucher souvent directement une anse d'intestin.

Lorsque le fœtus n'éprouve pas de déplacement, on n'a quelquefois, pour établir le diagnostic, que des phénomènes généraux et locaux qui peuvent laisser de l'incertitude sur la nature et le siége de la lésion.

Il arrive aussi parfois que les phénomènes généraux et locaux des ruptures utérines ou vaginales ne sont pas en rapport avec la gravité de l'accident : la femme s'affaiblit graduellement en n'accusant qu'une douleur et une sensibilité modérées du ventre. Parmi les cas de mort survenus avant la terminaison de l'accouchement et attribués à l'épuisement des forces, plusieurs appartiennent à des ruptures de l'utérus qui se sont produites lentement.

538*. — *Terminaisons.* A. La mort est la terminaison ordinaire des ruptures de l'utérus et même de celles de la partie supérieure du vagin. Elle arrive le plus souvent dans les vingt-quatre ou quarante-huit heures : il n'est pas rare de la voir survenir peu d'heures après l'accident.

1° Elle peut être déterminée par l'*hémorrhagie ;* le sang fourni par les bords de la déchirure est épanché dans la cavité du péritoine, entre les replis du ligament large et dans la cavité de l'utérus. Néanmoins, si l'hémorrhagie était la seule cause de la mort, ces déchirures ne seraient pas, à beaucoup près, aussi fréquemment mortelles.

2° Dans quelques-uns des cas où la mort survient dans les six ou douze premières heures, elle semble dépendre du trouble général ou de l'épuisement des forces qui a suivi l'accident, et de la cause qui l'a préparé ; car on ne trouve qu'une petite quantité de sang épanché, ou que des traces légères d'inflammation du péritoine.

3° Lorsque la malade a échappé aux dangers du trouble général et de l'hémorrhagie, elle est encore exposée à l'inflammation aiguë du péritoine, qui est la cause ordinaire de la mort qui ne survient qu'après plusieurs jours.

4° Dans quelques cas, la malade ne succombe qu'à la suite d'accidents inflammatoires prolongés, d'abcès formés dans le tissu cellulaire du bassin, etc.

5° L'issue d'une anse d'intestin à travers la déchirure est une complication grave qui peut avoir des suites funestes. Cette issue n'a ordinairement lieu qu'après l'extraction du fœtus ou son passage dans la cavité du péritoine. Les ruptures du corps de l'utérus sont assez souvent exemptes de cette complication, tandis que celles du corps ou du vagin la présentent assez souvent, quelquefois même pendant que le fœtus est encore en place.

B. La terminaison par la guérison, bien qu'elle soit l'exception, n'est cependant pas très rare. Le peu d'étendue de la rupture, son siége sur le vagin ou sur le col, sur le corps en dehors de ses parties latérales où rampent les plus gros vaisseaux, sa limitation par le péritoine, la terminaison de l'accouchement avant que le fœtus ait passé dans la cavité abdominale, sont les conditions les moins défavorables, celles où l'on a observé le plus souvent la guérison.

Le passage du fœtus de la cavité abdominale ne détruit pas toute chance de guérison.

1° Les chances sont le moins défavorables possible, lorsque le fœtus peut être ramené à travers la rupture par la voie naturelle.

2° Le parti hardi de frayer une voie à l'enfant à travers la paroi abdominale augmente le danger sans compromettre nécessairement la vie de la femme.

3° La femme peut survivre à l'abandon du fœtus dans la cavité abdominale. Cette terminaison heureuse, bien que fort rare, a cependant été déjà observée un certain nombre de fois. Les phénomènes ultérieurs sont les mêmes que dans les cas de grossesses extra-utérines, où le fœtus est enkysté ou éliminé (v. 259, 2° et 3°).

569*. — *Variétés.* Il existe des ruptures utérines qui diffèrent des précédentes assez, sous plusieurs rapports, pour mériter une mention à part. Telles sont plus particulièrement celles qui surviennent pendant le cours de la grossesse, et celles qui sont limitées au col, entre les attaches du vagin.

A. *Ruptures utérines pendant la grossesse.* Ces ruptures, dont il n'est pas toujours facile de donner une explication satisfaisante, et dont la cause échappe souvent même après l'examen des parties, ont été observées dès le deuxième mois de la grossesse jusqu'à une époque très rapprochée de son terme. Les symptômes et la terminaison sont les mêmes que ceux qui se manifestent après la rupture du kyste dans la grossesse extra-utérine (v. 258).

Ces ruptures peuvent aussi être complètes ou incomplètes, c'est-à-dire intéresser toute la paroi utérine ou seulement une portion. Parmi ces dernières, nous devons signaler des déchirures superficielles de la face péritonéale de l'utérus qui n'ont pas moins entraîné rapidement la mort par hémorrhagie, sans doute parce que de gros vaisseaux se sont trouvés intéressés dans ces déchirures superficielles : c'est ainsi que la rupture d'une veine des ligaments larges peut entraîner rapidement la mort, etc.

B. *Ruptures bornées à la portion vaginale du col.* Ces ruptures diffèrent essentiellement, par leurs phénomènes consécutifs et leur gravité, de celles qui pénètrent dans la cavité du péritoine. La portion vaginale du col peut se déchirer avant que l'orifice utérin soit assez ouvert pour laisser passer la partie qui se présente, et même lorsqu'il est encore complétement fermé. La tête, poussée avec énergie sur un point plus ou moins rapproché de l'orifice utérin, détermine quelquefois une solution de continuité ; ce qui peut dépendre d'une mauvaise direction des forces expultrices, de l'inclinaison vicieuse de l'utérus ou du fœtus, de la déviation du col, de son oblitération ou de quelque altération organique. Elle s'est produite dans des cas où aucune de ces dispositions n'a été notée. Elle se présente sous deux formes : dans l'une, la lésion commence à l'orifice de la matrice et s'étend plus ou moins près de l'insertion du vagin. Dans l'autre, la portion vaginale du col cède dans un point compris entre l'orifice et l'insertion du vagin, et plus souvent en avant que dans tous les autres sens, et il en résulte une large ouverture qui laisse passer le fœtus. Ces ruptures sont quelquefois le résultat de l'introduction du forceps, dont l'extrémité de la cuiller est poussée contre le fond de la rainure circulaire formée par la rencontre du col avec le vagin.

Les ruptures vaginales offrent plusieurs variétés. Il a déjà été question (506, 3° ; 507, 2°) de la rupture des veines variqueuses du vagin et de la vulve qui peut amener rapidement la mort par l'abondance de l'hémorrhagie. Il sera parlé plus loin des ruptures de la portion périnéale et vulvaire du vagin.

570*. — *Indications.* Si nous avons signalé des accidents auxquels la sage-femme n'a pas à apporter remède, c'est principalement en vue de lui faire connaître les dangers de l'accouchement et la pénétrer davantage de l'importance et de la responsabilité de son rôle. C'est par le même motif que nous disons quelques mots des indications.

1° On peut être conduit, si le travail est assez avancé, à terminer l'accouchement dans le but de prévenir la rupture, lorsqu'on rencontre quelques-unes des conditions qui y prédisposent et qu'il se développe une douleur locale qui peut faire craindre qu'elle ne soit imminente. La possibilité d'un pareil accident doit rendre tout accoucheur très attentif à suivre les phénomènes du travail. Il ne doit jamais perdre de vue un seul instant, lorsqu'il est dans la nécessité d'intervenir avec la main ou avec les instruments, qu'une manœuvre violente ou mal dirigée est souvent la cause de la rupture de l'utérus ou de la partie supérieure du vagin.

2° Terminer l'accouchement est le meilleur moyen de prévenir, de combattre et de rendre moins redoutables les accidents primitifs et consécutifs.

Les conditions sont les plus favorables possibles lorsque, malgré la rupture, le fœtus reste dans l'utérus. Les difficultés et les dangers seront plus ou moins grands, suivant que le bassin ou le conduit vulvo-utérin s'éloignent plus ou moins de l'état normal. Après l'extraction du fœtus, il ne faut pas abandonner le cordon, dans la crainte de le voir entraîné avec le placenta dans la cavité abdominale.

3° Lorsque le fœtus a passé en partie ou en totalité dans la cavité abdominale, il faut l'extraire par la voie naturelle lorsqu'on peut le faire sans violence, et lorsque le bassin n'est pas assez rétréci pour opposer un obstacle sérieux au passage de la tête. En général, la main ne rencontre pas, pour pénétrer à travers la déchirure, les difficultés qu'on pourrait supposer *à priori*. Si le placenta a pénétré dans le ventre, il faut aller le chercher à son tour. On aura soin de réduire les portions d'intestin qui tendent à faire hernie dans l'utérus ou le vagin. Puis il reste à surveiller et combattre les accidents inflammatoires.

4° Lorsque le resserrement de la déchirure utérine, ou lorsque le col encore fermé ne permet pas à la main de pénétrer dans la cavité du péritoine, ou lorsque le bassin est rétréci au point de rendre l'extraction du fœtus incertaine, il ne reste d'autres ressources que de tenter la *gastrotomie*, ou d'abandonner le tout à la nature, dans l'espoir que le fœtus pourra à la longue être enkysté ou éliminé à la suite de l'ouverture spontanée du kyste, qui s'est formé autour du fœtus après l'apaisement des accidents inflammatoires.

CHAPITRE V.

CONDUITE DE LA SAGE-FEMME DANS LES CAS DE MORT SUBITE D'UNE FEMME ENCEINTE, D'UNE FEMME EN TRAVAIL, D'UNE FEMME ACCOUCHÉE OU D'UN ENFANT NOUVEAU-NÉ.

571. — L'expérience nous apprend que l'enfant peut continuer à vivre dans la matrice après la mort de la mère, surtout quand cette mort a été subite. C'est pourquoi une loi sage, dans le but de sauver l'enfant, si c'est encore possible, s'oppose à ce qu'une femme morte à une époque avancée de sa grossesse soit enterrée sans avoir été préalablement délivrée. Ainsi donc la sage-femme qui sera appelée auprès d'une femme morte dans les trois derniers mois de sa grossesse devra, avant tout, faire mander un accoucheur pour qu'il procède à la délivrance artificielle. En attendant son arrivée, surtout si la mort de la femme a été subite à la suite de convulsions, d'une apoplexie, d'hémorrhagie, etc., elle doit se conformer aux instructions que nous allons donner plus bas (v. 573).

572. — Lorsque la femme qui a succombé n'était pas arrivée au terme de sa grossesse, et qu'il n'existe d'ailleurs aucun signe qui indique le commencement du travail, c'est-à-dire si les douleurs ne se sont pas encore déclarées et que l'orifice utérin soit encore fermé, le fœtus doit alors être aussitôt extrait au moyen de l'ouverture artificielle du ventre et de la matrice (*opération césarienne*), faite par le médecin, chirurgien ou accoucheur le plus rapproché. Dans l'incertitude où l'on est sur la mort réelle de la femme, l'opération doit être faite avec les mêmes précautions et de la même ma- que si la femme était vivante.

Lorsqu'au contraire la femme est arrivée à terme, ou s'il existe quelque signe qui indique le commencement du travail, si l'orifice utérin est plus ou moins ouvert, ou du moins s'il peut être élargi suffisamment pour y passer la main, ou bien si le travail est avancé et que la tête se trouve encore au détroit supérieur ou au-dessus, on doit alors opérer la version par les pieds et faire l'extraction d'après les règles de l'art. Si l'accoucheur se fait trop attendre, la sage-femme doit faire cette opération. Si, dans ces circonstances, le bassin présente un rétrécissement, ou si l'on a la certitude de la mort de la mère, il faut procéder à l'opération césarienne.

Lorsque le travail est encore plus avancé, que la tête se trouve déjà engagée dans la cavité du bassin, ou du moins qu'elle est assez descendue dans le détroit supérieur pour que la délivrance puisse se faire au moyen du forceps, ce mode de délivrance doit être préféré à tout autre.

573. — La sage-femme appelée auprès d'une femme enceinte, d'une femme en travail ou d'une femme accouchée qui serait morte subitement par suite de convulsions, d'apoplexie, d'hémorrhagie, etc., doit immédiatement réclamer la présence du médecin ou de l'accoucheur qui se trouve le plus à portée, et en attendant traiter la femme comme si elle était en état de mort apparente. Car l'absence totale des signes de vie, savoir la cessation des battements des artères et du cœur, la suspension de la respiration, la décoloration de la face, la pâleur des lèvres, le froid et l'insensibilité du corps tout entier, l'engourdissement des membres et le relâchement de la mâchoire inférieure, etc., ne donnent nullement la certitude de la mort. Les seuls signes positifs sont ceux de la putréfaction, c'est-à-dire des taches bleuâtres et vertes sur différentes parties du corps, et une odeur fétide particulière. Ainsi, nous le répétons, la sage-femme doit traiter toutes les femmes décédées subitement comme s'il y avait mort apparente ou syncope (voy. 550).

574. — *Traitement.* Il faut coucher la patiente sur le dos, la tête un peu élevée, enlever tous les vêtements qui pourraient la gêner, réchauffer tout le corps, surtout de la manière indiquée à l'article *Hémorrhagie après l'accouchement*, purifier l'air de l'appartement et y entretenir une chaleur modérée, frotter doucement le corps avec une étoffe de laine chaude, donner des lavements stimulants d'une infusion de camomille avec quelques cuillerées de vinaigre ou une cuil-

lerée de sel ou un peu de savon, faire respirer de l'ammoniaque, de l'alcool ou du vinaigre fort, frotter avec une brosse la plante des pieds et la paume des mains. Toutefois, il faut se garder d'employer ces moyens d'une manière brusque et de les mettre en usage tous à la fois : on doit agir avec précaution, mais aussi avec persévérance. On connaît des exemples de femmes en état de mort apparente qui ont été ranimées après six à douze heures d'efforts et même après plus longtemps. En se livrant à ces tentatives, on doit surtout avoir soin d'observer de temps à autre le sujet, afin que les premiers indices du retour à la vie ne passent pas inaperçus, comme un mouvement léger et souvent même imperceptible de la lèvre inférieure, un tremblement léger des paupières et des cils, un mouvement convulsif d'un doigt, un soulèvement à peine perceptible de la poitrine, etc. Tous ces phénomènes ne peuvent être reconnus au commencement qu'avec la plus grande attention. Par suite de ces efforts continués avec soin et dans une mesure convenable, on voit bientôt paraître des signes plus marqués du retour à la vie, tels que de faibles battements de cœur, une respiration faible et profonde, des soupirs à peine appréciables, des mouvements dans l'abdomen, une chaleur qui se fait sentir dans le creux de l'estomac; l'écume sort de la bouche, et le visage reprend sa couleur.

Dans les cas de mort subite ou de grande faiblesse survenue brusquement et accompagnée de perte de connaissance, etc., il est souvent d'usage de faire pratiquer une saignée par une personne absolument étrangère à l'art de guérir. La sage-femme doit s'y opposer dans tous les cas où ces états proviennent d'une hémorrhagie externe ou interne, et elle doit attendre que le médecin soit arrivé. Mais si ces états sont la suite de convulsions, d'une apoplexie, ou si la femme est forte et pléthorique, si la face est d'un noir bleuâtre et gonflée, si les veines du cou et des tempes sont saillantes, et les yeux rouges et proéminents, la sage-femme ne doit pas alors s'opposer à la saignée ; mais elle ne doit jamais prendre sur elle de prescrire ce moyen, qui rentre dans les attributions du médecin ou de l'accoucheur.

575. — Quand on consulte la sage-femme pour un enfant mort subitement et qui en naissant s'est bien porté, il lui faudra, comme dans les cas précédents, demander la présence d'un accoucheur ou d'un médecin, et, en attendant, traiter l'enfant comme s'il était en état de mort apparente. Du reste, elle doit, dans ce cas, s'enquérir avec soin de toutes les circonstances qui se rattachent à l'accident, et examiner minutieusement l'enfant pour voir s'il ne porte pas de traces de violences exercées sur lui ; si elle en trouve, elle doit en faire part à l'autorité.

SECTION TROISIÈME.

DES OPÉRATIONS OBSTÉTRICALES.

[Après avoir étudié les différentes espèces d'accouchements vicieux, et précisé les indications que chacune d'elles réclame, il reste à faire connaître les procédés opératoires à l'aide desquels l'art se substitue à la nature restée insuffisante. A raison de la spécialité de cet ouvrage, il ne sera traité que des opérations à l'aide desquelles on pratique l'*accouchement artificiel* par le secours de la main seule (*version* et *extraction*), ou de la main armée du forceps.]

CHAPITRE PREMIER.

DE LA VERSION.

576. — Remarque préliminaire. La sage-femme doit connaître tous les moyens que l'art fournit à l'accoucheur dans les cas d'accouchements vicieux, afin d'être à même de l'aider d'une manière convenable.

Dans ce but, les élèves, dès qu'elles sont initiées à la marche de l'accouchement régulier, sont admises à tous les accouchements vicieux qui se présentent dans la maison d'accouchements, afin de s'exercer à les reconnaître et d'observer les procédés mis en usage. Mais il leur faut en outre une connaissance plus exacte et plus approfondie des moyens qu'elles sont tenues à employer elles-mêmes dans les cas urgents, et elles doivent être bien exercées à les appliquer.

De tous ces moyens, la *version* [et le *forceps*] sont les plus importants ; l'emploi en est nécessaire dans plusieurs espèces d'accouchements vicieux, et il varie suivant la nature individuelle des cas. C'est pourquoi nous exposerons ici, d'une manière générale, la question de la version [et du forceps], sans avoir égard aux cas dans lesquels la sage-femme doit y avoir recours ou s'en abstenir. Dans la *section* précédente, où il est traité de différentes espèces d'accouchements vicieux, nous avons précisé pour chacune les circonstances dans lesquelles une sage-femme capable doit pratiquer ou non la version [appliquer ou non le forceps].

ARTICLE Ier. — Définitions, indications et conditions indispensables de la version.

577. — Par le mot *version* on entend *ordinairement* une manœuvre qui consiste à introduire la main dans la cavité utérine, dans le but de saisir les pieds qui ne se trouvent pas en présentation, et de les faire descendre à travers l'orifice utérin et le vagin, en sorte que l'enfant soit amené les pieds les premiers.

578. — Prise dans cette acception, la version comprend évidemment *deux* opérations différentes, savoir :

1° *La version de l'enfant par les pieds* ou *le changement de la présentation existante en présentation des pieds* (*évolution*) ;

2° *L'extraction de l'enfant au moyen de tractions exercées avec les mains sur les pieds et ensuite sur le reste du corps.*

A proprement parler, le nom de *version* n'appartient qu'à la première de ces opérations ; quant à la seconde, qui n'a aucun rapport avec l'autre, et qui consiste seulement dans l'*extraction de l'enfant au moyen de la main*, elle s'appelle *délivrance artificielle avec la main*, puisqu'il y a une autre *délivrance artificielle avec les instruments.*

Cette différence doit être prise en sérieuse considération, car il y a des cas qui ne demandent que la première de ces opérations, savoir le changement de la présentation existante en présentation des pieds; d'autres cas rendent nécessaire la délivrance avec la main ; dans d'autres enfin, l'une et l'autre opération sont indiquées, c'est-à-dire la version dans l'acception ordinaire et générale du mot.

579. — Le changement artificiel de la présentation existante en présentation des pieds est indiqué dans les cas où la présentation vicieuse de l'enfant rend difficile ou impossible l'accouchement par les efforts de la nature.

Remarque. Lorsque la présentation vicieuse de l'enfant est la cause unique de la difficulté ou de l'impossibilité de l'accouchement, et que, par conséquent, toutes les autres conditions sont favorables à un accouchement normal, si enfin il ne survient pas d'autres circonstances fâcheuses qui demandent une prompte terminaison de l'accouchement, il suffit évidemment de donner à l'enfant une position dans laquelle sa sortie puisse s'effectuer; c'est ce qui se fait en changeant la présentation vicieuse existante en présentation des pieds. Ce changement opéré, l'obstacle qui s'opposait à l'action de la nature se trouve écarté ; l'art a répondu à l'appel de la nature, et l'accouchement se fait par les pieds d'une manière naturelle.

580. — La délivrance artificielle avec les mains, c'est-à-dire l'extraction de l'enfant au moyen de tractions sur les pieds qui sont en présentation, soit naturellement, soit artificiellement, et successivement sur le reste du corps, est indiquée dans tous les cas où l'insuffisance des forces expultrices, ou bien des accidents ou des circonstances graves rendent nécessaire de terminer l'accouchement d'une manière artificielle.

Ce sont, du côté de la mère principalement, des hémorrhagies considérables; en outre, des convulsions avec perte totale de connaissance, une grande faiblesse, des syncopes, de la gêne de la respiration avec danger de suffocation, des vomissements violents et qu'il est impossible d'arrêter, la déchirure de la matrice, la mort de la femme, etc.; du côté de l'enfant, la chute du cordon, qui est, dans certains cas, le siége de pulsations, etc.

581. — La version, prise dans le sens ordinaire ou étendu du mot (578), est indiquée dans tous les cas où, les pieds ne se présentant pas et la présentation de l'enfant étant tout à fait naturelle, certaines circonstances (voy. 580) rendent nécessaire d'accélérer l'accouchement, et où ce but ne peut être atteint par le forceps, ni d'aucune autre manière moins violente. Ces circonstances sont les mêmes que celles qui ont été mentionnées au paragraphe précédent.

Remarque. La délivrance artificielle au moyen du forceps, étant moins dangereuse que la version, mérite la préférence; mais comme le forceps ne peut pas atteindre la tête, qui n'est pas encore engagée dans le bassin, on est forcé, dans ce cas, de faire la version de l'enfant par les pieds et de l'amener ensuite par des tractions.

582. — Afin d'opérer la version par les pieds d'une manière aussi sûre que possible pour la mère et pour l'enfant, et pour que l'accouchement se termine ensuite à l'aide de la main ou des seuls efforts de la nature, il faut les conditions suivantes :

1° L'orifice utérin doit être suffisamment dilaté et souple, pour que la main puisse le traverser sans danger.

2° Le corps de l'enfant doit être mobile, la matrice dans un état d'extension ou au moins suffisamment souple et extensible pour que la présentation de l'enfant puisse être changée sans grands efforts. Quand la matrice s'est fortement contractée sur l'enfant, comme cela arrive ordinairement dans les cas où les eaux sont écoulées en grande partie ou depuis un certain temps; quand la partie qui se présente est fortement engagée dans la cavité pelvienne : alors il est très difficile ou même impossible d'introduire la main dans la matrice, et même, si l'on y parvenait, de changer la position de l'enfant. Dans ces circonstances, la version est impossible ou au moins aussi difficile qu'elle est dangereuse pour la mère et pour l'enfant. Elle ne doit pas être entreprise, même en cas de présentation vicieuse de l'enfant, avant que les contractions violentes de l'utérus aient cessé.

3° Il faut que le bassin ne soit pas trop étroit, mais d'une conformation telle que l'extraction de l'enfant puisse se faire sans trop de danger.

REMARQUE. Nous allons exposer d'abord la manière de pratiquer la version, ce qui fera mieux apprécier les causes qui rendent cette version facile ou difficile, ainsi que le pronostic qu'elles doivent faire porter.

ARTICLE II. — RÈGLES GÉNÉRALES DE LA VERSION PAR LES PIEDS.

§ 1. — *Précautions et préparatifs.*

583. — 1° Avant de procéder à la version, il faut se procurer, par un examen interne et externe minutieux, une connaissance aussi exacte que possible de la position de l'enfant, c'est-à-dire de la direction de la tête, du siége, de la face antérieure et postérieure du corps du fœtus.

2° Il faut informer les parents, ainsi que la femme en travail, de la nécessité où l'on est d'opérer la version. Si, d'un côté, il n'est pas permis de cacher aux parents le danger qui résulte de cette manœuvre pour l'enfant, il faut de l'autre user de prudence pour ne pas effrayer la mère; il faudra donc soutenir son courage par un visage serein et des paroles bienveillantes, et lui recommander particulièrement la plus grande tranquillité.

3° Outre les choses nécessaires indiquées plus haut (v. 375, et principalement 8°, 9°, 10°), *le lit doit être préparé pour la version*, et on le disposera de manière à donner à la femme une position solide et élevée. La femme y sera placée en travers, le bassin sur le bord, de manière que la moitié antérieure des fesses se trouve libre. Les pieds seront placés sur deux chaises maintenues par deux aides ou appuyés sur les genoux des aides assises sur les chaises l'une en face de l'autre; une troisième aide placée à côté de la femme la soutiendra sous les bras, tandis qu'une quatrième est chargée de donner à l'accoucheur tout ce dont il aura besoin pendant la version.

4° Il faut, avant la version, vider le rectum et la vessie.

5° L'*opportunité du moment* pour procéder à la version est subordonnée aux circonstances. Si l'on pratique la version à cause d'une présentation vicieuse et que les eaux ne se soient pas encore écoulées, on attend que l'orifice utérin soit suffisamment dilaté pour que la main puisse y pénétrer sans difficulté ; lorsque les douleurs sont faibles, on attend que la dilatation soit complète. Il est cependant à remarquer qu'il n'est pas bon d'attendre trop longtemps, puisque, tant que la rupture de la poche des eaux n'a pas eu lieu, l'enfant est mobile, et il est alors bien plus facile d'opérer le changement de sa position qu'après la rupture. Il n'est pas bon non plus de procéder trop tôt à la version, c'est-à-dire avant que l'orifice utérin n'ait atteint le degré de dilatation voulu ordinairement pour la rupture de la poche : c'est que, outre les dangers qui accompagnent la dilatation artificielle de l'orifice utérin, il est à craindre que les contractions utérines ne soient alors moins énergiques que dans les cas où on a laissé à la matrice le temps de développer son énergie. Mais si l'écoulement des eaux a été prématuré et abondant, ou que des accidents, par exemple, des hémorrhagies considérables demandent une prompte terminaison de l'accouchement, il faut procéder à la version dès que l'orifice utérin est assez souple pour permettre d'y introduire la main sans s'exposer à le déchirer en opérant la dilatation artificielle. Nous parlerons plus bas d'un danger particulier qui accompagne la dilatation artificielle de l'orifice utérin dans les cas où l'hémorrhagie provient du placenta implanté sur l'orifice.

6° Le choix de la main qui doit faire la version est généralement subordonné à la position de l'enfant. Quand les pieds se trouvent à la droite de la mère, on se sert de la main gauche ; s'ils sont situés à gauche, on emploie la droite. S'il y a présentation de la tête, on choisit la main dont la face interne est tournée vers la face antérieure de l'enfant. Tant que la rupture de la poche n'a pas eu lieu, le choix de la main est moins important qu'après. Quand on a des doutes sur la position de l'enfant et que les eaux ne se sont pas encore écoulées, on se sert de la main qui est la plus exercée. Du reste, il est à désirer que les personnes qui se livrent à l'art des accouchements soient aussi adroites d'une main que de l'autre.

§ 2. — *Manuel opératoire.*

584. — *Introduction de la main dans la cavité utérine pour aller à la recherche des pieds* (fig. 56).

1° On enduit de graisse toute la face externe de la main et une partie de l'avant-bras ; les doigts réunis en coin, on introduit pendant une douleur la main dans le vagin par la commissure postérieure des grandes lèvres, en lui imprimant un léger mouvement de rotation. Lorsque la partie la plus épaisse de la main se trouve introduite, son bord externe doit re-

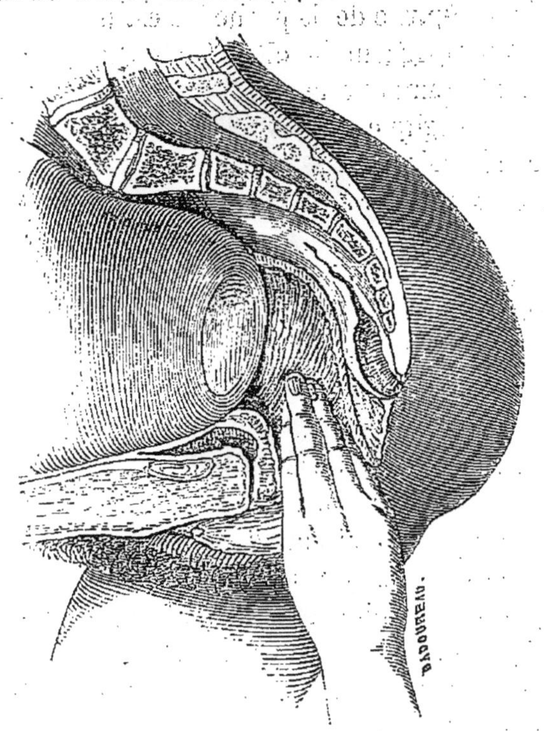

Fig. 56. — *Introduction de la main dans le vagin.*

garder la symphyse pubienne, et, à mesure qu'elle avance

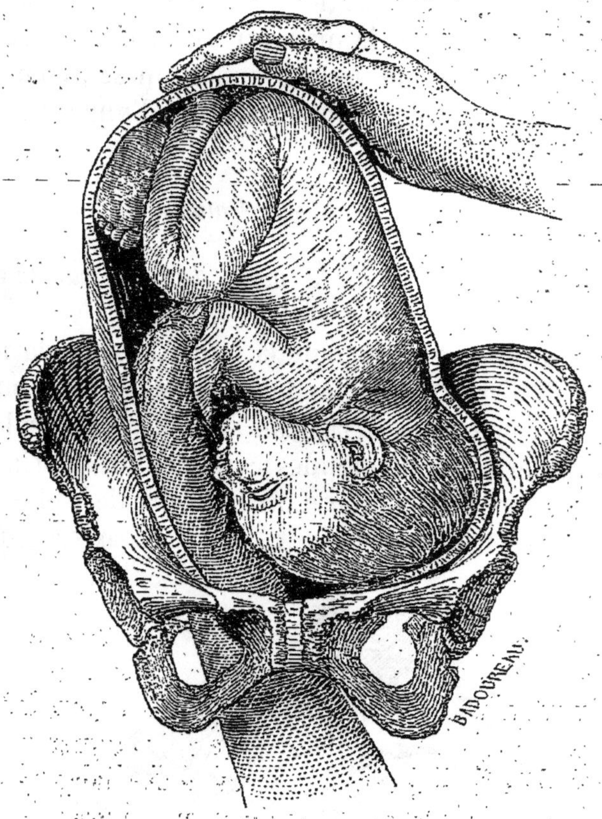

FIG. 57. — *La main allant à la recherche des pieds.*

sa face postérieure la concavité du sacrum. L'autre main, appliquée à plat sur l'abdomen, au niveau du fond de l'utérus, sert à soutenir cet organe ainsi qu'à seconder l'autre main qui fait la version.

2° Dès que la douleur a cessé, la main qui se trouve dans le vagin, les doigts toujours réunis en coin, doit être introduite à travers l'orifice dans la cavité utérine, en continuant de lui imprimer un léger mouvement de rotation. Quand la main est arrivée dans l'utérus, on l'ouvre et on la fait glisser jusqu'aux pieds, sa face antérieure tournée vers la face antérieure de l'enfant (fig. 57).

S'il a été impossible de reconnaître d'une manière exacte la position de l'enfant, il faut tâcher de compléter cette connaissance lorsque la main pénètre à travers l'orifice utérin.

3° Quand les eaux ne sont pas encore écoulées, *on se garde de rompre* la poche en introduisant la main dans l'orifice utérin ; on la fait glisser vers les pieds, entre les membranes de l'utérus ; on ne déchire la poche, dans l'intervalle de deux douleurs, que lorsqu'on sent les pieds à travers ces membranes ou au moins on attend que toute la main soit introduite dans la cavité utérine. De cette manière, il ne s'écoule que très peu de liquide, et la version devient beaucoup plus facile.

4° Dans les cas où, pour introduire la main dans l'orifice utérin, il faut dilater celui-ci, on y procède de la manière suivante :

Dans l'intervalle de deux douleurs, on introduit, suivant le degré de dilatation de l'orifice utérin, d'abord deux doigts, puis le troisième, enfin le quatrième, en imprimant à la main un mouvement de rotation ; en écartant petit à petit les doigts, on s'efforce d'élargir le col et de préparer le passage de la main. Mais dans cette opération, il faut agir avec la plus grande précaution, et, en général, ne la pratiquer que dans les cas d'extrême nécessité, savoir lorsque le danger attaché à la dilatation artificielle est évidemment moins grand que celui qu'on a à craindre lorsqu'on est forcé de faire la version avant que l'orifice soit suffisamment dilaté et ramolli.

5° Lorsque la partie de l'enfant qui se présente est très volumineuse, comme la tête, par exemple, et qu'elle rend difficile l'introduction de la main dans l'orifice utérin, on refoule cette partie avec précaution et sans violence sur le côté ; en même temps la main appliquée sur l'abdomen exerce une faible pression sur la matrice, et la soutient ou la défend contre la pression à laquelle elle est exposée par le déplacement de la partie qui était en présentation.

6° En avançant la main pour arriver jusqu'aux pieds, il faut ménager autant que possible l'utérus, et se garder de comprimer l'abdomen de l'enfant et le cordon. Les pressions inévitables ne doivent jamais porter sur la matrice, mais sur l'enfant, sauf toutefois le ventre.

7° Quand des douleurs se déclarent, la femme en travail doit s'abstenir de les seconder ; tant que la contraction dure, la main doit rester immobile et ouverte dans la matrice.

585. — *Saisie des pieds et version de l'enfant en les faisant descendre.*

1° Quand on est arrivé jusqu'aux pieds, on les saisit tous

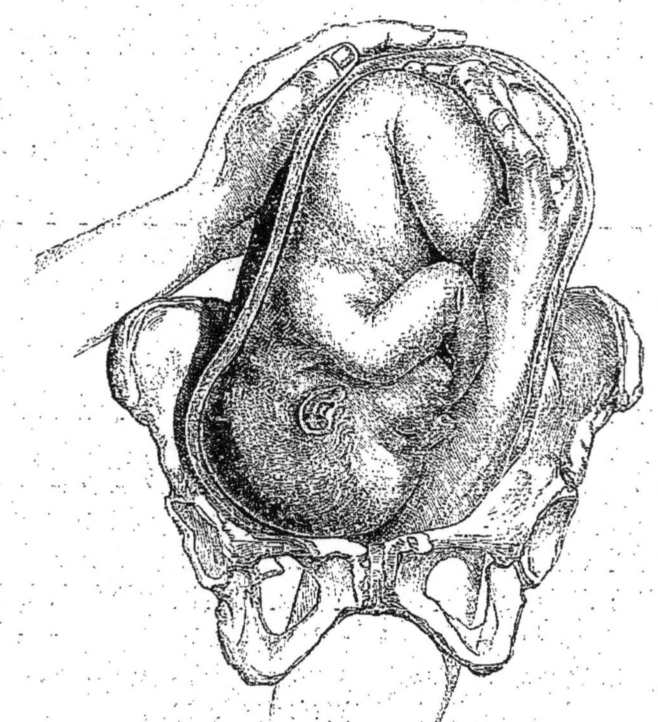

Fig. 58. — *Saisie des pieds.*

les deux, si cela est possible, en plaçant le médius entre eux au-dessus des malléoles, et en les embrassant ensuite avec les autres doigts (fig. 58) ; on les fait descendre graduellement et avec prudence le long de la face antérieure de l'enfant, vers l'orifice utérin, qu'on traverse jusqu'à ce que le siége soit engagé dans le détroit supérieur. Alors le diamètre longitudinal de l'enfant correspond à l'axe longitudinal de la matrice, et le changement voulu de présentation de l'enfant est effectué, c'est-à-dire que la version est faite.

2° Il faut, autant que possible, saisir les *deux* pieds. C'est ce qui est plus facile à faire avant la rupture de la poche, et d'autant plus difficile que les eaux se sont écoulées depuis plus de temps et en plus grande abondance. Il est surtout nécessaire de saisir les deux pieds lorsque la version est indiquée par des circonstances graves qui demandent une prompte extraction de l'enfant. S'il était trop difficile de saisir les deux pieds, on devrait se contenter d'essayer de faire la version en faisant descendre *un seul* pied, et dans le cas où on n'y réussirait pas, c'est-à-dire où le pied n'obéirait pas aux tractions, il faudrait passer autour de lui un lacs, et, en introduisant la main le long de la face interne de ce pied, chercher à atteindre l'autre (fig. 59).

3° En saisissant les pieds, on doit se garder de saisir en même temps le cordon ou les membranes, ou de confondre les mains avec les pieds, ou bien de saisir les pieds de différents enfants dans les cas de jumeaux, lorsque les membranes qui séparent les deux enfants sont déchirées.

4° Le changement de la position de l'enfant par les *seules* tractions sur les pieds se fait, toutes choses égales d'ailleurs, avec d'autant plus de facilité qu'il y a encore une grande quantité de liquide, et que la matrice aura moins de dispositions à se contracter. La version sera, au contraire, d'autant plus difficile qu'il y aura eu un écoulement d'eaux plus abondant, et que la matrice sera plus contractée. Dans ce dernier cas, lorsqu'au moment où l'on veut faire passer les pieds par l'orifice utérin, l'épaule ou la tête qui se présente ne veut pas se laisser déplacer, il faut essayer, à l'aide du pouce ou de la paume de la main introduite dans le vagin, de refouler en haut et sur le côté la partie qui se présente, à mesure qu'on attire les pieds. Lorsque, dans ces cas, les pieds se trouvent déjà engagés quelque peu dans le vagin, il faut passer un lacs autour de chacun d'eux, et, en opérant des tractions sur les pieds à l'aide de ces lacs, on introduit l'autre main, et l'on essaye de déplacer en même temps la partie qui se présente, tête ou épaule, dans la direction du fond de l'utérus.

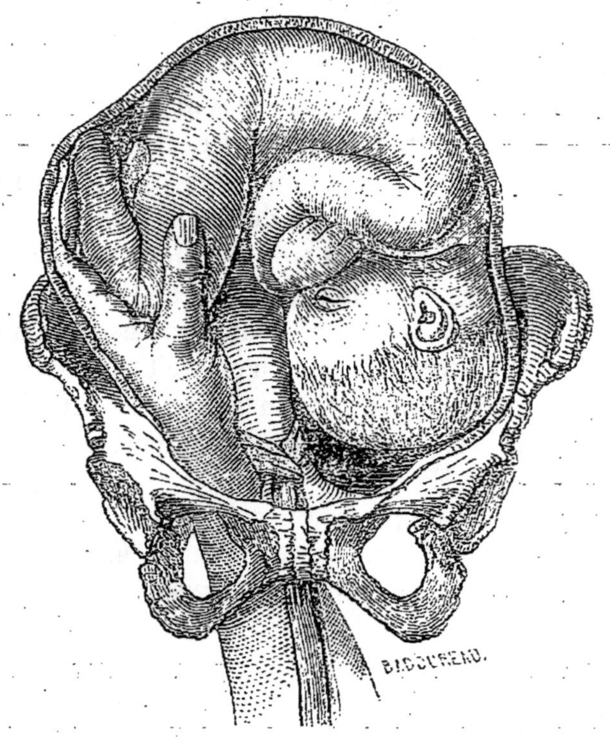

Fig. 59. — *Temps d'évolution.*

Dans les cas de cette sorte, le concours de la main appliquée sur l'abdomen est d'une haute importance. Une pression modérée exercée du dehors facilite, suivant les circonstances, la saisie très difficile des pieds, en les rapprochant de la main qui les cherche. Ce concours, en favorisant la version, dispense l'opérateur de faire des tractions trop fortes, qui pourraient avoir des conséquences très fâcheuses en déplaçant trop promptement l'enfant, en imprimant des secousses à la matrice, en déterminant la déchirure de ce viscère, etc. Lorsque les deux mains de l'accoucheur sont occupées de la version, un aide doit faire la pression extérieure.

§ 3. — *Extraction de l'enfant au moyen de tractions sur les pieds, etc.*

586. — *Extraction jusqu'au niveau des épaules.* S'il était à désirer qu'il n'y eût pas de contractions utérines pendant la manœuvre que nous venons d'indiquer, il importe à présent que la matrice développe toute son énergie, afin de diminuer le grand danger qui menace la vie de l'enfant lorsqu'il

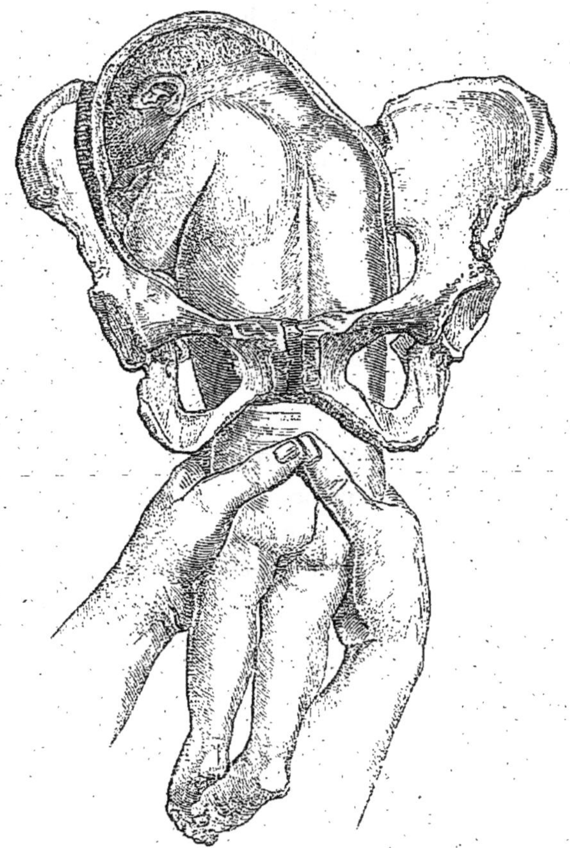

Fig. 60. — *Tractions sur le fœtus.*

faut en faire l'extraction sans le concours des douleurs, Cependant, si cette extraction était nécessaire, on y procéderait de la manière suivante :

1° On attire lentement et avec prudence les pieds en bas,

et à mesure que les extrémités inférieures descendent, on les enveloppe d'un linge souple et chaud ; on les saisit de plus en plus haut, c'est-à-dire aussi près que possible des parties génitales de la mère. On fait successivement les tractions sur les malléoles, les jambes, les genoux et les cuisses. Quand les hanches apparaissent, on les enveloppe également du linge, et l'on applique une main sur chacun des os iliaques, et non sur le ventre (fig. 60) ; on appuie les pouces sur la région lombaire, et en imprimant au tronc de légers mouvements de rotation, on l'attire en avant et en bas jusqu'à ce que les épaules soient engagées dans la cavité pelvienne. En élevant maintenant un peu le tronc, on continue les tractions jusqu'à ce que les épaules se rapprochent de la fente vulvaire.

2° Lorsqu'en opérant l'extraction des cuisses, on trouve le cordon placé entre elles, et qu'on ne parvient pas à le faire passer au-dessus de l'une des articulations du genou fléchi (v. 405), la seule chose qui reste à faire est de faire sur lui deux ligatures au-dessus du siége de l'enfant, à un pouce l'une de l'autre, et de le couper entre elles. On agira de la même manière lorsque le cordon est fortement entortillé autour de l'abdomen, etc., et qu'on ne peut pas le relâcher par de légères tractions. Après la section, il faut tâcher d'accélérer, autant que possible, la sortie de l'enfant.

3° Aussitôt que l'ombilic apparaît, il faut tirer légèrement le cordon pour qu'il ne soit ni tiraillé, ni déchiré.

Lorsque les orteils étaient primitivement dirigés en avant, ou que, dans l'extraction des extrémités inférieures, la face antérieure de l'enfant s'est tournée en avant, il faut, au moment où les hanches apparaissent, imprimer au tronc un faible mouvement de rotation vers le côté où la face antérieure de l'enfant (l'abdomen) est déjà dirigée.

587. — *Dégagement des bras.* Lorsque le tronc est sorti jusqu'au point que nous venons d'indiquer, les bras, qui dans la plupart des cas sont appliqués le long de la tête (v. 363), forment un obstacle à l'extraction de la tête et doivent par conséquent être dégagés. Ordinairement l'un des bras est placé plus en avant, l'autre plus en arrière ; c'est ce

dernier qui doit être dégagé le premier (fig. 61). Si, par exemple, le bras droit se trouve près du sacrum, et que la poitrine de l'enfant soit dirigée à droite et plus ou moins en arrière, on soulève le tronc, qu'on fait reposer sur la main

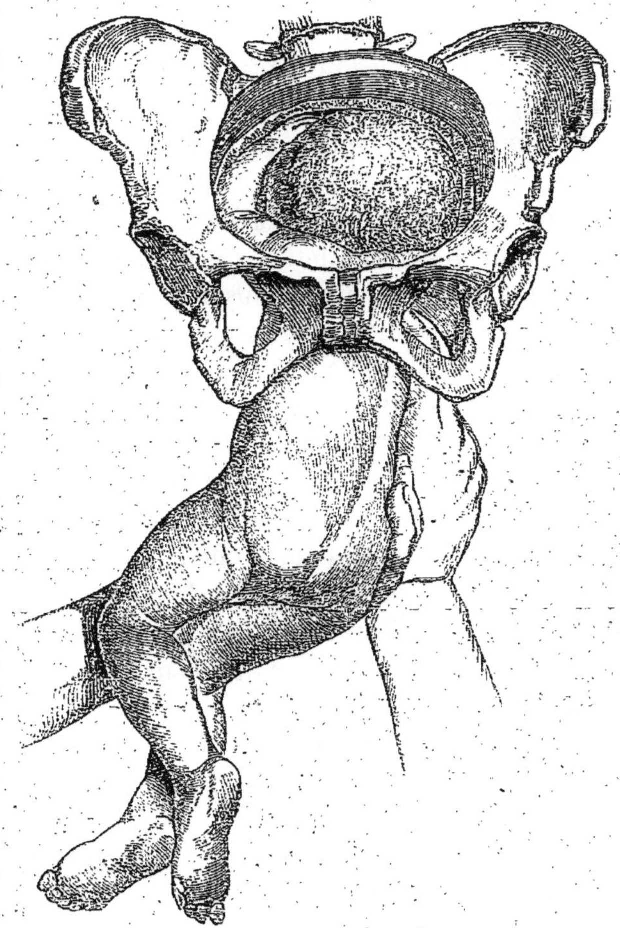

Fig. 61. — *Dégagement des bras.*

gauche, et l'on porte l'indicateur ou le médius de la main droite au-dessus de l'épaule et de l'humérus, jusqu'à l'articulation du coude; on fléchit le bras dans cette articulation, et on le fait descendre le long de la face et de la poitrine jusqu'aux grandes lèvres. Ensuite on enveloppe d'un linge le bras qu'on vient de dégager, et on le place à côté du tronc; on abaisse celui-ci, et on fait glisser l'indicateur et le médius de la main gauche jusqu'à l'articulation du coude de l'autre bras, placé de même le long de la tête, et on le fait descendre de la même manière, etc. Lorsqu'un bras est placé le long de la nuque et qu'il est difficile de le dégager, il faut, pour y parvenir, déplacer doucement en arrière la tête et le tronc. Pendant qu'on dégage le bras, il faut se garder d'occasionner une fracture, et préserver le cordon et l'abdomen de l'enfant de toute compression pendant qu'on le soutient.

Quelquefois il suffit de dégager un seul bras avant l'extraction de la tête ; d'autres fois, cela n'est pas même nécessaire, notamment dans les cas où le bassin, surtout au détroit inférieur, est plus large et l'enfant plus petit que d'habitude, etc. C'est là une circonstance heureuse, puisque d'une part, on ne perd pas un temps précieux à dégager le bras, et de l'autre le bras non dégagé contribue à protéger la circulation ombilicale sur le côté où le cordon monte le long de la tête.

588. — L'*extraction de la tête, après la version*, est souvent difficile à faire; les causes indiquées plus haut (v. 364) la rendent très dangereuse pour l'enfant. Si au bout de peu de temps, huit, neuf, ou tout au plus douze minutes, on n'est pas parvenu à l'effectuer sans tractions violentes, l'enfant meurt. Il est vivement à désirer que la nature déploie maintenant son action, et s'il survient des douleurs, il faut que la femme les seconde autant que possible. La sage-femme doit en outre en augmenter l'énergie, autant que faire se peut, par les moyens indiqués (v. 406).

Il serait nuisible de vouloir effectuer le passage de la tête à travers le bassin par les seules tractions sur le tronc. Si l'extraction artificielle de la tête est nécessaire et qu'elle se trouve encore dans le détroit supérieur, la face est ordinairement tournée vers l'un des côtés, et le menton est au même niveau que l'occiput. Il faut alors agir de la manière suivante : on fait glisser l'indicateur et le médius de la main qui peut arriver le plus facilement à la face le long du cou et du menton jusqu'à la mâchoire supérieure ; chacun de ces doigts est placé sur les côtés du nez, et sert à faire descendre la face en la dirigeant vers la concavité du sacrum (fig. 62). En cas de

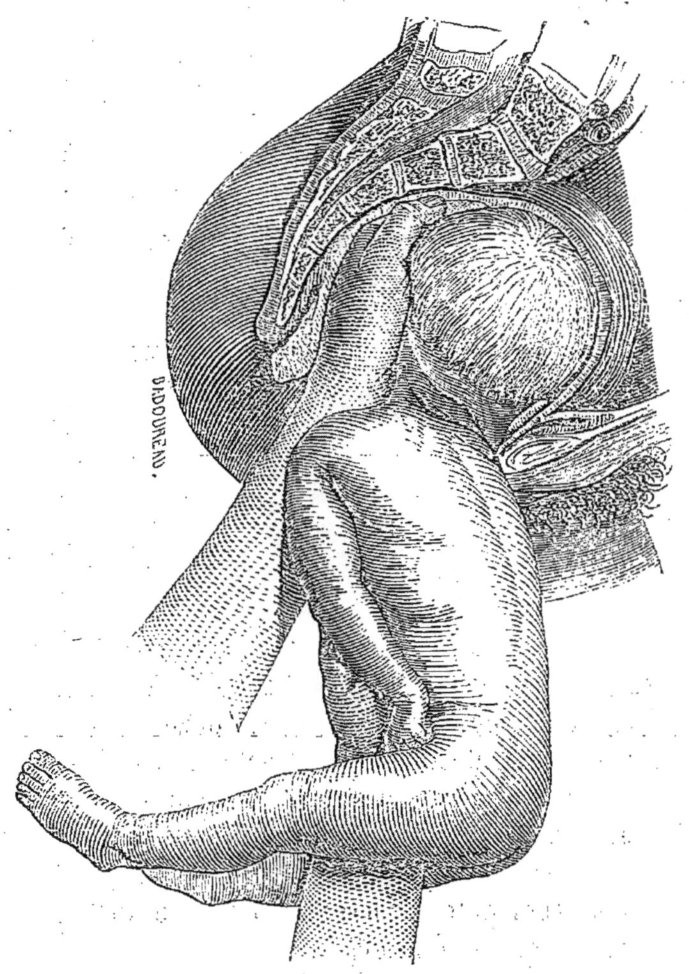

Fig. 62. — *Extraction de la tête.*

besoin, on peut aussi introduire ces deux doigts dans la bouche, et, pour arriver au même but, faire des tractions mais fort modérées : trop fortes, elles pourraient déterminer une luxation ou d'autres lésions. Quand la face se trouve au détroit supérieur dirigée en avant, on fait glisser la main du côté de la concavité du sacrum, le long de la face latérale de la tête, le long de la joue et du nez, jusqu'à la joue du côté opposé ; on saisit la face, et, en lui imprimant un mouvement de rotation, on la fait descendre dans l'excavation pelvienne, dans la direction de la concavité du sacrum.

Lorsque la tête est déjà engagée dans la cavité pelvienne, on glisse l'indicateur et le médius de la main droite (dont la face palmaire soutient le thorax, tandis que le reste du tronc repose sur le bras de l'accoucheur ou est soutenu au niveau des hanches par un aide), jusqu'à la mâchoire supérieure, sur les deux côtés du nez ; les mêmes doigts de la main gauche sont glissés sur l'occiput ; de cette manière, on fait franchir le périnée à la face, en ayant soin de soulever le tronc dans la

FIG. 63. — *Dégagement artificiel de la tête descendue dans le bassin.*

direction qu'il prend dans l'accouchement naturel (fig. 63); on fait enfin arriver la tête au détroit inférieur et à la vulve, qu'elle traverse.

Quand, à l'aide de ces manœuvres et sans efforts considérables, on ne parvient pas à extraire la tête, il faut cesser toute tentative avec la main, et surtout se garder de tout procédé brusque et violent; car si l'enfant était encore en vie, sa mort serait inévitable. Le moyen le plus convenable, dans ce cas, est l'emploi du forceps.

§ 4. — *Difficultés et pronostic de la version en général.*

589. — Les circonstances principales qui rendent difficile et dangereuse la version par les pieds et l'extraction de l'enfant au moyen de tractions sur ses extrémités inférieures, abstraction faite des causes pour lesquelles on pratique cette opération, sont les suivantes :

1° La dilatation insuffisante ou le peu d'élasticité de l'orifice utérin, qui empêche le passage facile de la main ;

2° La rupture de la poche, surtout quand elle a eu lieu depuis quelque temps et que l'écoulement des eaux a été abondant ;

3° L'intensité des douleurs (circonstance qui d'ailleurs ne s'applique qu'à l'introduction de la main et à l'évolution), ou bien la contraction permanente de la matrice par suite de l'écoulement des eaux depuis quelque temps, ou enfin des spasmes qui surviennent ;

4° [La mobilité de l'utérus] ;

5° La présentation de l'enfant, dans laquelle la partie qui se présente est profondément engagée dans le détroit supérieur ;

6° L'étroitesse du bassin, l'étroitesse ou le faible degré d'élasticité des parties molles de la génération, comme cela arrive surtout chez les primipares ;

7° [L'insertion du placenta sur le col] ;

8° Le volume considérable de l'enfant ou une position peu favorable à la saisie des pieds;

9° [L'engagement simultané de la tête et d'un pied] ;

10° L'impossibilité de saisir les deux pieds.

11° Des tentatives infructueuses de version et d'autres manœuvres mal dirigées, faites antérieurement, peuvent aussi contribuer à rendre la version difficile et à aggraver le danger.

[Relativement à l'extraction du tronc et de la tête :

1° La brièveté du cordon ;

2° Le volume des épaules ;

3° Le bras situé vers les pubis, relevé sur le côté de la tête ou derrière la nuque au détroit supérieur ;

4° L'arrêt de la tête au détroit supérieur par l'étroitesse du bassin ou simplement par l'extension de la tête. Cet arrêt de la tête au détroit supérieur peut se rencontrer, l'enfant conservant sa position ordinaire, l'occiput dirigé vers le pubis, ou, au contraire, dirigé vers le sacrum (voy. 360)].

La version est, d'un autre côté, *moins difficile et moins dangereuse* dans les circonstances inverses :

1° Quand l'orifice utérin est complétement dilaté et que la rupture de la poche n'a pas eu lieu ;

2° Quand les douleurs, modérées pendant la version, augmentent ensuite et secondent l'extraction de l'enfant ;

3° Quand le bassin possède une largeur suffisante et que la femme a déjà eu plusieurs accouchements sans difficultés notables ;

4° Quand le volume de l'enfant est moyen et qu'il n'a pas une position très défavorable à la saisie des pieds.

590. — La version, dans la plus large acception du mot, est une des opérations les plus importantes de l'art des accouchements ; elle est souvent le seul moyen de sauver la vie de la mère et de l'enfant. Mais elle n'est jamais exempte de dangers, et en général elle expose plus l'enfant que la mère. Pratiquée même dans les circonstances les plus favorables en apparence, elle peut avoir une terminaison fâcheuse. Il faut donc se garder de trop promettre. La gravité du danger dépend d'une part de la difficulté qu'offre la version par les pieds et l'extraction de l'enfant ; de l'autre, des causes pour lesquelles on fait la version. Quand, par exemple, on la pratique à cause d'une forte hémorrhagie ou d'autres circon-

stances qui ont affaibli la mère au point de compromettre sa vie, ou bien à cause de la chute du cordon dont la circulation éprouve ainsi un obstacle qui met la vie de l'enfant en danger, alors le pronostic est très défavorable. Si la manœuvre seule de la version par les pieds suffit, le pronostic est moins grave que dans les cas où l'on est obligé de faire en outre des tractions pour opérer la sortie de l'enfant. Chacune de ses manœuvres a ses dangers particuliers. Nous avons déjà fait connaître (v. 588) combien est prompte la mort de l'enfant lorsque la tête est retardée dans son passage à travers le bassin.

ARTICLE III. — RÈGLES PARTICULIÈRES DE LA VERSION PELVIENNE DANS LES PRÉSENTATIONS DU TRONC.

591. — Pour faire la version par les pieds dans les cas de

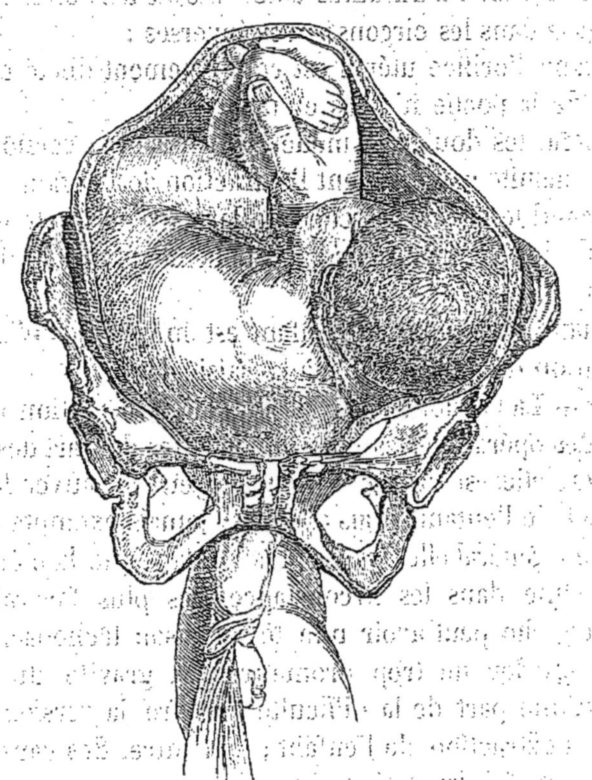

FIG. 64. — *Version dans la première position de l'épaule droite avec sortie du bras.*

présentation vicieuse de l'enfant, la sage-femme devra se con-

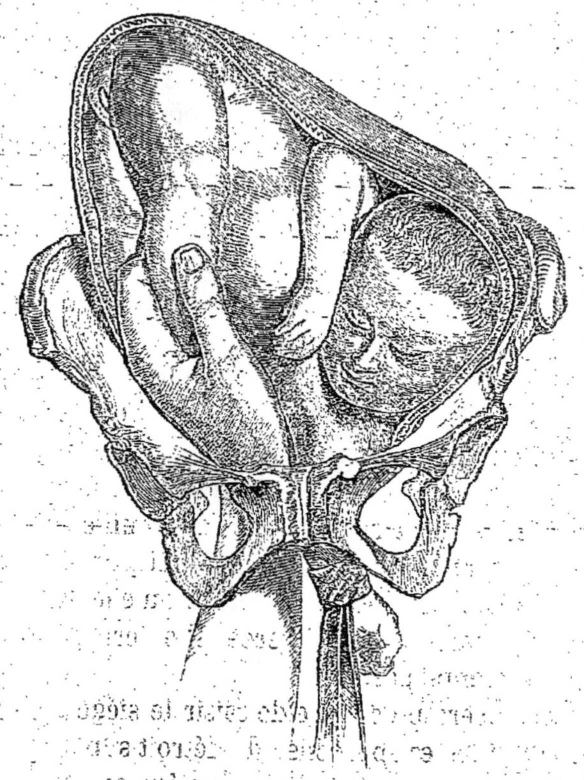

Fig. 65. — *Version dans la première position de l'épaule gauche avec sortie du bras.*

former aux règles générales que nous avons tracées (v. 583-588). Nous y ajouterons quelques règles particulières qu'elle doit observer dans les présentations de l'épaule, qui sont les plus fréquentes parmi les présentations vicieuses de l'enfant.

A. Lorsqu'après l'écoulement des eaux le bras est sorti, il faut s'abstenir de toute tentative pour le faire rentrer avant de procéder à la version ; il faut au contraire glisser avec précaution la main le long du bras qui est sorti, et afin d'empêcher que ce bras ne prenne une fausse direction pendant la version on attache un lacs autour du poignet. Quand c'est le coude qui est sorti, on fait descendre la main et l'on applique le lacs de la même manière (fig. 64).

B. La version se fait avec la main qui peut arriver avec le plus de facilité à la face antérieure de l'enfant. S'il y a présentation de l'épaule droite, c'est la main droite qui convient dans la plupart des cas; on se sert de la gauche, si c'est l'épaule gauche qui se présente (fig. 65).

C. Aux règles que nous avons données sur la *position* que doit prendre la femme en travail (v. 583, 3°) nous ajouterons encore celle-ci : Si les pieds de l'enfant sont tournés du côté de la paroi antérieure de la matrice, et si les eaux se sont écoulées, ainsi que dans les cas, en général, où l'écoulement des eaux s'est fait depuis quelque temps et en grande quantité, et où il est fort difficile d'atteindre les pieds, il est très avantageux de faire mettre la femme sur les genoux et les coudes; c'est-à-dire de la faire agenouiller sur le parquet couvert d'un tapis ou d'un matelas, la partie supérieure du corps supportée par les coudes. Alors la sage-femme, agenouillée à côté d'elle, pratiquera la version par derrière, en s'aidant dans cette opération de la main qu'elle a de libre, et qu'elle appliquera sur l'abdomen. La version ainsi opérée, elle fera reprendre à la femme son ancienne position.

D. Quand il sera plus facile de saisir le siége ou les genoux que les pieds et de les approcher du détroit supérieur, on fera mieux de pratiquer la version par le siége ou les genoux que par les pieds.

E. Lorsqu'il y a chute du cordon, il faut le faire rentrer avant d'opérer la version, afin qu'il ne soit pas comprimé par le bras de l'opérateur, ni dans la suite par les hanches de l'enfant.

CHAPITRE II.

DU FORCEPS.

ARTICLE Ier. — HISTORIQUE ET DESCRIPTION DE L'INSTRUMENT.

592*. — Le *forceps* est une grande pince formée de deux branches croisées et articulées librement, destinée à saisir la tête du fœtus dans les parties de la mère, et à l'entraîner au dehors.

Le forceps est une découverte moderne qui a réalisé la réforme la plus heureuse qui se soit produite dans la pratique de l'art des accouchements. Le trafic intéressé et peu honorable dont il fut l'objet pendant longtemps, ainsi que le *levier*, avait laissé quelque incertitude sur le nom de l'inventeur et sur la date de l'invention. Il est aujourd'hui reconnu que cette découverte est antérieure de quelque temps à l'année 1647, et qu'elle est due à Paul Chamberlen, dont les deux fils, Hugues et Pierre, exploitèrent plus particulièrement l'invention paternelle qu'ils avaient probablement perfectionnée. Quoique le secret ne restât pas dans le cercle de la famille, qu'il s'étendît au dehors, et plus particulièrement en Hollande; malgré des tentatives plus ou moins heureuses, en divers pays, pour réaliser l'instrument tenu secret, malgré même la description avec dessin de l'instrument des Chamberlen, publiée en 1733 par Chapman, ce ne fut qu'assez longtemps après cette époque que la connaissance du forceps se vulgarisa.

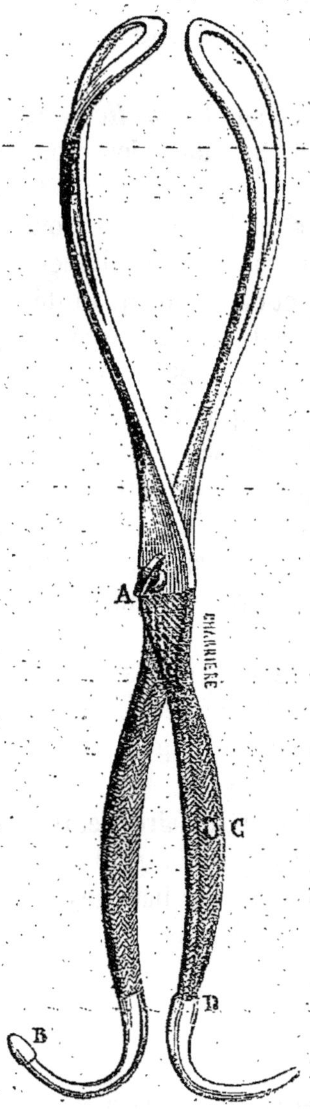

FIG. 66. — *Forceps articulé.*

Le forceps n'était, dans le principe, qu'une pince droite dont les mors pleins ou fenêtrés étaient recourbés seulement sur le plat pour s'accommoder à la forme de la tête de l'enfant. Levret et Smellie, afin de les approprier à la courbure du bassin, les recourbèrent sur le bord. Depuis, aucune modification importante n'a été apportée à l'instrument. La plupart des forceps dont on se sert aujourd'hui ne représentent pas exactement les modèles laissés par Levret et Smellie, mais ils n'en diffèrent que par des modifications secondaires.

593*. — On distingue sur chaque *branche* le *mors* ou la *cuiller*, la *jonction* ou *articulation* et le *manche*.

Les *mors* forment des espèces de cuillers allongées et fenêtrées, courbées en dedans sur le plat et en avant sur le bord, pour s'accommoder à la fois à la forme de la tête et à la direction du bassin.

La *jonction* ou *articulation* des branches (fig. 66, A) s'opère au moyen de deux entablures à mi-fer, pratiquées à la base des courbures, et présentant l'une un pivot mobile sur son axe, l'autre une ouverture destinée à recevoir le pivot. Il existe un autre mode d'articulation aussi simple et aussi avantageux que le précédent : la mortaise est creusée sur le bord de la branche et représente une échancrure au lieu d'un trou ; le pivot mobile, diversement configuré, sert aussi à fermer l'instrument. On est parvenu à établir un double pivot sans rendre l'articulation moins simple. Cette modification, qui permet d'introduire indifféremment l'une ou l'autre branche la première, mériterait d'être adoptée au moins pour le forceps long plus spécialement destiné à être porté au détroit supérieur.

Les *manches* (fig. 66, C) décrivent une courbure près de l'articulation, afin que les mains puissent mieux saisir l'instrument lorsqu'il est fermé, et leurs extrémités sont recourbées en dehors en bec-de-cane (fig. 66, B, D), de manière à former des crochets mousses, et même aiguës au besoin ; quelques forceps sont dépourvus de crochets et sont garnis en bois, afin de donner plus de prise aux mains.

La branche qui porte le pivot est désignée sous le nom de branche à *pivot*, de branche *mâle* ou de branche *gauche*, parce qu'elle est appropriée au côté gauche du bassin, sur lequel elle doit toujours être appliquée ou ramenée. Celle qui porte la mortaise est appelée branche à *mortaise*, branche *femelle* ou branche *droite*, à cause de sa destination au côté droit du bassin.

ARTICLE II. — PRÉCAUTIONS PRÉLIMINAIRES À L'APPLICATION DU FORCEPS.

594*. — Ces précautions sont, à quelque chose près, les mêmes que pour la version. La femme doit être placée et maintenue de la même manière sur le lit préparé à cet effet (voy. 583, 3°). Si la tête de l'enfant était très basse, et qu'il y eût quelque inconvénient à déplacer la femme à raison de sa faiblesse, on pourrait appliquer l'instrument dans la situation où se trouve la patiente.

Suivant la disposition de son caractère, on lui montre ou non les branches du forceps : lorsque le travail est prolongé et pénible, la plupart des femmes demandent le secours des instruments et y sont préparées d'avance ; la plus grande prudence doit toujours présider aux explications nécessaires.

On doit avoir à sa disposition les objets indiqués pour l'accouchement naturel (voy. 375). Les branches de l'instrument sont confiées à un aide pour les présenter au moment opportun à la personne chargée d'opérer. Les cuillers doivent être préalablement chauffées, surtout en hiver, et enduites d'un corps gras.

On s'assurera de nouveau qu'on ne s'est pas trompé sur les rapports de la tête avec le bassin ; que la vessie et le rectum sont vides ; que le col utérin est bien réellement dilaté ; que la poche des eaux est rompue, et qu'on ne prend pas le segment inférieur de l'utérus aminci et distendu pour les membranes ; enfin, que les conditions nécessaires à l'application du forceps existent.

595*. — L'opportunité du moment pour agir est subordonnée aux circonstances, sauf à ne pas s'écarter des conditions indispensables à l'opération, dont la principale, après une étendue suffisante des passages pour que l'extraction de l'enfant puisse se faire sans danger, est que le col utérin soit complétement dilaté, ou au moins en grande partie dilaté et très dilatable. Cette condition est en quelque sorte plus rigoureusement indispensable pour le forceps que pour la version.

Il sera toujours facile d'attendre que le col utérin soit complétement dilaté lorsqu'on est conduit à terminer l'accouchement :

1° Pour faire achever un mouvement de la tête incomplétement exécuté ;

2° Pour suppléer aux forces épuisées de l'organisme ;

3° Pour surmonter un certain degré d'étroitesse du bassin, ou d'autres vices sur le trajet du conduit vulvo-utérin, qui n'opposent pas un obstacle absolu à la sortie de la tête de l'enfant.

Il n'en est pas toujours de même lorsqu'on est conduit à terminer l'accouchement pour prévenir les conséquences : 1° de syncopes répétées, 2° d'hémorrhagies utérines graves, 3° de ruptures de l'utérus, etc., 4° d'attaques répétées d'éclampsie, etc., 5° de hernie étranglée, 6° d'hémoptysie, etc., 7° de dyspnée intense causée par un anévrysme, une maladie du cœur, etc., 8° la chute du cordon ombilical, etc.

Dans tous ces cas, on peut être conduit à tenter l'application du forceps, lorsque le col est loin encore d'être entièrement dilaté ; mais il faut au moins qu'il soit très dilatable, si l'on ne veut pas s'exposer à déterminer des accidents plus graves que ceux auxquels on cherche à remédier. Il est opportun de rappeler ici que si le forceps, dans les conditions qui permettent son application, ne blesse ni la mère ni l'enfant quand il est bien dirigé, et qu'il a l'avantage de ne pas exposer au refoulement du sang vers la tête et à la compression du cordon ombilical, comme la version ; que mal dirigé, ou dans des conditions qui le contre-indiquent, au contraire, il peut déchirer le vagin, fendre l'orifice utérin, perforer l'utérus, rompre le périnée, déterminer des fistules vésico-vaginales, etc., contondre, fracturer le crâne de l'enfant. L'application de cet instrument est donc une opération grave, qui requiert beaucoup d'instruction, d'habitude et de prudence, qu'il faut se garder de tenter sans une nécessité bien reconnue.

ARTICLE III. — Règles générales de l'application du forceps.

596*. — Les règles qui président à l'application du forceps sont déduites de la forme de l'instrument, de la direction du bassin, de la position, du degré d'élévation de la tête et du mécanisme de son expulsion. Cette opération se compose de trois temps principaux : 1° de l'introduction et du placement des branches, 2° de leur articulation, 3° de tractions sur la tête saisie entre les cuillers de l'instrument.

1° *La tête est la seule partie du fœtus sur laquelle on applique le forceps.* On y a recours dans les présentations de l'extrémité céphalique (crâne ou face), dans les présentations de l'extrémité pelvienne, ou après la version, lorsque par une exception rare la main ne suffit pas pour dégager la tête.

Le forceps doit être considéré comme un instrument de traction, et non comme un instrument de réduction des diamètres de la tête. Ce qui n'empêche pas dans quelques cas de rétrécissement du bassin, suivant que les os larges du crâne sont plus ou moins mobiles et flexibles, qu'il en résulte un aplatissement sensible de la tête entre les points du bassin qui la retiennent, qui peut décider de son passage, mais en exposant le fœtus à périr et les parties de la mère à être déchirées, malgré le soin d'agir avec lenteur et prudence.

2° *Le forceps étant, par les courbures de ses cuillers, accommodé à la fois à la forme du crâne du fœtus et à la direction du bassin de la mère, doit, autant que possible, être placé sur les côtés de la tête, la concavité des bords dirigée vers le point qu'on veut amener ou diriger sous l'arcade des pubis.*

La possibilité de saisir la tête par les côtés, de manière que le diamètre occipito-mentonnier réponde plus ou moins exactement à l'axe de l'instrument, et le bipariétal à celui des cuillers, existe lorsqu'elle est descendue dans le fond de l'excavation du bassin. Dans ce cas, suivant sa position, les branches de l'instrument doivent être placées, tantôt sur les côtés du bassin, tantôt diagonalement, tantôt directement en travers.

Dans cette dernière position, si la tête n'est pas très basse, il est souvent impossible de les placer sur les côtés de la tête. Au détroit supérieur, on ne peut guère les placer que sur les côtés du bassin, et comme l'occiput ou le front correspondent très rarement aux pubis, la tête est généralement saisie du front à l'occiput, ou plus irrégulièrement encore d'une bosse frontale à la région occipitale opposée, ce qui entraîne dans l'extraction quelques modifications que nous exposerons plus bas. De sorte qu'on peut dire d'une manière générale : *Au détroit inférieur et dans l'excavation, on doit appliquer les branches du forceps sur les côtés de la tête, et au détroit supérieur, sans égard à sa position, sur les côtés du bassin.*

3° La règle invariable de *faire correspondre le bord concave des cuillers en avant, ou de l'y ramener lorsqu'il a été dirigé de côté, à mesure qu'on entraîne la tête*, est la conséquence de la courbure de l'instrument sur le bord. Si la concavité était dirigée ou amenée en arrière, elle serait à contre-sens de la direction du bassin. Mais comme dans les positions mento-postérieures de la face, on peut être conduit quelquefois à essayer d'amener le menton en avant, il en résulte que cette manœuvre serait difficile et dangereuse, si l'on n'avait pas à sa disposition un forceps droit ou très peu recourbé.

4° En général, *on doit introduire la branche à pivot la première*. Ce précepte est fondé sur la présence même du pivot. La seconde branche devant être introduite au-dessus de la première pour ne pas être gênée dans son introduction par la présence du périnée, si l'on commençait par la branche à mortaise, on serait conduit à introduire la branche à pivot au-dessous, ce qui peut être difficile et même impossible, ou à décroiser les manches de l'instrument par l'articuler, décroisement qui peut changer les rapports de la tête avec les cuillers, et faire éprouver à l'orifice utérin ou à la vulve une distension douloureuse. Si la branche gauche portait un double pivot, on pourrait commencer indifféremment par l'une ou par l'autre, ou plutôt par celle qui serait présumée offrir le plus de difficulté.

Lorsque l'instrument doit être placé sur les côtés du bassin, on peut constamment commencer par la branche à pivot. Mais il n'en est pas toujours de même lorsque la tête a une position diagonale ou transversale, et qu'il faut opposer les branches diagonalement ou directement d'arrière en avant. C'est dans ces cas que le précepte de *placer la première la branche qui offre le plus de difficulté* trouve assez souvent son application dans la pratique. Quelquefois c'est celle qui doit être en arrière, et le plus souvent celle qu'il faut conduire en avant, parce qu'il reste presque toujours, au-devant des ligaments sacro-sciatiques, et même dans la courbure du sacrum, assez d'espace pour y introduire la seconde. En se conformant à cette règle, on est quelquefois obligé de décroiser les manches de l'instrument pour amener la branche à pivot au-dessous de l'autre, et bien que ce décroisement n'offre pas toujours les inconvénients que j'ai signalés ci-dessus, on ne doit pas moins chercher autant que possible à les éviter.

5° *La branche à pivot*, appropriée au côté gauche du bassin, *est tenue de la main gauche*, et *la branche à mortaise*, appropriée au côté droit, *est tenue de la main droite.*

6°. *La main opposée à celle qui tient la branche*, c'est-à-dire la droite pour le côté gauche et la gauche pour le côté droit, enduite d'un corps gras, *est introduite jusqu'au delà de l'orifice utérin dans les parties pour les protéger et pour servir de guide à l'instrument.* Lorsque la tête est très basse et qu'elle a entièrement franchi l'orifice utérin, il suffit d'introduire un, deux ou trois doigts ; mais en général on atteint mieux le but qu'on se propose en introduisant tous les doigts de la main à l'exception du pouce qu'on relève vers le pubis. Lorsqu'elle est très élevée, on peut être dans la nécessité de porter la main tout entière dans les parties, non-seulement pour que les extrémités des doigts se trouvent au-dessus du col, mais encore pour guider la cuiller et concourir avec l'autre main à lui donner les rapports voulus avec la tête.

7° *C'est en arrière et de côté, au-devant des ligaments sacro-sciatiques, qu'il faut en général faire pénétrer l'instrument dans les parties* (fig. 67). C'est bien réellement le lieu

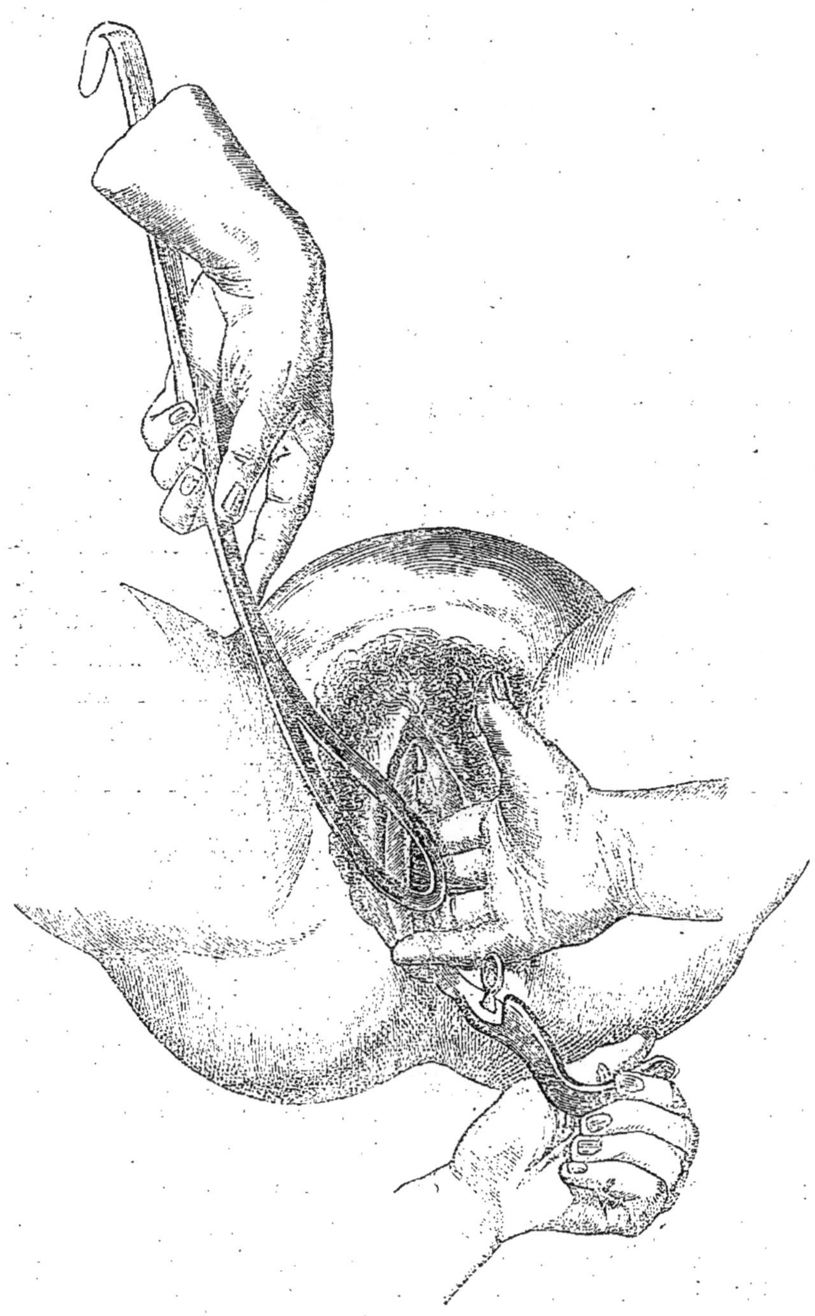

Fig. 67. — *Introduction des branches du forceps.*

d'élection. Les cuillers y rencontrent moins d'obstacles et y pénètrent plus facilement que partout ailleurs ; c'est au point que lorsqu'on veut les introduire d'abord tout à fait sur les parties latérales, dans les positions directes, elles glissent en arrière, quoiqu'on cherche à s'y opposer.

8° *Il faut faire pénétrer chaque branche avec lenteur et sans violence.*

9° On procède de la manière suivante à l'*introduction* des branches. La branche à introduire est tenue par la main en supination, entre le pouce appuyé sur le côté de la partie articulaire qui répond à la face convexe de la cuiller et les autres doigts sur le côté opposé qui soutiennent le manche et le fixent contre le premier et le deuxième métacarpien. Ainsi tenue, elle est présentée (fig. 67), pour ainsi dire, parallèlement à l'aine du côté opposé à celui sur lequel elle doit être introduite, pour que l'extrémité de la cuiller se trouve dans la direction de la vulve. On fait glisser l'extrémité de cette cuiller sur la face palmaire des doigts introduits dans les parties, et à mesure qu'on la fait avancer, on abaisse le manche entre les cuisses en le rapprochant de la ligne médiane pour la mettre progressivement en rapport avec la direction du bassin. Outre la connaissance de la direction de la courbure de ce canal, la main sur laquelle on fait glisser la cuiller avertit des changements de direction qu'il faut imprimer au manche. Si on l'abaisse trop tôt, on sent que l'extrémité de la cuiller se relève avant d'être suffisamment engagée ; si, au contraire, on le tient trop relevé, elle va heurter contre la paroi postérieure du bassin. En ne le rapprochant pas assez de la ligne médiane, c'est contre la face palmaire des doigts qu'elle presse, et contre la tête dans le cas contraire. Sans employer ni force ni brusquerie, on surmonte facilement les obstacles que je viens de signaler en variant la direction de la branche en la retirant un peu pour la faire avancer plus loin ensuite. Lorsque la première branche est placée, on la confie (fig. 67) à un aide pour la maintenir en place. On introduit la seconde au-dessus de l'autre de la même manière ; seulement le rôle des mains est interverti.

Lorsque la branche introduite doit rester en arrière et de côté, elle est naturellement toute placée : pour qu'elle soit tout à fait sur le côté, il suffit de soulever un peu le manche. Mais lorsqu'on doit la faire parvenir de côté et en avant, il faut faire subir à l'introduction des modifications avec lesquelles il importe d'être bien familiarisé. Lorsque l'extrémité de la cuiller est parvenue au niveau des ligaments sacro-sciatiques, à mesure qu'on l'enfonce, on abaisse le crochet et on le ramène peu à peu entre les cuisses jusqu'à l'incliner fort bas au-dessous du niveau de l'anus. Par cette manœuvre on fait décrire à l'extrémité de la cuiller un mouvement en spirale que les doigts introduits dans le vagin secondent. Ce mouvement porte la cuiller en même temps en avant et en haut et lui fait cerner la tête par un trajet oblique que représenterait une ligne courbe, étendue du ligament sacro-sciatique à la branche horizontale du pubis. Ce procédé, généralement suivi depuis madame Lachapelle, est préférable à celui de Levret, qui introduisait aussi la cuiller en arrière et de côté et la ramenait en sciant au point voulu. Baudelocque, au contraire, donne le conseil d'introduire la cuiller directement en avant et de côté. Tout en adoptant comme règle générale le conseil de porter la branche en avant et de côté, par un mouvement de spirale combiné avec l'introduction, il ne faut pas perdre de vue qu'il peut être moins difficile dans quelques cas de l'y faire arriver de la manière recommandée par Levret, ou de l'y introduire directement comme le veut Baudelocque.

10° On reconnaît que les branches *sont bien placées* à la possibilité de les faire pénétrer sans peine à la même profondeur, à un certain degré de fixité et de résistance lorsqu'on tire sur les manches en ligne directe, et aux rapports du pivot, avec la mortaise.

11° Lorsque la mortaise correspond exactement au pivot, l'*articulation* ne présente aucune difficulté : il suffit de mettre les deux branches au même niveau, de rapprocher leurs parties articulaires, et de tourner le pivot qui les réunit solidement. Il arrive souvent qu'elles paraissent d'abord être assez bien placées pour pouvoir être articulées facilement; mais lorsqu'on veut les joindre, on voit que le pivot vient tomber sur les côtés de la mortaise ou se présente à son entrée dans une direction tellement oblique, qu'il ne peut y pénétrer. Ce défaut de parallélisme dépend de ce que l'une des branches, ou toutes les deux, sont trop renversées sur leur face, ou de ce que la tête est irrégulièrement saisie. On parvient généralement à les mieux placer en cherchant à tourner les manches de manière à donner au pivot et à la mortaise des rapports plus exacts. Ces efforts de rotation, qui ont le plus souvent pour résultat de mieux placer les cuillers ou de donner à la tête une position plus en rapport à leur concavité, doivent être très modérés et faits avec beaucoup de lenteur. Si après des tentatives suffisantes le défaut de parallélisme persistait, il faudrait retirer la branche qui paraîtrait s'opposer le plus à l'articulation pour procéder de nouveau à son placement.

L'introduction des branches, leur placement ou leur articulation peuvent, dans quelques cas, surtout au détroit supérieur, présenter de telles difficultés, qu'on soit forcé de renoncer à l'emploi du forceps. Mais si l'on agit avec prudence, lenteur et ménagement, on n'aura déterminé dans les parties de la femme aucune lésion, si ce n'est une irritation passagère.

12° Lorsque les branches du forceps sont articulées, *il faut s'assurer de nouveau que la tête est saisie et qu'elle est saisie seule.* La résistance que rencontrent de légères tractions indique que la tête est bien réellement saisie, et la pression modérée exercée sur les manches ne manquerait pas de déterminer de vives douleurs si quelques parties de la mère étaient saisies.

13° Après qu'on s'est assuré que la tête est bien saisie, *on fixe*, lorsqu'ils sont très écartés, les manches de l'instrument avec *un lien* ou une serviette; dans le cas contraire, on confie aux mains le soin de maintenir le forceps fermé.

14° *Les tractions doivent être exercées dans la direction de l'axe du bassin en imprimant à la tête les mouvements qui lui restent à exécuter pour compléter les divers temps de son expulsion.* Pour pratiquer les tractions, on place une main sur le manche de l'instrument près de l'articulation, et l'autre au-devant des crochets (fig. 68). Les tractions et rotations seront exécutées sans violence, sans secousses, mais avec une force proportionnée à la résistance des obstacles à vaincre et soutenue à un degré constamment égal. On doit chercher à mettre à profit les douleurs qui existent ou que la présence de l'instrument dans les parties manque rarement de réveiller, et ne pas tirer d'une manière continue. Ce temps de l'opération ne demande pas moins d'attention et de discernement que les précédents.

15° Lorsque la tête distend le périnée et la vulve, *il faut redoubler de ménagement et de lenteur*, pour leur laisser le temps de se dilater et éviter leur rupture. Baudelocque donne le conseil de tenir l'instrument d'une seule main et d'appliquer l'autre contre le périnée, pour le soutenir comme on le fait dans l'accouchement naturel.

ARTICLE IV. — Règles particulières.

597*. — Elles sont relatives à la présentation, à la position de la tête et au temps où l'expulsion est parvenue. L'exposition détaillée des règles générales nous permet d'être bref pour chaque cas particulier, et de ne rappeler que ce qu'il y a de spécial dans le manuel opératoire.

§ 1er. — *Application du forceps dans la présentation du vertex.*

598*. — A. *Dans l'excavation.* La tête a complétement ou presque complétement franchi l'orifice utérin, et se trouve en totalité engagée dans l'excavation du bassin lorsqu'une hémorrhagie grave, des attaques répétées d'éclampsie, etc., rendent l'indication de terminer l'accouchement pressante; ou bien la tête est arrêtée au delà du temps qu'on doit accorder à l'expectation par une inertie persistante, par les dernières résistances du col utérin, par la brièveté du cordon, par sa persistance à rester dans une position irrégulière, à ne pas exécuter ses mouvements naturels, par un rapport trop exact entre son volume et le détroit inférieur, par la résistance du vagin, du périnée, etc. Dans toutes ces circonstances le forceps est seul indiqué et exclusivement à la version, et l'on rencontre toutes les conditions favorables à son application. C'est, en outre, le cas où il est ordinairement appliqué.

4° *Position occipito-pubienne.* Dans cette position consécutive, la tête est déjà ordinairement engagée dans le fond de l'excavation pelvienne, et même en partie dans le détroit périnéal.

Un ou deux doigts de la main droite étant introduits dans le vagin entre la tête et le côté gauche et postérieur du bassin, on présente dans la direction de la vulve l'extrémité de la branche à pivot, tenue de la main gauche de la manière indiquée, son bord concave tourné vers le pubis et le manche incliné au-devant de l'aine droite; à mesure qu'on fait glisser l'extrémité de la cuiller entre les doigts et la tête, on abaisse le manche entre les cuisses de la femme. Le léger mouvement de spirale qu'on imprime à la branche en l'abaissant la porte sur les parties latérales du bassin, où elle se place comme d'elle-même, et la tête se trouve embrassée latéralement du vertex vers l'angle de la mâchoire (fig. 68).

On introduit la branche à mortaise de la même manière, mais en la tenant de la main droite, en inclinant son manche au-devant de l'aine gauche et en faisant pénétrer l'extrémité de la cuiller dans les parties entre la tête et les doigts de la main gauche introduits en arrière et de côté. On la fait arriver de même sur les côtés du bassin et sur les parties latérales de la tête, en abaissant le manche et en le rapprochant de la ligne médiane. Quand les deux branches sont introduites à la même profondeur, elles doivent être parallèles; le pivot dirigé vers le pubis correspond exactement à la mortaise, et l'articulation se fait avec la plus grande facilité.

Après avoir articulé les branches et s'être assuré que la tête est bien saisie et qu'elle est saisie seule, la main gauche placée en dessus près de la jonction, la droite en dessous au-devant

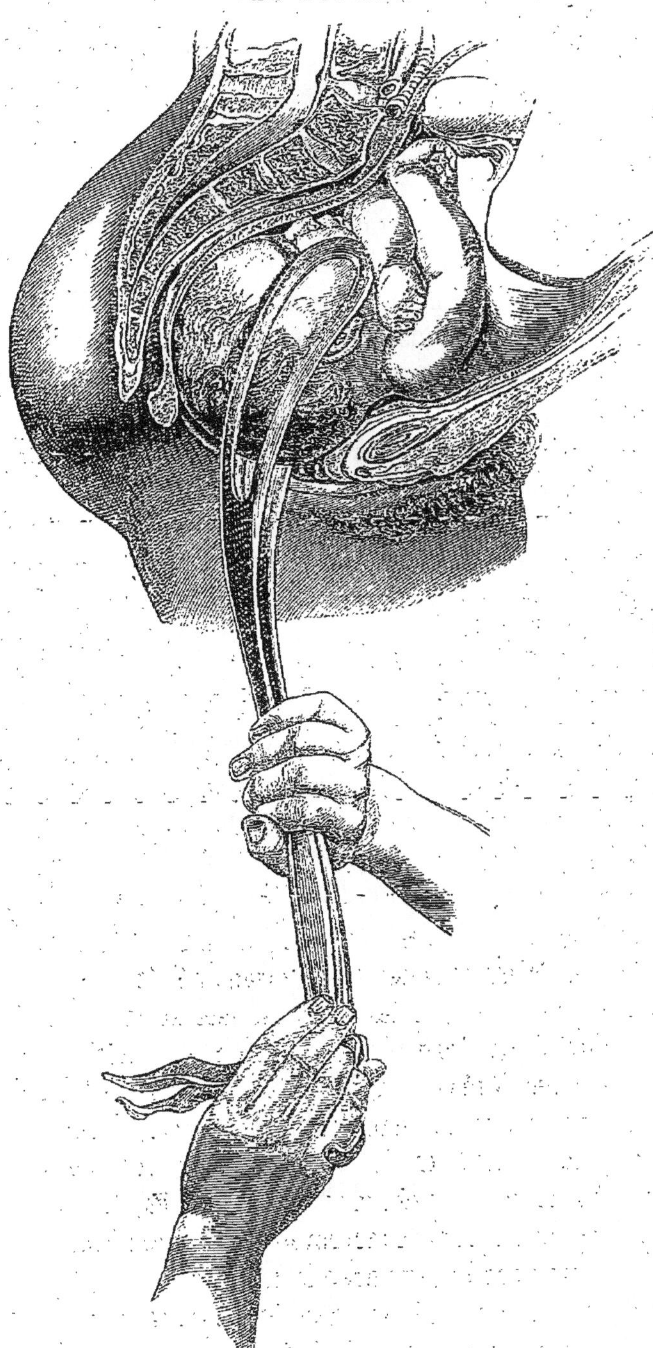

Fig. 68. — *Forceps appliqué sur la tête en position occipito-antérieure directe dans le fond du bassin.*

des crochets, on tire sur le manche dans la direction du détroit inférieur, en le maintenant un peu abaissé jusqu'à ce que l'occiput soit engagé sous l'arcade des pubis. Puis on le relève par degrés vers le pubis pour faire avancer la face sur le périnée, qu'on soutient d'une main ou qu'on fait soutenir lorsque la tête est près de franchir la vulve ; on modère en ce moment les tractions au point que la tête soit moins extraite qu'expulsée spontanément, sans autre aide que l'action de relever le manche de l'instrument au-devant des pubis.

2° *Position occipito-sacrée.* Elle appartient comme la précédente à une période très avancée du travail; la tête est extrêmement basse et souvent déjà en partie engagée dans le détroit inférieur.

L'application du forceps se fait exactement de la même manière. La courbure des bords correspondant au front, le manche de l'instrument doit être moins abaissé, afin que la tête reste fortement fléchie et que l'occiput puisse glisser sur la gouttière périnéale. Il faut agir avec plus de lenteur encore que dans la position précédente, parce que le périnée et la vulve doivent subir une distension plus grande. Lorsqu'on a fait avancer l'occiput sur la commissure postérieure de la vulve au lieu de continuer à relever le manche de l'instrument vers le pubis, on l'abaisse sans le moindre effort vers le périnée, que l'on continue à soutenir d'une main, pour faire dégager d'une manière en quelque sorte spontanée le front et le reste de la face de dessous la commissure antérieure de la vulve.

3° *Position occipito-cotyloïdienne gauche.* L'occiput étant dirigé vers le trou ovalaire gauche et le front vers la symphyse sacro-iliaque droite, la branche à pivot doit être placée au-devant de l'échancrure sciatique gauche, et la branche à mortaise derrière le trou ovalaire droit, afin d'embrasser exactement les côtés de la tête. La première tenue de la main gauche est introduite de la manière indiquée (596, 9°). En l'abaissant, au lieu de faire remonter la cuiller sur le côté gauche du bassin, on la fait avancer au-devant des ligaments sacro-sciatiques, de manière à croiser un peu le bord du sacrum pour la faire arriver jusque sur la joue. Ainsi placé, le pivot de la branche est toujours en dessus, mais tourné vers

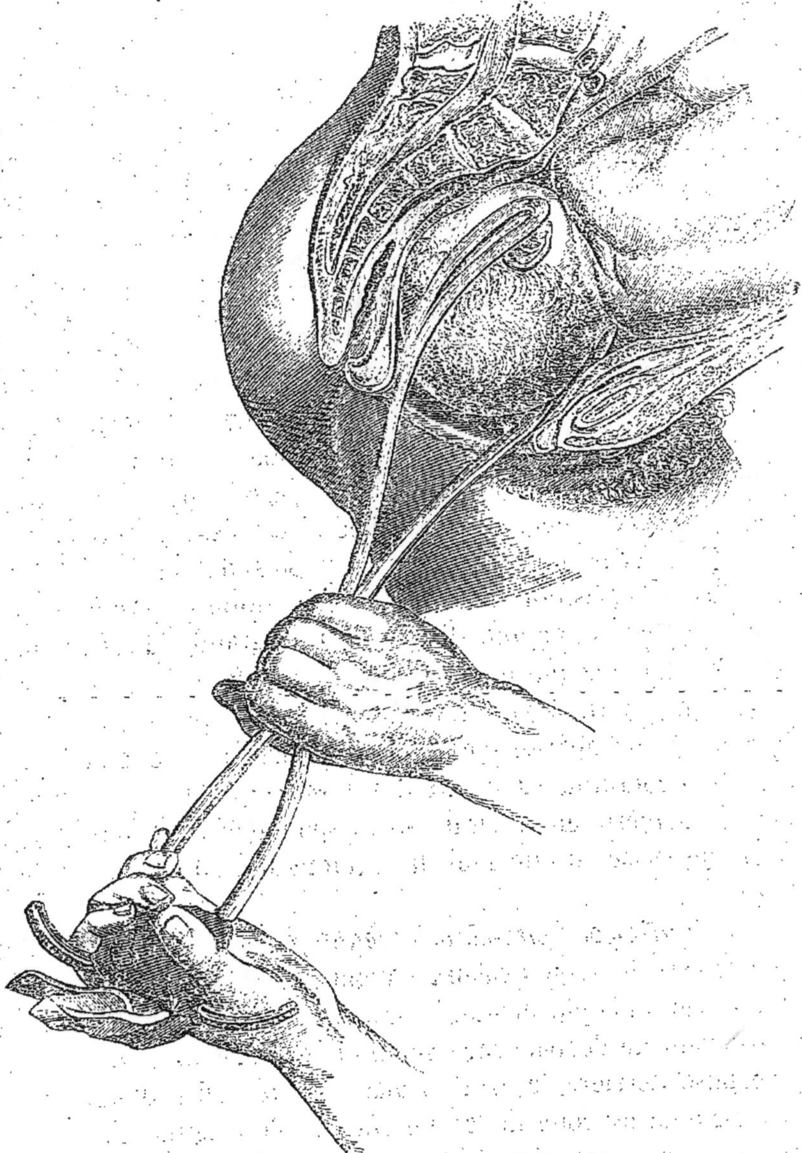

Fig. 69. — *Forceps appliqué sur la tête dans le bassin en position diagonale.*

l'aine gauche, et l'extrémité du manche un peu inclinée vers la cuisse du même côté (fig. 69).

On introduit la branche à mortaise en arrière et à droite dans le lieu d'élection, et on lui fait décrire, à mesure qu'elle pénètre, le mouvement de spirale allongée à l'aide duquel la cuiller est portée derrière le trou ovalaire sur le côté de la tête. S'il arrivait que le mouvement de spirale fût incomplet, les doigts de la main gauche introduits dans les parties pour les protéger et guider la cuiller, portés sur son bord convexe et agissant de concert avec la main droite qui tient le manche, la feraient avancer sous le côté droit de l'arcade des pubis. Si l'on ne parvenait pas à la conduire ainsi sur les côtés de la tête, on aurait recours aux modifications que nous avons indiquées (596, 9°). Lorsque la branche antérieure est bien placée, le manche est incliné vers la cuisse gauche et la mortaise dirigée vers l'aine du même côté, c'est-à-dire qu'elle est avec la branche postérieure dans des rapports qui rendent leur jonction facile.

En exerçant les tractions pour faire descendre la tête et l'engager dans le détroit inférieur, on imprime à l'instrument un mouvement de rotation de gauche à droite en relevant en même temps un peu le manche de manière à amener le bord concave et l'occiput directement, ou presque directement en avant. Pour achever l'extraction de la tête, on se conduit comme dans le cas où l'occiput a exécuté son mouvement de rotation (598, 1°).

4° *Position occipito-sacro-iliaque droite.* Elle est diamétralement l'opposée de la précédente : le front correspond au trou ovalaire gauche et l'occiput à la symphyse sacro-iliaque droite. L'introduction des branches se fait dans le même ordre et de la même manière. Mais c'est le front qui correspond à la courbure des bords, qu'on amène sous l'arcade des pubis en exerçant les tractions, et l'on termine comme dans la position *occipito-sacrée.*

5° *Position occipito-cotyloïdienne droite.* L'occiput répondant au trou ovalaire droit et le front à la symphyse sacro-sciatique gauche, la branche à pivot doit être conduite derrière l'arcade des pubis du côté gauche, par le mouvement de spirale allongée décrit (596, 9°) que l'on complète s'il y a lieu à l'aide des doigts de la main droite introduits en arrière et à gauche. Lorsque la branche antérieure est convenablement placée, le manche est incliné vers la cuisse droite et le pivot vers l'aine du même côté. On introduit ensuite la branche à mortaise, tenue de la main droite, en arrière et à droite, entre le côté de la tête et les doigts de la main gauche, en abaissant le manche et en l'inclinant vers la cuisse droite jusqu'à ce que la mortaise, qui s'incline à droite, soit arrivée au niveau du pivot de la branche antérieure.

En exerçant les tractions, on imprime à l'instrument un mouvement de rotation de droite à gauche, qui amène la courbure des bords et l'occiput sous les pubis, et l'on achève l'extraction de la tête comme dans la position *occipito-pubienne.*

6° *Position occipito-sacro-iliaque gauche.* Le front correspondant au trou ovalaire droit et l'occiput à la symphyse sacro-iliaque gauche, les branches doivent être introduites dans le même ordre et de la même manière que ci-dessus ; mais c'est le front qui est amené dans l'arcade des pubis par le faible mouvement de rotation imprimé à l'instrument, et l'extraction est achevée comme la position *occipito-sacrée.*

7° *Position occipito-iliaque directe gauche.* La branche à pivot est introduite en arrière, au-devant du ligament sacro-sciatique gauche ; en abaissant le manche, on dirige la cuiller au-devant du sacrum, sur le côté de la tête, et la branche devenant tout à fait postérieure, le pivot se tourne directement vers la face interne de la cuisse gauche.

La branche à mortaise, introduite en arrière et à droite, est amenée, entre les pubis et le côté de la tête, par le mouvement de spirale allongée, qu'il faut le plus souvent compléter à l'aide des doigts introduits dans les parties, pour qu'elle devienne tout à fait antérieure. Les difficultés qu'on rencontre à bien placer les deux branches rendent souvent opportunes les modifications dans leur introduction que nous avons signalées (596, 9°). Lorsque les deux branches sont en position d'être articulées, leurs bords concaves, tournés vers l'occiput, regardent directement à gauche. En exerçant les tractions, on conduit l'occiput sous l'arcade des pubis par un mouvement de rotation de gauche à droite, et comme ce mouvement est assez étendu, il faut l'exécuter lentement et à plusieurs reprises.

8° *Position occipito-iliaque directe droite.* Le procédé opératoire est l'inverse du précédent. La branche à pivot est conduite derrière les pubis, la branche à mortaise au-devant du sacrum; la concavité des bords regarde directement à droite, et le mouvement de rotation qui amène l'occiput sous l'arcade du pubis s'exécute de droite à gauche.

Dans l'une et l'autre de ces deux positions directes, pour que le forceps pût être appliqué sur le côté de la tête, il faudrait qu'elle fût complétement descendue dans l'excavation pelvienne, et que l'extrémité de la cuiller, placée en arrière, restât au-dessous de l'angle sacro-vertébral. Dans le cas contraire, on est conduit à placer les branches du forceps sur les côtés du bassin ou diagonalement, parce que la tête prend cette position pendant la manœuvre. Si la tête est prise du front à l'occiput ou d'une bosse frontale à la région occipitale opposée, et si elle ne se place pas régulièrement entre les cuillers pendant qu'on cherche à articuler ou qu'on exerce les premières tractions, on est exposé à rencontrer de grandes difficultés et des dangers de rupture pour lui faire franchir le détroit inférieur et la vulve. Il est donc convenable, après avoir amené l'occiput sous l'arcade des pubis, de réappliquer l'instrument, si l'on ne peut pas compter sur l'expulsion spontanée de la tête.

599*. — B. *Au détroit supérieur.* Au détroit supérieur et au-dessus, le forceps n'est pas, comme dans l'excavation, indiqué exclusivement à la version; on a, au contraire, presque toujours à faire un choix entre l'un ou l'autre de ces deux moyens de terminer l'accouchement.

1° La nécessité de délivrer la femme provient-elle de l'explosion d'accidents graves, une hémorrhagie, des convulsions, le prolapsus du cordon, etc., c'est la version, à l'exécution de laquelle la plupart des conditions favorables sont réunies, qu'il faut préférer au forceps, qui est même à peu près inapplicable lorsque la tête est tout à fait au-dessus du détroit supérieur et mobile.

2° Lorsque la tête est retenue au détroit supérieur, parce qu'elle s'y présente d'une manière défectueuse, avec procidence d'un membre, ou qu'il y a défaut d'inclinaison de l'utérus en avant, la première indication est de favoriser et d'attendre avec confiance le redressement spontané. S'il n'a pas lieu et qu'il faille terminer l'accouchement, faut-il préférer le forceps à la version? La conduite à tenir se règle sur l'état de l'utérus. Si malgré le temps écoulé depuis la rupture de la poche des eaux il est médiocrement contracté sur le fœtus, la version offre certainement moins de difficultés et moins de dangers. S'il est au contraire violemment rétracté, la version est inapplicable ou au moins plus difficile et plus dangereuse que le forceps. La position défectueuse de la tête ou la présence d'un pied peut bien ajouter aux difficultés inhérentes à son élévation, mais la bonne conformation du bassin les atténue très sensiblement.

3° C'est par un défaut de proportion entre son volume et la capacité du bassin que la tête est le plus souvent retenue à l'entrée du détroit supérieur. Dans les deux premiers degrés (502, A et B), l'obstacle étant rarement absolu, s'il résiste aux efforts maternels, il peut presque toujours être surmonté par le forceps, à une époque du travail où la version est devenue le plus souvent difficile et dangereuse, à raison du temps qu'on a accordé à l'expectation. Toutefois, il est juste de convenir que, dans les cas de rétrécissement du bassin qui ne sont pas absolument incompatibles avec le passage de la tête, les résultats de la version, pour la mère comme pour l'enfant, sont loin d'être aussi défavorables qu'on pourrait en juger *à priori*.

Procédé opératoire. Il est à peu près impossible d'appliquer, au détroit supérieur, une branche au-devant du sacrum et l'autre derrière les pubis ; on ne doit pas même le tenter : outre que la tête est fortement serrée entre le sacrum et les pubis, ce serait présenter une tige droite à un canal très courbe. On peut, à la rigueur, les placer diagonalement, quelquefois même elles ont de la tendance à s'y placer d'elles-mêmes, chassées par les rapports de la tête avec le bassin.

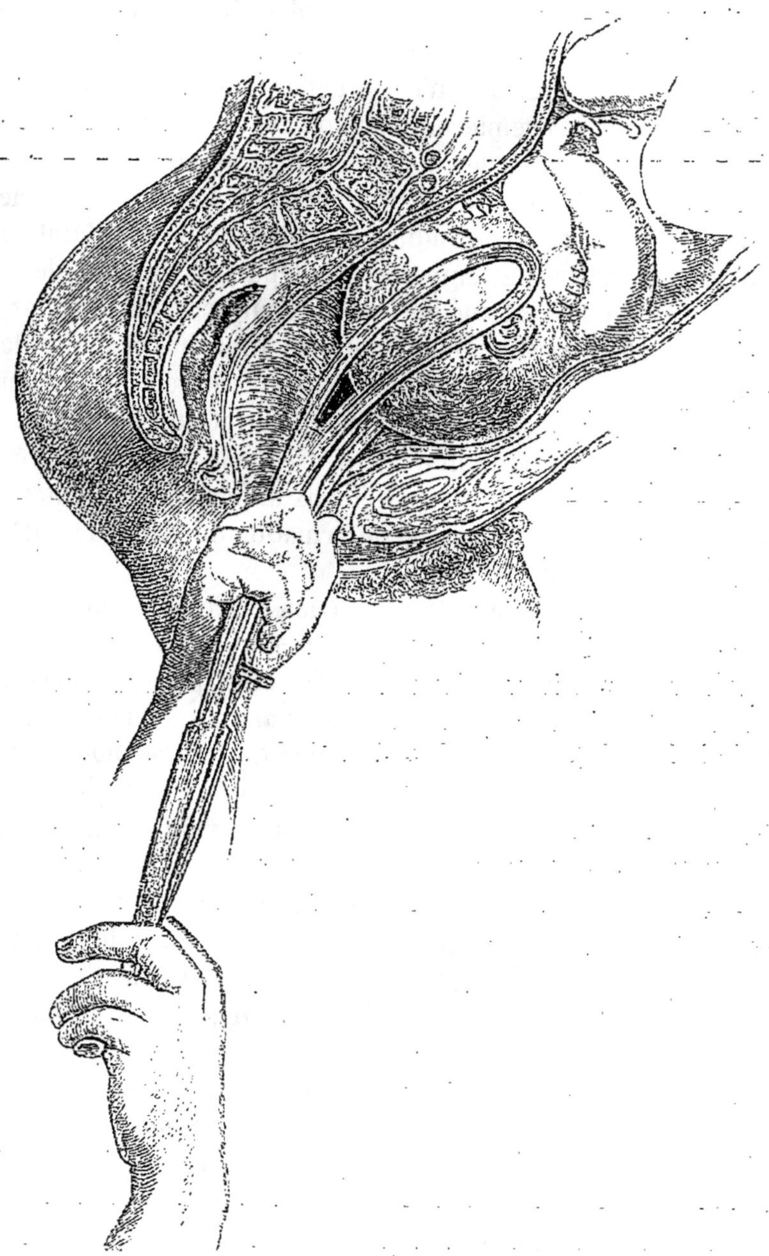

Fig. 70. — *Forceps appliqué sur la tête au détroit supérieur.*

Mais en réalité, dans la pratique, on est généralement conduit à les placer sur les côtés du bassin, quelquefois l'une un peu en arrière, l'autre un peu en avant, quelle que soit la position de la tête, position qui reste d'ailleurs assez souvent ignorée jusqu'au dernier moment. D'ailleurs, quoique l'occiput corresponde rarement au pubis ou à l'angle sacro-vertébral, il n'arrive pas moins quelquefois que la tête se trouve prise par ses régions pariéto-temporales, parce que, dans les positions diagonales, elle tend à se placer régulièrement entre les cuillers, pendant qu'on cherche à placer les branches ou à articuler l'instrument, ou pendant les premières tractions. Mais le plus souvent elle reste saisie d'une manière irrégulière, du front à l'occiput, ou plutôt d'une bosse frontale à la région occipitale opposée.

Qu'on place les branches sur les côtés du bassin ou diagonalement lorsqu'elles tendent d'elles-mêmes à prendre une direction oblique, le procédé opératoire est le même que dans l'excavation pelvienne, sauf les particularités suivantes : La main qui sert à guider les cuillers et à protéger les parties de la mère doit être introduite tout entière dans le conduit vulvo-utérin ; en faisant pénétrer les branches jusque près de l'articulation, on abaisse fortement le manche entre les cuisses. Leur articulation offre le plus souvent quelques difficultés, car, dès que la tête est saisie irrégulièrement, leur parallélisme est plus ou moins altéré. L'écartement des manches exige souvent qu'on les fixe avec un lien placé près des crochets. On ne peut pas se conformer exactement au précepte d'exercer les tractions dans la direction de l'axe du bassin. En tirant autant que possible en bas et en arrière, quoique le périnée soit assez dépressible, l'instrument n'est pas parallèle à l'axe du détroit abdominal et de la partie supérieure de l'excavation ; mais il l'est assez pour empêcher que la tête ne soit entraînée et retenue contre les pubis, comme cela arriverait si l'on négligeait d'abaisser fortement le manche entre les cuisses, jusqu'au moment où la tête est entraînée dans l'excavation.

Si la tête a été régulièrement saisie, on achève son extraction conformément aux règles prescrites pour les cas où l'occiput correspond à l'arcade des pubis ou à la courbure du sacrum (598, 1°, 2°). Dans le cas contraire, on aura à examiner si l'on doit retirer une des branches de l'instrument pour la réappliquer régulièrement, ou bien si l'on peut, après avoir donné à la tête la meilleure direction possible, chercher à l'entraîner au dehors comme elle a été saisie, en redoublant de précaution pour prévenir la déchirure du périnée.

§ 2. — *De l'application du forceps dans la présentation de la face.*

600*. — Lorsque dans la présentation de la face il y a indication de terminer l'accouchement par le forceps, le précepte de placer les cuillers sur les parties latérales de la tête ne souffre pas d'exceptions. Quels désordres ne produirait-on pas si l'une des branches était appliquée sur le vertex et l'autre sur la base de la mâchoire et le devant du cou! D'ailleurs cette dernière partie est tellement favorable au glissement, que le forceps ainsi appliqué serait d'une efficacité incertaine alors même que la mort du fœtus laisserait toute liberté à cet égard. Ces inconvénients disparaîtraient en partie si la tête était saisie diagonalement, d'une joue et de la base de la mâchoire correspondante à la région temporo-occipitale du côté opposé, surtout lorsque c'est le front plutôt que la face en plein qui se présente. La tête, dans cette direction, peut être assez solidement prise et sans trop de dangers pour l'enfant; d'ailleurs en articulant, et pendant les premières tractions, elle peut encore se placer régulièrement entre les cuillers. Il est également indispensable que le bord concave de l'instrument soit tourné du côté du menton, qui ne peut pas, comme l'occiput, être dégagé en arrière, sur la commissure du périnée.

On voit par là que l'emploi du forceps est bien plus restreint et souvent plus difficile dans la présentation de la face que dans celle du crâne. Si l'on était dans l'obligation de terminer l'accouchement lorsque la face est au-dessus du détroit supérieur ou même à demi engagée dans l'excavation, et que le menton correspondît vers un point de la moitié postérieure du bassin, on ne devrait tenter de se servir du forceps que dans le cas où la version serait tout à fait impraticable. On se conduirait de même s'il correspondait vers la fosse iliaque et même vers la cavité cotyloïde, parce que la nécessité de placer les branches directement en travers ou même diagonalement en rend l'usage plus limité et plus difficile. Ajoutons que, lorsque les dimensions du bassin sont au-dessous de leur étendue moyenne, les chances de l'expulsion spontanée et de l'extraction à l'aide du forceps disparaissent beaucoup plus vite que dans la présentation du vertex. Au détroit supérieur, que la nécessité de terminer l'accouchement provienne d'accidents ou d'un obstacle à la progression de la face, la version est la règle et le forceps l'exception. Ce qui explique pourquoi, dans la présentation de la face, l'extraction par la version est dans une proportion beaucoup plus forte que l'extraction à l'aide du forceps. Aujourd'hui que, connaissant mieux le mécanisme de l'accouchement par la face, on l'abandonne aux efforts de l'organisme, s'il arrive qu'ils soient insuffisants, il n'est guère permis de tenter avec succès d'abaisser avec la main le vertex au centre du bassin, parce qu'on a laissé passer le moment où il y avait quelques chances de réussir. Mais les progrès du travail amènent généralement des conditions favorables à l'emploi du forceps. En effet, pendant que la tête descend dans l'excavation, le menton se rapproche de l'arcade du pubis, même dans les positions où il correspondait primitivement vers un point de la moitié postérieure du bassin.

A. *Positions mento antérieures.* — 1° *Dans l'excavation.* Le procédé opératoire étant le même que dans les positions occipito-antérieures du vertex, je dois me borner à quelques remarques spéciales pour éviter des répétitions inutiles et fastidieuses.

La position *mento-pubienne* est très fréquente, puisque, dans l'expulsion régulière, le menton converge vers l'arcade du pubis, quel que soit le point où il se trouve primitivement. Lorsqu'on est conduit à faire usage du forceps dans cette position, la face est très près de la vulve, puisque le mouvement de rotation est complet ou presque complet. Chaque branche sera placée sur les parties latérales du bassin, de la même manière que dans la position occipito-pubienne du vertex. En insinuant les cuillers entre les doigts conducteurs et les joues, il faut éviter avec soin de heurter leur extrémité contre la face. Pendant les premières tractions, le manche doit être tenu convenablement abaissé pour faire avancer le menton sous l'arcade du pubis ; puis en tenant compte des précautions à prendre pour prévenir la déchirure de la vulve et du périnée, on le relève graduellement vers l'abdomen pour que le reste de la face se dégage successivement au-devant de la commissure postérieure de la vulve.

Dans les positions *mento-cotyloïdiennes*, les branches sont placées de la même manière et aussi facilement que dans les positions occipito-cotyloïdiennes du vertex. En exerçant les tractions, on amène le menton sous l'arcade du pubis; puis on opère le dégagement de la tête comme il a été dit ci-dessus.

Dans les positions *mento-iliaques directes*, si la face n'est pas très rapprochée du plancher du bassin, on peut se trouver dans l'impossibilité de placer les cuillers sur les côtés de la tête.

2° *Au détroit supérieur*. Il est extrêmement rare que le menton corresponde aux pubis, à moins que le bassin ne soit resserré transversalement. Mais il peut s'en trouver très peu éloigné, de manière qu'en plaçant les branches du forceps sur les parties latérales du bassin, la tête se trouve régulièrement saisie.

Comme il est assez souvent possible de placer les branches diagonalement, l'une au-devant de la symphyse sacro-iliaque, l'autre derrière la cavité cotyloïde opposée, où elles ont même, à cause des rapports de la tête avec le bassin, de la tendance à se porter, il reste quelques chances de se servir utilement du forceps, au détroit supérieur, dans les positions mento-cotyloïdiennes de la face.

Il est bien entendu qu'on n'est autorisé à tenter l'application du forceps au détroit supérieur, même dans ces positions, qu'autant que l'utérus est violemment rétracté sur l'enfant, et que la version est impraticable ou extrêmement difficile et dangereuse.

B. *Positions mento-postérieures.* — 1° *Dans l'excavation.* La situation est des plus critiques lorsque l'intervention de l'art est nécessaire. Mais hâtons-nous d'ajouter qu'il est très rare que la face descende jusqu'au fond de l'excavation, le menton dirigé en arrière, dans la courbure du sacrum ou même de côté, au-devant des ligaments sacro-sciatiques. Il ne peut guère en être ainsi que lorsque le bassin est extrêmement grand ou le fœtus très petit, ou mort et putréfié.

Il n'y a pas à penser à la version que nous supposons absolument impossible. Voyons donc quel parti on peut tirer du forceps, et de quelle manière on doit s'en servir. La difficulté n'est pas dans l'introduction et le placement des branches, qui se font comme dans les positions occipito-postérieures du vertex, mais le bord concave des cuillers regarde l'extrémité opposée au menton.

1° En tirant sur le manche le plus en arrière possible, de manière à faire descendre le vertex, on ne peut guère espérer réussir, à moins que les efforts de l'organisme n'aient déjà à demi produit ce changement de présentation.

2° Le pivotement de la face en avant est peut-être le déplacement le moins difficile à produire si le bassin n'est pas déformé, et comme le menton correspond plutôt au devant du ligament sacro-sciatique qu'au devant du sacrum, et qu'on peut le dégager sous le milieu de l'arcade ischio-pubienne, le mouvement de rotation peut bien ne pas être funeste au fœtus, alors même que le tronc resterait immobile. Pour pratiquer cette manœuvre, le forceps droit serait plus avantageux que le forceps courbé sur le bord, qu'on a quelquefois appliqué en dirigeant d'abord son bord concave en arrière.

3° Si, pendant qu'on s'efforce en vain d'abaisser le vertex ou d'amener le menton en avant, on s'apercevait qu'il peut descendre au-devant des ligaments sacro-sciatiques, on essayerait de le faire avancer jusqu'au-devant de la commissure postérieure de la vulve; puis on dégagerait en abaissant le manche de l'instrument.

2° *Au détroit supérieur*, les ressources qu'offre le forceps sont si incertaines et si restreintes, qu'on doit y renoncer de prime abord. Heureusement, les cas de ce genre ne sont pas communs, et la version offre presque toujours une ressource suffisante.

§ 3. — *De l'application du forceps sur la tête retenue dans le bassin après la sortie du tronc.*

601*. — Dans les présentations de l'extrémité pelvienne ou après la version, lorsque la tête est retenue dans les parties, l'enfant court le danger imminent et très prochain de perdre la vie, par suite de la compression du cordon et du décollement du placenta. Aussi sa mort est-elle presque inévitable lorsqu'on ne parvient pas promptement à vaincre l'obstacle qui résulte soit de l'extension de la tête, soit de la résistance des parties molles, soit des rapports trop exacts entre le volume de la tête et la capacité du bassin. On trouve généralement, dans l'emploi seul et bien entendu des mains, un moyen assuré et peu dangereux d'entraîner la tête au dehors; mais il s'en faut de beaucoup que l'extraction soit toujours assez prompte pour garantir l'enfant du danger imminent qui menace son existence. Le forceps lui offrirait-il une ressource plus sûre ? Non, bien certainement ; car, en supposant même qu'on ne rencontre pas de difficultés dans l'introduction et le placement des branches, l'extraction ne serait pas plus prompte. On est donc conduit à tenter d'abord l'extraction à l'aide des mains ; et, si le bassin se trouve dans des conditions qui permettent le passage de la tête, on réussira presque constamment. De sorte que l'occasion d'avoir recours au forceps, après la sortie du tronc, se présente rarement : c'est au point qu'il est presque impossible de se faire une idée exacte de ses avantages et de ses inconvénients d'après les faits seuls. On comprend facilement la difficulté qu'il y aurait à le porter au détroit supérieur, la partie supérieure du tronc obstruant d'autant plus l'entrée du conduit vulvo-utérin que la tête est plus élevée. Mais la tête, s'avançant par sa base, est en grande partie dans l'excavation, pendant que sa portion la plus saillante seule est retenue à l'entrée du bassin. De sorte qu'il n'y a pas, à proprement parler, application du forceps au-dessus du détroit supérieur. Ajoutons que si Baudelocque et Smellie ont réussi à se servir avec succès du forceps au détroit supérieur, après la sortie du tronc, madame Lachapelle et Deeves ont au contraire échoué.

602*. — *Procédé opératoire.* Il est le même que dans la présentation du vertex, et ne subit d'autres modifications que celles qu'entraîne la présence du tronc au dehors. L'instrument doit être appliqué au-devant du plan antérieur du fœtus, dont le tronc est tenu écarté dans le sens opposé.

A. — *Positions occipito-antérieures.* Lorsque l'occiput correspond à la symphyse des pubis ou en est très rapproché, le tronc, avec les bras étendus sur les côtés, est enveloppé d'une serviette chaude et relevé vers l'abdomen de la mère, où il est soutenu par un aide. On place ensuite les branches sur les parties latérales du bassin, absolument de la même manière que dans la position occipito-pubienne du vertex. Il faut préalablement avoir l'attention de fléchir, avec les doigts introduits dans les parties, la tête aussi exactement que possible ; et malgré ce soin, elle ne peut être saisie du menton à l'occiput, mais seulement de l'angle de la mâchoire au milieu du vertex.

Le forceps, appliqué sur les parties latérales du bassin, peut sans trop de difficulté saisir la tête dans toute l'étendue du canal pelvien, jusqu'au-dessus du détroit supérieur ; et comme il est généralement possible, lorsque le tronc est dehors, de faire exécuter à la tête son mouvement de rotation, non-seulement dans les positions obliques, mais encore dans les positions latérales directes, l'obligation d'appliquer le forceps dans ces dernières positions doit à peine se rencontrer dans la pratique, et nous n'indiquons les procédés à suivre que pour nous conformer à l'usage.

Lorsque l'occiput correspond à l'une ou à l'autre cavité cotyloïde, on relève le tronc vers l'aine du même côté. Les branches sont ensuite placées sur les côtés de la tête, l'une au-devant du ligament sacro-sciatique, l'autre derrière la cavité cotyloïde, en observant les mêmes règles que pour la position occipito-cotyloïdienne correspondante du vertex ; et, lorsque la branche qui est introduite au-devant de la face doit être ramenée en avant, on la fait avancer, entre les doigts et la joue, jusqu'à la hauteur du front, avant de lui faire exécuter le mouvement de spirale qui fait arriver la cuiller sur le côté de la tête ; ou bien on l'y pousse directement, afin que son extrémité ne vienne pas heurter contre la mâchoire ou le nez. Après avoir articulé, on tire dans la direction du bassin, en imprimant à la tête le mouvement de rotation qui amène l'occiput et la concavité des bords de l'instrument sous l'arcade des pubis.

Si l'occiput correspondait directement de côté, le tronc serait porté et maintenu du même côté, les cuillers placées comme il a été dit, l'une au-devant du sacrum, l'autre derrière les pubis ; la concavité de leurs bords dirigée du côté de l'occiput, qui doit être amené sous l'arcade des pubis, par un mouvement de rotation d'arrière en avant.

B. *Positions occipito-postérieures.* On pourrait être conduit à se servir du forceps, lorsque la tête est retenue, l'occiput dirigé en arrière, et qu'il est impossible à l'aide de la main de tourner la face dans la concavité du sacrum, ou de la dégager sous l'arcade des pubis. Le fœtus serait incliné en arrière, afin de pouvoir introduire les branches au-devant du tronc. Elles seraient placées suivant que la position est directe ou diagonale, comme dans le cas où l'occiput correspond au pubis ou à l'une des cavités cotyloïdes ; et suivant que la tête serait fléchie ou étendue, elle serait entraînée et dégagée conformément aux modes d'expulsion indiqués (v. 360). Mais ce dégagement ne paraissant guère possible qu'à la condition d'un bassin très grand ou d'une tête peu volumineuse, on pourrait essayer, si l'on rencontrait des difficultés à entraîner la tête, de rouler l'occiput en avant, en faisant exécuter au forceps un mouvement de rotation qui amènerait son bord concave en arrière.

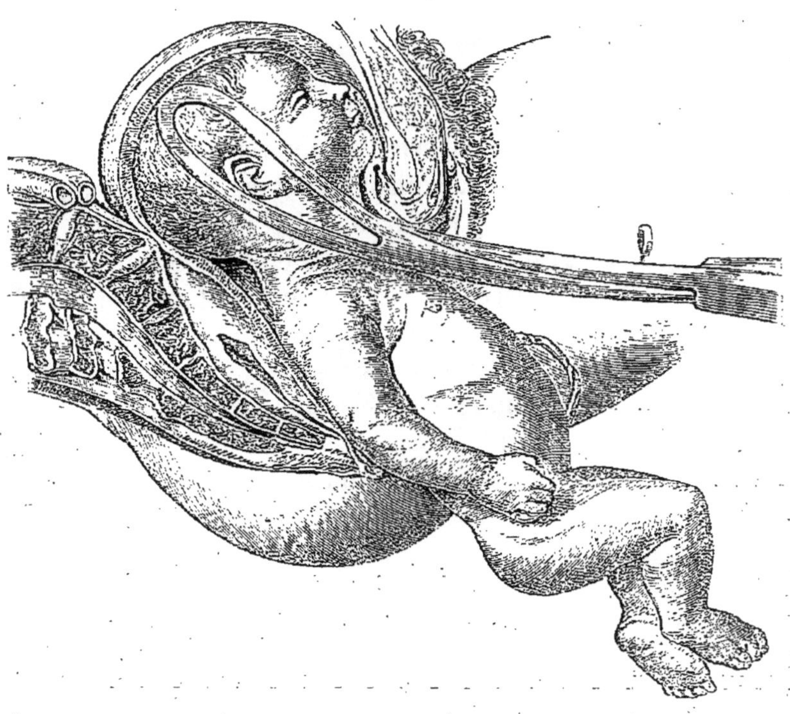

Fig. 71. — *Forceps appliqué sur la tête après la sortie du tronc, la face dirigée en avant.*

SECTION QUATRIÈME.

DE LA DÉLIVRANCE VICIEUSE ET COMPLIQUÉE.

ARTICLE Ier. — Du décollement et de l'expulsion vicieux de l'arrière-faix.

603. — Nous avons expliqué, aux paragraphes 320 et 410, comment le décollement du placenta ou sa séparation de la matrice a lieu ; nous y avons parlé aussi de l'expulsion du placenta et des membranes, ainsi que des anomalies qui s'offrent quelquefois dans la marche ordinaire de ces phénomènes sans qu'il en résulte un préjudice notable.

Le décollement et l'expulsion du placenta sont *vicieux* lorsqu'il en résulte quelque préjudice ou danger.

§ 1er. — *Décollement vicieux de l'arrière-faix.*

604. — Le danger principal qui peut résulter du décollement du placenta consiste dans une hémorrhagie; c'est-à-dire un écoulement d'une grande quantité de sang des vaisseaux de la matrice, à l'endroit où le placenta était implanté. Une hémorrhagie utérine est la suite immédiate du décollement partiel ou complet du placenta, dans des circonstances et à une époque où la matrice est privée de la faculté de se contracter convenablement, et de rester dans cet état de contraction. En voici la cause : la liaison entre le placenta et l'utérus est telle, qu'après le décollement, le sang peut s'écouler d'un grand nombre de vaisseaux, dans l'endroit où le placenta était inséré, et cet écoulement peut devenir assez abondant pour occasionner, en peu de temps, la faiblesse la plus grande et même la mort.

Mais généralement la perte de sang n'est pas considérable à cause des contractions de la matrice. Les contractions utérines par suite desquelles le placenta se détache déterminent en même temps un tel rétrécissement des ouvertures des vaisseaux, qu'ils ne peuvent fournir qu'une faible quantité de sang, et les contractions suivantes empêchent toute hémorrhagie ultérieure d'avoir lieu.

Le décollement est donc *prématuré*, et par conséquent *vicieux*, lorsqu'il a lieu à une époque où la matrice est dans l'impuissance de se contracter convenablement. Il est évident que, pour que le décollement soit prématuré, il ne s'agit point du temps, mais de l'état dans lequel se trouve la matrice. Ainsi, il peut arriver que le décollement du placenta se fasse fort tard, par exemple au bout d'une demi-heure seulement, et qu'il soit cependant prématuré lorsque la matrice est hors d'état de se contracter suffisamment, et qu'il en résulte une hémorrhagie.

605. — Les causes du manque de contractilité ou de l'iner-

tie de la matrice qui rendent le décollement du placenta si dangereux seront indiquées plus bas (voy. 606). Les causes du décollement prématuré, partiel ou total, peuvent être :

1° Un accouchement rapide, par suite de contractions utérines excessivement violentes;

2° Une fausse direction des contractions, pendant et après l'accouchement, par suite de laquelle une partie du placenta est détaché de la matrice, tandis que le reste continue à y adhérer;

3° Des frictions inopportunes sur la matrice ou d'autres moyens employés pour accélérer l'expulsion de l'enfant ou de l'arrière-faix; des remèdes stimulants, des tractions sur le cordon ombilical, surtout quand il est implanté sur le bord du placenta, des efforts excessifs de la femme en travail, etc.;

4° Une trop grande brièveté du cordon ;

5° Des manœuvres maladroites en faisant la version par les pieds.

606. — Le *retard* dans le détachement complet du placenta n'est vicieux que lorsqu'une partie de cet organe est déjà séparée. Car tant que le placenta adhère encore complétement à la matrice, c'est-à-dire par toute sa face externe, une hémorrhagie des vaisseaux de la matrice, seule cause de l'état vicieux dont nous parlons, ne peut avoir lieu à moins que la matrice ne soit lésée. Mais quand une partie du placenta est déjà détachée et que la matrice ne se contracte pas suffisamment à l'endroit où la portion détachée du placenta avait adhéré, l'hémorrhagie est inévitable.

Du reste, tout retard apporté dans le détachement du placenta, lors même qu'il n'y a pas de décollement partiel, doit être regardé, en raison de sa cause, comme une circonstance fort grave qui demande la plus grande attention.

607. — Les causes du retard dans le décollement du placenta sont :

1° Une grande faiblesse ou une absence totale des contractions utérines. On reconnaît cet état aux caractères suivants : la matrice, au lieu d'être reconnue à ses dimensions ordinaires et de se présenter au-dessus des os du pubis sous forme d'une boule ferme au toucher, offre un volume considérable ; elle est molle et flasque ; le fond fait saillie de quelques travers de doigt au-dessus de l'ombilic ; parfois l'organe n'est pas sphérique, mais comme séparé en deux éminences, une de chaque côté, souvent de hauteur inégale.

2° Une fausse direction des contractions utérines (v. 479).

3° Une *adhérence* trop intime et *contre nature* du placenta à la matrice. Cet état, qu'on appelle aussi *soudure*, ne s'observe que sur quelques endroits du placenta, et jamais, ou du moins très rarement, sur toute sa face extérieure. On soupçonne cet état lorsqu'il y a un écoulement plus ou moins abondant de sang et que, malgré les contractions énergiques de la matrice, le placenta ne se détache point, de sorte qu'on ne le trouve pas à l'orifice ou qu'on n'en sent qu'un de ses bords. En même temps la femme en travail, pendant les contractions sollicitées par l'arrière-faix, éprouve une douleur tractive, brûlante, dans un point de la matrice, qui est ordinairement inégale et rugueuse.

REMARQUE. Comme le danger, dans les cas de décollement vicieux du placenta, se rapporte principalement à l'hémorrhagie, et que le traitement n'a pour but que de la prévenir ou de l'arrêter, nous parlerons, pour éviter les redites, du pronostic et de la conduite que la sage-femme doit tenir, en traitant des hémorrhagies utérines qui compliquent la délivrance (voy. 611 et suiv.).

§ 2. — *Expulsion vicieuse de l'arrière-faix.*

608. — L'*expulsion* du placenta complétement détaché peut, quand elle se fait trop attendre, avoir les suites les plus fâcheuses, lors même qu'il ne survient pas d'hémorrhagie. Les parties de l'arrière-faix et le sang épanché, retenu par le placenta arrêté à l'orifice interne spasmodiquement resserré ou sur un point plus élevé de la matrice, passent bientôt, souvent au bout de dix à douze heures, à la putréfaction, sous l'influence de la chaleur humide qui les entoure. Tout ce qui est expulsé a une odeur très fétide ; la matrice devient dou-

loureuse; il survient de la fièvre, les symptômes de l'inflammation se déclarent, et, dans la plupart des cas, ils sont suivis plus promptement que dans les autres inflammations des organes abdominaux, d'un haut degré de faiblesse et souvent de la mort.

Souvent, dans le cas d'inertie de la matrice, la rétention de l'arrière-faix peut provoquer une hémorrhagie ou l'entretenir.

609. — Les causes du retard apporté dans l'expulsion de l'arrière-faix sont :

1° Des contractions trop faibles de la matrice;

2° Des contractions anormales quant à leur direction. Dans ce dernier cas, toutes les parties de la matrice, le segment inférieur, le fond et le corps se contractent d'une manière uniforme, et ainsi l'arrière-faix se trouve de toutes parts également comprimé, ou une partie seulement de l'organe se contracte à un haut degré et persiste plus ou moins longtemps dans cet état, tandis que le reste est relâché ou bien moins contracté. Cet état s'appelle *étranglement* (v. 479).

610. — Lorsque la cavité de la matrice se trouve divisée en deux cavités ou sacs par un étranglement qui a lieu entre le fond et l'orifice utérin, et que le placenta est renfermé dans la cavité supérieure, on dit qu'il y a *enchatonnement*. Celui-ci est *complet* ou *incomplet*, suivant que le placenta y est retenu en totalité ou en partie. Cet enchatonnement se rencontre le plus souvent à l'orifice interne, quelquefois sur un point compris entre cet orifice et le fond de l'utérus.

L'enchatonnement du placenta est en général un accident assez rare. On l'observe surtout après la naissance de jumeaux, après un accouchement où il y avait abondance de liquide, après des accouchements très rapides ou très laborieux, enfin après des accouchements artificiels. Il peut encore être déterminé par des tractions opérées sur le cordon pendant que le placenta reste encore implanté en partie ou en totalité, par des frictions inopportunes pratiquées sur la paroi antérieure de la matrice, par des irritations subies par l'orifice utérin, par l'adhérence trop forte du placenta à la matrice, etc.

Par l'examen extérieur, on trouve que la matrice présente

une assez grande ressemblance avec une calebasse ou un sablier. Que l'étranglement se trouve où on l'observe ordinairement, c'est-à-dire à l'endroit où le corps de la matrice s'unit à son col, ou sur un point plus élevé, on peut le sentir avec la main. En pratiquant le toucher, on reconnaît que le col utérin est fort large et spacieux ; en faisant glisser le doigt le long du cordon on arrive à l'étranglement, c'est-à-dire à l'ouverture du sac dans lequel le placenta est renfermé. L'ouverture de cette cavité se présente au doigt sous la forme d'un trou, d'une perforation de la matrice ; on serait tenté de croire que le placenta se trouve en dehors d'elle, dans la cavité abdominale.

Le danger à craindre dans ce cas est surtout l'hémorrhagie (v. plus bas, article II).

611. — La *conduite que la sage-femme* doit tenir dans les cas de décollement vicieux ou de rétention de l'arrière-faix se résume ainsi : *Lorsque l'état et l'aspect de la femme sont satisfaisants, qu'il s'écoule peu de sang et qu'il n'existe pas de symptômes d'hémorrhagie interne* (v. 612) *la sage-femme doit néanmoins faire appeler le médecin quand, au bout de deux ou tout au plus de trois heures, le placenta n'est pas encore descendu dans le vagin. Elle le mandera sans délai, lorsque l'enchatonnement a lieu sans même être accompagné d'une perte de sang trop considérable.*

Dans l'un et dans l'autre cas, si la perte de sang devient menaçante, la sage-femme se conduira comme il va être dit ci-dessous.

ARTICLE II. — De l'hémorrhagie utérine après l'accouchement.

612. — Lorsque les vaisseaux de la matrice laissent écouler plus de sang que ne le comporte la constitution de la femme en couches, on dit qu'il y a *hémorrhagie*. L'hémorrhagie est *externe* quand le sang est épanché au dehors ; elle est *interne* lorsque le sang s'épanche dans la cavité de la matrice, ne pouvant passer par l'orifice utérin ou par le vagin, soit à cause du placenta placé sur l'orifice utérin ou dans son voisinage,

soit à cause d'un caillot de sang, soit à cause d'une constriction spasmodique de l'orifice. Une hémorrhagie utérine, externe d'abord, peut devenir interne lorsque le sang est retenu dans la cavité de la matrice par suite d'une de ces causes.

613. — Autant il est facile de reconnaître l hémorrhagie externe, autant une observation attentive est nécessaire pour bien reconnaître l'hémorrhagie interne avant qu'elle n'ait donné lieu à un épanchement de sang considérable, et que le danger ne soit arrivé au plus haut degré.

Les signes d'une hémorrhagie interne sont les suivants :

1° La matrice ne se sent plus au toucher comme une petite boule ferme au-dessus du pubis ; elle est molle et augmente de volume, ainsi que l'abdomen, par suite du sang qui s'y accumule.

2° La mère éprouve un sentiment de chaleur dans l'abdomen.

3° Symptômes qui accompagnent ordinairement la faiblesse suite d'une perte de sang, savoir : petitesse et fréquence du pouls, pâleur de la face, décoloration des lèvres, affaiblissement, anxiété, dyspnée et respiration profonde, suspirieuse, bâillements, syncopes, nausées, vomissements, bourdonnements d'oreilles, éblouissements, obscurcissement de la vue, froid des membres, agitation, enfin convulsions qui sont ordinairement les signes précurseurs d'une mort prochaine. Les mêmes accidents accompagnent l'hémorrhagie externe, à l'exception du gonflement du ventre, attendu que le sang s'épanche au dehors.

4° Il y a encore lieu de présumer une hémorrhagie interne, lorsqu'un écoulement de sang considérable cesse tout d'un coup, et que les symptômes signalés (n° 3°) persistent ou augmentent d'intensité.

614. — Les hémorrhagies utérines se déclarent avant, pendant ou après l'expulsion de l'arrière-faix, soit immédiatement, soit une ou plusieurs heures après, rarement au bout de quelques jours seulement.

615. — L'inertie de la matrice est la cause la plus fréquente de l'hémorrhagie consécutive à l'accouchement. Outre les

causes déjà mentionnées (voy. 471-475), qui peuvent déterminer cet état de la matrice, nous signalerons encore les suivantes :

1° Accouchements lents, pénibles, qui demandent de grands efforts de la part de la femme ;

2° Des accouchements trop rapides ;

3° Distension excessive de la matrice par deux jumeaux, un enfant volumineux ou une trop forte quantité de liquide ;

4° Adhérence partielle trop forte du placenta ;

5° Rétention de l'arrière-faix détaché ou d'un caillot de sang ;

6° Des contractions inégales, c'est-à-dire trop fortes d'une partie de la matrice et trop faibles de l'autre ; un étranglement qui occupe en général cette partie de la matrice où le corps s'unit au col ; il peut aussi arriver, notamment dans les cas d'adhérence partielle trop forte du placenta, que l'utérus se contracte autour du point occupé par ce dernier, tandis qu'il est relâché dans le reste de son étendue ;

7° Une manœuvre imprudente de la sage-femme, par exemple, des tractions faites sur le cordon ou des tiraillements, etc. ;

8° L'abus des substances irritantes, échauffantes, des spiritueux pendant l'accouchement ; la surexcitation qui en est la suite amène l'épuisement.

L'hémorrhagie peut aussi reconnaître pour cause un état pléthorique chez les femmes qui, contrairement à leurs habitudes, ne se sont pas fait saigner pendant la grossesse, ou bien des influences qui déterminent des congestions dans la matrice, telles que les substances irritantes, stimulantes, des liqueurs fortes, des émotions morales vives, etc.

616. — *Les hémorrhagies utérines sont comptées avec raison parmi les accidents les plus graves qui surviennent après l'accouchement.* Le danger est d'autant plus grand que l'hémorrhagie est plus forte, plus prolongée, et que l'inertie de la matrice est plus grande. Dans ce dernier cas, la matrice est volumineuse et molle au toucher, et ne montre que peu ou pas de disposition à se contracter. L'hémorrhagie interne est plus dangereuse que l'externe, parce qu'elle peut être souvent méconnue.

L'adhérence partielle trop forte du placenta ajoute à la gravité de l'accident.

617. — *Conduite de la sage-femme.* Les hémorrhagies demandent l'attention toute particulière de la sage-femme pour les raisons suivantes :

1° Parce qu'elles ont lieu souvent après des accouchements les plus heureux en apparence, quelquefois enfin dans des circonstances où l'on est loin de s'y attendre ;

2° Parce qu'elles sont fort dangereuses ;

3° Parce qu'elles réclament ordinairement des secours prompts, de sorte que la sage-femme ne doit pas attendre l'arrivée du médecin pour agir elle-même.

Nous avons déjà parlé de ce qu'elle aura à faire dans les cas qui font craindre une hémorrhagie (par exemple dans les accouchements trop rapides, dans la distension excessive de la matrice), avant, pendant et après la naissance de l'enfant (v. 383, 490).

618. — *Lorsqu'une hémorrhagie considérable se déclare, la sage-femme doit mander sans le moindre délai le premier médecin ou accoucheur qu'elle peut se procurer.* Elle fera prendre à la patiente une position horizontale et lui recommandera d'observer un repos absolu. Elle devra, au moyen de la main appliquée sur l'abdomen, s'assurer, de la manière indiquée plus haut (voy. 410), si l'utérus se contracte convenablement, s'il diminue et devient dur, ou gros, mou et flasque au toucher, ou même s'il augmente de volume. Dans ce dernier cas, qui offre plus de gravité que le premier, il est essentiel, quand l'hémorrhagie se prolonge ou qu'elle revient, de faire des tentatives pour solliciter les contractions de la matrice. Les moyens principaux à employer dans ce cas sont :

1° *Des frictions circulaires dans la région de l'abdomen où se trouve le fond de l'utérus ;*

2° *Des aspersions d'eau glacée sur l'abdomen et la partie supérieure des cuisses ;*

3° *Des injections dans le vagin, d'eau froide mélangée, dans les cas urgents, de parties égales d'eau-de-vie et de vinaigre ;*

4° *La teinture de cannelle à l'intérieur*, [*le seigle ergoté*] (v. 483 et 563).

Les frictions seront d'abord modérées et ensuite de plus en plus fortes; on en augmente l'effet en laissant tomber sur l'abdomen, pendant qu'on les exécute, de l'eau de mélisse ou de lavande, ou de l'eau-de-vie forte. Souvent ce moyen suffit pour déterminer des contractions plus énergiques et pour arrêter l'hémorrhagie; sinon, on fera sur l'abdomen et à la partie supérieure des cuisses des aspersions d'eau glacée, ou on laissera tomber goutte à goutte, en comprimant une éponge, de l'eau froide sur l'abdomen. On obtient également de bons résultats de fomentations froides sur l'abdomen et la région pubienne. Pour conserver l'eau froide ou pour la rendre plus froide encore, on y ajoute de la neige ou de la glace si cela est possible. Dans les hémorrhagies considérables, on peut même employer avec avantage de la glace pilée ou de la neige mises dans une vessie de bœuf ou dans un linge et appliquées sur le ventre. Il faut, dans les injections, que la canule de la seringue entre dans la cavité de la matrice. A cet effet, on introduit préalablement l'index et le médius de la main gauche dans l'orifice utérin, et l'on conduit le long de ces doigts la canule dans la cavité de la matrice. On fait, suivant les circonstances, deux, trois injections et même plus; afin de ménager le temps et d'épargner à la patiente les douleurs que causerait chaque nouvelle introduction de la canule, on ne retire pas la seringue et on la fait remplir de nouveau à chaque injection par un aide.

La teinture de cannelle employée pour solliciter les contractions utérines, ainsi que pour relever les forces de la malade, sera donnée, suivant les circonstances, toutes les demi-heures, tous les quarts d'heure et même deux fois par quart d'heure, à la dose d'une demi-cuillerée à café, d'une cuillerée à café ou même d'une demi-cuillerée ordinaire. On peut aussi administrer une infusion de cannelle sucrée et de temps à autre une cuillerée de bon vin aux femmes délicates et à celles que la perte de sang a affaiblies.

619. — Lorsque ces moyens ne suffisent pas pour arrêter

l'hémorrhagie et que l'arrière-faix n'a pas encore été expulsé, il est nécessaire de l'extraire, et de le détacher d'abord entièrement, si le placenta est encore en partie adhérent à la matrice. Il faut que la sage-femme laisse autant que possible à l'accoucheur cette opération importante; cependant si la gravité du danger ne lui permet pas d'attendre son arrivée, elle doit la pratiquer elle-même avec la plus grande circonspection.

Le *décollement artificiel du placenta* se fait de la manière suivante : Le cordon légèrement tendu de la main gauche,

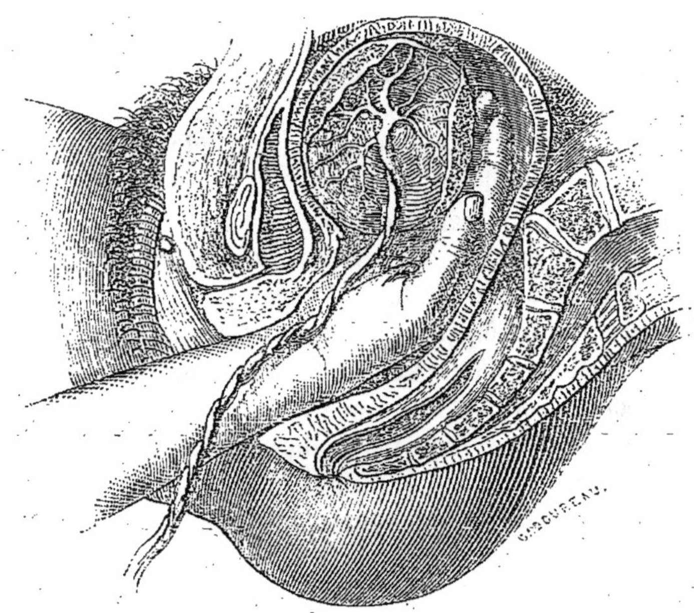

FIG. 72. — *Décollement artificiel du placenta.*

on introduit la main droite fermée en cône dans la cavité de la matrice, en longeant le cordon ombilical, à travers le vagin et l'orifice utérin, et où l'on cherche le point d'insertion du placenta. Les doigts doivent être bien serrés les uns contre les autres pour que les membranes de l'œuf ne glissent pas au travers et n'empêchent pas de reconnaître les parties. Lorsqu'on est arrivé à l'endroit où le placenta adhère encore, on applique la main gauche sur le fond de la matrice pour en prévenir le déplacement, et ensuite avec le bout des doigts de la main introduite dans l'utérus, derrière la partie détachée du placenta, la face dorsale de ces doigts regardant la paroi utérine, on cherche à décoller la partie encore adhérente en frottant doucement d'un côté à l'autre et de haut en bas, en ayant soin de ménager la matrice (fig. 72). Le placenta détaché, on l'extrait graduellement et avec précaution en le tenant dans la main. Il faut alors s'assurer si la matrice se contracte convenablement, et si l'hémorrhagie cesse ; dans le cas contraire, on procédera comme nous l'avons indiqué plus haut (voy. 618). La sage-femme examinera ensuite l'arrière-faix qu'elle aura extrait, pour voir s'il est entier, et le conservera afin de le montrer au médecin, et mettre ainsi sa responsabilité à couvert.

620. — Lorsque, dans le cas indiqué au paragraphe précédent, une partie du placenta se trouve adhérer trop fortement à la matrice, il faut se garder de l'en détacher brusquement, ce qui pourrait avoir des suites très fâcheuses. On doit chercher à enlever, au moyen des ongles, la partie du placenta déjà détachée et facile à séparer, en laissant dans la matrice celle qui adhère trop fortement. Cette partie est ensuite détachée par les contractions ultérieures de la matrice et expulsée avec les lochies; on peut, suivant les circonstances, en faciliter la sortie par des injections tièdes de sauge ou de camomille, surtout quand les lochies prennent une odeur fétide.

621. — Lorsque l'enchatonnement s'accompagne d'une hémorrhagie qui résiste à l'emploi des moyens que nous avons fait connaître (voy. 618), et qui, par conséquent, rend nécessaire l'extraction du placenta, on introduit la main droite, les doigts réunis en cône, de la manière indiquée dans le paragraphe précédent, jusqu'à l'endroit où se trouve l'étranglement (fig. 73); on soutient la matrice de l'autre main, et l'on cherche à dilater peu à peu de la manière indiquée (296, 4°) la partie étranglée pour passer la main. On détache ensuite la portion encore adhérente du placenta, et on l'extrait avec précaution. A la suite de cette opération, à laquelle du reste on ne doit recourir que dans les cas d'extrême nécessité et avec une grande précaution, la contraction anormale de la matrice cesse ordinairement et en même temps l'hémorrhagie.

Dans les cas d'hémorrhagie interne, il faut enlever les caillots ou le placenta qui ferment l'orifice utérin, ou le point étranglé de la matrice, ou bien le vagin, et pour le reste, employer les moyens dont nous avons conseillé l'usage (v. 618).

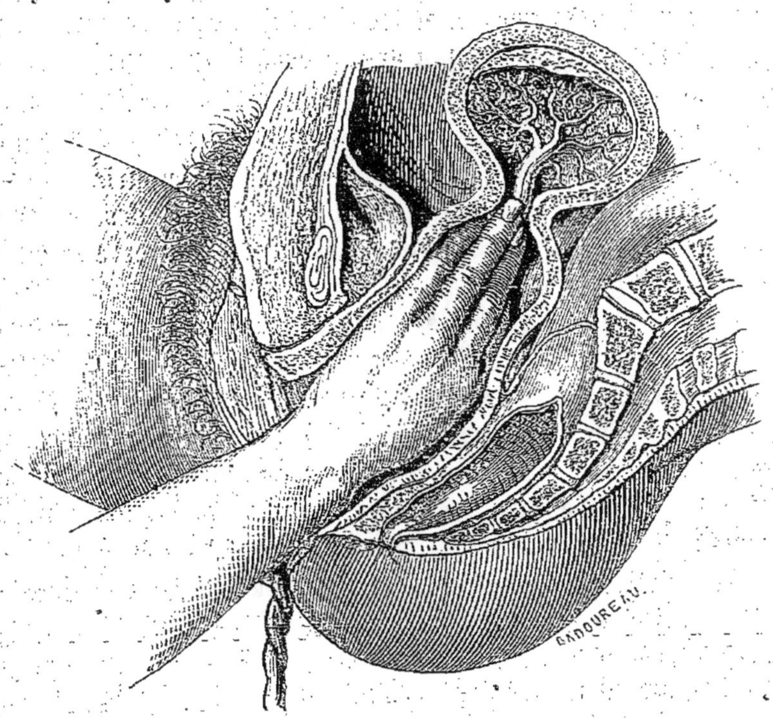

Fig. 73. — *Dilatation de l'orifice interne contracté spasmodiquement.*

622. — Si après la sortie de l'arrière-faix ou après l'extraction du caillot, l'hémorrhagie résiste à l'emploi des moyens internes et externes indiqués plus haut (v. 618), on introduit une main dans l'utérus et on la ferme, et de l'autre on comprime du dehors la matrice contre la main qui est dans la cavité ; ou bien on fait faire cette manœuvre à un aide avec les deux mains. On la continue jusqu'à ce que la matrice commence à se contracter.

Un autre moyen très efficace d'arrêter les hémorrhagies provenant de l'inertie de la matrice, et même de les prévenir dans certaines circonstances (voir plus loin), *consiste à exer-*

cer une compression uniforme extérieurement sur toute l'étendue de la matrice à l'aide des deux mains, en la continuant pendant un certain temps. Certaines femmes, surtout celles dont les accouchements sont rapides, sont, aussitôt après chaque délivrance, atteintes de fortes et opiniâtres hémorrhagies pendant lesquelles la matrice, impuissante à se contracter, est volumineuse et molle au toucher. L'emploi le plus attentif des moyens indiqués au paragraphe 618 ne suffit point, ou suffit à peine, pour exciter la matrice à des contractions énergiques et persistantes. La vie des femmes est gravement compromise, et lorsqu'elles la conservent, elles ont généralement à combattre longtemps une grande faiblesse et une foule d'incommodités ; il leur faut des mois et même des années pour se rétablir complétement ; l'idée d'un nouvel accouchement les remplit de terreur et de crainte. Dans ces cas, on parvient souvent à prévenir l'hémorrhagie en comprimant *aussitôt après la sortie de l'enfant* la matrice de la manière indiquée plus haut, et en continuant cette manœuvre jusqu'à ce qu'on sente que l'utérus se contracte convenablement et reste contracté. Il est quelquefois besoin d'avoir recours à un aide dans cette manœuvre, ou de se faire remplacer par lui. Il est bon aussi, pour le double but qu'on se propose d'atteindre, de placer sur la moitié inférieure de l'abdomen quelques gros linges pliés en plusieurs doubles, ou un drap de lit fort, plié de la même manière, et de les y fixer au moyen d'un bandage de corps, afin d'entretenir de cette manière une pression persistante sur la matrice. Pour le reste, nous renvoyons à ce qui a été dit plus haut (v. 490, surtout 7°), sur ce que la sage-femme doit faire pour prévenir les accouchements trop rapides et leurs suites.

623.—*Après toute hémorrhagie considérable, on doit recommander à la malade le plus grand repos et la position horizontale dans le lit ; on veillera surtout à ce que la femme ne se soulève pas, attendu que cet effort occasionne ordinairement des syncopes et augmente la faiblesse.* — Quand l'hémorrhagie a diminué ou qu'elle cesse, et que la faiblesse est grande, il est utile de placer aux bras et aux jambes des cruchons remplis d'eau chaude et enveloppés d'un linge pour échauffer ainsi extérieurement le corps. On aura soin de renouveler l'air de la chambre. Pour aider à la convalescence et réparer graduellement les forces et la perte de sang, on aura soin de prescrire des aliments et des boissons faciles à digérer, tels que des bouillons avec la décoction concentrée d'orge ou d'avoine, des œufs à la coque, une infusion de cannelle avec un jaune d'œuf, etc. On donnera d'abord ces aliments en petite quantité, mais souvent ; on passera ensuite mais graduellement, à des aliments plus substantiels parmi lesquels les viandes prennent la première place. Quant aux remèdes toniques proprement dits, employés pour terminer la cure, on doit, surtout quand il survient de la fièvre, user de beaucoup de circonspection dans leur emploi, attendu qu'il reste toujours, après les pertes de sang considérables, une forte prédisposition à l'inflammation.

624. — Le *tamponnement* du vagin au moyen de charpie et de linge est toujours contre-indiqué dans les hémorrhagies qui se déclarent après un accouchement qui a lieu à terme ou dans les trois derniers mois de la grossesse, excepté toutefois le seul cas où l'hémorrhagie ne provient pas de la matrice, mais de la rupture d'une veine variqueuse du vagin (v. 506, 3°); alors la matrice est fort diminuée de volume et résistante au toucher. Si l'hémorrhagie a sa source dans la matrice, le tamponnement changerait l'hémorrhagie externe en une interne qui serait beaucoup plus dangereuse.

ARTICLE III. — Du renversement de la matrice.

625. — Quand la matrice se trouve dans un état d'inertie et de relâchement, elle peut aussi se *renverser*, c'est-à-dire que son fond peut s'affaiser en dedans jusqu'à son orifice et même le traverser, de telle sorte qu'elle se renverse et que sa face interne devient externe.

626. — On distingue trois différents degrés de renversement. Lorsque le fond de l'utérus ne s'affaisse en dedans que jusqu'à l'orifice ou dans l'orifice, on dit que le renversement

est *incomplet* ; il est *complet* lorsque le fond est descendu à travers l'orifice jusqu'à la vulve. Enfin si la matrice renversée fait en même temps chute au dehors de la cavité pelvienne, on appelle cet état *renversement avec chute de la matrice*, ou *chute de la matrice renversée*.

627. — Le renversement se fait ordinairement immédiatement après la naissance de l'enfant. Il a pour cause prédisposante l'inertie de la matrice; aussi se rencontre-t-il le plus souvent après des accouchements rapides, et après ceux dans lesquels la matrice est considérablement distendue. Les causes occasionnelles de cet accident sont les efforts de la femme en travail pour accélérer la naissance de l'enfant ou l'expulsion de l'arrière-faix, les éternuments, la toux, les vomissements accidentels, l'attitude droite du corps au moment de l'accouchement, la femme étant, par exemple, assise ou debout, des polypes à la surface interne de la matrice, la brièveté excessive du cordon, l'extraction du tronc après la sortie de la tête, les tractions faites sur le cordon tandis que le placenta est encore adhérent. Cette dernière cause est la plus fréquente.

628. — Le renversement complet avec chute partielle ou totale de la matrice se reconnaît à une tumeur ronde, d'un rouge foncé, sensible, placée ou en dehors des parties génitales, ou derrière la fente vulvaire; le placenta y adhère quelquefois, ou bien on peut distinguer l'endroit où il était implanté. D'un autre côté, on ne sent point au-dessus du pubis la matrice qui s'y présenterait, sans cet accident, sous forme d'une boule ferme. On observe ordinairement, en même temps que le renversement, des maux de cœur, de la faiblesse, des syncopes, souvent une hémorrhagie. Dans le cas de renversement incomplet, la surface interne de la matrice se présente au toucher, comme un hémisphère assez ferme, dans l'orifice utérin ou au-dessus; mais on ne sent point la matrice sous forme d'un globe dur au-dessus du pubis.

629. — *Le renversement de la matrice est, après les hémorrhagies de cet organe, un des accidents consécutifs à l'accouchement les plus dangereux.* — Heureusement il est

très rare. Si l'on n'apporte point les secours convenables, il se termine ordinairement par l'inflammation de la matrice, la gangrène et la mort. La mort peut aussi arriver à la suite de l'hémorrhagie, ou par l'effet du vide qui se fait brusquement dans l'abdomen. Cependant dans les cas de renversement incomplet, la malade peut quelquefois conserver la vie ; mais l'hémorrhagie qui persiste ou se renouvelle à l'époque du flux menstruel, amène chez elle un état de langueur, suivi presque toujours de la mort.

630. — La *conduite* que doit tenir la sage-femme pour prévenir le renversement de la matrice a été indiquée précédemment lorsque nous avons traité des accouchements rapides, des accouchements de jumeaux, et de ceux où il y a une forte quantité de liquide amniotique.

Cet accident est d'une haute gravité ; il demande la plus grande attention et de prompts secours. La sage-femme ne peut ni ne doit attendre l'arrivée de l'accoucheur.

La chose essentielle dans ce cas est de *faire rentrer* la matrice renversée. Dès que la sage-femme s'aperçoit de cet accident, elle doit en tout cas insister pour qu'on envoie chercher sur-le-champ le médecin ou l'accoucheur qui se trouve le plus à portée ; mais en même temps elle doit procéder aussitôt à la réduction de la matrice. Cette opération se fait de la manière suivante : On fait coucher la femme sur le dos, le siége un peu élevé, les cuisses légèrement fléchies sur le ventre. La patiente doit garder le plus grand repos. Quand le renversement est incomplet et de date récente, on place les bouts des doigts d'une main, réunis en cône et enduits d'huile ou de graisse, sur le milieu du fond de l'utérus renversé, et on le refoule en haut, à travers l'orifice utérin, dans la cavité abdominale, dans la direction de l'axe du bassin. Lorsqu'il y a chute totale de l'utérus renversé et que cette manœuvre ne réussit pas, on applique les deux mains enduites d'huile au bas sur les deux côtés de la matrice et l'on cherche à faire rentrer d'abord, autant que possible, la partie qui est descendue la dernière, en s'efforçant de faire passer doucement à travers l'orifice utérin, graduellement dilaté par les doigts, d'abord le col, puis le corps et enfin le fond de la matrice. Lorsque, par l'un ou l'autre procédé, le fond de la matrice a été ramené dans sa direction et sa position normales, on ne retire pas la main, mais on la laisse fermée dans la matrice jusqu'à ce que celle-ci se soit contractée, ce qu'on peut reconnaître aussi bien à l'aide de la main placée dans la matrice que par celle que l'on a placée extérieurement sur l'abdomen. En négligeant cette précaution, la matrice peut, sans cause particulière et surtout quand le malade tousse ou éternue, se renverser immédiatement de nouveau, et faire chute. Aussi la malade doit-elle continuer à se tenir fort tranquille et rester couchée sur le dos, ou sur le côté. La sage-femme doit souvent examiner si une hémorrhagie est survenue et solliciter des selles légères à l'aide de lavements. Les urines ainsi que les selles doivent être rendues dans un bassin, parce que tout effort et surtout les mouvements que la malade ferait pour se lever seraient très dangereux dans les premiers temps.

631. — Le placenta adhère-t-il encore à la matrice renversée, il faut se garder de le détacher, et faire rentrer la matrice avec lui. Mais si le placenta est déjà décollé dans sa plus grande partie et qu'on ne parvienne pas à ramener la matrice avec lui, on peut le détacher tout à fait avant deprocéder à la réduction.

Nous ferons encore remarquer que, *dans la plupart des cas, cette opération faite immédiatement après le renversement n'offre pas de difficultés, tandis qu'elle est difficile et devient même impossible quelques heures plus tard et même dans un délai plus court.*

632. — Dans le cas où le renversement aurait été méconnu ou que l'on aurait négligé d'apporter les secours nécessaires, la sage-femme, après avoir essayé en vain de réduire la matrice renversée même à l'aide d'une compression modérée, doit, en attendant l'arrivée du médecin, appliquer sur la tumeur des cataplasmes émollients tièdes de guimauve ou de graine de lin, enveloppés de linges fins. Peut-être l'accoucheur pourra-t-il par une saignée, si les forces de la malade permettent de la pratiquer, ou par l'emploi d'autres remèdes

calmants, faire cesser le spasme qui pourrait exister, ou combattre l'irritation, opérer le relâchement de l'organe, et ainsi préparer et effectuer la réduction de la matrice.

SECTION CINQUIÈME.

DE QUELQUES ÉTATS MORBIDES DE LA FEMME EN COUCHES, DU NOUVEAU-NÉ, ET DE LA CONDUITE QUE LA SAGE-FEMME DOIT TENIR DANS CE CAS.

CHAPITRE PREMIER.

DE QUELQUES ÉTATS MORBIDES DE LA FEMME EN COUCHES.

633. — Nous avons traité, dans les articles précédents, des *hémorrhagies utérines*, du *renversement de la matrice* et des *convulsions*, qui constituent les accidents les plus graves pouvant survenir après l'accouchement. Nous allons passer maintenant à d'autres états morbides qu'il importe à la sage-femme de connaître pour les prévenir, ou pour mander en temps opportun un médecin.

ARTICLE Ier. — DES TRANCHÉES UTÉRINES VIOLENTES QUI SUCCÈDENT A L'ACCOUCHEMENT.

634. — Nous avons fait connaître le traitement qu'elles exigent de la part de la sage-femme (voy. 439). Elle doit cependant envoyer chercher un médecin dans le cas où ce traitement serait infructueux, et où les douleurs augmenteraient même, ou deviendraient continues ; dans les cas où l'abdomen serait douloureux au toucher, qu'il surviendrait de la fièvre, et il en serait de même, à plus forte raison, si ces douleurs se présentaient à un haut degré d'intensité après le premier accouchement, phénomène fort rare dans ce cas qui doit toujours être regardé comme suspect.

ARTICLE II. — Anomalies de l'écoulement lochial.

635. — Les lochies peuvent être ou trop abondantes ou cesser trop tôt, ou être de mauvaise qualité, fétides et âcres.

Lorsque l'écoulement est tellement abondant qu'il affaiblit la malade, la sage-femme doit promptement envoyer chercher un médecin et se comporter avant son arrivée comme dans les cas d'hémorrhagies utérines consécutives à l'accouchement (v. 618).

Si les lochies sont plus abondantes, et si l'écoulement rouge dure plus longtemps que d'habitude, si la femme est forte et pléthorique, d'une mine florissante, se porte bien d'ailleurs, la sage-femme doit se garder de rien employer qui diminue l'écoulement.

Quand cet écoulement cesse plus tôt que d'ordinaire et que l'accouchée est d'ailleurs bien portante, cela n'a rien de fâcheux. Mais si des douleurs dans le ventre, de la soif, de la chaleur, des maux de tête, etc., surviennent avant ou en même temps que l'écoulement lochial cesse, la présence du médecin est nécessaire. La sage-femme recommandera le repos à l'accouchée ; elle lui interdira tout ce qui pourrait l'échauffer et l'exciter, lui fera souvent donner le sein à son enfant, lui fera faire des fomentations chaudes sur l'abdomen et les parties génitales avec une décoction de camomille, enfin lui administrera un lavement émollient.

Dès que les lochies prennent une odeur infecte, la sage-femme doit prescrire la plus grande propreté (voy. 436). Si l'écoulement est âcre au point d'excorier les parties génitales, et si la femme se porte bien du reste, on doit lotionner souvent ces parties avec une infusion de camomille ou de sauge, et faire des injections dans le vagin avec du vin aromatique, une décoction de quinquina, d'eau chlorurée, etc.

ARTICLE III. — Gonflement des parties génitales externes, déchirure du périnée.

636. — Le traitement du gonflement dont les parties géni-

tales externes sont quelquefois le siége à la suite de l'accouchement a été indiqué au paragraphe 430.

Quand les déchirures du périnée sont légères, elles guérissent ordinairement d'elles-mêmes si l'on fait garder à l'accouchée pendant plusieurs jours une position tranquille sur le côté, les cuisses rapprochées l'une de l'autre, et si l'on a soin d'entretenir la propreté nécessaire. Mais si la déchirure s'étend jusqu'à l'anus ou au rectum, les secours du médecin sont indispensables. Si l'on considère les conséquences graves de cet accident quand il est négligé, il est évident que la sage-femme, qu'elle soit ou non la cause de la déchirure, agit contrairement à sa conscience, et s'attire la plus grande responsabilité si elle néglige de mander un médecin.

ARTICLE IV. — Troubles dans l'émission des urines.

637. — A. *Rétention d'urine.* Dans le premier temps qui suit l'accouchement cet accident est plus fréquent que l'incontinence d'urine; il est, ainsi que l'émission douloureuse et difficile de l'urine, la suite, dans la plupart des cas, de contusions qu'a subies le canal de l'urèthre ou le col de la vessie, pendant les accouchements difficiles ou les délivrances artificielles à l'aide du forceps. La rétention d'urine survient plus souvent chez les primipares que chez les femmes qui ont eu plusieurs enfants. Dans ce cas, la sage-femme doit réclamer sans délai la présence du médecin, et, en attendant son arrivée, faire des fomentations chaudes avec une infusion de camomille sur la région de la vessie et sur les parties génitales externes. Si la réplétion de la vessie cause des douleurs trop vives, elle cherchera à la vider au moyen de la sonde en employant les plus grandes *précautions.*

B. L'*incontinence d'urine* peut provenir d'une faiblesse ou d'une paralysie du col vésical, ou d'une lésion de la vessie ou du col de cet organe ; dans ce dernier cas, l'urine s'écoule par le vagin. De même une contusion et l'inflammation, la suppuration ou la gangrène qui en sont la suite, peuvent donner lieu à une perforation du col vésical ou de la vessie. Lorsqu'une ouverture se forme dans le col de la vessie, par suite d'une contusion, l'incontinence d'urine est ordinairement précédée de rétention pendant quelques jours. Ces cas sont également du ressort du médecin.

ARTICLE V. — Fièvre de lait.

638. — *Quelquefois* le troisième, ordinairement le quatrième jour après l'accouchement, il se déclare un léger frisson, suivi de froid et ensuite de chaleur par tout le corps; il y a de la soif, un pouls fébrile, une respiration accélérée, des maux de tête, de l'agitation. En même temps les mamelles se gonflent, deviennent tendues, et sont le siége de douleurs poignantes et tractives qui s'étendent jusqu'aux épaules. Cet état dure généralement de huit à douze heures, au bout desquelles il survient le plus souvent une sueur générale, et le lait s'écoule spontanément des mamelons. Cette fièvre n'est pas habituellement dangereuse, mais elle peut le devenir par suite d'imprudences.

La fièvre de lait ne fait pas essentiellement partie des couches. Les femmes qui se sont conformées à nos instructions à ce sujet, et qui surtout donnent le sein à leur enfant peu de temps après l'accouchement, en sont généralement exemptes. Si cependant elle survenait, il faudrait recommander à la femme de se tenir tranquille, l'empêcher de se couvrir trop chaudement, la faire coucher de préférence sur le côté, lui interdire l'usage des boissons et des aliments échauffants et substantiels, lui faire boire une infusion tiède de fleurs de tilleul ou de sureau, et faire souvent teter l'enfant, pour prévenir la réplétion des mamelles. Si l'enfant qui vient de naître était trop faible, etc., pour teter suffisamment, il faudrait donner le sein à un autre enfant bien portant. Lorsque la fièvre de lait est plus forte que d'ordinaire, et qu'elle se prolonge ou revient, ou bien s'il survient d'autres accidents, tels que des douleurs dans le ventre, dans la poitrine, etc., la cessation de l'écoulement lochial, l'impossibilité ou le refus de la part de la femme de nourrir, etc., l'assistance d'un médecin est nécessaire.

En général, toute fièvre qui survient chez une accouchée dans les premières semaines, qu'on en reconnaisse ou non la cause, doit être regardée comme un fait *important*, et la sage-femme doit, dans ce cas, réclamer le plus tôt possible la présence de l'homme de l'art. Elle doit, en outre, s'abstenir de conseiller aucun médicament, aucun remède domestique, mais se borner à veiller, jusqu'à l'arrivée du médecin, que la malade garde le repos et observe une diète sévère.

ARTICLE VI. — Fièvre puerpérale.

639. — Cette fièvre est la plus dangereuse parmi celles auxquelles les femmes en couches sont sujettes ; elle demande les secours les plus prompts de l'art, et par conséquent il importe à la sage-femme d'en connaître les symptômes. La fièvre puerpérale se déclare ordinairement le premier ou le second jour, parfois plus tard, mais rarement après le huitième jour. Elle débute par des frissons suivis de chaleur, des maux de tête et des douleurs dans l'abdomen, qui, commençant dans l'un ou l'autre côté de sa région inférieure, s'irradient de là plus ou moins dans toute son étendue. L'abdomen est douloureux au toucher et au moindre mouvement du corps. La fièvre puerpérale diffère de la fièvre de lait par les caractères suivants ;

1° Dans la fièvre puerpérale, douleurs continues dans l'abdomen, qui est sensible au toucher, ce qui n'a pas lieu dans la fièvre de lait.

2° Les mamelles se gonflent dans cette dernière, ce qui ne se présente pas dans la fièvre puerpérale.

3° Les phénomènes morbides ont une durée très longue dans la fièvre puerpérale, tandis qu'ils disparaissent dans la fièvre de lait au bout de huit à douze heures environ.

Elle se distingue des douleurs violentes qui succèdent à l'accouchement :

1° En ce que celles-ci ne sont pas accompagnées de fièvre;

2° En ce que ces douleurs n'apparaissent que par intervalles, entre lesquels la malade se porte bien, tandis que dans la fièvre puerpérale la douleur est continue et plus étendue;

3° En ce que l'abdomen n'est pas alors douloureux au toucher, et qu'il n'existe ni douleur, ni embarras de tête.

ARTICLE VII. — Miliaire puerpérale.

640. — On désigne par ce nom, et vulgairement par celui du *pourpre puerpéral*, une éruption que l'on rencontre quelquefois pendant l'époque des couches. Elle consiste dans des tubercules rouges, ou des vésicules blanches, de la grosseur et de la forme de grains de millet, et renfermant un liquide clair.

Le pourpre paraît généralement d'abord au cou, sur la poitrine, sur la nuque, sur la face interne des bras, plus tard sur tout le corps.

Il s'accompagne ordinairement de fièvre, d'un sentiment d'ardeur à la peau, d'agitation, d'anxiété, d'oppression, de douleurs dans les membres, de sueurs abondantes et d'une odeur aigre. D'autres fois il ne s'accompagne d'aucun mouvement fébrile.

Cette éruption est le plus souvent la suite d'un régime peu convenable, surtout d'une température trop élevée de la chambre ou du lit, ou de l'abus des boissons chaudes et stimulantes, telles que l'infusion de camomille, de sureau, le café fort, les soupes à la bière, au vin, etc., ou enfin d'autres substances stimulantes et sudorifiques.

C'est une erreur de croire qu'on peut prévenir le pourpre en provoquant la sueur, ou qu'on doit le faire sortir dès qu'il a paru à l'aide du même moyen. Une pareille conduite peut facilement amener une terminaison fâcheuse.

Le médecin seul est à même de juger par quels moyens il faut combattre cette affection. C'est pourquoi la sage-femme doit le mander aussitôt que l'éruption se montre.

En attendant, elle aura soin d'alléger peu à peu la malade du poids des couvertures et du lit de plumes dont elle est couverte, de modérer la température de la chambre et de purifier l'air, tout en préservant la malade des courants d'air et des refroidissements. Elle défendra toutes les boissons trop chaudes et excitantes; elle donnera à boire à la malade, selon ses besoins, de la décoction d'orge ou d'avoine, du lait d'amandes étendu d'eau, du lait mélangé avec de l'eau, etc. Toutes ces boissons doivent être tièdes.

ARTICLE VIII. — ÉTATS MORBIDES DES MAMELLES.

641. — A. *Nodosités et inflammation.* Ces états morbides, ainsi que la sécrétion trop faible du lait, sa diminution ou sa suppression totale, la réplétion des mamelles, la formation d'un mauvais lait, des phénomènes très douloureux, de longues souffrances du côté des mamelles, qui souvent forcent la mère à sevrer son enfant, et qui la rendent quelquefois même impropre pour toujours à l'allaitement, etc., proviennent de ce qu'on ne s'est pas conformé aux préceptes donnés (v. 446, 450).

Ces nodosités sont des tumeurs plus ou moins dures, tantôt superficielles, tantôt situées dans la profondeur des mamelles; elles se forment le plus souvent dans les premiers jours des couches, d'autres fois à une époque plus avancée de l'allaitement. Elles ne sont d'abord que peu ou point douloureuses, et ne laissent apercevoir aucune rougeur à l'extérieur. Quand on les néglige ou qu'on les traite d'une manière peu convenable, elles s'enflamment, deviennent sensibles, douloureuses, plus volumineuses et plus dures; les mamelles deviennent rouges à l'extérieur; il survient de la fièvre, et l'induration passe à la suppuration; la douleur devient alors pulsative, et la mamelle prend quelquefois un volume énorme. Parfois ces nodosités sont douloureuses dès le début; d'autres fois, il survient une inflammation extérieure qui se manifeste sur un point de la mamelle ou même sur toute la surface par de la rougeur, de la tension, de la douleur et un surcroît de chaleur. L'inflammation est tantôt limitée à la surface, tantôt elle gagne la profondeur de la glande mammaire, et alors les suites sont les mêmes que dans le cas précédent.

Dans la plupart des cas, les nodosités et l'inflammation des mamelles proviennent de ce qu'on n'a pas donné assez tôt ou dans la suite assez souvent le sein à l'enfant, ou qu'on ne lui a pas présenté alternativement l'une et l'autre mamelle. Elles peuvent encore être occasionnées par un refroidissement, par des émotions morales, par des écarts de régime, etc.

Lorsqu'à la suite de l'accumulation du lait, les mamelles se gonflent et deviennent fermes et tendues, il faut faire plus souvent teter l'enfant et conseiller à la femme de prendre peu de nourriture, de garder le repos, de rester la plupart du temps couchée sur le côté, de tenir les mamelles chaudement et de les soutenir modérément à l'aide d'un mouchoir placé en sautoir, en évitant avec soin toute pression et en préservant la femme du froid. On favorisera en outre l'écoulement du lait en appliquant un verre sur la mamelle, pour agir comme une ventouse. On procédera de la même manière quand il y aura des nodosités ou une légère inflammation, et l'on cherchera à en obtenir la résolution et à prévenir la suppuration. A cet effet, on appliquera sur les mamelles des sachets secs et chauds de fleurs de camomille, de sureau ou de farine de fèves, et l'on administrera des lavements. Si dans les vingt-quatre heures la malade n'éprouve pas de soulagement, ou que l'inflammation augmente, la sage-femme doit réclamer la présence du médecin, et se garder de prescrire aucun médicament à l'intérieur ou à l'extérieur. Elle ne permettra pas non plus que la malade fasse usage de remèdes secrets et domestiques.

642. — B. *Excoriations ou gerçures des mamelons.* Cet état morbide rend en général l'allaitement fort douloureux pour la mère et lui empêche de donner assez souvent le sein à l'enfant, ce qui peut déterminer des engorgements, de l'inflammation, de la suppuration. Nous avons indiqué plus haut comment on procède pour prévenir cet accident.

Parmi les nombreux remèdes recommandés pour la guérison des gerçures, les principaux sont : d'abord une grande propreté, des applications à parties égales d'eau-de-vie et d'eau de roses, dans lesquelles on aura dissous un peu de sucre candi. L'enfant devra continuer à teter, ce qui n'empêchera pas les gerçures de guérir. Avant de lui donner le sein, on fera bien de saupoudrer le mamelon affecté d'une poudre fine composée de parties égales de gomme arabique et de sucre. Les pommades grasses sont fort nuisibles, surtout quand elles sont rances; l'usage de préparations saturnines est fort dangereux par rapport à l'enfant.

Lorsque les femmes qui ne veulent pas nourrir leur enfant, mais dont les mamelles sont propres à l'allaitement, tombent malades immédiatement après la délivrance, il sera bon qu'elles allaitent au moins pendant huit à dix jours, afin d'échapper aux dangers qui peuvent survenir pendant les premiers jours des couches. On doit aussi conseiller à ces femmes d'allaiter au moins pendant quelque temps lorsqu'à l'époque de leur accouchement il règne quelque maladie, la fièvre puerpérale, par exemple.

CHAPITRE II.

DE QUELQUES ÉTATS MORBIDES ET PHYSIOLOGIQUES DU NOUVEAU-NÉ.

A. *États morbides du nouveau-né dépendant de l'accouchement.*

ARTICLE Ier. — MORT APPARENTE.

643. — Tout enfant nouveau-né chez lequel les signes de vie sont nuls ou très faibles, mais qui n'offre non plus aucun signe de mort, doit être considéré comme se trouvant *dans un état de mort apparente*, et traité en conséquence.

644. — Au point de vue pratique, nous distinguons deux espèces de mort apparente. Dans la première, le visage et la partie supérieure de l'enfant sont d'un bleu rouge; son corps est marqué çà et là de taches bleues; la tête est gonflée et fort chaude, les lèvres boursouflées, d'un bleu foncé. Les yeux saillants hors des orbites, la langue collée au palais; souvent la tête est allongée, dure, la face légèrement bouffie, les

battements du cœur sont à peine ou pas du tout perceptibles; le cordon ombilical est parfois gorgé de sang.

Cette espèce de mort apparente peut être produite par la lenteur excessive du travail de l'accouchement, une pression prolongée qu'a subie la tête dans la cavité pelvienne, un enroulement du cordon serré autour du cou, une présentation faciale dont le travail a marché lentement, une pression exercée sur le cordon ou la chute de cet organe dans une présentation du siége ou des pieds, après la version, des contractions incessantes de la matrice, la gêne de la respiration par suite de l'accumulation de mucosités dans la bouche, le nez ou la trachée-artère, etc.

645. — Dans la seconde espèce, l'enfant présente une pâleur mortelle, un aspect flétri; les membres sont pendants et flasques, la peau décolorée, souvent souillée par le méconium, les lèvres pâles, la mâchoire inférieure pendante; le cordon ombilical et le cœur n'ont que de faibles pulsations ou n'en présentent pas du tout. Souvent l'enfant remue encore et crie au moment de la naissance, mais il tombe aussitôt dans l'état de mort apparente. Celle-ci est déterminée dans ce cas par la rupture du cordon ombilical, par des hémorrhagies qui ont eu lieu pendant le travail de l'accouchement, ou bien par des maladies graves de la mère, par la faiblesse congénitale de l'enfant, par un air corrompu, etc.

546. — *Traitement de la première espèce de mort apparente.* Couper aussitôt le cordon et en laisser écouler une à deux cuillerées de sang; mettre l'enfant jusqu'au cou dans un bain chaud; enlever les mucosités de la bouche et du nez; faire des fomentations froides sur la tête et le visage. Si alors les signes de la vie renaissante ne se manifestent pas bientôt, on a recours au traitement que réclame la deuxième espèce.

647. — Dans la deuxième espèce de mort apparente, on ne fait pas immédiatement la ligature du cordon ombilical (excepté toutefois dans les cas où la mort apparente provient de sa déchirure); on débarrasse la bouche et le nez des mucosités; on détache la langue du palais auquel elle est collée. On frotte les cuisses, la poitrine et le ventre avec de la

flanelle chaude, et on lotionne la poitrine, la tête et la figure avec du vin froid. Si alors les signes de la vie ne se manifestent pas, on cherche à rétablir la respiration en insufflant de l'air dans les poumons, et en faisant avec la main de légères pressions de bas en haut sur la poitrine de l'enfant; on le met dans un bain chaud, on lui frotte avec une brosse la plante des pieds, on lui fait respirer des sels, on lui instille dans la bouche quelques gouttes d'une liqueur spiritueuse ; on asperge la région du cœur avec de l'eau froide, de l'eau de mélisse, de lavande, de l'esprit-de-vin ou de l'éther; enfin on lui administre un lavement d'eau de camomille avec un peu de sel ou de vinaigre.

648. — *Signes du retour de la vie.* Changement de la couleur foncée ou pâle de la peau, diminution de la flaccidité des membres, retour des battements du cœur et du cordon ombilical, convulsions légères et tremblotement des lèvres et des muscles de la poitrine, respiration d'abord râlante, sanglotante, mouvements des mains et des pieds, cris.

Lorsque ces symptômes se déclarent, on continue par intervalles et avec une grande circonspection l'usage des moyens précédemment énumérés, afin de prévenir une rechute. On enveloppe l'enfant chaudement ; on lui instille de temps à autre dans la bouche quelques gouttes d'une infusion de camomille, et l'on abandonne le traitement ultérieur au médecin. Mais lors même qu'après l'emploi prolongé de tous ces moyens, aucun signe de vie ne se serait encore manifesté, il ne faudrait pas renoncer à tout espoir, mais les continuer par intervalles. Si même, au bout de quelques heures aucun résultat favorable n'avait été obtenu, il faudrait continuer à tenir l'enfant chaudement, et l'observer afin de pouvoir, dans le cas où plus tard des signes de la vie renaissante se montreraient, faire de nouvelles tentatives, et aider aux efforts salutaires de la nature. En général, il faut toujours observer l'enfant jusqu'à ce que les signes certains de la mort viennent à se manifester ; ce sont : le relâchement des sphincters de l'anus, la flaccidité complète des membres, l'affaissement des yeux (yeux éteints), surtout des traces de putréfaction. Nous ferons encore remarquer que, dans ce traitement, il faut procéder avec un grand calme ; en agissant d'une manière brusque et précipitée on s'expose facilement à manquer le but qu'on se propose.

ARTICLE II. — ECCHYMOSES, TUMEURS SÉRO-SANGUINES, CÉPHALÆMATOME.

649. — La tuméfaction des téguments du crâne ou de toute autre partie du corps, qui s'est présentée la première au bassin (voy. 337), comme la face, le siége, qu'on observe même quand l'accouchement a suivi sa marche régulière, se dissipe ordinairement d'elle-même au bout de douze à vingt-quatre heures, et ne demande pas de traitement particulier.

Lors même que la tuméfaction est plus forte que d'ordinaire, après les accouchements laborieux et ceux dont la marche a été lente après la rupture de la poche des eaux, la résolution se fait dans la plupart des cas spontanément, bien qu'il y ait déjà quelquefois un véritable épanchement sanguin entre le cuir chevelu et l'aponévrose épicrânienne ; cependant on peut l'accélérer à l'aide de fomentations de vin, d'eau et d'eau-de-vie, ou d'infusions d'herbes aromatiques préparées avec du vin.

[On rencontre quelquefois après la naissance sur l'un ou l'autre pariétal une tumeur plus ou moins volumineuse, molle et offrant de la fluctuation : c'est l'espèce d'épanchement sanguin désignée sous le nom de *céphalœmatome.* La sage-femme doit, dans ce cas, demander l'avis du médecin.]

Quand les os de la tête chevauchent les uns sur les autres et que la tête est considérablement allongée, la sage-femme doit se garder de comprimer la tête ou de faire la moindre tentative pour lui rendre sa forme normale.

ARTICLE III. — FRACTURES DU CRANE, ÉPANCHEMENTS SANGUINS ENTRE LES MÉNINGES, COMPRESSION DU CERVEAU.

650*. — Les conséquences du passage de la tête à travers un bassin rétréci ou déformé peuvent être des plus fâcheuses pour l'enfant, non-seulement lorsqu'il est extrait artificiellement, mais encore lorsqu'il est expulsé spontanément.

1° Les lésions désignées ci-dessus peuvent isolément ou même simultanément en être la suite. Les fractures du crâne s'observent le plus souvent sur les pariétaux, puis sur le frontal et l'occipital, enfin sur les temporaux. Tantôt il y a simplement enfoncement sans fracture, tantôt enfoncement et fracture, quelquefois de simples fêlures qui peuvent s'étendre indirectement jusqu'à la voûte orbitaire. C'est ordinairement l'angle sacro-vertébral qui détermine ces dépressions et ces fractures; dans un bassin très déformé elles peuvent être produites par des saillies osseuses autres que le promontoire, enfin elles sont le résultat de la pression du forceps irrégulièrement appliqué.

Les fractures simples du crâne guérissent souvent sans déterminer d'accidents ; il peut encore en être de même des fractures avec enfoncement et des enfoncements simples ; la mobilité des os du crâne étant souvent assez étendue pour prévenir les effets de la compression du cerveau en attendant que la portion osseuse déprimée se relève.

2° L'épanchement de sang dans la cavité crânienne se rencontre quelquefois entre l'os et la dure-mère. Cette espèce d'épanchement est des plus rares ; il n'en est pas de même de l'épanchement qui se fait à la surface du cerveau dans la grande cavité de l'arachnoïde. Dans ce cas, le sang épanché, tantôt fluide, mais épaissi et noir, tantôt entièrement coagulé, forme une couche assez étendue qui recouvre plus particulièrement la partie postérieure et supérieure du cerveau, du cervelet, la protubérance annulaire, la moelle allongée. Il est extrêmement rare de rencontrer l'épanchement dans les ventricules et dans les substances cérébrales.

3° De même que pour les enfoncements, la mobilité des os du crâne peut neutraliser les effets de la compression ; et comme le sang épanché est susceptible d'une résorption assez prompte, il est probable qu'un certain nombre d'épanchements intracrâniens guérissent sans déterminer de symptômes qui puissent faire soupçonner leur existence. Même lorsque les suites doivent être fâcheuses, les symptômes sont d'abord le plus souvent vagues et obscurs, et ne diffèrent guère de ceux de l'inflammation des méninges et du cerveau. La respiration a de la peine à s'établir d'une manière franche, elle éprouve de l'irrégularité, des embarras passagers, les cris sont brefs et faibles; l'enfant montre peu d'aptitude à avaler, à saisir le mamelon ou la cuiller; l'état de repos et de sommeil est plutôt de la somnolence qu'un sommeil paisible. A un degré plus prononcé, il survient du strabisme, des mouvements convulsifs passagers de la face, des contractures des membres supérieurs, roideur des doigts, etc. Après ces premières manifestations plus ou moins accusées, les symptômes se présentent assez souvent sous la forme de mouvements convulsifs épileptiformes, tels qu'on les observe dans l'*éclampsie* des enfants; on voit même quelquefois se produire les symptômes du *spasme de la glotte* ou de l'*asthme thymique*.

Le traitement se borne, lorsque les circonstances du travail ont été de nature à faire craindre une compression, à laisser couler un peu de sang par le cordon; plus tard, à en retirer par la piqûre d'une sangsue appliquée à l'apophyse mastoïde, piqûre dont il faut surveiller l'écoulement pour le faciliter ou l'arrêter à temps; à appliquer sur les extrémités inférieures des révulsifs chauds. Mais le premier soin de la sage-femme doit être d'appeler un médecin.

ARTICLE IV. — Fractures du maxillaire inférieur, de la clavicule et des os des membres.

651*. — 1° Le corps du maxillaire inférieur est quelquefois séparé dans sa symphyse ou fracturé sur d'autres points par des tractions violentes exercées à l'aide des doigts introduits dans la bouche. Après avoir réduit les fragments, on appliquerait, pour prévenir une consolidation vicieuse, le bandage en *fronde*, qui suffit à maintenir les fragments en rapport, tout en permettant l'introduction du lait dans la bouche à l'aide d'une petite cuiller.

2° La clavicule peut aussi être rompue en décroisant à

contre-sens les bras relevés derrière la nuque. On se bornerait à remplir le creux de l'aisselle avec un tampon d'ouate et à maintenir le bras en repos sur le côté du tronc, le coude maintenu un peu relevé.

3º Il est moins rare de fracturer un des bras relevé en le dégageant après la sortie du tronc. Les os longs des membres inférieurs peuvent aussi être fracturés ou séparés de leurs épiphyses par des efforts mal dirigés, des tractions violentes. Un bandage roulé, des attelles de carton ou de baleine suffisent pour maintenir les fragments en rapport. Les accidents qui peuvent survenir, les inconvénients d'une consolidation vicieuse, imposent à la sage-femme le devoir de confier le plus tôt possible le traitement au médecin.

ARTICLE V. — Hémiplégie faciale et paralysie des membres supérieurs.

652*. — Ces paralysies, chez l'enfant qui vient de naître, sont généralement le résultat de la compression des nerfs moteurs de ces parties par le forceps ou contre une saillie des os du bassin.

La paralysie du nerf facial n'a encore été observée que d'un seul côté, et a toujours été la conséquence de l'action compressive des principales branches de ce nerf par le forceps. La paralysie est peu apparente à l'état de repos, la symétrie de la figure est à peine altérée, si ce n'est que l'œil reste entr'ouvert. Mais, pendant les cris, les traits sont bouleversés, la commissure des lèvres est entraînée du côté sain. Cet état, qui rend la succion fort difficile, est en général de courte durée, de quelques jours, ou au plus de cinq à six semaines.

L'extrémité du forceps peut dépasser la mâchoire et aller heurter violemment la région sus-claviculaire, de manière à contondre quelques parties du plexus brachial et à déterminer une paralysie temporaire du bras sans compromettre la sensibilité.

La paralysie du bras est quelquefois limitée au muscle deltoïde, et semble être le résultat de la compression du nerf axillaire contre l'humérus dans le point où ce nerf est accolé à la face profonde du muscle,

Les diverses paralysies que nous venons de mentionner lorsqu'elles ne sont pas congénitales se dissipent spontanément dans un espace de temps assez court, sans autre secours que des applications résolutives ou excitantes. L'hémiplégie faciale exige de plus de veiller à l'alimentation de l'enfant si la succion est compromise, et de garantir de la lumière l'œil qui reste ouvert.

ARTICLE VI. — Arrachement du cordon ombilical.

653*. — Le cordon ombilical peut être rompu à son insertion à l'ombilic pendant l'expulsion ou l'extraction artificielle, lorsqu'il est trop court d'une manière absolue ou par suite de son entortillement autour de l'enfant, par la chute de celui-ci chez une femme qui accouche brusquement debout.

Il en résulte une hémorrhagie plus ou moins abondante qui peut d'autant plus facilement devenir mortelle que l'absence complète de cordon rend incertain les moyens hémostatiques auxquels on peut avoir recours. Ces moyens ne comportent aucun retard ; la sage-femme doit les connaître et les appliquer (v. 540, et plus loin *Hémorrhagie consécutive à la chute du cordon*).

B. *États morbides du nouveau-né développés pendant le cours de la grossesse.*

ARTICLE Ier. — Faiblesse de naissance.

654*. — La *faiblesse* ou la *débilité de naissance* reconnaît des causes fort variables et se rapporte à des états morbides très divers qui ont pour caractères communs la faiblesse ou l'insuffisance des actes fonctionnels essentiels qui commencent avec la naissance. Bien que le mot *faiblesse* ou *débilité de naissance*, de même que celui de *mort apparente*, n'ait rien de précis et de déterminé, il doit être conservé, parce que avant même qu'on ait pu remonter à l'état morbide et à ses causes, il y a des indications communes et urgentes à remplir, les seules qui soient du ressort de la sage-femme. Ces indications concernent : 1° la respiration et la circulation qui présentent un état défectueux, un état incomplet, et qu'on doit chercher à activer en revenant plus ou moins souvent à quelques-uns des moyens mentionnés pour combattre l'asphyxie et ranimer la circulation ; 2° la calorification qu'il faut entretenir par l'application et le renouvellement continuels de la chaleur autour du nouveau-né ; 3° l'alimentation : ces enfants se laisseraient mourir de faim, la plupart étant incapables de teter sérieusement ; le plus souvent c'est goutte à goutte qu'on parvient à leur faire prendre une petite quantité de lait. Aucune peine, aucun soin ne doivent être négligés. Des résultats heureux viennent assez souvent nous donner la joie de sauver quelques-unes de ces faibles créatures, et nous récompenser de n'avoir cédé ni devant la peine ni devant le découragement.

On considère généralement comme étant dans un état de faiblesse maladive les enfants qui naissent dans un état de développement incomplet, dont les membres et le tronc sont grêles, la respiration incomplète, les cris à peine entendus, qui peuvent à peine ou pas du tout teter, et qui conservent mal dans l'estomac la petite quantité de lait ingéré. Sont naturellement dans ce cas : 1° la plupart des enfants nés avant terme ; 2° ceux qui, bien que nés à terme, se trouvent dans des conditions plus ou moins analogues et sont remarquables par leur peu de développement, leur faiblesse et le peu d'énergie de la respiration et des fonctions digestives. Les enfants nés dans cet état qui succombent sont tantôt sans lésions appréciables, tantôt affectés de lésions internes graves ou de vices de conformation.

On range aussi, mais à tort, parmi les enfants faibles de naissance, sans égard à leur degré de développement, ceux qui, ayant souffert pendant le travail, restent après leur naissance dans un état de faiblesse qui aboutit souvent à la mort en peu de jours, également sous l'influence d'une respiration incomplète et de congestions pulmonaires.

ARTICLE II. — TACHES DE SANG (NÆVUS).

655. — Ce vice de conformation mérite une attention particulière. Le nævus se montre ordinairement d'abord sous forme d'une tache rouge ou bleuâtre, souvent tellement petite qu'on ne peut l'apprécier. Cette tache ne s'élève pas encore sur la peau ; mais elle peut tôt ou tard s'accroître et devenir une tumeur de grosseur et d'étendue différentes. Ces taches sont la suite d'une distension et d'un développement excessifs des vaisseaux capillaires, et ne doivent pas être confondues avec d'autres *taches de naissance*, accidents inoffensifs qui ne s'accroissent pas de sitôt ou pas du tout, et qui sont, en outre, dès le début, peu élevées, généralement brunâtres, et quelquefois couvertes de poils. Comme les taches de sang peuvent prendre un développement considérable et un caractère de haute gravité, elles réclament la présence du médecin. [L'insertion du virus vaccin autour et sur les tumeurs érectiles du nouveau-né étant un moyen très efficace et sans dangers de les faire disparaître, la sage-femme ne devra pas vacciner un enfant affecté de nævus sans attendre si la tache est susceptible de se développer et sans prendre l'avis d'un chirurgien.]

ARTICLE III. — VICES CONGÉNITAUX DE CONFORMATION AUXQUELS IL FAUT REMÉDIER SANS RETARD.

1° Filet.

656. — Quelquefois la langue du nouveau-né est trop attachée en avant par le filet, de sorte que l'enfant ne peut pas prendre de nourriture. On reconnaît cet état en lui bouchant le nez ; il ouvre alors la bouche, et l'on peut apercevoir le défaut de mobilité de la langue. Quand l'enfant essaie de l'allonger, cette extension produit au bout une petite échancrure. Quand cet accident empêche l'enfant de teter, le chirurgien doit aussitôt pratiquer l'opération. [Celle-ci se fait de la manière suivante. L'enfant est maintenu assis, la tête renversée en arrière, la langue est soulevée et maintenue en haut avec les doigts ou avec la plaque fendue d'une sonde cannelée, et l'autre main armée de ciseaux mousses divise le filet dans toute

son étendue en inclinant la pointe en bas pour éviter les artères et veines ranines.]

2° Imperforation de l'anus et de l'urèthre.

657. — L'anus et le canal de l'urèthre peuvent être aussi fermés, de manière que les selles et les urines ne puissent être évacuées. Dans ce cas, l'intervention du chirurgien est également indispensable.

3° Hernie ombilicale congénitale.

658. — Parfois l'enfant vient au monde avec une tumeur à l'ombilic, ou bien les cris et les efforts de l'enfant déterminent aussitôt après sa naissance une tumeur semblable.

Cette tumeur est de grosseur et de forme variables, depuis la grosseur d'une petite noix jusqu'à celle du poing et au delà; elle est le plus souvent sphérique, quelquefois cylindrique. Elle est entourée de la gaîne du cordon ombilical, dans toute l'étendue de laquelle elle est transparente; au toucher, elle fournit la sensation d'une vessie remplie d'air; elle renferme des intestins, et parfois aussi d'autres viscères abdominaux. Ce vice de conformation est d'une haute gravité et demande toute l'attention de la sage-femme. Dès qu'elle l'aura constaté, elle devra réclamer les secours d'un médecin, et lui en abandonner aussitôt le traitement. Le meilleur moyen d'empêcher la formation de la hernie ombilicale après la naissance, c'est d'éloigner tout ce qui pourrait faire naître chez l'enfant des cris violents.

4° La tête et la colonne vertébrale peuvent être aussi quelquefois le siége de tumeurs; la sage-femme aura soin de les montrer aussitôt au médecin.

ARTICLE IV. — Tableau synoptique des vices de conformation du nouveau-né.

659*. — Plusieurs des vices de conformation que l'enfant apporte en naissant sont du domaine de la chirurgie. Nous avons dû mentionner ci-dessus ceux qui réclament immédiatement l'intervention de l'art. Nous nous bornerons à présenter une table générale des autres, empruntée au *Traité de médecine légale* de M. Devergie (3ᵉ édit., 1852, t. I, p. 230), pour donner une idée de leur nature et des chances de viabilité qu'ils laissent.

Ordre	Genre	Anomalie	Viabilité
1er ORDRE. AGÉNÈSES.	1er GENRE. Agénésies.	Acéphalie.	Non viables.
		Anencéphalie.	Quelques-uns ont vécu 20 jours.
		Hydropisie congénitale. 1° Celle des ventricules du cerveau, avec absence de quelques-unes de ses parties.	Mort avant ou à la naissance.
		2° Celle des ventricules du cerveau, avec développement complet de cet organe.	Vie pend. un temps plus ou moins long.
		3° Celle de l'extérieur du cerveau complétement développé.	Viables.
		Aprosopie (absence de la face).	Non viables.
		Atéloprosopie (imperforation de la face).	Non viables.
		Absence : 1° des yeux, paupières, iris.	Viables.
		Bouche.	Non viables.
		Lèvres, langue, oreille externe.	Viables.
		2° De l'épiglotte, pénis, scrotum, testicules, vésicules séminales, utérus, vagin, quelques côtes. Quelques vertèbres, une partie d'un membre. Main, vessie.	Viables.
		3° Œsophage, estomac, foie, cœur, poumons.	Non viables.
		Cloison ventriculaire ou auriculaire du cœur, diaphragme.	Viables.
	2e GENRE. Diesténasies.	**Défaut d'union des parties similaires, fissures sur la ligne médiane.**	
		Du crâne, avec encéphalocèle volumineux.	Non viables.
		— Avec encéphalocèle peu volumineux.	Viables.
		Spina-bifida, avec hydrorachis, situé en haut de la colonne vertébrale.	Peu de jours de vie.
		— — situé plus bas.	Quelq. mois et même 1 ou 2 ans.
		Des lèvres, os maxillaire, langue, voile du palais, vessie, verge, urèthre, matrice, vagin.	Viables.
		De la ligne médiane de l'abdomen, avec hernie considérable des organes abdominaux.	Non viables.
		Exomphalie, avec hernie des organes abdominaux, et quelquefois des viscères thoraciques.	Non viables.
		Ces deux dernières monstruosités, avec déplacement peu considérable des viscères ou sans déplacement.	Viables.
		Extrophie.	Viables.

Ordre	Genre	Anomalies	Viabilité
1er ORDRE. AGÉNÈSES.	3e GENRE. Atrésies.	Imperforations.	
		De membrane pupillaire. Urèthre. Des paupières. Vagin. De la bouche. Matrice. De l'anus.	Viables.
		De l'œsophage et des intestins.	Non viables.
	4e GENRE. Symphysies.	Réunion, confusion d'organes.	
		Monopsie. Fusion plus ou moins complète des yeux.	Non viables.
		— Des autres parties du corps.	Viables.
2e ORDRE. HYPERGÉNÈSES.	....	Géant. Organes doubles ou accrus en nombre.	Viables.
3e ORDRE. DIPHLOGÉNÈSES.	1er GENRE. Par fusion.	Fœtus accolés par quelques points du corps. Fœtus réunis avec fusion de parties. Fœtus réunis par leurs parties supérieures et séparés par leurs parties inférieures. Fœtus réunis par leurs parties inférieures et séparés par leurs parties supérieures.	Viables.
	2e GENRE. Par pénétration.	L'un contenant l'autre { en partie. en totalité.	Viables.
4e ORDRE. HÉTÉROGÉNÈSES.	....	Fœtus extra-utérin.	Non viables.
		Plus de trois fœtus nés à la fois. Albinos et chacrelats. Fœtus avec changement dans la situation ordinaire des organes, tous viables, excepté :	Viables.
		Fœtus avec ectopie du cœur, thoracique, avec fissure du sternum et hernie du cœur. Fœtus avec ectopie du cœur céphalique.	Non viables.

C. De quelques phénomènes physiologiques et pathologiques consécutifs à la naissance que la sage-femme doit connaître.

ARTICLE Ier. — PHÉNOMÈNES PHYSIOLOGIQUES.

660*. — Il n'est pas dans la nature de phénomène plus capable d'exciter la surprise et l'admiration que cette brusque entrée du fœtus en pleine possession de la *vie extra-utérine*. D'un côté, l'établissement de la respiration pulmonaire, et de l'autre la cessation de la circulation fœto-placentaire remplacée par la circulation ordinaire, s'opèrent en quelques instants ; les fonctions sensitives et sensoriales entrent forcément en activité par le contact des agents excitants du monde extérieur ; le besoin de nourriture et l'aptitude à la digestion se révèlent bientôt par des mouvements de succion et de déglutition. En quelques instants, la vie a pris une nouvelle direction et de nouveaux rapports.

1° *Respiration.* Tout en reconnaissant dans l'action excitante de l'air sur la peau et les bronches, la principale cause de l'excitation cérébrale qui met en jeu les puissances inspiratrices et expiratrices, il faut bien avouer que ce n'est pas là la cause première, et que celle-ci reste cachée. On doit se borner à constater que l'enfant en naissant apporte un vif besoin de respirer, et qu'il cherche immédiatement à exécuter cet acte d'une manière instinctive en vertu de sa propre organisation. Les premiers mouvements respiratoires sont accompagnés d'un râle muqueux dans toute l'étendue de la poitrine qui cesse complétement au bout de quelques minutes. Ce n'est le plus souvent qu'après une ou deux inspirations que l'enfant crie. Un cri soutenu, sonore et facile, coïncide toujours avec une respiration libre et pleine, et indique généralement de la vigueur et de la santé. Un cri faible, étouffé, incomplet, annonce un établissement difficile et incomplet de la respiration, et par conséquent un danger plus ou moins imminent tant que cet état dure. Le début de la respiration normale s'accompagne d'un dégorgement plus ou moins abondant par la bouche de fluides séro-muqueux, rendus souvent spumeux par le passage de l'air.

L'établissement de la respiration amène à sa suite, dans le thorax, les voies aériennes, etc., des changements remarquables qu'on s'est attaché à déterminer d'une manière rigoureuse pour des applications de médecine légale qui touchent aux plus graves intérêts de la société. La *cavité thoracique* prend une ampleur qui en change d'une manière sensible la forme; le diaphragme, après s'être abaissé, ne revient plus au niveau qu'il occupait avant, et la cavité abdominale est raccourcie. L'insufflation artificielle pratiquée après la mort ne produit pas comme la respiration naturelle une ampliation durable de la cavité thoracique. L'*épiglotte*, qui reposait sur la glotte, s'en éloigne par l'effet de l'abaissement que l'inspiration imprime au larynx; la *glotte*, qui, avant la première inspiration, était presque entièrement fermée à sa partie antérieure et complétement à sa partie postérieure, demeure ensuite un peu béante en avant et légèrement ouverte en arrière. Les *poumons* prennent un volume en rapport avec l'ampliation de la cavité thoracique. Leur *tissu*, qui jusque-là était dense et d'un rouge foncé, devient spongieux et d'un rouge vermeil, à mesure que les vésicules sont déployées. Ce travail s'opère rapidement et a bientôt envahi tout le poumon lorsque l'enfant est né vigoureux et que la respiration s'exerce librement ; mais s'il est débile, la transformation s'opère lentement, et le poumon est encore à demi à l'état fœtal chez des enfants qui ont vécu six ou même douze jours. Les poumons qui ont respiré deviennent crépitants sous la pression des doigts, laissent échapper des bulles d'air et surnagent dans l'eau. Les *vaisseaux pulmonaires* acquièrent de l'ampleur et s'allongent ; le sang y afflue en plus grande abondance, et tandis que l'air augmente le volume des poumons, en diminuant d'autant leur pesanteur spécifique, le sang accroît leur poids ou pesanteur absolue.

Les phénomènes extérieurs de la respiration du nouveau-né offrent des caractères particuliers qu'il importe de connaître. Dans les mouvements d'inspiration et d'expiration, la dilatation de la poitrine est peu prononcée et s'effectue surtout par les côtes inférieures et le diaphragme ; ce dernier muscle et les muscles de l'abdomen y prennent une part plus grande qu'aux âges ultérieurs. Aussi voit-on le ventre s'élever et s'abaisser par des mouvements alternatifs très prononcés : la respiration est abdominale. L'irrégularité est un autre caractère de la respiration du nouveau-né. A chaque instant, on voit, à une respiration calme et régulière succéder tantôt un moment d'arrêt ou une intermittence, tantôt des mouvements rapides, précipités même, et bientôt tout rentre dans l'ordre normal. C'est surtout pendant l'état de veille qu'on observe ces irrégularités. Pendant le sommeil, au contraire, le plus souvent la respiration est paisible et régulière, se répétant vingt à trente fois par minute.

2° *Circulation.* — A peine la respiration est-elle pleinement établie que les pulsations des artères ombilicales s'affaiblissent rapidement du placenta vers l'ombilic, et cessent de se faire sentir au bout de trois à six minutes. Lorsque la respiration s'établit difficilement, et en général chez les enfants nés prématurément, les pulsations persistent dans le bout ombilical du cordon au bout de vingt, trente minutes, une heure; elles peuvent persister pendant plusieurs heures, reparaître après avoir cessé lorsque la respiration est incomplète ou lorsqu'elle s'embarrasse de nouveau. Le sang du ventricule droit afflue en plus grande abondance dans les poumons dilatés par l'air, et cesse bientôt de passer dans l'aorte descendante par le *canal artériel*. Le *trou ovale*. cesse d'en admettre la même quantité, et finit par ne plus en laisser passer ; des changements analogues ne tardent pas à s'opérer dans les *artères* et les *veines ombilicales* (voy. 209).

La circulation est très accélérée chez le nouveau-né, comme le prouve la fréquence du pouls qui bat de 100 à 150 fois par minute; mais le plus souvent elle se rapproche de la moyenne 118 à 120. La fréquence du pouls offre de notables variations chez le même enfant. La cause la mieux appréciée de ces variations, en dehors de tout état fébrile, est l'état de veille et de sommeil; dans le premier état, il est en général de 15 à 20 pulsations plus fréquent que dans le second; cette fréquence peut être beaucoup plus considérable encore si le pouls ne peut être compté qu'après que l'enfant s'est agité, a pleuré, etc. ; il est aussi plus fréquent lorsque l'enfant vient de teter. Ce sont autant de circonstances dont il faut tenir compte pour apprécier l'état de maladie. Au reste, la fréquence et l'intermittence sont à peu près les seuls caractères du pouls qu'on peut constater d'une manière certaine; sa faiblesse ou sa force, son ampleur ou sa petitesse, échappent presque entièrement à une appréciation rigoureuse.

3° *Fonctions diverses.* — L'établissement de la respiration et ses conséquences sur la circulation impriment plus d'activité à tout l'organisme. L'enfant est plus animé, plus éveillé; il cherche par des mouvements instinctifs à teter ; les réservoirs qui renferment des produits de sécrétion tendent à s'en débarrasser ; de l'urine et du méconium ne tardent pas à être rendus.

4° *Calorification.* — Le fœtus et le nouveau-né, comme l'homme, a une température propre à peu près constante à l'intérieur dans l'état de santé, mais sensiblement variable à l'extérieur, sans cependant se mettre en équilibre avec le froid ou la chaleur de l'atmosphère. Dans les premiers jours de la vie, le nouveau-né a déjà une température propre à peu près égale à celle qu'il doit avoir plus tard. Mais ce qui le distingue sous ce rapport de l'adulte, même de l'enfant plus âgé, c'est que sa résistance au froid est inférieure et moins marquée, et qu'un refroidissement dangereux, mortel même, est facile s'il n'est pas suffisamment protégé par des soins assidus contre les variations de température et contre l'humidité produite par l'urine et les selles liquides. La température extérieure des enfants est très mobile et tend facilement à s'abaisser; ce sont les enfants les plus faibles, les plus délicats, qui se refroidissent le plus facilement. La température intérieure elle-même est promptement affectée et descend sensiblement au-dessous de l'état normal. Au reste la température propre varie sensiblement suivant la force, le degré de développement ou de maturité du nouveau-né.

Quelques minutes après la naissance, le nouveau-né se refroidit; il perd deux ou trois degrés de chaleur. Mais, dès le lendemain de la naissance, la température animale reprend son niveau, qui est en moyenne de 37 degrés, et s'y maintient, sauf de légères oscillations, tant que la santé persiste. Dans les maladies fébriles la chaleur animale est augmentée; stationnaire dans la plupart des maladies non fébriles, elle s'abaisse au contraire dans quelques affections qui ont en quelque sorte un caractère algide, caractère très prononcé dans l'*endurcissement œdémateux* du nouveau-né. Mais ce qu'il importe surtout de faire ressortir ici, c'est le peu de résistance que le nouveau-né oppose à l'action du froid, disposition qui est portée au plus haut degré, surtout chez les enfants nés prématurément ou faibles, chez ceux dont la respiration reste difficile et incomplète. Dans tous ces cas, réchauffer et maintenir constamment à une température douce est l'indication fondamentale qu'il ne faut pas perdre un moment de vue.

5° *Décoloration de la peau.* — L'enfant qui vient de naître a presque toujours une coloration uniforme : la face, le tronc, les membres sont généralement colorés en rouge foncé par la présence du sang qui prédomine dans le réseau capillaire. En général, cette coloration diminue du cinquième au huitième jour. Mais elle peut persister plus longtemps sans qu'on puisse lui assigner une cause ni un terme précis dans sa durée : les mains et les pieds surtout restent plus longtemps rouges et violacés sans indiquer un état morbide ; mais la coloration rouge foncé persistante et apyrétique, portée jusqu'à l'état de cyanose, indique une maladie organique congénitale du cœur ou la persistance du trou de Botal. A la coloration rouge primitive succède une teinte jaunâtre uniforme ; puis la peau devient d'un blanc rosé, d'un blanc mat ou brunâtre, suivant la teinte qui doit prédominer plus tard.

6° *Exfoliation de l'épiderme.* — Ce travail organique est, comme la chute du cordon, un phénomène naturel propre au nouveau-né, et qui ne s'opère qu'après la naissance et chez les enfants vivants seulement. L'épiderme, qui jusque-là n'a été en contact qu'avec le liquide amniotique, ne se modifie pas seulement, mais se renouvelle pour s'approprier au contact de l'air. Le moment où l'exfoliation commence est très variable : quelques enfants présentent déjà des traces de soulèvement de l'épiderme dès le deuxième jour, tandis que chez d'autres on ne commence à en voir quelque indice que le huitième et même le dixième jour. Mais, en général, c'est à l'âge de trois à cinq jours que l'exfoliation est dans sa plus grande activité. L'épiderme commence d'abord à se fendiller et à se soulever par lignes, par petites plaques, par écailles furfuracées, au niveau des plis cutanés, des articulations et à la plante des pieds. Dans beaucoup de cas, l'exfoliation est à peine apparente ; il en est même où elle se fait d'une manière presque insensible, l'épiderme tombe lentement et insensiblement en poussière. Le temps pendant lequel elle s'opère est en général assez long et dure plusieurs semaines. Elle se fait d'une manière plus sensible et dure plus longtemps chez les enfants faibles, maladifs, qui tombent dans le marasme.

7° *Chute du cordon ombilical.* — La chute du cordon sépare le nouveau-né des derniers débris de la vie fœtale. Cette séparation est précédée, accompagnée et suivie de phénomènes que nous allons faire connaître sommairement. Le cordon se flétrit du premier au troisième jour ; la dessiccation qui suit rapidement s'accomplit en deux, trois, quatre jours, et s'arrête au niveau du bourrelet cutané. Cette dessiccation n'a lieu que chez les enfants nés vivants ; chez ceux qui naissent morts ou qui meurent avant que ce phénomène ait commencé, le cordon se flétrit, se ramollit et passe par les divers degrés de la décomposition putride. De là l'attention portée sur l'état du cordon, dans les expertises médico-légales.

La séparation et la chute du cordon s'opèrent par un véritable travail éliminatoire analogue à celui qui sépare les parties mortes des parties vivantes. Les phénomènes d'élimination sont peu prononcés et comme latents lorsque le cordon est très grêle: ils consistent en une espèce d'absorption interstitielle et en un suintement séro-purulent peu abondant. Lorsque, au contraire, le bout à détacher est volumineux, la rougeur et la suppuration sont des plus manifestes. L'époque de la chute du cordon est assez variable : terme moyen, cette chute a lieu du quatrième au cinquième jour ; mais il se détache quelquefois dès le troisième, et assez souvent après le sixième, septième, huitième jour.

Après la chute du cordon, la dépression ombilicale est encore, pendant plusieurs jours, le siége d'un suintement purulent qui laisse des traces d'une véritable cicatrice. Le suintement purulent est fourni par la surface d'une espèce de tubercule mollasse et plus ou moins rouge formé par les extrémités des vaisseaux ombilicaux réunis en une petite masse qui disparaît et s'enfonce peu à peu du côté de l'abdomen, en même temps que le bourrelet ombilical entraîné en dedans perd sa conicité et se déprime. La cicatrisation est ordinairement achevée du dixième au douzième jour.

ARTICLE II. — De quelques maladies consécutives à la naissance.

§ 1. — *Hémorrhagie ombilicale consécutive à la chute du cordon.*

661*. — Le travail d'élimination du cordon n'est ordinairement accompagné ni suivi d'aucun accident. Ce n'est que par une exception assez rare qu'on voit quelquefois survenir des inflammations, des hémorrhagies, dont les suites peuvent être promptement funestes à l'enfant. Il importe donc beaucoup d'être en garde contre ces accidents possibles, soit pour les prévenir, soit pour y remédier sans retard.

Ce n'est, jusqu'à présent, qu'après la chute du cordon, au bout de sept, neuf, onze, treize jours, et non pendant le travail d'élimination, qu'on a observé cette espèce d'hémorrhagie ; il peut même se passer plusieurs jours entre le moment de la chute du cordon et le commencement de l'hémorrhagie. Le sang coule en bavant, s'arrête, coule de nouveau sans présenter de saccades indiquant un jet artériel.

Cette espèce d'hémorrhagie est survenue plusieurs fois chez des enfants affectés de *purpura;* des taches de *purpura* se sont développées chez d'autres qui ont succombé, bien qu'on fût parvenu à se rendre maître de l'hémorrhagie. Il est vraisemblable qu'un état de dissolution scorbutique du sang existait chez ceux même qui n'en présentaient aucun signe extérieur. Cela expliquerait l'inutilité de la plupart des moyens employés, sauf la ligature en masse. On a eu recours en vain aux appareils compressifs formés de petites compresses graduées, de petits morceaux d'amadou trempés dans une forte dissolution d'alun, enduits de poudre de colophane, à la glace, aux cautérisations avec le nitrate d'argent, un acide concentré, la potasse, le fer rouge. Il est probable que le perchlorure de fer, que les serres-fines, les pinces, imaginées contre les écoulements opiniâtres des piqûres de sangsues, seraient également inutiles. C'est donc à la ligature en masse qu'il faut avoir recours sans retard. On traverse avec une épingle abase du tubercule ombilical saignant, et l'on passe au-dessous de l'épingle un fil double que l'on serre de façon à empêcher l'écoulement du sang.

La sage-femme doit être bien pénétrée du danger de ces hémorrhagies et de la nécessité de faire appeler un médecin aux premiers signes de suintement sanguin au fond de la dépression ombilicale. Comme il importe beaucoup de laisser perdre à l'enfant le moins de sang possible, elle ne le quittera pas et ne négligera pas l'emploi des moyens simples à sa portée qui peuvent arrêter la perte jusqu'à l'arrivée du médecin. Si, malgré leur emploi, le sang continuait à couler, elle chercherait à former avec les doigts un pli profond qui embrasserait le bourrelet ombilical de manière à arrêter provisoirement l'écoulement, et se ferait remplacer momentanément si les doigts fatigués menaçaient de lâcher prise.

§ 2. — *Inflammations consécutives à l'élimination ou à la chute du cordon ombilical.*

662*. — 1° *Inflammation et suppuration prolongée de l'ombilic.* Le léger gonflement et le petit cercle rouge du travail d'élimination peut dépasser ses limites physiologiques, et l'ombilic devenir le siége d'une rougeur diffuse intense et d'un gonflement prononcé. Le défaut de soins et de propreté, des tiraillements intempestifs sur le cordon, en sont la cause la plus ordinaire. Des lotions adoucissantes, des applications de compresses imbibées de liquides émollients, des cataplasmes de même nature, suffisent généralement pour dissiper cette rougeur et ce gonflement.

Cet état peut persister ou ne se développer qu'après la chute du cordon : il est alors accompagné d'une suppuration plus ou moins abondante ; ce n'est pas seulement le fond de la dépression ombilicale qui est ulcéré. L'inflammation simple, l'inflammation avec exulcération, la suppuration plus ou moins abondante, causent des douleurs vives, de l'agitation.

Des bains, des lotions adoucissantes, des cataplasmes émollients, suffisent ordinairement pour dissiper l'inflammation simple. La suppuration exige quelquefois des soins particuliers. Lorsque l'ulcération s'est étendue, que la peau de la dépression ombilicale est comme transformée en une muqueuse excoriée, il faut prévenir le contact des parties par l'interposition de quelques brins de charpie, d'une petite bandelette trempée dans de l'eau blanche ou enduite de cérat simple ou saturné. On est quelquefois obligé d'avoir recours à de légères cautérisations avec le nitrate d'argent, à la pommade au calomel, au styrax, etc. Dès que l'inflammation et la suppuration de l'ombilic ne guérissent pas promptement à l'aide de lotions et d'applications adoucissantes, la sage-femme doit réclamer la présence d'un médecin.

2° *Érysipèle.* Les inflammations décrites ci-dessus sont assez souvent le point de départ d'un érysipèle qui s'étend au loin autour de l'ombilic et qui peut devenir ambulant. Le simple travail inflammatoire d'élimination du cordon, la présence des compresses desséchées et durcies qui le maintiennent, suffisent quelquefois à le faire naître. Quand à ces causes s'ajoute une influence atmosphérique ou l'action de l'air vicié, tel qu'il se rencontre souvent dans les salles consacrées aux enfants malades, aux femmes en couches, surtout lorsqu'il y règne des épidémies de fièvres puerpérales, l'érysipèle se développe avec une grande facilité, revêt promptement par lui-même ou par ses complications une gravité extrême. Il se montre souvent dans ce cas sur d'autres points ; les excoriations des fesses, des membres inférieurs, une légère éruption cutanée, les piqûres vaccinales, etc., peuvent en être le point de départ.

Il se forme sur un point de la peau, le plus souvent dans la région ombilicale ou plus près des parties génitales, une tache rouge jaunâtre, qui d'abord n'offre pas de chaleur ni de dûreté notables. La pression du doigt fait disparaître la rougeur, qui revient dès que la pression cesse. Il s'y joint plus tard de l'agitation, de la fièvre et de l'insomnie qui marquent l'angoisse.

Cette maladie est fort dangereuse; aussi la sage-femme doit-elle faire appeler un médecin dès que ces symptômes commencent à se manifester. Tout ce qu'elle doit faire, c'est de garantir l'enfant du froid et de l'humidité, et de veiller à ce que les langes ne soient pas trop serrés et n'augmentent ainsi les douleurs.

3° L'inflammation et la suppuration de l'ombilic, surtout lorsqu'elles sont suivies d'érysipèle, se compliquent assez facilement d'inflammations qui se propagent du côté du ventre, sur le trajet ou dans l'intérieur de la veine et des artères ombilicales, et jusque dans le péritoine. Nous avons dû appeler l'attention sur tous ces accidents et signaler leur gravité pour bien faire comprendre toute l'importance qu'il y a à surveiller avec soin le travail d'élimination du cordon et sa chute, et à combattre les accidents inflammatoires et la suppuration aussitôt qu'ils se montrent. La moindre négligence à cet égard peut être suivie de la perte d'un enfant.

§ 3. — *Des crampes et des convulsions.*

663. — L'enfant jette des cris sourds ; sa face est décomposée, bleuâtre ; le ventre est tendu ; souvent les selles et les urines ne sont pas évacuées ; les yeux roulent dans les orbites; parfois il survient un spasme de la mâchoire inférieure (*trismus*) qui, un peu écartée de la mâchoire supérieure, reste dans un état d'immobilité.

Les crampes (*contractures*) et les convulsions (*éclampsie du nouveau-né*) peuvent avoir pour cause une surcharge de l'estomac, un refroidissement, des émotions vives de la mère ou de la nourrice ayant précédé de quelques instants l'allaitement, des vers, des douleurs vives occasionnées par d'autres maladies.

La sage-femme doit envoyer immédiatement chercher le médecin ; jusqu'à son arrivée, elle prescrira un bain chaud et donnera un lavement d'une infusion de camomille.

§ 4. — *Jaunisse du nouveau-né.*

664. — La *jaunisse* (*ictère*) du nouveau-né se reconnaît à la coloration jaune de la peau ou du blanc des yeux, colo-

ration se manifestant dans les premiers jours qui suivent l'accouchement, rarement plus tard. Les selles des enfants sont verdâtres; du reste, dans la plupart des cas, il ne se présente pas de phénomènes morbides.

Cette maladie est le plus souvent la suite d'un refroidissement; elle n'offre pas en général de danger et disparaît au bout de quatre, cinq ou six jours, par des soins convenables. Il faut baigner l'enfant deux fois par jour dans de l'eau tiède, l'essuyer soigneusement après le bain avec des serviettes chaudes, et veiller à ce que la chemise, les langes, le lit, soient parfaitement secs, et que tout soit tenu très propre. En cas de constipation, on administre un lavement d'une infusion de camomille. Si la jaunisse ne disparaît pas au bout de plusieurs jours de traitement, si l'enfant est agité, si le ventre est tendu et les selles irrégulières, on doit consulter un médecin. La jaunisse qui se déclare à une époque plus avancée, et qui est toujours fort dangereuse, réclame aussi toujours les secours de l'homme de l'art.

§ 5. — *Colique, constipation, diarrhée.*

665. — Les enfants qui ont la colique pleurent, sont impatients et agités; ils approchent leurs pieds de l'abdomen, et l'on peut souvent entendre le bruit des flatuosités dans le ventre.

Dans la diarrhée, l'enfant est agité et crie; les matières fécales sont vertes et ressemblent à des œufs brouillés. La constipation arrive ou immédiatement après la naissance, par la rétention du méconium, ou plus tard.

Tous ces accidents tiennent à un dérangement des fonctions intestinales déterminé par une mauvaise alimentation, un refroidissement, la surcharge de l'estomac, des émotions de la mère ou de la nourrice.

Tout ce que la sage-femme peut faire dans ce cas, c'est de mettre l'enfant dans un bain chaud, d'administrer en cas de constipation un lavement d'une infusion de camomille, d'huile d'olive, et, en cas de diarrhée, des lavements émollients de décoction de graine de lin, d'avoine ou d'amidon ; de faire prendre une faible infusion de fenouil ou de camomille en cas de coliques et de flatuosités, et d'appliquer sur le ventre de la flanelle chaude : tout le reste est du domaine du médecin.

Le meilleur moyen de déterminer la sortie du méconium est de donner le sein à l'enfant. Mais ce moyen ne suffisant pas toujours, on est souvent conduit à administrer des lavements d'huile d'olive, à faire prendre quelques cuillerées à café de sirop de chicorée composé.

§ 6. — *Aphthes, muguet.*

666. — On désigne par ces noms une éruption qui apparaît sous forme de vésicules ou de taches blanches sur les parties internes de la bouche, la langue, le palais, les lèvres ; elle finit par former une croûte qui tombe pour être remplacée par une autre. Souvent ces aphthes surviennent aussi à l'anus. Cette éruption s'accompagne d'inquiétudes, de selles diarrhéiques d'odeur aigre, de colique et de chaleur. Le mal peut aussi gagner par contagion les mamelles de la mère.

Cette éruption survient par défaut de propreté, comme, par exemple, quand on néglige de laver avec de l'eau fraîche la bouche de l'enfant toutes les fois qu'il a teté (voy. 450), quand la mère ne tient pas ses mamelons propres ; il peut aussi provenir de l'usage des nouets, d'une atmosphère humide et viciée, dans les salles où se trouvent réunis un grand nombre d'enfants malades, et il revêt alors une gravité extrême.

Quand les vésicules ne sont qu'en petit nombre et que l'enfant se porte bien d'ailleurs, il suffit ordinairement pour éloigner l'éruption de laver avec beaucoup de ménagements la bouche de l'enfant avec de l'eau fraîche ou une décoction de guimauve et de mauve, et d'observer la propreté la plus minutieuse. Si ces vésicules augmentent et qu'elles deviennent foncées en couleur, si elles s'accompagnent de diarrhée, la présence d'un médecin est indispensable.

§ 7. — *Ophthalmie purulente du nouveau-né.*

667*. — Les paupières sont rouges, tuméfiées ; l'enfant ferme les yeux ; bientôt il survient une sécrétion abondante de mucus jaunâtre qui colle les paupières. Si l'on ne remédie promptement à cette affection, elle gagne l'œil et peut avoir pour suite une cécité incurable. Souvent les enfants naissent avec des paupières déjà rouges au bord.

La compression de tête pendant le travail, l'impression d'un air froid, la malpropreté, des flueurs blanches de la mère, l'accumulation des enfants dans des salles d'hôpital, etc., l'influence épidémique dans certaines saisons, l'air vicié de la chambre, des salles dans les hôpitaux consacrés aux femmes en couches, aux nouveau-nés.

Au premier degré, l'ophthalmie purulente n'est caractérisée que par un peu de rougeur et de tuméfaction des paupières ; l'enfant fuit la lumière sans tenir l'œil fermé, si ce n'est au grand jour. Mais si la maladie passe au second degré, la rougeur, la douleur, surtout la tuméfaction, augmentent d'intensité, et un écoulement purulent plus ou moins abondant, blanc d'abord, puis jaunâtre ou verdâtre, s'établit. Si l'on veut écarter les paupières, la conjonctive palpébrale boursouflée, granuleuse, d'un rouge intense, fait hernie et permet difficilement de voir la cornée.

Si la maladie est négligée, mal soignée, surtout si la cause provient du contact d'un écoulement blennorrhagique de la mère, l'inflammation, qui avait principalement son siége sur la conjonctive palpébrale, s'étend sur le globe de l'œil, et il survient des opacités, des ulcérations de la cornée, quelquefois son ramollissement et même la fonte totale de l'œil.

Cette inflammation peut se résoudre sans passer au deuxième degré, sa durée est alors de quelques jours seulement. Lorsqu'elle passe au second degré, pour peu que le gonflement soit prononcé et l'écoulement purulent abondant, sa durée est ordinairement assez longue. Bien qu'elle se termine encore le plus souvent d'une manière heureuse, le pronostic est assez grave, et l'on doit avoir des craintes sérieuses pour la vision si l'inflammation s'étend jusque sur la cornée.

Aussitôt que la sage-femme reconnaît cette inflammation, elle doit appeler le médecin. En attendant, elle préservera l'enfant d'une lumière trop vive, du refroidissement, des courants d'air; elle se bornera à enlever les matières qui salissent et collent les bords libres des paupières par des lotions avec de l'eau de guimauve, de son, le lait de la nourrice. Portée à un degré intense, le médecin en triomphe le plus souvent à l'aide de collyres composés, pour 30 grammes d'eau, de 5 à 10 centigrammes de nitrate d'argent ou de 10 à 20 centigrammes de sulfate de zinc.

§ 8. — *Tuméfaction des seins.*

668. — Parfois les seins des nouveau-nés, garçons ou filles, se gonflent et deviennent rouges, durs au toucher et douloureux. Souvent cet état morbide est occasionné par l'imprudence des sages-femmes qui compriment les seins quand ils sont tuméfiés légèrement à la naissance. Cette tuméfaction est causée par l'accumulation dans les conduits lactifères de la glande d'un fluide séro-lactescent, parfois assez abondant, qui s'écoule au dehors, écoulement, du reste, qui favorise la résolution.

On enduit les parties affectées d'huile d'amandes douces, et l'on y applique des linges chauds. Si la tuméfaction ne se dissipe pas bientôt ou qu'elle augmente, on doit recourir aussitôt à un médecin : car sans cela la suppuration pourrait s'établir, et en détruisant la glande mammaire rendre les filles impropres à nourrir par la suite.

§ 9. — *Croûtes laiteuses, pemphigus, excoriations, tanes.*

669. — 1° Les *croûtes laiteuses* apparaissent à la face sous forme de petites vésicules; en s'ouvrant, elles versent un liquide qui forme des croûtes luisantes d'un blanc jaunâtre. L'éruption peut s'étendre de la face à la tête et même sur la surface du corps tout entier.

2° Le *pemphigus* se montre, soit au moment de la naissance, soit bientôt après, sur différents points du corps, quelquefois sur un seul, sous forme de vésicules jaunâtres de la grosseur d'un pois jusqu'à celle d'une noisette, renfermant un liquide clair. Tantôt elles s'ouvrent et laissent derrière elles de petites ulcérations ; tantôt elles se dessèchent et forment des croûtes minces qui tombent au bout de quelques jours. Quand elles sont en petit nombre, les souffrances de l'enfant sont peu considérables ; mais si elles sont nombreuses, la fièvre survient, l'enfant est agité, et il maigrit.

[Les éruptions de pemphigus, qui se développent presque immédiatement après la naissance, surtout aux pieds et aux mains, doivent inspirer beaucoup de réserve, parce qu'elles peuvent être un symptôme d'une infection syphilitique héréditaire.]

3° Les *excoriations* se montrent aux parties du corps où il y a des flexions et aux endroits où la peau forme des plis, comme au cou, sous les aisselles, entre les fesses, au pli de l'aine, entre les lèvres des parties génitales, et où il y a des frottements répétés comme aux fesses et aux talons. Les endroits affectés sont rouges, sensibles, ce qui fait que l'enfant crie beaucoup et est souvent pris de fièvre.

4° Les *tanes* se présentent sous forme de petits points noirâtres un peu élevés, dans le voisinage des oreilles, sur le dos, les épaules, etc., souvent en si grand nombre, que la peau en devient rude. En les comprimant des deux côtés, on peut en faire sortir de petits filaments jaunâtres avec un bout noir, qui ressemblent à de petits vers. De là le nom populaire de *convives* donné à cette affection.

Ces états morbides peuvent provenir de causes différentes. En observant la plus grande propreté et en préservant l'enfant d'un refroidissement, la sage-femme peut faire beaucoup pour en empêcher le développement. Mais si malgré cela ils viennent à se manifester, elle doit appeler le médecin et s'abstenir de l'usage de remèdes domestiques, mais surtout éviter de répandre sur les écorchures des poudres quelconques, et notamment celles qui renferment de la litharge.

Dans les cas de *tanes*, il suffit, pour les faire disparaître, de mettre l'enfant dans un bain d'eau de savon, de l'y frotter doucement avec une étoffe de laine, et de lui donner de meilleurs soins, pourvu toutefois que l'éruption ne se complique pas d'autres états morbides.

CINQUIÈME PARTIE.

APPENDICE CONTENANT UN PRÉCIS DE LA SAIGNÉE, DES VENTOUSES, DE LA VACCINE (1) ET DES PRÉPARATIONS PHARMACEUTIQUES LES PLUS USUELLES.

SECTION PREMIÈRE.

SAIGNÉE.

1. — On appelle *saignée* toute émission de sang faite dans le but de guérir.

On donne encore le nom de saignée au sang tiré d'une veine ou d'une artère : ainsi on dit une *petite saignée*, une *copieuse saignée*, pour dire qu'on a tiré peu ou beaucoup de sang.

2. — La saignée *locale* est celle qui est faite au niveau ou dans le voisinage de la partie malade, dans le but d'y diminuer la quantité de sang. La saignée *générale* est faite pour diminuer la masse du sang. Les anciens médecins considéraient la saignée comme *déplétive*, lorsqu'elle était pratiquée sur telle ou telle veine indistinctement ; *révulsive*, lorsqu'elle est faite le plus loin possible de la partie malade, etc. Toutes ces dénominations sont à peu près abandonnées. Lisfranc a conservé le nom de *saignées révulsives* à ces petites saignées du bras qu'il prescrit pour les affections de l'utérus.

3. — On peut retirer une certaine quantité de sang de l'économie, en intéressant une veine, une artère ou des vaisseaux capillaires ; ces trois opérations, bien différentes l'une de l'autre,

(1) Cet *Appendice* est extrait du MANUEL DE PETITE CHIRURGIE, par M. le docteur Jamain, 2e édit. 1855. 1 vol. in-18, avec 189 fig.

portent le nom de *phlébotomie*, *artériotomie*, *saignée capillaire*. Les deux premières sont pratiquées comme *saignée générale*, la troisième comme *saignée locale*.

CHAPITRE PREMIER.

DE LA PHLÉBOTOMIE.

4. — Les anciens pratiquaient la phlébotomie sur toutes les veines du corps, pourvu toutefois qu'elles fussent superficielles, et d'un calibre assez grand pour donner une quantité notable de sang : ainsi ils saignaient la veine *préparate*, la veine *temporale*, la veine *ranine*, etc.; mais ces opérations sont à peu près abandonnées, on saigne presque exclusivement les *veines du pli du bras*. Le volume généralement assez considérable de ces veines, la finesse et la demi-transparence de la peau derrière laquelle elles se trouvent placées, la facilité avec laquelle elles se dilatent sous l'influence d'une compression circulaire exercée à la partie inférieure du bras, ou de la contraction des muscles de l'avant-bras qui fait refluer le sang des veines profondes dans les veines superficielles, justifient suffisamment cette préférence. Dans quelques cas, lorsque les veines du pli du bras ne sont pas apparentes, on ouvre les *veines du dos de la main* ou la *céphalique* à l'épaule entre le grand pectoral et le deltoïde ; mais ces opérations ne se font que très rarement. On pratique encore quelquefois la saignée à la partie inférieure de la jambe, sur la *veine saphène interne*, saignée du pied, plus rarement au cou, sur la *veine jugulaire externe*.

Nous décrirons seulement la saignée du bras et celle du pied.

5. — Quelle que soit la veine que l'on choisisse, quand on veut pratiquer une saignée, il faut toujours exercer une compression plus ou moins grande entre le point qui doit être piqué et le cœur. Cette ligature est faite dans un double but : 1° d'accumuler le sang dans la veine que l'on veut saigner, afin de la rendre plus apparente et plus résistante ; 2° de forcer le sang à s'échapper par l'incision, en l'empêchant de continuer son trajet vers le cœur. On conçoit très bien, d'après ces indications, que la ligature doit être assez serrée pour apporter un obstacle suffisant au cours du sang ; mais elle ne doit pas comprimer trop fortement, car on arrêterait la marche du sang artériel, et alors le sang ne coulerait plus dès que les veines seraient vidées.

6. — A quel instant de la journée doit-on pratiquer la sai-

gnée? Quand c'est une saignée de précaution, on peut choisir le matin ou le soir. Le matin est préférable, car le malade n'est pas fatigué par les travaux de la journée. Le malade ne doit pas avoir mangé depuis trois ou quatre heures au moins; il ne prendra de nourriture qu'une heure après l'opération. Mais dans les affections aiguës la saignée peut être faite indifféremment à toute heure du jour; quelquefois même la saignée est tellement urgente, qu'il faut la pratiquer quand bien même le malade aurait mangé depuis un temps moins long que celui que nous avons indiqué.

Les veines sous-cutanées, surtout celles du membre abdominal, contiennent moins de sang lorsque le malade est resté au lit : la saignée est dans ce cas plus difficile ; il faut donc, s'il est possible, faire prendre au malade un peu d'exercice qui, par la contraction musculaire, fera passer dans les veines sous-cutanées le sang qui aurait coulé dans les veines profondes.

7. — La quantité de sang que l'on doit tirer varie depuis 125 grammes jusqu'à 1 kilogramme, selon la nature de l'affection, l'état du sujet, etc.

8. — A. *Préparatifs*. Pour pratiquer la saignée, on doit se procurer des *lancettes*, deux *bandes* : l'une qui sert de ligature est dite *bande à saignée*, l'autre pour le pansement, des *compresses*, de l'*eau tiède* et de l'*eau fraîche*, un *vase* pour recevoir le sang, un *drap en alèze* ou une *serviette* pour garantir le lit ou les vêtements ; enfin un *stylet*, des *pinces à disséquer*, des *ciseaux*. Si la lumière du jour est insuffisante, il faut avoir une *bougie* ou une *chandelle allumée*.

9. — 1° La *lancette* est un petit instrument composé de deux

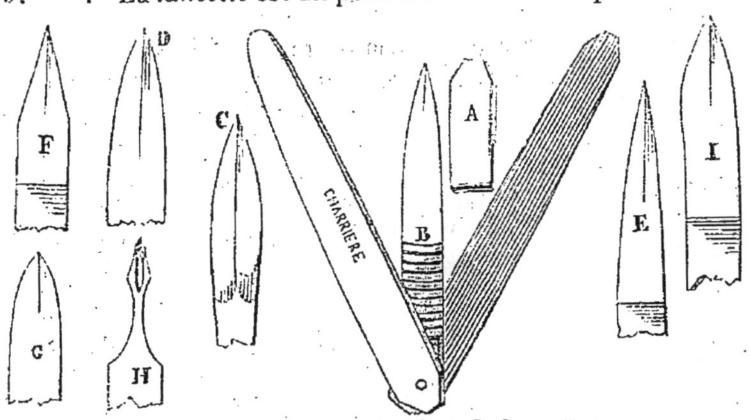

FIG. 74. — *Diverses espèces de lancettes.*

parties : la lame et la châsse ; la *lame* est en acier bien trempé, pointue, tranchante des deux côtés et parfaitement polie. La châsse se compose de deux plaques d'écaille, de corne ou de nacre, plus longues que la lame et fixées, ainsi que celle-ci, au talon de la lancette par un pivot, de telle sorte que l'on peut facilement découvrir et recouvrir à volonté la lame de la lancette en faisant rouler les valves de la châsse autour de cet axe (fig. 74, B).

On se sert de trois espèces de lancettes. L'une large et ne diminuant que vers la pointe : c'est la *lancette à grain d'orge* (fig. 74, G). Presque toujours cette lancette doit être préférée, car elle permet souvent de faire une ouverture suffisante en la plongeant dans la veine.

D'autres fois, la lancette est moins large et va en diminuant de sa partie moyenne vers le sommet : c'est la *lancette à grain d'avoine* (fig. 74, D) ; elle est préférable quand les veines sont profondes. Quand on fait usage de cette lancette, il faut pratiquer la saignée en deux temps : le premier temps est la *ponction*, le second temps, l'*élévation*. Dans ce second temps on élargit l'ouverture de la veine.

La troisième espèce de lancette est la *lancette à langue de serpent* (fig. 74, E) ; elle est beaucoup plus étroite que les deux autres : la lame de la lancette va en diminuant de la base au sommet ; elle est peu employée.

On se sert quelquefois pour l'artériotomie d'une lancette dite *à abcès* ; elle est plus grosse que les lancettes ordinaires.

Les lancettes sont conservées dans un petit étui de métal ou d'ébène qu'on appelle *lancetier*.

10. — 2° La *bande à ligature* est quelquefois une bande de drap rouge longue de 1 mètre 50 centimètres à 2 mètres environ, large de 2 travers de doigt, souple, assez ferme. Celle-ci par sa couleur peut effrayer le malade, lui causer du dégoût ; elle pourrait peut-être transmettre quelques maladies contagieuses, surtout si le chirurgien est peu attentif ou peu soigneux. Aussi ne l'employons-nous jamais ; nous lui substituons toujours un simple ruban de fil, une autre bande de toile.

11. — 3° Le *vase* destiné à recevoir le sang est une petite écuelle d'étain ou d'argent à une oreille, de la contenance de 125 grammes ; il a reçu le nom de *palette*. Ce vase est maintenant peu employé ; une cuvette ordinaire suffit au chirurgien qui a l'habitude de la saignée On se sert dans les hôpitaux d'un vase en étain assez grand pour contenir 500 grammes de sang et gradué par des lignes circulaires, de sorte qu'on peut toujours connaître exactement la quantité de sang qu'on vient de tirer. Quelquefois on ne peut obtenir le sang qu'en plaçant le membre

dans l'eau tiède. Nous reviendrons sur ce sujet quand nous décrirons la saignée du pied.

12. — 4° Les *compresses* sont au nombre de deux : l'une sert à essuyer les environs de la plaie; l'autre, plus petite, triangulaire, de linge fin plié en quatre doubles, est destinée à recouvrir la blessure. Il est bon de la mouiller avec de l'eau fraîche avant de l'appliquer sur la plaie.

13. — 5° La *seconde bande* sert à fixer la petite compresse; sa longueur variera avec le volume du membre ou de la partie du corps sur laquelle on fait la saignée. On la fixe tantôt avec une épingle, ou bien en nouant les deux chefs.

14. — 6° L'*alèze* ou les *serviettes* destinées à garantir le lit ou les vêtements des malades ne présentent rien de particulier. Il est bon toutefois de placer au-dessous une toile cirée, si l'on suppose que l'on ne puisse diriger convenablement le bras du malade. On se sert dans quelques hôpitaux d'un drap rouge ou brun qui est bientôt souillé de sang, qui effraye le malade et dégoûte le chirurgien.

15. — 7° Les autres instruments dont nous avons parlé plus haut ne sont utiles que dans des cas tout à fait exceptionnels, c'est-à-dire lorsque quelque complication vient empêcher la marche régulière de la saignée. Nous dirons plus loin dans quelles circonstances ils deviennent nécessaires.

16. — Quant à la position du malade, il en sera question lorsque nous traiterons des différentes saignées en particulier; car elle doit nécessairement varier avec les diverses saignées que l'on veut pratiquer.

17. — Lorsque l'on veut faire l'ouverture d'une veine, il faut ouvrir sa lancette, c'est-à-dire placer les deux valves de la châsse d'un côté, la lame de l'autre, de telle sorte que celle-ci fasse avec la châsse un angle qui varie avec la veine que l'on veut saigner, ou plutôt avec la manière dont on veut ouvrir la veine.

18. — B. *Opération*. La veine doit être préalablement fixée en haut par le bandage circulaire, en bas par le pouce d'une des deux mains. Il faut éviter dans cette manœuvre de tendre trop fortement la peau, qui, en revenant sur elle-même, détruirait le parallélisme. De l'autre main, on saisit la lancette par son talon entre le pouce et l'indicateur; et se servant des autres doigts comme point d'appui, on enfonce doucement la lancette jusque dans le vaisseau; puis on la retire, tantôt sans agrandir la plaie, tantôt on élargit l'ouverture en retirant l'instrument.

Revenons sur chacun des temps de cette opération.

19. — La lancette doit être portée tantôt perpendiculairement sur le vaisseau ; d'autres fois on la porte parallèlement aux tissus dans la crainte de blesser les organes placés au dessous de la veine. Ce temps constitue la *ponction*.

Lorsque la veine est profonde, qu'elle n'est point en rapport avec des tissus qu'il importe de ménager, il faut l'enfoncer perpendiculairement : la même chose doit être faite quand on craint de voir rouler la veine en avant de l'instrument ; quand au contraire la veine est très volumineuse, très superficielle, il n'y a pas d'inconvénient à faire l'incision un peu oblique : par ce procédé on a l'avantage de faire l'incision de la peau un peu plus large que celle de la veine.

Lorsque la veine est très profonde, qu'on ne la voit pas et qu'on ne peut que la sentir avec le doigt, il est prudent de marquer avec l'ongle le point où l'on veut piquer. On enfonce ensuite doucement la lancette, et l'on sait que la veine est ouverte, à la présence de deux gouttelettes de sang sur les deux faces de la lancette.

20. — Lorsque la veine est ouverte, on retire l'instrument en faisant exécuter à la lame un mouvement de bascule, de telle sorte que la pointe soit portée en haut et le talon en bas : c'est ce temps qui est appelé *temps d'élévation*. Il faut faire attention à ne pas élever sa lancette trop brusquement, mais à bien couper en sciant. L'incision est plus facile, plus nette, moins douloureuse pour le malade.

L'élévation n'est pas toujours nécessaire ; elle est inutile quand on saigne une grosse veine superficielle avec une lancette à grain d'orge. Du reste, le chirurgien apprendra beaucoup mieux par la pratique ce qu'il convient de faire dans les diverses circonstances.

21. — Les ouvertures des veines peuvent être en long, en travers, ou obliques. On a conseillé de saigner en long les veines volumineuses, obliquement les veines d'un moyen calibre, en travers les petites veines et les veines profondes. Mais ces règles me paraissent complètement inutiles ; les incisions longitudinales que l'on fait pour permettre au sang de s'arrêter plus facilement dans les gros vaisseaux me paraissent d'une importance médiocre. Les incisions obliques sont infiniment plus commodes et conviennent parfaitement à tous les cas, surtout au pli du bras ; elles ont, dans cette région, l'avantage d'être parallèles aux filets nerveux, si, un peu obliques à la direction des vaisseaux, elles sont parallèles à l'axe du bras.

22. — La largeur de l'incision que l'on fait à la veine varie

avec le volume des vaisseaux. Plus large pour une veine volumineuse, elle doit, dans tous les cas, l'être assez pour que le sang coule avec une rapidité suffisante; car une saignée qui dure trop longtemps ennuie le malade et ne produit pas toujours un effet satisfaisant.

Il arrive cependant que l'ouverture doit être plus ou moins large selon les indications : ainsi, quand on veut déterminer une syncope, il faut faire une large incision, le malade perdant d'autant plus facilement connaissance qu'il sort à la fois une plus grande quantité de sang; par contre, on pratiquera une incision plus petite quand on voudra éviter la syncope.

L'incision de la peau doit être plus large que l'ouverture faite à la veine, afin de faciliter l'écoulement du sang au dehors, d'éviter un thrombus, et de rendre moins facile la destruction du parallélisme par suite des mouvements du bras du malade.

23. — Lorsque l'incision est terminée, le sang coule le plus souvent par *jet ;* quelquefois il coule en nappe : c'est ce que l'on appelle *couler en bavant*. Ce dernier état est le plus souvent normal pour quelques saignées : au pied, au cou, par exemple; mais pour la saignée du bras, l'écoulement du sang doit être par jet ; le contraire arrive quelquefois. Nous dirons, en décrivant la saignée du bras, quelles sont les causes de cette particularité et quels sont les moyens d'y remédier. Le sang est reçu dans le vase dont nous avons parlé plus haut.

24. — C. *Pansement*. Quand on a obtenu la quantité de sang voulue, on arrête la saignée ; d'abord on défait la ligature qui empêchait le sang de circuler dans les veines, puis on détruit le parallélisme en déplaçant la peau. Il faut avoir soin de tirer la peau de manière à rapprocher les bords de la plaie ; on y arrive facilement en faisant une légère traction dans le sens de la division. Il est le plus souvent inutile d'y appliquer son doigt.

On nettoie ensuite les parties que le sang a tachées, en ayant soin de ne pas frotter les bords de la plaie, qui pourraient être irrités. On applique la petite compresse mouillée dont nous avons parlé plus haut, puis un bandage contentif approprié à la région qui a été saignée.

Nous allons maintenant décrire les modifications que nécessitent les saignées du *bras*, du *pied*.

§ 1er. — *Saignée du bras.*

25. — La saignée du bras est celle que l'on pratique le plus

souvent ; les autres sont certes d'un usage bien moins fréquent.

Avant de décrire la saignée du bras, je crois qu'il est bon de donner quelques notions succinctes sur les veines du pli du bras, ainsi que sur les rapports des vaisseaux avec les organes qui les environnent.

26. — *a. Veines du pli du bras.* Cinq veines peuvent être saignées au pli du bras ; ce sont :

1° La *veine radiale* (fig. 75, 2), située sur le côté externe et

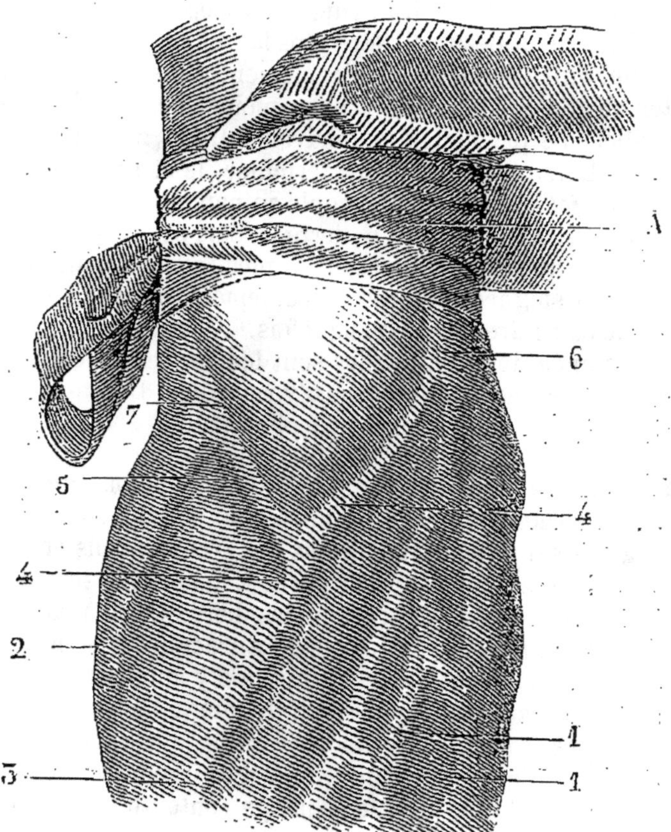

FIG. 75. — *Veines du pli du bras.*

un peu postérieur de l'avant-bras, reçoit, en passant sur le muscle long supinateur, la médiane céphalique ; elle est en rapport avec le nerf musculo cutané, dont elle est séparée au bras par l'aponévrose brachiale, mais qui se trouve sus-aponévrotique du pli du bras. Elle est située dans toute sa longueur entre l'aponévrose et le fascia superficialis. Cette veine est entourée d'un assez grand nombre de filets nerveux.

2° La *veine cubitale* (fig. 75, 1) est placée en avant de l'épitrochlée et en dedans du biceps. Elle est en rapport avec le nerf cutané interne, qui est toujours placé en dedans.

3° La *veine médiane* (fig. 75, 3), située sur la partie antérieure de l'avant-bras, déviée tantôt à droite, tantôt à gauche ; elle se divise, un peu avant d'arriver au pli du bras, en trois branches : une qui marche d'avant en arrière : c'est celle qui fait communiquer les veines superficielles avec les veines profondes ; les deux autres vont en divergeant se jeter, l'une en dehors dans la veine céphalique, l'autre en dedans dans la veine basilique.

4° La *médiane céphalique* (fig 75, 5), branche externe de bifurcation de la médiane, va se jeter dans la céphalique après un trajet de 5 ou 6 centimètres environ ; cette veine est entourée de quelques filets nerveux.

5° La *médiane basilique* (fig. 75, 4), branche interne de bifurcation de la veine médiane, croise très obliquement l'artère brachiale, dont elle n'est séparée que par l'aponévrose antibrachiale et l'expansion aponévrotique du biceps, croise encore le tendon du même muscle, et va se jeter dans la veine basilique un peu au-dessus de l'articulation du coude. Cette veine est en général la plus volumineuse et la plus apparente du pli du bras.

D'après ces dispositions anatomiques, qui sont extrêmement variables chez les différents sujets, nous voyons que toutes les veines sont plus ou moins entourées de filets nerveux. Mais il est un rapport que présente la médiane basilique qu'il ne faut jamais oublier ; elle croise très obliquement l'artère humérale : aussi ne faut-il jamais la saigner, à moins qu'elle ne soit assez éloignée de l'artère, lorsqu'elle forme avec elle, par exemple, un angle qui se rapproche de l'angle droit. Toutes les fois que ces vaisseaux sont parallèles ou qu'ils se croisent très obliquement, la saignée doit être considérée comme impraticable ; et s'il n'y avait pas d'autre vaisseau apparent, il vaudrait mieux ne pas pratiquer la saignée. En effet, quelle que soit l'habileté du chirurgien, il n'est jamais sûr de ne pas ouvrir l'artère : car le plus léger mouvement du malade peut changer la direction de la pointe de la lancette, le malade peut précipiter son bras sur la pointe de l'instrument. Et qu'en résulterait-il? un anévrysme ; et c'est sans contredit l'accident le plus grave de la saignée.

27. — Toutes les veines du pli du bras, à l'exception de la médiane basilique, peuvent être saignées : car il est impossible

d'éviter les nombreux filets nerveux qui accompagnent les veines. Il faut choisir la veine la plus superficielle, la plus apparente, et celle qu'on suppose devoir moins rouler sous l'instrument. La saignée de la médiane céphalique, quand elle est possible, doit être cependant préférée à toutes les autres. En effet, cette veine se trouve toujours sur la face antérieure du bras ; par conséquent, la saignée est beaucoup plus commode. Lisfranc préfère la saignée de cette veine au-dessus de la partie moyenne du tendon du biceps; il dit n'avoir jamais trouvé de nerf en ce point. Le même auteur craint, pour la saignée de la veine médiane, la lésion de l'artère radiale, qui, chez les sujets maigres, n'en est séparée, entre le rond pronateur et le long supinateur, que par l'aponévrose antibrachiale. L'artère m'a toujours paru trop profonde pour que sa lésion soit à craindre. Cependant il faut tenir compte de cet avertissement, car dans toute saignée on devra toujours éviter un point où une artère pourrait être blessée.

28. — B. *Position du malade.* La position à donner au malade n'est pas sans avoir quelque importance. Le malade peut être saigné debout si l'on veut obtenir une syncope. Si l'on fait une saignée de précaution, le malade peut être assis ; mais s'il est sujet à tomber en défaillance, il vaut mieux le saigner soit assis sur son lit, soit couché sur le dos ou sur le côté opposé au bras sur lequel on veut pratiquer la saignée. Si le malade est alité, il va sans dire qu'il doit être saigné dans la dernière position.

29. — C. *Opération.* — Le chirurgien relève la manche du malade; celle-ci doit être assez large pour ne pas étrangler le bras après avoir été convenablement repliée. Lorsque le pli du bras est découvert, l'opérateur doit d'abord chercher la position de l'artère humérale ; quand il l'a bien constatée, il cherche sur la face antérieure de l'avant-bras s'il n'existe pas d'anomalies, car on a signalé fort souvent, et j'ai eu occasion de voir plusieurs fois des divisions prématurées de l'artère, de telle sorte qu'il peut exister à l'avant-bras deux artères d'un calibre assez considérable pour que leur lésion puisse présenter des dangers.

Cela fait, il choisit la veine qu'il veut saigner; bien entendu, il rejette les veines qui sont en rapport avec les artères. Souvent les veines sont peu apparentes ; une légère constriction sur la partie antérieure de l'avant-bras, que l'on embrasse dans l'arcade que forment le pouce et l'indicateur, suffit assez souvent pour rendre les veines plus visibles ; dans le cas contraire, il faut faire une constriction circulaire complète. Mais avant de l'appliquer, on doit toujours s'assurer de la position de l'artère, dont les pulsations pourraient être arrêtées par l'application de la bande ; et l'on fera d'autant plus d'attention à ce précepte, que l'artère qui naît de la division prématurée de l'humérale est le plus souvent très superficielle.

Il arrive quelquefois que les veines sont tellement petites ou si peu apparentes, surtout chez les femmes qui sont très grasses, qu'on ne peut les apercevoir. Dans certaines circonstances, on les sent sous le doigt : ces veines peuvent être facilement saignées ; elles roulent peu et sont en général d'un calibre assez considérable. J'ai déjà dit qu'il était bon dans ce cas de marquer avec l'ongle le lieu où l'on veut porter la pointe de la lancette, quand on craint de piquer à côté de la veine.

Enfin quelquefois les veines ne peuvent être ni vues ni senties. Lisfranc conseille de laisser la ligature appliquée une demi-heure ou une heure, et de faire pendant ce temps contracter les muscles de l'avant-bras. On conseille encore de plonger le bras du malade dans l'eau chaude. Mais, comme le fait remarquer Lisfranc, l'action de ce bain a souvent « l'inconvénient de rougir la peau, de la tuméfier, ainsi que le tissu cellulaire sous-jacent, et de masquer davantage les vaisseaux ».

30. — Lorsqu'on a choisi la veine, on applique un bandage pour arrêter le cours du sang : celui-ci est désigné sous le nom de *bandage circulaire de la saignée du pli du bras* (fig. 75, A).

La *pièce du bandage* est une bande de 1 mètre à 1 mètre 50 centimètres de long, et large de 4 centimètres déroulée. La bande la meilleure est celle de toile demi-usée ; nous avons dit plus haut que nous rejetions la bande de drap rouge ; les rubans de soie ou de fil neuf sont trop lisses ; la rosette ne se maintient pas convenablement serrée pendant toute la durée de l'opération. On peut toutefois se servir de toute espèce de cordon suffisamment large, et qui ne présente pas les inconvénients signalés.

31. — *Pour faire le bandage.* Placez la main du malade sous l'aisselle ; pressez-la contre la poitrine afin de tenir le membre horizontalement ; appliquez le milieu de la bande déroulée sur le pli du bras, à 2 ou 3 centimètres du point où vous voulez pratiquer la saignée ; portez les deux extrémités de la bande autour du bras en les entre-croisant sur la face postérieure du membre pour faire un second tour ; fixez-les en repliant en anse un des chefs de la bande, et formant avec la boucle qu'il figure alors et l'autre chef une rosette simple, que l'on peut facilement serrer ou desserrer à volonté. La rosette doit être placée sur le côté externe ou interne du bras, l'anse doit toujours être sur une

des parties latérales du membre. Nous conseillons cette précaution afin que le sang, en sortant de la veine, ne vienne pas se porter sur la rosette, circonstance qui serait très défavorable si l'on avait besoin de serrer ou de desserrer le bandage.

La ligature doit être faite dans le point que nous avons indiqué, c'est-à-dire à 2 ou 3 centimètres du lieu où l'on veut ouvrir le vaisseau ; appliquée trop haut, elle ne maintiendrait pas la veine assez solidement : celle-ci pourrait rouler au-devant de la lancette.

La bande doit être serrée avec assez de force pour suspendre la circulation dans les veines superficielles du bras, mais elle ne doit pas être assez violente pour suspendre le passage du sang rouge dans l'artère humérale. La tuméfaction des veines au-dessous de la bande, la persistance des pulsations au poignet, indiquent le degré précis de la constriction.

Si les veines ne sont pas apparentes malgré la constriction suffisante de la bande, il faut exercer des frictions ascendantes sur la face antérieure de l'avant-bras, et l'on fera contracter au malade les muscles de la même région, en l'engageant à rouler dans la main une bande, un lancetier ou un étui.

32. — Lorsque la veine est complétement distendue, le chirurgien ouvre la lancette ; la lame doit faire avec la châsse un angle droit ou légèrement obtus. Il place entre ses lèvres l'extrémité libre de la châsse, en tournant le sommet de l'angle du côté de la main qui doit le saisir : puis il prend le bras du malade et le fixe de la manière suivante : s'il doit saigner le bras droit, il place la main du malade sous son aisselle gauche, et avec la main du même côté il saisit le côté externe de l'articulation du coude, les quatre derniers doigts en dehors et en arrière ; le pouce placé en avant fixe le vaisseau sur lequel doit porter l'instrument tranchant. De la main droite il prend la lancette, le pouce étant appliqué sur l'articulation de la lame avec le manche d'un côté, le doigt indicateur sur le point opposé. Les trois autres doigts de la main droite prennent un point d'appui sur la partie antérieure de l'avant-bras. Quelques auteurs donnent le conseil de saisir la lame de telle sorte qu'on ne laisse saillir que la partie qui doit pénétrer dans les tissus ; ce conseil, comme le fait judicieusement remarquer M. le professeur Nélaton, est essentiellement vicieux : car, d'une part, si la peau est fine et la veine superficielle, la lame devra être saisie si près de la pointe, que l'extrémité des doigts cachera en partie le point sur lequel on opère, et, d'autre part, si le vaisseau est placé profondément, on ne peut savoir à quelle profondeur on devra

enfoncer la lancette avant d'arriver au vaisseau. Le chirurgien procède ensuite à l'ouverture du vaisseau ; il plonge la pointe de l'instrument dans le vaisseau un peu obliquement, le sang s'échappe sur les parties latérales de la lame ; il retire alors l'instrument en le relevant un peu, afin de donner plus d'étendue à l'incision des téguments. Le premier temps constitue la *ponction*, le second l'*élévation*. Nous avons déjà dit, en traitant des généralités, en quoi ils consistaient ; il nous reste à exposer ici quelques particularités qui appartiennent à la saignée du bras. La grandeur de l'incision, par conséquent l'étendue du mouvement d'élévation, doit être proportionnelle à la profondeur de la veine. Une incision de 3 ou 4 millimètres de longueur est suffisante pour une veine superficielle ; pour une veine profondément située il est quelquefois nécessaire de pratiquer une incision de 1 centimètre de longueur. Une autre circonstance doit encore guider le chirurgien, c'est la quantité de sang qui doit être tirée dans un temps donné : nous en avons déjà parlé plus haut.

Si l'on veut saigner le bras gauche, l'opération sera faite de la même manière, mais en sens inverse : ainsi la main gauche du malade sera placée sous l'aisselle droite du chirurgien ; la lancette sera saisie de la main gauche et le vaisseau ouvert de dedans en dehors, comme nous l'avons dit plus haut. Ainsi, pour pratiquer convenablement la saignée, l'opérateur doit savoir se servir également de ses deux mains. Cependant il est quelques chirurgiens qui ne sont pas assez certains d'eux-mêmes ; ils saignent le bras gauche de la main droite ; ils font alors l'incision de dehors en dedans. Ce procédé est moins commode et n'est pas aussi sûr que celui que nous avons conseillé.

33. — Lorsque la veine est ouverte, il faut diriger, surveiller et souvent favoriser l'écoulement du sang.

Le pouce, qui était appliqué sur la veine afin de la fixer, exercera d'abord sur le vaisseau une compression assez grande pour arrêter la circulation veineuse. Ce temps de l'opération, qui est extrêmement court, n'est pas sans importance ; il permet au chirurgien de prendre le vase destiné à recevoir le sang, de le placer convenablement et dans la direction probable du jet ; on évite ainsi de tacher le lit du malade, les meubles environnants, etc. Quand le vase est bien disposé, il laisse couler le sang librement. De la main qui tenait la lancette il saisit le poignet du malade ; de la main du côté opposé il saisit le bras à sa partie moyenne ; il soutient ainsi le membre qu'il vient de saigner, et il lui donne la direction qu'il juge la plus favorable à l'écoulement du sang. Cette direction est d'ailleurs celle qu'avait le membre au moment où la ponction de la veine a été faite.

Le plus souvent le sang coule en jet continu ; mais quelquefois le jet s'arrête, la saignée coule en bavant. Cette irrégularité mérite plus d'attention qu'on ne pense. En effet, le sang sortant par jet coule beaucoup plus rapidement ; la saignée durant moins longtemps, le malade est beaucoup moins fatigué ; d'un autre côté, les caractères que l'on tire du sang dans diverses maladies, l'existence d'une couenne inflammatoire, sont beaucoup plus tranchés quand la saignée s'est faite par jet.

Pour faire couler le sang par jet, il suffit, dans la plupart des cas, de faire contracter les muscles de l'avant-bras : pour cela, on place dans la main de l'opéré un corps cylindrique, une bande roulée, un étui, un lancetier qu'il fait tourner dès que le jet commence à se ralentir.

34. — L'écoulement du sang se trouve souvent empêché par des causes sur lesquelles nous appelons vivement l'attention des élèves ; ces causes sont :

1° La destruction du parallélisme entre les lèvres de la plaie des téguments et celles de la veine. Un mouvement imprimé au bras, une traction même légère sur les téguments dans le voisinage de la solution de continuité, peuvent suffire pour produire ce phénomène. Il faut, dans ce cas, donner d'abord au membre la position qu'il avait quand il a été piqué, varier cette position si cela est nécessaire, attirer légèrement la peau dans le sens qui paraîtra le plus favorable au rétablissement du parallélisme.

2° Un peloton graisseux peut, chez les personnes pourvues d'un embonpoint considérable, s'interposer entre les lèvres de la plaie et s'opposer à l'écoulement du sang. Il faut alors le saisir avec des pinces à disséquer et l'exciser avec des ciseaux courbes.

3° Un petit caillot peut s'interposer entre les lèvres de la plaie. On voit alors le diamètre du jet sanguin diminuer au fur et à mesure que le caillot augmente de volume ; bientôt le jet est filiforme, et l'on ne peut obtenir la quantité de sang voulue ; on remédie facilement à cet inconvénient en exerçant une percussion légère dans le voisinage de l'incision, ou en exerçant quelques frictions sur la face antérieure de l'avant-bras, afin d'accélérer le cours du sang. Cette dernière manœuvre devra être faite avec ménagement, car il faut éviter de détruire le parallélisme.

4° La ligature destinée à arrêter la circulation veineuse peut être trop serrée et arrêter la circulation artérielle. Dans ce cas, le sang cesse de couler dès que les veines de la main et de l'avant-bras se sont vidées ; il suffit, pour constater ce fait, d'explorer l'artère radiale au poignet, et l'on remédie facilement à cet inconvénient en desserrant la ligature. Quelquefois la cause peut tenir à la constriction trop grande, non de la ligature, mais bien aux vêtements trop serrés autour du bras ; il suffit d'élargir la manche pour voir la saignée prendre son cours normal.

5° Enfin une syncope peut arrêter le cours du sang. Nous y reviendrons en décrivant les accidents de la saignée.

Quand on a tiré la quantité de sang nécessaire, on arrête la saignée en détruisant le parallélisme et en enlevant en même temps le lien constricteur ; on fléchit l'avant-bras sur le bras, puis on procède au pansement.

35. — D. *Pansement.* Après avoir lavé le bras, le chirurgien applique sur la plaie la petite compresse triangulaire; puis,

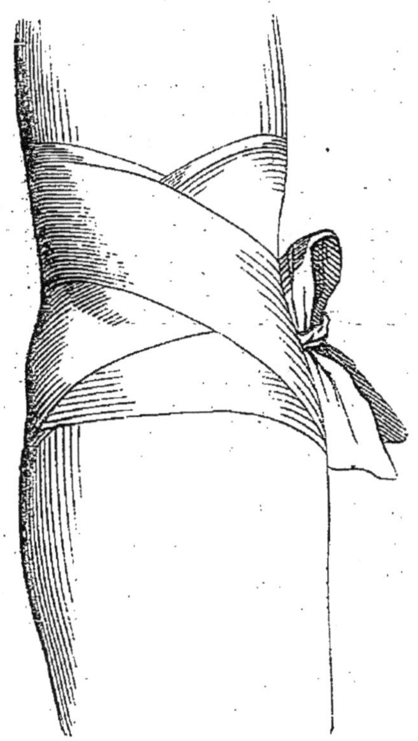

FIG. 76. — *Bandage de la saignée du pli du bras.*

avec la seconde bande, il décrit autour du coude, placé dans la demi-flexion, des 8 de chiffre médiocrement serrés dont les jets viennent se croiser sur la partie antérieure de l'avant-bras.

M. Piorry conseille, afin de prévenir les hémorrhagies, de serrer plus fortement les anses inférieures des 8, et de maintenir plus lâches les anses supérieures. Il est bon, quand on craint que le sang ne vienne à couler malgré le pansement, de faire, après le premier 8 de chiffre, un tour circulaire autour de la partie inférieure de l'avant-bras (voy. fig. 76). L'avant-bras du malade sera maintenu dans la demi-flexion dans une écharpe, et le membre supérieur condamné au repos presque complet pendant vingt-quatre heures.

36. — Lorsque la maladie pour laquelle on pratique la saignée exige que celle-ci soit faite deux fois dans la même journée, la même ouverture peut suffire pour les deux saignées. Pour cela on conseille de mettre entre les lèvres de la plaie un peu de suif, ou tout autre corps gras, afin de les empêcher de se réunir; puis on panse comme à l'ordinaire; et quand on veut renouveler la saignée, on applique la ligature comme quand on pratique cette opération pour la première fois; on fait gonfler les veines en frictionnant légèrement la face antérieure de l'avant-bras, le pouce de l'autre main étant appuyé sur l'ouverture; quand les veines sont distendues par le sang, on retire le pouce et l'on écarte les bords de la plaie, le sang s'échappe en jaillissant. Lorsque ces moyens ne suffisent pas, quelques chirurgiens introduisent entre les lèvres de la plaie l'extrémité d'un stylet boutonné. Il faut être très avare de ce procédé : car les lèvres de la plaie ne pourront plus se réunir par première intention, par conséquent suppureront pour guérir. La veine peut participer à cette inflammation, et la phlébite, accident si redoutable à la suite des saignées, aura beaucoup plus de chances pour se produire; et ces craintes devront être d'autant plus grandes qu'on aura employé un moyen plus violent pour faire sortir le sang; aussi vaut-il mieux saigner une autre veine, soit au même bras, soit au bras du côté opposé. On ne doit user de ce moyen que quand il n'y a qu'une seule veine qui puisse être saignée. Mais, je ne saurais trop le répéter, ce procédé est très dangereux; il vaut mieux pratiquer la saignée au poignet, et même à la main.

A. *Des difficultés de la saignée.*

37. — Si simple, si facile en apparence, la saignée présente quelquefois des difficultés très grandes; elle peut avoir des imperfections, elle peut être suivie d'accidents graves.

Les difficultés peuvent tenir :

1° A l'indocilité du malade.

Chez les enfants, et même chez les adultes, des mouvements involontaires empêchent le chirurgien de pratiquer la saignée ; mais avec un peu d'habitude on peut percer la veine en suivant avec la main tous les mouvements que fait le malade, et faire en quelque sorte la *saignée en l'air* ; mais ce moyen exige une dextérité et une précision très grandes dans les mouvements. Un procédé beaucoup plus sûr, et que conseille M. le professeur Velpeau, consiste à fixer le coude du malade sur le genou préalablement relevé, soit au moyen d'un tabouret, soit par la chaise du malade. Il est rare que, dans ce cas, la saignée ne puisse se faire, surtout si le chirurgien est bien secondé.

2° A ce qu'il n'y a d'apparent que la seule veine médiane basilique au-devant de l'artère. Il arrive quelquefois qu'en plaçant le bras dans la pronation on écarte la veine un peu de l'artère qui va s'accoler au tendon du biceps. M. le professeur Malgaigne a conseillé une lancette n'ayant qu'un tranchant (fig. 74, I) ; dans ce cas on ferait une piqûre horizontale, le dos de l'instrument étant dirigé vers l'artère ; mais cet instrument n'offre pas de garantie suffisante pour qu'il faille risquer une saignée au-devant de l'artère humérale. On a conseillé encore de faire l'opération en deux temps : dans le premier temps, on divise la peau, le tissu cellulaire sous-cutané jusqu'à la veine par une incision horizontale ; dans le deuxième, on fait à la veine une petite ponction. Mais il faut une très grande habitude pour faire la saignée de cette manière : car en faisant l'incision horizontale, on peut faire à la veine une petite incision insuffisante pour fournir une quantité notable de sang, et il devient impossible de rendre l'incision assez grande. Enfin on a conseillé de fléchir légèrement l'avant-bras sur le bras, afin de relâcher l'expansion aponévrotique du biceps et d'éloigner la veine de l'artère. Tous ces procédés sont fort ingénieux à la vérité, ils peuvent dans quelques circonstances prévenir la lésion de l'artère ; mais ils ne sont pas assez sûrs : aussi conseillons-nous de chercher toujours une autre veine.

3° Les veines sont quelquefois très petites et peu apparentes ; mais il est possible dans quelques cas de les faire paraître en appliquant une ligature longtemps avant de pratiquer la saignée.

4° Les veines peuvent être mobiles : on y remédie en les fixant solidement et en faisant la ponction perpendiculairement à leur axe.

5° Il arrive quelquefois que des cicatrices de la veine ont rétréci et même oblitéré le calibre du vaisseau : dans ce cas, il faut toujours faire la saignée au-dessous. Aussi, quand on suppose qu'un bras doit être très souvent saigné, le chirurgien doit-il saigner le plus haut possible et aller toujours en descendant, afin de ménager, comme on le dit, le terrain.

6° On trouve assez souvent des personnes qui ont un embonpoint énorme et tel, que souvent on n'aperçoit nullement les veines; mais on sent sous les doigts un cordon dur, rénitent, qu'il est assez facile de distinguer des cordons formés par les tendons au moyen d'un sentiment de fluctuation et de vibration que l'on perçoit, soit en faisant arriver le sang dans les vaisseaux par quelques frictions légères, soit en exerçant quelques percussions sur un des points éloignés de celui où l'on a mis le doigt.

7° Mais la difficulté de trouver la veine n'est pas le seul inconvénient que présente la saignée chez les personnes grasses; il s'interpose souvent entre les lèvres de la plaie des paquets graisseux qui empêchent l'écoulement du sang. Nous avons déjà parlé de cet inconvénient qui, dans quelques circonstances, oblige quelquefois d'élargir l'ouverture, et même de pratiquer une nouvelle saignée à quelque distance de la première.

38. — Lorsque le chirurgien veut faire une saignée, s'il n'ouvre pas la veine, il fait ce qu'on appelle une *saignée blanche*. Cette circonstance peut tenir à ce que l'incision n'a pas pénétré jusqu'à la veine : dans ce cas, on aperçoit quelquefois le vaisseau au fond de la plaie, et on peut l'ouvrir en le ponctionnant; d'autres fois la veine a roulé devant l'instrument, ou elle a été déplacée par les mouvements du malade. Le seul moyen de remédier à la saignée blanche, quand on n'aperçoit pas la veine entre les bords de l'incision, est de faire une autre piqûre, soit sur la même veine, soit sur une autre.

B. *Des accidents de la saignée.*

39. — Parmi les accidents qui accompagnent la saignée, les uns sont communs à toute espèce de saignées, les autres sont particuliers à la saignée du bras.

40. — 1° *Ecchymose* Cet accident se produit lorsque la plaie est trop étroite ou que le parallélisme, sans être détruit complétement, n'est pas assez parfait pour que le sang, en s'échappant de la veine, ne s'épancher en partie dans le tissu cellulaire souscutané; les téguments prennent alors une coloration bleuâtre qui peut s'étendre à plusieurs centimètres de distance. Cet accident n'a aucune gravité; l'ecchymose disparaît au bout de quelques jours sans aucune espèce de traitement.

41. — 2° *Thrombus.* Le thrombus s'observe lorsque la plaie des téguments est très étroite et en même temps non parallèle à la plaie de la veine : il est caractérisé par la présence d'un épanchement sanguin plus considérable que celui de l'ecchymose ; la peau se trouve soulevée dans une étendue plus ou moins grande par une véritable tumeur sanguine. On peut arrêter le progrès du thrombus en élargissant la plaie des téguments et en rétablissant le parallélisme ; dans quelques cas, on est obligé, pour tirer une quantité de sang, de faire une seconde incision soit à la même veine, au-dessous de la tumeur, soit à un autre vaisseau. Cet accident n'offre rien de grave : la tumeur sanguine disparaît le plus souvent spontanément au bout de quelques jours ; on peut hâter sa résolution à l'aide d'applications résolutives. Quelquefois le sang contenu dans la tumeur s'altère, la peau s'enflamme, et la maladie doit alors être traitée comme un abcès.

42. — 3° *Syncope.* Elle arrive, soit avant la saignée : il faut alors attendre que le malade ait repris ses sens ; soit pendant le cours de la saignée. La syncope peut, dans ce dernier cas, tenir à deux causes : ou bien le malade a perdu très peu de sang ; l'émotion, l'horreur qu'inspire la vue du sang, la constitution individuelle, en sont la cause. Dans ce cas, on applique le doigt sur la piqûre, on place le malade dans une position horizontale, on lui projette de l'eau fraîche au visage. Ces divers moyens suffisent le plus souvent pour lui faire reprendre l'usage de ses sens ; alors si l'on n'a pas obtenu la quantité de sang qu'on voulait tirer, on lâche la veine, et la saignée continue.

D'autres fois la syncope est causée par la trop grande quantité du sang tiré au malade : il faut alors arrêter la saignée, panser la piqûre comme s'il n'était rien arrivé, et on fait revenir le malade à lui de la même manière qu'il a été dit plus haut.

On ne doit pas oublier qu'il est des circonstances qui provoquent la syncope, comme une large ouverture, la position verticale, et que, si l'on veut provoquer la syncope, il faut les mettre en usage, et les éviter dans le cas contraire.

43. — 4° *Vomissements.* Les malades qui ont mangé depuis peu sont souvent pris de syncope ; mais des *vomissements* sont les accidents les plus fréquents quand on les saigne.

44. — 5° *Douleur.* La douleur, qui est quelquefois très vive quand on pratique la saignée du bras, peut persister après l'opération et être assez violente pour causer des accidents con-

vulsifs et même tétaniques. Cette douleur est due à la lésion de filets nerveux. Les anciens attachaient beaucoup d'importance à ce genre de lésion, et lui attribuaient la plupart des accidents si graves qui accompagnent quelquefois la saignée du bras; mais on a fait justice de ces craintes. Les accidents que cause la section des filets nerveux se calment ordinairement par les émollients, les narcotiques; si cependant ces moyens étaient insuffisants, on pourrait plonger un instrument dans la plaie et achever la section du filet blessé. Quoi qu'il en soit, cette lésion est loin de justifier le soin que Lisfranc a pris pour éviter la lésion des nerfs dans la saignée du bras. Je parle ici de ces petits filets nerveux destinés aux téguments, car la lésion de gros troncs nerveux pourrait être suivie d'accidents très graves.

45. — 6° *La piqûre du tendon du biceps, de l'aponévrose antibrachiale* a été aussi rangée autrefois parmi les lésions les plus graves qui puissent accompagner la saignée du bras. Mais on sait parfaitement que ces lésions sont sans importance; que si elles peuvent quelquefois causer des accidents, ce n'est qu'en enflammant le tissu cellulaire qui les environne. Ce que Samuel Cooper a désigné sous le titre d'*inflammation de l'aponévrose antibrachiale* paraît n'être, comme le fait remarquer Ch. Bell, qu'une inflammation du tissu cellulaire sous-aponévrotique. Warton rapporte un cas dans lequel l'avant-bras resta dans un état permanent de contraction, et qui guérit en détachant l'aponévrose antibrachiale du tendon du biceps.

46. — 7° *Inflammation de la plaie.* Cet accident survient à la suite de la saignée du bras, quand le malade fait des mouvements intempestifs, ou quand la saignée a été faite avec une lancette malpropre, ou que les bords de la plaie sont en contact avec un linge sale. Lorsque cette inflammation commence, les bords de la solution de continuité se tuméfient, ne se réunissent point, ou même se séparent dans les points qui étaient déjà réunis. Lorsque cette affection est légère, l'accident est peu grave et se dissipe par les émollients; lorsqu'au contraire elle est intense, elle peut être le point de départ d'une maladie beaucoup plus grave, telle que l'érysipèle, le phlegmon.

47. — 8° *Phlegmons, Érysipèles.* Il peut survenir à la suite de la saignée des *érysipèles*, des *phlegmons*; mais ces accidents arrivant à la suite de toute espèce de plaie et ne présentant pas des caractères particuliers au pli du bras, nous nous contenterons de les mentionner. Il peut arriver cependant que le phelg-

mon soit très limité, que le pus puisse facilement sortir par l'ouverture de la saignée : dans ce cas, de simples émollients suffisent. Mais quand les accidents sont plus graves, le traitement ne diffère pas de celui des autres phlegmons.

48. — 9° *Lésion des vaisseaux lymphatiques.* Elle ne détermine point d'autres accidents que l'inflammation de ces vaisseaux, comme cela arrive dans toute espèce de plaie. Cette inflammation est caractérisée par des stries dures, rougeâtres, noueuses, sur le bras et l'avant-bras ; quelquefois on observe la tuméfaction des ganglions axillaires. La crainte de voir la plaie devenir fistuleuse n'est qu'imaginaire.

49. — 10° *Phlébite.* C'est un des accidents les plus redoutables qui puissent accompagner la saignée. Confondue avec l'angioleucite et avec l'érysipèle phlegmoneux, on peut facilement la reconnaître aux cordes dures, noueuses, qu'on observe sur le trajet des veines, et à un empâtement général du membre. Elle ne présente de gravité que lorsque, la membrane interne étant enflammée, le pus se trouve porté dans le torrent de la circulation ; lorsque, au contraire, la membrane externe est seule malade, l'affection est beaucoup moins grave.

Si l'on a pu quelquefois assigner des causes à la phlébite, comme une piqûre faite avec une lancette malpropre ou mal affilée, des mouvements inconsidérés du malade, etc., on a vu souvent les saignées les mieux faites et pratiquées en apparence dans les meilleures conditions possibles être suivies de phlébites mortelles. Le traitement à apporter à la phlébite doit être très énergique et appliqué au début : car, dès que l'inflammation est étendue, elle est déjà au-dessus des ressources de l'art. On appliquera de nombreuses sangsues sur le point malade, des cataplasmes émollients, la compression, les frictions d'onguent napolitain, des vésicatoires assez grands pour dépasser les limites du mal. Abernethy a conseillé de diviser totalement la veine, afin d'arrêter la maladie et d'empêcher le pus de se mêler au sang On a proposé de lier la veine malade au-dessus de la partie ; mais ce procédé, en raison des accidents qui accompagnent la ligature des veines, doit être rejeté : l'incision paraît préférable. Il arrive quelquefois qu'il se fait des adhérences entre les parois des veines *plhébites adhésives.* Cette circonstance est très favorable ; la maladie cesse de faire des progrès, et le sang mêlé de pus ne peut se porter jusqu'au cœur. On reconnaît cette terminaison en ce que la maladie cesse de se propager en haut et s'arrête tout à coup.

Dans certaines circonstances, l'inflammation se communique à la partie inférieure, où souvent elle ne tarde pas à s'arrêter.

50. — 11° *Blessure de l'artère.* Elle est l'accident le plus grave qui puisse arriver à la suite de la saignée, et il est d'autant plus fâcheux que jamais un chirurgien prudent n'aura ce danger à redouter. En effet, s'il ne saigne jamais les veines placées au-devant des artères, il n'aura jamais à craindre le contact trop immédiat de la veine et de l'artère, ni les mouvements du malade. Il n'aura point à redouter les anomalies, s'il a soin d'explorer attentivement toute la face antérieure de l'avant-bras pour s'assurer qu'il n'existe pas de divisions prématurées de l'artère humérale. Aussi, lorsqu'un chirurgien a blessé une artère en pratiquant une saignée du bras, il n'est jamais excusable; il vaut mieux craindre un accident, et passer pour trop timide, que d'avoir à déplorer une imprudence.

Aussitôt que l'artère est ouverte, le sang s'écoule par jets saccadés, isochrones aux battements du pouls ; le sang est rutilant, spumeux ; celui qui vient de la veine est plus brun, coule par jet continu, et mousse beaucoup moins que le sang artériel ; le plus souvent même il ne mousse pas. Il est assez facile de distinguer les deux jets de sang. Cependant, comme le jet de sang qui part de la veine peut présenter chez certains malades une coloration vermeille ; comme le jet de sang veineux peut paraître saccadé par suite de l'impulsion communiquée par les battements de l'artère humérale, nous allons donner quelques autres signes pour qu'on puisse s'assurer si une artère a été ouverte. Si l'on comprime entre la plaie et la main, le sang, si l'artère est blessée, jaillira plus fort ; si, au contraire, la veine seule a été ouverte, le sang s'arrête, à moins qu'une large communication entre les veines profondes ne vienne en imposer. Si l'on comprime entre la plaie et le cœur, le sang artériel s'arrête ; le sang veineux, au contraire, coule avec force. Cependant le sang artériel pourrait couler, malgré la compression au-dessus de la plaie, s'il existait une division prématurée de l'artère humérale. Dans ce cas, la compression dans le creux axillaire fait cesser l'écoulement du sang. Il est indispensable de prendre toutes ces précautions, afin d'éviter toute méprise. Le sang artériel peut encore couler par le bout inférieur, à cause des anastomoses. La compression dans le creux axillaire rendra cette particularité beaucoup plus rare. Quand cet accident survient, on ne saurait du reste trop insister sur cette recommandation, car il arrive fort souvent que l'opérateur perd la tête quand il croit avoir blessé l'artère : le chirurgien doit conserver assez de sang-froid pour ne pas effrayer le malade, pour s'assurer par les explorations que nous venons d'indiquer si l'artère a été réellement ouverte, et faire ce qu'il convient pour arrêter le sang. Il faut d'abord exercer sur la plaie une compression circonscrite avec des compresses graduées disposées en pyramide, fixer beaucoup plus solidement la bande que lorsque la saignée n'a pas été suivie d'accidents, tâcher de faire supporter au malade cette compression, qui est très douloureuse, veiller à ce que le bandage ne se dérange pas, le laisser en place pendant quinze jours. Mais comme la compression si violente que l'on fait au pli du bras pourrait causer un engorgement du membre, il faut appliquer un bandage roulé depuis le poignet jusqu'à l'aisselle. Il est fort difficile de justifier cet appareil aux yeux des malades; mais enfin on trouvera un prétexte, comme la crainte de voir la saignée se rouvrir. On peut encore faire la compression en plaçant un corps dur, une pièce de monnaie, par exemple, dans les plis de la compresse. Par ce moyen l'hémorrhagie s'arrête, et il arrive quelquefois, quand la plaie de l'artère est très étroite, qu'elle se cicatrise; mais le plus souvent il survient, soit un anévrysme faux consécutif, soit un anévrysme variqueux. Il faut agrandir la plaie et lier l'artère immédiatement au-dessus et au-dessous du point blessé.

Il arrive quelquefois que des épanchements de sang considérables ont été pris pour des anévrysmes, que des thrombus soulevés par les battements de l'artère ont été pris pour des anévrysmes faux consécutifs. Il faut donc, crainte de méprise lorsqu'il y a doute, essayer les résolutifs et la compression avant de pratiquer la ligature, et ce moyen réussira parfaitement si l'on n'a pas affaire à la lésion d'une artère.

§ 2. — *Saignée de la main.*

51. — Les veines du poignet qui peuvent être saignées sont : en dehors, la *céphalique* du pouce, formée par les veines du pouce et de la moitié du doigt indicateur; en dedans, la *salvatelle*, formée par les veines du reste du dos de la main. Ces deux veines vont former à l'avant-bras les veines cubitale et radiale. Les veines de la paume de la main et de la face antérieure des doigts étant beaucoup moins grosses, on ne saigne point les veines de la partie antérieure du poignet qui forment à l'avant-bras la veine médiane.

La saignée du poignet n'est pas toujours facile : en effet, outre qu'elle ne donne qu'une petite quantité de sang, le calibre des veines est souvent en rapport avec celui du pli du bras, de sorte que quand la saignée est difficile au pli du bras à cause de l'exiguïté des vaisseaux, elle est également difficile au poignet ; cependant, chez les individus gras, à veines volumineuses, on peut faire assez facilement la saignée au poignet.

Les rapports de ces veines avec les organes environnants ne présentent point d'indications particulières ; les gaînes tendineuses doivent surtout être évitées ; quelquefois cependant la céphalique du pouce marche parallèlement à l'artère radiale, lorsque celle-ci contourne l'extrémité inférieure du radius ; mais elle est assez profonde pour qu'il n'y ait pas de crainte de la blesser.

Quand on veut pratiquer cette saignée, il est bon, outre les objets qui doivent avoir été préparés pour la saignée du bras, d'avoir un vase plein d'eau tiède assez grand pour que la main du malade puisse y plonger jusqu'au-dessus de la piqûre : le sang coule plus facilement. On applique autour du poignet la ligature qu'on avait mise autour du bras, et l'on ouvre la veine soit longitudinalement, soit obliquement, soit transversalement.

§ 3. — *Saignée du pied.*

52. — Nous avons déjà dit que l'on donnait le nom de *saignée du pied* à l'opération qui consistait à ouvrir une des veines de la partie inférieure de la jambe pour en tirer du sang. Le nom de saignée du pied est donc impropre, car il est très rare que l'on saigne les veines du pied ; celles-ci ne donneraient pas une quantité de sang assez considérable.

53.— Les veines que l'on peut saigner à la partie inférieure de la jambe sont la *saphène interne* (fig. 77, 1) et la *saphène externe*.

La saphène interne, formée par les veines du dos du pied (fig. 77, 4), vient se placer entre la peau et la face interne du tibia, ou l'aponévrose jambière, sur la face interne ou antérieure de la malléole interne côtoyée par le nerf saphène interne, depuis son origine jusqu'au genou : c'est la plus volumineuse des veines qui puissent être saignées à la jambe. Quelquefois la saphène interne se porte derrière la malléole ; dans ce cas, la saphène se divise en deux branches : l'une occupe la position normale, l'autre passe derrière la malléole.

La saphène externe, accompagnée du nerf saphène externe, passe entre le tendon d'Achille et la malléole externe. Elle est plus irrégulière, moins volumineuse que la précédente : aussi est-il rare que l'on puisse la saigner quand la saignée de la saphène interne est impossible ; lorsqu'elle est double, la branche antérieure se place sur le côté externe de la malléole.

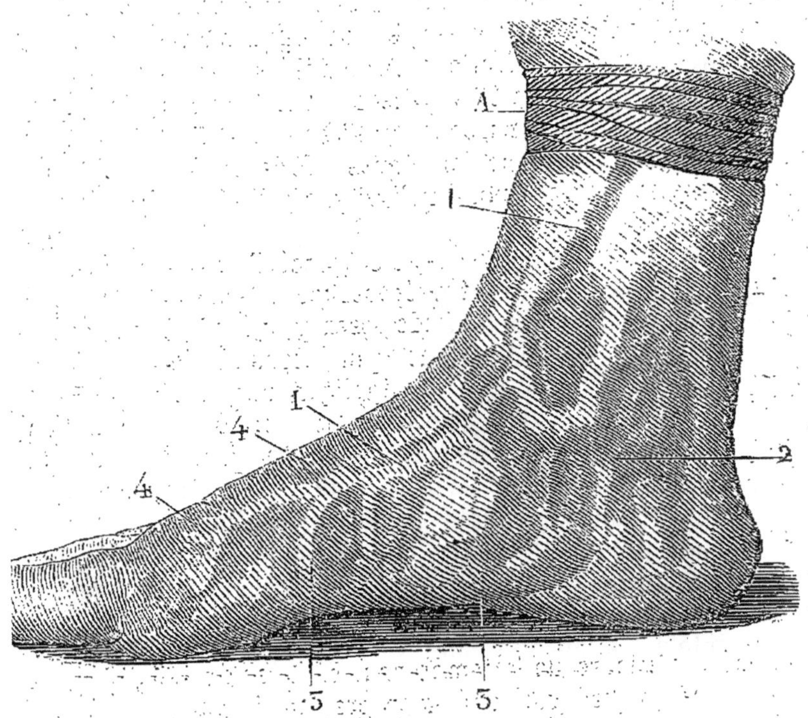

FIG. 77. — *Veines du côté interne du pied et de la face infirme et interne de la jambe.*

54. — L'appareil nécessaire pour faire une saignée du pied consiste en un vase rempli d'eau chaude comme pour donner un bain de pieds, une alèze, une serviette, une bande longue de 2 mètres pour faire une ligature destinée à arrêter le cours du sang dans les veines, une autre de 3 ou 4 mètres pour le pansement, une petite compresse carrée.

55. — Le malade doit toujours être assis ou sur une chaise, ou sur le bord de son lit. S'il était trop faible, on le ferait appuyer sur des oreillers ou bien soutenir par une personne placée derrière lui.

On lui fait placer les deux pieds dans l'eau chaude. Il vaut mieux mettre les deux pieds : en effet, on détermine une plus grande congestion vers les extrémités, et en outre la position est moins gênante pour le malade ; de plus cette précaution permet au chirurgien de choisir le pied sur lequel les veines sont le plus apparentes.

56. — Lorsque les veines sont suffisamment gonflées, le chirurgien met sur son genou préalablement couvert d'une alèze le pied du malade, explore la région, choisit la veine et applique la ligature à deux ou trois travers de doigt au-dessus des malléoles ; il fixe la bande par une simple rosette comme nous l'avons prescrit pour la saignée du bras, et dirige l'anse de la bande en dehors, s'il saigne la saphène interne (fig. 77), en dedans s'il a fait choix de la saphène externe. Il fait plonger le pied une seconde fois dans le bain. Lorsque tout est prêt pour la saignée, il retire le pied du bain, l'essuie, le fixe sur le genou avec la main qui ne doit pas tenir la lancette ; les quatre derniers doigts reposent sur la face dorsale du pied ; le pouce est fixé près la malléole sur la veine qui a été choisie pour l'opération.

57. — La lancette doit être tenue de la main droite, si l'on saigne la saphène interne du côté droit ou la saphène externe du côté gauche ; de la main gauche, si l'on saigne la saphène externe du pied droit ou la saphène interne du pied gauche. Il ne faut pas non plus oublier que, en raison de leur position, les veines saphènes ne peuvent être piquées perpendiculairement à leur axe dans la crainte de blesser le périoste, ou même de laisser la pointe de sa lancette dans l'une des malléoles ; par conséquent on devra faire l'incision parallèlement à l'os, et la lame formera avec la châsse un angle aigu.

58. — Lorsque le sang coule en jet, on le reçoit dans un vase ou dans une palette ; mais lorsqu'il coule en nappe, ce qui arrive le plus souvent, on remet le pied dans l'eau, et le sang se mêle avec elle. Il est alors assez difficile de calculer la quantité de sang sortie ; ce n'est que par la rapidité de l'écoulement de sang, par la couleur de l'eau, qu'on peut l'apprécier approximativement.

59. — Plusieurs causes peuvent empêcher l'écoulement du sang : la première est la formation de caillots autour de la piqûre : la seconde est la pression de l'eau sur la colonne du sang.

Dans le premier cas, on aura soin d'essuyer la plaie de temps en temps, afin d'enlever les caillots ; dans le second, il faut soulever le pied du malade, de manière que la piqûre soit à fleur d'eau. Dans tous les cas, on engage le malade à remuer les orteils, ce qui facilite l'écoulement du sang.

60. — Lorsqu'on a tiré une quantité de sang convenable, on détache la ligature sans retirer le pied de l'eau, on l'y laisse

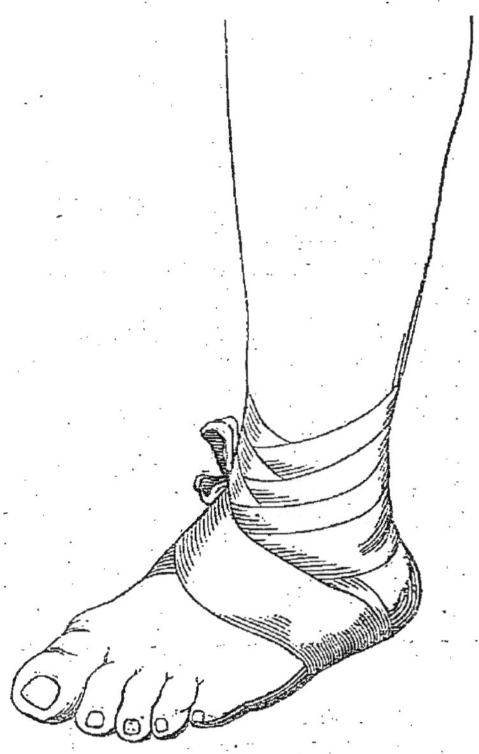

FIG. 78. — *Bandage de la saignée du pied.*

quelques instants, puis on prend le pied, on le place sur le genou comme quand on a pratiqué la saignée, on l'essuie, on applique sur la piqûre une petite compresse qui est fixée par un bandage en huit de chiffre, dit bandage de l'étrier (fig. 78).

61. — Les accidents de la saignée du pied peuvent être, à l'exception de la blessure de l'artère, les mêmes que ceux de la saignée du bras : aussi n'y reviendrons-nous pas ; mais les accidents qui lui sont propres sont la piqûre du périoste et la brisure de la lancette. Le premier, auquel on attachait beaucoup d'importance, est loin de mériter l'attention qu'on lui a donnée ; quant au second, il est assez rare ; mais s'il arrivait, il faudrait élargir la plaie, aller avec une pince chercher le corps étranger implanté dans les tissus. Si l'on ne pouvait l'extraire, il devien-

drait l'origine d'un petit phlegmon autour de la plaie et serait éliminé par la suppuration.

CHAPITRE II.

SAIGNÉE LOCALE.

62. — On entend par *saignée locale* toute saignée faite dans le but de dégorger principalement la partie affectée, et pratiquée le plus près possible de l'organe malade. On lui donne aussi le nom de *saignée capillaire*. Elle se pratique, non pas exclusivement sur des vaisseaux capillaires, mais encore sur des vaisseaux d'un trop petit calibre pour qu'une seule ouverture par la lancette donne une quantité suffisante de sang. Cette saignée s'obtient par les sangsues et les scarifications. Mais, je le répète, comme on ne peut agir que sur des vaisseaux d'une trop petite dimension, on est obligé de faciliter l'écoulement du sang en appliquant sur les incisions un appareil qui a reçu le nom de *ventouse*, dans lequel on raréfie l'air, et l'on procure ainsi au sang un écoulement beaucoup plus facile et plus abondant. Lorsqu'on se sert de sangsues pour faire des saignées capillaires, il est rare que l'on ait besoin d'appliquer des ventouses pour tirer une plus grande quantité de sang ; la sangsue fait l'office de ventouses, et par conséquent, à moins d'indications spéciales, on obtient une quantité de sang presque toujours suffisante.

DES SANGSUES.

63. — La sangsue est un animal de la famille des hirudinées ; elle a le corps allongé, mais rétractile, formé d'un très grand nombre de segments. Chacune de ses extrémités est pourvue d'un disque aplati ; l'antérieur, plus étroit, porte la bouche ; celle-ci est placée au centre du disque, porte trois petites mâchoires cartilagineuses finement découpées sur leurs bords en dents très aiguës. Le disque postérieur est beaucoup plus large ; il sert à la progression. Elle est hermaphrodite, mais elle ne peut pas se féconder elle-même ; deux individus se fécondent mutuellement. Les seules hirudinées pourvues de dents peuvent entamer la peau des animaux. M. Savigny en a fait un genre qu'il a appelé *Sanguisuga*. Les espèces qui sont employées de préférence, car on pourrait, à la rigueur, se servir de toutes, sont au nombre de deux.

1° La sangsue verte, sangsue officinale (*Sanguisuga offici-*

nalis, Savig., *Hirudo officinalis*, Lin.). Elle a le corps d'un vert peu foncé, le dos marqué de six bandes longitudinales de couleur ferrugineuse et marquées de points noirs sur les bords et à sa partie moyenne; le ventre est d'un vert jaunâtre, largement bordé de noir, les segments sont très lisses. C'est la plus grosse du genre.

2° La sangsue grise, sangsue médicinale (*Sanguisuga medicinalis*, Savig., *Hirudo medicinalis*, Lin.) est d'un vert foncé ; son dos est marqué de six bandes longitudinales maculées de taches noires triangulaires; le ventre est verdâtre, maculé et largement bordé de noir; les segments du corps sont hérissés de mamelons grenus.

Il ne faut pas confondre ces deux espèces avec la sangsue noire, sangsue de cheval (*Hirudo sanguisuga*, Lin., *Hœmopis vorax*, Savig.), si commune dans les marais et les eaux douces de France, dont le dos est olivâtre, déprimé, le ventre plus foncé que le dos et immaculé. Cette espèce a été considérée à tort comme causant les accidents qui surviennent à la suite des piqûres de sangsues ; car, à la forme émoussée des dents qui garnissent ses mâchoires, on a reconnu qu'il était impossible qu'elle pût entamer la peau de l'homme ou d'aucun vertébré.

Les sangsues habitent les étangs, les marais ; on en trouve quelquefois dans certains ruisseaux, mais c'est dans les eaux stagnantes qu'on les rencontre le plus souvent. On les pêche à la main ou dans des filets de crin tendus sur des cerceaux. D'autres fois on leur jette des foies d'animaux sur lesquels elles viennent s'attacher ; mais prises de cette manière, gorgées de sang et engourdies, elles sont beaucoup moins bonnes.

Les grosses sangsues coûtent plus cher que les autres, surtout lorsqu'elles sont vendues au poids : aussi faut-il se mettre en garde contre cette fraude, qui consiste à les nourrir de foie de veau dans le lieu où on les conserve : ces sangsues ne valent presque rien ; elles se meuvent très lentement. On doit préférer celles qui sont pêchées depuis quinze jours, qui sont de moyenne grosseur et très agiles.

La question de conservation des sangsues est très importante, car dans ces dernières années on en a fait une si prodigieuse consommation, que l'on a été obligé d'aller les chercher jusque dans la Turquie et la Bohême ; de plus, on en perd quelquefois une très grande quantité. On les conserve en grand dans des réservoirs où leur reproduction peut se faire ; les pharmaciens les mettent dans des vases remplis d'eau qui doit être changée assez souvent, et qu'il faut toujours maintenir à l'abri du contact des rayons solaires. M. Piègu les aurait parfaitement bien conservées dans la mousse humide.

Peut-on faire servir les sangsues plusieurs fois ? Cette question a beaucoup préoccupé les médecins et les pharmaciens : M. Henry, chef de la pharmacie centrale des hôpitaux, s'est prononcé pour la négative ; MM. Pallas et Bouchardat pensent au contraire que les sangsues peuvent servir plusieurs fois. On a proposé de leur faire rendre le sang qu'elles avaient sucé en les pressant entre les doigts, ou bien en les déposant sur de la cendre peu chargée d'alcali, ou en les mettant dans de l'eau salée ; mais M. Bouchardat pense que le meilleur moyen est de les enfermer pendant au moins six mois dans des réservoirs glaisés, de les conserver pendant un autre mois dans l'eau ; cet intervalle de temps est suffisant pour que la digestion se soit opérée et qu'elles soient aptes à servir de nouveau. Il est prudent de jeter celles que l'on aurait mises sur des bubons, et en général sur toutes les parties malades, lorsqu'on aura à craindre la contagion.

La gastrotomie a été proposée pour vider l'estomac des sangsues. Je ne sais si ces annélides guérissent facilement après qu'on leur a pratiqué cette opération ; toujours est-il que M. Piègu est arrivé à ouvrir l'estomac des sangsues appliquées sur la peau, sans leur faire lâcher prise ; que, le sang sortant facilement par la plaie et la sangsue suçant toujours, il a pu par ce moyen obtenir un écoulement de sang très considérable, et en économiser de cette manière une grande quantité, puisqu'il a pu tirer autant de sang avec quelques-uns de ces animaux seulement que s'il en avait mis un très grand nombre. Toutefois cette opération est très délicate, car leur sensibilité est très grande ; elles quittent facilement prise, il faut que leur estomac soit complétement distendu. Il va sans dire que la section doit se faire sur le dos, car on ne doit pas oublier que chez ces animaux le système nerveux est au-dessous du système digestif.

M. Ch. Fermond, qui a publié une excellente *Monographie des sangsues médicinales* (1), dit qu'une sangsue petite moyenne, pesant 70 centigrammes, absorbe environ 3 grammes de sang, c'est-à-dire quatre fois son poids, et que les grosses sangsues pesant 3 grammes en absorbent 15 à 16 grammes ; mais il faut en outre tenir compte de la quantité de sang qui s'écoule après qu'elles sont tombées, car elle varie avec les prédispositions

(1) Ch. Fermond, *Monographie des sangsues médicinales*, contenant la description, l'éducation, la conservation, la reproduction, les maladies, l'emploi, le dégorgement et le commerce de ces annélides. 1854. 1 vol. in-8 avec 34 fig.

individuelles, la nature des vaisseaux blessés, les circonstances dans lesquelles on place le malade après la chute des sangsues. Toutes ces considérations sont d'une très grande importance : aussi verra-t-on plus loin comment on doit favoriser l'écoulement du sang et comment il faut l'arrêter.

64. — *Des régions du corps sur lesquelles on peut appliquer les sangsues.* Les sangsues peuvent être posées sur toutes les parties du corps, excepté sur le trajet des gros vaisseaux et des gros troncs nerveux. On peut encore les appliquer sur quelques membranes muqueuses facilement accessibles, dans les fosses nasales, sur les amygdales, les gencives, le col de l'utérus, etc.

Nous avons à signaler quelques particularités importantes dans l'application des sangsues sur diverses parties du corps : ainsi, lorsque la peau est fine, doublée d'un tissu cellulaire lâche, susceptible de s'infiltrer facilement de sérosité, leur morsure est le plus souvent suivie d'une infiltration considérable plus effrayante que dangereuse : tels sont les paupières, le scrotum. La piqûre est souvent suivie, dans ces mêmes régions, d'une ecchymose assez large : aussi quelques praticiens ont-ils conseillé de n'en jamais appliquer sur ces parties, de crainte de gangrène. Je ne sais si cette crainte est fondée sur quelques observations ; toujours est-il que j'ai vu fort souvent Gerdy appliquer des sangsues sur les paupières ; l'infiltration a été très considérable, la résolution s'est faite rapidement, et jamais il n'a eu d'accidents à déplorer.

Doit-on appliquer des sangsues sur les parties enflammées? On a craint, et avec plus de raison que dans le cas précédent, la gangrène des téguments : ainsi, comme la saignée locale faite autour de la partie malade dégorge aussi bien que si elle était pratiquée sur le mal lui-même, il vaut mieux s'abstenir, lorsque cela est possible, d'appliquer des sangsues sur un érysipèle ou sur un phlegmon. D'ailleurs la morsure de ces animaux causerait une douleur qui serait d'autant plus vive, que l'inflammation serait plus considérable. Il va sans dire qu'il n'est ici question que de l'inflammation des téguments ; car, lorsque ce sont des organes internes qui sont malades, c'est toujours le plus près possible et, autant qu'on le peut, sur le réseau capillaire des vaisseaux qui vont se rendre à ces organes que les sangsues doivent être appliquées.

On doit, autant qu'il est possible, éviter d'appliquer des sangsues, principalement chez les femmes, sur des parties qui restent découvertes, comme le visage, le cou, la partie antérieure et supérieure de la poitrine, l'avant-bras, le dos de la main ; car la morsure de ces animaux laisse des cicatrices d'un blanc mat, ineffaçables, et qui souvent deviennent difformes.

La piqûre de la veine jugulaire externe par une sangsue a été suivie, dans un cas, d'une hémorrhagie que l'on a eu beaucoup de peine à arrêter : aussi ne doit-on jamais les appliquer sur les points où il existe de grosses veines assez superficielles pour que la morsure de ces animaux puisse atteindre les parois du vaisseau.

On doit, autant qu'il est possible, éviter d'en faire usage sur les parties où l'on pense qu'une opération sera nécessaire, car le sang épanché autour des piqûres masquera les parties sur lesquelles devra porter l'instrument tranchant.

65. — La vascularité de la région où l'on veut déterminer une évacuation sanguine doit toujours déterminer le praticien à en prescrire un plus ou moins grand nombre : c'est ainsi que dans les régions vasculaires, il faut en mettre moins que dans celles où il n'existe qu'un petit nombre de vaisseaux, où la peau est doublée d'une très grande épaisseur de tissu cellulaire graisseux : l'âge, la constitution du sujet, la finesse de la peau, doivent également entrer en ligne de compte.

La difficulté de poser les sangsues sur la surface de membranes muqueuses, la répugnance qu'éprouvent les malades à se laisser introduire ces animaux dans la bouche, font que rarement elles sont appliquées sur les gencives, les amygdales : ce n'est guère que sur le col de l'utérus que l'on place quelquefois des sangsues. Cette opération est assez délicate, et exige beaucoup de patience. On a pensé que des ulcérations pouvaient être la suite de cette pratique, surtout lorsqu'il y avait lieu de craindre une dégénérescence cancéreuse.

66. — *Mode d'application.* Pour appliquer les sangsues, il faut laver la peau avec un peu d'eau tiède ; si elle est couverte de poils, on la rasera soigneusement, puis on la lavera ; si les sangsues sont vives, bien affamées, elles peuvent facilement prendre sans qu'il soit besoin d'autres précautions ; dans le cas contraire, il faudrait faire de légères frictions avec un peu d'eau tiède, puis essuyer la peau. On a quelquefois l'habitude d'étendre sur le tégument un peu de lait ou d'eau sucrée, mais cette précaution est à peu près inutile. Il serait mieux, si elles ne voulaient pas mordre, de prendre un peu de sang pour en couvrir la peau. Lorsqu'elles devront être appliquées sur une partie déjà couverte d'un corps gras, il faut la laver avec un

peu d'eau de savon, essuyer et laver une seconde fois, afin de dissoudre entièrement l'alcali.

Les sangsues seront placées dans un linge où elles seront roulées, afin de les essuyer et de les exciter légèrement ; il est même bon de les tenir quelque temps hors de l'eau afin de les affamer, puis on les mettra en contact avec la peau. Il ne faut pas cependant qu'elles restent à sec pendant plus de trois ou quatre heures.

Les sangsues devront être posées en masse ou une à une. Quand on voudra appliquer plusieurs sangsues à la fois, on les mettra dans un verre dont la grandeur sera en raison de l'étendue de la partie sur laquelle ou voudra les placer ; le vase sera renversé sur les téguments, et bientôt on ne tardera pas à les voir fixant leur ventouse postérieure, au haut du verre, venir mordre la peau par leur ventouse antérieure et les morsures seront disposées circulairement autour du bord du verre. S'il arrivait que quelques-unes restassent au fond, il serait facile de les faire descendre en refroidissant le sommet du vase par un corps froid qu'on en approcherait. Ce procédé est commode, mais il présente l'inconvénient de réunir les morsures dans un espace souvent trop rétréci et de les disposer d'une manière qui, dans certaines circonstances, serait trop régulière ; d'ailleurs il n'est pas applicable à tous les cas, puisque jamais on ne peut appliquer une grande quantité de sangsues, et jamais on ne peut les disposer sur une large surface. Un autre procédé est plus commode et ne présente pas les inconvénients qui ont été mentionnés plus haut : on place les sangsues dans une compresse un peu plus grande que la partie de laquelle on veut tirer du sang, on renverse la compresse de manière à les mettre en contact avec les téguments. Celles-ci seront maintenues fixées dans la paume de la main, et les doigts appuyant sur les bords de la compresse empêcheront ces animaux de fuir et de se disséminer sur le corps.

Il arrive quelquefois que les sangsues placées aux environs des orifices naturels pénètrent dans l'intérieur. Lors donc qu'on les applique dans une région où cet accident est à craindre, il faut les surveiller attentivement. On a conseillé, lorsqu'on applique des sangsues à l'anus, et c'est à cette région que l'on doit le plus souvent se mettre en garde contre cet accident, on a conseillé, dis-je, de fermer l'orifice du rectum avec un petit tampon de charpie renfermé dans un linge huilé ; on prend rarement cette précaution, et l'on n'a pas à se repentir de l'avoir négligée, car l'odeur les éloigne, et la contraction du sphincter suffit le plus souvent pour les empêcher de pénétrer dans l'intestin.

Les sangsues peuvent être également appliquées une à une. Ce procédé est plus douloureux que le précédent, car dans le premier cas elles mordent toutes à la fois, tandis que dans le second la douleur persiste plus longtemps, puisqu'elles doivent mordre les unes après les autres. On doit le préférer lorsqu'elles sont en petit nombre et qu'elles doivent s'appliquer sur un point fixe; enfin lorqu'on les pose sur les membranes muqueuses.

On peut appliquer les sangsues en les saisissant par la queue, et en dirigeant la ventouse inférieure vers les parties qui doivent être mordues; comme leur peau est très glissante, on a peine à saisir convenablement l'animal, il vaut mieux l'envelopper d'un linge. Mais le meilleur procédé consiste à mettre la sangsue dans un tube de verre, la ventouse buccale dirigée vers les téguments, et le tube immédiatement appliqué sur la peau : on est toujours sûr, par ce moyen, de faire mordre le point d'où l'on veut tirer du sang. Une carte roulée atteint tout aussi bien le but que le tube de verre, et se trouve beaucoup plus facilement. Lorsque la peau est entamée, on enlève le tube ou la carte. Cette dernière est encore plus commode, en ce qu'on peut la dérouler, et qu'il n'y a pas de danger à faire lâcher prise à la sangsue en la tiraillant. Il faut faire attention encore à garantir les parties voisines lorsqu'elles doivent être mises sur des parties profondes; le spéculum, que l'on introduit dans le vagin quand on les applique sur le col utérin, a l'avantage de protéger les parties environnantes du col, qui pourraient être mordues, de dilater le vagin et de rendre l'application plus facile, et enfin de permettre une surveillance toujours nécessaire.

Dès que la sangsue est mise sur les téguments, elle s'arrête, fixe sa queue sur l'épiderme ; ses lèvres adhèrent à la peau, et ses dents ne tardent pas à l'entamer, et continuent d'agir jusqu'à ce qu'elle ait ouvert un assez grand vaisseau pour qu'elle puisse sucer le sang. Cette section de la peau est quelquefois très douloureuse, la succion est à peine sensible.

Les sangsues ne prennent pas avec une égale facilité chez les différents sujets : ainsi, chez les enfants, elles mordent très vite, sucent beaucoup de sang en peu de temps ; les plaies qu'elles laissent après leur chute sont très profondes ; elles mordent plus difficilement chez les adultes, et encore plus chez les vieillards. Chez les femmes, elles prennent plus facilement que chez les hommes.

Pendant la succion, il faut avoir soin de ne pas les remuer, car on les dérangerait et on leur ferait lâcher prise : aussi est-ce une mauvaise méthode de les toucher à plusieurs reprises pour les exciter à la succion, car il arrive fort souvent qu'on leur fait abandonner la plaie. Il est vrai que quelquefois les sangsues percent la peau en plusieurs endroits, mais presque toujours celles-ci tombent sans être gorgées de sang, et les plaies qu'elles font ne sont jamais assez profondes pour permettre à une quantité assez notable de sang de s'écouler : aussi est-il préférable, quand on veut avoir une émission sanguine abondante, de retirer cette sangsue et de la remplacer par une autre. La succion dure de trois quarts d'heure à deux heures ; mais elle n'est pas toujours également active, il existe fort souvent des intervalles de repos après lesquels elle reprend toute son activité première.

Dans le but de procurer l'évacuation d'une grande quantité de sang, quelques chirurgiens ont proposé de couper la queue des sangsues, oubliant que cette opération leur fait lâcher prise. M. Piègu, ainsi que nous l'avons dit, leur ouvre l'estomac, procure l'écoulement d'une quantité considérable de sang ; mais cette opération est extrêmement délicate, et est loin de réussir toujours.

67. — Lorsqu'elles sont gorgées de sang, elles se détachent et tombent d'elles-mêmes ; quelquefois cependant elles restent fixées à la peau, quoique très fortement distendues. On pourra leur faire lâcher prise en les saupoudrant avec un peu de tabac ou de sel marin ; il faut bien se garder de les arracher, car on déchirerait leurs mâchoires, qui resteraient dans la plaie, qui, dans ces cas, aurait beaucoup plus de peine à guérir. S'il survenait quelques accidents causés par la sensibilité du malade, ou par sa répugnance pour les sangsues, il faudrait les faire tomber de la même manière, sauf à pratiquer une saignée locale par un autre procédé ; car les convulsions et tous les autres symptômes nerveux qui se manifesteraient chez ces malades rendraient souvent le remède pire que le mal.

La plaie qui succède à la morsure de ces animaux présente la forme d'un triangle équilatéral de chacun des angles duquel partiraient des lignes qui se réuniraient au centre ; elle donne issue à une quantité de sang variable avec l'âge et la constitution du sujet, la vascularité de la région, la vigueur de la sangsue. Ce sang coule toujours en nappe, à moins que quelques vaisseaux artériels un peu volumineux n'aient été blessés, ce qui est assez rare.

Lorsqu'on veut arrêter immédiatement l'écoulement du sang, il suffit de laisser les plaies exposées au contact de l'air ; si ce moyen était insuffisant, il faut avoir recours à d'autres procédés; nous les décrirons tout à l'heure avec les accidents qui peuvent survenir après l'application des sangsues.

Il est rare que la perte de sang causée par la succion soit assez considérable : aussi faut-il la plupart du temps en favoriser l'écoulement, et quelquefois même appliquer une ou plusieurs ventouses afin d'en tirer une plus grande quantité. Mais il arrive que, malgré toutes les précautions les mieux dirigées, on ne peut faire couler le sang, soit que les morsures n'aient pas été assez profondes, soit que le sang se coagule avec une très grande rapidité. Il faut alors réappliquer d'autres sangsues, ou déterminer une évacuation sanguine par un autre moyen.

68.— Lorsqu'il est nécessaire de tirer une quantité de sang plus grande que celle qui a été sucée par la sangsue, on favorise l'écoulement de plusieurs manières. On peut faire sur les plaies des lotions continuelles d'eau chaude, exposer cette partie à la vapeur de l'eau presque bouillante, l'immerger, s'il est possible, dans un bain local. Quand la disposition des parties ne permet pas d'employer ces derniers moyens, on se borne à laver sans cesse les piqûres avec de l'eau tiède, et à enlever en les frottant doucement avec un linge mouillé les caillots qui empêchent le sang de couler. Comme les malades sont le plus souvent couchés, on applique presque toujours sur les plaies des cataplasmes émollients que l'on renouvelle au moins toutes les deux heures; on évite ainsi de mouiller le lit des malades. Les cataplasmes n'empêchent pas toujours le sang de se coaguler.

69. — *Accidents des sangsues.* Les accidents qui accompagnent l'application des sangsues, et dont nous parlerons ici, sont l'hémorrhagie et l'inflammation ; car les symptômes nerveux que l'on rencontre chez les individus à sensibilité excessive sont assez rares, et l'on peut les faire cesser, ainsi que nous l'avons vu plus haut, en faisant lâcher prise à la sangsue.

1° *Hémorrhagie.* Souvent, après l'application des sangsues, l'écoulement est assez considérable pour qu'il soit nécessaire d'en suspendre le cours. On emploie pour cela différents moyens : le plus fréquent consiste à appliquer sur les plaies un petit morceau d'agaric ou de chiffon brûlé, ou une toile d'araignée que l'on maintient, quand faire se peut, par deux petites compresses graduées, fixées par un bandage contentif. On peut encore saupoudrer leur surface avec une poudre styptique et astringente, telle que l'alun, le sulfate de fer, ou une poudre inerte qui fasse magma avec le sang, comme l'amidon, la colophane.

Ces moyens sont souvent insuffisants, soit que le sang ait été appauvri et qu'il puisse difficilement se coaguler, ou que la sangsue ait ouvert un vaisseau artériel un peu volumineux ; alors on saisit entre les mors d'une petite pince les lèvres de la plaie, et l'on maintient la compression pendant quelques minutes, ou bien on fait une ligature qui embrasse toute la partie comprise entre les mors de la pince ; d'autres fois il faut cautériser, et si la pierre infernale ne suffit pas, on emploie un stylet rougi au feu. Vidal (de Cassis) emploie un procédé fort simple et qui est ordinairement suivi de succès : il taille de petits cônes d'agaric, les place dans la morsure triangulaire, les recouvre de poudres styptiques, place par-dessus un morceau plus grand d'agaric qu'il maintient serré à l'aide d'un bandage approprié.

C'est surtout chez les enfants qu'il est important de surveiller l'écoulement du sang, car non-seulement les sangsues font chez eux des morsures plus profondes que chez les adultes, mais leur sang a moins de tendance à se coaguler ; il faut encore remarquer qu'ils sont moins propres que les adultes à avertir les personnes qui les entourent, et que chez eux l'hémorrhagie a des suites souvent très fâcheuses. Il faut également tenir la même conduite à l'égard des sujets trop affaiblis, chez lesquels on aurait appliqué les sangsues sur une partie abondamment pourvue de vaisseaux.

Lorsque les pièces d'appareil sont très épaisses, il arrive aussi que le malade a perdu une énorme quantité de sang sans qu'on ait pu s'en apercevoir : aussi, je le répète; il faut surveiller avec soin l'écoulement, et c'est pour avoir manqué à ce précepte qu'on a quelquefois à déplorer des accidents fort graves.

Quant à la douleur qui persisterait après la lésion d'un petit filet nerveux, on la ferait bientôt disparaître en achevant sa section.

2° *Inflammation.* Aussitôt que les sangsues sont tombées, il survient un léger gonflement : au bout de quarante-huit heures en général, la douleur et la tuméfaction disparaissent ; on trouve autour de la piqûre une ecchymose violette qui ne tarde pas à s'effacer, et il reste une petite cicatrice blanchâtre indélébile. Mais les choses ne se passent pas toujours ainsi : les bords de la morsure s'enflamment, finissent par suppurer, et la plaie se trouve convertie en un petit ulcère qui est quelquefois long à se cicatriser. D'autres fois enfin l'inflammation s'étend aux environs, et chaque petite plaie devient le point de départ d'un érysipèle, et quelquefois même d'un phlegmon. Cette inflammation doit être combattue par des cataplasmes émollients, et si le phlegmon était trop considérable, il faudrait le combattre par un traitement approprié, et ne plus s'occuper des morsures de sangsues.

Cet accident est assez rare et n'arrive que lorsque l'on a posé un trop grand nombre de sangsues sur un espace peu étendu, chez des personnes prédisposées aux affections inflammatoires, ou bien lorsqu'il existe de ces circonstances qui font développer, sans qu'on sache pourquoi, ces érysipèles qui dans les grands hôpitaux compromettent souvent la vie des opérés.

70. — *Effets thérapeutiques des sangsues.* Les sangsues sont employées : 1° Pour déterminer un dégorgement local. Dans ce cas elles doivent être appliquées tout près de la partie malade en nombre assez considérable pour obtenir un écoulement de sang suffisant. C'est au moyen de sangsues que Sanson obtenait des écoulements de sang permanents en appliquant un petit nombre de sangsues sur la partie malade, et dès qu'une sangsue était tombée, il la remplaçait par une autre, de manière à obtenir quelquefois pendant vingt-quatre heures un écoulement de sang continuel. Ce moyen qui, dans une multitude de circonstances, a produit d'excellents résultats, ne pourrait pas être employé chez les sujets trop affaiblis, et chez lesquels on craindrait de voir le sang s'arrêter difficilement. 2° Les sangsues sont appliquées comme dérivatif. Alors elles doivent être mises à une certaine distance du point malade : c'est ainsi qu'on les applique à l'anus dans les congestions cérébrales, à la partie interne des cuisses dans l'aménorrhée, etc. Ces sangsues sont en général employées en bien plus petit nombre que dans le cas précédent. 3° Enfin, on emploie les sangsues à titre de saignée générale chez les sujets pléthoriques et qui redoutent la saignée. Dans ce cas, peu importe le point sur lequel on les applique. Il faut seulement faire attention à choisir une partie pourvue d'un grand nombre de vaisseaux : c'est à l'anus qu'elles sont mises de préférence.

Quelques praticiens ont pensé que les sangsues ne pouvaient être remplacées par aucun autre moyen thérapeutique. En effet, elles produisent une irritation qu'ils ont regardée comme fort importante ; mais les mouchetures et les scarifications sur lesquelles on applique des ventouses irritent aussi la peau et permettent d'extraire une quantité de sang que l'on peut plus facilement évaluer, et si les sangsues doivent être préférées aux ventouses, ce n'est que dans le cas où la ventouse ne pourrait être appliquée à cause de la forme des parties.

71. — Il arrive quelquefois que les sangsues s'introduisent lans les ouvertures naturelles : ainsi on en a vu entrer dans le pharynx d'individus qui buvaient dans des ruisseaux, dans l'œsophage et même dans l'estomac ; on cite même des cas dans lesquels celles-ci s'étaient introduites dans les voies aériennes. Outre l'irritation que l'animal en contact avec les membranes muqueuses est susceptible de produire, il peut survenir des hémorrhagies très inquiétantes, et la suffocation peut être le résultat de l'introduction de l'un d'eux dans le larynx. Il faut donc remédier rapidement à cet accident. Une solution de sel marin suffira lorsque la sangsue aura pénétré dans les voies digestives ; mais si elle se trouvait dans la trachée, il ne faudrait pas hésiter à pratiquer l'opération de la bronchotomie. Quant à celles qui s'introduisent dans le rectum lorsqu'on fait une application à la marge de l'anus, nous avons vu plus haut quels étaient les moyens de prévenir les accidents, et si, les précautions étant négligées, ces accidents survenaient, un lavement d'eau salée suffirait pour détacher la sangsue. Quoi qu'il en soit, quand bien même on pourrait atteindre l'extrémité de l'animal avec des pinces, il faudrait se garder d'exercer des tractions trop fortes, de crainte de lui déchirer la bouche ; car la présence des mâchoires dans la plaie pourrait causer des accidents inflammatoires qu'il faut avoir soin d'éviter.

SECTION DEUXIÈME.

DES VENTOUSES.

72. — On appelle *ventouse* un récipient ordinairement en forme de cloche, qui est appliqué sur une partie plus ou moins étendue de la surface du corps, et dans lequel on raréfie l'air, de manière à faire affluer le sang dans toutes les parties qu'il recouvre.

Les ventouses sont dites *sèches*, lorsque les téguments sur lesquels elles sont appliquées ne présentent point de solution de continuité ; lorsque, au contraire, on a fait préalablement des incisions sur la partie qui doit être recouverte par la ventouse, celles-ci sont désignées sous le nom de *ventouses scarifiées ;* nous désignerons sous le titre de *ventouse à pompe* celles où l'on a adapté un corps de pompe pour raréfier l'air ; le *bdellomètre* est un instrument qui sert à la fois de ventouse et de scarificateur. Nous en dirons quelques mots après avoir décrit toutes les espèces de ventouses.

CHAPITRE PREMIER.

VENTOUSES SÈCHES.

73. — On donne le nom de *ventouses sèches* à celles qui sont appliquées sur les téguments de manière à rougir la peau, à déterminer une congestion en y appelant les fluides.

On se sert pour les ventouses d'un petit vase de verre en forme de cloche, surmonté ou non à son sommet d'un bouton de même substance, ayant à leur base un diamètre de 4, 6 ou 8 centimètres, et offrant à leur partie supérieure une moitié de sphère à diamètre plus grand que l'ouverture (fig. 79). On peut se servir de tout autre vase, pourvu que ses dimensions ne soient

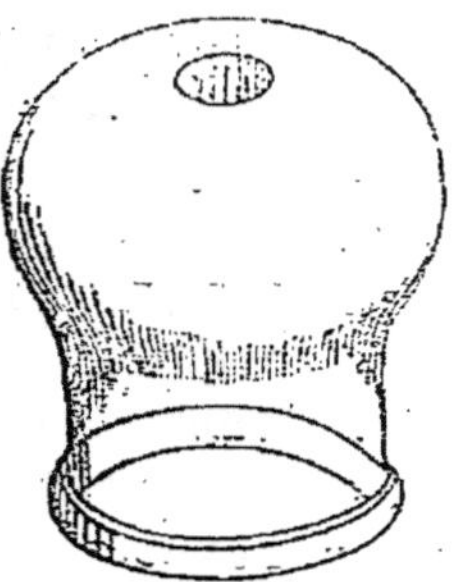

Fig. 79. — *Ventouse.*

pas trop grandes et que l'orifice ne soit pas trop large : un verre à boire pourrait, faute de mieux, être employé.

Il est facile par la chaleur de raréfier l'air dans les récipients. On y arrive en faisant brûler, dans la ventouse ou dans le vase qui doit en tenir lieu, un morceau d'étoupe ou de charpie imbibé d'alcool, ou plus simplement en enflammant de l'alcool ou de l'éther, mis en petite quantité dans ce vase; ou bien en y plaçant un petit morceau de papier fin préalablement enflammé; mais ces différents procédés ont l'inconvénient d'échauffer les bords de la ventouse, ce qui pourrait, dans certaines circonstances, brûler les téguments jusqu'à produire des eschares. Il vaut mieux placer l'ouverture de la ventouse sur une lampe à alcool (fig. 80), laisser pendant quelques secondes la flamme pénétrer dans l'intérieur du vase, et l'air se trouve suffisamment raréfié. Dès que le vide est fait, il faut appliquer le vase sur les téguments, ayant surtout soin que les bords soient parfaitement en contact avec la peau, car l'air pénétrerait dans l'intérieur, et l'on serait obligé de recommencer : aussi est-il bon, avant de faire le vide dans le vase, de le poser sur les téguments, afin d'être certain qu'il est possible de les mettre parfaitement en contact. Aussitôt la ventouse appliquée, la peau s'élève dans son intérieur, se congestionne, les vaisseaux capil-

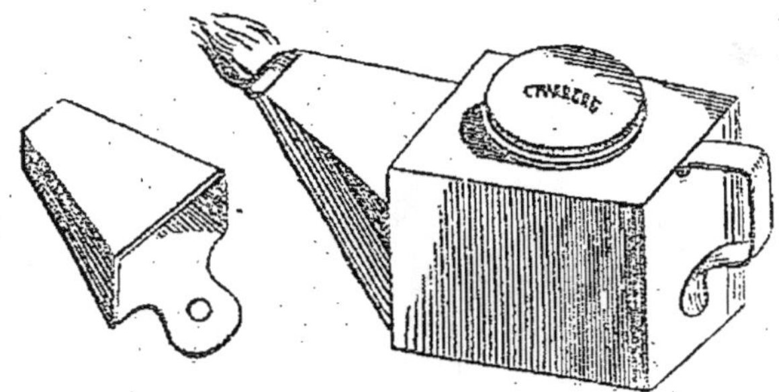

FIG. 80. — *Lampe à alcool.*

laires s'injectent ; elle devient violette. On laisse le verre deux ou trois minutes en place, et pour le retirer il suffit de déprimer les téguments sur un des côtés pendant que de l'autre main on fait basculer le vase en sens inverse. L'air pénètre ainsi dans l'intérieur, et le verre se détache aussitôt ; la peau reprend son niveau primitif, mais elle reste violette, et au bout de quelques jours l'ecchymose a complétement disparu.

74. — Les ventouses ne peuvent pas être appliquées indifféremment sur toutes les régions du corps : il est impossible de les employer partout où il existe des saillies osseuses, partout où il n'y a pas une surface aussi large que l'orifice du vase. Ainsi, chez les sujets amaigris, les ventouses ne peuvent pas être appliquées sur les parois thoraciques, à cause de la saillie des côtes. Il est souvent fort difficile de les poser sur les parois du crâne, à cause de la forme de cette partie.

75. — *Ventouses à pompe* (fig. 81 et 82). Cet instrument se compose de la ventouse ordinaire surmontée d'une tubulure garnie d'un robinet de cuivre que l'on peut ouvrir et fermer à volonté, d'un corps de pompe aspirante qui s'adapte à la tubulure immédiatement ou par l'intermédiaire d'un tube élastique (fig. 82, B), soit au moyen d'un pas de vis, soit à frottement. Pour appliquer cet instrument, il est inutile de raréfier l'air au moyen de la chaleur ; il suffit de le placer sur la peau, de faire jouer le piston pour opérer le vide.

M. Charrière a modifié le corps de pompe de manière à pouvoir faire fonctionner l'instrument d'une seule main. On prend un point d'appui sur la rondelle E (fig. 82) et l'on attire le piston

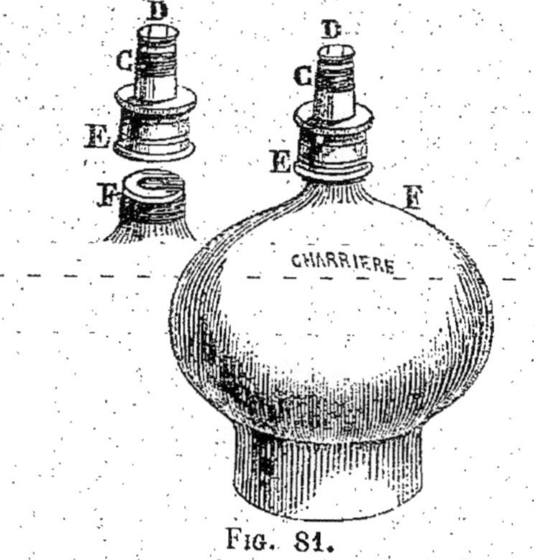

FIG. 81.

au moyen de l'autre rondelle C. Un ressort en spirale placé dans le corps de pompe le fait redescendre.

Lorsqu'on veut enlever la ventouse, on ouvre le robinet; l'air entre par la partie supérieure, rétablit l'équilibre, et la cloche se détache facilement. Lorsqu'on se sert de cette ventouse pour tirer le sang des scarifications, on fait le vide au fur et à mesure que le sang pénètre dans la cloche, et lorsqu'elle est presque pleine on la détache en ouvrant le robinet, on la nettoie et on la réapplique de nouveau.

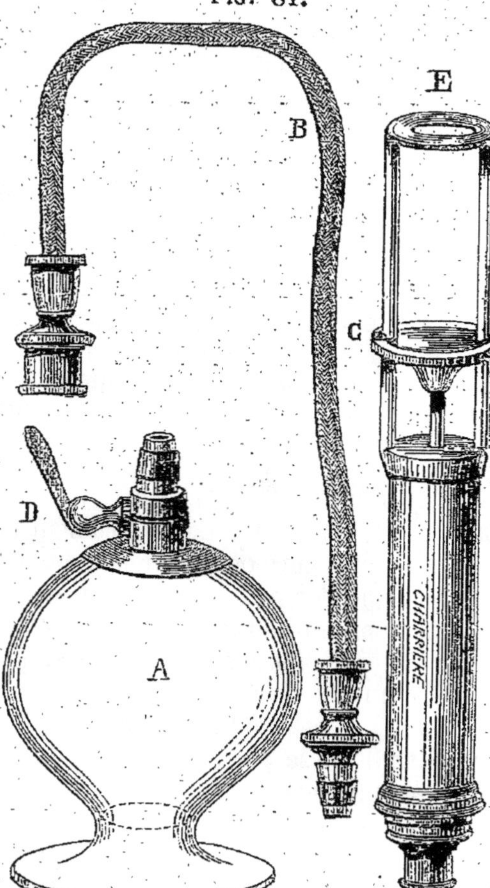

FIG. 82.

Les ventouses peuvent encore être utilement appliquées sur des seins engorgés, afin d'évacuer le lait. La figure 82, A, représente un verre à sein muni de son robinet D.

Il est inutile d'avoir plusieurs corps de pompe lorsqu'on a besoin d'appliquer plusieurs ventouses, un seul suffit; il faut seulement que celui-ci puisse s'adapter à toutes les tubulures des cloches dont on veut faire usage ; le robinet de la tubulure doit être fermé quand on enlève le corps de pompe.

Cet instrument est très commode, d'un emploi très facile, mais il est cher ; c'est pourquoi son usage est peu répandu.

Ventouses de M. Toirac. M. Toirac a imaginé de remplacer les sangsues au moyen de petits verres fusiformes, à l'extrémité desquels on place un long tube flexible de gomme élastique, auquel est adapté un corps de pompe qui puisse faire le vide dans le tube ; la longueur du tube permet son introduction à une très grande distance, et au fond des cavités. Cette espèce de ventouse n'est autre chose que la ventouse à pompe à cloche plus étroite. Au moyen de cet instrument on peut facilement faire le vide sur une surface irrégulière où les verres ordinaires à ventouses ne pourraient pas être placés.

Ventouses Junod. Depuis quelques années, on emploie des ventouses que l'on peut appliquer à une surface très étendue, à tout un membre par exemple ; ces ventouses, dues à M. Junod, représentent un cylindre de cuivre dans lequel on peut emprisonner un ou même plusieurs membres ; une manchette de caoutchouc très souple occupe l'extrémité supérieure du cylindre, et doit être appliquée autour du membre, de manière que la cavité de la ventouse n'ait aucune communication avec l'extérieur ; on raréfie l'air dans cette cavité au moyen d'une pompe aspirante ; le degré de la raréfaction est mesuré par un manomètre. Ces ventouses agissant sur une large surface, produisent une révulsion puissante : si la raréfaction est trop prompte, ou portée trop loin, elle est rapidement suivie de syncope ; aussi doit-on ne faire le vide que graduellement, consulter souvent le manomètre qui, par la hauteur de la colonne de mercure, permettra de connaître exactement le degré de raréfaction de l'air. Si, malgré ces précautions, il survenait quelques accidents, on rétablirait l'équilibre en ouvrant un robinet placé sur les parties latérales du cylindre. Il va sans dire qu'il ne faut laisser entrer l'air que lentement, car un changement trop rapide dans l'état du malade pourrait déterminer l'accident qu'on voulait éviter.

CHAPITRE II.

VENTOUSES SCARIFIÉES.

76. — Les ventouses scarifiées s'appliquent exactement de la même manière que les ventouses sèches ; elles ne diffèrent des

précédentes que par les solutions de continuité qui ont été faites aux téguments. On les place quelquefois sur les morsures de sangsues, afin de faciliter l'écoulement du sang ; mais, ainsi que nous l'avons dit plus haut, il est souvent inutile d'employer ce procédé, car les piqûres saignent habituellement bien ; d'ailleurs, à moins de cas tout à fait particuliers, il est assez difficile de placer les ventouses favorablement pour que le sang puisse couler d'une manière convenable, à cause de l'espace qu'occupent les morsures de sangsues, et à cause de l'irrégularité que présentent en général les surfaces sur lesquelles les sangsues doivent être appliquées. Mais le plus souvent, lorsqu'au moyen d'une ou de plusieurs ventouses, on veut pratiquer une saignée capillaire, celles-ci sont mises sur les scarifications.

77. — Pour appliquer des ventouses scarifiées, on place le vase sur les téguments, ainsi qu'il a été dit en décrivant les ventouses sèches ; on l'enlève lorsque la peau est congestionnée ; c'est alors qu'il convient de faire des scarifications. L'avantage qu'on retire de l'application préalable de la ventouse est celui-ci : d'abord la peau est congestionnée, engourdie par l'afflux de liquides que la raréfaction de l'air a appelés dans son tissu, par conséquent les incisions sont moins douloureuses ; mais on a surtout limité parfaitement le siége des scarifications, et l'on n'a aucune crainte de faire des incisions inutiles. Les scarifications peuvent être faites avec le bistouri, la lancette ou le rasoir, ou bien avec des instruments spéciaux auxquels on a donné le nom de *scarificateurs*. Lorsqu'on se sert d'un des trois premiers instruments, on doit le tenir comme un archet, en cinquième position, le promener sur la surface de la peau congestionnée, et l'enfoncer au plus de 1 à 2 millimètres ; chaque incision doit être séparée de l'incision voisine par une distance de 3 millimètres environ ; elles doivent être toutes parallèles ; il vaut mieux ne pas faire d'incisions qui coupent perpendiculairement les premières, car s'il survenait de l'inflammation autour des solutions de continuité, la gangrène des téguments serait beaucoup plus à craindre. Les scarifications faites avec le bistouri, la lancette ou le rasoir sont plus douloureuses que celles qui sont pratiquées avec le scarificateur ; mais ces instruments ont l'avantage de permettre aux incisions d'être aussi longues, aussi nombreuses et aussi profondes que le mal l'exige. A la vérité, l'opération est un peu plus longue, mais avec un peu d'habitude on parvient à les exécuter presque aussi rapidement qu'avec le scarificateur.

78. — Le *scarificateur* (fig. 83) dont on fait le plus souvent

usage est formé par une boîte de cuivre contenant un nombre variable de lames, de dix à vingt environ. Toutes les lames sont placées sur un axe, à l'aide duquel on peut, au moyen d'un ressort, leur faire exécuter rapidement un mouvement de demi-cercle. En passant d'un côté à l'autre de la caisse, elles traversent des fentes pratiquées sur une des faces de l'instrument. Si donc le scarificateur est armé, c'est-à-dire que toutes les lames soient d'un côté, en pressant sur un petit bouton B, qui permet au ressort de se détendre, elles passent rapidement du côté

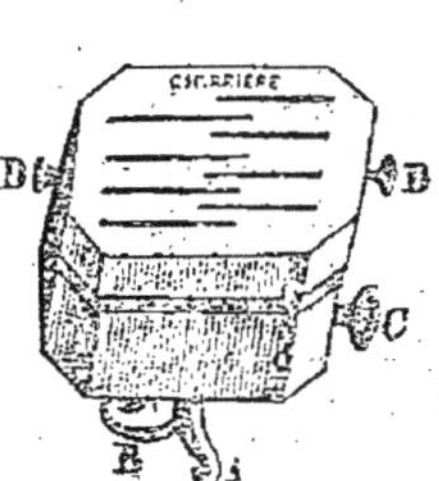

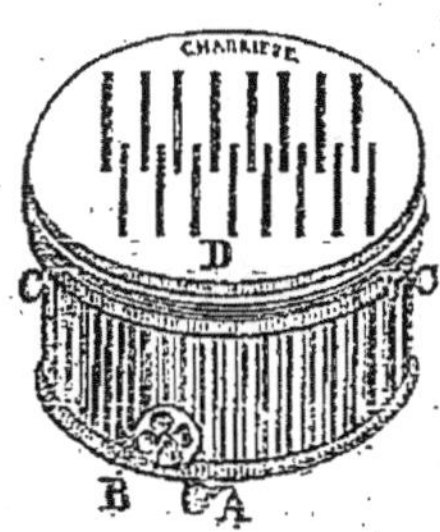

Fig. 83. — *Scarificateurs.*

opposé. Si l'on a appliqué sur les téguments la face de l'instrument à travers les fentes de laquelle les lames doivent passer, celles-ci entament la peau dans une épaisseur qui varie avec la partie saillante de la lame. Lorsqu'on veut armer une seconde fois le scarificateur, il suffit de tendre le ressort en pressant sur lui au moyen d'une espèce de levier A, qui fait saillie sur la face de l'instrument opposée à celle à travers laquelle les lames font saillie.

La surface de l'instrument qui doit donner passage aux lames est mobile, c'est-à-dire qu'au moyen d'une vis de rappel D, on peut la rapprocher ou l'éloigner du ressort, de telle sorte qu'on peut faire saillir les lames autant qu'il est nécessaire.

Les scarifications se font, au moyen de cet instrument, avec une telle rapidité, qu'à peine si le malade a le temps de sentir la douleur; aussi, à moins d'indications spéciales, doit-on toujours préférer le scarificateur à l'instrument tranchant.

79. — Quel que soit le procédé que l'on ait employé pour pratiquer les scarifications, le sang coule en nappe et en petite quantité; il s'arrête bientôt par suite de la coagulation ; il faut donc réappliquer la ventouse s'il est besoin d'en tirer une quantité un peu notable. Cette application se fait exactement comme nous l'avons dit précédemment ; on doit autant que possible faire attention à recouvrir toutes les scarifications, ce qui est

toujours facile si l'on a pris soin de ne les faire que partout où la peau avait changé de couleur par l'application de la première ventouse. Aussitôt que la cloche est placée sur les plaies, le sang s'y introduit avec rapidité, mais bientôt l'équilibre se rétablissant, il cesse de couler; il faut alors la retirer, laver la surface des plaies avec un peu d'eau tiède, afin de détacher le sang coagulé qui s'opposerait à l'écoulement d'une nouvelle quantité de sang, et réappliquer une seconde fois la ventouse s'il est nécessaire. On peut ainsi, par ce moyen, tirer une quantité de sang assez forte.

Les ventouses scarifiées doivent être, dans certaines circonstances, appliquées en nombre considérable; leur nombre est subordonné à la nature et à l'étendue de la maladie, quelquefois à la quantité de sang que l'on veut obtenir; mais il est en général facile d'obtenir beaucoup de sang avec peu de ventouses, lorsque les scarifications sont assez profondes et que l'on a su bien faire le vide dans le vase.

80. — Les plaies qui succèdent aux scarifications ne présentent pas de gravité; il suffit de les panser avec un linge ou un papier brouillard enduit de cérat; si cependant elles étaient très douloureuses, on les couvrirait d'un cataplasme émollient. Il est rare que l'on ait à redouter une inflammation et la gangrène des téguments. Elles se cicatrisent presque toujours très rapidement.

Lorsque les ventouses sont appliquées sur un point où l'on doit exercer une compression assez forte, il faut toujours les surveiller attentivement, car la peau gorgée de sang, couverte de solutions de continuité, est susceptible de se gangrener beaucoup plus facilement que lorsqu'elle est saine.

Bdellomètre.—M. Sarlandière a imaginé de placer au sommet de la ventouse à pompe une espèce de scarificateur communiquant à l'extérieur par une tige qui glisse à frottement dans la tubulure: il fait de cette manière des scarifications dans le vide. La tubulure qui doit donner passage à l'air que l'on veut retirer de la ventouse se trouve placée sur les parties latérales de la cloche; il a même imaginé une troisième tubulure placée à la partie inférieure de la cloche, afin de permettre au sang de s'écouler. Cet instrument est beaucoup trop compliqué pour pouvoir être employé avec avantage. D'abord la cloche qui doit contenir un scarificateur est trop grande pour pouvoir être appliquée dans un grand nombre de cas; la tige entrant à frottement permet souvent, lorsqu'elle glisse trop facilement, l'entrée de l'air dans la ventouse ; enfin la tubulure ne laisse pas, le plus souvent, le sang sortir au dehors, puisque, pour ouvrir le robinet, il faut attendre que le niveau du sang soit au-dessus de la tubulure ; le sang coagulé, la plupart du temps, ne pourra pas sortir par une ouverture qui doit toujours être assez étroite pour qu'il ne puisse s'en écouler une quantité plus grande que celle qui sort par les incisions, sous peine de voir l'air rentrer dans la cloche, et rétablir l'équilibre. La rapidité de l'opération est loin de compenser les inconvénients attachés à cet instrument.

81. — *Effets thérapeutiques des ventouses sèches et scarifiées.* — Les ventouses sèches déterminent une dérivation souvent très puissante, surtout lorsqu'elles sont, d'après la méthode Junod, appliquées sur une large surface. Mais en outre, elles ont été mises en usage dans les plaies empoisonnées afin d'attirer le venin au dehors. Si l'on possède de meilleurs procédés pour empêcher l'absorption du virus, il n'en est pas moins vrai que l'application des ventouses peut, dans une foule de circonstances, rendre de grands services, et qu'on doit toujours mettre ces moyens en pratique à titre de ressources provisoires. On se sert encore de cet instrument, ainsi que nous l'avons dit, dans l'engorgement des seins, afin d'évacuer le lait, lorsqu'il s'y trouve accumulé en trop grande quantité. Appliquées dans ces circonstances, elles rendent souvent des services signalés.

Il n'est pas besoin de dire que la succion des plaies envenimées agit de la même manière que la ventouse.

Tels sont les moyens que l'on emploie pour faire la saignée capillaire. On voit que, quel que soit le procédé qui ait été mis en usage, on ouvre non-seulement des vaisseaux veineux, mais encore des vaisseaux artériels contenant le sang qui doit porter la nutrition dans nos organes. Aussi, partant de ce fait, quelques praticiens ont pensé qu'une saignée capillaire affaiblit plus qu'une saignée générale, mais ils n'ont pas fait attention que l'écoulement de sang étant beaucoup plus rapide dans la saignée générale, la réparation ne se fait pas aussi vite que dans la saignée locale, où souvent un long espace de temps est nécessaire pour avoir une quantité de sang assez notable. Il va sans dire que si quelque artère d'un assez gros calibre était blessée, la saignée locale causerait des accidents graves; mais il n'est ici question que de la saignée capillaire sans aucune complication.

SECTION TROISIÈME.

DE LA VACCINATION.

82. — La *vaccination* est une opération dans laquelle on introduit dans une plaie faite à la peau un virus appelé *vaccin* qui préserve de la variole.

Je ne m'arrêterai pas à discuter si la vaccine préserve tous les individus de la variole; si, au bout d'un temps plus ou moins long, un individu a besoin d'être revacciné; si enfin le vaccin de Jenner a perdu une partie de ses propriétés par la transmission. Toutes ces objections qui ont été faites à la vaccine ne me paraissent pas d'une très grande valeur. Si quelques individus vaccinés, même parfaitement, ont contracté la variole après un temps plus ou moins long, toujours est-il que presque toutes les personnes vaccinées ont été préservées, et qu'il est difficile de comprendre qu'il y ait des gens pour lesquels cette découverte ne soit pas une de celles qui ont fait le plus pour le bonheur de l'humanité.

§ 1er. — *Opération.*

83. — On peut inoculer le vaccin sur toutes les parties du corps, mais le lieu d'élection est au bras, au-dessous du deltoïde. Placées dans ce point, les cicatrices ne sont point apparentes, puisqu'elles sont cachées par les manches des vêtements; et les personnes vaccinées n'éprouvent jamais de répugnance à montrer cette partie lorsqu'il est besoin de constater l'existence du vaccin. D'ailleurs les chirurgiens ont agi sagement en choisissant un endroit, toujours le même chez tous les individus, car on évite de cette manière des investigations souvent très difficiles pour le chirurgien, et toujours très désagréables pour les malades.

84. — On peut vacciner de plusieurs manières, soit en frottant fortement la peau jusqu'à l'excoriation de l'épiderme, et en plaçant sur la surface excoriée un linge imprégné de vaccin, soit en plaçant du vaccin sur une surface dépouillée de son épiderme par un vésicatoire, soit en introduisant du liquide préservateur dans une plaie faite aux téguments. Mais à tous ces procédés, qui sont douloureux, on a substitué la simple

piqûre, au moyen de laquelle on inocule aussi bien le vaccin, et qui a l'avantage de ne point faire souffrir les malades.

On se sert pour cette opération d'une *aiguille à vaccin* (fig. 74, H), qui n'est autre chose qu'une lancette ordinaire très aiguë, terminée en fer de lance, et présentant sur une de ses faces une rainure dans laquelle se trouve le liquide que l'on veut inoculer. Mais le plus souvent on emploie une lancette ordinaire qui remplit aussi bien le but, et l'on ne s'embarrasse pas d'un instrument à peu près inutile.

On charge la lancette en couvrant une de ses faces de vaccin, ou bien en plongeant la pointe dans un bouton-vaccin du sixième au dixième jour, et l'instrument étant droit et tenu de la main droite comme une plume à écrire ; la main gauche embrassant le membre au-dessous du point où l'on veut faire les piqûres, tend la peau assez pour que celles-ci soient plus faciles à faire. On pratique alors entre l'épiderme et le corps muqueux une petite ponction très oblique et de 2 millimètres environ de profondeur. On laisse la lancette dans la plaie pendant quelques instants, on essuie ses deux faces sur la plaie, puis on la retire. Cette opération n'est presque point douloureuse ; elle l'est si peu, que les enfants endormis ne se réveillent même pas pendant qu'on les vaccine, elle se fait avec une très grande rapidité, et donne lieu à l'écoulement d'une gouttelette de sang tout au plus.

85. — Une seule piqûre peut suffire pour vacciner un individu et le préserver de la variole ; mais comme fort souvent la vaccination ne réussit pas, il est bon d'en faire plusieurs : on en fait ordinairement trois à chaque bras ; mais, je le répète, il suffit qu'il y ait un seul bouton de vaccin qui se développe pour que le malade soit préservé.

86. — Lorsque l'opération est terminée, il faut laisser la peau à l'air libre, afin que le sang se dessèche sur la surface, et que le frottement ne fasse pas sortir la portion de virus qui est dans la plaie ; on couvre ensuite le bras d'un linge fin que l'on maintient fixé au moyen d'un bandage circulaire peu serré.

87. — On peut vacciner les enfants à tout âge ; mais, à moins de circonstances particulières, telles que les épidémies de variole dans le voisinage, il est bon d'attendre qu'ils aient deux ou trois mois ; dans les cas exceptionnels dont je viens de parler, il faut vacciner les enfants aussitôt que cela est possible. Dans tous les cas, il n'est jamais trop tard pour vacciner un individu, la vaccine réussit tout aussi bien chez un vieillard qui n'a pas eu la variole que chez un enfant.

§ 2. — *Marche de la vaccine.*

88. — Dans les deux ou trois premiers jours qui suivent l'inoculation, on ne voit rien ; mais à la fin du troisième au plus tard, on aperçoit un point rouge à la place de chaque piqûre : cette petite rougeur paraît reposer sur une base dure ; le sommet présente à peu près l'apparence d'une piqûre de puce. Le quatrième jour, la rougeur est plus apparente, circulaire, ombiliquée au centre (fig. 84). Le cinquième jour, la teinte rouge est

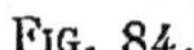

Fig. 84.

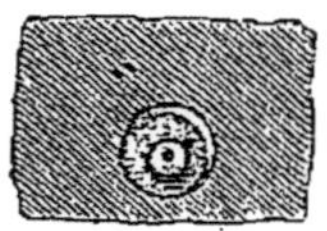

Fig. 85.

circulaire et enveloppe le bourrelet du centre qui est plus saillant. Le sixième, le bourrelet augmente encore, devient encore plus large, et s'entoure d'une auréole argentée distendue par du liquide (fig. 85). Le septième jour, le bourrelet se distend, l'auréole inflammatoire s'étend encore, le tissu cellulaire sous-cutané s'enflamme. Le huitième jour, le bourrelet est plus large, plus rempli de matière ; l'auréole s'étend d'une piqûre à l'autre quand elles ne sont pas éloignées de plus de 3 centimètres (fig. 86). Le neuvième jour la pustule acquiert son maximum de développement ; le sommet commence à se recouvrir d'une petite croûte noirâtre ; la chaleur est mordicante, le bras pesant ; le malade éprouve de la douleur, quelquefois même il existe un

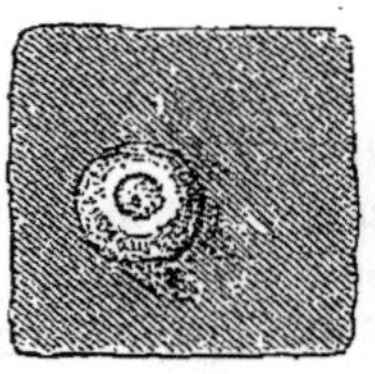

Fig. 86.

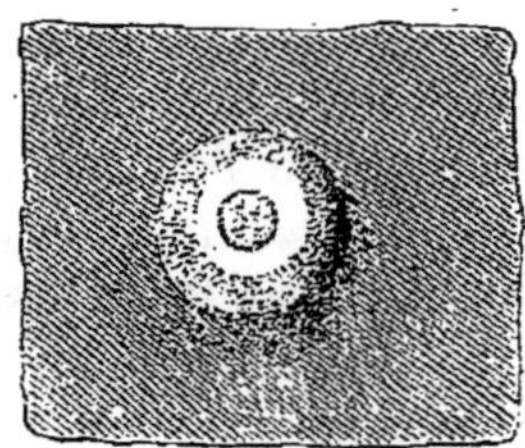

Fig. 87.

léger mouvement fébrile. Le dixième jour, le bourrelet vaccin est plus aplati, plus large, et repose sur une tuméfaction très prononcée ; la douleur qu'éprouvent les malades est plus considérable ; il arrive même quelquefois que les ganglions de l'aisselle s'engorgent. Le onzième jour, la dessiccation commence : le bouton est dur, aplati, dépourvu de liquide, se recouvre d'une croûte d'une couleur grise, ou d'un jaune sale (fig. 87). C'est ainsi que se termine la période d'inflammation. A partir du douzième, on trouve sous la croûte du pus au lieu de liquide; la quantité de pus devient de moins en moins considérable, l'inflammation disparaît complétement, et du vingtième au vingt-cinquième jour les croûtes tombent entièrement et laissent apercevoir une cicatrice pointillée très facile à reconnaître, et qui ne s'efface jamais.

89. — La description que je viens de donner de l'éruption vaccinale peut facilement faire reconnaître la fausse vaccine de la vraie vaccine. Nous allons décrire la différence qui existe entre ces deux éruptions.

La *fausse vaccine* s'observe chez les individus qui ont déjà été vaccinés et qui le sont pour la seconde fois, chez ceux qui ont eu la variole ou bien qui auraient été vaccinés avec un instrument en mauvais état, tel qu'une lancette émoussée ou oxydée; du vaccin de mauvaise qualité peut encore déterminer la fausse vaccine. Dans la fausse vaccine il n'y a pas de période d'incubation, la suppuration se manifeste dès le troisième ou quatrième jour; la croûte est quelquefois très longue à se détacher, elle tombe souvent au bout de cinq ou six jours pour se reproduire, comme il arrive dans toutes les espèces d'ulcères. Enfin la fausse vaccine ne laisse point sur la peau des traces pointillées qui puissent la faire reconnaître.

§ 3. — *Conservation et transmission du vaccin.*

90. — La meilleure manière de vacciner est sans contredit celle qui consiste à vacciner de bras à bras, en plongeant la lancette dans un bouton de vaccin et en inoculant sur les bras d'un autre individu le virus entraîné par les deux faces de l'instrument. Avant le sixième jour il n'y a pas de liquide dans la pustule; mais depuis le sixième jusqu'au commencement du dixième, on trouve de la sérosité qui constitue le véritable vaccin; le pus qui succède à ce liquide ne s'inocule pas et produit de fausses vaccines : c'est depuis la fin du sixième jour jusqu'au huitième que la propriété du vaccin est à son maximum d'intensité. Il faut donc, autant que possible, extraire le vaccin à cette époque, soit pour inoculer le vaccin de bras à bras, soit pour le conserver.

Les principaux moyens de conserver le vaccin sont :

1° Les *lancettes*. On peut, lorsqu'on ne veut pas conserver le vaccin pendant longtemps, charger l'extrémité de plusieurs lancettes, renfermer la lame dans leur châsse en la maintenant écartée des valves, afin que le contact n'enlève pas le vaccin. Il est à remarquer que de cette manière le vaccin ne peut être conservé que pendant un très court espace de temps, quelques heures au plus ; car la lancette humide s'oxyde, le vaccin s'altère, et l'on ne produirait qu'une fausse vaccine. Pour parer à cet inconvénient, on se sert de lancette à lame d'écaille, de corne ou d'ivoire ; on peut, sur ces instruments conserver le vaccin plus longtemps que sur des lancettes à lames d'acier.

On peut se servir d'une plume d'oie taillée comme un cure-dent, et dont on imprègne l'extrémité de vaccin ; ce moyen peut être facilement mis en pratique dans les campagnes. Les plumes doivent être conservées dans un étui, de manière que leurs extrémités n'éprouvent pas de frottement.

Quand on veut faire usage de vaccin ainsi conservé, il faut tremper l'extrémité de l'instrument dans un peu d'eau tiède, si le vaccin était desséché; dans le cas contraire, il suffirait de plonger la lancette comme pour la vaccination de bras à bras.

2° Les *plaques de verre*. Quand on emploie ce procédé pour conserver le vaccin, on prend deux petits morceaux de verre à vitre bien essuyés, d'égale dimension et taillés en carré. On pose une des faces sur le bouton largement ouvert, et lorsqu'il est recouvert d'une quantité suffisante de liquide, on le laisse exposé à l'air afin d'augmenter sa consistance, pour que la pression des deux lames entre elles ne fasse pas fuser le vaccin sur les parties latérales. Les deux surfaces couvertes de vaccin sont mises en contact l'une avec l'autre, et les bords sont lutés parfaitement avec un peu de cire, ou bien on les enveloppe parfaitement avec une lame d'étain ou avec un morceau de papier noir que l'on colle sur les bords ou même sur les faces externes des lames de verre. On peut, en maintenant ces plaques dans un lieu sec et frais, les conserver pendant très longtemps.

Quand on veut se servir de vaccin conservé de cette manière, après avoir enlevé avec précaution la substance qui réunit les deux lames de verre, on les sépare et l'on expose leur surface couverte de vaccin à la vapeur d'eau chaude, ou bien on trempe l'extrémité de la lancette dans de l'eau tiède, et on l'applique ainsi sur la lame de verre. On peut, de cette manière, recueillir facilement le vaccin et inoculer aussi bien qu'on pourrait le faire de bras à bras.

3° Les *tubes capillaires*. En raison de la propriété que possèdent les liquides qui mouillent le verre de monter dans les tubes capillaires, on peut appliquer une des extrémités d'un tube sur un bouton largement ouvert; le liquide monte, et lorsque le tube est presque plein, on ferme ses deux extrémités en les exposant à la flamme d'une bougie.

Le tube de M. Fiard est fort ingénieux; il est long de 6 ou 7 centimètres environ et terminé par une boule semblable à celle d'un thermomètre; il échauffe la boule avec la main pour raréfier l'air; puis plaçant l'extrémité du tube sur un bouton de vaccin, l'air de la boule se condensant par le refroidissement, le liquide monte très facilement. Pour le chasser, lorsqu'on a besoin de s'en servir, il suffit d'échauffer la boule; alors l'air qui reste au sommet de la boule dilatée par la chaleur presse sur la colonne de liquide et le fait facilement sortir.

Quand on se sert des tubes capillaires dont l'invention appartient à M. Bretonneau, il suffit de casser les deux extrémités, de souffler légèrement à l'aide d'un chalumeau sur une ouverture, tandis que l'autre donne passage au vaccin, qui est reçu sur une plaque de verre, sur laquelle on peut facilement charger la lancette. Pour plus de facilité, on recevra le vaccin qui s'écoule par une des extrémités sur la lancette elle-même.

4° Les *fils*, autrefois employés par Jenner, sont aujourd'hui abandonnés, parce que le vaccin s'altère plus vite, et l'on est obligé, lorsqu'on veut s'en servir, de faire une incision assez profonde, douloureuse, qui peut quelquefois occasionner des accidents graves, et qui laissent toujours une cicatrice difforme.

Les procédés de MM. Fiard et Bretonneau sont excellents en ce qu'ils permettent de conserver le vaccin pendant longtemps à l'abri du contact de l'air et de l'inoculer en nature. M. Bousquet, qui a examiné avec soin ces divers procédés de conservation, croit que les plaques conservent plus longtemps le vaccin; c'est d'ailleurs sous cette forme que l'Académie de médecine et le comité de Londres font leurs envois.

91. — L'enlèvement du fluide de tous les boutons ne détruit pas l'efficacité de la vaccine; il est bon cependant d'en laisser au moins un intact; d'ailleurs les manœuvres que l'on exerce sur un enfant auquel on prend du vaccin ne sont d'aucune utilité pour lui, mais ne lui sont pas nuisibles; elles causent seulement un peu de fatigue. La quantité de vaccin que l'on retire des boutons est en rapport avec leur développement, mais non avec la santé et la constitution de l'enfant qui le fournit.

92. — « Depuis quelques années plusieurs personnes prétendent que la vertu préservative de la vaccine cesse après un temps dont elles n'ont pu jusqu'à ce jour fixer la durée. Cette

opinion, qui a fortement ébranlé la confiance dans la vaccine, nous a beaucoup occupé. Après l'avoir examinée avec toute l'attention dont nous sommes capable, et tout l'intérêt que comporte un sujet aussi important, nous croyons pouvoir déclarer que la vertu préservative de la vaccine nous paraît être aujourd'hui ce qu'elle était dans son origine et du temps de Jenner ; et bien que quelques individus vaccinés soient de temps à autre affectés de varioloïde, ou même de variole; bien que, par de secondes vaccinations, on obtienne quelquefois des boutons réguliers, et que le vaccin se reproduise de nouveau, nous disons : 1° Ces cas sont rares, ce sont des exceptions qui ne prouvent rien contre la règle. 2° Parmi plusieurs milliers d'individus que nous avons vaccinés avec un grand soin, depuis près de vingt-cinq ans, nous n'avons pas encore eu connaissance qu'un seul d'entre eux ait été affecté de variole ou de varioloïde. 3° Enfin, il résulte des expériences nombreuses que nous avons faites en 1825, lorsque nous étions secrétaire de la commission de vaccine, et que nous avons répétées depuis, chaque fois que l'occasion s'en est présentée, qu'on obtient par des vaccinations secondaires un vaccin régulier, dans des proportions à peu près égales, soit que les sujets sur lesquels on expérimente aient eu la petite vérole naturelle, soit qu'ils aient été inoculés ou vaccinés.

» Or, si l'on admet en général que la variole préserve de la variole; si, d'un autre côté, on voit des individus variolés être affectés de nouveau de variole ; si l'on voit un vaccin régulier se développer sur des sujets variolés, pourquoi pareille chose ne s'observerait-elle pas sur des sujets vaccinés? Doit-on exiger du préservatif plus qu'on exige de la maladie même? Non, sans doute. Concluons donc de tout ceci, que la vaccine est encore le meilleur préservatif qu'on puisse employer contre la variole, qu'il n'est pas démontré que sa vertu préservative s'affaiblisse avec le temps, qu'il n'y a par conséquent pas lieu d'ordonner de secondes vaccinations après un laps de dix, de quinze ou de vingt années. Cependant, comme nous avons la conviction qu'une seconde vaccination est sans inconvénient ; que, sans être indispensable, elle peut quelquefois être utile, nous croyons, en conséquence, qu'on doit la tenter toutes les fois qu'un individu a des craintes, ou qu'il la désire (1). »

(1) Moreau, *Manuel des sages-femmes*, 1839. 1 vol. in-12, fig., p. 63.

SECTION QUATRIÈME.

PRÉPARATIONS PHARMACEUTIQUES.

ARTICLE Ier. — Tisanes.

Les tisanes sont les boissons ordinaires des malades. Elles ne sont autre chose que l'eau commune très peu chargée de principes médicamenteux.

Elles se prennent à toute heure de la journée, peu à la fois et souvent. Elles ont pour but et résultat de préparer le malade à d'autres médications, quand par elles-mêmes et seules, elles n'apportent pas la guérison.

Les tisanes se préparent de cinq manières différentes :

1° Par *macération*, c'est-à-dire en soumettant à l'action de l'eau froide, pendant un temps plus ou moins long, la substance médicamenteuse brisée entre les doigts, coupée en petites parties avec le couteau ou les ciseaux, ou écrasée sous un marteau.

2° Par *infusion*, quand les substances sont aromatiques. Disons tout de suite que ce mode de préparation est généralement applicable (90 fois au moins sur 100) ; qu'il donne des liquides plus agréables pour les malades, sans perdre pour cela de leurs propriétés actives.

L'*infusion* se fait soit en versant la substance dans l'eau bouillante et retirant le vase du feu, soit en versant l'eau bouillante sur la substance atténuée, découpée et déposée dans un vase muni de son couvercle.

Toutes les fleurs, toutes les feuilles, beaucoup de racines même doivent être traitées par infusion.

3° Par *décoction*, quand les substances sont bien dures, très sèches, et qu'elles cèdent difficilement leurs principes actifs.

4° Par *solution*, toutes les fois que les substances ne contiennent que très peu ou point de corps étrangers, qu'elles se dissolvent facilement. Exemple : les *gommes*, les *mannes*, les *miels*, etc.

5° Par *simple mixtion* ou *mélange*, quand les substances sont molles ou liquides, comme le *miel*, les *vins*, les *sirops*, etc., pour composer l'*eau miellée*, l'*eau vineuse*, l'*eau sucrée*, etc.

Les substances destinées à la préparation des tisanes doivent être préalablement séparées des corps étrangers qui leur sont adhérents; quelques-unes peuvent être lavées. Ainsi, pour l'orge, le chiendent, on jette l'eau qui a subi la première ébullition, et on la remplace par une nouvelle quantité qui constituera la boisson.

Quand on a à traiter tout à la fois des substances inodores et des substances aromatiques, on n'ajoute ces dernières que lorsque les autres sont suffisamment épuisées par l'ébullition et qu'on a retiré le vase du feu.

Les tisanes se clarifient par le repos, la décantation ou le tirage à clair, ou en les passant à travers un morceau de linge ou de drap.

Les additions aux tisanes, comme sels, acides, sirops, etc., se font tout à fait en dernier lieu.

Les tisanes doivent être renouvelées toutes les vingt-quatre heures, placées dans des lieux frais en été, dans la chambre du malade en hiver.

Les tisanes doivent toujours être légères, peu chargées, agréables à prendre.

La température des tisanes n'est pas une chose indifférente. On les donne froides, quelquefois à la glace, dans toutes les violentes inflammations. Il faut en excepter cependant les maladies aiguës des voies respiratoires, celles de la peau, les fièvres dites éruptives (*rougeole*, *variole*, *scarlatine*, etc.).

On sait que les boissons froides font souvent cesser les vomissements spasmodiques, les crachements de sang, les saignements de nez ; que les boissons chaudes aident au vomissement, favorisent les fonctions de la peau, activent la transpiration.

La quantité de tisane consommée dans les vingt-quatre heures est subordonnée à la soif du malade, à la nature de la maladie. Mais, en général, un litre suffit pour la journée, et pour peu que des aliments soient permis, ceux-ci ne doivent être pris qu'une heure après la dernière tasse de tisane.

Tisane commune.

Orge.............................	20 gram.
Ou chiendent coupé menu	20 gram.

Mettez l'une ou l'autre, ou les deux substances dans un vase pouvant aller sur le feu avec :

Eau ordinaire....................	1 litre.

Faites bouillir une minute, jetez le tout sur un petit tamis de crin ; remettez les substances dans le vase avec une nouvelle quantité d'eau et laissez bouillir le tout jusqu'à ce que l'orge soit crevée, que le chiendent soit ramolli.

Ajoutez, pour édulcorer, ou sucrer la boisson :

Racine de réglisse, ratissée et déchirée.	8 gram.

Retirez le vase du feu, passez à travez un linge après une demi-heure d'infusion. — Laissez refroidir et déposer. — Décantez et donnez au malade.

Tisane de guimauve.

Racine de guimauve fraîche, lavée, et déchirée.	30 gram.
Ou racine sèche, contuse et coupée.	20 gram.
Eau bouillante	1 litre.

Faites infuser pendant deux ou trois heures. — Passez et décantez.

Ajoutez l'édulcorant (*sucre*, *miel*, *sirop*, *réglisse*, etc.) prescrit par le médecin.

On prépare de la même manière les tisanes de racines de *chicorée*, de *fraisier*, de *fougère*, de *patience*, de *bardane*, d'*écorce de quinquina*, etc., etc.

Tisane de mousse de Corse.

Mousse de Corse	30 gram.
Eau bouillante	1 litre.

Faites infuser pendant une heure, passez avec expression ; laissez déposer, décantez.

Tisane de lichen d'Islande.

Lichen d'Islande	8 gram.
Eau bouillante	200 gram.

Après une demi-heure d'infusion, jetez les 200 grammes d'eau ; remplacez-les par un litre et un quart du même liquide ; faites bouillir jusqu'à ce que le lichen soit réduit en un corps mou et gélatineux ; passez avec expression, laissez reposer et décantez.

Tisane de bourrache.

Bourrache (feuilles) fraîche..........	20 gram.
Ou bourrache sèche................	12 gram.
Eau bouillante...................	1 litre.

Faites infuser pendant une heure; passez.

On prépare de la même manière des tisanes avec les sommités et les feuilles d'*armoise*, de *pariétaire*, de *pensée sauvage*, de *fumeterre*, de *capillaire*, de *chicorée*, de *scabieuse*.

Tisane d'absinthe.

Sommités fraîches d'absinthe........	10 gram.
Ou sommités sèches..............	4 gram.
Eau bouillante.................	1 litre.

Passez après une heure d'infusion.

On prépare de la même manière les tisanes de *menthe poivrée*, de *sauge*, de *thé*, etc., etc.

Tisane de lierre terrestre.

Lierre terrestre sec................	8 gram.
Eau bouillante....................	1 litre.

Faitez infuser pendant une heure et passez.

On prépare de la même manière les tisanes d'*hysope*, de *mélisse*, etc., etc.

Tisane d'arnica.

Fleurs d'arnica..................	1 pincée.
Eau bouillante...................	1 litre.

Faites infuser pendant une demi-heure et passez.

On prépare de la même manière les tisanes de fleurs de *camomille*, de *coquelicot*, de *sureau*, de *guimauve*, de *mauve*, de *violette*, de *houblon*, etc., etc.

Tisane de safran.

Safran..........................	2 gram.
Eau bouillante..................	1 litre.

Après une demi-heure d'infusion, passez.

La tisane de safran est souvent conseillée et souvent administrée avec succès pour calmer les douleurs qui précèdent et accompagnent les règles.

On prépare de la même manière la tisane d'*anis*, de *coriandre*, de *fenouil*, etc., etc.

Tisane de graine de lin.

Graine de lin......................	5 à 6 gram.
Eau tiède..........................	1 litre.

Passez après une heure de repos.

Tisane de pruneaux, ou Eau de pruneaux.

Petits pruneaux noirs..............	50 à 60 gram.

Enlevez les noyaux et faites bouillir pendant une heure dans :

Eau................................	1 litre.

Passez.

On prépare de même les tisanes de *dattes*, de *jujubes*, de *figues*, de *raisins de caisse*, etc., etc.

Tisane de riz, ou Eau de riz.

Riz Caroline.......................	15 gram.
Eau................................	1 litre.

Faites bouillir jusqu'à ce que le riz soit crevé. — Passez.

On prépare de même les tisanes de *gruau*, d'*orge perlé*.

Tisane de gomme, ou Eau de gomme.

Gomme arabique entière et lavée à l'eau froide..........................	15 gram.
Eau................................	1 litre.

Faites fondre à froid et passez.

Tisane de cachou.

Cachou concassé....................	10 gram.
Eau tiède..........................	1 litre.

Faites fondre et passez.

Tisane pectorale.

Espèces pectorales.................	1 pincée.
Eau bouillante.....................	1 litre.

Passez après une heure d'infusion.

Les espèces *pectorales* sont un mélange à parties égales de *capillaire du Canada*, de *véronique*, d'*hysope* et de *lierre terrestre*.

Tisane béchique.

Espèces béchiques....................	1 pincée.
Eau bouillante.......................	1 litre.

Faites infuser pendant une demi-heure et passez.

Les espèces *béchiques* sont un mélange à parties égales des fleurs de *mauve*, de *pied-de-chat*, de *pas-d'âne* ou *tussilage*, de *coquelicot*.

Tisane amère.

Espèces amères.......................	1 pincée.
Eau bouillante.......................	1 litre.

Faites infuser et passez une heure après.

Les espèces *amères* sont un mélange à parties égales de feuilles sèches de *germandrée* ou *petit-chêne*, de sommités fleuries de *petite centaurée*, de sommités d'*absinthe*.

Tisane de vulnéraires.

Espèces vulnéraires..................	1 pincée.
Eau bouillante.......................	1 litre.

Passez après une heure d'infusion.

Les espèces *vulnéraires* sont un mélange à parties égales de feuilles de *sauge*, de *thym*, de *serpolet*, d'*hysope*, de *menthe aquatique*, d'*origan*, d'*absinthe*.

Tisane de séné ou purgative.

Séné.................................	15 gram.
Eau bouillante.......................	1 litre.

Faites infuser pendant une heure. — Passez.

Nota. On peut augmenter l'action purgative de cette tisane en y ajoutant 15 à 20 grammes de l'un des sels suivants : sulfate de magnésie, de soude, phosphate de soude, sulfate de potasse.

Ce dernier sel convient principalement aux femmes nouvellement accouchées et qui ne peuvent pas nourrir leur enfant elles-mêmes.

Eau panée (boisson émolliente et légèrement nutritive).

Croûte de pain grillée.............	50 à 60 gram.
Eau commune....................	1 litre.

Faites bouillir pendant une demi-heure. — Passez. — Sucrez au goût du malade.

Tisane de pomme de reinette (boisson rafraîchissante).

Pomme de reinette coupée en quatre et séparée des pepins................	n° 1.
Eau commune.....................	1 litre.

Faites bouillir jusqu'à ce que les tranches de pomme puissent être facilement pénétrées par un fétu de paille. — Passez et sucrez agréablement.

Tisane antilaiteuse ou de canne.

Canne de Provence coupée en rouelles minces........................	20 à 30 gram.
Eau ordinaire	1 litre.

Faites bouillir pendant une heure. — Passez et ajoutez :

Sulfate de potasse	5 gram.

Nota. Cette tisane est habituellement continuée pendant cinq à six jours.

Tisane diurétique.

Queues de cerises	15 à 20 gram.
Eau commune....................	1 litre.

Faites bouillir pendant un quart d'heure. — Retirez le vase du feu. — Ajoutez :

Racine de réglisse, ratissée et déchirée..	8 gram.

Passez après une demi-heure d'infusion et ajoutez :

Sel de nitre.....................	1 à 2 gram.

Petit-lait ordinaire.

Faites chauffer un litre de lait ordinaire. — Au moment où le liquide se boursoufle et monte, versez une cuillerée à bouche de vinaigre ; retirez le vase du feu, agitez le tout avec une cuiller et jetez sur un tamis de crin.

Voulez-vous avoir une boisson claire et limpide ? En d'autres termes, voulez-vous du *petit-lait clarifié?*

Dans le liquide ci-dessus, ajoutez un blanc d'œuf délayé et battu dans un demi-verre d'eau. — Remettez tout sur le feu. — Au moment de l'ébullition, jetez le liquide sur un filtre de papier gris préalablement lavé à l'eau froide.

Petit-lait antilaiteux de Weiss.

Dans un demi-litre de petit-lait clarifié et bouillant, faites infuser pendant une demi-heure :

Séné mondé	2 gram.
Sulfate de soude	2 gram.
Fleur d'hypéricum	1 gram.
— de sureau	1 gram.
— de tilleul	1 gram.

Passez et faites prendre par petites tasses dans la journée, à une heure ou deux de distance avant et après les repas.

Tisane royale.

Cerfeuil frais	5 gram.
Pimprenelle fraîche	5 gram.
Citron	n° 1.
Séné mondé	20 gram.
Anis	5 gram.
Coriandre	5 gram.

Incisez le cerfeuil et la pimprenelle, coupez le citron par tranches, mettez-les avec le séné, l'anis et la coriandre dans un pot de faïence suffisamment grand et muni de son couvercle. — Versez par-dessus un litre d'eau bouillante. — Passez après une heure d'infusion. Ajoutez :

Sel de Glauber	15 à 20 gram.

Faites prendre par petites tasses, dans la journée.

ARTICLE II. — Bouillons médicinaux.

Les *bouillons médicinaux* sont des boissons préparées avec des substances animales. Ces médicaments ont pour véhicule l'eau ordinaire, pour base la chair du poulet, ou celle du veau, de la tortue, de l'écrevisse, de la vipère, de la grenouille, etc.

Les bouillons se préparent par *décoction* plus ou moins prolongée, selon la nature ou la texture des substances employées; toutefois ces dernières doivent être complétement cuites et avoir cédé tous leurs principes solubles et actifs. Ces mêmes substances doivent également avoir subi quelques préparations préliminaires. Ainsi l'on coupe la tête des vipères et des grenouilles et on les rejette. On en fait autant de leurs intestins. On conserve le cœur et le foie de la vipère; on écorche les grenouilles et on les divise par morceaux. Cette opération s'applique à tous les animaux. On sépare les colimaçons de leurs coquilles en les jetant dans l'eau très chaude; on les lave ainsi que le mou de veau. On écrase les écrevisses dans un mortier de marbre ou sous un marteau de bois. On enlève le cou, les intestins et la graisse du poulet, etc., etc.

La dose ordinaire des substances servant à la préparation des bouillons est de 125 grammes par litre d'eau commune.

Les bouillons doivent être tirés à clair après repos, ou passés tièdes, ou mieux presque froids, à travers une étamine ou un petit tamis, afin d'enlever la graisse qui les surnage.

Les bouillons étant tout à la fois des boissons médicamenteuses et légèrement nutritives se prennent à toute heure du jour. On les donne tièdes ou froides, selon l'indication à remplir, selon l'ordre du médecin.

Des substances aromatiques, des préparations pharmaceutiques, comme des *sels*, des *sirops*, etc., doivent-elles entrer dans la composition des bouillons, on suit les règles indiquées pour les tisanes, c'est-à-dire que tout ce qui est doué d'une odeur prononcée est ajouté quand le bouillon est achevé et le vase retiré du feu, et que les autres ingrédients sont jetés dans le liquide tiré à clair ou passé à travers un linge.

Bouillon de veau.

Rouelle de veau	125 gram.
Eau	1 litre.

Faites cuire à une douce chaleur dans un vase couvert. — Passez après le refroidissement.

On prépare de la même manière les bouillons de *poulet*, de *mou de veau*, d'*écrevisses*, de *tortue*, de *grenouilles*.

Bouillon aux herbes.

Oseille fraîche........................	90 à 100 gram.
Feuilles vertes de laitue..............	
— de poirée............	
— de cerfeuil	

Lavez et incisez menu ces diverses plantes. — Faites-les cuire à petit feu dans :

Eau commune........................	1 litre 1/2.

Passez avec expression et ajoutez :

Beurre frais	4 à 5 gram.
Sel marin ou de cuisine..............	4 à 5 gram.

Nota. On rend ce bouillon un peu plus purgatif en y ajoutant :

Crème de tartre soluble	15 à 30 gram.
Ou sulfate de magnésie, sulfate de soude, phosphate de soude........	15 à 30 gram.

Bouillon pectoral.

Chair de tortue....................	125 gram.
Dattes	30 gram.
Jujubes............................	30 gram.
Figues grasses.....................	30 gram.

Faites bouillir le tout à petit feu jusqu'à réduction de 1 litre. — Passez et ajoutez :

Sirop de baume de Tolu..............	60 gram.

ARTICLE III. — LIMONADES.

Les *limonades* sont des boissons aqueuses de saveur acidule, ordinairement agréables, parfois médicamenteuses. On les dit : *végétales*, quand elles sont préparées avec le suc des fruits acides, comme la *groseille*, le *verjus*, la *framboise*, etc., etc., ou avec des sirops composés avec les mêmes sucs ; *cuites*, quand on les fait à chaud ; *minérales*, quand les acides végétaux sont remplacés par les acides minéraux. Nous ne donnerons aucune formule de ces dernières. Celles-ci, en effet, ne doivent être préparées que par des pharmaciens.

Les limonades se préparent par *solution* ou par *simple mélange*.

Limonade ordinaire ou Citronnade.

Coupez un citron par tranches, enlevez les pepins et faites

macérer ou tremper dans un litre d'eau ordinaire. — Passez et sucrez agréablement.

La *limonade cuite* est la même préparation faite en exprimant le suc d'un citron dans 1 litre d'eau bouillante.

L'*orangeade* ne diffère des précédentes boissons que par l'orange qui remplace le citron.

La *limonade vineuse* n'est autre qu'un mélange d'eau ordinaire et de vin rouge de Bordeaux ou de Mâcon, dans les proportions de trois parties du premier liquide pour une du second. On peut y ajouter du sucre ou du sirop simple.

Limonade purgative.

Crème de tartre soluble..............	25 à 30 gram.
Eau ordinaire tiède..................	1 litre

Faites fondre la crème de tartre et ajoutez :

Sirop de pomme ou de fleur de pêcher.	60 gram.

Nota. Les *limonades citrique* et *tartrique* sont des mélanges de :

Sirop citrique ou tartrique..........	60 gram.
Eau commune..........................	1 litre.

Limonade sèche.

Elle se fait avec une cuillerée à bouche, par verre d'eau, du mélange suivant préparé par les pharmaciens :

Acide citrique.......................	5 gram.
Sucre en poudre......................	150 gram.
Essence de citron....................	10 gouttes.

Café de gland (boisson tonique, antiscrofuleuse).

Gland de chêne, la quantité que vous voudrez ; faites-les torréfier ou brûler à la manière du café. — Puis, dans une bouteille d'eau ordinaire, faites-en bouillir, pendant quinze à vingt minutes, une ou deux cuillerées à bouche. — Passez et sucrez.

A prendre quelques tasses dans la matinée avant le déjeuner.

Café purgatif.

Dans une tasse de café ordinaire et très chaud, faites infuser, pendant huit à dix minutes, deux pincées de séné mondé. — Passez et faites boire en une seule fois.

Eau ferrée.

Le soir, arrosez d'une très petite quantité d'eau une poignée de clous neufs déposés sur une assiette. Le lendemain matin, enlevez la rouille par un lavage fait avec un litre d'eau, et donnez de celle-ci quelques tasses dans la journée.

La même eau, tonique et antichlorotique, peut servir à couper le vin du repas.

ARTICLE IV. — Sirops.

L'édulcoration des tisanes se fait avec la réglisse, le miel, le sucre, les sirops. Nous avons dit comment la réglisse doit être traitée (voy. *Tisane commune*). Le miel, le sucre sont connus de tout le monde dans leurs qualités et modes d'emploi.

Il nous reste à faire connaître la préparation, non des sirops en général, mais de ceux que l'on peut faire dans les ménages, chez les malades peu aisés. Ces sirops seront ceux de sucre et de gomme.

Sirop simple ou de sucre.

Sucre blanc, sec et cassé.............	2000 gram.
Eau............................	1000 gram.

Faites fondre à une douce chaleur. — Passez. — Laissez refroidir. — Renfermez dans une bouteille bien sèche et placée à la cave.

Nota. Le même sirop peut être préparé avec la cassonade.

Cassonade blonde.................	2000 gram.
Eau............................	1500 gram.
Blanc d'œuf....................	n° 2.

Battez le blanc d'œuf dans l'eau avec un petit balai de bouleau ; versez la cassonade dans le liquide albumineux et mettez le tout sur un feu ardent. Quand la masse se boursoufle et monte, retirez le vase (poêlon ou bassin de cuivre) du feu. — Laissez reposer quelques minutes. — Enlevez la croûte crémeuse qui surnage. — Remettez le vase sur le feu. — Faites bouillir pendant quinze à vingt minutes, passez à travers un morceau de laine. — Laissez refroidir et procédez, pour sa conservation, comme pour le sirop de sucre.

Sirop de gomme.

Gomme arabique blanche et séparée des corps étrangers qui s'y trouvent parfois mêlés........................ 250 gram.

Lavez cette gomme à l'eau froide; faites-la fondre à froid en agitant de temps en temps dans :

Eau ordinaire et filtrée............. 500 gram.

Ajoutez ensuite :

Sucre blanc, cassé.................. 1000 gram.

Faites fondre le tout à une douce chaleur. — Passez à travers un linge. — Conservez pour l'usage dans des bouteilles bien sèches, bien bouchées et placées à la cave.

Sirop vermifuge.

Tanaisie........................... 20 gram.
Séné................................ 20 gram.
Mousse de Corse.................... 20 gram.

Faites infuser pendant un heure dans :

Eau bouillante...................... 250 gram.

Passez et ajoutez à :

Sirop de sucre bouillant............ 500 gram.

Donnez quelques bouillons (cinq ou six) et conservez dans des bouteilles bien sèches, bien bouchées après le refroidissement.

Dose, une cuillerée à bouche, matin et soir, chez les jeunes enfants ; deux chez les enfants plus âgés (dix à quinze ans).

Sirop vomitif.

Dans une cuillerée à bouche de sirop de sucre, délayez 5, 10 et 15 centigrammes de poudre d'ipécacuanha, ou 1 à 5 centigrammes d'émétique, délivrés et exactement pesés par le pharmacien. Étendez le tout dans un verre d'eau tiède, et faites prendre en trois fois, à quinze à vingt minutes de distance.

Facilitez le vomissement en donnant beaucoup d'eau chaude.

Nota. On trouve dans toutes les pharmacies du sirop d'ipécacuanha préparé à l'avance. Ce sirop, facile à se procurer, peut remplacer le précédent. On l'emploie comme il est dit ci-dessus.

Si l'on avait à traiter les premiers accidents ou les premiers symptômes du croup, les sirops vomitifs seraient des médicaments trop benins, trop peu actifs. Il vaudrait mieux alors recourir à l'émétique (5 à 10 centigrammes) dissous dans un demi-verre d'eau tiède (voy. *Potion vomitive*).

ARTICLE V. — Potions et poudres.

Bien que les potions soient des médicaments que le médecin seul doit prescrire, que le pharmacien seul doit composer, nous donnerons la formule de sept préparations de ce genre, que l'on peut faire chez les malades, dans les cas d'urgence, et en attendant l'arrivée du praticien. Ces préparations sont la *potion calmante*, la *potion vomitive*, la *potion antispasmodique*, la *potion stimulante*, la *potion cordiale*, la *potion antivomitive*.

Potion calmante.

Fleurs de coquelicot ou pavot rouge..... 1 pincée.
Eau bouillante........................ 125 gram.

Passez après un quart d'heure d'infusion et ajoutez :

Eau de fleur d'oranger............... 1 cuillerée à café.
Sirop simple.......................... 1 cuillerée à bouch.

A prendre par cuillerées dans la journée.

Potion vomitive (en cas de croup et en attendant l'arrivée du médecin qu'on doit hâter le plus possible).

Dans un verre d'eau tiède, faites fondre :

Émétique.......................... 5 centigr.

A prendre en trois ou quatre fois à un quart d'heure de distance. — Aidez et provoquez le vomissement en donnant beaucoup d'eau chaude au petit malade, en titillant la luette avec les barbes d'une plume, ou en mettant les doigts dans le fond de la gorge.

Poudre vomitive.

La poudre vomitive la plus souvent prescrite est la poudre d'ipécacuanha. On la donne à la dose de 5 à 10 décigrammes, délayée dans une tasse d'eau tiède. On partage le tout en trois parties que l'on fait prendre de 15 à 20 minutes de distance. Si les deux premières doses, aidées de plusieurs gorgées d'eau chaude, font suffisamment vomir, on n'administre pas la dernière.

Cette poudre n'est pas désagréable ; les enfants s'y font très bien. Cependant on peut la remplacer par 5 à 10 centigrammes d'émétique traité et administré de la même manière.

Poudre purgative.

Un purgatif très souvent employé, surtout chez les enfants, c'est le calomel, produit chimique inodore, insipide, qui agit très bien à la dose de 5 à 25 centigrammes. On le donne le soir ou le matin, délayé dans un peu d'eau de pruneau ou d'eau ordinaire.

Son action, comme celle de tous les purgatifs, est aidée par les eaux de veau, de poulet, le bouillon coupé, le bouillon aux herbes, etc.

Potion antispasmodique.

Règle générale : Une préparation de ce genre incombe au médecin pour la composition, au pharmacien pour la préparation. Cependant, en attendant le premier, et éloigné du second, on peut faire chez le malade le mélange suivant, et compter sur ses bons effets.

Dans une tasse d'infusion de tilleul, ajoutez un cuillerée à bouche de sirop de sucre, une cuillerée à café d'eau de fleur d'oranger, et une vingtaine de gouttes d'éther sulfurique (tout le monde sait que ces deux médicaments, *éther* et *eau de fleur d'oranger*, peuvent se trouver, par prévision, dans tous les ménages, et à plus forte raison chez les malades).

A prendre par cuillerées à bouche, toutes les heures ou toutes les deux heures.

Potion cordiale.

Sirop de sucre	1 cuill. à bouche.
Vin rouge de Bordeaux..............	1 verre ou 125 gr.
Teinture de cannelle..................	1 cuillerée à café.

A prendre une cuillerée à bouche toutes les heures.

Potion stimulante (mêmes observations que pour la potion antispasmodique).

Dans une tasse d'infusion de camomille (2 ou 3 têtes de camomille pour un verre d'eau bouillante), ajoutez une cuillerée à bouche de sirop de sucre, une cuillerée à café de teinture de cannelle, d'acétate d'ammoniaque, pris chez le pharmacien et exactement pesés par lui.

A prendre par cuillerées à bouche dans le courant de la journée.

Potion antivomitive.

Disons tout d'abord que la *potion antivomitive* ou *antiémétique* (mélange destiné à arrêter ou à modérer les vomissements trop souvent répétés) ne saurait être bien préparée que par le pharmacien. Toutefois, en cas d'urgence et d'absence de ce dernier, voici ce qui peut être utilement et facilement fait chez le malade.

Dans une tasse d'eau légèrement sucrée, faites fondre une forte pincée de potasse ou de soude (sels alcalins employés seuls ou avec les cendres pour faire la lessive dans les campagnes). Passez le soluté à travers un linge. Faites avaler au malade, d'abord une ou deux cuillerées à bouche de ce soluté, puis une ou deux cuillerées à café de suc de citron ou de suc de verjus. Les vomissements persistent-ils, renouvelez, après une demi-heure, les deux cuillerées de soluté et de suc acide.

Nota. L'eau de Seltz, que l'on trouve partout maintenant, la bière très gazeuze et très mousseuse, le cidre jouissant des mêmes qualités, peuvent, à défaut des moyens et des agents propres à faire la préparation ci-dessus, être employés comme antivomitifs. Nous en dirons autant des morceaux de glace que l'on fait fondre dans la bouche, et qu'on avale par petites gorgées.

ARTICLE VI. — Préparations de seigle ergoté.

Des préparations du seigle ergoté, comme l'*extrait*, la *teinture*, le *sirop*, etc., la poudre nouvellement et scrupuleusement faite, est la plus employée. Mais disons tout de suite que cette substance est très active, qu'elle mérite tous les soins, toute l'attention des praticiens, qu'elle ne saurait être délivrée par le pharmacien sans qu'une prescription médicale en donnât tout à la fois les doses, le mode d'usage. Ajoutons que cette même substance, mise entre les mains des sages-femmes et des gardes-malades, doit être administrée par ces dernières seulement et cela dans un cas d'urgence, après instructions verbales ou même écrites données par le médecin du malade.

Aller contre les règles d'une thérapeutique aussi sage que prudente, ce serait exposer les malades à des accidents dangereux par la difficulté qu'il pourrait y avoir de s'en rendre maître; ce serait, de plus, assumer sur soi une responsabilité grave et sérieuse.

Les cas dits d'*urgence*, dans lesquels le seigle ergoté peut être administré pendant l'absence et en attendant l'arrivée du médecin, sont les suivants : Lenteur du travail de l'accouchement ; repos, sommeil de l'utérus qui n'a plus de contractions, dilatation complète ou suffisante du col ; hémorrhagie active.

Doses et mode d'administration. 5 à 10 décigrammes chaque fois dans un peu d'eau sucrée ou dans un peu de vin blanc.—La même quantité peut être renouvelée toutes les 10 à 15 minutes. Il est rare que le but désiré ne soit pas atteint à la troisième dose.

Le seigle ergoté peut être donné en infusion, en mixture, en potion ; mais, nous le répétons, la poudre est, de toutes les préparations pharmaceutiques connues et faisables, la meilleure, la plus usitée, la plus efficace.

ARTICLE VII. — Fomentations.

Les *fomentations* sont des médicaments destinés à l'usage externe. Ce sont des décoctés, des infusés, des solutés ou de simples mélanges préparés avec des racines, des tiges, des feuilles, des fleurs, des fruits, des teintures alcooliques, des vins, etc., etc., jouissant de propriétés tantôt émollientes ou mucilagineuses, tantôt astringentes, résolutives, etc.

Les fomentations s'appliquent à l'aide de morceaux de flanelle imbibés, et ceux-ci restent plus ou moins longtemps en contact avec les parties malades. On les renouvelle, dans les vingt-quatre heures, autant de fois qu'on le juge nécessaire, et au médecin appartient le droit d'indiquer le temps et le mode d'application.

Les fomentations se préparent à mesure des besoins, et leur préparation doit être faite chaque jour.

Fomentation émolliente.

Racines ou feuilles de guimauve, ou feuilles de mauve, de bouillon-blanc........ 100 gram.

Faites bouillir pendant quinze à vingt minutes dans :

Eau commune........................ 1 litre.

Passez avec forte expression.

Fomentation résolutive.

Fleurs de sureau....................	15 à 20 gram.
Eau bouillante......................	500 à 600 gram.

Passez avec forte expression après une demi-heure d'infusion.

Fomentation calmante.

Feuilles de morelle, ou feuilles de jusquiame..........................	1 poignée.
Ou tête de pavot.....................	n° 2.

Coupez les feuilles en petites parties avec des ciseaux; brisez les têtes de pavots, rejetez les semences, et faites bouillir pendant un quart d'heure dans :

Eau commune.......................	1 litre.

Passez avec forte expression. Trempez des morceaux de flanelle dans le liquide encore chaud, exprimez-les légèrement, et appliquez sur les parties malades.

Fomentation contre les engelures non ulcérées.

Sel marin............................	2 poignées.
Eau commune, tiède..................	1 litre.

Faites fondre le sel, et employez comme ci-dessus.

ARTICLE VIII. — Lotions.

Les *lotions* sont des médicaments destinés, comme les fomentations, à l'usage externe. Ce sont, comme les fomentations encore, des décoctés, des infusés, des solutés, des mélanges de substances végétales et minérales jouissant de propriétés très diverses.

La différence qu'il y a entre ces deux sortes de médicaments réside dans le mode d'emploi. Ainsi, tandis que les fomentations séjournent sur les parties malades, les lotions ne font qu'effeurer leurs surfaces, en les débarrassant de tout ce qui leur est devenu étranger ou nuisible.

La prescription, le mode et la durée de l'usage des lotions, appartiennent au médecin.

Bien que les liquides formulés ci-dessus comme fomentations, puissent être employés en lotions, nous allons donner quelques exemples de lotions proprement dites.

Lotion astringente.

Écorce de chêne....................	50 gram.
Eau commune....................	1 litre.

Faites bouillir pendant trente ou quarante minutes ; passez à travers un tamis serré.

On prépare de la même manière les lotions avec l'écorce d'orme, le quinquina gris, jaune ou rouge, la noix de galle, le brou de noix.

Lotion avec le gros vin.

Fond de tonneau ou dépôt des vins de Bourgogne, de Mâcon............	1 litre.

Ajoutez :

Miel ordinaire....................	125 gram.

Mêlez et employez à froid ou à chaud selon l'ordonnance du médecin.

Lotion vinaigrée.

Vinaigre....................	1 partie.
Eau froide....................	4 parties.

Cette solution, souvent renouvelée, parfois interrompue, convient dans toutes les hémorrhagies ou pertes de sang, en attendant l'arrivée du médecin. On en recommande principalement l'usage aux gardes-malades, quand les femmes nouvellement accouchées éprouvent des pertes abondantes.

Lotion savonneuse.

Dans un litre d'eau tiède, faites fondre 50 à 60 grammes de savon ordinaire préalablement divisé à l'aide de la râpe ou du couteau.

Lotion avec l'eau blanche.

Dans un litre d'eau, versez 30 grammes d'acétate de plomb liquide. Agitez le vase chaque fois que vous vous servirez du liquide.

Cette lotion convient dans les engelures, les ophthalmies simples. On l'emploie froide.

ARTICLE IX. — Collyres.

Les *collyres* sont des médicaments destinés aux maladies des yeux. Il y en a de *liquides*, de *mous*, de *solides*. Les collyres mous portent les noms de *pommades antiophthalmiques;* les collyres solides sont dits *collyres secs* ou *pulvérulents :* nous ne nous occuperons ici que des collyres liquides, les seuls qui puissent, en très petit nombre, être préparés chez les malades.

Collyre adoucissant.

Rac. de guim. sèche et mondée	Gros et long comme le pet. doigt.

Faites bouillir quelques minutes dans :

Eau commune..........................	1 verre.

Passez ou tirez à clair. Bassinez les yeux avec un linge fin ou une petite éponge trempée dans le liquide ci-dessus.

Collyre légèrement détersif.

Fleurs de sureau, fleurs de mélilot ou feuilles de plantin................	1 pincée.

Faites infuser dans :

Eau bouillante.........................	1 verre.

Passez, et faites usage comme ci-dessus.

Collyre calmant.

Feuilles de laitue fraîche................	1 forte pincée.
Pomme de reinette.................	1 quartier.

Faites bouillir pendant dix à quinze minutes dans :

Eau ordinaire......................	1 verre.

Passez, et faites usage comme ci-dessus.

Collyre tonique ou fortifiant.

Dans un verre d'eau ordinaire, ajoutez quinze ou vingt gouttes d'eau-de-vie ou de rhum. Faites usage comme ci-dessus.

Collyre émollient.

Dans les ophthalmies des nouveau-nés, quand les paupières sont suppurantes, accolées l'une à l'autre, bassinez les yeux avec le lait tiède de la vache, de la chèvre, de la brebis ou de l'ânesse ; ou bien, ce qui est plus facile et plus prompt, injectez le lait de la nourrice ou de la mère sur les yeux de l'enfant, en comprimant une des mamelles et le bout du sein.

ARTICLE X. — INJECTIONS.

Les *injections* sont encore des médicaments externes comparables ou analogues par leurs composants, leurs modes de préparation, leurs propriétés, aux fomentations et lotions que nous venons de faire connaître. Dans les injections destinées à être introduites dans les cavités naturelles ou accidentelles du corps à l'aide d'instruments convenables (*pompes*, *seringues*, *clysopompes*, etc.), se trouvent compris les *gargarismes*, les *collutoires*, les *lavements*.

Nota. Les formules des préparations indiquées comme *lotions*, *fomentations*, pouvant être employées comme *injections*, nous ne donnerons que quelques exemples de ces dernières.

Injection vaginale avec le quinquina.

Écorce de kina rouge concassée.......	15 gram.
Eau commune........................	1000 gram.

Faites bouillir pendant une demi-heure. Passez et employez, tiède ou non, selon l'ordonnance du médecin.

Injection vaginale avec le tannin.

Tannin..........................	3 à 5 gram.
Vin rouge........................	200 à 300 gram.

Mêlez et injectez.

Injection vaginale chlorurée.

Dans 500 grammes d'eau, ajoutez progressivement 20, 30, 40 et 50 grammes de chlorure de soude.

Contre les écoulements fétides.

Injection vaginale avec la teinture de noix de galle composée.

Dans 500 grammes d'eau ordinaire ou d'eau de sureau, de mélilot, etc., ajoutez une ou deux cuillerées à bouche de teinture de noix de galle composée ou aromatique.

Contre les pertes blanches un peu abondantes ne tenant à aucune lésion organique, et comme soins de propreté.

ARTICLE XI. — Gargarismes.

Les *gargarismes* sont des préparations liquides employées contre les maladies de la bouche et de la gorge. Ce sont encore des décoctés, solutés, infusés, etc., de substances végétales, additionnées ou non de quelques-uns des nombreux produits chimiques ou pharmaceutiques dont le médecin fait choix selon les indications qu'il a à remplir.

Les gargarismes les plus simples, ceux que les personnes chargées de donner des soins aux malades peuvent préparer elles-mêmes, sont les suivants :

Gargarisme adoucissant.

Racines de guimauve sèche..........	8 à 10 gram.
Eau commune....................	500 gram.
Ou lait ordinaire..................	500 gram.

Faites bouillir pendant quelques minutes. Passez et ajoutez :

Miel blanc........................	1 cuil. à bouche.

Gargarisme détersif ou légèrement astringent.

Orge entière......................	5 à 6 gram.
Eau ordinaire.....................	400 à 500 gr.

Faites bouillir jusqu'à ce que l'orge soit crevée. — Passez et ajoutez :

Miel blanc ou sirop de mûres.........	1 cuil. à bouche.
Vinaigre..........................	1 cuill. à café.

Nota. On peut remplacer l'orge par les roses rouges, les feuilles de ronce, et supprimer le vinaigre.

ARTICLE XII. — Collutoires.

Les *collutoires* sont des mélanges de substances molles, sirupeuses ou liquides, destinés aux maladies des gencives et des parois de la bouche. Ces médicaments se rapprochent beaucoup des gargarismes; ils sont à ceux-ci ce que les mixtures sont aux potions, des agents analogues, parfois semblables quant à la nature et aux propriétés des composants, mais différents par le volume et le mode d'application. Ainsi, tandis que la dose ou quantité de gargarisme nécessaire pour les vingt-quatre heures sera de 400 à 500 grammes, 50 à 60 grammes de collutoires seront suffisants.

Un collutoire très employé chez les enfants à l'époque de la dentition, quand les gencives sont rouges, engorgées, c'est le miel ou le beurre, l'huile d'amandes douces, le cérat, en onctions légères sur les parties malades.

Le miel rosat, le miel ordinaire additionné ou non d'un peu de vinaigre (quelques gouttes par cuillerée à café de miel), sont encore très employés comme collutoires dans les cas où les gencives sont pâles ou saignantes. On applique le topique à l'aide du doigt, ou mieux d'un petit pinceau de charpie.

Enfin, un autre collutoire très souvent utile, c'est un mélange d'acide hydrochlorique et de miel pur ou de miel rosat; mais au médecin seul appartiennent la formule et l'application d'un remède aussi actif.

ARTICLE XIII. — LAVEMENTS.

Lavement émollient (injection rectale émolliente).

Feuilles de mauve et de guimauve..... 1 pet. poignée.

Faites bouillir pendant huit à dix minutes dans :

Eau commune............ 1 bouteille ou 500 à 600 gr.

Passez avec expression et administrez à une température modérée.

Nota. On peut remplacer les plantes ci-dessus par :

Amidon..........................	1 cuillerée.
Son..............................	4 à 5 cuil.
Graine de lin......................	1 cuillerée.

Lavement de pavot (injection rectale avec le pavot).

Tête de pavot...................... 15 à 20 gram.

Rejetez la semence. — Brisez la capsule du péricarpe en petites parties. — Faites bouillir pendant quelques minutes (trois à cinq) dans :

Eau.............................. 500 gram.

Passez et administrez.

Lavement huileux (injection rectale huileuse).

Dans 500 grammes d'un liquide émollient quelconque (eau de mauve, de guimauve, de graine de lin, de son, etc.), ajoutez, au moment d'administrer le médicament, le liquide étant versé dans l'instrument (seringue, clysopompe, etc) :

Huile d'olive........................ 2 cuillerées.

Lavement au savon.

Dans 500 grammes d'eau commune tiède, faites fondre :

Savon blanc du commerce.............. 8 à 10 gram.

Lavement purgatif.

Dans 500 grammes d'eau commune tiède, faites fondre une cuillerée de sulfate de soude ou de sel marin (sel de cuisine).

Lavement laxatif.

Dans 500 grammes d'eau tiède, délayez deux cuillerées à bouche de gros miel, de mélasse ou de miel mercurial.

Lavement avec l'amidon et le laudanum.

Dans deux verres d'eau froide ou 250 grammes, délayez :

Amidon........................ 1 cuill. à bouche.

D'un autre côté, faites chauffer une quantité d'eau égale à la première, et, quand elle commence à bouillir, retirez le vase du feu et jetez le liquide bouillant dans le mélange fait à froid, puis ajoutez la quantité de laudanum prescrite par le médecin et délivrée par le pharmacien sur une ordonnance spéciale, c'est-à-dire indiquant le mode d'usage ou d'administration.

Nota. Une certaine quantité de laudanum peut être délivrée par prévision sur une ordonnance de médecin. Mais ce médicament, actif et dangereux quand il est employé sans discernement, doit toujours être sous clef chez le malade et manié par des personnes habituées au service de ce dernier.

Le laudanum délivré pour les usages internes (*potions*, *mixtures*, *tisanes*, etc.), ou externes (*cataplasmes*, *lotions*, *injections*, etc.) ne doit être administré qu'à des doses très minimes (par gouttes exactement et minutieusement comptées) indiquées par le médecin.

ARTICLE XIV. — Fumigations.

Les *fumigations* sont des expansions de gaz ou de vapeurs répandues sur la totalité de la surface du corps, ou sur quelques parties seulement; ces médicaments, eu égard à leur mode d'emploi, sont donc *généraux* ou *locaux*.

Tous les corps médicamenteux, solides et liquides, susceptibles de se vaporiser, de se gazéifier sous l'influence de la chaleur, ou par le fait seul de leurs propriétés comme on l'observe dans les éthers, le chloroforme, etc., peuvent être employés en fumigations. Comme élément propre à ce genre de médication, nous citerons : l'eau pure ou chargée de principes aromatiques, l'alcool, le vin, le soufre, le cinabre, le sucre, les bains de genièvre, la térébenthine, les baumes du Pérou, de Tolu, etc.

Certaines fumigations sont destinées, non plus à être appliquées sur l'homme malade, mais dans l'espace où il vit et respire, afin de détruire, d'annihiler les odeurs, les miasmes ou les corps étrangers qui peuvent nuire à l'entretien de la vie, à l'entretien de la respiration. Ces fumigations, faites avec des acides, des composés chimiques d'une certaine énergie, et parfois dangereuses si elles étaient mal dirigées, sont tout à fait du ressort du médecin et du pharmacien.

Enfin, il est d'autres fumigations qui ont pour but de masquer momentanément la mauvaise odeur répandue accidentellement dans la chambre des malades. Ces fumigations, faites habituellement avec le sucre, le vinaigre, les baies de genièvre, devraient être abandonnées. En effet, loin de purifier l'air, ces vapeurs y ajoutent de nouvelles causes d'insalubrité. Il n'en est pas de même de celles que nous indiquerons sous le nom de *fumigations désinfectantes*.

Dans les grands établissements publics, les fumigations sont données ou prises au moyen d'appareils et de chambres ou cabinets disposés exprès et plus ou moins confortables; chez les malades de la ville, chez ceux-là surtout qui sont peu fortunés, on administrera les fumigations ainsi que nous allons l'indiquer.

Fumigations aromatiques.

Espèces aromatiques..................	1 forte poignée.
Eau bouillante......................	1 litre.

Passez avec forte expression après une demi-heure d'infusion.

D'un autre côté, faites chauffer fortement, rougir même, deux ou trois briques ordinaires. Mettez une de ces briques dans un large plat de terre placé sous une chaise à claire-voie, une chaise de jardin par exemple; sur cette chaise asseyez le malade complètement déshabillé (nous supposons la nécessité d'une fumigation générale) et enveloppé à partir du cou jusqu'à la partie inférieure des pieds, d'une large et chaude couverture de laine. Arrangez le tout de manière que la couverture fasse la cage; soulevez un des côtés de celle-ci, arrosez la brique d'une certaine quantité de liquide. Abaissez la couverture et renouvelez cette dernière opération en changeant la brique et renouvelant le liquide autant de fois qu'il le faudra pour remplir l'indication du médecin.

Les *fumigations partielles* ou *locales* s'administreront de la même manière, c'est-à-dire qu'il suffit de modifier le mode de direction des vapeurs ou gaz fournis par les substances employées (*baies de genièvre, sucre, alcool, benjoin*, etc., etc., aux doses prescrites par le médecin).

Fumigation désinfectante.

Cette fumigation est des plus simples, des plus faciles à faire. Il suffit, en effet, de déposer sur une assiette, ou tout autre vase large et peu profond, une certaine quantité de chlorure de chaux sec, de l'arroser avec un peu de vinaigre, et de promener le tout dans les diverses parties de la chambre du malade ou dans les pièces diverses de l'appartement.

Une simple opération de ce genre suffit dans la grande majorité des cas, et on la renouvelle autant de fois qu'il est nécessaire.

Dans le cas où une des deux fumigations de ce genre ne suffirait pas pour purifier l'air complétement, on fait passer le malade dans une autre pièce; on lave le sol ou le plancher de la chambre avec le chlorure de soude, on établit un courant d'air en ouvrant les portes et les fenêtres, et tout corps étranger putride, méphitique, se trouve parfaitement détruit.

Nota. Le chlorure de soude, préparation faite avec :

Chlorure de chaux sec..............	1 partie.
Carbonate de soude................	2 parties.
Eau..............................	4 à 5 litres.

se trouve chez tous les pharmaciens et droguistes.

C'est avec ce chlorure, plus ou moins étendu d'eau, que l'on fait des lotions ou injections dites désinfectantes et stimulantes. C'est encore avec le même liquide qu'on arrose parfois la charpie, le coton dont on recouvre quelques plaies de mauvaise nature, les ulcérations, les brûlures, etc.

ARTICLE XV. — Bains.

Les *bains* sont ordinairement des liquides aqueux, simples ou médicamenteux, dans lesquels le corps entier ou certaines parties du corps seulement, restent plongés pendant un temps plus ou moins long. Nous disons *ordinairement* des liquides, car il y a des *bains mous*, des *bains solides*, tels sont ceux que l'on fait prendre dans les boues ou dépôts d'eaux minérales, dans le sable, le marc de raisin, etc. Il y a encore les *bains d'air chaud et sec*, les *bains de soleil;* mais ces bains et les précédents sont du ressort de la médecine proprement dite. Enfin, ajoutons qu'il y a les *bains de vapeur* (vapeur aqueuse, aromatique, sulfureuse, mercurielle, etc.); mais ces formes ou sortes de médicaments rentrent dans la classe des *fumigations*.

Bain aromatique.

Espèces aromatiques...............	1500 à 2000 gr.
Eau bouillante....................	8 à 10 litres.

Faites infuser pendant une heure. Passez avec forte expression et jetez l'infusé dans la quantité nécessaire pour le bain.

Bain de son.

Son...............................	2000 à 2500 gr.
Eau commune.......................	12 à 15 litres.

Faites bouillir pendant quinze à vingt minutes. Passez et jetez le décocté dans l'eau du bain.

Bain de savon.

Dans la quantité d'eau préparée pour le bain, versez le soluté suivant :

Savon blanc du commerce..........	800 à 900 gram.
Eau tiède.........................	3 à 4 litres.

Bain salé.

Versez dans la quantité d'eau destinée au bain 1 kilogr. de sel marin dissous préalablement dans 4 à 5 litres d'eau ordinaire.

Bain alcalin.

Opérez comme ci-dessus avec le soluté suivant :

Sel de soude......................	200 à 300 gram.
Eau tiède.........................	1000 à 1500 gr.

Bain gélatineux.

Dans 5 litres d'eau chaude, faites dissoudre 1 kilogramme de colle de Flandre, et jetez le tout dans l'eau pour un bain.

Bain simple.

La préparation des bains simples est connue de tout le monde ; ce qui ne l'est pas, ce sont les degrés de chaleur que doit avoir le bain, les précautions qu'il faut prendre pour y entrer et surtout pour en sortir, et aussi comment on peut suppléer aux baignoires qui, habituellement, manquent à la campagne, non-seulement chez l'habitant pauvre, mais encore chez la plupart des habitants aisés.

A part les *bains d'eau courante*, les *bains de mer*, que l'on ne prend guère que dans l'été, les bains ordinaires sont distingués, sous le rapport de leur température, en *bains froids* ou *tièdes* (20 degrés centigrades), en *bains chauds* (25 à 30 degrés), *bains très chauds* (35 à 40 degrés). Ces différentes températures sont établies à l'aide d'instruments (*thermomètres*) disposés de manière qu'ils puissent flotter dans la baignoire et donner au malade la possibilité de maintenir son bain au même degré de chaleur.

Comme précautions à prendre à l'entrée et à la sortie du bain, nous dirons : qu'il faut attendre, pour se mettre au bain, trois à quatre heures après le dernier repas ; que d'abord, le bain doit être plutôt tiède que très chaud ; en sortant du bain, il vaut mieux se couvrir le corps d'un peignoir chaud que de s'essuyer avec des serviettes. Le temps passé à ce mode de desséchement de la surface du corps donne lieu à une déperdition de chaleur qui peut être funeste aux individus faibles et délicats, à ceux-là surtout qui ont été ou qui sont malades.

Un grand baquet, propre au savonnage, un petit cavier, un tonneau défoncé peuvent être utilisés pour prendre un bain. On place dans ce dernier, pour asseoir le malade, qui ne peut s'étendre et se mettre plus à l'aise, un petit tabouret de bois garni de linge ou d'un léger coussin rempli de paille molle et douce. Un drap passé autour du cou du malade, et enveloppant le tonneau, complète l'appareil et maintient la température de l'eau. Du reste, celle-ci peut être renouvelée à la volonté du malade et du médecin.

Bain de vapeur.

Voyez ce qui a été dit à l'occasion des *fumigations aromatiques.*

ARTICLE XVI. — Douches.

On donne le nom de *douche* à une colonne d'eau, ou à une pluie, une nappe d'eau tombant d'une hauteur plus ou moins grande sur quelqu'une des parties du corps, sur la tête principalement dans les cas de maladies mentales. Ces douches ne doivent pas trouver leur place ici ; nous n'avons à nous occuper que du traitement, chez le malade, de certaines affections anciennes ou récentes, chroniques ou aiguës, au moyen de l'eau simple ou médicamenteuse, prescrite par le médecin, et précipitée, d'un point plus ou moins élevé, sur les parties malades.

Ces douches, simplement aqueuses ou aromatiques, ou sulfureuses, astringentes, etc., etc., sont appliquées, en *jets* continus, à l'aide d'un tube convenablement disposé, en *pluie* à l'aide d'une boule d'arrosoir, en *nappe* en versant le liquide par portions interrompues, plus ou moins considérables et plus ou moins rapprochées. Le malade ou les parties malades sont hors du lit, ou bien le malade est dans son lit, ou dans une baignoire, un baquet, ou tout autre vase suffisamment grand.

Quand le malade ne peut être sorti de son lit, on procède ainsi pour les douches qu'il doit recevoir. La médication doit-elle être faite sur l'un des membres seulement, on place sous celui-ci un morceau de taffetas gommé ou ciré, et l'on dispose le tout de manière que le reste du corps soit préservé du contact et de l'action du liquide. Puis, suivant la hauteur voulue par le médecin, on monte sur une chaise, une petite échelle, et l'on projette la douche, comme nous l'avons dit il n'y a qu'un instant, par jets continus, en pluie ou en nappe, en arrosoir.

Quand la douche doit être reçue sur le tronc, que le malade ne peut être levé, on place sous celui-ci un petit drap de toile cirée ou de caoutchouc ; on établit sur le lit un plan incliné, sur le drap ciré une rigole, sous la rigole un vase pour recevoir le liquide, et l'on procède à la médication par l'un des modes précédemment indiqués.

Le malade peut-il être levé, déplacé sans danger, on donne la douche dans une baignoire ou tout autre vase convenable.

Les degrés de température auxquels les douches doivent être données sont indiqués par le médecin ; ils varient entre 0 et

10 degrés Réaumur, et 30 et 40 degrés du même instrument. Il y a donc, comme nous l'avons dit pour les bains, des *douches froides*, des *douches tièdes*, *chaudes*, très *chaudes*, à la *vapeur*.

Les douches sont encore distinguées, sous le rapport de leur mode d'application, en *douches ascendantes*, *descendantes* (celles dont il vient d'être question), *horizontales*.

Les douches ascendantes sont ordinairement faites sur le siége chez l'homme et la femme, dans les parties sexuelles chez la femme. On les donne à l'aide de tubes alimentés par un réservoir haut placé, ou avec des instruments dits *seringues à injections*, et manœuvrés par les gardes-malades. Les malades sont assis, à nu, sur un siége disposé exprès, les douches leur arrivent de bas en haut.

ARTICLE XVII. — PÉDILUVES ET MANULUVES.

Les *pédiluves*, ou *bains de pieds*, ne sont autre chose que l'eau ordinaire tenant en solution ou en suspension les principes actifs empruntés à la cendre des végétaux (soude et potasse), à la farine de moutarde, au sel marin, au sel de soude, etc.; d'où les pédiluves *alcalin*, *sinapisé*, *salé*, etc.

La dose médicamenteuse des substances employées à la préparation de chaque pédiluve est de 100 à 125 grammes. La substance est délayée ou fondue dans la quantité d'eau nécessaire. Quant à la quantité de celle-ci, elle doit être assez forte pour recouvrir les malléoles (*chevilles des pieds*).

L'immersion des pieds est faite tout d'abord dans de l'eau peu chaude. — Celle-ci est ensuite réchauffée au degré voulu; 7 à 10 minutes d'immersion sont suffisantes pour avoir l'effet désiré.

Manuluves, ou *bains de mains*.

Préparations ci-dessus destinées à baigner les mains.

Nota. De même que les pieds et les mains peuvent être plongés dans un bain, de même on peut le faire pour les jambes et les avant-bras.

Le tronc et les bras, le siége et les cuisses ont-ils besoin d'être soumis seuls, ou isolément, à l'action médicamenteuse d'un liquide quelconque, on a recours alors à ce que l'on désigne sous les noms de *bains de siége* ou *demi-bains*. Tous les chaudronniers vendent ou louent des ustensiles propres à ce genre de médication.

ARTICLE XVIII. — CATAPLASMES.

Les *cataplasmes* sont des médicaments externes, de consistance molle, pulpeuse, ayant pour base les farines de lin ou d'orge, des poudres, de la mie de pain, etc., et pour véhicule l'eau ordinaire ou l'eau déjà chargée de principes actifs, comme ceux de la racine de guimauve, des têtes de pavot, des feuilles de morelle, etc. Le lait des animaux peut encore être employé à la préparation des cataplasmes.

Les cataplasmes se préparent par *coction* et par *mixtion*. On les applique tièdes, à nu ou entre deux linges.

Cataplasme émollient.

Farine de graine de lin.............. 100 ou 200 gr.

Délayez cette farine dans :

Eau commune..................... q. s.

c'est-à-dire assez pour obtenir un mélange clair, limpide comme du lait. Mêlez le tout sur le feu, dans un poêlon de terre ou tout autre; faites cuire jusqu'à consistance voulue en remuant continuellement avec une spatule ou une cuiller.

Nota. Avec la mie de pain et du lait, mêlés dans la proportion ci-dessus, on fait encore, en très peu de temps, un très bon cataplasme émollient.

Cataplasme maturatif ou suppuratif.

Dans une quantité voulue du cataplasme ci-dessus, incorporez, à l'aide d'une douce chaleur, partie égale en poids, de saindoux ou graisse de porc, ou bien un quart d'onguent de la mère, ou d'onguent basilicum, préalablement acheté chez le pharmacien.

Cataplasme de fécule.

Fécule de pomme de terre........... 50 gram.
Eau commune...................... 450 gram.

Mettez l'eau sur le feu, dans un poêlon de terre, de faïence, ou de porcelaine. Quand elle entre en ébullition, versez-y la fécule délayée dans à peu près un verre d'eau froide. Faites jeter un ou deux bouillons, et retirez du feu.

Cataplasme résolutif.

Remplacez la farine de lin par celle d'orge, de fèves, de lupins, et procédez comme pour le cataplasme émollient.

Cataplasme fondant.

Dans 500 grammes de cataplasme ci-dessus, ajoutez :

Savon blanc........................ 200 à 250 gram.

préalablement dissous dans une très petite quantité d'eau chaude.

Cataplasme sinapisé.

Cataplasme ordinaire (de farine de lin), étendu sur un linge et saupoudré de farine de moutarde.

Ce cataplasme est appliqué à nu.

Nota. Les cataplasmes s'appliquent ordinairement entre deux linges très fins, de la mousseline, par exemple.

ARTICLE XIX. — PULPES.

Les *pulpes* sont des médicaments qui se rapprochent du cataplasme, des sinapismes, par leur consistance molle, leurs propriétés, leur mode d'emploi.

On les prépare avec les diverses parties des végétaux frais (*feuilles*, *racines*, *fruits*) que l'on monde ou nettoie préalablement, et que l'on brise ou divise mécaniquement à l'aide de la râpe.

Les pulpes les plus employées sont celles de carottes, d'oignons blancs, d'oignons de lis, d'oseille, de pommes de terre. Cette dernière surtout est très employée dans les brûlures du premier et du second degré. On l'emploie à nu, et on la renouvelle très souvent.

ARTICLE XX. — MUCILAGES.

Les *mucilages* peuvent quelquefois remplacer les cataplasmes. Comme ces derniers, ces médicaments ont une consistance molle ; ils coulent et s'étendent facilement. Ils ont pour base le principe dit *mucilagineux* des fruits, des graines, des racines, pour véhicule l'eau ordinaire. On les prépare par *décoction* ou par longue *digestion*.

Mucilage de graine de lin.

Graine de lin....................	1 cuill. à bouche.
Eau chaude....................	1 verre.

Laissez le tout en contact pendant sept à huit heures; passez avec expression.

On prépare de la même manière le mucilage de *semence de coing* (*bandoline du coiffeur*), celui de *racine de guimauve.*

ARTICLE XXI. — Sinapismes et topiques vésicants.

Les *sinapismes* sont des médicaments analogues aux cataplasmes, quant à la consistance et au mode d'emploi; mais ils en diffèrent par la base, qui est la farine de moutarde.

Les sinapismes se préparent par simple *mixtion.* On les applique à nu, du moins le plus ordinairement. Leur action doit être prompte, leur contact avec les parties malades peu prolongé (huit à dix minutes suffisent habituellement).

Sinapisme simple.

Farine de moutarde noire..........	q. s.

Délayez cette farine dans :

Eau tiède....................	q. s.

pour avoir un mélange de consistance molle spongieuse comme les cataplasmes.

Nota. Dans la préparation des sinapismes, il est d'une extrême importance de ne prendre que de l'eau tiède, de s'abstenir d'eau bouillante, de vinaigre, qui s'opposent au développement du principe âcre et actif de la moutarde.

Sinapisme mitigé ou adouci.

Il suffit, pour préparer ce sinapisme, d'ajouter au mélange ci-dessus partie égale de cataplasme émollient.

Topique vésicant (vésicatoire, cautère).

Sur un morceau de toile ou de drap étendez une certaine quantité de poix de Bourgogne fondue, à une douce chaleur, dans un petit poêlon de terre et un peu d'huile d'olive. Donnez à la couche de poix une épaisseur égale à celle d'une pièce de

5 centimes (nouvelle monnaie). Taillez dans la pièce de drap ou de toile, ainsi préparée, un fragment de la forme et de la largeur du vésicatoire que vous voulez établir. Ramollissez la surface résineuse à l'aide d'une douce chaleur ; saupoudrez le tout d'une pincée de cantharides pulvérisées, et appliquez sur le lieu désigné par le médecin. Au bout de quelques heures (sept à huit), assurez-vous si l'épiderme est soulevé. Videz l'ampoule en la perçant avec la pointe des ciseaux, et le vésicatoire devant être *volant*, ou promptement desséché pour être remplacé par un nouveau, pansez la petite plaie avec du beurre ou du cérat étendu sur une feuille de poirée ou sur du papier brouillard.

Le vésicatoire doit-il être à demeure, rester quelque temps comme point dérivatif, faites le troisième pansement non plus avec le beurre ou le cérat, mais avec l'une ou l'autre des nombreuses pommades épispastiques préparées par les pharmaciens et dont le médecin aura fait choix.

Nota. Il est bien entendu que la poudre de cantharides n'aura été délivrée que sur ordonnance de médecin.

Dans les campagnes, la pâte dite *levain* des ménages peut remplacer la poix de Bourgogne, recevoir la poudre de cantharides et servir à établir un vésicatoire.

Si une pharmacie existe dans le lieu habité par le malade, il sera plus simple et plus naturel d'y faire préparer le vésicatoire commandé par le médecin. Il y a dans toutes les officines des préparations faites à l'avance et destinées à ce genre de médication.

Enfin, une précaution à prendre dans l'application d'un vésicatoire ou d'un cautère, pour ne pas trop comprimer les membres par des bandes serrées, c'est d'entourer la couche emplastique et vésicante d'un cercle adhésif fait avec la poix de Bourgogne ou l'emplâtre gommé. A cet effet, un morceau de sparadrap est parfaitement convenable.

Cautère.

Il arrive souvent qu'un vésicatoire, sur l'avis du médecin, par la nécessité d'une médication longue, est changé en cautère, comme moyen plus commode ou plus facile à supporter pour le malade. Il suffit, dans ce cas, de placer au centre du vésicatoire un pois d'iris ou un pois ordinaire, d'une grosseur peu volumineuse d'abord ; d'entourer ce pois d'une couche de pommade épispastique, et de faire un pansement où les précautions seront prises pour que le tout soit maintenu dans les conditions voulues. Peu à peu les parties molles s'affaissent, le pois creuse son nid et son contact seul suffit pour entretenir la plaie dans un état de suppuration convenable.

La plaie s'irrite-t-elle, s'enflamme-t-elle, un cataplasme entre deux linges la ramène promptement à son état pathologique normal. Devient-elle, au contraire, pâle et blafarde, la pommade vésicante, appliquée avec le pois, pendant plusieurs pansements et à des doses très minimes, rappelle la suppuration momentanément interrompue.

ARTICLE XXII. — Préparations diverses.

Cérat.

Le *cérat* est un médicament dit *officinal*, qui se trouve tout préparé dans les pharmacies. Mais on peut être très éloigné de ces dernières ; voici celui qu'on peut préparer partout et qui jouit également d'excellentes qualités émollientes et adoucissantes.

Dans une tasse de faïence, de porcelaine ou de terre vernissée, faites fondre à une douce chaleur :

Cire blanche ou cire jaune.......... 1 partie.

dans :

Huile d'olive fine..................... 3 parties.

Agitez le tout circulairement jusqu'à parfait refroidissement.

Nota. Ce cérat convient dans les premiers pansements des vésicatoires et des cautères. Il convient encore dans le traitement des gerçures, des crevasses aux bouts de sein, aux mamelles, aux mains, aux doigts, dans les excoriations, les ulcérations de la peau, etc. Il peut être remplacé par l'axonge, le beurre frais, le beurre de cacao.

Liniments.

Les *liniments* sont des médicaments externes destinés à oindre, à frictionner des surfaces malades, et parfois à pénétrer dans la profondeur des tissus pour en adoucir l'irritation, en calmer la douleur, en exciter la vitalité, suivant la nature des composants, nature qui peut être émolliente, sédative, tonique ou fortifiante.

La composition des liniments est extrêmement variée. Tantôt ce sont des corps gras (*axonge*, *cérat*, *beurre*, *huile*) chargés ou non de principes médicamenteux ; tantôt ce sont des liquides alcooliques, du vin, des teintures spiritueuses, tenant en solution des matières plus ou moins actives.

Les liniments sont ordinairement liquides. Les plus ordinairement employés, sans le concours du médecin, en cas de douleurs, de faiblesse dans les membres ou quelques autres parties du corps, sont les huiles d'olive, d'amandes douces, de lin, de noix, etc., comme liniments calmants et adoucissants ; les eaux de Cologne, de mélisse des Carmes, vulnéraire, etc., comme liniments excitants et fortifiants. Sont encore employés dans le but de produire la tonicité des parties, les baumes nerval et de Fioravanti, les esprits de genièvre, de romarin, etc., etc.

Les liniments sont employés en frictions douces et légères sur les parties malades. Les frictions se font, soit avec les doigts ou le creux de la main chargés d'une certaine quantité du médicament, soit avec un linge fin, un morceau de flanelle imbibés du mélange linimenteux.

Enfin, quand on s'est servi de linge ou de morceaux de flanelle, on est dans l'habitude, pour prolonger l'action du médicament, d'étendre ces derniers sur le lieu malade et de le laisser séjourner pendant un certain temps du jour ou de la nuit.

Les liniments pris en dehors des liquides que nous avons énumérés, en d'autres termes, les liniments dits *composés*, sont presque toujours des médicaments très actifs ; nous laissons au médecin le soin de donner la composition et le mode d'emploi.

Suppositoires

Il arrive quelquefois aux médecins de prescrire des *suppositoires*, médicaments solides ou demi-solides, destinés à être introduits dans l'anus pour combattre certaines constipations. En général, les suppositoires, très divers dans leur composition, doivent être préparés par le pharmacien. Cependant il en est que le malade peut faire lui-même ou faire préparer chez lui : tels sont les suppositoires de suif et de savon. A cet effet, on prend un petit fragment de savon ou de suif, on le taille en cône à l'aide du couteau et on le place dans l'anus après l'avoir préalablement huilé.

Le volume des suppositoires varie entre la grosseur d'une plume à écrire et celle du petit doigt. Sa longueur est un peu au-dessous de celle du petit doigt d'un adulte.

Poudres contre les excoriations et les gerçures de la peau.

Les poudres usitées dans les cas ci-dessus sont assez nombreuses. Comme agents émollients et siccatifs, on trouve dans les pharmacies, la poudre de riz, d'amidon, de racine de guimauve, de fécule, etc.; comme agents toniques, antiputrides et fortifiants, on a : les poudres de charbon végétal, des quinquinas gris, jaune ou rouge (ce dernier est le meilleur) ; celles d'écorce de chêne, d'écorce de marronnier, de cachou, de ratanhia, etc.

Ces poudres sont employées seules ou mélangées dans des proportions ordinairement égales. La grande précaution à avoir c'est de les choisir très fines ou très ténues, très sèches ; on les projette par insufflation sur les parties malades, ou bien on en forme des couches plus ou moins épaisses sur lesquelles on fait reposer les parties menacées d'usure, d'excoriation, d'ulcération, comme cela s'observe si souvent dans les maladies longues et profondément débilitantes, la fièvre typhoïde principalement.

Ces poudres doivent être souvent renouvelées et toujours préférées aux liquides (*décoctés*, *infusés*), préparés avec les mêmes substances. La *liquidité* seule de ces mêmes préparations est *généralement* regardée comme une contre-indication.

Pommade avec l'extrait de belladone.

Cette pommade doit être faite par le pharmacien dans les proportions suivantes :

Axonge	3 parties.
Extrait aqueux de belladone.........	1 partie.

Proportions ordinairement indiquées par tous les praticiens.

Cette pommade est d'un grand secours toutes les fois que la rigidité du col utérin empêche ou retarde la dilatation de son orifice, dilatation indispensable à l'accomplissement de l'accouchement.

Des onctions sont faites au pourtour de l'organe avec gros comme une noisette du mélange ci-dessus. On renouvelle les onctions, si cela devient nécessaire.

QUESTIONNAIRE.

PREMIÈRE PARTIE.

DU CORPS HUMAIN EN GÉNÉRAL, ET, EN PARTICULIER, DES PARTIES DE LA FEMME QUI SONT PRINCIPALEMENT INTÉRESSÉES DANS LA GROSSESSE, L'ENFANTEMENT ET LES COUCHES.

SECTION PREMIÈRE.

DU CORPS HUMAIN EN GÉNÉRAL ET DE SES FONCTIONS.

CHAPITRE PREMIER. — DE LA STRUCTURE DU CORPS HUMAIN.

1. — Quelles sont les *parties* dont se compose le corps humain ?

2. — Quelles sont les parties *solides ?*

3. — Quelles sont les parties *liquides ?*

4. — Qu'appelle-t-on *os ?*

5. — Qu'appelle-t-on *cartilages*? — A quoi les cartilages servent-ils ?

6. — Qu'entend-on par *ligaments?* — Leurs usages ?

7. — Qu'entend-on par *tissu cellulaire ?* — A quoi sert-il ?

8. — Qu'est-ce qu'un *muscle?* Qu'est-ce qu'un *tendon*? — Quelle est la propriété des muscles? — A quoi servent les muscles?

9. — Qu'entend-on par *vaisseaux ?* — Comment divise-t-on les vaisseaux *sanguins?* — A quoi servent les *artères ?* — Quelle est la destination des *veines ?* — Qu'est-ce qui distingue encore les artères des veines ? — A quoi servent les vaisseaux *absorbants?*

10. — Qu'appelle-t-on *nerfs*, et quelle en est la destination ?

11. — Qu'appelle-t-on *viscères*, et à quoi servent-ils ?

12. — Qu'entend-on par *glandes ?* — A quoi servent les glandes ?

13. — Comment les différentes parties du corps sont-elles disposées, et que résulte-t-il de leur disposition ?

14. — Comment appelle-t-on la *membrane* qui recouvre toute la surface du corps ? — Qu'est-ce que la membrane *muqueuse ?* — De quoi se compose la *peau ?* — Qu'entend-on par *épiderme*, et quelle est sa structure ?

15. — Qu'est-ce que la *lymphe ?*

16. — Qu'est-ce que le *chyle ?*

17. — Quelles sont les sources principales du sang ?

18. — Qu'est-ce que le *sang ?*

19. — Quel changement éprouve le sang quand il est retiré du corps ?

20. — A quoi sert le sang ?

21. — Comment se divise le *corps humain ?* — Comment divise-t-on le *tronc ?* — Comment divise-t-on les *extrémités ?*

22. — Qu'entend-on par *squelette ?* — Comment divise-t-on le squelette ?

23. — Comment se divisent les os de la *tête ?* — Quels sont les os qui constituent le *crâne ?*

24. — De quelle manière les os du crâne sont-ils unis entre eux ?

25. — Quel est le nombre des os de la *face ?*

26. — Quel est le nombre des *dents* de l'homme adulte, et comment les divise-t-on ?

27. — Quels sont les os du *tronc ?*

28. — Quel est le nombre des os de la *colonne vertébrale ?* — Comment les *vertèbres* se distinguent-elles entre elles ?

29. — Comment les vertèbres sont-elles unies entre elles et avec la tête ?

30. — Quelle est la conformation du *sternum*, et où est-il situé ?

31. — Quel est le nombre des *côtes* de l'homme, et quels sont les os avec lesquels elles s'articulent ?

32. — Quels sont les os qui constituent le *bassin* ?

33. — Quelle est la *division* des extrémités ? — Comment divise-t-on les *extrémités supérieures?* — Quels sont les os de l'*épaule?* — Quels sont les os du *bras* et de l'*avant-bras?* — Quels sont les os de la *main?* — Quel est le nombre des os du *carpe*, du *métacarpe* et des *doigts?* — Quels sont les os des *extrémités inférieures?* — Quels sont les os de la *cuisse* et de la *jambe?* — Comment divise-t-on le *pied?* — Quel est le nombre des os du *tarse*, du *métatarse* et des *orteils?*

34. — Qu'est-ce que forment les os de la tête et du tronc, ainsi que les parties molles qui y sont attachées ? — A quoi servent les *cavités* formées par ces parties ?

35. — Comment appelle-t-on la cavité formée par les os du crâne ?

36. — Comment appelle-t-on le *canal* avec lequel communique la cavité crânienne? — Où commence le canal *vertébral*, et où se termine-t-il ?

37. — Quels sont les organes renfermés dans la cavité crânienne et dans le canal vertébral ?

38. — A quoi servent les nombreuses ouvertures que l'on remarque à la cavité crânienne et au canal vertébral ?

39. — Quelles sont les parties que l'on trouve ou que l'on distingue au *visage?*

40. — Que sont les *orbites?*

41. — Quelles sont les parties qui forment les *joues?*

42. — Quelle est la conformation de la *cavité nasale*, et avec quelle autre cavité communique-t-elle?

43. — Quelle est la conformation des *oreilles?*

44. — Quelles sont les parties qui forment la *cavité de la bouche?*

45. — Que sont les *lèvres ?*

46. — Quelles sont les parties qu'on trouve dans la *cavité de la bouche?* — Quelles sont les parties dont se compose la *langue?* — A quoi sert la langue ? — Quel est le liquide qu'elle verse dans la cavité de la bouche ? — Comment appelle-t-on la partie *postérieure* de la bouche? — Quels sont les canaux et les cavités avec lesquels communique l'*arrière-bouche?*

47. — Quelles sont les parties qui forment le *cou?* — Où se

trouve la *trachée-artère?* — Comment est-elle conformée, et à quoi sert-elle? — Où se trouve l'*œsophage;* comment est-il conformé, et à quoi sert-il? — A quoi servent les artères et les veines grosses et nombreuses qui se trouvent au cou?

48. — Quelles sont les parties qui forment la *cavité de la poitrine?* — Qu'est-ce que le *diaphragme?* — Comment se nomme la membrane qui tapisse la face interne de la cavité thoracique, et quelle en est la nature? — Quels sont les organes situés dans la cavité de la poitrine, et dans quelle région de celle-ci se trouvent-ils? — A quoi sert le *cœur?* — A quoi servent les *poumons?*

49. — Quelles sont les parties qui forment la *cavité abdominale?* — Comment appelle-t-on la membrane qui tapisse la face interne de la cavité abdominale, et quelle en est la structure? — Quels sont les organes situés dans la cavité abdominale? Où se trouve l'*estomac?* — Où sont situés la *rate*, le *foie* et le *pancréas*? — Où se trouvent les *intestins* et les *reins?* — Comment se divisent les intestins, et quel nom donne-t-on à ces divisions?

50. — Quels sont les organes qui se trouvent dans la *cavité pelvienne?*

51. — Qu'est-ce que la *vessie?* — Quelle est la région de la cavité pelvienne où elle se trouve, et à quoi sert-elle? — Comment appelle-t-on la partie supérieure de la vessie? — Par quel nom désigne-t-on la partie inférieure et la plus étroite de cet organe, et comment est-elle conformée? — Où les *uretères* prennent-ils naissance, et où se rendent-ils? — Quelle est la conformation de l'*urèthre* chez la femme? — Qu'est-ce que le *rectum*, et dans quelle partie de la cavité pelvienne est-il situé? — Comment appelle-t-on l'ouverture du rectum, et quelle en est la conformation?

52. — Comment s'appellent les organes attachés aux extrémités et qui président aux mouvements?

CHAPITRE II. — Des fonctions du corps humain.

1° De la digestion, de l'élaboration du sang et de la respiration.

53. — Le corps vivant ou quelques-unes de ses parties se trouvant dans une activité continuelle et dans un mouvement incessant, et ce corps perdant beaucoup de ses parties constituantes par les sécrétions et les excrétions, etc., on est conduit

à se demander : Que faut-il pour la conservation du corps et le maintien de la vie?

54. — Qu'est-ce que la digestion ! — Réponse : La digestion est une fonction par laquelle les aliments introduits dans le corps sont tellement modifiés, que les matières propres à la nutrition qu'ils renferment en sont séparées, absorbées par les vaisseaux lymphatiques, et de là conduites dans la masse du sang.

55. — Comment se manifeste le besoin qu'éprouve le corps de recouvrer ce qu'il a perdu?

56. — Quels changements subissent dans la cavité buccale les aliments qui y sont introduits? — Quels changements subissent les aliments dans l'estomac?

57. — Où passe le chyme en sortant de l'estomac? — Quels sont les sucs qui se versent dans le duodénum, et à quoi servent-ils?

58. — Quelle est la nature de la membrane interne du canal intestinal? — De quelle manière les matières renfermées dans le canal intestinal sont-elles poussées en avant, et où parviennent-elles? — A quoi sert le *rectum?*

59. — Où les vaisseaux lymphatiques portent-ils le *chyle* absorbé dans le *canal intestinal* avant de le conduire dans les veines?

60. — A quoi servent en général les *vaisseaux lymphatiques?* — Où a lieu la transformation du chyle en sang? — Le sang qui se trouve depuis un certain temps dans le corps, où est-il, pour ainsi dire, purifié et rendu de nouveau propre à la nutrition?

61. — En quoi consiste la *respiration?* — Comment se fait l'*inspiration?* — Comment se fait l'*expiration?* — Quel est le changement subi par le sang en entrant en contact dans les poumons avec l'air respiré, et quelle est la modification qu'en éprouve l'air? — Comment peut-on prouver par l'expérience que l'air expiré est impur, corrompu? — Quelles doivent être les qualités de l'air pour qu'il soit propre à la respiration et à la conservation de la vie? — Comment l'air peut-il être vicié d'une autre manière que par la respiration?

2° De la circulation du sang et de la nutrition.

62. — Quels sont les organes qui servent principalement à la *circulation?*

63. — Qu'est ce que le cœur, et comment le divise-t-on ? — Quelle est la fonction du cœur ?

64. — Comment la contraction et la dilatation du cœur ont-elles lieu, et que déterminent-elles ? — L'activité du cœur est-elle subordonnée à la volonté ?

65. — Comment appelle-t-on l'artère qui prend naissance au *ventricule gauche ?* — Quel est le trajet de la grosse artère du cœur, et à quelles parties se rendent les artères qui en naissent ?

66. — Quelle est la nature du sang que les artères conduisent du ventricule gauche dans toutes les parties du corps, et quelles sont les causes qui l'ont rendu tel ? — A quoi ce sang sert-il ?

67. — Que devient le sang qui, dans les différentes parties du corps, n'a pas été employé à la nutrition et à l'absorption ? — Quels sont les liquides mêlés au sang qui sont transportés par les *veines caves* à l'*oreillette droite* du cœur ?

68. — Qu'entend-on par *grande circulation ?*

69. — Comment appelle-t-on l'artère qui naît du ventricule droit, et quelle est sa destination ? — Quelle est la nature du sang conduit aux poumons par l'*artère pulmonaire*, et quel est le changement qu'il subit dans les poumons ? — Quels sont les vaisseaux qui recueillent le sang dans les poumons, et où ce sang est-il conduit ? — Qu'entend-on par *petite circulation ?*

70. — Quelle est la différence entre la grande et la petite circulation ?

3° Des sécrétions.

71 et 72. — Qu'entend-on par *sécrétions ?* — A quoi servent les matières sécrétées ? — Quelles sont les sécrétions destinées à séparer certaines matières du sang pour le rendre propre à la nutrition du corps et à la conservation de la santé ?

73. — Où a lieu la *sécrétion urinaire ?* — Comment les *reins* sont-ils conformés ?

74. — Où se rend l'urine sécrétée dans les reins ?

75. — Qu'est-ce qui détermine principalement l'expulsion des excréments ainsi que celle de l'urine ?

76. — A quoi sert le *foie*, et quelle en est la conformation ?

77. — Où se trouve la *vésicule biliaire ?* — Quelle en est la conformation ? — A quoi sert-elle ?

78. — Qu'entend-on par *transpiration* et par *sueur?*

79. — Quelles sont les sécrétions destinées à aider à la *digestion* et à l'*élaboration du sang?* — Où la *salive* est-elle sécrétée? — Où va la salive sécrétée? — D'où provient le *suc gastrique?* — A quoi servent la salive et le suc gastrique?

80. — Où s'épanche la *bile?*

81. — Où se rend le *suc pancréatique?*

82 et 83. — D'où provient le *suc intestinal?* — A quoi servent la bile, le suc pancréatique et le suc intestinal?

4° Des fonctions du cerveau et des nerfs.

84. — Quelle est la destination du *cerveau?*

85. — Qu'entend on par affections *excitantes* et affections *déprimantes?* — Combien y a-t-il d'espèces de nerfs?

86. — Qu'entend-on par nerfs *moteurs?* — Qu'appelle-t-on mouvements *volontaires* et comment ont-ils lieu? — Qu'entend-on par mouvements *involontaires?*

87. — Qu'appelle t-on nerfs *sensitifs?* — Combien y a-t-il de *sens?* — A quoi servent les sens en général, et chacun d'eux en particulier? — Quels sont les sens qui ont exclusivement leur siége à la tête? — Toutes les parties du corps possèdent-elles la faculté de sentir? — Quelles sont les parties du corps dépourvues de sensibilité, tant que l'homme est bien portant? — Quelles sont les conditions nécessaires pour qu'une partie du corps possède la faculté de sentir?

5° Des fonctions des organes sexuels.

88. — Quels sont les rapports des fonctions dont il a été question jusqu'à présent?

89 à 95. — Qu'entend-on par fonctions des *organes sexuels?* — Qu'appelle-t-on *parties génitales?*

SECTION DEUXIÈME.

DESCRIPTION DES PARTIES QUI ONT PRINCIPALEMENT RAPPORT A LA GROSSESSE, A L'ACCOUCHEMENT, AUX COUCHES ET A L'ALLAITEMENT.

96. — Quelle est la destination de la femme par rapport à la reproduction du genre humain? — Comment appelle-t-on les parties du corps de la femme qui se rattachent particulièrement à la *conception*, à la grossesse, à l'accouchement et à l'allaitement?

97. — Comment divise-t-on les *organes génitaux?* — Qu'entend-on par parties *dures* de la génération? — Qu'entend-on par parties *molles* de la génération?

CHAPITRE Ier. — Bassin de la femme.

98. — Où se trouve le *bassin?* — De combien d'os le bassin est-il composé et quels sont ces os?

Art. Ier. — *Os du bassin.*

99. — Qu'est-ce que l'os iliaque? — Combien a-t-il de faces et de bords? — Que trouve-t-on sur sa face interne? — Ne désigne-t-on pas la face interne sous un autre nom? — Que trouve-t-on sur la face externe? — Que trouve-t-on sur les bords supérieur, antérieur, postérieur et inférieur? — Quels sont les angles de l'os iliaque? — Avec quels os s'articule l'os iliaque?

100. — De combien d'os se compose l'os iliaque chez les enfants, et comment nomme-t-on ces os?

101. — Où se trouve le *sacrum?* — Quelle est la conformation du sacrum chez les enfants? — Quelle est la forme du sacrum? — Quelle est la conformation de la *base* du sacrum? — Que remarque-t-on à la face antérieure du sacrum et à sa face postérieure? — Que trouve-t-on aux deux côtés de la moitié supérieure du sacrum? — A quels os le sacrum est-il uni? — A quoi sert le sacrum?

102. — Quelle est la conformation du *coccyx*, et de quelle manière s'articule-t-il avec le sacrum?

52

Art. II. — *Articulations du bassin.*

103. — Comment les os du bassin sont-ils réunis entre eux ?

104. — Combien y a-t-il d'articulations au bassin ? — Quelles sont ces articulations ?

105. — Quelle est la conformation de la *symphyse pubienne?*

106. — Quelle est la conformation des symphyses sacro-iliaques ?

107. — Quelle est la conformation de la symphyse sacro-vertébrale ?

108. — Quelle est la conformation de la symphyse sacro-coccygienne ?

109, 110, 111. — Qu'entend-on par *ligaments sacro-sciatiques* et *membrane sous-pubienne?*

Art. III. — *Bassin en général.*

112. — Comment le bassin se divise-t-il ?

113. — Qu'entend-on par surface extérieure du bassin ? — Que remarque-t-on aux régions antérieure, postérieure, latérales?

114. — Qu'entend-on par surface intérieure du bassin ? — Qu'est-ce que le grand bassin ? — Qu'entend-on par petit bassin? — Que remarque-t-on aux régions antérieure, postérieure et latérales de la surface intérieure du petit bassin ?

115. — Que remarque-t-on à la circonférence supérieure du bassin ?

116. — Qu'entend-on par *détroit supérieur* du bassin ?

117. — Quels sont les diamètres du détroit supérieur du bassin ? — Quelle est leur étendue ?

118. — Qu'entend-on par *détroit inférieur* du bassin ?

119. — Quels sont les diamètres du détroit inférieur du bassin ? — Quelle est leur étendue ?

120. — Qu'est-ce que la cavité du petit bassin ? — Quels sont les diamètres de la cavité du petit bassin ? — Quelle est leur étendue ?

121. — Quels sont les rapports de largeur entre le détroit supérieur, la cavité pelvienne et le détroit inférieur ?

122. — Dans quelle direction le détroit supérieur, la cavité pelvienne et le détroit inférieur offrent-ils le plus grand espace au passage de l'enfant?

123. — Quelle est la *hauteur* du bassin en arrière, de côté et en avant?

124. — Qu'entend-on par *inclinaison* du bassin? — Quelle est la *direction* des détroits supérieur et inférieur quand la femme se tient debout?— Dans quelle position de la femme le détroit supérieur est-il parallèle au sol?

125. — Qu'entend-on par *direction* de la cavité pelvienne? — Qu'est-ce que la *ligne directrice* ou *centrale* de la cavité pelvienne, et comment trace-t-on cette ligne?

126, 127 et 128. — Quelle différence y a-t-il entre le bassin de l'homme, de la femme et de l'enfant?

129. — Quels sont les usages du bassin?

ART. IV. — *Bassin revêtu de ses parties molles.*

130. — Ne faut-il pas considérer le bassin revêtu de ses parties molles, pour avoir une idée de ses fonctions dans l'accouchement?

131. — Quels sont les muscles qui occupent les fosses iliaques? — De combien la présence de ces muscles diminue-t-elle le diamètre transversal? — Le diamètre antéro-postérieur n'est-il pas diminué par les parties molles!

132. — Quels sont les muscles qu'on trouve dans l'excavation du bassin? — Quelles sont les autres parties molles que l'on trouve dans la cavité du bassin? — Quels changements entraînent-elles dans sa forme et sa capacité?

133. — Le détroit inférieur du bassin n'est-il pas fermé par des parties molles qui lui forment une espèce de plancher? — Quelles sont les parties molles? — Quelle est l'étendue du périnée de la pointe du coccyx à l'anus et de l'anus à la vulve? — Que devient le périnée au moment du passage de la tête?— Quelle est son étendue à ce moment?

134. — Quelle est la direction de la moitié supérieure et celle de la moitié inférieure du canal formé par les parties dures et par les parties molles que l'enfant doit parcourir pendant l'accouchement?

CHAPITRE II. — ORGANES DE LA GÉNÉRATION.

135. — Qu'entend-on par organes de la génération, comment les divise-t-on?

ART. Ier. — *Parties externes de la génération.*

136. — Quelles sont les parties molles de la génération que l'on désigne sous le nom d'*externes*?

137. — Qu'est-ce que le *pénil?*

138. — Qu'est-ce que le *périnée*?

139. — Qu'est-ce que les *grandes lèvres?*— De quoi se composent-elles? — Comment appelle-t-on l'espace qui sépare les grandes lèvres? — En écartant les grandes lèvres, que remarque-t-on à l'endroit où elles se réunissent au périnée?

140. — Qu'est-ce que les *petites lèvres*?

141. — Qu'est-ce que le *clitoris*?

142. — Où se trouve l'*orifice du canal de l'urèthre*, et comment est-il conformé?

143. — Où est située l'*entrée du vagin* et qu'est-ce qui s'y trouve chez la vierge?—Quelle est la conformation de l'*hymen*? — Qu'entend-on par *caroncules myrtiformes*? — Qu'entend-on par *vestibule?*

144. — Qu'entend-on par *appareil sécréteur* de la vulve?— Où sont situées les *follicules sébacés* et *pilifères?* — Où se trouvent les *follicules mucipares?* — Qu'est-ce que la glande *vulvo-vaginale?*— Indiquez sa situation, sa conformation et ses usages?

ART. II. — *Des parties molles internes de la génération.*

145. — Quelles sont les parties molles *internes* de la génération?

146. — Qu'est-ce que le *vagin*? — Que trouve-t-on en avant et en arrière du vagin? — Que distingue-t-on dans le vagin? — Quelle est la forme de son extrémité supérieure? — Que remarque-t-on à la face interne du vagin? — Qu'est-ce qu'il y a entre les plis transversaux du vagin? — A quoi la majeure partie de la face postérieure du vagin est-elle unie, et à quoi touche sa face antérieure?

147. — Par quoi est constitué le vagin ?— Quelle est la disposition des nerfs et des vaisseaux du vagin ?

148. — Quelle est la partie la plus importante des organes internes de la génération ? — Où la *matrice* est-elle située et entre quels organes ? — Quelle est la forme de la matrice chez la femme qui n'a pas encore enfanté ? — Combien a-t-elle de faces ?

149. — Comment se divise la matrice ? — Qu'entend-on par *fond*, *corps* et *col* de la matrice ? — Qu'entend-on par *diamètre longitudinal* ou *axe* et par *diamètre transversal* de la matrice, et quelles en sont les dimensions ?

150. — Qu'entend-on par *portion vaginale* du col de la matrice ? — Comment la portion vaginale du col de la matrice se présente-t-elle au toucher chez la vierge adulte, et qu'y remarque-t-on ? — Comment la portion vaginale du col de la matrice est-elle conformée chez les femmes qui ont déjà eu des enfants ?

151. — Quelle est la disposition interne de la matrice ? — Comment divise-t-on la *cavité* de la matrice ? — Quelle est la conformation de la cavité du corps de la matrice ? — Combien a-t-elle d'ouvertures et où s'ouvrent-elles ? — Quelle est la conformation du canal du col de l'utérus ? — Où arrive-t-on en suivant par la pensée les canaux ou cavités sus-énumérés à partir de la fente vulvaire ?

152. — Où est située la matrice et quelle en est la position ?

153. — De quoi se compose la matrice ? — Quels sont les caractères du tissu propre de la matrice.

154. — Décrivez la muqueuse utérine et ses glandes. — Indiquez les nerfs et les vaisseaux de la matrice.

155. — Quelle est la destination de la matrice ?

156. — Par quoi la matrice est-elle retenue principalement dans sa position ?—Qu'est-ce que c'est que les *ligaments larges ?* — De quelle manière les ligaments larges sont-ils formés par le péritoine, et comment le péritoine s'étend-il sur les organes situés dans le bassin ?

157. — Qu'est-ce que c'est que les *ligaments ronds ?*

158. — Qu'est-ce que c'est que les *trompes ?*

159. — Qu'est-ce que c'est que les *ovaires* et où se trouvent-ils ? — Quelle est la destination des ovaires et des trompes ?

160. — Qu'entend-on par *vésicules de Graaf* ? — De combien

de tuniques sont formées leurs parois ? — Que contiennent les vésicules de *Graaf ?*

161. — Qu'entend-on par *rupture spontanée* des vésicules de Graaf ?

162. — Comment les vésicules de Graaf se cicatrisent-elles? Qu'entend-on par *corps jaunes ?*

ART. III. — *Des mamelles.*

163. — De quoi sont formées les *mamelles* ? — Quelle est la conformation de la *glande mammaire* et quelle en est la destination ? — Où se porte le lait sécrété dans les *petites glandes* ? — Combien y a-t-il ordinairement de *conduits lactifères* dans chaque mamelle, et où et comment se terminent-ils ? — Quels sont les nerfs et vaisseaux des mamelles ?

ART. IV. — *De la menstruation.*

164. — Qu'appelle-t-on *menstruation ?* — Par quel phénomène se décèle-t-elle? — L'*hémorrhagie menstruelle* n'est-elle pas la conséquence de l'excitation périodique du travail de maturation des vésicules de Graaf ? — Y a-t-il quelque analogie entre la menstruation et le rut des animaux ?

165. — A quelle époque apparaît la première menstruation? — Qu'entend-on par menstruation *précoce* et *tardive ?*

166. — Quel est le type de périodicité de la menstruation ? — Quelle est la durée de l'écoulement menstruel ? — En combien de temps peut être divisé l'écoulement menstruel ? — Quel est l'état du museau de tanche pendant la durée de l'écoulement ? — Quels sont les prodromes de l'hémorrhagie mensuelle ?

167. — A quelle époque les règles cessent-elles définitivement ? — Quels changements se font à cette époque dans les ovaires ? — Comment a lieu la cessation définitive des règles ? — L'époque critique offre-t-elle quelques dangers ?

DEUXIÈME PARTIE.

DE LA GROSSESSE.

DIVISIONS DE LA GROSSESSE.

168. — Qu'appelle-t-on *grossesse ?* — Où la conception a-t-elle lieu, et où l'*ovule fécondé* passe-t-il ensuite ?

169. — Quelle est la destination de la grossesse ?

170. — Comment se divise la grossesse ? — Qu'appelle-t-on grossesse *normale?* — Qu'entend-on par grossesse *anormale* ou *vicieuse?* — Qu'entend-on par grossesse *extra-utérine ?* — Qu'est-ce qu'une *môle ?* — Comment une grossesse peut-elle être anormale par rapport à sa *durée ?*

171. — Quelles sont les autres divisions de la grossesse? — Qu'est-ce qu'une grossesse *simple?* — Qu'est-ce qu'une grossesse *multiple ?*

172. — Qu'entend-on par grossesse *vraie?* — Qu'est-ce qu'une grossesse *apparente?* — Quels sont les états qui peuvent être facilement confondus avec la grossesse? — Qu'appelle-t-on grossesse *compliquée ?*

SECTION PREMIÈRE.

DE LA CONCEPTION.

173. — Quelles sont les matières fournies par l'un et l'autre individu dans l'acte de la conception ?

174. — Dans quel organe se forme le *sperme?* — Quel aspect le sperme présente à la vue? — Quel aspect présente le sperme examiné au microscope?

175. — Quel est le volume de l'ovule? — Quelle est la place qu'occupe l'ovule dans la vésicule de Graaf? — Quelles sont les parties que l'on distingue dans l'ovule? — Qu'est-ce que la *membrane vitelline?* — Qu'est-ce que le *vitellus ?* — Qu'est-ce que la *vésicule* et la *tache germinatives ?*

176. — Le contact direct du sperme et de l'ovule sont-ils indispensables à la fécondation ? — Comment comprend-on que l'œuf puisse aller à la rencontre du sperme ? — Les *animalcules spermatiques* peuvent-ils remonter dans les trompes jusqu'aux ovaires? — Sur quel point se fait ordinairement la rencontre du sperme et de l'ovule? — Comment du contact du sperme avec l'ovule résulte-t-il un individu nouveau ?

177. — A quelle époque disparaît la vésicule germinative? — Remplit-elle un rôle important dans la fécondation ?

178. — Qu'entraîne l'œuf en passant de l'ovaire dans la trompe ? — Que se dépose-t-il sur la surface de l'ovule pendant qu'il traverse la trompe ?

SECTION DEUXIÈME.

DE LA GROSSESSE NORMALE.

Il y a deux ordres de phénomènes à étudier dans la grossesse : ceux qui se rapportent au développement du fœtus, et ceux qui se manifestent chez la femme.

CHAPITRE PREMIER. — De l'œuf et du fœtus.

Art. Ier. — *De l'œuf jusqu'à l'apparition du fœtus et de ses annexes.*

179. — Est-ce sur la femme ou sur les animaux qu'on a observé les premières phases du développement de l'œuf fécondé? — A-t-on observé chez la femme l'œuf fécondé, dans la trompe ou dans la matrice aussitôt après son arrivée dans sa cavité?

180. — Quelles sont les premières manifestations de la fécondation? — Quel aspect prend le vitellus par suite de la *segmentation?* — La segmentation est-elle un fait commun à l'œuf de tous les animaux? — Quelle est la partie de l'œuf des oiseaux qui peut être comparée au vitellus des mammifères?

181. — Lorsque la segmentation est arrivée à ses dernières limites, ne voit-on pas commencer un nouveau travail de transformation? — Comment appelle-t-on la membrane qui résulte de ce travail, et quel est son rôle?

182. — Sur quelle partie du *blastoderme* et à quelle époque apparaît la *tache embryonnaire?* — Où l'œuf encore libre puise-t-il ses éléments de nutrition? — Vers quelle époque l'œuf arrive-t-il dans la matrice? — De combien de vésicules emboîtées est-il formé à ce moment?

183. — A quels usages sont destinés les *appendices rameux* qui se développent à la surface de l'œuf peu de temps après son arrivée dans la matrice?

184. — Quel aspect prend la tache embryonnaire peu de temps après son apparition? — Le *blastoderme* est-il simple ou composé? — De combien de vésicules emboîtées l'œuf est-il formé après le dédoublement du blastoderme? — L'*embryon* et ses annexes procèdent-ils du blastoderme?

185. — Pourquoi le feuillet externe du blastoderme est-il aussi appelé *feuillet séreux, feuillet animal?* — A quelles parties

paraît correspondre, après le développement de l'embryon, le feuillet externe? — A quelles parties paraît correspondre le feuillet interne, et pourquoi est-il appelé feuillet *muqueux?* — Qu'est-ce qui se développe entre les deux feuillets du blastoderme? — Qu'est-ce qu'on entend par feuillet *moyen* ou *vasculaire?*

186. — 1° Les deux feuillets du blastoderme prennent-ils part à la formation de la tache embryonnaire? — Par quelles formes passe successivement la tache embryonnaire en s'accroissant par l'adjonction de nouveaux granules? — A quoi a-t-on comparé la petite masse embryonnaire recourbée à ses extrémités et sur ses bords? — Que forment les bords de la nacelle en convergeant l'un vers l'autre? — Comment se comportent les deux extrémités de la masse embryonnaire? — Qu'aperçoit-on sur le point correspondant à la ligne primitive et sur les côtés? — Que devient, à mesure que l'embryon s'incurve, la portion du feuillet externe du blastoderme placée sur les limites de l'embryon? — Quels sont les points sur lesquels le soulèvement du feuillet externe du blastoderme pour envelopper l'embryon est le plus apparent? — Qu'entend-on par *capuchon céphalique* et *capuchon caudal?* — Par quel mécanisme l'embryon en s'incurvant fait-il, à un moment donné, du feuillet externe du blastoderme trois parties distinctes et continues, savoir : 1° la portion fœtale au centre; 2° la portion réfléchie ou amnios; 3° la portion non réfléchie qui double la membrane vitelline.

2° Pourquoi le feuillet interne du blastoderme est-il aussi appelé *feuillet muqueux?* — Par quel mécanisme le feuillet interne du blastoderme se trouve-t-il divisé en deux parties inégales communiquant l'une avec l'autre? — Quelles parties formeront plus tard chacune de ces portions? — En quoi consistent, à ce moment du développement embryonnaire, la vésicule ombilicale et le canal intestinal?

ART. II. — *Annexes du fœtus.*

187. — Énumérez les parties constituantes des annexes du fœtus.

188. — Quelles sont l'origine, la disposition et la nature de l'*amnios*, aux différentes époques de la vie embryonnaire? — Quelle est la destination de l'amnios?

189. — Qu'est-ce que le *liquide amniotique?* — Quels sont les caractères, la nature et la quantité ordinaire des eaux de

l'amnios au moment de l'accouchement? — Quelle est la destination des eaux amniotiques?

190. — Quelle est l'origine de la *vésicule ombilicale*, sa forme et ses connexions avec l'intestin?

191. — La vésicule ombilicale est-elle accompagnée de vaisseaux? — Quels sont la durée et les usages de la vésicule ombilicale?

192. — Qu'appelle-t-on *allantoïde*? — Qu'est-ce que l'*ouraque?* — Comment sont appelés les vaisseaux qui accompagnent l'allantoïde? — Que deviennent ensuite ces vaisseaux? — Quelles sont la durée et la destination de l'allantoïde pendant la vie embryonnaire?

193. — Quels sont l'origine, la nature, la position et les usages du *chorion*?

194. — Qu'est-ce que le *placenta* ou *arrière-faix*? — Quel en est le diamètre, et quelle épaisseur a-t-il au centre? — Quelle en est la forme? — Quel en est le poids au terme de la grossesse? — Quelle est la structure du placenta à sa face interne? — De quoi se compose le placenta? — Qu'appelle-t-on *appendice placentaire?* — Quel est le siége ordinaire du placenta dans l'utérus? — De quelle manière adhère-t-il à l'utérus? — Quelle est la conformation de la *portion utérine* du placenta? — Quel est le poids ordinaire du placenta?

195. — Qu'est-ce que le *cordon ombilical*? — De quoi se compose-t-il? — Que trouve-t-on dans la gaîne du cordon ombilical, outre les vaisseaux ombilicaux? — Quelle est la destination des *artères ombilicales* et de la *veine ombilicale*? — Où naissent les *artères ombilicales*, quelle en est la conformation et où se rendent-elles? — Où et de quelle manière la veine ombilicale prend-elle naissance et où se rend-elle? — De quoi dépend l'épaisseur du cordon ombilical? — Quelle est la longueur du cordon ombilical à la naissance? — Le cordon ombilical a-t-il toujours sa longueur ordinaire?

196. — Par quels changements la membrane muqueuse utérine procède-t-elle à sa transformation en *membrane caduque*?

197. — Par quel mécanisme l'œuf, d'abord libre dans la cavité utérine, se trouve-t-il, au bout de quelque temps, enveloppé d'une portion de la muqueuse utérine? — De combien de feuillets est formée la membrane caduque? — Indiquez la disposition de ces feuillets par rapport à l'œuf et à l'utérus.

198. — Indiquez les divers changements que la membrane caduque éprouve pendant la grossesse? — Les orifices des trompes restent-ils perméables? — Par quoi l'orifice utérin est-il oblitéré?

199. — Qu'entend-on par *caduque inter-utéro-placentaire?*

200. — Par quel mécanisme l'œuf peut-il puiser dans le sein maternel les éléments nécessaires à son accroissement aux diverses phases de son développement?

201. — Qu'entend-on par vaisseaux *utéro-placentaires?* — Quelle est la disposition des artères utéro-placentaires? — Quelle est la disposition des veines utéro-placentaires?

Art. III. — *Du fœtus.*

202. — Qu'appelle-t on *fœtus* et *embryon?* — A quelle époque, après la conception, aperçoit-on pour la première fois le fœtus dans l'oeuf, et quels sont alors son volume et sa forme? — Sous quelle forme le fœtus se présente-t-il *trois mois* après la conception? — Quel est le volume du fœtus au milieu de la grossesse? — Comment le fœtus est-il développé à la fin du *sixième* mois, c'est-à-dire au bout de vingt-six semaines; quels sont son volume et son poids?

203. — Quels sont les caractères d'un enfant né à terme, et comment est-il constitué? — Qu'appelle-t-on enfant *né avant terme?*

204. — Quels sont les caractères d'un enfant né avant terme?

205. — Pourquoi importe-t-il, par rapport à l'accouchement, d'avoir une connaissance exacte du volume de l'enfant né à terme et de ses différents diamètres, surtout ceux de la tête? — Combien distingue-t-on de *faces* à la tête? — De quoi se compose la tête? — Qu'appelle-t-on *sinciput?* — Quels sont les os qui forment le *crâne?*

206. — Comment la réunion des os du crâne entre eux chez l'adulte diffère-t-elle de celle chez le fœtus? — Combien distingue-t-on de *sutures*, et où se trouve chacune d'elles? — De quoi se composent les sutures *coronale* et *occipitale?* — Combien y a-t-il de *fontanelles*, et comment sont-elles conformées? — Quel est l'avantage qui résulte, pour le mécanisme de l'accouchement de la disposition des sutures et des fontanelles? — A quoi sert à la sage-femme la connaissance des sutures et des fontanelles?

207. — Combien distingue-t-on de *diamètres* à la tête, et quels sont-ils? — Quels sont les points de départ de ces diamètres, et combien mesurent-ils? — Quelle est la largeur des *épaules* et des *hanches?* — Qu'entend-on par *diamètre longitudinal* du corps de l'enfant?

208. — Quelle est en général la *position* de l'enfant dans l'utérus, et quelle est son *attitude?*

209. — Comment se fait la *circulation fœtale?* — Quelle est l'importance de la libre circulation du sang dans les vaisseaux ombilicaux? — Quels sont les changements qui s'opèrent chez le fœtus après la naissance dans les vaisseaux qui ont servi à la circulation fœtale.

210. — Comment s'opère la *nutrition* du fœtus?

CHAPITRE II. — Modifications que la grossesse détermine dans le corps de la femme.

Art. Ier. — *Modifications subies par la matrice et les autres parties génitales.*

211. — Quelle est la destination de la matrice pendant la grossesse, et dans quel état se trouve l'utérus au moment de l'arrivée de l'ovule dans sa cavité?

212. — Quelle action l'ovule exerce-t-il sur la matrice?

213. — Quels sont les changements qui doivent s'opérer dans la matrice pour qu'elle puisse devenir propre à accomplir la fonction dont elle est chargée?

Quels sont les changements appréciables que le développement de la matrice produit dans sa substance? — Le développement se fait-il en même temps et au même degré dans toutes les parties de la matrice? — Quelle est la forme de la matrice à la fin de la grossesse; quelle en est la longueur, la largeur et l'épaisseur d'avant en arrière? — Quel est le poids de la matrice avant la grossesse?

Quel en est le poids après l'accouchement, lorsque le fœtus et ses annexes ont été expulsés? — Quelle est l'épaisseur des parois de la matrice à la fin de la grossesse? — Quelles sont les modifications subies par la cavité de la matrice pendant la grossesse?

Quelles sont les modifications qui ont lieu dans le *vagin* et aux *parties externes de la génération ?* — Quelles modifications éprouvent les *mamelles?*

214. — Quelles sont les modifications appréciables à la *vue* et au *toucher* dans toutes les parties sus-énumérées dans les *deux premiers mois* (lunaires) de la grossesse chez une primipare ?

215. — Quelles modifications observe-t-on au *troisième* et au *quatrième* mois?

216. — Quelles sont les modifications qu'on remarque au *cinquième* et au *sixième* mois?

217. — Quelles sont les modifications qui ont lieu au *septième* et au *huitième* mois?

218. — Quelles modifications observe-t-on au *neuvième* mois?

219. — Quelles modifications ont lieu au *dixième* mois?

220. — En quoi diffèrent ces modifications chez les femmes qui ont eu plusieurs enfants ? — Quelles exceptions observe-t-on quelquefois chez ces dernières ?

221. — Quels sont, au terme de la grossesse, les rapports de l'utérus avec les parties voisines?

Art. II. — *Modifications qui surviennent dans le corps de la femme et dans son état général.*

222. — Qu'entend-on par *réciprocité d'action* ou *sympathie*, qui existe entre toutes les parties du corps, et quels sont les organes qui la déterminent? — Quels sont les effets produits pendant la grossesse par la sympathie qui unit l'utérus à toutes les parties du corps?

223. — Quels sont les changements qui surviennent dans les symphyses du bassin? — Indiquez les modifications éprouvées par la vessie et l'urèthre à la suite du développement de l'utérus.

Sur quels vaisseaux l'utérus exerce-t-il une compression ? — Quelle influence le développement de l'utérus exerce-t-il sur le cours des matières dans les intestins, sur la respiration, sur la circulation cardiaque? — Quels changements subissent les parois du ventre par le fait du développement de l'utérus?

Quels sont les phénomènes et les accidents qui se montrent du côté *du cerveau* et *des nerfs?* — Quels sont les accidents qui proviennent des modifications dans la *composition du sang* et dans la *circulation?* — Quels accidents observe-t-on dans l'*appareil digestif?* — Quels phénomènes ont lieu du côté de la *peau?* — Quels changements observe-t-on dans la *sécrétion* et l'*excrétion de l'urine?*

Qu'y a-t-il en général à remarquer par rapport à l'aspect et à l'état de santé des femmes pendant leur grossesse comparativement à ce qu'on observe à cet égard avant cet état?

224. — Nous venons de parler des phénomènes et des changements variés que l'utérus détermine dans le reste du corps par suite de l'exaltation de la force vitale dans laquelle il se trouve pendant la grossesse. Mais n'existe-t-il pas aussi des phénomènes qui prouvent que des modifications subies par les autres parties du corps peuvent à leur tour exercer une influence directe sur la matrice?

Art. III. — *Des signes de la grossesse.*

225. — Qu'entend-on par *signes* de la grossesse? — Par quelle raison la sage-femme doit-elle procéder avec la plus grande attention pour reconnaître et bien apprécier les caractères propres de la grossesse?

226. — Comment se *divisent* les signes de la grossesse? — Quels sont les phénomènes et les modifications qui appartiennent à la *première classe*, et quels sont ceux de la *seconde?*

227. — Quels sont les signes les plus fréquents de la *première classe?*

228. — Qu'y a-t-il à remarquer par rapport à ces phénomènes et accidents comme signes de la grossesse, et avec quel degré de certitude peut-on en conclure à la grossesse? — Par quelles circonstances ces phénomènes et accidents acquièrent-ils une certaine valeur comme signes de la grossesse? — Quand les signes de la première classe sont-ils le plus marqués et le plus nombreux?

229. — Quels sont les signes qui appartiennent à la *seconde classe?* — Quelle importance ont comme signes de la grossesse la *suppression du flux menstruel* et les *changements qui surviennent dans les seins?* — Quelle est l'importance qu'offrent à cet égard *la tuméfaction de l'abdomen, le changement qui survient dans l'ombilic, le déplacement de l'utérus, les modifications qui ont lieu dans la portion vaginale de l'utérus, dans le vagin et dans les parties externes de la génération?* — Quelle est l'importance de la *tuméfaction œdémateuse des membres inférieurs* et

des *grandes lèvres*, des *varices aux jambes* et *aux cuisses*, de la *pesanteur*, des *faiblesses* et des *engourdissements des pieds?*

Que doit-on présumer des *pulsations du cœur du fœtus?* — Que doit-on penser du bruit de souffle utérin? — Qu'y a-t-il à remarquer en général par rapport à la *sensation des mouvements de l'enfant?* — Quelle importance faut-il attacher au dire de la femme, qu'elle a senti les mouvements de l'enfant? — Quand le mouvement de l'enfant est-il un signe certain de la grossesse? — Quelle importance doit-on attacher à la *partie de l'enfant qui se présente au toucher?* — Quels sont les *seuls* signes *certains* de la grossesse? — A quelle époque de la grossesse peut-on les observer?

230. — Quels sont les caractères considérés comme signes de la grossesse double? — Quelle est la valeur de ces signes?

231. — Quels sont les signes qui permettent de conclure que l'enfant est vivant? — Quelles sont les circonstances et les phénomènes qui font présumer que l'enfant est mort?

232. — Quel est le signe qui donne la certitude de la mort de l'enfant, et quelle condition est indispensable pour s'en assurer? — Quelle est la valeur des circonstances et des phénomènes considérés comme signes de la mort du fœtus?

233. — Qu'y a-t-il à remarquer pour le cas où il s'agit de reconnaître une grossesse et de la distinguer des états morbides dont les phénomènes et les accidents offrent de la ressemblance avec elle? — Comment la sage-femme doit-elle se conduire pour établir le diagnostic de la grossesse en général et en particulier, dans les cas douteux et graves en même temps? —Quels sont les états qui peuvent principalement être confondus avec la grossesse et quels sont les caractères par lesquels on les en distingue.

234. — Quelle est la durée de la grossesse?

235. — De combien de manières calcule-t-on la date de la grossesse? — Quelle est la valeur de chacun de ces modes de calculer et dans quelles circonstances fait-on usage de l'un d'eux? — Comment doit-on s'y prendre pour calculer facilement sans calendrier la date de la grossesse à partir de la dernière menstruation?

Art. IV. — *De l'examen de la femme enceinte.*

236. — Qu'est-ce que l'*examen* de la femme enceinte? —

Dans quel *but* la sage-femme procède-t-elle à cet examen ?

237. — Comment l'examen se *divise*-t il ? — En quoi consiste l'examen *externe* ? — Quel est l'objet de l'examen *interne* ou *toucher* ?

238. — Quelle est l'*attitude* et la *position* qu'on fait prendre à une femme qu'on veut examiner, et comment doit-on se comporter alors ? — Quelles sont les circonstances qui déterminent la position qu'on donne à une femme qu'on soumet à l'examen?

239. — Comment procède-t-on à l'examen *externe* ?

240. — De quelle manière procède-t-on en général pour faire l'examen *interne*, surtout avec un *seul* doigt ?

241. — De quelle manière pratique-t-on le toucher avec la *main entière* ?

242. — Quelles sont les règles *générales* concernant l'examen de la femme grosse ?

243. — Quelle est la partie la plus difficile et la plus importante de l'art des accouchements ? — Comment la sage-femme acquiert-elle l'habileté nécessaire pour le toucher ? — Par quelle raison importe-t-il à la sage-femme des campagnes d'acquérir une habileté beaucoup plus grande que celle des villes dans le toucher ?

244. — Qu'entend-on par *toucher anal* ?

245. — Peut-on avoir recours à la *percussion médiate* de l'abdomen pour éclairer le diagnostic de la grossesse ?

246. — Qu'est-ce que l'*auscultation obstétricale* ?

CHAPITRE III. — DU RÉGIME ET DU GENRE DE VIE DE LA FEMME ENCEINTE.

247. — Pourquoi est-il nécessaire de prescrire aux femmes enceintes des règles particulières qu'elles doivent suivre pour conserver leur santé ?

248. — Comment la sage-femme doit-elle se conduire relativement aux conseils qu'elle donne à la femme enceinte ?

249. — Quelle est la règle générale la plus importante pour la femme enceinte bien portante ?

250. — Comment la femme enceinte doit-elle se comporter par rapport aux *passions* et aux *émotions vives*, et quel est le devoir qui en découle pour la sage-femme ?

251. — Comment la sage-femme doit-elle se conduire par rapport à l'*air*, à l'*exercice du corps*, etc.?

252. — Quels conseils doit-elle donner par rapport aux *aliments* et aux *boissons?*

253. — Qu'a-t-elle à observer par rapport à l'*évacuation des selles et des urines?*

254. — Comment doivent être les *vêtements* de la femme enceinte? — Quels soins particuliers doit-elle donner à ses *mamelons?*

255. — Comment doit-elle se comporter par rapport à la *propreté*, et qu'y a-t-il à remarquer sur les *bains?*

SECTION TROISIÈME.

DE LA GROSSESSE VICIEUSE ET DES SOINS QU'ELLE RÉCLAME DE LA PART DE LA SAGE-FEMME.

256. — Quels sont les états morbides les plus importants qui surviennent pendant la grossesse, qu'il importe à la sage-femme de connaître?

ART. Ier. — *Grossesse extra-utérine.*

257. — Qu'entend-on par grossesse *extra-utérine?*—Combien y a-t-il d'espèces de grossesses extra-utérines, et quelles sont-elles? — Dans quelle espèce de grossesse extra-utérine le fœtus arrive-t-il le plus souvent à terme?

258. — Quels sont les *signes* de la grossesse extra-utérine? — Qu'observe-t-on de particulier dans la grossesse abdominale lorsqu'elle est avancée? — Qu'y a-t-il à remarquer en général sur les signes ou le diagnostic de la grossesse extra-utérine?

259. — Quel est le *pronostic* de la grossesse extra-utérine? — Quelles en sont les terminaisons?

260. — Que doit faire la sage-femme dans ces cas?

ART. II. — *Des môles.*

261. — Qu'entend-on par *môle?* — D'après quoi distingue-t-on les môles, et quels sont les différents noms qu'on leur donne?

262. — Quels sont les signes regardés comme symptômes probables des môles ?

263. — Quelle est la terminaison de la grossesse dans ces cas ? — Qu'est-ce qui peut rendre dangereuse la sortie de la môle ? — Quel est le premier devoir de la sage-femme lorsque survient une hémorrhagie ? — Qu'arrive-t-il ordinairement si un fœtus bien conformé se trouve dans la matrice à côté d'une môle?

Art. III. — *Rétroversion de la matrice.*

264. — Qu'est-ce que la *rétroversion* de la matrice ? — Quelle est la conséquence de cette position vicieuse lorsque la matrice a acquis un certain volume ? — Dans quel mois de la grossesse cet accident arrive-t-il le plus souvent ? — Quels sont les *signes* qui font soupçonner la rétroversion de la matrice ? — Comment acquiert-on la certitude de la rétroversion ? — Que sent-on au toucher ? — Qu'y a-t-il à remarquer au sujet de cette affection lorsqu'elle se développe lentement ? — Quelle en est dans ce cas la cause la plus fréquente ? — Qu'est-ce qui peut faire naître cet accident d'une manière subite ? — Qu'arrive-t-il si cette affection est méconnue et qu'on ne porte pas à temps les secours nécessaires ?

265. — Que doit faire la sage-femme quand elle reconnaît ou qu'elle soupçonne seulement l'existence d'une rétroversion de la matrice ? — Quels soins donnera-t-elle à la malade jusqu'à l'arrivée du médecin ? — Que doit-elle faire si, au moment où elle est appelée, le mal est très avancé, si la malade accuse de violentes douleurs, si le ventre est ballonné, la vessie remplie d'urine, etc. ? — Si elle ne réussit pas à introduire la sonde dans la vessie, à quelle manœuvre peut-elle recourir avec avantage pour vider la vessie ?

Art. IV. — *Chute de la matrice.*

266. — Qu'entend-on par *chute* de la matrice ? — A quelle époque de la grossesse la matrice est-elle plus sujette à cet accident ? — Pourquoi la chute de la matrice a-t-elle très rarement lieu dans les autres périodes de la grossesse ? — A quoi reconnaît-on la descente et la chute de l'utérus ?

267. — Qu'est-ce qui peut déterminer une chute de la matrice ? — Qu'est-ce qui peut prédisposer à cet accident ? — Quelles en sont les *suites* ?

268. — Quelle doit être la conduite de la sage-femme si la chute a lieu pendant la grossesse ?— Quelles règles de conduite doit observer la malade après la réduction de la chute ? — Les femmes qui, avant la grossesse, portaient déjà un pessaire, doivent-elles continuer à le porter pendant cette époque ?

Art. V. — *Rétention d'urine.*

269. — Qu'est-ce qui peut occasionner une *rétention d'urine* vers le terme de la grossesse? — Quelles sont, outre la position vicieuse de la matrice, les autres causes de la rétention d'urine? — Quelle doit être dans ce cas la conduite de la sage-femme?

Art. VI. — *Des hernies.*

270. — Qu'entend-on par *hernie?* — Quels sont les caractères d'une hernie? — Comment la tumeur se présente-t-elle quand la malade est couchée sur le dos, ou qu'on exerce sur cette tumeur une légère pression? — Que remarque-t-on quelquefois au moment où elle rentre, et que sent-on lorsqu'elle a été remise en place? — Qu'est-ce qui fait reparaître la tumeur et la rend plus volumineuse et plus étendue? — Que peut-il facilement arriver à la suite d'une de ces causes?

271. — Quelles espèces de hernies la sage-femme doit-elle connaître? — Qu'entend-on par hernie *crurale?* — Qu'entend-on par hernie *inguinale?* — Qu'entend-on par hernie *ombilicale?* — Qu'appelle-t-on hernie *abdominale ?*

272. — Quelle doit être la conduite de la sage-femme lorsqu'elle est consultée pour une hernie, que la femme soit enceinte ou non? — Qu'arrive-t-il ordinairement à mesure que la grossesse avance, et quelles sont dans ce cas les règles de conduite que la femme enceinte doit observer? — Que doit faire la sage-femme dans l'accouchement d'une femme affectée de hernie? — Que fera la sage femme si la hernie n'est pas rentrée ou qu'elle soit ressortie sous l'influence de la douleur? — Quelles sont les précautions que doit prendre la femme après l'accouchement ?

Art. VII. — *Des troubles sympathiques de l'estomac.*

273. — Les troubles de l'estomac sympathiques de la grossesse sont-ils communs? — Sous quelles formes ces troubles se présentent-ils? — 1°Quels sont les caractères de l'anorexie et

de la dyspepsie dépendant de la grossesse, par quels moyens peut-on combattre ces troubles des fonctions de l'estomac lorsqu'ils sont persistants et intenses? — 2° Quels sont les caractères des aigreurs et les moyens d'y remédier? — 3° Qu'est-ce qu'on entend par les mots de *pica* ou *malacia?* — 4° Sous quelles formes se présentent les gastralgies sympathiques de la grossesse et par quels moyens peut-on y remédier? — 5° Qu'est-ce que les nausées et les vomissements sympathiques de la grossesse? — Que doit-on faire quand les vomissements sont légers et ne reviennent que le matin? — Que doit-on faire lorsqu'ils sont intenses et qu'ils troublent la nutrition? — 6° Qu'entend-on par vomissements incoercibles, et quelles sont les conséquences qu'ils peuvent avoir? — Que doit faire la sage-femme dans le cas de vomissements incoercibles?

Art. VIII. — *De l'œdème des pieds et des parties génitales externes.*

274. — Quelle est la cause de la *tuméfaction des pieds et des parties externes de la génération*, et dans quelles circonstances cet état morbide peut-il se développer? — A quoi reconnaît-on cet œdème? — Quelle est l'importance de cette tuméfaction si la femme grosse est d'ailleurs bien portante?

275. — Quelle doit être la conduite de la sage-femme si cet œdème est assez considérable pour empêcher la femme enceinte de marcher? — Que doit-elle faire lorsque la tuméfaction est surtout considérable aux parties génitales?

Art. IX. — *De l'œdème général et de l'albuminurie*

276. — L'œdème peut-il s'étendre à tout le corps? — Que rencontre-t on le plus souvent dans l'urine des femmes grosses affectées d'œdème général? — Quel accident est souvent lié à la présence de l'albumine dans l'urine des femmes grosses? — Quelle doit être la conduite de la sage-femme dans les cas où l'œdème peut faire soupçonner la présence de l'albumine dans l'urine?

Art. X. — *Des varices.*

277. — Qu'entend-on par *varices puerpérales?* — Quelle en est la nature? — Qu'arrive-t-il à ces varices puerpérales après l'accouchement?

278. — Quelle doit être la conduite de la sage-femme dans ce cas? — Quel est le meilleur traitement de ces varices? — Que doit faire la sage-femme quand les varices aux pieds et aux grandes lèvres crèvent?

Art. XI. — *De la leucorrhée.*

279. — Dans quelles circonstances et avec quels caractères se présente la leucorrhée des femmes grosses? — Quels soins exige cet accident?

Art. XII. — *Des hémorrhagies utérines dans les six premiers mois de la grossesse et de la fausse couche.*

280. — Qu'entend-on par *fausse couche* ou *avortement?* — Qu'y a-t-il à observer par rapport à la fréquence de la fausse couche? — A quelle époque de la grossesse a-t-elle lieu le plus souvent?

281. — Quelles sont les *causes* de la fausse couche?

282. — Comment divise-t-on les causes qui proviennent de la *mère?* — Qu'entend-on par *causes prédisposantes?* — Qu'entend-on par *causes occasionnelles?*

283. — Quelles sont les principales causes prédisposantes de la fausse couche? — Quelles sont les causes occasionnelles principales?

284. — Quelles sont les causes qui proviennent du *fruit?*

285. — Quelles sont les forces qui, dans la fausse couche, déterminent l'expulsion du fœtus et de ses annexes? — De quelle manière la fausse couche a-t-elle lieu? — Quelle différence y a-t-il par rapport à l'expulsion de l'arrière-faix entre la fausse couche et l'accouchement à terme? — Quelles sont souvent les suites de la rétention de l'arrière-faix?

286. — Quels sont les accidents ou symptômes qui *précèdent* en général la fausse couche? — Tout écoulement de sang provenant des parties génitales, surtout dans les premiers mois de la grossesse, doit-il être regardé comme un état morbide? — Comment le flux menstruel diffère-t-il d'une hémorrhagie utérine? — Comment les coliques des femmes enceintes se distinguent-elles des douleurs de l'enfantement? — La fausse couche a-t-elle toujours des *prodromes?*

287. — Qu'y a-t-il à craindre d'abord dans l'hémorrhagie

utérine qui se déclare dans les six premiers mois de la grossesse? — Qu'est-ce qui augmente en général dans ce cas le danger auquel la femme est exposée de faire une fausse couche? — Pourquoi la fausse couche est-elle toujours un accident grave? — Quels sont les dangers dont la fausse couche menace la femme? — Dans quelles circonstances la disposition à une nouvelle fausse couche est-elle surtout grande? — Qu'y a-t-il à remarquer au sujet du danger auquel la femme est exposée par suite d'une hémorrhagie? — Qu'y a-t-il en général à remarquer par rapport au danger qui résulte de la rétention de l'arrière-faix chez une femme après une fausse couche? — Sous quel rapport cette rétention de l'arrière-faix peut-elle devenir dangereuse?

288. — Que doit faire la sage-femme dès qu'une hémorrhagie utérine ou d'autres signes précurseurs de la fausse couche se déclarent? — A qui appartient-il exclusivement de prescrire des remèdes pour prévenir l'avortement? — Quels préceptes la malade doit-elle observer jusqu'à l'arrivée du médecin? — Quels conseils la sage-femme doit-elle donner à la malade afin qu'elle arrive à terme sans que sa santé soit troublée? — Quand une femme a déjà fait une ou plusieurs fausses couches, quelle est la condition indispensable pour prévenir cet accident dans la suite?

Quelles règles de conduite la femme qui a fait une fausse couche doit-elle observer dans la grossesse suivante, surtout lorsqu'elle a lieu peu de temps après? — Que faut-il recommander à une femme qui, sans être trop faible, est disposée à des hémorrhagies, et qui, après avoir fait une ou plusieurs fausses couches, aura eu enfin un accouchement à terme? — Quels sont les moyens qui ne doivent pas être employés pour arrêter l'hémorrhagie tant qu'il y a espoir d'empêcher la fausse couche? — Pourquoi doit-on dans ce cas éviter d'employer les remèdes propres à arrêter les hémorrhagies consécutives à l'accouchement? — Pourquoi la sage femme doit-elle avoir soin d'examiner le lit et les draps placés sous la malade et de les changer? — Si malgré toutes les précautions et tous les remèdes employés par le médecin, l'hémorrhagie augmente au point qu'il y ait danger manifeste pour la mère, à quel moyen faut-il recourir pour arrêter l'écoulement du sang?

Comment pratique-t-on le *tamponnement?* — Comment le tamponnement arrête-t-il l'hémorrhagie? — Le tampon produit-il encore un autre effet, quel est-il? — Quelle précaution doit-on prendre par conséquent dans l'application de ce moyen? — Quelle responsabilité encourrait-on si l'on employait le tampon sans besoin pressant? — Qu'est-ce qui indique l'imminence du danger? — Quelle doit être la conduite de la sage-femme des campagnes si, avant l'arrivée du médecin, l'hémorrhagie devient tellement forte, qu'elle menace la vie de la malade? — Sauf les cas extrêmes, est-il facile de juger si la vie est réellement menacée? — Qu'en résulte-t-il? — Quels sont les autres moyens appropriés aux cas où le tamponnement est indiqué?

A quelle époque de la grossesse le tamponnement après une fausse couche, que l'arrière-faix soit expulsé ou non, est-il toujours indiqué pour arrêter l'hémorrhagie? — Pourquoi dans la première moitié de la grossesse le tamponnement ne donne-t-il pas lieu à un épanchement de sang à l'intérieur? — Pourquoi dans les hémorrhagies qui se déclarent après l'accouchement, à une époque plus avancée de la grossesse, le tamponnement ne doit-il plus être employé?

Quel est le premier devoir de la sage-femme en cas d'hémorrhagie après la fausse couche? — Quelle doit être la conduite de la sage-femme si, après la fausse couche, l'arrière-faix se fait attendre sans qu'une hémorrhagie se déclare, mais si en même temps il survient des douleurs violentes et de la fièvre? — Que doit-elle faire quand un écoulement fétide se fait par les parties génitales?

Art. XIII. — *Des hémorrhagies utérines provenant d'une implantation vicieuse du placenta.*

289. — D'où proviennent dans la plupart des cas les hémorrhagies utérines qui ont lieu dans les trois derniers mois de la grossesse?

290. — Qu'entend-on par *implantation vicieuse du placenta?* — Qu'entend-on par implantation vicieuse *complète* et *incomplète* du placenta sur l'orifice interne de l'utérus? — Quels sont les *signes* qui font reconnaître, les uns avec probabilité, les autres avec certitude, qu'il y a une implantation vicieuse du placenta? — Dans quels mois de la grossesse survient-il des hémorrhagies dans le cas d'implantation vicieuse du placenta? — Dans quel mois ces hémorrhagies arrivent-elles *le plus souvent?*

291. — Quelle est la *cause* de l'implantation vicieuse du placenta?

292. — Quels sont les signes de l'implantation vicieuse du placenta? — Qu'y a-t-il à remarquer par rapport à la durée et au retour de ces hémorrhagies, quand la femme grosse se tient tranquille et évite soigneusement tout ce qui pourrait les occasionner? — Qu'y a-t-il à remarquer sur l'intensité de la première hémorrhagie par rapport à l'*époque* de la grossesse à laquelle elle se déclare?

Abstraction faite des contractions utérines, qu'y a-t-il encore à remarquer au sujet des circonstances qui déterminent ces hémorrhagies ou qui les font reparaître? — Est-ce quand le placenta est implanté *sur* l'orifice utérin, ou quand il est situé *dans son voisinage* que l'hémorrhagie se montre plus tôt? — Peut-il aussi arriver que, dans le cas d'implantation du placenta *sur* l'orifice utérin, la femme porte jusqu'à terme sans qu'il survienne une hémorrhagie? — Quels effets les contractions utérines produisent-elles sur ces hémorrhagies, surtout dans le cas d'implantation du placenta sur l'orifice de la matrice?

Comment trouve-t-on au toucher la portion vaginale du col utérin et en général le segment inférieur de la matrice? — Que sent-on dans l'orifice utérin et quelquefois au dehors? — Que sent-on dans l'orifice utérin quand le bord du placenta ne couvre pas entièrement cet orifice? — Quelles précautions particulières faut-il employer en pratiquant le toucher?

293. — Quel est en général le *pronostic* dans les hémorrhagies qui proviennent d'une implantation vicieuse du placenta, abandonnées à elles-mêmes ou secourues trop tard? — Le pronostic est-il également défavorable dans tous les cas? — Dans quel cas le danger est-il très grand? dans quel cas l'est-il moins?

294. — Dans quelle circonstance, l'hémorrhagie provenant d'une implantation vicieuse du placenta, l'accouchement peut il se faire par les seuls efforts de la nature? — Cette issue heureuse a-t-elle fréquemment lieu, et peut on la prévoir? — Y a-t il un signe qui fasse reconnaître d'avance si l'implantation du placenta sur l'orifice utérin est complète ou incomplète?

295. — Quelle est la terminaison de l'hémorrhagie abandonnée à elle même dans le cas d'implantation plus ou moins complète du placenta?

296. — Pourquoi les secours à porter dans ces hémorrhagies sont-ils de la dernière importance? — Pourquoi faut il que la sage-femme ait une connaissance aussi exacte que possible des

procédés qu'emploie le médecin dans ce cas? — Que faut-il faire si dans les trois derniers mois de la grossesse il survient une hémorrhagie qui n'est pas assez forte pour que le danger soit imminent? — Quels secours l'hémorrhagie réclame-t-elle si elle devient tellement forte qu'elle menace la vie de la malade? — Par quoi reconnaît-on que le danger est proche, et cela est-il facile à reconnaître, excepté dans les cas extrêmes?

Quelle doit être la dilatation de l'orifice utérin pour permettre sans danger l'introduction de la main? — Pourquoi l'élargissement artificiel de l'orifice est alors accompagné de plus de danger que dans le cas où le placenta occupe son siége habituel? — Qu'y a-t-il à remarquer au sujet de l'hémorrhagie qui a lieu dans ce cas après la délivrance par la version, si en introduisant la main dans l'orifice on a occasionné une lésion du placenta ou du col? — Quel est le moyen qu'on emploie pour arrêter l'hémorrhagie, en sorte qu'on puisse attendre sans danger la dilatation de l'orifice utérin?

Dans quel cas peut-on se décider à tamponner? — Qu'entend-on par *tamponner trop tôt*, et quelles en sont les suites fâcheuses? — Dans quelles circonstances le tamponnement est-il inutile et cause-t-il une perte de temps dangereuse? — Quand faut-il enlever le tampon?

Comment procède-t-on en introduisant la main dans l'utérus, comment fait on la manœuvre de la version? — Jusqu'où fait-on descendre les pieds? — Comment les hanches engagées dans l'orifice utérin arrêtent-elles l'hémorrhagie? — Dans quelles circonstances faut-il faire l'extraction complète de l'enfant? — Qu'y a-t-il à remarquer dans ce cas au sujet de l'arrière-faix? — Dans quelles circonstances suffit-il quelquefois de percer les membranes de l'œuf pour arrêter l'hémorrhagie?

297. — Quel est pour la mère le pronostic des hémorrhagies provenant d'une implantation vicieuse du placenta, si l'on ne porte pas à temps les secours nécessaires? — Qu'y a-t-il à remarquer sur la conservation des enfants qu'on est forcé d'extraire par la version?

298. — Que doit faire la sage-femme aussitôt qu'une hémorrhagie survient dans les trois derniers mois de la grossesse? — Quelle doit être sa conduite jusqu'à l'arrivée du médecin? — Quels conseils doit-elle donner relativement à l'exercice corporel, à l'alimentation, à la température de l'appartement, etc.? — Quelles règles de conduite la femme enceinte doit-elle observer si l'hémorrhagie n'a pas été considérable et qu'elle ait encore

quelque temps, six à huit semaines par exemple, pour arriver à terme? — Combien de temps doit-elle garder la chambre?

Que doit faire la femme enceinte si l'hémorrhagie reparaît, surtout sans cause extérieure, ou si le premier écoulement de sang a été considérable et qu'elle approche du terme de la grossesse? — Pourquoi les remèdes généralement indiqués dans les hémorrhagies utérines, tels que des frictions circulaires sur la région du fond de l'utérus, des aspersions froides, des fomentations et des injections froides, la teinture de cannelle, ne conviennent-ils pas dans ce cas?

Quelle doit être la conduite de la sage-femme si, avant l'arrivée de l'accoucheur, l'hémorrhagie s'accroît au point que le danger devienne imminent, ou si elle n'a été appelée qu'en ce moment? — Pourquoi est-il à désirer que la sage-femme ne se trouve pas dans le cas d'agir d'elle-même, c'est-à-dire de faire le tamponnement, de pratiquer la version ou de percer les membranes de l'œuf? — Pourquoi la sage-femme, même dans les cas où l'imminence du danger demande qu'elle fasse sur-le-champ la version, doit-elle néanmoins réclamer sans délai la présence d'un accoucheur ou d'un médecin?

TROISIÈME PARTIE.

DE L'ACCOUCHEMENT NATUREL ET DES SOINS QU'IL RÉCLAME.

SECTION PREMIÈRE.

DE L'ACCOUCHEMENT NATUREL EN GÉNÉRAL.

CHAPITRE Ier. — DÉFINITION ET DIVISIONS DE L'ACCOUCHEMENT.

299. — Qu'entend-on par *accouchement?* — Qu'entend-on par accouchement *artificiel?*

300. — Quelle est la division des accouchements?

301. — Comment les accouchements se divisent-ils suivant la *durée* de la grossesse? — Qu'est-ce qu'un accouchement *à terme?* — Qu'est-ce qu'un *avortement?* — Qu'est-ce qu'un accouchement *avant terme?* — Qu'est-ce qu'un accouchement *après terme?*

302. — Comment les accouchements se divisent-ils par rapport au nombre des enfants?

303. — Comment se divisent les accouchements suivant la *marche du travail?* — Qu'entend-on par accouchements *faciles* et *difficiles, prompts* et *lents?* — Qu'entend-on par accouchements *réguliers* et *irréguliers?* — Qu'a-t-on entendu jadis par accouchements *naturels* et par accouchements *contre nature?*

304. — Comment divise-t-on les accouchements suivant l'*influence qu'ils exercent sur la santé et la vie de la mère et de l'enfant?* — Qu'est-ce qu'un accouchement *normal?* — Qu'est-ce qu'un accouchement *anormal* ou *vicieux?* — Quelle est la division la plus importante pour la sage-femme au point de vue pratique?

CHAPITRE II. — Causes déterminantes de l'accouchement.

305. — En quoi consiste la force qui expulse l'enfant de la matrice?

306. — Qu'est-ce que les *douleurs de l'enfantement?* — Comment les contractions utérines se font-elles pendant l'accouchement? — Quelle est la partie génitale qui, outre la matrice, contribue à l'expulsion du fœtus?

307. — Comment les douleurs se *divisent-elles?* — Qu'entend-on par *vraies* douleurs et *fausses* douleurs?

308. — A quoi reconnaît-on les *vraies* douleurs?

309. — A quoi reconnaît-on les *fausses* douleurs? — Qu'est-ce que les sages-femmes entendent par douleurs *mixtes* ou *composées?*

310. — Comment divise-t-on encore les douleurs?

311. — Qu'est-ce que les douleurs *régulières?* — Qu'entend-on par *degré* et par *espèce* de contractions utérines?

312. — Sous quels différents rapports les douleurs peuvent-elles être *irrégulières?* — Qu'entend-on par douleurs irrégulières quant à leur intensité? — Qu'entend-on par douleurs irrégulières quant à leur espèce?

313. — Quelles sont les forces qui *secondent* les contractions utérines? — Qu'entend-on par les mots : *seconder les efforts de la nature* pendant le travail?

314. — En quoi consiste la résistance que rencontrent les forces expultrices?

CHAPITRE III. — Des phénomènes physiologiques et de la marche du travail de l'accouchement.

315. — En combien de *périodes* divise-t-on le travail ?

316. — Par quoi *commence* la *première* période de l'accouchement et par quoi *se termine-t-elle* ? — Sous quelle forme les premières contractions se manifestent-elles ? — Qu'observe-t-on encore dans la première période de l'accouchement ?

317. — Par quoi *commence* la *seconde* période de l'accouchement, et par quoi *finit-elle* ? — Comment appelle-t-on les douleurs de la seconde période de l'accouchement ? — Qu'appelle-t-on les douleurs *préparantes* ? — A quoi servent les douleurs préparantes ? — Qu'entend-on par ces mots : *La poche des eaux se présente* ? — Qu'entend-on par ces mots : *La poche des eaux est mûre* ? — Qu'entend-on par *rupture* de la poche des eaux ? — Comment appelle-t-on les eaux qui s'écoulent par suite de la rupture de la poche, et pourquoi leur donne-t-on ce nom ? — Pourquoi les douleurs préparantes sont-elles plus insupportables à la plupart des femmes que les douleurs subséquentes ? — Quand les *membranes* sont trop minces et se déchirent trop facilement, quelles en sont les suites ? — Que résulte-t-il lorsque les membranes sont trop fortes, trop tenaces ? — Cette circonstance rend-elle fréquemment l'accouchement difficile ?

318. — Par quoi *commence* la *troisième* période de l'accouchement, et par quoi *finit-elle* ? — Que remarque-t-on immédiatement après la rupture de la poche des eaux ? — Comment appelle-t-on les douleurs de la troisième période, et quel en est le caractère ? — Quel est l'effet que les douleurs produisent sur la tête de l'enfant qui se présente ? — Qu'entend-on par ces mots : *La tête est au couronnement ?* — Quel changement remarque-t-on sur le cuir chevelu de l'enfant aussitôt après la rupture de la poche, et qu'y observe-t-on dans la marche ultérieure du travail ?

319. — Par quoi *commence* la *quatrième* période de l'accouchement, et par quoi *finit-elle* ? — Quel est le caractère des douleurs de cette période, et comment les appelle-t-on ? — Qu'est-ce qui a lieu lorsque la tête apparaît entre les grandes lèvres ? — Qu'arrive-t-il lorsque la tête franchit la vulve ? — Quel est le moment le plus douloureux de l'accouchement ? — Quelle est l'influence que les douleurs de cette période, jusqu'au

moment où la tête franchit les grandes lèvres, exercent sur le moral et le physique de la femme en travail ? — Quels symptômes remarque-t-on après que la tête a franchi la vulve ?

Qu'entend-on par *secondes* eaux, et pourquoi celles-ci ne s'écoulent-elles pas lors de la rupture de la poche, en même temps que les premières ? — Sous quelle forme sent-on la matrice aussitôt après l'expulsion de l'enfant, jusqu'à la sortie de l'arrière-faix ?

320. — Par quoi *commence* la *cinquième* période de l'accouchement, et par quoi *finit-elle?* — Que peut-on sentir ordinairement dans l'orifice utérin aussitôt après l'expulsion de l'enfant, et quel est l'indice que cela fournit ? — Combien de temps après l'accouchement les douleurs reparaissent-elles ordinairement ; quelle en est la nature, et comment les appelle-t-on ? — Que remarque-t-on au milieu de ces douleurs, et quelle en est la destination ?

Comment se fait l'expulsion de l'arrière-faix ? — Qu'est-ce qui indique une hémorrhagie qui se déclare après l'expulsion de l'enfant ? — Qu'est-ce qui permet de conclure que l'arrière-faix s'est complétement détaché de la matrice ? — Qu'est-ce qui suit souvent immédiatement l'arrière-faix ? — Comment appelle-t-on l'état dans lequel se trouve une femme après l'expulsion de l'arrière-faix ?

SECTION DEUXIÈME.

DES PHÉNOMÈNES MÉCANIQUES DU TRAVAIL ET DE L'ACCOUCHEMENT NATUREL EN PARTICULIER.

CHAPITRE Ier. — CONDITIONS ET DIVISIONS DE L'ACCOUCHEMENT NATUREL.

ART. Ier. — *Conditions de l'accouchement naturel.*

321. — Quelles sont les conditions indispensables d'un accouchement *normal?* — Qu'entend-on par *énergie convenable* des *forces expultrices ?*

322. — Que faut-il de la part de l'enfant pour que l'accouchement se fasse d'une manière normale ? — Qu'entend-on par volume et forme convenables de l'enfant ? — Qu'est-ce qu'une *bonne présentation?* — Qu'est-ce qu'une *présentation vicieuse?* — Quelle doit être la disposition du cordon ombilical ? — Où le

placenta doit-il être situé ? — Comment les *membranes* doivent-elles être conformées ? — Quelles conditions doivent offrir les *eaux amniotiques ?*

323. — Quelle doit être la conformation des parties *dures* et des parties *molles* de la génération ?

324. — Quelle est la quatrième condition d'un accouchement normal ? — Quels sont principalement les états morbides sur lesquels l'accouchement exerce plus ou moins d'influence, et quelles sont les suites fâcheuses qui peuvent naître de cette influence ? — Y a-t-il aussi des états morbides sur lesquels l'accouchement n'exerce point d'influence, et quels sont ceux qu'on peut citer comme exemples ?

Art. II. — *Divisions de l'accouchement naturel.*

325. — Qu'y a-t-il de particulier dans la fonction de l'accouchement qui la distingue de toutes les autres fonctions de l'économie ? — Tout écart du mécanisme ordinaire de l'accouchement doit-il faire regarder celui-ci comme vicieux ? — Quand les écarts du mécanisme ordinaire de l'accouchement doivent-ils le faire regarder comme vicieux ?

326. — De combien de manières l'enfant peut-il se présenter *longitudinalement ?* — De combien de manières l'enfant peut-il se présenter par la *tête*, et comment appelle-t-on ces présentations ? — Qu'entend-on par accouchement par le *siége*, accouchement par les *pieds*, par présentation *complète* ou *incomplète* des pieds ?

327. — Combien y a-t-il d'espèces de présentations normales ?

328. — Quel est le rapport de fréquence entre ces diverses présentations ?

CHAPITRE II. — Des caractères et du mécanisme de l'accouchement naturel dans chaque présentation.

Art. Ier. — *Présentation crânienne.*

329. — Quels sont les caractères par lesquels on reconnaît à la fin de la grossesse, ou au commencement du travail, que l'enfant se trouve dans une bonne position, c'est-à-dire longitudinalement dans la matrice ? — Dans quelle région de l'abdomen la femme enceinte ressent-elle principalement les mouvements de l'enfant ? — Lorsqu'on est sûr que c'est le crâne qui se

présente, et qu'on ignore la position, que peut-on conclure jusqu'à un certain point de ce que la femme sent les mouvements de l'enfant du côté droit ou du côté gauche ? — Sur quel point du bas-ventre de la femme se font entendre avec plus d'intensité les pulsations du cœur du fœtus ? — A quoi reconnaît-on que le crâne est la partie qui se présente ? — A quoi reconnaît-on l'*espèce* de position crânienne ? — Quelles sont les circonstances qui rendent difficile la reconnaissance de l'espèce de position crânienne ?

330. — De combien de manières le crâne se présente-t-il *ordinairement ?*

331. — Quelle est la *fréquence relative* des deux positions crâniennes ordinaires, et comment appelle-t-on celle qui est la plus fréquente et celle qui l'est moins ?

332. — Sous quel nom commun désigne-t-on les deux positions crâniennes les plus fréquentes ? — Qu'entend-on par positions crâniennes *ordinaires*, et en général par positions de la tête *non ordinaires ?*

1° Mécanisme de l'accouchement dans la première position crânienne.

333. — Quel est le point du crâne que rencontre le bout du doigt en pratiquant le toucher au début du travail, lorsque l'orifice utérin est assez ouvert pour permettre au doigt de s'y introduire ?—Où arrive le bout du doigt lorsqu'on le fait glisser le long de la suture sagittale en le dirigeant à gauche ?

En dirigeant le doigt le long de la suture sagittale à droite, à quel point du crâne arrive-t-il ? — Quel est le point du crâne qu'on sent au milieu (c'est-à-dire à une distance presque égale des quatre parois du bassin), et qui est la partie la plus déclive? — Quelle est donc la position de la tête dans la première position crânienne ?

334. — Comment la tête se meut-elle au moment où elle pénètre dans le détroit supérieur, et descend dans la cavité pelvienne ? — Quelle est la position de la tête lorsqu'elle se trouve déjà dans la cavité pelvienne ?

335. — Quelle est la partie du crâne par laquelle la tête se présente au niveau des grandes lèvres ? — Qu'est-ce qui a lieu lorsque la tête se présente à l'ouverture des grandes lèvres et les franchit? que remarque-t-on alors au périnée ? — Quelle est la direction de la face lorsque la tête a passé les grandes lèvres?

336. — Comment les épaules se meuvent-elles au moment où la tête se présente aux grandes lèvres et à mesure qu'elle descend, jusqu'au moment de franchir la vulve ? — Quelle est la position des épaules lorsque la tête est sortie (ou bien comment les épaules se présentent-elles au détroit inférieur)?

Dans quelle position les épaules se présentent-elles aux grandes lèvres et les franchissent-elles ; quelle épaule sort alors la première, et comment se fait l'expulsion du reste du corps de l'enfant ? — Quelle est l'épaule qui, en général, sort la première de dessous l'arcade des pubis, dans chaque position crânienne ?

337. — Dans quelles circonstances et à quel point du crâne, l'orifice utérin n'étant que peu dilaté (à peu près d'un doigt ou au delà), une tumeur se forme t-elle au crâne, et que devient cette tumeur ?

Quand et à quel point du crâne se développe la tuméfaction des téguments (*tumeur sanguine*) que l'enfant apporte en naissant ? — Qu'observe-t-on par rapport à l'étendue de la base de la tumeur sanguine lorsque la descente de la tête se fait lentement? — La tumeur sanguine ayant son siége sur le quart supérieur et postérieur du pariétal droit, quelle preuve évidente en résulte-t-il pour la position de la tête, lorsqu'elle est arrivée dans la cavité pelvienne et au moment où elle se présente au niveau des grandes lèvres ?

2° Mécanisme de l'accouchement dans la seconde position crânienne.

338. — Comment la tête se présente-t-elle dans la *seconde* position crânienne ?

339. — De quelle manière la tête, dans cette position, pénètre-t-elle dans le détroit supérieur, et descend-elle dans la cavité pelvienne ; quel changement de position éprouve-t-elle dans la marche ultérieure du travail, et quel est le point du crâne qui, à la fin de la troisième période, se trouve être tourné vers la fente vulvaire ?

340. — De quelle manière la tête se présente-t-elle entre les grandes lèvres et les franchit-elle, et où la face est-elle tournée, lorsqu'elle est sortie ? — Dans quelle position les épaules se présentent-elles et au détroit inférieur, et de quelle manière se présentent-elles au niveau des grandes lèvres, et les franchissent-elles ?

341. — La marche du travail subit-elle quelque influence

selon qu'il y ait première ou seconde position crânienne? — Comment peut-il arriver qu'on confonde la seconde position crânienne avec la première ?—Comment peut naître cette opinion erronée, que la tête présente *souvent* au commencement du travail, à droite et en avant la petite fontanelle, bien que cette position soit la plus rare de toutes ?

3° De quelques anomalies dans le mécanisme de l'accouchement dans la présentation crânienne.

342. — En quoi le mécanisme du travail s'écarte-t-il, toutefois rarement, de la règle dans la *seconde* position crânienne ? — Lorsque la tête n'exécute pas le mouvement de rotation ordinaire, de quelle manière se présente-t-elle entre les grandes lèvres et opère-t-elle son passage ? — Dans quelle position se présentent alors les épaules au détroit inférieur et comment sortent-elles ?—Quelles sont les circonstances particulières dans lesquelles cette irrégularité dans le mécanisme s'observe particulièrement ?

343. —Quelle autre irrégularité dans le mécanisme du travail observe-t-on quelquefois pendant le passage de l'enfant à travers le bassin dans la présentation crânienne en général ?

344. — Comment le mécanisme de l'accouchement s'accomplit-il dans les cas rares où la tête se présente par le pariétal *droit*, la grande fontanelle dirigée à droite et plus ou moins en avant ?

345. —Quelles autres anomalies remarque-t-on quelquefois, dans les mêmes circonstances ou dans des circonstances semblables, lorsque les douleurs se succèdent avec une trop grande rapidité, lorsque le bassin se trouve trop large ou trop étroit dans un de ses diamètres ?

Art. II. — *Présentation faciale.*

346. — De combien de manières l'enfant se présente-t-il ordinairement dans la présentation de la face ? — Quelle est la position de la face un peu plus fréquente que l'autre, et comment l'appelle-t-on pour cette raison ? — Comment se nomme la seconde? A quoi reconnaît on que c'est la face qui se présente ? — Dans quelles circonstances la reconnaissance de la face est-elle difficile ? — Qu'est-ce qui rend particulièrement difficile, après la rupture de la poche des eaux, le diagnostic de la face et peut

facilement induire en erreur ? — Pourquoi doit-on user de la plus grande prudence en pratiquant le toucher dans cette présentation ?

347. — Quelle est la partie que rencontre ordinairement, dans la *première* position faciale, le doigt introduit au commencement du travail dans l'orifice utérin ; quelles parties ce doigt rencontre-t-il lorsqu'il est dirigé à gauche, ou bien à droite ou bien en avant? — Quel est donc, au commencement du travail, la position de la face dans la première position ? — Quel mouvement de rotation éprouve la tête, à mesure que dans la marche ultérieure du travail elle descend dans la cavité pelvienne, et quelle est sa position à la fin de la troisième période de l'accouchement?

De quelle manière la tête arrive-t-elle à l'entrée des grandes lèvres et les franchit-elle ? — Où la face est-elle tournée lorsque la tête est sortie ? — Dans quelle position les épaules se présentent-elles au détroit inférieur, et de quelle manière sortent-elles? — Quelle ressemblance frappante observe-t-on entre la manière dont la tête, dans la première position crânienne et dans la première position faciale, s'engage dans le bassin et le traverse?

348. — Que remarque-t-on après l'accouchement, à la face de l'enfant, lorsque le passage de la tête à travers le bassin se fait *graduellement* dans le temps voulu ? — A quelle partie de la face rencontre-t-on cette tuméfaction bleu foncé?

349. — Que rencontre-t-on au commencement du travail, à l'orifice utérin, dans la *seconde* position faciale ? — De quelle manière la tête se meut-elle en descendant dans la cavité pelvienne, et quelle position occupe-t-elle à la fin de la troisième période de l'accouchement ? — De quelle manière la tête arrive-t-elle à l'ouverture des grandes lèvres et les franchit-elle, où la face est-elle tournée lorsque la tête est sortie, et à quelle partie de la face se trouve la tuméfaction bleu foncé lorsqu'elle existe?

350. — Lorsque, dans la présentation de la face, le front se trouve primitivement un peu en avant ou en arrière, quelle influence cette circonstance exerce-t-elle sur la marche ultérieure du travail ; de quelle manière le menton se tourne-t-il toujours, et à quel endroit sort-il au détroit inférieur ?

351. — Les accouchements avec présentation de la face sont-ils plus difficiles à s'accomplir que ceux avec présentation du crâne, par les seuls efforts de la nature ? — La présentation faciale admet-elle sous tous les rapports un *pronostic* aussi favorable que la présentation crânienne ? — Sous quel rapport

ce pronostic est-il aussi favorable pour l'une que pour l'autre ? — Sous quel rapport ne l'est-il pas, et pourquoi ?

Art. III. — *Présentations du siége et des pieds.*

1° Présentation du siége.

352. — Qu'appelle-t-on accouchement avec présentation du *siége?* — Quels sont les caractères auxquels on reconnaît la présentation du siége ? — Sur quel point du ventre de la femme entend-on les battements du cœur de l'enfant avec le plus d'intensité? — Quel est le caractère le plus certain pour reconnaître le siége, ainsi que sa direction par rapport aux parois du bassin ?

353. — Combien d'*espèces principales* de présentation du siége suffit-il d'admettre, et quelles sont-elles ? — Quelle est l'espèce qu'on appelle la *première* et quelle est la *seconde* ?

354. — Pourquoi les espèces principales sont-elles désignées ainsi ? — Qu'y a-t-il à remarquer sur la *fréquence* de la présentation du siége en général ?

355. — Les accouchements avec présentation du siége ou des pieds se font-ils de même que ceux avec présentation de la tête d'après un mécanisme fixe ? — Quelle est la différence qui existe entre les accouchements avec présentation du siége et des pieds, et ceux avec présentation de la tête par rapport à la manière dont l'enfant traverse le bassin ?

356. — Quelle est l'attitude de la tête et des membres par rapport au tronc dans les cas de présentation du siége ?

357. — Dans quelle position le siége se trouve-t-il toujours lorsqu'il est engagé dans le détroit supérieur, lors même qu'il avait primitivement une position transversale parfaite, et quelle est la hanche qui se trouve être plus engagée en avant et en bas? — Dans quelle position le siége (ou l'extrémité pelvienne) est-il poussé à travers le détroit supérieur, la cavité du bassin et le détroit inférieur ? — De quelle manière le siége descend-il dans la cavité pelvienne dans la *première* espèce de position lorsque la hanche gauche, comme cela arrive le plus souvent, est dirigée en avant ? Quelle est la partie par laquelle le siége vient apparaître aux grandes lèvres ?

Quelle est la hanche qui sort la première de dessous l'arcade du pubis ? — Où l'abdomen de l'enfant est-il dirigé après la sortie des hanches ? — Dans quelle attitude le reste du tronc arrive-t-il, et comment sont placés les bras au moment où la poitrine traverse le détroit supérieur ? — Dans quelle direction les épaules traversent-elles le détroit supérieur et descendent-elles dans la cavité pelvienne, et, pendant que cela a lieu, dans quelle direction la tête pénètre-t-elle dans le détroit supérieur et descend-elle dans la cavité pelvienne ? — De quelle manière la tête apparaît-elle aux grandes lèvres et les franchit-elle ? Quel est le mécanisme de l'accouchement dans la *première* espèce, la hanche *droite* étant un peu dirigée en avant ? — Sur quelle partie du siége se trouve la tuméfaction qu'on observe comme dans la présentation crânienne ?

358. — Quel est le mécanisme de l'accouchement dans la *seconde* espèce principale, la hanche *gauche* étant un peu dirigée en avant et la face antérieure de l'enfant regardant la paroi antérieure de l'abdomen de la mère (ce qui arrive le plus fréquemment)? — De quelle manière le passage de l'enfant s'opère-t-il à travers les voies génitales dans la seconde espèce principale, la hanche *droite* étant un peu dirigée en avant? — Quelle irrégularité observe-t-on quelquefois dans l'un et l'autre de ces cas, surtout lorsque l'enfant est peu volumineux ?

359. — Quelles sont les anomalies que peut présenter l'expulsion du tronc et de la tête ?

360. — Quel est le mécanisme du travail dans la présentation du siége, lorsque le menton ne touche pas la poitrine, mais que l'occiput, comme dans la présentation de la face, est appliqué contre la nuque ?

2° Présentation des pieds.

361. — Qu'entend-on par présentation des *pieds* ? — La présentation des deux pieds s'observe-t-elle plus fréquemment que la présentation d'un seul ? — A quoi reconnaît-on les pieds? — Quelle est la direction du pied par rapport à la jambe? — Pourquoi confond-on si facilement le talon avec le coude, et comment l'en distingue-t-on ? — Comment distingue-t-on le genou d'avec le coude?

362. — Combien d'espèces principales de présentation des pieds suffit-il d'admettre? — Quand l'enfant prend-il une direction déterminée, quant à ses faces, par rapport aux parois du bassin, et comment alors le passage du tronc s'opère-t-il à travers le bassin? — Quelle est la comparaison à établir entre

les accouchements avec présentation des pieds et ceux avec présentation du siége, par rapport à la facilité du passage du tronc à travers le bassin ?

363. — Dans quelles circonstances l'accouchement, avec présentation du siége ou des pieds, se fait-il d'après le mécanisme *ordinaire* ? — Pourquoi est-il si avantageux, pour le mécanisme des accouchements avec présentation du siége, que l'enfant soit expulsé par les seuls efforts de la nature, c'est-à-dire par l'activité de la matrice, qui de tout côté se contracte sur lui ? — Quelles sont les suites fâcheuses des tractions exercées sur l'enfant ?

3° Pronostic de l'accouchement par le siége et les pieds.

364. — Dans quelles circonstances les accouchements par le siége ou les pieds se font-ils sans préjudice ou danger pour la mère et pour l'enfant ? — Les accouchements par le siége ou les pieds offrent-ils plus de difficultés aux efforts de la nature que les accouchements avec présentation du crâne ?

Le pronostic des accouchements avec présentation du siége ou des pieds est-il, sous tous les rapports, aussi favorable que celui des présentations crâniennes? — Sous quel rapport est-il aussi favorable? sous quel rapport ne l'est-il pas, et pourquoi? — Que montre l'expérience à cet égard ? — Quel est le moment dangereux pour l'enfant pendant son passage à travers le bassin?

365. — Dans laquelle des deux espèces d'accouchements par le crâne ou par les pieds y a-t-il plus d'enfants mort-nés? — Pourquoi le pronostic est-il plus favorable dans les accouchements par le siége que dans ceux par les pieds?

Art. IV. — *Accouchements gémellaires.*

366. — Les accouchements dans les cas de jumeaux appartiennent-ils aux accouchements naturels ? et pourquoi ? — Appartiennent-ils aussi aux accouchements réguliers ? — Combien y a-t-il d'accouchements simples pour un de jumeaux?

367. — A quels signes reconnaît-on après la naissance d'un enfant qu'il y en a un autre dans la matrice ?

368 — Comment les jumeaux se présentent-ils ordinairement ? — Quelle est la position la plus fréquente du premier ?

369. — Quel est le mécanisme de l'accouchement dans le cas de jumeaux ? — De quelle manière l'expulsion de l'arrière-faix

se fait-elle ordinairement, que les placentas soient unis ou séparés?

370. — Qu'y a-t-il à remarquer au sujet du terme dans ces accouchements? — Quels sont les accidents qu'on observe plus souvent après des accouchements de jumeaux, de trijumeaux, etc., qu'après des accouchements simples?

Art. V. — *Signes de la vie et de la mort de l'enfant pendant l'accouchement.*

371. — Qu'y a-t-il à remarquer au sujet du diagnostic de la vie et de la mort de l'enfant pendant le travail?

372. — Quels sont les circonstances et les signes qui font présumer que l'enfant est *en vie*? — Lesquels de ces signes sont les seuls certains?

373. — Outre les signes déjà mentionnés de la mort de l'enfant pendant la grossesse, quels sont les circonstances et les signes qui font présumer avec plus ou moins de certitude pendant le travail que l'enfant est mort? — Quel cas doit-on faire de ces signes; quelques-uns donnent-ils la certitude de la mort de l'enfant, et quels sont ceux qu'on peut regarder comme certains? — Qu'est-ce qui augmente la probabilité de la mort de l'enfant?

SECTION TROISIÈME.

DES SOINS QUE DEMANDE LA FEMME DANS L'ACCOUCHEMENT NATUREL.

374. — Quel est le *but* de toute assistance dans un accouchement régulier?

375. — Quels sont les instruments et appareils dont une sage-femme doit être munie auprès d'une femme en travail? — Qu'est-ce que la sage-femme doit toujours avoir chez elle?

376. — Quelle est la *position* la plus commode et la plus sûre pour une femme en travail? — Quel est le *meilleur lit d'accouchement*, et de quelle manière doit-il être placé? — Comment le lit d'accouchement doit-il être composé, et comment la femme en travail doit-elle être couverte? — Comment un lit d'accouchement peut-il être facilement disposé pour les couches?

CHAPITRE Ier. — Conduite que la sage-femme doit tenir dans l'accouchement naturel en général, et en particulier dans ceux avec présentation du crane.

§ 1. — Conduite de la sage-femme dans la première période.

377. — Quelle conduite la sage-femme doit-elle tenir lorsqu'elle est appelée auprès d'une femme qui attend sa délivrance? — De quelles circonstances a-t-elle à s'informer si elle ne connaît pas déjà la femme?

378. — Quels conseils devra-t-elle lui donner pour la *première période* de l'accouchement?

§ 2. — Conduite de la sage-femme dans la deuxième période.

379. — Quels sont les soins à prendre par la sage-femme, et que doit-elle préparer dès que la *seconde période* commence? — Qu'est-ce que la sage-femme doit toujours avoir présent à l'esprit et ne jamais perdre de vue avant chaque accouchement, lors même que toutes les circonstances sont en apparence favorables, et qu'elles promettent une issue heureuse?

380. — Que doit-il y avoir dans la maison avant l'accouchement? qu'est-ce que la sage-femme doit toujours avoir sous la main, etc.? — Comment doit être l'air de l'appartement, et comment doit-être vêtue la femme en travail?

381. — Quel est le but du toucher dans la seconde période de l'accouchement, et de quelles précautions doit-on user en le pratiquant?

382. — Qu'est-ce que la sage-femme doit prescrire au commencement de la seconde période à chaque femme en travail bien portante? — Quels sont, suivant les circonstances, les ingrédients du lavement? — Quels sont les bons effets des selles procurées au commencement du travail? — Qu'y a-t-il à remarquer par rapport à l'évacuation de l'urine?

383. — Quelle est la conduite ultérieure que doit tenir la sage-femme dans la seconde période, et qu'y a-t-il à remarquer relativement à la dilatation de l'orifice utérin, à la poche des eaux, aux efforts de la part de la femme tendant à seconder les douleurs, à l'usage des moyens propres à accélérer le travail, etc.? — Quelles sont les seules circonstances dans lesquelles il est permis de déchirer la poche des eaux, et de quelle manière faut-il y procéder?

384. — De quoi la sage-femme doit-elle s'abstenir pendant le travail? — Quelle conduite la sage-femme doit-elle tenir pour que la femme en travail ne perde pas patience, et qu'elle conserve toujours son courage?

385. — A quelle époque beaucoup de femmes en travail sont-elles le plus disposées à perdre patience et à se décourager, et pourquoi? — De quelle manière exerce-t-on sur elles l'influence la plus salutaire?

386. — Quel est le moment où l'on doit engager la femme en travail à se mettre au lit? — Pourquoi ne convient-il pas d'attendre jusqu'à la rupture de la poche des eaux pour donner ce conseil? — Qu'est-ce que la femme en travail doit faire lorsque les eaux s'écoulent prématurément? — Quelles sont les femmes qui doivent se mettre au lit immédiatement au début du travail? — Dans quelles circonstances peut-on permettre à une femme de quitter le lit, même après la rupture de la poche des eaux, de s'asseoir ou de marcher; mais quelle est la précaution dont on doit user alors?

387. — Quelle conduite la sage-femme doit-elle tenir lorsque l'orifice utérin est complétement dilaté, et que la rupture de la poche des eaux est imminente?

§ 3. — Conduite de la sage-femme dans la troisième période.

388. — Que doit faire la sage-femme immédiatement après la rupture de la poche des eaux? — Pourquoi la sage-femme doit-elle pratiquer le toucher immédiatement après la rupture de la poche? — Pourquoi doit-elle, dans chaque cas de la *troisième période*, chercher à s'assurer de la position de la tête, et ne pas se contenter de savoir seulement que c'est le crâne qui se présente?

389. — Quelle conduite la sage-femme doit-elle tenir dans le cours de cette période? — Que doit-elle faire par rapport aux efforts de la femme tendant à seconder le travail? — Est-ce qu'une femme peut retarder la marche du travail en cherchant à ne pas aider aux efforts de la nature, et à retenir les douleurs de toutes ses forces?

§ 4. — Conduite de la sage-femme dans la quatrième période.

390. — A quoi la sage-femme doit-elle particulièrement veiller dans la *quatrième période* de l'accouchement?

391. — Quelles sont les précautions qu'on doit prendre pour

empêcher la déchirure du périnée? — Quelle est, à cet effet, la position la plus convenable pour la femme en travail? — Qu'y a-t-il à faire observer dans le décubitus latéral et dans le décubitus dorsal par rapport à l'éloignement des genoux l'un de l'autre?

392. — Quand le périnée est-il le moins exposé? — Est-ce lorsque la tête arrive aux grandes lèvres et les franchit lentement, ou lorsque cela a lieu rapidement? — Quels sont les moyens dont nous disposons pour diminuer autant que possible l'intensité des douleurs expultrices?

393. — De quelle manière *soutient-on le périnée* chez la femme en travail couchée sur le côté gauche? — Comment soutient-on le périnée quand la femme est couchée sur le dos? — Dans quelle direction doit-on exercer une pression sur la tête de l'enfant, et quel est le but de cette manœuvre? — Lorsque les douleurs se succèdent trop promptement et qu'elles sont trop intenses, que faut-il faire pour empêcher la descente trop rapide de la tête?

Lorsque la tête est sortie, que doit-on faire de la main qui a soutenu le périnée au moment du passage de la tête? — Quelle est la valeur de tous les autres moyens qu'on emploie pour empêcher le périnée de se déchirer, et pour faciliter le passage de la tête?

394. — Quel est le temps opportun pour soutenir le périnée? — Est-il convenable de le soutenir avant ce moment?

395. — Pourquoi est-ce un des devoirs les plus importants de la sage-femme d'employer le plus grand soin dans tous les cas, et surtout chez les primipares, afin de prévenir la déchirure du périnée?

396. — Que doit faire la sage-femme dès que la tête est sortie? Quelle conduite tiendra la sage-femme lorsque le cordon entoure le cou *lâchement*, comme cela a lieu d'ordinaire? — Que doit-elle faire quand le cordon est serré autour du cou?

397. — Que remarque-t-on après la sortie de la tête en général, et particulièrement lorsque les douleurs se font attendre un peu plus que d'ordinaire, et qu'est-ce que la sage-femme doit faire dans cette circonstance? — Quelle sera sa conduite lorsqu'après la sortie de la tête la face de l'enfant est bleuâtre et tuméfiée?

398. — Que doit faire la sage-femme lorsque la sortie ultérieure de l'enfant ne s'effectue que lentement? — Quels sont les résultats à craindre lorsqu'on exerce des tractions sur le tronc

pour en accélérer la sortie? — Quelle est la position qu'on doit donner à l'enfant dès qu'il est sorti, et quel soin faut-il encore en prendre? — Si l'enfant a bonne mine, qu'il respire convenablement et qu'il crie, combien de temps faut-il attendre pour faire la ligature du cordon ombilical et pour le couper? — Combien de temps durent ordinairement les pulsations du cordon ombilical? — Que faut-il faire lorsque des mucosités accumulées dans la bouche de l'enfant l'empêchent de respirer?

399. — Qu'est-ce que la sage-femme doit faire et répéter plusieurs fois après la sortie de l'enfant? — Dans quel but la sage-femme doit-elle appliquer la main sur l'abdomen de la mère? — De quelle manière doit-elle faire cette manœuvre, et pourquoi de cette manière?

Comment la ligature et la section du cordon ombilical doivent-elles être faites, et qu'elle est la précaution à prendre dans cette opération? — Comment la ligature doit-elle être faite quand il existe une *hernie ombilicale congénitale?* — Qu'est-ce que la sage-femme doit faire, en outre, dans ce cas? — Avec quoi le cordon ombilical a-t-il été confondu plusieurs fois?

CHAPITRE II. — Conduite de la sage-femme dans les présentations non ordinaires.

Art. I. — *Conduite à tenir dans les présentations du siége et des pieds.*

400. — Quelle conduite la sage-femme doit-elle tenir, en général, dans les accouchements avec présentation du *siége* et des *pieds?* — Pourquoi ces présentations demandent-elles encore des soins particuliers?

401. — Qu'est-ce que la sage-femme doit toujours se rappeler et ne jamais perdre de vue dans ces accouchements?

402. — Quelle conduite la sage-femme doit-elle surtout tenir tant que le tronc n'est pas sorti jusqu'à la poitrine?

403. — Quelles précautions la sage-femme doit-elle prendre lorsque la poche des eaux est encore intacte?

404. — Quelle conduite la sage-femme doit-elle tenir ultérieurement dans la *seconde* et la *troisième* période par rapport aux efforts de la femme en travail pour seconder les douleurs? — De quoi doit-elle s'abstenir, quelle que soit, dans la présentation du siége, la direction de la face antérieure de l'enfant, ou des orteils dans la présentation des pieds? — Faut-il, dans la pré-

sentation du siége, chercher à attirer les pieds, c'est-à-dire convertir la présentation du siége en une présentation des pieds? — Que fera-t-elle lorsqu'un *seul* pied se trouve en présentation?

405. — Qu'est-ce que la sage-femme doit faire lorsque le siége a traversé le détroit inférieur et que le reste du corps de l'enfant s'avance? — Quelle sera sa conduite lorsqu'elle s'aperçoit que l'enfant est à cheval sur le cordon? — De quelle précaution particulière faut-il user en soutenant le périnée au moment où la tête arrive au passage?

406. — Quand la sage-femme peut-elle engager la femme en travail à seconder les douleurs? — Que doit-elle faire lorsque dans cette période les douleurs ne se succèdent pas assez rapidement, ou qu'elles ne sont pas suffisamment énergiques?

407. — Dans quels cas la sage-femme doit-elle réclamer la présence du médecin dès qu'elle a reconnu la présentation du siége, des pieds ou des genoux? — Quelle conduite les sages-femmes doivent-elles tenir en général dans les villes, ou dans les lieux où il y a un médecin accoucheur, pour le cas où sa présence pourrait être nécessaire?

Art. II. — *Conduite de la sage-femme dans la présentation de la face.*

408. — Quelle conduite la sage-femme doit-elle tenir en général dans les cas de présentation de la *face?* — Pourquoi ces cas demandent-ils encore *des règles* de conduite particulières? — Quelle doit être la conduite de la sage-femme dans le cas où la présence d'un médecin serait nécessaire?

409. — Quel soin particulier la sage-femme doit-elle prendre pendant le toucher? — Quelle conduite doit-elle tenir en soutenant le périnée et quel autre soin particulier doit-elle prendre en cette circonstance?

CHAPITRE III. — Conduite de la sage-femme dans la cinquième période de l'accouchement ou la délivrance.

410. — Quelle conduite la sage-femme tiendra-t-elle par rapport à l'enfant, après avoir coupé et lié le cordon ombilical? — Quelle sera sa conduite ultérieure par rapport à la femme en travail? — Que se passe-t-il ordinairement du côté de la matrice immédiatement après l'expulsion de l'enfant?

411. — Que doit faire la sage-femme par rapport à l'accélération de la sortie de l'arrière-faix, dans les cas où il ne survient pas d'hémorrhagie utérine et où l'état général et l'aspect de la femme en travail sont satisfaisants? — Quelle doit être sa conduite ultérieure jusqu'à la sortie de l'arrière-faix? — A quoi servent les draps placés au-devant des parties génitales de la femme?

412. — Quand la sage-femme peut-elle se permettre d'extraire le placenta du vagin? — De quelle manière doit-elle s'y prendre? — Dans quels cas sera-t-il convenable d'extraire le placenta arrivé jusqu'à la fente vulvaire, lors même qu'il ne surviendrait pas de circonstances fâcheuses? — Que doit faire la sage-femme après la sortie de l'arrière-faix?

413. — Que doit faire la sage-femme du placenta expulsé?

414. — Que fera la sage-femme aussitôt que l'arrière-faix est sorti? — Combien de fois les linges placés sous la malade doivent-ils être changés dans les premières heures?

415. — Quand la sage-femme est-elle tenue à faire appeler un médecin dans le cas où l'arrière-faix se fait attendre, lors même qu'il ne survient pas d'hémorrhagie et que l'état général et l'aspect de la malade continuent à être bons?

416. — Pourquoi la sage-femme doit-elle apporter la plus grande attention et le plus grand soin pendant la délivrance et quelque temps après? — Quels sont les accidents graves le plus à craindre dans ce cas, et dans quelles circonstances doit-on principalement les redouter?

CHAPITRE IV. — Conduite que la sage-femme doit tenir dans les accouchements de jumeaux.

417. — Quelle est la conduite que la sage-femme doit tenir en général dans les accouchements multiples? — Quelle sera sa conduite par rapport au cordon ombilical, lorsqu'après la naissance d'un enfant elle s'est convaincue qu'il en existe un second?

418. — Quelle précaution prendra la sage-femme pour éviter que la présence d'un second enfant ne produise un effet fâcheux sur le moral de la mère? — Que doit faire la sage-femme lorsque la femme se porte bien après la sortie du premier enfant et qu'il ne se manifeste aucun accident fâcheux, sans cependant qu'il survienne des douleurs, même au bout de quelques heures? —

Pourquoi dans le cas où il ne survient pas d'accidents fâcheux est-il de la plus haute importance de ne rien entreprendre pour solliciter les douleurs, ou pour accélérer, de quelque manière que ce soit, la sortie du second enfant?

419. — Pourquoi la délivrance, après l'accouchement de jumeaux, réclame-t-elle la plus grande attention de la part de la sage-femme? — Que doit faire la sage-femme, notamment dans le cas où l'utérus, au lieu d'être revenu normalement sur lui-même, se trouve après la délivrance plus volumineux au toucher, qu'il ne survient pas de contractions utérines, d'hémorrhagies, de faiblesses, de pâleur de la face, en un mot que la femme se porte bien?

SECTION QUATRIÈME.

DE LA MARCHE RÉGULIÈRE DES COUCHES ET DES SOINS A DONNER A LA MÈRE ET AU NOUVEAU-NÉ.

CHAPITRE Ier. — De la marche régulière des couches.

420. — Comment appelle-t-on la femme dans les six premières semaines qui suivent l'accouchement, et comment appelle-t-on l'état dans lequel elle se trouve?

421. — Quel est le but des couches? — Qu'appelle-t-on couches *régulières?*

422. — Qu'est-ce que la femme en travail éprouve dans les premiers moments qui suivent l'accouchement, et qu'est-ce qui survient alors souvent chez elle?

423. — Quel est l'état que présentent les parties génitales externes dans les premiers temps qui suivent l'accouchement? —Comment le vagin et le col utérin se présentent-ils à l'examen interne? — Où sent-on ordinairement le fond de la matrice immédiatement après la sortie de l'arrière-faix, et quel est ordinairement le volume de l'utérus au bout de six, douze à dix-huit heures?

Dans quel cas l'utérus se trouve t-il souvent être fort volumineux à cette époque?—Lorsque l'utérus est considérablement augmenté de volume, mais en même temps ferme au toucher, et que la mère est d'ailleurs bien portante, quel pronostic peut-on tirer de cette circonstance? — Pendant combien de temps peut-on ordinairement sentir encore distinctement la matrice à travers les téguments de l'abdomen, et dans quelle région peut-on le plus souvent la sentir?

424. — Qu'entend-on par *douleurs* ou *tranchées puerpérales*, et qu'y a-t-il à remarquer à ce sujet? — Dans quelles circonstances sont-elles plus ou moins fréquentes? — Ne doit-on pas dans quelques circonstances, ou si elles durent un certain temps, les regarder comme un symptôme morbide? — Quel est l'effet de ces douleurs?

425. — Qu'entend-on par *lochies* ou *écoulement lochial*, et qu'y a-t-il à remarquer à cet égard? — Quelle est ordinairement la durée des lochies blanches ou laiteuses chez les femmes qui nourrissent et chez celles qui ne nourrissent pas?

426. — Quel est l'autre but des couches, et comment la nature l'atteint-elle? — Comment la *sécrétion du lait* s'accomplit-elle le mieux sans qu'il survienne aucun trouble dans le bien-être de la mère?

427. — Qu'y a-t-il à remarquer par rapport à *la transpiration cutanée* pendant les couches?

CHAPITRE II. — De la conduite que doit tenir la femme en couches et des soins qu'elle réclame.

428. — Quel est l'état d'une femme en couches par rapport à la santé et aux maladies? — Pourquoi les femmes en couches sont-elles plus sujettes à contracter des maladies que dans toute autre époque de leur vie? — Pourquoi est-il pour les femmes en couches un double devoir de se conformer rigoureusement aux règles qui se rapportent à la conservation de la santé? — Quel est, à cet égard, le devoir de la sage-femme?

429. — Comment la sage-femme doit-elle traiter la nouvelle accouchée par rapport à sa position dans le lit, à son transport du lit d'accouchement dans le lit préparé pour les couches, au changement des vêtements mouillés, aux linges, etc., aux mamelles, et à l'application d'un bandage autour de l'abdomen? — Sur quoi l'attention de la sage femme doit-elle particulièrement porter dans toutes ces fonctions?

430. — Qu'y a-t-il à remarquer au sujet des linges placés devant les parties génitales de la femme en couches? — Que faut-il faire lorsque les parties génitales se gonflent et sont douloureuses?

431. — Quelle règle de conduite adoptera la nouvelle accouchée par rapport à la tranquillité du corps et de l'esprit? — Comment doit être la chambre des couches? — A quoi la sage-femme doit-elle faire attention quand une nouvelle accouchée s'endort? — Combien de temps une femme en couches doit-elle rester au lit?

432. — Quand peut-on lui permettre de sortir de la maison en été, dans les mauvaises saisons et pendant un mauvais temps? — Quelles conséquences fâcheuses peuvent résulter pour la nouvelle accouchée quand elle se lève trop tôt après l'accouchement? — Que doit conseiller la sage-femme quand il est difficile de faire rigoureusement observer ces instructions, comme chez les femmes du peuple par exemple, et que doit-elle faire comprendre à ces femmes pour qu'elles se conforment autant que possible à ses conseils?

433. — Qu'y a-t-il à remarquer au sujet des émotions morales? — Que faut-il faire pour mettre la femme en couches autant que possible à l'abri de toute agitation?

434. — Quel est l'autre danger auquel la santé de la femme est exposée, et qui a causé la mort de plus d'une accouchée? — Quelle est la cause la plus fréquente et la plus séduisante des accidents graves que l'on observe? — Comment se comportera la sage-femme dans les trois premiers jours par rapport aux aliments et aux boissons, et quelle est l'alimentation qu'elle recommandera à la femme en couches? — A quelle alimentation la mère peut-elle passer au bout de trois ou quatre jours dans le cas où elle allaite son enfant?

Quel est le légume qu'elle supporte et digère le mieux et comment doit-il être préparé? — Quand la femme en couches peut-elle revenir, lorsqu'elle est bien portante, au genre de vie et au régime qui lui étaient habituels avant l'accouchement? — Quels sont les aliments et les boissons évidemment nuisibles dont les nouvelles accouchées et les femmes qui nourrissent doivent s'abstenir?

435. — Quel est le troisième et dernier écueil pour la santé et la vie de la femme en couches? — Pourquoi les nouvelles accouchées sont-elles prédisposées aux refroidissements? — Qu'est-ce qui favorise cette prédisposition aux refroidissements? — Quelle doit-être la température de la chambre des couches? — Comment l'accouchée doit-elle être couverte?

Quelles sont les précautions à prendre quand l'accouchée

change de linge et de vêtements, qu'on fait son lit, qu'elle allaite l'enfant, qu'elle va à la garderobe, etc.? — Comment le lit doit-il être placé afin que la femme en couches soit à l'abri d'un refroidissement et de la chaleur excessive du poêle? — Comment peut-on la préserver des courants d'air et de la chaleur du poêle, lorsqu'il est impossible de placer convenablement le lit? — Quelles précautions doivent prendre les femmes qui sortent pour la première fois après leurs couches?—Quelles sont les femmes qui doivent particulièrement se conformer à ces conseils?

436. — Quels sont les soins de *propreté* que réclame la femme en couches? — Que doit faire la sage-femme pour l'entretien de cette propreté? Que faut-il faire pour purifier l'air de la chambre? — Que doit-on se garder de faire pour atteindre ce but?

437. — Qu'y a-t-il à remarquer au sujet des *garderobes* dans les premiers temps des couches? — Que doit faire la sage-femme à cet égard?

438. — Quels soins doit-elle prendre relativement à l'*émission de l'urine?*

439. — Qu'y a-t-il à remarquer au sujet des douleurs qui succèdent à la *délivrance?*— Que doit faire la sage-femme lorsque ces douleurs sont plus intenses que d'ordinaire?

440. — Quelles précautions doivent prendre les femmes qui ne peuvent ou ne veulent point allaiter? — Quelles sont les circonstances qui réclament la présence d'un médecin?— Pourquoi les femmes qui n'allaitent pas doivent-elles jusqu'à ce que le lait ait complétement disparu, et même quelque temps après, se garder des refroidissements et de toutes les autres influences nuisibles, avec plus de soin que les femmes qui nourrissent?

441. — Sur quoi la sage-femme doit-elle appeler l'attention de la femme en couches et de ses parents? — Combien de fois la sage-femme doit-elle visiter la femme en couches dans les trois premiers jours, et combien de fois du troisième au neuvième jour? — De quoi doit-elle s'informer à chaque visite?— De quelle manière veillera-t-elle à la propreté des parties génitales de la femme en couches? — Quels sont les autres devoirs qu'elle doit s'imposer par rapport à la femme en couches? — Quelles sont les fonctions qui ne rentrent pas dans ses attributions? — Quels sont les préjugés et les abus relatifs aux

soins que réclame la femme en couches ainsi qu'à son régime et son genre de vie, et que la sage-femme doit combattre de toutes ses forces ?

CHAPITRE III. — Des soins a donner au nouveau-né.

Art. Ier. — *Premiers soins à donner au nouveau-né.*

442. — Quand la sage-femme peut-elle s'occuper de l'enfant après l'accouchement; mais qu'est-ce qu'elle ne doit pas perdre de vue en même temps ? — Qu'y a-t-il à remarquer relativement au *bain* de l'enfant ? — Comment débarrasse-t-on l'enfant de l'enduit muqueux qui le recouvre ?

443. — A quoi la sage-femme doit-elle veiller pendant le bain et aussitôt après ? — Que doit-elle faire s'il existe chez l'enfant un vice congénital ?

444. — Quels soins la sage-femme doit-elle avoir relativement à l'*extrémité* du cordon ombilical, et à quoi doit-elle veiller à cette époque et même plus tard lorsque le cordon est gras ? — Que doit-elle faire jusqu'à la chute du cordon et après la chute ? — Quand l'application du bandage ombilical cesse-t-elle d'être nécessaire ?

445. — Comment l'enfant doit-il être *vetu?* — En quoi ses vêtements doivent-ils consister ? — Pourquoi l'emmaillottement serré des enfants est-il nuisible ?

Art. II. — *Allaitement et soins hygiéniques.*

446. — Quel est le devoir de la mère, lorsqu'elle possède une santé convenable et que ses mamelles sont bien conformées ? — En nourrissant, la femme agit-elle dans l'intérêt de sa propre santé et dans celui de son enfant ?

447. — Quelles sont les femmes impropres à l'allaitement ? — La sage-femme est-elle capable d'apprécier ces circonstances ?

448. — Quelles sont pour la nouvelle accouchée, relativement à la sécrétion du lait, les conséquences de présenter à temps le sein à son enfant ? — Quelles conséquences peut-il y avoir pour la nouvelle accouchée si elle ne présente pas à temps les mamelles à l'enfant ? — La fièvre de lait est-elle une circonstance indispensable pour que la sécrétion du lait puisse s'accomplir ? — Quelles sont les propriétés du lait dans les

premiers jours qui suivent les couches? — A quoi sert ce lait? — Quels sont les changements qu'éprouve le lait dans la suite? — A quoi reconnaît-on que le lait est bon? — De quelle manière la sécrétion du lait cesse-t-elle, dans la suite, d'elle-même, ou de quelle manière la nature met-elle un terme à cette fonction sans préjudice pour la mère et pour l'enfant? — Quelle est la sécrétion supprimée jusqu'alors qui se rétablit aussitôt?

449. — Quelle est la *nourriture* la plus convenable pour un enfant né d'une mère bien portante? — Qu'y a-t-il à dire du premier lait de la mère? — Quel bien résulte-t-il pour l'enfant ainsi que pour la mère lorsqu'on lui présente le sein en temps opportun après l'accouchement, et qu'on ne satisfait d'aucune autre manière le besoin de nourriture qu'il éprouve? — Pendant combien de temps le sein de la mère suffit-il à l'enfant, tant que celle-ci reste en bonne santé et que la sécrétion du lait n'est pas troublée?

450. — Quand la mère doit-elle présenter pour la première fois le sein à l'enfant? — Pourquoi est-il inutile et nuisible de régler l'allaitement dans les dix premières semaines? — Sur quoi la mère réglera-t-elle l'allaitement pendant cette époque? — Quelles sont les causes, autres que le besoin de nourriture, qui peuvent déterminer les cris de l'enfant? — Quand peut-on commencer à introduire une certaine régularité dans l'allaitement, et en quoi consiste cette régularité? — Quels soins faut-il prendre par rapport à la bouche de l'enfant chaque fois qu'il a teté?

451. — Comment la femme qui nourrit préservera-t-elle ses mamelles d'un refroidissement? — Quelles sont les autres précautions que doit prendre la mère par rapport à l'allaitement? — Que doit faire la sage-femme quand les mamelles sont turgescentes et regorgent de lait?

452. — Qu'y a-t-il à remarquer par rapport au *lit* de l'enfant? — La mère bien portante doit-elle mettre l'enfant souvent près d'elle dans le lit, et qu'y a-t-il à remarquer encore à ce sujet? — Convient-il que les enfants soient soignés par d'autres personnes et dorment auprès d'elles?

453. — Quelle est l'autre condition indispensable pour les nouveau-nés, et sans laquelle ils ne peuvent se bien porter? — A quoi s'appliquent les *soins de propreté* pour les nouveau-nés? — Qu'y a-t-il à faire sous chacun de ces rapports? — Quel est le meilleur moyen de prévenir les excoriations chez les enfants?

454. — Lorsque chez la femme la sécrétion du lait diminue

un peu, de sorte que tout en continuant à allaiter son enfant, elle ne puisse complétement suffire à son besoin, comment doit-on s'y prendre pour y suppléer? — Que faut-il faire quand, dans la suite, vers le quatrième ou cinquième mois, l'enfant, devenu fort, demande plus de nourriture que sa mère, d'ailleurs bien portante, n'est à même de lui en donner?

455. — Combien y a-t-il de modes d'allaitement pour le cas où la mère ne peut ou ne veut pas nourrir son enfant?

456. — Qu'est-ce qui remplace le mieux le sein de la mère? — Qui doit être chargé du choix de la *nourrice*? — Quelles sont les principales qualités d'une bonne nourrice? — Que doit faire la nourrice pour rester propre à l'allaitement?

457. — Qu'y a-t-il à remarquer par rapport à l'*allaitement artificiel* en général? — Quel est l'aliment que l'expérience a montré être le meilleur? — Quelles sont les règles qu'il faut observer pour l'allaitement avec le lait de vache et dans la suite lorsque cette alimentation ne suffit plus?

458 — Quels sont en général les devoirs imposés à la sage-femme par rapport aux soins à donner aux nouveau-nés? — De quoi doit-elle s'informer par rapport à l'enfant à chaque visite, et à quoi doit-elle veiller? — Quels sont les soins qu'à chaque visite elle doit donner à l'enfant?

QUATRIÈME PARTIE.

DE L'ACCOUCHEMENT ET DES COUCHES CONSIDÉRÉS A L'ÉTAT ANORMAL, ET DE QUELQUES ÉTATS MORBIDES DU NOUVEAU-NÉ.

SECTION PREMIÈRE.

REMARQUES GÉNÉRALES SUR LES ACCOUCHEMENTS VICIEUX ET SUR LA CONDUIT QUE LA SAGE-FEMME DOIT TENIR DANS CE CAS.

CHAPITRE Ier. — DÉFINITION ET DIVISIONS DE L'ACCOUCHEMENT VICIEUX.

459. — Qu'entend-on par accouchements *vicieux?*

460. — De quelle manière un accouchement peut-il être vicieux? — Combien y a-t-il d'*espèces* d'accouchements vicieux et quelles sont-elles?

461. — Quelle peut être la cause de la *première* espèce d'accouchements vicieux, c'est-à-dire des accouchements *difficiles*? — Quel est l'état des *forces expultrices* qui peut rendre l'accouchement difficile ? — Comment le *fœtus* peut-il être la cause des difficultés de l'accouchement ? — Les *annexes* du fœtus peuvent-elles, par elles-mêmes, par leur mauvaise conformation, rendre l'expulsion de l'enfant difficile jusqu'à faire naître du danger et des accidents ? — De quelle manière les *voies* que l'enfant doit traverser peuvent-elles apporter un obstacle sérieux au travail de l'accouchement ?

462. — Quelles sont les causes qui peuvent déterminer des accidents graves et dangereux pour la mère et pour l'enfant dans les cas d'accouchements vicieux sans être difficiles ?

463. — Combien y a-t-il d'*espèces* d'accouchements difficiles et quelles sont-elles ? — Combien y a-t-il d'espèces d'accouchements vicieux sans obstacles à la marche du travail, et quelles sont-elles ?

CHAPITRE II. — Règles générales sur la conduite que la sage-femme doit tenir dans les cas d'accouchements vicieux.

464. — A qui appartient-il d'apporter du secours dans les accouchements vicieux ? — Quels sont les devoirs impérieux imposés à la sage-femme relativement aux accouchements vicieux ? — Quelles sont les sages-femmes qui peuvent se trouver dans le cas d'administrer elles-mêmes les secours nécessaires, et comment doivent-elles agir en cette circonstance ?

465. — Que doit connaître à fond la sage-femme pour remplir convenablement ses devoirs relativement aux accouchements vicieux ?

466. — Que doit faire toute sage-femme aussitôt qu'elle reconnaît un accouchement vicieux, ou qu'elle a lieu de le présumer avec raison ? — Que doit-elle faire lorsqu'elle juge convenable et nécessaire de mander un médecin ? — Que fera-t-elle si l'on ne veut pas faire droit à sa demande ?

467. — Quelle conduite la sage-femme doit-elle tenir à la campagne ou dans les petites localités où il n'y a pas de médecin, lorsque la présence d'un homme de l'art est nécessaire ? — Quelle est la précaution particulière qu'elle doit prendre à cet égard dans les cas très urgents ?

SECTION DEUXIÈME.

ACCOUCHEMENTS VICIEUX EN PARTICULIER ET SOINS QU'ILS RÉCLAMENT DE LA PART DE LA SAGE-FEMME.

A. *Accouchements vicieux par un état anormal des forces expultrices ou par des obstacles mécaniques.*

CHAPITRE Ier. — Des accouchements rendus difficiles ou dangereux par un état anormal des forces expultrices.

468. — Qu'entend-on par *forces expultrices* ? — Quelle est la force principale qui détermine l'expulsion de l'enfant ? — Comment les douleurs de l'enfantement peuvent-elles présenter un état vicieux capable d'entraver la marche du travail ?

Art. Ier. — *Action insuffisante de la matrice.*

469. — Comment désigne-t-on l'état vicieux dans lequel les douleurs ne possèdent pas le degré d'intensité, de durée et de fréquence qu'elles devraient avoir d'après la constitution de la femme en travail ? — Qu'y a-t-il à remarquer en général sur la faiblesse des douleurs relativement à son degré, sa cause et les secours qu'elle réclame ?

470. — Quelles sont les femmes chez lesquelles l'accouchement éprouve du retard à un faible degré par suite de la faiblesse des contractions utérines ?

471. — Quelles peuvent être les *causes* de la faiblesse des contractions utérines ?

Réponse : Les causes de ce défaut d'énergie peuvent être : 1° une *faiblesse* de l'utérus, suite d'une *faiblesse générale ;* 2° une faiblesse de l'utérus indépendante du reste du corps ; 3° l'*inertie congénitale* de la matrice ; 4° la *pléthore* ; 5° le *rhumatisme* de la matrice ; 6° l'*inflammation* de cet organe ; 7° la *présence de saburres, de substances âcres et irritantes dans l'estomac et les intestins :* 8° la *structure vicieuse* de la matrice.

Quelle peut être la cause de la faiblesse générale ?

472. — Quelles sont les causes par lesquelles l'énergie de la matrice peut être affaiblie en elle-même, indépendamment du reste du corps ? — A quoi reconnaît-on la présence d'une quantité trop abondante d'eaux amniotiques ? — Quelles sont les

suites qu'il y a lieu de craindre dans ce cas, surtout lorsque les eaux s'écoulent rapidement en forte quantité ?

473. — Qu'y a-t-il à remarquer au sujet de l'inertie congénitale de la matrice ?

474. — Quels sont les signes de la pléthore ?

475. — Quelle influence le rhumatisme de la matrice exerce-t-il sur l'accouchement ? — Qu'est-ce qui peut faire naître le rhumatisme de la matrice ? — Quels en sont les signes ? — Comment cet état disparaît-il quelquefois de lui-même ? — Qu'est-ce qui peut aggraver facilement cet état ?

476. — Quels sont les signes de l'inflammation de la matrice ? — Quelles sont les causes qui déterminent généralement l'inflammation de la matrice ?

477. — Comment peut-on prévenir la formation de saburres, de substances âcres et irritantes dans l'estomac et les intestins ? — Quelles sont généralement les suites des coliques et des douleurs dans l'estomac et les cuisses, survenant pendant le travail ? — Quelle influence les maux de tête violents exercent-ils sur les douleurs d'enfantement ? — Qu'y a-t-il à remarquer au sujet des maux de tête violents qui se manifestent avant et pendant le travail, surtout quand il survient de l'obscurcissement de la vue, des éblouissements et des bourdonnements d'oreilles ?

478. — Quels sont les vices de structure de la matrice qui peuvent donner lieu à la faiblesse des contractions utérines ?

479. — Qu'entend-on par *fausse direction* des contractions ? — Qu'appelle-t-on *étranglement* de la matrice ? — Quelle est la partie de la matrice dans laquelle l'étranglement a ordinairement son siége ? — Quels sont les signes de cet étranglement ? — Quelle est l'influence qu'il exerce sur la marche du travail ? En quoi consiste ordinairement l'étranglement, ou comment appelle-t-on l'état qui en est le plus souvent la cause ?

480. — Quelles sont les femmes le plus disposées à cet étranglement ? — Quelles sont les circonstances qui peuvent faire naître l'étranglement ? — Pourquoi la sage-femme doit-elle connaître les différentes causes des accouchements rendus difficiles par l'état vicieux des contractions utérines, leurs signes et les secours qu'ils réclament, bien que le traitement de ces cas ne rentre pas dans ses attributions ?

481. — Qu'y a-t-il à remarquer en général au sujet du *pronostic* des accouchements rendus difficiles par l'état anormal

des contractions et relativement aux *secours* qu'ils réclament ?

482. — Qu'y a-t-il à remarquer en général par rapport au danger qu'offre le retard apporté à l'accouchement par la faiblesse des douleurs de l'enfantement ? — Quelles sont les suites qu'un retard considérable dans l'accouchement peut amener pour la mère ? — Quelles sont les suites que ce retard peut entraîner pour l'enfant ? — La gravité des dangers auxquels l'enfant est exposé par les retards apportés à l'accouchement dépend-elle de la présentation de l'enfant ? — Qu'y a-t-il à remarquer au sujet des dangers qu'offrent les accouchements rendus difficiles par l'étranglement de la matrice ?

483. — Quels sont les moyens appropriés à la faiblesse des contractions due à l'inertie de la matrice et non accompagnée de symptômes de pléthore, de rhumatisme, d'inflammation ? — A qui appartient-il exclusivement de prescrire des médicaments à la femme en travail ? — Qu'y a-t-il à remarquer au sujet des médicaments, propres à solliciter les douleurs, prescrits par un médecin ou un accoucheur qui n'a pas vu lui-même la malade ? — Quelle conduite la femme en travail doit-elle observer quand il y a lieu de présumer la présence d'une trop grande quantité de liquide ?

Quels sont le traitement, le régime et le genre de vie qui conviennent à la femme quand la faiblesse des contractions utérines provient d'un état rhumatismal de la matrice ? — Quel est le remède principal contre la faiblesse des contractions provenant de pléthore, et quelles sont dans ce cas les boissons appropriées?

Quels sont les moyens indiqués contre l'inertie de la matrice qui dépend de la présence de saburres dans l'estomac et les intestins ? — Quels sont les remèdes qui conviennent dans l'inertie de la matrice déterminée par la colique, ou les douleurs d'estomac provenant de flatuosités ou d'une accumulation de matières fécales dans les intestins, ou bien de spasmes ?

Quelle doit être la conduite de la sage-femme dans les accouchements rendus difficiles par la fausse direction des douleurs ?

484. — A qui en général appartient-il de prescrire les remèdes dont il vient d'être question, et comment la sage-femme doit-elle se conduire dans tous les cas que nous venons d'énumérer ? — Quelles sont les *règles* générales de conduite qu'on ne doit jamais perdre de vue dans les accouchements retardés par l'état anormal des douleurs?

Art. II. — *Faiblesse d'action des muscles volontaires.*

485. — Pourquoi les difficultés du travail *dues à une faiblesse d'action des muscles volontaires servant à appuyer l'activité de l'utérus*, sont-elles bien plus rares que celles déterminées par l'inertie de cet organe ? — Quelle peut être la cause de ce défaut d'action des muscles volontaires ? — Qu'est-ce qui peut donner lieu à une *faiblesse considérable ?*

Qu'est-ce qui peut occasionner une gêne de la respiration ? — Quelle doit être dans ces cas la conduite de la sage-femme ? — A quoi faut-il particulièrement avoir égard chez les femmes douées d'un grand embonpoint ou contrefaites, etc.

Art. III. — *Accouchements vicieux par suite de la marche trop rapide du travail.*

486. — Qu'entend-on par *accouchement trop rapide*, et que peut-il produire ?

487. — Quelle est la *cause* principale de la marche trop rapide du travail ? — Qu'est-ce qui peut encore contribuer à accélérer la marche du travail ? — Quelles sont les femmes particulièrement prédisposées à des contractions excessives de la matrice ? — Quels sont les états morbides dans lesquels on observe souvent cette marche rapide du travail ? — Quelles sont les autres circonstances qui peuvent accélérer l'accouchement ?

488. — Quels sont les *effets* et les *conséquences* que l'on doit craindre d'un accouchement trop rapide ? — Quelles sont les suites qu'on doit redouter lorsqu'au moment de l'accouchement la femme se trouve dans une position défavorable ? — Que peut-il arriver lorsque les contractions sont trop énergiques chez une femme dont le bassin est trop large ? — Qu'est-ce qui fait conclure à l'existence d'un bassin trop large ?

489. — Qu'est-ce qui augmente le danger pour la mère dans les accouchements rapides ?

490. — Puisqu'il n'existe aucun moyen de diminuer l'intensité des contractions, quelle est la chose principale à faire dans les cas où il y a lieu de redouter un accouchement trop rapide ? — Quand une femme a déjà eu un accouchement rapide, quels conseils doit-on lui donner relativement à son régime et son genre de vie au début ainsi qu'à la fin de la grossesse ? — Que doit conseiller la sage-femme aux parents de la femme enceinte ?

Quelle précaution doit-elle prendre aussitôt que les premiers symptômes de l'accouchement se déclarent ? — Quelle conduite doit-elle tenir lorsque, malgré cela, l'accouchement suit une marche précipitée, et qu'après la rupture de la poche des eaux la tête descend trop rapidement ? — Que fera-t-elle si le segment inférieur de la matrice est fortement refoulé en bas et menace de faire saillie au dehors?

Que doit-elle faire lorsque la matrice fait saillie en partie ou en entier hors du bassin ? — Quelle position peut diminuer en quelque sorte l'énergie des contractions ? — Qu'y a-t-il à remarquer au sujet du périnée? — De quelle manière peut-on soutenir convenablement l'abdomen pour prévenir les suites d'un accouchement trop rapide ? — Comment doit se comporter la sage-femme aussitôt après la sortie de l'enfant ?

CHAPITRE II. — DES ACCOUCHEMENTS RENDUS DIFFICILES PAR UN VICE DE CONFORMATION DU BASSIN.

491. — Qu'est-ce qu'un bassin *vicieusement conformé ?* — Comment la conformation vicieuse du bassin de la mère peut-elle exercer une influence fâcheuse sur la marche du travail ? — De quelle manière le bassin peut-il entraver l'accouchement ?

492. — Comment le bassin peut-il être trop étroit ?

493. — Qu'est-ce qu'un bassin rétréci d'une *manière uniforme ?* — A quoi tient cet état anormal? — Cette sorte de rétrécissement est-elle fréquente, et chez quelles femmes l'observe-t-on ?

494. — Qu'est-ce qu'un bassin trop étroit d'une manière *irrégulière* ou *inégale ?* — Quelle est la partie du bassin qui présente le plus souvent un rétrécissement? — Quel est le rétrécissement le plus fréquent du détroit supérieur ? — Jusqu'où peut aller ce rétrécissement ? — Le rétrécissement du détroit supérieur implique-t-il nécessairement celui du détroit inférieur ? — Quelle forme le rétrécissement du détroit supérieur peut-il présenter ? — Le rétrécissement du détroit inférieur a-t-il lieu sans qu'il y ait simultanément rétrécissement du détroit supérieur ?

495. — Quelle est la cause la plus fréquente du rétrécissement irrégulier du bassin ? — Quels sont les caractères du *rachitisme ?* — Comment appelle-t-on la maladie qui peut donner lieu, chez les adultes, au rétrécissement du bassin ? — Quels

sont les caractères et les symptômes de cette maladie? — Quelles sont les femmes particulièrement sujettes à cette maladie? — Est-il à craindre que, chez les femmes qui ont eu déjà un ou plusieurs accouchements faciles, les accouchements suivants ne deviennent difficiles de plus en plus par suite d'un rétrécissement du bassin?

Qu'entend-on par bassin *obliquement rétréci* ? — Qu'est-ce qui peut encore donner lieu à un rétrécissement du bassin? — Cela arrive-t-il fréquemment?

496. — Pourquoi est-il très important que la sage-femme connaisse le rétrécissement déjà pendant la grossesse? — Quels sont les caractères et les signes qui font présumer un rétrécissement du bassin? — Quels sont les signes auxquels on reconnaît que la femme dans son enfance, avait été affectée de rachitisme?

497. — Quel est le moyen le plus efficace par reconnaître un rétrécissement du bassin? — Dans quels cas le diagnostic du rétrécissement est-il difficile à établir? Dans quels cas l'est-il moins? — Comment procède-t-on dans l'examen externe et interne pour reconnaître l'étendue du *diamètre antéro-postérieur* du détroit supérieur du bassin? — Comment s'y prend-on pour apprécier l'état de la cavité du bassin et du détroit inférieur? — Pourquoi la sage-femme, dès qu'elle a lieu de soupçonner l'existence d'un rétrécissement, doit-elle envoyer aussitôt chercher un médecin?

498. — Que peut-on présumer, avec plus ou moins de certitude, si avant le travail ou à son début la tête qui se présente est très élevée?

499. — Quels sont les phénomènes de l'accouchement qui font soupçonner un rétrécissement du bassin?

500. — Quelle influence un rétrécissement du bassin peut-il avoir sur la marche du travail? — Les difficultés de l'accouchement dépendent-elles uniquement du degré du rétrécissement, lors même que l'enfant est à terme?

501. — Quelles sont les suites pour la mère et l'enfant d'un accouchement rendu difficile par un rétrécissement?

502. — Quelles sont les indications dans les accouchements rendus difficiles par un vice de conformation du bassin, et comment peut-on les diviser relativement au degré de rétrécissement?

503. — Quelle conduite doit tenir la sage-femme dans les accouchements rendus difficiles par un rétrécissement du bassin?

— Que doit-elle éviter avec soin dans ces cas ? — Que doit faire la sage-femme lorsqu'une femme, dont l'accouchement antérieur s'est fait avec difficulté, est redevenue enceinte ?

CHAPITRE III. — Des accouchements rendus difficiles par l'état vicieux des parties molles de la génération.

504. — Quelles sont les parties molles de la génération dont l'état vicieux peut entraver la marche du travail ?

505. — Quels sont les états vicieux de l'*orifice utérin* qui peuvent rendre l'accouchement difficile ? — Lorsque l'orifice utérin présente un état de dégénérescence ou bien des cicatrices, suites de lésions, qui le rendent impropre à se dilater, quelles peuvent en être les conséquences ?

Qu'entend-on par *position oblique* et *forme oblique* de la matrice ? — A quoi reconnaît-on la position oblique de la matrice ? — Que doit-on faire lorsque la matrice se trouve dans une position plus oblique que d'ordinaire, en avant ou latéralement ? — Quelle doit être la conduite de la sage-femme, lorsque la lèvre antérieure de l'orifice utérin, au lieu de se retirer convenablement, descend et s'avance entre la tête et le pubis ?

506. — Quels sont les états vicieux du *vagin* qui peuvent apporter un obstacle au passage de l'enfant ? — Quelles sont les causes de ces états vicieux ? — Que peut-il arriver dans les cas où le vagin est le siége de tumeurs variqueuses ?

507. — Quels sont les états vicieux des *parties génitales externes* qui peuvent entraver la marche du travail et amener d'autres conséquences fâcheuses ? — A quoi reconnaît-on les tumeurs variqueuses des grandes lèvres ? — Quelles sont les conséquences fâcheuses que ces tumeurs peuvent amener ? — Que doit faire la sage-femme dans les cas de tumeurs variqueuses ou d'œdème des grandes lèvres, ainsi que dans ceux de chute du vagin ?

508. — Quelle conduite doit tenir la sage-femme lorsque la vessie est surchargée d'urine, ou qu'elle renferme un calcul qui pourrait apporter un obstacle à l'accouchement ? — Que doit-elle faire quand le rectum est rempli de matières fécales dures ?

509. — Quel est le devoir imposé à la sage-femme lorsque longtemps avant l'accouchement elle a eu connaissance de la conformation vicieuse des parties molles de la génération, dont nous venons de parler ?

B. *Obstacles à la marche du travail, provenant du fœtus et de ses annexes.*

CHAPITRE Ier. — Des accouchements vicieux par suite de la présentation du tronc de l'enfant.

510. — Qu'entend-on par présentations *vicieuses* de l'enfant?

511. — Qu'y a-t-il à remarquer en général par rapport à la *fréquence* des présentations vicieuses? — Quelle est la présentation vicieuse *la plus commune* dans laquelle l'enfant se présente? — Combien y a-t-il de *positions de l'épaule?* par quels noms les désigne-t-on, et pourquoi?

512. — Quelles sont les *causes* principales des présentations vicieuses?

513. — Quels sont les *signes généraux* des présentations vicieuses? — Quelles sont les causes étrangères aux présentations vicieuses par suite desquelles aucune partie ne se présente vers la fin de la grossesse ni au commencement du travail? — Lorsqu'aucune partie ne se présente au toucher, est-ce chez les primipares ou chez les femmes qui ont eu plusieurs enfants, qu'il y a plus souvent lieu de présumer une présentation vicieuse, un rétrécissement du bassin, etc.?

514. — Qu'entend-on par signes *particuliers* des présentations vicieuses? — Quels sont les signes particuliers de la présentation de l'épaule? — A quoi reconnaît-on l'espèce de position de l'épaule, quand le bras s'est engagé, ou non, dans le vagin?

515. — Quelles sont par rapport à la mère et à l'enfant les conséquences des accouchements avec présentations vicieuses, lorsqu'ils sont abandonnés à la nature?

516. — Quels sont ordinairement les phénomènes qu'on observe aussitôt qu'un enfant arrivé à terme ou presque à terme se présente dans une position vicieuse, par exemple l'épaule en avant et qu'on n'apporte pas les secours nécessaires? — Quelles sont alors ordinairement les suites pour la mère et pour l'enfant? — Pourquoi l'enfant ne peut-il pas sortir quand il est dans une position vicieuse?

517. — Qu'entend-on par *version spontanée, évolution spontanée*, ou mieux, *naturelle*? — Dans quelles circonstances la version et l'évolution spontanées ont-elles été observées? — Quel est le mécanisme de ces différents modes d'expulsion? —

Peut-on abandonner à la nature les accouchements avec présentation vicieuse? — Quelle en serait la suite?

518. — Quel est le *pronostic* dans le cas où l'on fait la version par les pieds uniquement pour donner à l'enfant une position dans laquelle il puisse sortir? — Pourquoi dans ce cas le pronostic est-il en général moins favorable que dans les présentations simples des pieds? — Quel est le pronostic des présentations vicieuses, lorsque la version par les pieds offre plus ou moins de difficultés? — La version étant facile en elle-même, quelles sont les circonstances qui peuvent encore rendre le pronostic grave? — En résumé, quel est le pronostic des accouchements avec présentation vicieuse de l'enfant?

519. — Que faut-il faire dans le cas de présentation vicieuse de l'enfant pour que l'accouchement puisse s'effectuer ensuite par les seules forces de la nature? — Quel est, dans la plupart des cas, le moyen le plus sûr pour arriver à ce but? — Quand après avoir donné ces secours il ne survient pas de circonstances qui réclament l'accouchement artificiel, qu'y a-t-il lieu de faire? — A qui appartient-il d'apporter les secours que réclament les accouchements avec présentations vicieuses?

520. — Quelle est la *première règle* de conduite pour la sage-femme dans le cas de présentation vicieuse, *règle qui n'admet pas d'exception?* — Par quelles raisons la sage-femme est-elle obligée de réclamer la présence d'un médecin lorsqu'*aucune des parties* de l'enfant ne se présente au commencement du travail chez une *primipare?*

521. — Que doit faire la sage-femme en attendant l'arrivée du médecin?

522. — Qu'entend-on par *version par la tête?* — Dans quelles circonstances parvient-on quelquefois à améliorer la présentation, c'est-à-dire à amener la tête dans le détroit supérieur? — Comment doit on procéder pour obtenir ce résultat? — Quel résultat favorable obtient-on par ce changement de position? — Quelle précaution faut-il prendre dans ces tentatives?

523. — Quelles sont les sages-femmes auxquelles il est permis, dans des cas d'urgence, de pratiquer la version par les pieds? — Dans quelles circonstances doivent-elles faire elles-mêmes la version par les pieds dans les cas de présentation vicieuse de l'enfant? — Comment la sage-femme doit-elle se conduire lorsqu'après l'écoulement des eaux le bras est descendu?

524. — Dans quels cas n'est-il pas permis à la sage-femme

de faire la version ? — Quelle conduite la sage-femme doit-elle tenir dans ces cas jusqu'à l'arrivée du médecin ?

525. — A quoi reconnaît-on que la version est achevée, c'est-à-dire qu'on a donné à l'enfant une position dans laquelle il puisse sortir ? — Que doit faire la sage-femme après avoir pratiqué la version ?

526. — Quelle doit être la conduite de la sage-femme lorsqu'avant l'arrivée de l'accoucheur l'enfant est sorti jusqu'à la tête, et que celle-ci se trouve arrêtée ? — Que doit-elle faire lorsqu'après la version il survient des accidents graves tels qu'une hémorrhagie, une grande faiblesse, etc , qui rendent nécessaire l'extraction de l'enfant ? — Dans combien de temps l'enfant succombe-t-il après la sortie du tronc, la tête restant dans les parties ? — Par quelles autres raisons est-il évident qu'un des devoirs les plus pressants pour la sage-femme est de réclamer la présence d'un médecin dans tous ces cas de présentation vicieuse ?

CHAPITRE II. — PROCIDENCE DE LA MAIN OU DU PIED SOUS LA TÊTE.

527. — Quels sont les cas qu'on désigne sous le nom de présentation *complexe ?* — Qu'arrive-t-il quelquefois lorsque la poche des eaux étant encore intacte on rencontre une main qui se présente à côté de la tête ? — Quelle est, avant la *rupture de la poche*, la partie qu'on peut facilement confondre avec les doigts, et à quoi la reconnaît-on ?

Que peut-il arriver à mesure que le travail avance, lorsqu'après la rupture de la poche on rencontre la main à côté de la tête ? — Que doit faire la sage-femme quand, avant l'écoulement des eaux, elle rencontre simultanément la tête et une main ? — Quelle sera sa conduite, immédiatement après la rupture de la poche ? — Que doit-elle faire lorsque la main menace de devancer la tête ?

Que fera-t-elle lorsque le bras descend avant la rupture de la poche, et que la tête est encore élevée ? — Comment doit-elle se comporter, quand, appelée après la rupture de la poche, elle trouve le bras, descendu avant la tête, déjà profondément engagé dans le détroit supérieur ? — Que doit faire la sage-femme pour peu qu'*elle ait du doute* sur la présentation de l'enfant ?

528. — Observe-t-on aussi la procidence d'un ou des deux pieds sous la tête ? — Quelles en sont les causes les plus ordi-

naires ? — Qu'il y a-t-il d'important à observer par rapport au diagnostic ? — Quels sont les changements qui peuvent être amenés par les progrès du travail ?

CHAPITRE III. — Des accouchements rendus vicieux par la chute du cordon et par d'autres états anormaux de cet organe.

Art. Ier. — *Chute du cordon*

529. — Qu'appelle-t-on *chute du cordon?* — Pourquoi appelle-t-on *vicieux* l'accouchement dans lequel la chute du cordon a lieu ?

530. — Pourquoi les secondes eaux ne s'écoulent-elles pas au moment de la rupture de la poche ? — Pourquoi le cordon ne descend-il pas dans tous les cas à côté de la tête, bien qu'il ait presque toujours la longueur suffisante et que, plus pesant que le liquide amniotique, il soit porté à descendre ?

531. — Quelles sont les circonstances qui favorisent principalement la descente du cordon entre la partie par laquelle l'enfant se présente et la poche des eaux ? — Qu'est-ce qui fait, dans la plupart des cas, que le segment inférieur de la matrice ne s'applique pas exactement autour de la partie de l'enfant qui se présente ? — Quelles sont les circonstances qui favorisent particulièrement la chute du cordon ?

532. — Le *diagnostic* de la présentation du cordon est-il facile ? — Dans quelles circonstances est-il difficile de reconnaître la présentation du cordon ? — Avec quel organe le cordon a-t-il été souvent alors confondu surtout à cause de sa grande mobilité ? — Quelle sensation le cordon offre-t-il au toucher ? — Quelle précaution faut-il prendre si l'on veut s'assurer des battements des artères du cordon lorsqu'il se présente ? — Quel est le rapport de fréquence entre les battements artériels du cordon et ceux de l'adulte ? — Y a-t-il des cas où l'on ne peut reconnaître la présentation du cordon même après la rupture de la poche ?

533. — Quel est le *pronostic* de la chute du cordon ? — Pourquoi le pronostic est-il si défavorable pour l'enfant, surtout dans les présentations de la tête ? — Pourquoi la présentation du cordon est-elle un accident dangereux ? — Dans les cas de présentation du cordon, qu'est-ce qui a lieu le plus souvent aussitôt après la rupture de la poche des eaux ? — Que peut-il

encore quelquefois arriver au cordon? — Dans quelles circonstances la présentation et la chute du cordon peuvent-elles être sans danger pour l'enfant sans que l'art intervienne? — Quel est, dans la présentation crânienne, surtout dans la première, l'endroit du détroit supérieur où le cordon est le moins exposé à la pression?

534. — Que doit faire la sage-femme dès qu'elle reconnaît une présentation du cordon? — Quelle position doit-elle donner à la femme en travail et que doit-elle lui recommander? — A quoi la sage-femme doit-elle veiller particulièrement par rapport à la rupture de la poche? — Pourquoi est-il avantageux et désirable que la seconde période de l'accouchement se prolonge d'une manière inaccoutumée et que la rupture de la poche ait lieu aussi tard que possible?

Quelle conduite la sage-femme doit-elle tenir lorsqu'après la rupture de la poche elle reconnaît la présence du cordon à côté de la tête qui est élevée, mais que pendant la marche du travail il ne s'engage pas plus avant et continue à battre? — Quelle conduite doit-elle tenir lorsque les battements du cordon deviennent de plus en plus rares et faibles ou cessent entièrement, ainsi que dans le cas où le cordon s'engage plus avant? — Que fera-t-elle si le cordon fait chute en si grande quantité, ou s'engage dans la fente vulvaire à tel point qu'il devient impossible de le refouler au-dessus de la tête?

Quand il y a chute du cordon, n'est-il pas nécessaire d'accélérer l'accouchement? — Que doit faire la sage-femme lorsque, la tête s'étant engagée dans le détroit supérieur, les battements des artères du cordon deviennent plus faibles ou cessent entièrement? — Quels sont les moyens dont l'accoucheur peut disposer dans ces cas? — Quel est, en général, le double devoir imposé à la sage-femme dans les cas dont il vient d'être question? — Quelle conduite la sage-femme doit-elle tenir lorsqu'elle rencontre le cordon ombilical à côté des pieds ou du siége dans les présentations de ces parties? — Que doit-elle faire lorsque le cordon après sa chute est flasque, sans battements, même dans l'intervalle des contractions utérines?

Art. II. — *Entortillement et brièveté excessive du cordon ombilical.*

535. — Comment le cordon peut-il être trop court?

536. — L'entortillement du cordon, surtout autour du cou de l'enfant, est-il fréquent, et quelle est ordinairement l'impor-

tance de cet accident? — Comment le cordon trop court par suite de cet entortillement peut-il rendre l'accouchement difficile? —Comment l'accouchement peut-il se faire sans grandes difficultés malgré la brièveté excessive du cordon due à l'entortillement?

537. — Quels sont les signes de l'entortillement du cordon autour du cou de l'enfant dans les accouchements avec présentation de la tête? — Quelle est la valeur de ces signes? — Comment peut-on s'assurer de l'entortillement du cordon autour du cou?

538. — Est-il facile de déterminer après la sortie de la tête si le cordon est assez serré autour du cou pour rendre difficile l'expulsion du reste du corps de l'enfant?

539. — Comment la brièveté excessive du cordon peut-elle exercer un effet nuisible sur l'accouchement? — Quelles peuvent être les conséquences de la brièveté excessive du cordon due à l'entortillement?

540. — Quelle doit être la conduite de la sage-femme lorsque le cordon se déchire après la sortie de la tête? — Que doit-elle faire quand le cordon se déchire tout près du corps de l'enfant?

CHAPITRE IV. — Des accouchements rendus difficiles par le volume et la forme vicieuse de l'enfant.

541. — Comment et de combien de manières l'accouchement peut-il être rendu difficile par le *volume* et la *forme* de l'enfant?

542. — Qu'entend-on par *développement excessif*, mais *proportionnel* de l'enfant? — Quelle est la partie de l'enfant dont le développement excessif, mais proportionnel, peut le plus souvent entraver la marche de l'accouchement? — L'obstacle tient-il principalement dans ce cas au *volume* de la tête?

543. — Le développement considérable de l'abdomen de la mère prouve-t-il que l'enfant est volumineux? — Qu'est-ce qui fait présumer que la tête est volumineuse? — A quoi reconnaît-on par le toucher que la tête est volumineuse? — Est-il facile de reconnaître une tête volumineuse sans être difforme, et que faut-il pour cela? — A quoi se reconnaît le développement excessif des os du crâne?

544. — Comment le développement très considérable, mais proportionnel, de la tête peut-il en lui-même entraver la marche du travail? — Cela arrive-t-il fréquemment? — Quelles sont les autres circonstances qui, existant à un moindre degré, peuvent

rendre l'accouchement fort difficile ? — Qu'entend-on ordinairement par *enclavement* de la tête ? — Combien admet-on de degrés d'enclavement et quels sont les cas qu'on désigne sous ces différents noms ?

545. — Comment une *mauvaise* conformation de l'enfant peut-elle rendre l'accouchement difficile ou impossible par les seuls efforts de la nature ? — Quels sont les cas où cela se présente ?

546. — Qu'y a-t-il à remarquer au sujet du *diagnostic* des difformités de l'enfant qui mettent obstacle à la marche du travail ? — A quoi reconnaît-on au toucher *l'hydrocéphale ?* — Comment reconnaît-on l'hydrocéphale après l'expulsion du tronc?

547. — Quel est en général le *pronostic* des accouchements dans les cas de difformités avec augmentation de volume? — Comment se fait-il que des jumeaux unis l'un à l'autre sont si souvent expulsés par les seuls efforts de la nature ?

548. — Quel est le devoir principal de la sage-femme dans les accouchements rendus difficiles par le volume et la forme vicieuse de l'enfant ?

C. *Des accouchements vicieux par suite d'accidents ou de maladies qui peuvent compliquer le travail.*

CHAPITRE Ier. — DES SYNCOPES, DES CRAMPES, DE LA GÊNE DE LA RESPIRATION, DES VOMISSEMENTS VIOLENTS ET CONTINUS.

549. — Quelles sont les femmes particulièrement sujettes aux *faiblesses*, aux *syncopes* et aux *crampes* pendant l'accouchement? — Quelles peuvent en être les *causes ?*

550. — Quel est le *pronostic* dans ces accidents, et d'après quelles règles générales la sage-femme doit-elle se conduire ? — Que doit-elle faire lorsqu'il survient des faiblesses occasionnées par un air vicié ou par une température trop élevée de la chambre ? — Que fera-t-elle quand il y a beaucoup de flatuosités dans les intestins, ou qu'elle a lieu d'y supposer une accumulation de matières fécales ?

551. — Qu'il y a-t-il à remarquer au sujet des *vomissements* modérés et non continus qui surviennent pendant l'accouchement, et surtout dans la troisième et la quatrième période? — Que doit faire la sage-femme lorsque ces vomissements sont violents

et continus? — Quelle conduite doit-elle tenir jusqu'à l'arrivée du médecin? — De quelle précaution faut-il user dans l'emploi des moyens propres à arrêter les vomissements quand la malade est pléthorique, disposée aux vomissements, ou qu'elle se trouve dans un état fébrile? — Comment facilite-t-on les vomissements qui proviennent d'une surcharge de l'estomac ou de l'usage d'aliments indigestes?

CHAPITRE II. — Des convulsions.

552. — Qu'entend-on par *convulsions des femmes en couches?* — Comment ces convulsions attaquent-elles les femmes?

553. — Comment appelle-t-on les *symptômes* qui précèdent souvent les convulsions?

554. — En quoi consiste l'attaque elle-même?

555. — Qu'arrive-t-il lorsque les convulsions cessent? — Quel est l'état des malades lorsqu'elles reprennent connaissance? — Qu'arrive-t-il si l'on ne porte pas à temps les secours nécessaires ou que ceux-ci restent sans effet? — Les attaques peuvent-elles revenir après la délivrance? — Qu'y a-t-il à remarquer par rapport au retour de la connaissance lorsqu'il y a déjà eu plusieurs attaques? — Quelle est l'influence des contractions utérines sur les attaques? — Quelle est ordinairement l'influence des convulsions sur la marche du travail? — Dans quel état se trouve le moral des femmes dont la délivrance a eu lieu sans qu'elles en aient eu connaissance et qui reviennent ensuite à elles? — Quelle précaution faut-il prendre dans ce cas?

556. — En quoi les convulsions des femmes en couches ressemblent-elles à l'épilepsie et en quoi en diffèrent-elles? — Comment se distinguent-elles des convulsions *hystériques*.

557. — Quelles sont les femmes particulièrement sujettes aux convulsions des femmes en couches? — Quelles en sont les causes déterminantes principales? — Les convulsions peuvent-elles se déclarer sans cause appréciable? — Quelle est, dans la plupart des cas la cause prochaine de ces convulsions? — Que trouve-t-on dans l'urine des femmes atteintes d'éclampsie? — La cause de la présence de l'albumine dans l'urine peut-elle être considérée comme la cause prochaine de la maladie?

558. — Quelle est le *pronostic* des convulsions des femmes en couches?

559.— Quel est le premier devoir de la sage-femme dès que les convulsions ou leurs prodromes se manifestent ? — A quoi doit-elle veiller et quelle conduite doit-elle tenir pendant les convulsions ? — Que doit-elle faire lorsque l'attaque cesse et que la malade peut prendre quelque chose ? — Quelle précaution faut-il prendre par rapport aux remèdes prescrits par un médecin qui n'a pas vu lui-même la malade ? — Quelle conduite la sage-femme doit-elle tenir par rapport aux secours à donner pendant l'accouchement ? — A quoi doit-elle principalement veiller par rapport à la vessie ? — Que doit-elle faire si quelque temps avant, pendant ou après l'accouchement, une attaque d'épilepsie se déclare chez une femme qui y est sujette ?

CHAPITRE III. — Des hémorrhagies qui surviennent pendant l'accouchement.

560. — Quelle est la cause la plus fréquente des *hémorrhagies utérines* pendant l'accouchement ? — Quels sont les états morbides auxquels les hémorrhagies utérines qui ont lieu pendant l'accouchement, se lient dans la plupart des cas ? — Les hémorrhagies utérines pendant l'accouchement sans insertion vicieuse du placenta se présentent-elles souvent, et quelles en sont les causes ? — En cas d'insertion vicieuse du placenta faut-il une cause particulière pour faire naître une hémorrhagie pendant l'accouchement ?

561. — Quel est ordinairement le résultat d'une hémorrhagie utérine qui n'a lieu que pendant l'accouchement sans tenir à une insertion vicieuse du placenta ? — Quel est le premier devoir de la sage-femme dans toute hémorrhagie tant soit peu considérable ? — Comment doit-elle se conduire jusqu'à l'arrivée de l'accoucheur ?

562. — Quelle conduite la sage-femme doit-elle tenir dans les hémorrhagies qui ont lieu dans d'autres parties du corps, comme dans le saignement par le nez, le vomissement et le crachement de sang, etc. ? — De quoi faut-il se garder lorsque le saignement par le nez se déclare pendant l'accouchement chez une femme pléthorique, d'un teint fleuri ?

563. — Dans les hémorrhagies utérines quelles sont les indications à remplir avant la rupture des membranes : 1° lorsque l'hémorrhagie est légère, 2° lorsqu'elle est grave ? — Quelles sont les indications à remplir dans les hémorrhagies utérines

après la rupture des membranes : 1° lorsque l'hémorrhagie est légère, 2° lorsqu'elle est grave ?

CHAPITRE IV. — Ruptures de l'utérus et de la partie supérieure du vagin.

564. — Qu'entend-on par *ruptures de l'utérus?* — Est-ce un accident commun ? — Dans quelles circonstances se produit cet accident ?

565. — Quelles sont les principales causes prédisposantes de la rupture spontanée de l'utérus ? — Comment certaines causes de dystocie prédisposent-elles d'une manière toute particulière aux ruptures de l'utérus? — Indiquez les principales causes déterminantes des ruptures de l'utérus?

566. — Comment distingue-t-on les ruptures de l'utérus relativement à leur siége? — Qu'offrent plus particulièrement à remarquer : 1° les ruptures du corps de l'utérus, 2° celles du col, 3° celles de la partie supérieure du vagin ?

567. — Les ruptures de l'utérus sont-elles annoncées par des prodromes ? — Quels sont les symptômes qui annoncent la rupture de l'utérus ? — Qu'observe-t-on quand l'enfant passe immédiatement dans la cavité du ventre? — Qu'observe-t-on lorsqu'il reste en place?

568. — Quelle est la terminaison ordinaire des ruptures de l'utérus ?— Par quoi la mort est-elle ordinairement déterminée ? — La terminaison par la guérison peut-elle avoir lieu? — Quelles sont les circonstances favorables à la terminaison par la guérison ? — Le passage du fœtus dans la cavité abdominale détruit-il toute chance de guérison ? — Comment dans ce cas la femme peut-elle être préservée de la mort?

569. — La rupture de l'utérus peut-elle survenir dans le cours de la grossesse en l'absence du travail de l'accouchement ? — Quels sont les principaux caractères de ces ruptures? — En quoi les ruptures de la portion vaginale du col diffèrent-elles des ruptures des autres parties de l'organe, et pourquoi ont-elles en général une gravité médiocre? — Comment s'opèrent les ruptures de la portion vaginale du col?

570. — Pourquoi la sage-femme doit-elle avoir une connaissance exacte d'un accident auquel elle ne peut pas en général porter remède? — Peut-on dans quelques cas prévenir les ruptures de l'utérus ? — Quel est le meilleur moyen de prévenir et

de combattre les accidents primitifs et consécutifs des ruptures de l'utérus ? — Quelles sont les conditions les plus favorables au salut de la malade ? — Quelles sont les conditions qui aggravent le danger ? — Que faut-il faire lorsque le fœtus a passé dans la cavité abdominale ?

CHAPITRE V. — Conduite de la sage-femme dans les cas de mort subite d'une femme enceinte, en travail, accouchée, ou d'un enfant nouveau-né.

571. — Que doit faire la sage-femme si elle est appelée auprès d'une femme morte dans les trois derniers mois de la grossesse ?

572. — De quelle manière le médecin doit-il pratiquer l'accouchement chez une femme ainsi décédée, si elle n'offre aucun signe de commencement de travail, c'est-à-dire s'il n'y a pas de contractions utérines et si l'orifice de la matrice est encore fermé ? — Dans quelles circonstances faut-il procéder chez une femme décédée à la version par les pieds et extraire l'enfant ? — Dans quel cas la sage-femme doit-elle faire elle-même cette opération ?

Dans quels cas faut-il alors pratiquer l'*opération césarienne* ? — Comment faut-il pratiquer l'accouchement artificiel si la mort arrive lorsque le travail est avancé et que la tête se trouve engagée déjà en partie ou en entier dans la cavité du bassin ?

573. — Quelle doit être la conduite de la sage-femme si elle est appelée auprès d'une femme enceinte, en travail ou en couches, décédée subitement par suite de convulsions, d'apoplexie, d'hémorrhagie, etc. ? — L'absence totale de signes de vie donne-t-elle la certitude de la mort ? — Quels sont les seuls signes certains de la mort ?

574. — Comment doit-elle traiter une femme morte subitement ? — Quels moyens faut-il employer dans ce cas ? — Pendant combien de temps faut-il continuer ces moyens, et qu'est-ce qu'il y a encore à observer relativement à leur emploi ? — Quels sont les indices du retour à la vie ? — Quels sont les signes évidents de la vie renaissante ? — Dans quelles circonstances la sage-femme doit-elle s'opposer à l'usage de faire pratiquer une saignée par la première personne venue ? — Dans quels cas ne doit-elle pas s'opposer à une saignée ?

575. — Quelle doit être la conduite de la sage-femme lors-

qu'elle est consultée pour un enfant mort subitement ? — Pourquoi doit-elle examiner scrupuleusement l'enfant ?

SECTION TROISIÈME.

OPÉRATIONS OBSTÉTRICALES.

A raison de la destination de cet ouvrage, il n'est traité que des opérations obstétricales qui conservent l'intégrité des organes de la mère et de l'enfant, à savoir, de la *version* et du *forceps*.

CHAPITRE Ier. — De la version.

576. — Pourquoi la sage-femme doit-elle connaître tous les moyens que l'art fournit à l'accoucheur dans les cas d'accouchements vicieux ?

Art. Ier. — *Définitions, indications et conditions indispensables à la version.*

577. — Qu'entend-on *ordinairement* par version ?

578. — Combien d'opérations le mot *version* pris dans cette acception comprend-il, et quelles sont ces opérations ? — A laquelle de ces deux opérations revient, *strictement parlant*, le nom de *version ?* — Comment appelle-t-on l'opération ? — Pourquoi cette distinction est-elle importante ?

579. — Quels sont les cas dans lesquels la simple version par les pieds est indiquée ?

580. — Quels sont les cas où l'accouchement artificiel avec la main est indiqué ? — Quels accidents et circonstances graves peuvent se présenter alors du côté de la mère, et quels sont ceux qui tiennent au fœtus ?

581. — Dans quel cas la version dans le sens ordinaire ou étendu du mot est-elle indiquée ? — Pourquoi l'accouchement artificiel à l'aide du forceps est-il préférable à l'accouchement artificiel dont nous venons de parler ?

582. — Quelles sont les conditions nécessaires pour pratiquer la version par les pieds d'une manière aussi sûre que possible et pour qu'ensuite l'accouchement puisse être terminé par les seules orces de la nature ou avec la main ?

Art. II. — *Règles générales de la version par les pieds.*

583. — Avant de procéder à la version, quelles précautions faut-il prendre relativement à la position de l'enfant dans la matrice ? — Quelles précautions faut-il prendre en faisant connaître à la femme en travail et à ses parents la nécessité de pratiquer la version ? — Comment le lit doit-il être préparé pour la version? — Quelle est la position qu'on doit donner à la mère ? — Comment doit-elle être soutenue dans cette position et combien faut-il d'aides ? — Qu'y a-t-il à remarquer par rapport à l'évacuation de l'urine et des selles ?

Quelles sont les circonstances auxquelles le *temps opportun* pour faire la version est subordonné ? — Quel est le moment opportun pour faire la version dans un cas de présentation vicieuse, la poche des eaux étant encore intacte ? — Pourquoi dans ce cas est-il aussi peu convenable d'attendre trop longtemps que de procéder trop tôt à la version ?

Quand faut-il faire la version lorsque l'écoulement des eaux a été prématuré ou que des accidents graves tels que de fortes hémorrhagies, etc., réclament un prompt accouchement ? — De quoi dépend le choix de la main qui doit faire la version ? — Dans quelles circonstances le choix de la main est-il très important, et dans quelles autres l'est-il moins ?

584. — Quand et de quelle manière introduira-t-on la main dans le vagin par la vulve ? — Que doit-on faire avec l'autre main ? — Quand et de quelle manière introduit-on la main par l'orifice utérin dans la cavité utérine, et comment la fait-on arriver jusqu'aux pieds de l'enfant ? — Comment doit-on s'y prendre en introduisant la main dans l'orifice utérin lorsque la poche des eaux est encore intacte ? — Comment doit-on agir lorsque pour introduire la main dans l'orifice utérin, il est nécessaire de la dilater.

Dans quels cas peut-on opérer cette dilatation ? — Comment faut-il agir lorsque l'introduction de la main dans l'orifice utérin est rendue difficile par la présentation d'une partie volumineuse de l'enfant, la tête par exemple, et quelle est alors la manœuvre à faire avec l'autre main ? — Quelle précaution doit-on prendre en avançant la main pour arriver jusqu'aux pieds ? — Que doit-on faire lorsque pendant cette opération des douleurs se déclarent ?

585. — Comment doit-on s'y prendre pour saisir les pieds ?

— De quelle manière attire-t-on les pieds en bas et jusqu'où les tire-t-on ? — Dans quel cas faut-il le moins négliger de saisir les deux pieds ? — Comment faut-il s'y prendre lorsqu'il est trop difficile de saisir les deux pieds ? — Que doit-on encore particulièrement éviter en saisissant les pieds ?

Par quelles circonstances, toutes choses égales d'ailleurs, la version par les seules tractions sur les pieds est-elle rendue facile ou difficile ? — Comment doit-on s'y prendre lorsqu'au moment où l'on fait descendre les pieds, l'épaule ou la tête qui se présentent ne veulent pas dévier de leur position première et forment un obstacle ? — Que doit faire, dans ce cas, l'autre main appliquée sur l'abdomen ?

586. — Jusqu'à quel moment, pendant la manœuvre de la version, est-il à désirer qu'il ne survienne pas de contractions utérines ? — Que faut-il le plus désirer après avoir changé la position existante de l'enfant en présentation par les pieds ? — De quelle manière procède-t-on à l'extraction artificielle de l'enfant jusqu'au niveau des épaules ? — Comment doit-on s'y prendre lorsqu'en opérant des tractions sur les extrémités inférieures le cordon se trouve engagé entre elles ? — Que faut-il faire dès que l'ombilic apparaît ? — Comment doit-on s'y prendre lorsque la face antérieure de l'enfant est dirigée en haut au moment où les hanches apparaissent ?

587. — Comment dégage-t-on les bras placés le long de la tête ? — Quelle précaution doit-on prendre en cette circonstance ? — Dans quelles circonstances, si l'on veut faire l'extraction de la tête, n'est-il pas nécessaire de dégager les deux bras, ou au moins suffit-il d'en dégager un seul ? — Comment doit-on faire lorsqu'un bras est appliqué le long de la nuque et qu'il est alors plus difficile de le dégager ?

588. — La version opérée, comment fait-on l'extraction de la tête lorsqu'elle est encore engagée dans le détroit supérieur, et comment opère-t-on cette extraction lorsqu'elle se trouve déjà engagée dans la cavité pelvienne ? — Quelle précaution doit-on employer dans cette circonstance ? — Si l'on ne réussit pas par cette manœuvre à opérer l'extraction de la tête sans employer beaucoup de forces, quel est alors le moyen dont le médecin peut disposer ?

589. — Quelles sont, abstraction faite des causes pour lesquelles on fait la version, les circonstances qui rendent difficiles et même dangereuses la version par les pieds et l'extrac-

tion de l'enfant? — Dans quelles circonstances la version est-elle moins difficile et moins dangereuse?

590. — Quel est le *pronostic* de la version prise dans l'acception étendue du mot? — Quelle précaution doit-on prendre en établissant le pronostic? — De quoi dépend la plus ou moins grande gravité du danger de la version?

Art. III. — *Règles particulières de la version par les pieds dans les présentations du tronc.*

591. — Quelles sont les règles particulières de la version dans les présentations de l'épaule? — Que doit-on faire lorsque le bras est sorti? — De quelle main se sert-on pour faire la version? — Quelle position fait-on prendre à la femme en travail, lorsque les pieds sont tournés du côté de la paroi antérieure de la matrice et qu'il est très difficile de les atteindre à cause de la rétraction de l'utérus?

Que doit-on faire quand il est plus facile de saisir le siége ou les genoux que les pieds, et de les rapprocher du détroit supérieur? — Que doit-on faire quand le cordon fait chute.

CHAPITRE II. — Du forceps

Art. 1er. — *Historique et description de l'instrument.*

592. — Qu'est-ce que le *forceps?* — A quelle époque remonte la découverte du forceps? — Comment était le forceps dans le principe?

593. — Que distingue-t-on sur chaque branche du forceps? — Qu'est-ce que la *cuiller*? — Qu'est-ce que la *partie articulaire*? — Qu'est-ce que le *manche*? — Par quel nom désigne-t-on chaque branche du forceps?

Art. II. — *Précautions préliminaires.*

594. — Quelles sont les précautions à prendre avant de procéder à l'application du forceps? — Comment doit être disposé le lit? — Comment la femme doit-elle être placée sur ce lit? — Si la tête de l'enfant était très basse et qu'il y eût quelque inconvénient à déplacer la femme à cause de sa faiblesse, pourrait-on appliquer l'instrument sans le déplacer? — Doit-on montrer l'instrument à la femme? — Quels sont les objets que

l'on doit avoir à sa disposition? — Quelles préparations doit-on faire subir aux branches avant de les introduire dans les parties de la femme? — A qui doit-on les confier en attendant qu'on en fasse usage? — De quoi doit-on s'assurer de nouveau avant de procéder à l'opération?

595. — Quelles sont les conditions indispensables à l'opération? — Est-il toujours possible d'attendre que le col utérin soit complétement dilaté pour agir? — Indiquez les cas où il est toujours possible d'attendre la dilatation du col utérin pour terminer l'accouchement avec le forceps. — Quels sont les cas où il n'est pas toujours possible d'attendre la dilatation complète de l'orifice utérin pour agir? — Indiquez les avantages du forceps pour l'enfant et pour la mère. — Quels dangers le forceps peut-il avoir pour l'un et pour l'autre? — L'application du forceps est-elle une opération grave?

Art. III. — *Règles générales de l'application du forceps.*

596. — Sur quoi sont fondées les règles générales de l'application du forceps? — De combien de temps principaux se compose l'application du forceps? — Quelles sont les parties de l'enfant sur lesquelles on applique le forceps? — Le forceps ne doit-il être considéré que comme un instrument de traction? — Quelles sont les parties de la tête sur lesquelles on doit appliquer le forceps? — Dans quel sens doit être dirigé ou amené le bord concave des cuillers?

Dans quels cas est-il le plus souvent impossible de saisir la tête par ses parties latérales? — Comment place-t-on alors les branches du forceps? — La règle de faire correspondre le bord concave des cuillers en avant et de l'y amener à mesure qu'on fait descendre la tête souffre-t-elle quelques exceptions? — Quelle est la branche que l'on doit introduire la première? — Quelle disposition devrait offrir la partie articulaire de la branche à pivot pour qu'il fût indifférent de commencer l'introduction par l'une et l'autre branche? — Dans quels cas peut-on être conduit à introduire la branche à pivot la dernière?

Dans quelles circonstances est-on forcé de décroiser les manches de l'instrument? — A quel côté du bassin est appropriée chaque branche? — De quelle main et comment doivent-elles être tenues? — Quels sont la place et le rôle de l'autre main? — Sur quel point des parties doit-on faire pénétrer l'extrémité de la cuiller?

Indiquez la manière de procéder à l'introduction des branches. — Lorsque l'une des branches doit être placée de côté et en avant, de quelle manière peut-elle y être conduite? — A quoi reconnaît-on que les branches sont bien placées? — Indiquez la manière de procéder à l'articulation des branches et les difficultés qui peuvent s'y opposer. — Comment s'assure-t-on que la tête est bien saisie et qu'elle est saisie seule? — Dans quelle direction et de quelle manière doivent être exercées les tractions? — Lorsque la tête distend le périnée et la vulve, que faut-il faire?

Art. IV. — *Règles particulières.*

597. — Sur quelles particularités sont fondées les règles particulières de l'application du forceps?

1° De l'application du forceps dans la présentation du vertex dans l'excavation pelvienne.

598. — Dans quels cas le forceps est-il indiqué exclusivement à la version? — Quelles sont les principales causes qui peuvent obliger d'avoir recours au forceps, lorsque la tête de l'enfant est dans le fond de l'excavation pelvienne et qu'elle a franchi ou à peu près l'orifice utérin? — Décrivez la manière d'appliquer le forceps dans l'excavation pelvienne : 1° dans la position *occipito-pubienne*, 2° dans la position *occipito-sacrée*, 3° dans la position *occipito-cotyloïdienne gauche*, 4° dans la position *occipito-sacro-iliaque droite*, 5° dans la position *occipito-cotyloïdienne droite*, 6° dans la position *occipito-sacro-iliaque gauche*, 7° dans la position *occipito-iliaque directe gauche*, 8° dans la position *occipito-iliaque directe droite*.

2° De l'application du forceps dans la présentation du vertex au détroit supérieur.

599. — Lorsque la tête est au détroit supérieur ou au-dessus, et qu'il y a indication de terminer l'accouchement, sur quelles particularités se fonde-t-on pour décider de la préférence entre le forceps et la version? — Pourquoi est-il impossible au détroit supérieur d'appliquer une branche au-devant du sacrum et l'autre derrière les pubis? — Comment place-t-on ordinairement les branches au détroit supérieur, et quelles sont les parties de la tête du fœtus embrassées entre les cuillers? — La main

qui sert à guider les cuillers et à protéger les parties doit-elle être introduite tout entière dans le conduit vulvo-utérin?

Peut-on se conformer exactement au précepte d'exercer les tractions dans la direction de l'axe du bassin? — Lorsque la tête a été irrégulièrement saisie, doit-on, après l'avoir entraînée dans l'excavation, désarticuler l'instrument pour l'appliquer plus régulièrement?

3° De l'application du forceps dans la présentation de la face.

600. — Lorsque dans la présentation de la face il y a indication de terminer l'accouchement par le forceps, la règle de placer les cuillers sur les côtés de la tête souffre-t-elle quelques exceptions? — Faut-il que le bord concave des cuillers soit toujours tourné du côté du menton? — L'emploi du forceps est-il plus restreint dans la présentation de la face que dans celle du crâne? — Lorsqu'on est dans l'obligation de terminer l'accouchement, la face étant au-dessus du détroit supérieur, que doit-on préférer du forceps ou de la version?

Indiquez la manière d'appliquer le forceps dans les positions *mento-antérieures*, lorsque la tête est descendue dans l'excavation. — Pourrait-on appliquer dans les positions mento antérieures le forceps au détroit supérieur? — Quel parti pourrait-on tirer du forceps et de quelle manière faudrait-il s'en servir dans les positions *mento-postérieures*, dans le cas où la tête serait profondément engagée dans le bassin et la version impraticable?

4° De l'application du forceps sur la tête retenue dans les parties après la sortie du tronc.

601. — Quel danger court l'enfant dont la tête est retenue dans les parties après la sortie du tronc? — Le forceps fournit-il un moyen plus sûr et plus rapide de faire sortir la tête que les mains? — A-t-on souvent l'occasion d'appliquer le forceps sur la tête retenue dans les parties après la sortie du tronc? — Trouve-t-on plus de difficultés à appliquer le forceps au détroit supérieur, lorsque la tête s'avance par sa base que lorsqu'elle s'avance par le vertex?

602. — Quelles sont les modifications que subit le procédé opératoire? — Indiquez la manière d'appliquer le forceps sur la tête, après la sortie du tronc, dans les positions *occipito-antérieures*. — Lorsque le forceps est appliqué sur les côtés du

bassin, peut-il atteindre la tête jusqu'au détroit supérieur ? — Quelles sont les précautions à prendre pour ne pas blesser les parties saillantes de la face en introduisant les branches du forceps ? — Indiquez de quelle manière on pourrait se servir du forceps si la face, au lieu de regarder en arrière, était tournée vers le pubis.

SECTION QUATRIÈME.

DE LA DÉLIVRANCE VICIEUSE ET COMPLIQUÉE.

ART. Ier. — *Du décollement et de l'expulsion vicieux de l'arrière-faix.*

603. — Quand le décollement et l'expulsion de l'arrière-faix sont-ils vicieux ?

604. — Quel est le danger principal qui peut résulter du *décollement* du placenta ? — De quel endroit de la matrice provient le sang qui s'écoule dans la cinquième période de l'accouchement normal ? — Pourquoi n'y a-t-il pas dans tous les cas une forte hémorrhagie, mais seulement une perte de sang peu considérable ? — Qu'entend-on par décollement *prématuré ?*

605. — Quelles sont les causes du décollement prématuré ?

606. — Comment le *retard* apporté dans le décollement prématuré du placenta peut-il avoir une conséquence fâcheuse ?

607. — Quelles sont les *causes* du retard apporté dans le décollement du placenta ? — A quoi reconnaît-on la faiblesse des contractions utérines ou leur absence complète ? — Qu'y a-t-il à remarquer au sujet de l'adhérence trop forte du placenta à la matrice ? — Qu'est-ce qui fait présumer cet état ?

608. — Quelles sont les suites fâcheuses qui peuvent résulter du retard apporté dans l'*expulsion* de l'arrière-faix alors qu'il est entièrement détaché ?

609. — Quelles sont les causes qui peuvent déterminer un retard dans l'expulsion de l'arrière-faix détaché ?

610. — Qu'entend-on par *enchatonnement* du placenta ? — Dans quelles circonstances l'enchatonnement du placenta a-t-il été surtout observé, et quelles sont les causes qui peuvent le déterminer ? — A quoi reconnaît-on cet état ? — Quel est le danger principal qu'il faut craindre dans l'enchatonnement du placenta ?

611. — Quelle doit être la conduite de la sage-femme dans les cas de rétention de l'arrière-faix? — Que doit-elle faire aussitôt qu'elle reconnaît un enchatonnement ou qu'il survient une hémorrhagie?

ART. II. — *De l'hémorrhagie utérine après l'accouchement.*

612. — Qu'entend-on par *hémorrhagie utérine après l'accouchement?* — Comment divise-t-on cette hémorrhagie? — Qu'entend-on par hémorrhagie *externe* et hémorrhagie *interne?* — Comment doit-on s'y prendre pour empêcher le sang épanché dans la cavité utérine de s'écouler par l'orifice utérin et par le vagin?

613. — Quels sont les *signes* de l'hémorrhagie utérine interne?

614. — Quand les hémorrhagies utérines se déclarent-elles après l'accouchement?

615. — Quelle est la cause la plus fréquente de l'hémorrhagie utérine après l'accouchement? — Quelles sont les *causes* principales de l'inertie de la matrice? — Quels sont les accidents qui, outre l'inertie de la matrice, peuvent donner lieu à une hémorrhagie utérine après l'accouchement?

616. — Qu'y a-t-il à remarquer en général sur la *gravité* de ces hémorrhagies?

617. — Pourquoi les hémorrhagies utérines réclament-elles principalement l'attention de la sage-femme?

618. — Quelle est la première chose que doit faire la sage-femme dès qu'une hémorrhagie considérable se déclare? — Que doit-elle faire ensuite? — Quels secours doit-elle porter dans les cas où l'hémorrhagie provient de l'inertie de la matrice ou de l'impuissance de cet organe à se contracter convenablement? — Quels sont les moyens les plus propres à stimuler les contractions utérines?

De quelle manière doit-on pratiquer des frictions circulaires sur la région du fond de l'utérus? — Comment peut-on augmenter l'effet de ces frictions? — Quels moyens faut-il employer si les frictions circulaires n'arrêtent pas l'hémorrhagie? — Comment peut-on conserver l'eau froide ou la rendre plus froide encore? — Comment fait-on les injections dans la matrice? — A quelle dose et combien de fois par jour administre-t-on la teinture de cannelle ? — Comment et à quelle dose administre-t-on le seigle ergoté ?

619. — Que faut-il faire lorsque ces moyens ne suffisent pas pour arrêter l'hémorrhagie, et que l'arrière-faix est encore retenu, ou que le placenta adhère encore en partie à la matrice ? — A qui appartient-il de pratiquer le *décollement artificiel* du placenta ? — Mais dans quelles circonstances la sage-femme doit-elle le faire ?

Comment opère-t-on le décollement artificiel ? — Que faut-il faire après l'extraction du placenta ? — Que faut-il faire lorsque, après l'extraction du placenta, la matrice ne se contracte pas suffisamment et que l'hémorrhagie continue ? — Que doit faire la sage-femme du placenta dont elle a fait l'extraction ?

620. — Que faut-il faire quand une partie du placenta adhère si fortement à l'utérus qu'on ne peut l'en séparer sans effort ? — Que devient la partie trop fortement adhérente au placenta ?

621. — Que doit-on faire lorsque l'enchatonnement du placenta s'accompagne d'une hémorrhagie qui résiste aux remèdes déjà énumérés ? — Comment faut-il dans ce cas procéder à l'extraction artificielle du placenta ? — Que faut-il faire dans le cas d'hémorrhagie utérine interne grave ?

622. — Quelle conduite faut-il tenir lorsque, après la sortie de l'arrière-faix ou après l'extraction des caillots de sang, l'hémorrhagie ne cède pas à l'emploi des remèdes appropriés ?

623. — Que doit-on faire après toute hémorrhagie considérable ? — Que faut-il faire pour réchauffer extérieurement le corps de la malade ? — Quelle doit être la nature de l'air de l'appartement ? — Quels sont les aliments et les boissons qui conviennent ? — Qu'y a-t-il à remarquer par rapport à l'emploi des toniques proprement dits pendant la convalescence ?

624. — Qu'y a-t-il à remarquer sur le *tamponnement* dans les hémorrhagies consécutives à l'accouchement ? — Dans quelle hémorrhagie consécutive à l'accouchement le tamponnement peut-il convenir ? — A quoi reconnaît-on que l'hémorrhagie ne provient pas de la matrice, mais d'une tumeur variqueuse du vagin ? — Quel effet le tamponnement produirait-il dans une hémorrhagie utérine succédant à un accouchement ?

Art. III. — *Du renversement de la matrice.*

625. — Qu'entend-on par *renversement* de la matrice?

626. — Combien distingue-t-on d'espèces de renversement? — Qu'entend-on par renversement *incomplet* de la matrice? — Qu'appelle-t-on renversement *complet* de la matrice? — Qu'entend-on par *renversement avec chute de la matrice*, ou *chute de la matrice renversée?*

627. — Quand le renversement a-t-il ordinairement lieu?— Qu'est-ce qui prédispose la matrice au renversement? — Dans quels cas cet accident a-t-il lieu le plus souvent? — Quelles peuvent être les causes du renversement? — Quelle en est la cause la plus fréquente?

628. — Quels sont les caractères du renversement complet? — Quels sont généralement les accidents qui accompagnent le renversement? — Quels sont les caractères du renversement incomplet?

629. — Qu'y a-t-il à remarquer au sujet de la gravité du renversement de la matrice? — Quelles sont ordinairement les suites du défaut de soins convenables?

630. — Où a-t-il déjà été question de ce que doit faire la sage-femme pour *prévenir le renversement?* — Pourquoi cet accident mérite-t-il la plus grande attention de la part de la sage-femme? — Quels sont les secours qu'il réclame? — Quel est le double devoir imposé à la sage-femme dès qu'elle reconnaît le mal? — Quelle position doit-elle faire prendre à la malade?— Comment doit-elle procéder pour ramener la matrice renversée dans sa position normale? — Quand il y a chute totale de la matrice et que cette manœuvre ne réussit pas, que doit-elle faire alors?

Après avoir ramené complétement la matrice, combien de temps doit-elle y laisser sa main fermée? — Que peut-il résulter si l'on retire la main avant que la matrice se soit contractée autour d'elle? — Que doit-on particulièrement recommander à la malade après le replacement de la matrice? — Quels sont les soins que la sage-femme doit prendre ensuite? — Quelles précautions doit-elle prendre par rapport aux selles et aux urines?

631. — Que faut-il faire si le placenta adhère encore à la matrice renversée? — Que faut-il faire si la plus grande partie du placenta est déjà détachée et si l'on ne réussit pas à rame-

ner la matrice avec lui? — Quand le replacement de la matrice s'opère-t-il le plus facilement? — Qu'est-ce qui rend le replacement difficile et même impossible?

632. — Quelle doit être la conduite de la sage-femme jusqu'à l'arrivée de l'accoucheur, si elle ne réussit pas à ramener la matrice renversée et descendue?

SECTION CINQUIÈME.

DE QUELQUES ÉTATS MORBIDES DE LA FEMME EN COUCHES, DU NOUVEAU-NÉ ET DE LA CONDUITE QUE LA SAGE-FEMME DOIT TENIR DANS CE CAS.

CHAPITRE Ier. — ÉTATS MORBIDES DE LA FEMME EN COUCHES.

633. — Quels sont les accidents les plus graves qui peuvent survenir après l'accouchement?

634. — Quand les *douleurs* ou *tranchées utérines* qui suivent l'accouchement réclament-elles la présence d'un médecin? — Qu'y a-t-il à remarquer sur ces douleurs lorsqu'elles se manifestent à un haut degré d'intensité chez les *primipares?*

635. — Qu'entend-on par *lochies anormales*? — Quelle conduite la sage-femme doit-elle tenir lorsque l'écoulement lochial est abondant au point d'affaiblir l'accouchée? — Dans quels cas la sage-femme doit-elle se garder de rien faire qui puisse diminuer cet écoulement abondant? — Que doit faire la sage-femme si les lochies cessent de couler plutôt qu'à l'ordinaire? — Que fera la sage-femme lorsque, avant ou en même temps que les lochies cessent de couler, il se déclare des douleurs dans l'abdomen, de la chaleur, de la soif, des maux de tête, etc.? — Que doit faire la sage-femme lorsque les lochies commencent à avoir une odeur infecte? — Que doit-elle faire si l'écoulement devient âcre de manière à excorier les parties génitales?

636. — Quels sont les soins que réclament les *déchirures légères du périnée*? — Pourquoi la sage-femme est-elle coupable si elle néglige de réclamer la présence d'un accoucheur dans le cas où la déchirure du périnée est considérable?

637. — Quelle est la cause la plus fréquente de la *rétention d'urine* et de la *difficulté d'uriner* qui se manifestent quelquefois dans les premiers temps qui suivent l'accouchement? — Chez

quelles femmes cet accident s'observe-t-il le plus souvent après l'accouchement ? — Que doit faire la sage-femme dans un cas de rétention d'urine jusqu'à ce que le médecin soit arrivé ? — Quelle peut être la cause de l'*incontinence d'urine ?*— Dans quels cas l'urine s'écoule-t-elle par le vagin ? — Comment une perforation se forme-t-elle dans le col vésical ou dans la vessie elle-même ? — A quoi reconnaît-on qu'une ouverture s'est formée au col de la vessie ?

638. — Qu'appelle-t-on *fièvre de lait* et quelle en est la marche ? — La fièvre de lait constitue-t-elle un état grave ?— Quelles sont ordinairement les femmes exemptes de la fièvre de lait ? — Que doit faire la sage-femme si la fièvre de lait se déclare ? — Quand la présence d'un médecin devient-elle nécessaire dans cette fièvre ? — Quelle doit être, en général, la conduite de la sage-femme dans toute fièvre qui se déclare chez une femme pendant les premières semaines des couches ?

639. — Quelle est la fièvre la plus dangereuse pour les femmes en couches ? — Quand la *fièvre puerpérale* se déclare-t-elle dans la plupart des cas ? — Quels sont les caractères principaux de la fièvre puerpérale ? — Par quoi la fièvre puerpérale se distingue-t-elle de la fièvre de lait ? — Par quoi se distingue-t-elle des tranchées puerpérales ?

640. — Qu'entend-on par *pourpre puerpéral* ? — Quelle est la marche du pourpre puerpéral ? — De quels accidents le pourpre puerpéral s'accompagne-t-il ordinairement ? — Quelle est la cause la plus fréquente du pourpre puerpéral ? — Comment entretient-on chez les nouvelles accouchées une chaleur trop grande ? — Quel cas faut-il faire de cette opinion qu'on peut prévenir la naissance du pourpre en excitant la sueur et qu'on doit chercher à le faire sortir par ce moyen ? — Qu'est-ce que la sage-femme aura à faire jusqu'à l'arrivée du médecin ? — Quelles boissons fera-t-elle prendre à la malade ?

641. — Quels sont les états morbides qui peuvent se déclarer aux mamelles ? — Qu'entend-on par *engorgement* ou *ganglions laiteux* ?— Qu'est-ce qui détermine les ganglions laiteux ? — Quelle est la marche des ganglions laiteux quand on les néglige ou qu'on les traite intempestivement ?

Qu'entend-on par *inflammation des mamelles* ? — Quelle est, dans la plupart des cas, la cause des ganglions laiteux et de l'inflammation des mamelles ? — Que doit faire la sage-femme dès le début quand les mamelles enflent et qu'elles deviennent fermes et tendues? — Que faut-il faire pour favoriser l'écoulement du lait? — Que fera la sage-femme quand il n'y aura que des ganglions laiteux ou une légère inflammation des mamelles? — De quoi doit-elle s'abstenir?

642. — Quelles sont les suites des *excoriations* ou *gerçures* du mamelon? — Comment peut-on prévenir cet accident? — Quel est le moyen le plus propre à guérir les gerçures? — Quels soins faut-il donner au mamelon malade avant de faire teter l'enfant? — Quels sont les moyens qui pourraient être nuisibles dans cette affection? — Que faut-il conseiller aux femmes qui ne veulent pas allaiter leur enfant et qui tombent malades aussitôt après l'accouchement? — Dans quelles circonstances convient-il de conseiller, aux femmes qui ne veulent pas allaiter, de le faire pendant quelque temps au moins?

CHAPITRE II. — États morbides du nouveau-né.

A. *États morbides dépendant de l'accouchement.*

643. — Qu'entend-on par *mort apparente* chez un enfant nouveau-né?

644. — Combien y a-t-il d'espèces de mort apparente? — Quels sont, dans la première espèce de mort apparente, l'aspect et l'état de l'enfant? — Qu'est-ce qui fait naître cette première espèce de mort apparente?

645. Quels sont, dans la seconde espèce de mort apparente, l'aspect et l'état de l'enfant? — Quelles sont les causes de cette espèce de mort apparente?

646. — Quel est le traitement de la première espèce de mort apparente?

647. — Quel est le traitement de la seconde espèce de mort apparente?

648. — Quels sont les signes du retour à la vie? — Quelle doit être la conduite de la sage-femme lorsque se montrent les signes du retour à la vie, et à qui appartient le traitement ultérieur? — Si, même au bout de quelques heures après l'application suivie des remèdes vivifiants, il ne se manifestait pas de signes de retour à la vie, que devrait alors faire la sage-femme? — Quels sont les signes certains de la mort de l'enfant? — Quel doit être, en général, le caractère du traitement des enfants frappés de mort apparente?

649. — Le *gonflement des téguments* tel qu'il se rencontre au crâne, à la face ou au siége, demande t-il un traitement particulier dans les cas où l'accouchement a suivi une marche régulière, lors même que ce gonflement serait plus fort que d'ordinaire? — Qu'est-ce qui peut hâter la résorption de cette tuméfaction? — Quelles autres tumeurs observe-t-on quelquefois sur le crâne du nouveau-né et quelle doit être dans ce cas la conduite de la sage-femme? — Convient-il de comprimer la tête de l'enfant, lorsque ses os chevauchent les uns sur les autres et qu'elle présente une forme très allongée?

650. — Quelles peuvent être, pour le crâne et le cerveau, les conséquences du passage de la tête à travers un bassin rétréci? — Quels sont les os du crâne sur lesquels on rencontre le plus souvent des fractures? — Quelles formes présentent ces fractures? — Ces fractures peuvent-elles guérir sans déterminer d'accidents?

Quel est le siége des épanchements sanguins qui se font dans la cavité du crâne? — Les épanchements sanguins intracrâniens produisent-ils toujours des accidents de compression du cerveau? — Que convient-il de faire lorsque les circonstances du travail ont été de nature à faire craindre une compression du cerveau?

651. — Dans quelles circonstances le maxillaire inférieur peut-il être fracturé? — Sur quels points le maxillaire inférieur peut-il être fracturé? — Que faut-il faire pour prévenir une consolidation vicieuse? — Comment la clavicule peut-elle être fracturée? — En quoi consiste le traitement de cette fracture? — Comment les os des membres peuvent-ils être fracturés? — Par quels moyens peut-on maintenir les fragments en rapport?

652. — Quelle est la cause de la paralysie faciale? — Quels sont les symptômes qui la font reconnaître? — Quelle est la terminaison de cette paralysie? — Quels soins exige-t-elle? — Qu'est-ce qui peut heurter violemment le plexus brachial? — Quelle autre cause peut déterminer une paralysie idiopathique du bras?

653. — Dans quelles circonstances le cordon ombilical peut-il être rompu à son insertion à l'ombilic? — Que résulte-t-il de cette rupture? — Qu'est-ce que la sage-femme doit connaître et faire sans retard dans le cas d'hémorrhagie par l'ombilic?

B. *États morbides développés pendant le cours de la grossesse.*

654. — Qu'entend-on par *faiblesse* ou *débilité* de naissance ? — Pourquoi le terme de faiblesse de naissance doit être conservé, bien qu'il s'applique à des états morbides divers ? — Quelles sont les indications communes et urgentes à remplir qui sont du ressort de la sage-femme ? — Quels sont les enfants qu'on considère généralement comme étant dans un état de faiblesse maladive ?

655. — Qu'entend-on par *taches de sang* (*nævus*) ? — Comment se distinguent les taches de naissance simples des nævus susceptibles de s'accroître ? — En quoi consistent ces dernières ? — Que doit faire la sage-femme dans ce dernier cas ?

656. — Qu'arrive aux enfants si le filet de la langue est trop long, c'est-à-dire s'il se prolonge jusqu'au bout de la langue ? — Comment reconnaît-on cet état ? — Que faut-il faire aussitôt lorsque cette anomalie empêche l'enfant de teter ?

657. — Que doit faire la sage-femme dans le cas d'*occlusion congénitale* de l'anus et de l'urèthre ?

658. — Quelle doit être la conduite de la sage-femme lorsque l'enfant vient au monde avec une *tumeur à l'ombilic*, ou que celle-ci se forme après la naissance, par suite de cris ou de mouvements violents de l'enfant.

Que fera la sage-femme lorsqu'il existe une *tumeur* à la *tête* ou à l'*épine dorsale* ?

659. — Quels sont les vices de conformation qui réclament sans retard l'intervention de l'art ? — Que présentent à considérer les vices de conformation sous le rapport de la viabilité ?

C. *De quelques phénomènes physiologiques et pathologiques consécutifs à la naissance que la sage-femme doit connaître.*

660. — Quelles sont les causes sous l'influence desquelles la respiration entre en activité immédiatement après la naissance ? — Qu'est-ce qui accompagne les premiers mouvements respiratoires ? — Que signifie un cri fort et soutenu ? — Que signifie un cri faible et étouffé ?

Quels changements l'établissement de la respiration amène-t-il à sa suite dans le thorax et les voies respiratoires ? — Quels sont les caractères extérieurs de la respiration du nouveau-né ?

Quels sont les changements qui s'opèrent dans la circulation immédiatement après la naissance? — Quels sont les caractères de la circulation du nouveau-né? — Qu'éprouvent quelques autres fonctions? — Qu'entend-on par *colorification?* — Quelles sont les variations que présente la colorification après la naissance?

Quels changements, sous le rapport de la coloration, subit la peau pendant les jours qui suivent la naissance?

Qu'entend-on par *exfoliation de l'épiderme?* — Quels sont les caractères et la durée de cette exfoliation?

Comment s'opère la chute du cordon ombilical? — Quels sont les phénomènes qui la précèdent, l'accompagnent et la suivent?

661. — Quels sont les caractères de l'hémorrhagie consécutive à la chute du cordon ombilical? — Quelle est la gravité de cette hémorrhagie? — Par quels moyens peut-on y remédier? — Que doit faire la sage-femme en attendant l'arrivée du médecin?

662. — Quelles sont les inflammations consécutives à l'élimination du cordon? — Sous l'influence de quelles causes surviennent ces inflammations? — Quels sont les caractères de l'inflammation et de la suppuration simples de l'ombilic? — Par quels moyens faut-il y remédier? — Quels sont les caractères de l'érysipèle de l'ombilic? — Quelles sont ses causes? — Quelle idée doit-on se faire de sa gravité? — Quelles peuvent être les conséquences graves des inflammations de l'ombilic?

663. — Quels sont les caractères des *crampes* et des *convulsions* des enfants? — Quelle en peut être la cause? — Que doit faire la sage-femme dans ce cas jusqu'à l'arrivée du médecin, qu'elle enverra chercher sans délai?

664. — Quels sont les caractères de l'*ictère* du nouveau-né? — Quelle est la cause et dans quelles circonstances est-il le plus souvent exempt de danger? — Quelle conduite la sage-femme doit-elle tenir dans ce cas, et quand la présence du médecin est-elle nécessaire? — Que doit-elle faire si l'ictère se déclare plus tard?

665. — Quels sont les caractères de la *colique* des enfants? — Quels sont les symptômes de la *diarrhée* des enfants? — Qu'est-ce que la *constipation?* — Quelle est la cause de tous ces accidents? — Que peut faire la sage-femme dans ce cas et

quelle est la part du traitement qui revient au médecin ? — Quel est le meilleur moyen de procurer la sortie du *méconium ?*

666. — Qu'appelle-t-on *aphthes?* — Quel est dans ce cas l'état général de l'enfant ? — Que doit faire la sage-femme dans le cas où il ne se montre que peu de vésicules ? — Quand l'assistance du médecin devient-elle nécessaire ?

667. — Quels sont les signes de l'*inflammation des paupières ?* — Qu'arrive-t-il si l'on ne remédie pas promptement à cette inflammation ? — Quelles sont les causes de cette maladie ? — Quelle doit être la conduite de la sage-femme dans cette affection ?

668. — Qu'entend-on par *tuméfaction des seins* chez les nouveau-nés, et que doit faire la sage-femme dans ce cas ?

669. — Qu'entend-on par *croûtes laiteuses* et où cette éruption paraît-elle d'abord ? — Qu'est-ce que le *pemphigus ?* — Quel est dans ce cas l'état général de l'enfant ? — Qu'entend-on par *tannes ?* — Qu'appelle-t-on *excoriations ?* — Sur quelles parties du corps se montrent-elles ? — Comment la sage-femme peut-elle contribuer beaucoup à prévenir le développement de ces affections ? — Que doit-elle faire dès qu'elles se manifestent ? — Quel moyen doit-elle *éviter* surtout d'employer en cas d'excoriations ? — Qu'est-ce qui souvent suffit pour faire disparaître les tannes ?

CINQUIÈME PARTIE.

APPENDICE CONTENANT UN PRÉCIS DE LA SAIGNÉE, DES VENTOUSES, DE LA VACCINE ET DES PRÉPARATIONS PHARMACEUTIQUES LES PLUS USUELLES.

SECTION PREMIÈRE.

SAIGNÉE.

1. — Qu'est-ce que la saignée?

2. — Qu'entend-on par saignée *locale*, *générale*, *déplétive*, *révulsive?*

3. — Qu'appelle-t-on saignée *capillaire*, *phlébotomie*, *artériotomie?*

CHAPITRE Ier. — PHLÉBOTOMIE.

4. — Sur quels vaisseaux pratique-t-on la phlébotomie? — Les anciens praticiens ne tiraient-ils pas du sang par d'autres veines?

5. — Quand on veut pratiquer une saignée, ne doit-on pas arrêter, par une ligature, la circulation veineuse? — Quelle est le degré de constriction que l'on doit donner à la ligature?

6. — A quel instant de la journée doit-on pratiquer la saignée? — La saignée peut-elle être faite immédiatement après le repas? — Combien doit-on laisser écouler de temps entre le dernier repas et le moment où l'on pratique la saignée? — N'est-il pas quelquefois utile de faire prendre un peu d'exercice avant de pratiquer une saignée?

7. — Quelle est la quantité de sang que l'on tire généralement par une saignée?

8. — Quels sont les instruments et les objets que l'on doit avoir sous la main quand on se dispose à pratiquer une saignée?

9. — Qu'est-ce que la lancette? — Y a-t-il plusieurs espèces de lancettes? — En quoi ces lancettes diffèrent-elles?

10. — Quelle espèce de bande doit-on choisir pour faire la ligature?

11. — Dans quelle sorte de vase reçoit-on le sang de la saignée?

12. — Quelles sont les compresses dont on a besoin pour faire le pansement ?

13. — N'est-il pas nécessaire d'avoir une seconde bande pour fixer la compresse ?

14. — Ne doit-on pas garantir le lit et les vêtements du malade ?

15. — Les autres instruments que l'on a sous la main, lorsqu'on pratique la saignée, sont-ils toujours nécessaires ?

16. — Quelle position doit-on donner au malade ?

17. — Comment doit-on ouvrir la lancette ?

18. — Comment fixe-t-on la veine ? — Quel est le rôle de la main qui ne fixe pas la veine ? — Comment saisit-on la lancette ? — Comment prend-on un point d'appui ?

19. — Qu'entend-on par *ponction* ? — La lancette n'est-elle pas quelquefois enfoncée perpendiculairement dans la veine ? — Quand la ponction doit-elle être perpendiculaire ? — A quel signe reconnaît-on que la veine a été ouverte ?

20. — Quand la veine est ouverte, comment doit-on retirer la lancette ? — Qu'est-ce que l'*élévation* ? — Ce temps de l'opération est-il toujours nécessaire ?

21. — Quelle direction doit-on donner à l'incision de la veine ?

22. — Quelle doit être la largeur de l'incision ?

23. — Comment le sang doit-il couler ? — Qu'appelle-t-on couler en *jet* ou en *nappe* ?

24. — Comment procède-t-on au pansement de la saignée ? — Comment détruit-on le parallélisme ? — Est-il nécessaire d'appliquer le doigt sur l'incision ? — N'est-il pas quelques précautions à prendre quand on nettoie le membre taché de sang ?

Saignée du bras.

25. — La saignée du bras est-elle plus souvent pratiquée que les autres ?

26. — Quelles sont les veines qui sont apparentes au pli du bras ? — Décrivez les veines *radiale*, *cubitale*, *médiane*, *médiane céphalique*, *médiane basilique*. — Quels sont les rapports de la veine médiane basilique ? — Ces rapports ne sont-ils pas de nature à empêcher toute saignée sur cette veine ?

27. — Quelles sont les veines qui peuvent être saignées ? —

Quelle veine doit-on choisir? — N'y a-t-il pas une veine qui ne doit jamais être saignée?

28. — Quelle doit être la position du malade que l'on se dispose à saigner?

29. — Comment met-on le pli du bras à découvert? — Comment cherche-t-on la position de l'artère? — Ne doit-on pas rechercher les anomalies? — Quelle veine doit-on choisir pour pratiquer la saignée? — Que doit-on faire quand les veines ne sont pas suffisamment apparentes? — N'est-il pas possible de saigner des veines que l'on ne peut apercevoir au pli du bras? — Comment constate-t-on la présence de ces veines? — Quand les veines ne peuvent être ni vues ni senties, ne peut-on pas, à l'aide de certaines précautions, les rendre apparentes? — Doit-on, dans ce cas, plonger le membre dans un bain?

30. — Quand doit-on appliquer la bande destinée à arrêter la circulation veineuse? — Quelles sont les dimensions de cette bande?

31. — Comment applique-t-on la bande? — Quel doit être le degré de constriction de la bande? — Ne peut-on pas rendre apparentes les veines qui restent cachées malgré la constriction exercée par la bande?

32. — Comment doit-on ouvrir la lancette? — Comment place-t-on la lancette ouverte avant de s'en servir? — Comment faut-il saisir la lame? — Quelle doit être la grandeur de l'incision? — De quelle main doit-on faire la saignée?

33. — Comment doit-on diriger, surveiller et favoriser l'écoulement du sang?

34. — Quelles sont les causes qui peuvent empêcher l'écoulement du sang? — Comment remédie-t-on à l'interposition d'un petit caillot ou d'un peloton graisseux entre les lèvres de la plaie? — Que convient-il de faire quand l'écoulement du sang se trouve arrêté par la constriction trop grande de la ligature?

35. — Comment fait-on le pansement de la saignée du bras?

36. — La même ouverture de la veine peut-elle suffire pour deux saignées? — Cette méthode doit-elle être recommandée?

37. — Quelles sont les difficultés de la saignée? — Que faut-il faire lorsque le malade est indocile, ou lorsque la veine médiane basilique est seule apparente? — Quelle est la conduite à tenir quand les veines sont petites, peu apparentes, très mo-

biles, enfin quand la personne que l'on saigne est pourvue d'un embonpoint considérable ?

38. — Qu'appelle-t-on *saignée blanche ?*

39. — Quels sont les accidents de la saignée ?

40. — Qu'est-ce que l'*ecchymose ?*

41. — Qu'est-ce que le *thrombus ?*

42. — Qu'est-ce que la *syncope ?*

43. — Quand observe-t-on des vomissements ?

44. — La douleur est-elle quelquefois assez forte pour causer de l'inquiétude?

45. — La piqûre du tendon du biceps est-elle dangereuse ?

46, 47. — Qu'entend-on par *inflammation* de la plaie, *phlegmon*, *érysipèle*, à la suite de la saignée du bras ?

48. — Observe-t-on quelquefois les lésions des vaisseaux lymphatiques ?

49. — Qu'est-ce que la *phlébite ?*

50. — La blessure de l'artère est-elle un accident grave ? — Comment reconnaît-on que l'artère a été ouverte? — Comment doit-on faire le pansement dans ce cas ?

Saignée de la main.

51. — Qu'est-ce que la saignée de la main?

Saignée du pied.

52. — Qu'appelle-t-on *saignée du pied ?*

53. — Quelles sont les veines que l'on peut saigner à la jambe ?

54. — Quels sont les objets nécessaires pour pratiquer la saignée du pied ?

55. — Quelle est la position à donner au malade ?

56. — Comment se fait la ligature destinée à arrêter la circulation veineuse ?

57. — Comment et de quelle main doit-on tenir la lancette?

58. — Comment reçoit-on le sang qui s'écoule de la veine ouverte ?

59. — Quelles sont les causes qui s'opposent à l'écoulement du sang ?

60. — Comment se fait le pansement de la saignée du pied ?

61. — Indiquez les accidents de la saignée du pied.

CHAPITRE II. — Saignée locale.

62. — Qu'appelle-t-on *saignée locale?* — Comment se fait une saignée locale ?

63. — Qu'est-ce que la *sangsue?* — Indiquez les diverses espèces de sangsues ? — Les sangsues peuvent-elles servir plusieurs fois ? — Quelle est la quantité de sang que peuvent tirer les sangsues?

64. — Sur quelles régions du corps peut-on appliquer les sangsues ?

65. — La quantité de sangsues qu'il faut appliquer n'est-elle pas subordonnée à la vascularité de la région sur laquelle on les applique ?

66. — Comment applique-t-on les sangsues ?—Quelles sont les précautions à prendre quand on les pose au voisinage des orifices naturels ?

67. — Comment arrête-t-on l'écoulement du sang ?

68. — Comment favorise-t-on l'écoulement du sang ?

69. — Quels sont les accidents que peuvent causer les sangsues ? — Comment arrête-t-on l'hémorrhagie ?—Quels moyens emploie-t-on pour combattre l'inflammation ?

70. — Quels sont les effets thérapeutiques des sangsues ?

71. — Quelles précautions doit-on prendre lorsque les sangsues s'introduisent dans les ouvertures naturelles ?

SECTION DEUXIÈME.

DES VENTOUSES.

72. — Qu'entend-on par *ventouses?* — Qu'appelle-t-on ventouses *sèches* et ventouses *scarifiées?*

CHAPITRE Ier. — Ventouses sèches.

73. — De quel appareil se sert-on pour appliquer les ventouses sèches ? — Comment applique-t-on les ventouses sèches ? — Comment fait-on le vide dans la cloche ?

74. — Sur quelles régions du corps peut-on appliquer des ventouses ?

75. — Qu'est-ce que la *ventouse à pompe ?*

CHAPITRE II. — VENTOUSES SCARIFIÉES.

76. — Qu'appelle-t-on *ventouses scarifiées?* — Pourquoi les applique-t-on ?

77. — Comment applique-t-on les ventouses scarifiées ?

78. — Qu'est-ce que le scarificateur ?

79. — Quels moyens faut-il employer pour favoriser l'écoulement du sang ?

80. — Comment panse-t-on les plaies de la scarification ?

81. — Quels sont les effets thérapeutiques des ventouses sèches et scarifiées ?

SECTION TROISIÈME.

VACCINATION.

82. — Qu'est-ce que la *vaccination* ?

83. — Sur quelle partie du corps inocule-t-on le vaccin ?

84. — Quels sont les différents procédés de vaccination ? — Décrivez l'aiguille à vaccin ? — Comment vaccine-t-on avec la lancette ordinaire ?

85. — Combien doit-on faire de piqûres pour qu'un individu soit vacciné ?

86. — Quelle conduite doit-on tenir lorsque l'opération est terminée ?

87. — A quel âge peut-on vacciner ?

88. — Quelle est la marche de la vaccine ?

89. — Décrivez la *fausse vaccine*.

90. — Quels sont les différents moyens de transmettre et de conserver le vaccin ?

91. — L'enlèvement du virus après l'éruption vaccinale détruit-il l'efficacité de la vaccine ?

92. — La vertu préservative de la vaccine cesse-t-elle au bout d'un certain temps ? — Les revaccinations sont-elles toujours nécessaires ?

TABLE DES MATIÈRES.

DEUXIÈME PARTIE.

DE LA GROSSESSE. — DIVISIONS DE LA GROSSESSE.

TROISIÈME PARTIE.

DE L'ACCOUCHEMENT NATUREL ET DES SOINS QU'IL RÉCLAME.

QUATRIÈME PARTIE.

ACCOUCHEMENTS ET COUCHES CONSIDÉRÉS A L'ÉTAT ANORMAL ET QUELQUES ÉTATS MORBIDES.

CINQUIÈME PARTIE.

APPENDICE CONTENANT UN PRÉCIS DE LA SAIGNÉE, DES VENTOUSES, DE LA VACCINE ET DES PRÉPARATIONS PHARMACEUTIQUES LES PLUS USUELLES.